57. Jahrestagung des Bundesverbandes Deutscher Stiftungen

30. Mai–1. Juni 2001 in Köln

Impressum

Herausgeber	Bundesverband Deutscher Stiftungen e. V. Alfried-Krupp-Haus Binger Straße 40 14197 Berlin Telefon (030) 89 79 47-0 Telefax (030) 89 79 47-11 e-mail: bundesverband@stiftungen.org Internet: www.stiftungen.org
Verantwortlich:	Rechtsanwalt Dr. Christoph Mecking, Geschäftsführer des Bundesverbandes Deutscher Stiftungen
Redaktion:	Rechtsanwältin Dr. Doreen Kirmse Berit Ehrentraut
Fotos:	Andreas Lepach
Satz:	DTP studio schwarz auf weiss, Berlin
Druck:	Gallus Druckerei KG
Verlag:	Bundesverband Deutscher Stiftungen
Titelbild:	August Sander, „Zugverkehr auf der Hohenzollernbrücke", Kölner Stadtmuseum
ISBN	3-927645-48-6

Für die finanzielle Unterstützung dieser Tagungsdokumentation danken wir der:

Fritz Thyssen Stiftung

1. Auflage, Berlin Januar 2002

Zum Geleit

Die 57. Jahrestagung des Bundesverbandes Deutscher Stiftungen fand im Jahr 2001 in Köln statt, 612 Stiftungsvertreter aus ganz Deutschland nahmen daran teil. Das Leitmotiv der Tagung „Auf dem Weg zur Bürgergesellschaft – Die Rolle der Stiftungen" regte die Teilnehmer an, im Hinblick auf die Notwendigkeit eines wachsenden bürgerschaftlichen Engagements über die Erfahrungen innerhalb ihrer Einrichtungen nachzudenken. Da der Staat bei der finanziellen Bewältigung der sozialen und kulturellen Aufgaben an seine Grenzen stößt, erhalten die gemeinnützigen Stiftungen mehr Aufmerksamkeit. Das zunehmende Engagement des emanzipierten Bürgertums findet in der wachsenden Zahl von Stiftungserrichtungen Ausdruck. Stiftungen nehmen insofern eine bedeutende Stellung auf dem Weg zu einer verantwortungsbewussten Bürgergesellschaft ein.

Grundlage dafür sind günstige rechtliche Rahmenbedingungen. Daher fordert der Bundesverbandes Deutscher Stiftungen mit seinen, auf der Jahrestagung von Vorstand und Beirat beschlossenen, „Positionen zur Weiterentwicklung des Stiftungsrechts" eine Modernisierung des Stiftungsprivatrechts.

Elf Arbeitskreise Deutscher Stiftungen trafen sich mit unterschiedlichen Themenschwerpunkten zum Austausch über neue Ergebnisse und Zielvorstellungen innerhalb des Stiftungswesens. Über 20 Fachvorträge gaben praxisrelevante Einblicke in die Stiftungsarbeit. Erstmals tagten auch die neuen Arbeitskreise „Immobilienmanagement" und „Kommunales" innerhalb der Jahrestagung, die aus dem früheren Arbeitskreis „Kommunal- und Grundstücksrecht" hervorgegangen sind.

Die Teilnehmer der Jahrestagung konnten sich in der Rheinmetropole einer herzlichen Gastfreundschaft erfreuen. Mein besonderer Dank gilt den Förderern der Kölner Jahrestagung, deren Unterstützung maßgeblich zum Gelingen der Tagung beigetragen hat. Die Portraits der Förderer sind im Anhang dieses Bandes zu finden.

Die vorliegende Dokumentation der 57. Jahrestagung soll einen Einblick in die Praxis der Stiftungen geben und kann gleichzeitig als wissenschaftlicher Beitrag zum Stiftungswesen in Deutschland dienen.

Ich wünsche den Lesern viel Freude und anregende Gedanken bei der Lektüre und hoffe auf eine gute Aufnahme des Dokumentationsbandes.

Inhaltsverzeichnis

I. Veranstaltungen im Zusammenhang mit der Jahrestagung

1. Pressekonferenz

Zu Beginn der 57. Jahrestagung des Bundesverbandes Deutscher Stiftungen fand am 30. Mai 2001 um 10.00 Uhr eine Pressekonferenz im Mediapark, Köln statt. Die Fragen der Journalisten wurden vom Ersten Vorsitzenden des Bundesverbandes Deutscher Stiftungen, Prof. Dr. Axel Frhr. von Campenhausen, von Geschäftsführer Dr. Christoph Mecking, Vorstandsmitglied Dr. Peter Lex, Dr. Hans-Georg Bögner, Geschäftsführer der SK StiftungKultur und Ulrich F. Brömmling, Bundesverband Deutscher Stiftungen, beantwortet.

Prof. Dr. Axel Frhr.
von Campenhausen
und
Dr. Christoph Mecking ...

... beantworten die Fragen
der Journalisten

2. Tagungen des Vorstands und der Beiräte des Bundesverbandes Deutscher Stiftungen und des Verbandes Deutscher Wohltätigkeitsstiftungen

Am 29. Mai 2001 um 18.00 Uhr tagte der Vorstand in der Fritz Thyssen-Stiftung und am 30. Mai 2001 um 11.30 Uhr tagten Vorstand und Beiräte des Bundesverbandes Deutscher Stiftungen und des Verbandes Deutscher Wohltätigkeitsstiftungen in der Bank für Sozialwirtschaft, Köln.

Foto der Fritz Thyssen-Stiftung

3. Empfang neuer Mitglieder

Am 30. Mai 2001 um 14.30 Uhr begrüßte der Bundesverband Deutscher Stiftungen seine neuen Mitglieder im Rahmen der Ausstellung „Stiftungslandschaft NRW" in der Stadtsparkasse Köln während eines Empfangs.

Empfang neuer Mitglieder

Karoline Krämer und Ulrich Voswinckel, Mitglieder von Beirat bzw. Vorstand des Bundesverbandes Deutscher Stiftungen ...

Marlehn Thieme und Prof. Dr. Michael Göning

Nikolaus Turner und Dr. Dominik Frhr. von König

4. Geselliger Abend

Am 30. Mai 2001 um 19.00 Uhr lud die Stadtsparkasse Köln die Teilnehmer der 57. Jahrestagung des Bundesverbandes Deutscher Stiftungen zum Begrüßen und Kennenlernen in die Rheinterrassen Köln ein.

Gustav Adolf Schröder, Vorstandsvorsitzender der Stadtsparkasse Köln begrüßt die Teilnehmer des Geselligen Abends ...

... in den Rheinterrassen Köln.

Der Kölner Dom: Blick von den Rheinterrassen

5. Empfang der Landesregierung Nordrhein-Westfalen

Am 31. Mai 2001 um 19.00 Uhr lud die Landesregierung Nordrhein-Westfalen die Teilnehmer der 57. Jahrestagung des Bundesverbandes Deutscher Stiftungen zu einem Empfang in das Wallraf-Richartz-Museum in Köln ein.

Prof. Axel Frhr. von Campenhausen, Hildegard Hoppe und Dr. Fritz Behrens

Bürgermeisterin Angela Spizig mit Gästen

... mit Musik.

Dr. Christoph Mecking und Jürgen-Chr. Regge

Grußwort

Dr. Fritz Behrens, Innenminister
des Landes Nordrhein-Westfalen

Meine sehr verehrten Damen
und Herren,

der Stiftungsgedanke lebt davon, dass
es Menschen gibt, die mehr tun als
sie müssen.

Der Wunsch, sich zu engagieren, und
zwar nicht sporadisch und unverbind-
lich, sondern in einer Stiftung auf
Dauer und mit klar definierten Zielen, erlebt zur Zeit einen regelrech-
ten Boom. Als Vertreter der Landesregierung von Nordrhein-Westfalen
und auch als „Stiftungsminister" freue
ich mich darüber sehr.

Empfang der Landesregierung Nordrhein-
Westfalens durch Innenminister Dr. Fritz Behrens

Im Namen der Landesregierung und
des Ministerpräsidenten, Herrn Wolfgang Clement, begrüße ich Sie sehr herzlich hier in Nordrhein-Westfalen, wo der Bundesverband Deutscher Stiftungen nun schon zum fünften Male eine Jahrestagung veranstaltet, zuletzt in
Bonn vor zwei Jahren. Darin sehe ich ein hoffnungsvolles Zeichen fortbeste-
hender Verbundenheit mit unserem Land, nachdem der Bundesverband 1999
seinen Sitz von Bonn nach Berlin verlegt hat, was wir hier sehr bedauern,
aber auch verstehen können. Immerhin hat Ihnen eine nordrhein-westfälische
Stiftung, nämlich die Krupp-Stiftung, in Berlin ein veritables Domizil für Ihre
Geschäftsstelle verschaffen dürfen.

Ich heiße Sie willkommen in Köln, einer Stadt, in der das Stiften eine Jahrhunderte lange Tradition hat: Herausragende Persönlichkeiten wie das Ehepaar Kämpgen, Otto Wolff von Amerongen und viele andere haben hier eine
erstklassige Stiftungslandschaft geschaffen.

Eine der jüngsten großen Bereicherungen verdankt die Stadt Hans Imhoffs
Gründung einer Stiftung zur Förderung von Kultur und Wissenschaft in Köln.
Mit dieser Stiftung, die unter anderem den permanenten Betrieb des Internationalen Schokoladenmuseums sichert, zeigt Köln gewissermaßen eine seiner
vielen Schokoladenseiten.

Stiften heißt nicht nur, etwas abzugeben. Stiften heißt auch: Ideen haben, Unternehmergeist entwickeln, seiner Zeit voraus sein und nach neuen Umsetzungsformen für seine Ideen suchen. Ideenreichtum und ein starker Gestaltungswille finden im Stiftungswesen von jeher einen fruchtbaren Boden. Neben klassischen Stiftungsformen finden wir immer häufiger Kooperationen von Stiftungen und Gemeinschaftsstiftungen.

Eine besonders erfreuliche Entwicklung ist die zunehmende Gründung von Bürgerstiftungen – die Stadt Stiftung Gütersloh und die Hertener Bürgerstiftung sind Vorreiter für Nordrhein-Westfalen. Sie haben heute hier auf der Tagung Beispiele aus Italien kennen gelernt.

Um eine Bürgerstiftung zu gründen, braucht man keine Millionen, man braucht eine tragfähige Idee und zuverlässige Mitstreiter. Diese Zutaten reichen für die Gründung einer Bürgerstiftung und sie bietet jedem Einzelnen großartige Möglichkeiten zur Mitgestaltung seines Umfelds. Diese Stiftungsform ist der ideale Rahmen für alle, die sich engagieren wollen, dies aber nur jenseits eines veralteten Denkens in Zuständigkeiten, Entscheidungsmonopolen und Hierarchien zu tun bereit sind.

Oft wird die Tendenz zur Individualisierung in unserer Gesellschaft als Gefahr gesehen – zu Recht! Individualisierung birgt indes auch große Chancen, und dafür ist die Bürgerstiftung ein gutes Beispiel. Sie bietet Chancen zur Vitalisierung und Mobilisierung einer Gesellschaft, in der die Menschen ihr Lebensumfeld eigenverantwortlich mitgestalten, in der sie sich auf ihre persönliche Kraft und ihr individuelles Können besinnen und beides zum Wohl der Gemeinschaft einsetzen.

Von jeher und vor allem in Zeiten leerer öffentlicher Kassen ist die Arbeit der Stiftungen unverzichtbar für die soziale Versorgung, für Wissenschaft und Forschung, für die Kultur und zunehmend auch für den Umweltschutz. Mit immer flexibleren Beteiligungsmöglichkeiten an Stiftungen wird ihre Bedeutung noch wachsen, denn immer mehr Menschen werden in der Stiftungsarbeit eine persönliche Perspektive sehen.

Mit zunehmendem bürgerschaftlichen Engagement entsteht auch eine neue Balance zwischen staatlichem Handeln und privater Initiative.

Auftrag der Politik ist es, das Gemeinwohl zu fördern. Die Politik darf daher nicht versäumen, das Engagement und die Mitarbeit in Stiftungen zu fördern und zu belohnen, wo es geht.

Wir brauchen die Subsidiarität des Stiftungswesens in allen gesellschaftlichen Bereichen:

Für eine starke Zivilgesellschaft.

Auf dem Weg zur Bürgergesellschaft.

Im Moment erleben wir eine regelrechte Gründungswelle: In Nordrhein-Westfalen gibt es heute rund 1.700 rechtsfähige Stiftungen. Allein 141 wurden im letzten Jahr gegründet – weitaus mehr als in den Jahren zuvor. Das ist sicher eine Folge der Änderung des Steuerrechts für Stifter, es hat aber auch damit zu tun, dass die Stiftung als Organisationsform in der Öffentlichkeit immer häufiger diskutiert wird.

Diese Tatsache verdanken wir nicht zuletzt der hervorragenden Arbeit des Bundesverbands Deutscher Stiftungen. Deswegen möchte ich Ihnen, Herr von Campenhausen, heute noch einmal herzlich danken für die Organisation und die Betreuung der überaus erfolgreichen Ausstellung „Stiftungslandschaft NRW", die morgen hier in Köln zu Ende geht.

Die Ausstellung schafft einen exzellenten Überblick über die Stiftungen unseres Landes. Was noch wichtiger ist, sie legt offen, wie Stiftungen funktionieren und was sie zu leisten imstande sind. Diese Transparenz ist wichtig, denn sie ermutigt und fördert die Bereitschaft zur Mitarbeit und zur Initiative.

Auf dem Weg durch unser Land hat die Ausstellung auf den zahlreichen begleitenden Veranstaltungen viele Menschen zu Diskussionen angeregt und möglicherweise dazu ermuntert, über eigenes Engagement nachzudenken.

Dankenswerterweise hat der Bundesverband parallel zur Ausstellung gleich die Gebrauchsanweisung „Wie werde ich Stifter?" in Veranstaltungsform mitgeliefert.

Meine Damen und Herren, Sie haben gestern und heute bereits ein anstrengendes Tagungsprogramm hinter sich gebracht. Deswegen wünsche ich Ihnen jetzt einen schönen Abend mit interessanten Gesprächen, und weiterhin eine angenehme Zeit in Köln, der alten römischen „Colonia", in der Maecenas so viele Nachfahren hat.

Vielen Dank!

II. Treffen der Stiftungsreferenten der Länder

Kurzbericht

Dr. Peter Schoenemann, Innenministerium NRW

Vor dem Hintergrund noch nicht abgeschlossener Überlegungen der seit Juni 2000 beratenden Bund/Länder-Arbeitsgruppe „Stiftungsrecht" wurde zunächst über Möglichkeiten einer **Reform des Landesstiftungsrechts** gesprochen. Speziellen Anlass hierfür bot der aktuelle Gesetzentwurf zur Novellierung des Bayerischen Stiftungsgesetzes. In diesem Gesetzentwurf sind u.a. ein Recht auf Stiftung und ein öffentliches Stiftungsregister verankert; bisherige Restriktionen für die Genehmigungsfähigkeit von Familienstiftungen entfallen. In den anderen Bundesländern gibt es derzeit erkennbar keine Bestrebungen zur Reform des Landesstiftungsrechts. Es wird dort der für Herbst 2001 in Aussicht genommene Abschlussbericht der Bund/Länder-Arbeitsgruppe abgewartet. Danach wird die Positionierung der Länder sicherlich maßgeblich auch davon abhängen, ob, wann und in welchem Umfang der Bundesgesetzgeber eine Reform des Stiftungszivilrechts (§§ 80 ff. BGB) in Angriff nimmt.

In der Diskussion beschäftigten sich die Teilnehmer insbesondere mit der Reichweite der Gesetzgebungskompetenz des Bundes. Bayern hat in seinem Gesetzentwurf die verfassungsrechtliche Erforderlichkeit wesentlicher Erweiterungen der

Dr. Peter Schoenemann, Dr. Wolfram Bochert und Ingrid Bonitz

bundesgesetzlichen Regelungen im Sinne des Art. 72 Abs. 2 Grundgesetz in Frage gestellt. Danach müsste die Wahrnehmung einer Gesetzgebungskompetenz des Bundes im gesamtstaatlichen Interesse zur Herstellung gleichwertiger Lebensverhältnisse oder zur Wahrung der Rechts- oder Wirtschaftseinheit erforderlich sein. In der Literatur wird verschiedentlich die Auffassung vertreten, für ein Gesetzgebungsrecht des Bundes nach Art. 72 Abs. 2 GG sei dann kein Raum, wenn es den Ländern gelinge, in einem überschaubaren Zeitraum die Materie im Wege der Selbstkoordination zu regeln. Während die Kompetenz des Bundes für die Regelung der Entstehung und Beendigung von Stiftungen den Teilnehmern grundsätzlich unproblematisch erschien, wurden teilweise Zweifel angemeldet, ob nicht die Regelung der Führung von Stiftungsregistern sowie der Rechnungslegung und -prüfung zumindest schwerpunktmäßig den Ländern vorbehalten sei.

Für eine spätere Reform der Landesstiftungsgesetze wurden vor allem folgende Punkte als prüfwürdig, wenn nicht wünschenswert, bezeichnet: mehr Flexibilität für die Einflussnahme des Stifters auf seine Stiftung, Stärkung des Stiftungsvermögens aus Ertragsrücklagen und Stärkung der Ertragslage der Stiftung aus Wertsteigerungen des Vermögens nach Maßgabe des Stifterwillens, angemessene Reduzierung der staatlichen Stiftungsaufsicht, Erhöhung der Eigenverantwortung im Rahmen der Stiftungsautonomie.

Weiterer Gegenstand der Diskussion war die Frage, inwieweit **Stiftungsvermögen in Aktien** angelegt bzw. umgeschichtet werden darf, vor dem Hintergrund, dass besonders Geldinstitute insoweit zunehmend eine Beratungstätigkeit für Stiftungen entfalten. Dieses Thema konnte wegen der Kürze der zur Verfügung stehenden Zeit nur noch angerissen werden. Als unbefriedigend wurde empfunden, dass bereits in dem Punkt keine Klarheit besteht, ob das Stiftungsvermögen in seinem Nominalwert oder (so beispielsweise der IDW in Tz. 56 seiner Stellungnahme zur Rechnungslegung von Stiftungen aus dem Jahre 2000) in seinem realen Wert zu erhalten sei. Nicht unumstritten bei den Diskussionsteilnehmern war auch, ob Umschichtungsgewinne – etwa durch im Wert gestiegene gehaltene Aktien oder durch Verkauf von Aktien – stets und in voller Höhe als Teil des Stiftungsvermögens zu behandeln seien. Von einigen Teilnehmern wurde auch für denkbar gehalten, jedenfalls bei einer Steigerung des Realwerts des Stiftungsvermögens Umschichtungsgewinne partiell zur Verwirklichung der Stiftungszwecke einsetzen zu können. Insoweit wurde ein erheblicher Regelungsbedarf (Gesetz/Satzung) gesehen, um Stiftern und Stiftungen mehr Freiheit zuzugestehen bzw. diese anzuerkennen. Spezielle gesetzliche Regelungen zur Anlage in Aktien wurden dagegen nicht für sinnvoll gehalten, weil es sich hier lediglich um eine von vielen Anlagemöglichkeiten handele. Für alle gelte der Grundsatz der Substanzerhaltung und das Gebot der Vermeidung erheblicher Risiken. Bei Aktien komme es vor allem auf eine breite Streuung möglichst erstklassiger Papiere an, aber wohl auch auf eine Begrenzung des Aktiendepots auf einen kleineren Teil des Gesamtvermögens der Stiftung.

III. Treffen der Sparkassenstiftungen

Kurzbericht

Dr. Hans-Georg Bögner, Geschäftsführer der SK Stiftung Kultur, Köln

Dr. Hans-Georg Bögner, Geschäftsführer der SK Stiftung Kultur

Anlässlich der 57. Jahrestagung des Bundesverbandes Deutscher Stiftungen in Köln fand am 30.05.2001 von 14–18 Uhr ein Treffen von Sparkassenstiftungen statt. Dies bot sich an, da zum Einladerkreis der Jahrestagung erstmalig auch eine Sparkassenstiftung, die SK Stiftung Kultur der Stadtsparkasse Köln gehörte.

30 Vertreterinnen und Vertreter deutscher Sparkassen nahmen an der regen Diskussion teil. In seiner Begrüßung stellte der Geschäftsführer der SK Stiftung Kultur, Dr. Hans-Georg Bögner, den Kölner Mediapark und die SK Stiftungen vor und lud dazu ein, in den Sitzungspausen auch die öffentlichen Sammlungen der Stiftung zu betrachten.

Des weiteren führte er in den Nachmittag ein: Die über 500 Sparkassenstiftungen bilden in der großen Familie der Stiftungen eine besondere Gruppe.

---

* Dieses Treffen stand neben den regulären Teilnehmern auch allen anderen Vertretern von Sparkassenstiftungen offen.

Von Unternehmen dotiert, tief verwurzelt in ihren Kommunen und mit den unterschiedlichsten gemeinnützigen Aufgaben versehen.

Unter den 15 am stärksten stifterisch aktiven Unternehmen mit ihren Stiftungen sind nach einer Übersicht im „Verzeichnis Deutscher Stiftungen 2000" des Bundesverbandes (S. A 13) allein fünf Sparkassen bzw. Sparkassenverbände zu nennen. Zur Qualitätssicherung ihrer stifterischen und inhaltlichen Aktivitäten sollte der Kontakt untereinander und zu den anderen gemeinnützigen Stiftungen intensiviert und verbessert werden. Dazu hat es verschiedentlich Ansätze des Bundesverbandes Deutscher Stiftungen, des Deutschen Sparkassen- und Giroverbandes (DSGV) und Einzelner verbandsintern gegeben, alle aber nur sporadisch und ohne langfristige Perspektive. Der Vorschlag eines regelmäßigen Treffens unter dem „Dach" des Bundesverbands Deutscher Stiftungen soll eine weitere Plattform des Austausches anbieten und gegebenenfalls in Form eines ordentlichen Arbeitskreises innerhalb der Jahrestagungen fortgeführt werden.

Nach einer Vorstellungsrunde folgten drei kurze Vorträge unter der Überschrift: „Bestandsaufnahme und Perspektiven der Sparkassenstiftungen in Deutschland: Zur Notwendigkeit eines Erfahrungsaustausches".

Als erster nahm Dr. Christoph Mecking, Geschäftsführer des Bundesverbandes Deutscher Stiftungen „aus der Sicht der deutschen Stiftungen und ihres Bundesverbandes" Stellung. Er würdigte zunächst die Sparkassenstiftungen als ein wichtiges Segment innerhalb der Gesamtheit der deutschen Stiftungen, das sich in einem Stiftungskapital von 1,4 Mrd. DM,

Dr. Christoph Mecking

einem gesamten jährlichen Fördervolumen von 84 Mio. DM und der Verankerung in der Region und vor Ort ausdrücke. Freilich bestünden auch Gefahren für die Entwicklung dieses Stiftungstyps. Sie lägen in der Gefahr der Instrumentalisierung und Außensteuerung – etwa zur Entlastung kommunaler Haushalte oder zu Zwecken der Unternehmenskommunikation. Den mit der Verwaltung kleinerer Sparkassenstiftungen betrauten Personen fehle mitunter der Erfahrungsaustausch mit anderen Stiftungen und die regelmäßige Information über die für ihre Tätigkeit relevanten rechtlichen und steuerlichen Probleme. Dies gelte nicht zuletzt deshalb, weil die Stiftungsverwalter meist auch als Kompetenzträger und Ansprechpartner für Kunden der jeweiligen Sparkasse gelten, die an der Errichtung einer eigenen Stiftung interessiert sind. Der Bundesverband Deutscher Stiftungen hat in Zusammenarbeit mit dem DSGV bereits zwei Publikationen erarbeitet, das Nachschlagewerk „Sparkassen und Stiftungen" (Bonn 1999) sowie die beim Treffen ausliegende Schrift „Sparkassenstiftungen: Engagement für die Regionen" (Berlin 2001, Schwerpunkte Deutscher Stiftungen Band 5). Er wird sich auch weiterhin um die Sparkassenstiftungen kümmern, die häufig auch die Mitgliedschaft im Bundesverband Deutscher Stiftungen besitzen und aktiv im Verband mitarbeiten. Der Einrichtung eines regelmäßig bei den Jahrestagungen zusammentretenden Arbeitskreises der „Sparkassenstiftungen" steht er aufgeschlossen gegenüber. Zusätzliche Sitzungen, wie sie auch anderer Arbeitskreise des Bundesverbandes durchführen, könnten auch gemeinsam mit dem DSGV veranstaltet werden. Freilich müssten satzungsgemäß die Gremien des Bundesverbandes die Einrichtung eines solchen Arbeitskreises beschließen. Dazu sei ein deutliches Signal der betroffenen Stiftungen hilfreich.

Als zweite folgte Dr. Sabine Schormann, Geschäftsführerin der Niedersächsischen Sparkassenstiftung, die „aus Sicht der Sparkassenstiftungen" vortrug. Ihrer Meinung nach sind Sparkassenstiftungen ein moderner Ausdruck der auf die Region ausgerichteten Gemeinwohlorientierung ihrer Träger. Auf Basis dieser gemeinsamen Wurzeln sollten Sparkassenstiftungen ein deutliches

Dr. Sabine Schormann, Geschäftsführerin der Niedersächs. Sparkassenstiftung

Profil erkennen lassen und so bei aller Vielfalt der Stiftungszwecke die dahinter stehende Einheit deutlich machen. Dazu gehört die Entwicklung gemeinsamer Handlungsansätze ebenso wie die Bildung strategischer Allianzen und der regelmäßige Erfahrungsaustausch auf regionaler wie bundesweiter Ebene.

Den dritten Vortrag steuerte Dr. Thomas Wurzel, Geschäftsführer der Sparkassen-Kulturstiftung Hessen-Thüringen bei. Er betrachtete in seinem Beitrag die Sparkassenstiftungen aus der Sicht der Stifter. Dabei betonte er die Rolle von Sparkassenstiftungen als regionale Förderstiftungen, denen Planbarkeit und Dauerhaftigkeit zu eigen ist. Die bewusste Nutzung der Eigenständigkeit einer Stiftung könne profilbildend wirken gegenüber den oft zufällig gegebenen Spenden aus

Teilnehmer des Treffens der Sparkassenstiftungen

der Sparkasse heraus. Nichts desto trotz wies er auf die Gefahr hin, dass Stiftungen lediglich instrumentalisiert werden. Als gewisse Schwäche sieht er die im Bundesmaßstab eher geringe Größe der Sparkassenstiftungen und deren Vereinzelung an, als generelle Stärke deren unmittelbare regionale Ausrichtung. Ein fortwährender Erfahrungsaustausch könne hier zu einer erkennbaren Profilbildung und zur Nutzung von Synergien führen. Er halte dies namentlich mit Blick auf die Verwaltung der Sparkassenstiftungen für sinnvoll, da diese in der Regel von Sparkassenmitarbeitern neben weiteren Aufgaben wahrgenommen werde. Dies könne auch dazu beitragen, Sparkassenstiftungen wohl medial wie im Sinn ihrer Zweckbestimmung innovationsfähig zu machen. Ein Austausch ermögliche auch ein abgestimmtes Reagieren, wie es sich zum Beispiel über das aktuelle Thema der sich vielerorts bildenden Bürgerstiftungen anbiete, denen bei aller Unterschiedlichkeit ebenfalls eine regionale Ausrichtung zu eigen sei.

Den Vorträgen folgte eine intensive Diskussion. Zusammenfassend lässt sich festhalten: Die Notwendigkeit eines intensiven, regelmäßigen Austausches wurde einmütig festgestellt und gewünscht. Die Schwierigkeiten bei der Entscheidung für eine Organisationsform und bei der Themenfindung resultiert aber unter anderem aus die Tatsache, dass bei Sparkassenstiftungen unterschiedliche gemeinnützige Zwecke zu finden sind und auch die Größe und Organisation sehr differieren. Freilich gilt dies für die gesamte Stiftungslandschaft in einem noch größeren Maße. Wünschenswert wäre eine stärkere Koordinationsleistung durch den DSGV, aber auch eine Anbindung als regulärer Arbeitskreis an die Jahrestagung des Bundesverbandes wurde positiv diskutiert. Abschließend soll diese Frage bei einem weiteren Treffen auf Einladung des Rheinischen Sparkassen- und Giroverbandes (RSGV) in Düsseldorf Ende Juli 2001 beraten werden.

IV. Sitzungen der Arbeitskreise

1. Ergebnisniederschrift über die Sitzung des Arbeitskreises Deutscher Stiftungen

„Steuern, Recht und Wirtschaft"

am 30. Mai 2001
im Mediapark Köln

zum Thema:	**Das Steuerrecht wird runderneuert – fahren Stiftungen künftig besser?**

Erläuterungen zum Gesetz zur weiteren steuerlichen Förderung von Stiftungen, zum Steuersenkungsgesetz und zu sonstigen Änderungen einkommensteuerlicher, erbschaftsteuerlicher und abgabenrechtlicher Vorschriften

Dr. Peter Lex, Rechtsanwalt,
Sozietät Dr. Mohren & Partner, München

Die Unternehmenssteuerreform

Harald Spiegel, Rechtsanwalt, Wirtschaftsprüfer und Steuerberater, Sozietät Dr. Mohren & Partner, München

Leitung: Dr. Peter Lex, Rechtsanwalt,
Sozietät Dr. Mohren & Partner, München und
Vorstandsmitglied des Bundesverbandes
Deutscher Stiftungen

Das Stiftungsrecht wird runderneuert – fahren Stiftungen künftig besser?

Dr. Peter Lex, Arbeitskreisleiter

Dr. Peter Lex

Einführung

Aufgabe dieses Arbeitskreises ist es, seine Teilnehmer über die rechtliche und steuerliche Situation der Stiftungen auf dem Laufenden zu halten. Und wenn, wie seit unserer letzten Jahrestagung, im Steuerrecht gravierende Änderungen eingetreten sind, auf die der Bundesverband zum Teil seit Jahren hingearbeitet hat, dann muss der Schwerpunkt unseres heutigen Arbeitskreises natürlich in der Behandlung dieser Neuerungen liegen.

Im Gegensatz zum Steuerrecht ist das Stiftungsrecht nicht „runderneuert". Und es sieht so aus, als ob wir auch im nächsten Arbeitskreis keine umwerfenden Neuigkeiten darüber zu berichten haben werden.

Der Bundesverband wünscht sich und seinen Mitgliedern auch keine revolutionären Änderungen des Stiftungsrechts, weil mit der bestehenden Regelung keine generelle Unzufriedenheit herrscht. Eine Befragung des Bundesverbandes unter den Mitgliedsstiftungen, die in jüngster Zeit errichtet worden sind, hat keine Beschwerden über zu lange Verfahrensdauer oder Mangel an Kooperation durch die Stiftungsbehörden ergeben.

Korrekturen und Richtigstellungen im Gesetz sind immer erwünscht. Im einzelnen ersehen Sie dies aus den Standpunktpapieren des Bundesverbandes, in denen allerdings auch die Frage gestellt wird, inwieweit bundesrechtliche Regelungen erforderlich sind und wo es genügt, die Landesstiftungsgesetze entsprechend anzupassen.

Einen Ausblick auf das, was im Landesrecht zu erwarten ist, bietet die Novelle zum Bayerischen Stiftungsgesetz, die nach der ersten Lesung im Landtag die Ausschüsse unverändert durchlaufen hat und voraussichtlich Ende Juni 2001 verabschiedet wird.

Diese Novelle wird Vorbild für eine weitere Liberalisierung der Landesstiftungsgesetze sein und als erstes Gesetz das Recht auf Stiftung normieren. Gesetzliche Einengungen im Genehmigungs- und Aufsichtsbereich werden zurückgenommen, die Publizität durch ein Stiftungsregister verbessert.

Nun aber zurück zum Steuerrecht:

Über drei wesentliche gesetzgeberische Initiativen des vergangenen Jahres ist zu berichten:

- Gesetz zur weiteren steuerlichen Förderung von Stiftungen
  vom 14. Juli 2000

- Gesetz zur Änderung des Investitionszulagengesetzes 1999
  vom 20. Dezember 2000

- Steuersenkungsgesetz vom 23. Oktober 2000

I. Gesetz zur weiteren steuerlichen Förderung von Stiftungen

Das Gesetz vom 14. Juli 2000 ist vielfach besprochen worden (Eversberg in „Stiftung und Sponsoring" Nr. 4/2000, S. 3 ff., Hüttemann in DER BETRIEB 2000, S. 1584 ff., Mecking in NJW 2001, S. 203 ff., Schiffer/Swoboda in „Steuern und Bilanzen" 2000, S. 317 ff., Lex in „Deutsches Steuerrecht" 2000, S. 1939 ff.)

Die Eckpfeiler sind Ihnen bekannt: In der Abgabenordnung wurden die Möglichkeiten der Bildung einer freien Rücklage verbessert, das Einkommensteuergesetz sieht neue Sonderausgabenabzüge für Stiftungen in Höhe von DM 40.000,00 jährlich oder DM 600.000,00 bei Errichtung der Stiftung vor und im Erbschaftsteuergesetz wurde das Weitergabeprivileg, also die rückwirkende Erbschaftsteuerbefreiung bei Weitergabe von Erb- oder Schenkungsgut innerhalb von zwei Jahren auf alle steuerbegünstigten Zwecke erweitert.

II. Anwendungspraxis

Die Anwendung dieser und anderer, weniger markanter Neuregelungen bedarf der Vertiefung. Wir gehen dazu systematisch in der Reihenfolge des Gesetzes vor:

1. Abgabenordnung

a) Dem § 55 Abs. 1 wurde eine Nr. 5 angefügt: „Die Körperschaft muss ihre Mittel grundsätzlich zeitnah für ihre steuerbegünstigten satzungsmäßigen Zwecke verwenden. Verwendung in diesem Sinne ist auch die Verwendung der Mittel für die Anschaffung oder Herstellung von Vermögensgegenständen, die satzungsmäßigen Zwecken dienen. Eine zeitnahe Mittelverwendung ist gegeben, wenn die Mittel spätestens in dem auf den Zufluss folgenden Kalender- oder Wirtschaftsjahr für die steuerbegünstigten satzungsmäßigen Zwecke verwendet werden."

Diese Vorschrift ist uns bisher aus dem Anwendungserlass zur Abgabenordnung bekannt. Nr. 8 und 9 AEAO zu § 55 AO gehen auf eine Initiative des Bundesverbandes zurück. Sie wurden nun vom Verordnungs- in den Gesetzesrang erhoben. Allerdings lässt uns § 55 Abs. 1 Nr. 5 mit der Frage alleine, ob die Verwendung der Mittel zur Anschaffung von Vermögensgegenständen gleichzeitig in voller Höhe als Aufwand behandelt werden kann oder ob sie zunächst Vermögensumschichtung ist und lediglich die Abschreibung für Abnutzung auf diese Wirtschaftsgüter aufwandswirksam zu buchen ist. Wir werden uns mit dieser Frage zu einem späteren Zeitpunkt intensiver zu beschäftigen haben.

b) § 58 Nr. 7 a erhielt die Fassung:
(Die Steuervergünstigung wird nicht dadurch ausgeschlossen, dass …)

aa) „eine Körperschaft höchstens ein Drittel des Überschusses der Einnahmen über die Unkosten aus Vermögensverwaltung und darüber hinaus höchstens 10 v. H. ihrer sonstigen nach § 55 Abs. 1 Nr. 5 zeitnah zu verwendenden Mittel einer freien Rücklage zuführt".

Die bisherige 25 %-Regelung wurde also auf ein Drittel des Überschusses aus der Vermögensverwaltung aufgestockt. Hinzu kommen 10 % der „sonstigen nach § 55 Abs. 1 Nr. 5 zeitnah zu verwendenden Mittel." Was ist damit gestattet?

Die Rücklagenbildung aus dem Überschuss aus der Vermögensverwaltung ist nicht weiter diskussionsbedürftig. Die Bemessungsgrundlage gilt weiter wie bisher, lediglich die Quote wurde von einem Viertel auf ein Drittel erhöht.

Der Verpflichtung zur zeitnahen Mittelverwendung unterliegen aber nicht nur die Vermögenseinkünfte, sondern auch die Überschüsse aus wirtschaftlichen Geschäftsbetrieben (nach Steuern) und aus Zweckbetrieben sowie Spenden- und Sponsoringerträge, jeweils netto nach Abzug der mit ihnen verbundenen Werbungskosten.

Im Falle der Spenden ist allerdings zu beachten, dass nur das Steuergesetz die 10 %ige Rücklagenbildung gestattet. Im Regelfall verbindet aber der Spender selbst mit seiner Spende einen Auftrag, in dessen Rahmen man unterstellen darf, dass die Spende in voller Höhe dem steuerbegünstigten Zweck zugeführt werden muss. Jeder von uns kann an seiner eigenen Meinung testen, dass er bei einer Spende von DM 1.000,00 an eine mildtätige Stiftung den vollen Betrag den Bedürftigen zukommen lassen, nicht aber eine Rücklagenbildung dieser Stiftung fördern möchte.

bb) Zum Thema Rücklagen ist abschließend zu sagen: Seit dem Veranlagungszeitraum 2000 haben Sie eine wesentlich bessere Möglichkeit, ihrer

Teilnehmer des Arbeitskreises Deutscher Stiftungen „Steuern, Recht und Wirtschaft"

Verpflichtung zur Erhaltung des Stiftungsvermögens nachzukommen. Machen Sie davon Gebrauch; denn diese Rücklagenbildung ist Ihnen nur für den betreffenden Veranlagungszeitraum gestattet. Eine Nachholung für zurückliegende Veranlagungszeiträume gibt es nicht.

Andererseits machen Sie mit der Ausschöpfung des Rücklagenrahmens auch keinen Fehler. Freie Rücklagen stellen Ihnen die Möglichkeit anheim,

– sie jährlich fortzuentwickeln ohne sie aufzulösen,

– sie ganz oder teilweise aufzulösen und dem Stiftungsvermögen zuzuschreiben und

– sie ganz oder teilweise aufzulösen und für Satzungszwecke zu verwenden.

Der Bundesverband hatte gewünscht, dass die Drittel-Rücklage aus dem Gesamteinkommen der Stiftung gebildet werden könne, nicht nur aus dem Überschuss der Vermögensverwaltung. Die vom Gesetzgeber gewählte Handhabung bietet aber auch den Vorteil, dass keine Verrechnung des Vermögensüberschusses mit Verlusten aus Zweckbetrieben stattfindet.

Zu Einzelfragen der Rücklagenbildung nach dem derzeitigen gesetzlichen Stand verweise ich noch auf eine Veröffentlichung von Ursula Augsten in „Stiftung und Sponsoring" 3/2001, S. 21 ff.

cc) Unserem bekannten Ausnahmeparagraphen 58 der Abgabenordnung wurden zwei neue Nummern angefügt:

Nr. 11 gestattet die Zuführung von Zuwendungen zum Vermögen, wenn es sich um folgende Tatbestände handelt:

– Zuwendungen von Todes wegen, wenn der Erblasser keine Verwendung für den laufenden Aufwand der Körperschaft vorgeschrieben hat,

– Zuwendungen, bei denen der Zuwendende ausdrücklich erklärt, dass sie zur Ausstattung der Körperschaft mit Vermögen oder zur Erhöhung des Vermögens bestimmt sind,

– Zuwendung aufgrund eines Spendenaufrufs der Körperschaft, wenn aus dem Spendenaufruf ersichtlich ist, dass Beträge zur Aufstockung des Vermögens erbeten werden und

– Sachzuwendungen, die ihrer Natur nach zum Vermögen gehören.

Letzteres ist der Fall, wenn Grundstücke, Gesellschaftsanteile oder Unternehmen übertragen werden.

Alle diese Regelungen sind nicht neu, sondern dem Anwendungserlass zur Abgabenordnung Nr. 10 zu § 55 AO entnommen.

Nicht aufgenommen wurde in die Abgabenordnung der „Restbestand" der Nr. 10, wonach der zeitnahen Mittelverwendung nicht die durch Umschichtung von Vermögensgegenständen entstandenen Gewinne unterliegen.

Die nach wie vor gegebene Möglichkeit, solche Gewinne einer Umschichtungsrücklage zuzuführen, löst weniger Diskussionen mit dem Finanzamt als mit der Stiftungsaufsicht aus. Dort wird häufig der Standpunkt vertreten, dass solche Umschichtungsgewinne dem Stiftungsvermögen zuzuführen sind. Wir stehen eher auf dem Standpunkt, dass die Umschichtungsrücklage wie eine freie Rücklage zu behandeln ist, also auch für den Stiftungszweck verwendet werden kann, wenn die Bestandserhaltung des Vermögens auf andere Weise sichergestellt ist.

dd) Schließlich hat der Gesetzgeber eine weitere Anregung des Bundesverbandes aufgegriffen und in dem neuen § 58 Nr. 12 eine Thesaurierungsmöglichkeit geschaffen in der Form, dass die Steuerbegünstigung nicht dadurch ausgeschlossen wird, dass

„eine Stiftung im Jahr ihrer Errichtung und in den zwei folgenden Kalenderjahren Überschüsse aus der Vermögensverwaltung und die Gewinne aus wirtschaftlichen Geschäftsbetrieben ganz oder teilweise ihrem Vermögen zuführt".

Damit wurde den bekannten Anlaufschwierigkeiten Rechnung getragen, die oft in der Aufbauphase einer Förderorganisation der Stiftung zu wenig sinnvollen Ausgaben geführt hatten.

2. Einkommensteuergesetz

Kernpunkt der Stiftungsförderung durch das neue Gesetz ist, wie schon gesagt, Art. 3, der das Einkommensteuergesetz behandelt. Die folgenden Ausführungen dienen auch zum Nachweis dafür, dass das gesetzgeberische Ziel, die steuerlichen Regelungen zu vereinfachen, gründlich daneben gegangen ist.

a) § 6 Abs. 1 Nr. 4 Satz 5 wurde neu eingefügt. Er betrifft das Buchwertprivileg, also die Möglichkeit, ein Wirtschaftsgut ohne Aufdeckung der stillen Reserven zum Buchwert aus einem Betriebsvermögen zu entnehmen, wenn es unmittelbar danach einer steuerbegünstigten Körperschaft unentgeltlich übertragen wird. Unter „steuerbegünstigter Körperschaft" waren bisher die nach § 5 Abs. 1 Nr. 9 des Körperschaftsteuergesetzes von der Körperschaftsteuer befreiten Körperschaften, Personenvereinigungen und Vermögensmassen zu verstehen, soweit sie das Wirtschaftsgut für steuerbegünstigte Zwecke nach § 10 b Abs. 1 S. 1 verwendeten.

Seit dem Veranlagungszeitraum 2000 gilt für steuerbegünstigte Körperschaften das Buchwertprivileg auch dann, wenn sie allgemein steuerbegünstigte Zwecke i. S. der §§ 52–54 AO verfolgen, ausgenommen die Freizeitzwecke nach § 52 Abs. 2 Nr. 4 AO.

b) Die Änderung des § 10 b EStG hat das meiste Aufsehen in der Öffentlichkeit hervorgerufen.

Der Wunsch des Bundesverbandes, den Spendenrahmen allgemein von 5 bzw. 10 % auf 20 % des Gesamtbetrags der Einkünfte anzuheben, wurde nicht erhört. Dafür fiel dem Gesetzgeber eine andere Möglichkeit ein, das Spenden und Stiften steuerlich erheblich attraktiver zu machen:

aa) Zuwendungen an öffentlich-rechtliche und an steuerbegünstigte privatrechtliche Stiftungen sind nach dem neuen § 10 b Abs. 1 S. 3 EStG bis zur Höhe von jährlich DM 40.000,00 als Sonderausgaben abzugsfähig, soweit diese Zuwendungen gemeinnützigen, mildtätigen oder kirchlichen Zwecken mit Ausnahme der bereits genannten Freizeitzwecke dienen. Zur Erinnerung: Die Freizeitzwecke sind die der Tier- und Pflanzenzucht, der Kleingärtnerei, des traditionellen Brauchtums einschließlich des Karnevals, der Fastnacht und des Faschings, der Soldaten- und Reservistenbetreuung, des Amateurfunkens, des Modellflugs und des Hundesports.

bb) Neu eingefügt wurde ebenfalls § 10 b Abs. 1 a. Dieser lautet:

„Zuwendungen i. S. des Abs. 1, die anlässlich der Neugründung in den Vermögensstock einer Stiftung des öffentlichen Rechts oder einer nach § 5 Abs. 1 Nr. 9 des Körperschaftsteuergesetzes steuerbefreiten Stiftung des privaten Rechts geleistet werden, können im Jahr der Zuwendung in den folgenden neun Veranlagungszeiträumen nach Antrag des Steuerpflichtigen bis zu einem Betrag von DM 600.000,00 neben den als Sonderausgaben i. S. des Abs. 1 zu berücksichtigenden Zuwendungen und über den nach Abs. 1 zulässigen Umfang hinaus abgezogen werden. Als anlässlich der Neugründung einer Stiftung nach Satz 1 geleistet gelten Zuwendungen bis zum Ablauf eines Jahres nach Gründung der Stiftung. Der besondere Abzugsbetrag nach Satz 1 kann der

Höhe nach innerhalb des 10-Jahreszeitraumes nur einmal in Anspruch genommen werden. § 10 d Abs. 4 gilt entsprechend."

c) Ist Ihnen aufgefallen, dass der Sonderausgabenabzug von 5 bzw. 10 %, von DM 40.000,00 und von DM 600.000,00 völlig unterschiedliche Voraussetzungen hat?

Lassen Sie uns daher das Spektrum der einkommenssteuerlichen Sonderausgaben für Spenden nochmals betrachten:

aa) Ausgaben zur Förderung mildtätiger, kirchlicher, religiöser, wissenschaftlicher und der als besonders förderungswürdig anerkannten gemeinnützigen Zwecke sind bis zur Höhe von insgesamt 5 % des Gesamtbetrags der Einkünfte oder 2 ‰ der Summe der gesamten Umsätze und der im Kalenderjahr aufgewendeten Löhne und Gehälter als Sonderausgaben abzugsfähig. Für wissenschaftliche, mildtätige und als besonders förderungswürdig anerkannte kulturelle Zwecke erhöht sich der Vomhundertsatz um weitere 5 %. Diese Regelung gab es schon bisher, sie gilt weiter im Einkommensteuer- und Körperschaftsteuerrecht. Sie setzt voraus, dass der Spender unbeschränkt einkommen- oder körperschaftsteuerpflichtig ist. Auch der Empfänger muss nicht steuerbegünstigt sein. Maßgeblich ist nur der Zweck, für den die Spende geleistet wird. Handelt es sich um mildtätige oder kirchliche Zwecke, so gelten für deren Definition die §§ 53 und 54 AO. Die gemeinnützigen Zwecke sind beim allgemeinen Spendenrahmen allerdings selektiv aus § 52 AO entnommen: Nur für religiöse, wissenschaftliche und als besonders förderungswürdig anerkannte gemeinnützige Zwecke gilt der Spendenrahmen auf 10 % erhöht bei „als besonders förderungswürdig anerkannten kulturellen" Zwecken.

bb) Um zu erfahren, was als besondere förderungswürdig anerkannt ist, muss § 48 der Einkommensteuer-Durchführungsverordnung herangezogen werden, der in der neuen Fassung vom 10.05.2000 gilt. Wir haben § 48 EStDV nebst Anlage im Arbeitskreis des vergangenen Jahres besprochen.

Ich darf Sie daran erinnern, dass hierin (Anlage 1 zu § 48 Abs. 2 EstDV) eine Differenzierung zwischen sogenannten A- und B-Zwecken vorgenommen wurde. A-Zwecke sind im wesentlichen die bisher als besonders förderungswürdig bezeichneten gemeinnützigen Zwecke, B-Zwecke sind Sport- und Freizeitzwecke. Mitgliedsbeiträge sind nur zur Förderung mildtätiger, kirchlicher, religiöser, wissenschaftlicher und der in A bezeichneten Zwecke abzugsfähig, Spenden für A- und B-Zwecke.

Dies gilt, wie erwähnt, für alle Ausgaben zu steuerbegünstigten Zwecken.

cc) Dem gegenüber sind Zuwendungen an Stiftungen neuerdings in weiterem Umfang begünstigt.

Die Einschränkungen gelten hier für den Empfänger. Dieser muss eine öffentlich-rechtliche oder steuerbegünstigte Stiftung sein. Fördert sie mit der Spende gemeinnützige, mildtätige oder kirchliche Zwecke nach §§ 52–54 AO, mit Ausnahme der Freizeitzwecke, so sind schon dadurch die Voraussetzungen der Abzugsfähigkeit nach § 10 b S. 1 S. 3 EStG gegeben. Es kommt also nicht mehr auf eine besondere Förderungswürdigkeit und auf die A- und B-Liste an, um Zuwendungen bis zur Höhe von jährlich DM 40.000,00 als Sonderausgaben abziehen zu können.

Ebenso gilt nun für öffentlich-rechtliche oder steuerbegünstigte Stiftungen die Abzugsmöglichkeit nach § 10 b Abs. 1 b von DM 600.000,00. Dieser Abzug, der dem Steuerpflichtigen alle 10 Jahre zusteht, aber auch beliebig über diesen Zeitraum verteilt werden kann, ist nur bei Errichtung einer Stiftung und als Leistung zum Stiftungsvermögen zulässig. Hier wiederum fehlt die bei der laufenden 40.000,00 DM-Spende enthaltene Ausnahme der Freizeitzwecke.

dd) Für die Körperschaftsteuer gilt:

Steuerpflichtige Körperschaften können über den bisherigen Spendenrahmen hinaus Zuwendungen an Stiftungen des öffentlichen Rechts und an steuerbegünstigte Stiftungen des privaten Rechts zur Förderung aller steuerbegünstigter Zwecke i. S. der §§ 52–54, ausgenommen die Freizeitzwecke, bis zur Höhe von DM 40.000,00 abziehen.

Stiftungserrichtungen durch Körperschaften sind nicht gefördert. Es besteht also keine Möglichkeit des 600.000,00 DM-Abzugs. Bei Personengesellschaften ist der Abzug anteilig für den jeweiligen Gesellschafter zulässig.

ee) Gewerbesteuerlich ist durch die Ergänzung des § 9 Nr. 5 GewStG entsprechend geregelt, dass eine Körperschaft Zuwendungen bis zu DM 40.000,00 an öffentlich-rechtliche oder steuerbegünstigte Körperschaften leisten darf, wenn diese Spenden wiederum steuerbegünstigte Zwecke der §§ 52–54 AO, ausgenommen die Freizeitzwecke, fördern. Einzelunternehmen und Personengesellschaften, nicht jedoch Kapitalgesellschaften können Zuwendungen anlässlich der Neugründung in den Vermögensstock einer Stiftung des öffentlichen Rechts oder einer steuerbegünstigten Stiftung des privaten Rechts nach den allgemeinen Regeln bis zu DM 600.000,00 als Sonderausgaben abziehen.

d) Es stellt sich die berechtigte Frage, was unter einer Stiftung zu verstehen ist, die solche Vergünstigungen erhält und – beim Spender – verursacht.

aa) Wissenschaft, Praxis und Finanzverwaltung sind sich darüber einig, dass die angesprochene Rechtsform „Stiftung" nicht die „Stiftung GmbH" oder die „Stiftung e.V." mit einschließt. Gleichwohl erheben sich schon die Stimmen, die nach der verfassungsrechtlichen Zulässigkeit einer solchen rechtsformgebundenen Vergünstigung fragen.

bb) Erstaunlicherweise herrscht aber Einigkeit darüber, dass Stiftungen i. S. des § 10 b Abs. 1 S. 3 und Abs. 1 a EStG auch nichtrechtsfähige oder unselbständige Stiftungen sein können. Der Bundesfinanzminister hat dies in einem Schreiben an den Stifterverband für die Deutsche Wissenschaft vom 21.03.2000 ausdrücklich bestätigt.

Lassen Sie uns dem Phänomen ein wenig nachgehen. Das Stiftungsrecht nimmt die nichtrechtsfähige Stiftung kaum zur Kenntnis. Im BGB kommt sie nicht vor, und von den Landesgesetzen erwähnt sie lediglich Nordrhein-Westfalen und das für Thüringen, Sachsen und Sachsen-Anhalt noch geltende DDR-Stiftungsgesetz vom 13.09.1990.

Nordrhein-Westfalen definiert die nicht rechtsfähige Stiftung als „Vermögenswerte, deren sich der Stifter zugunsten eines uneigennützigen, auf die Dauer angelegten Zweckes entäußert, der nach seinem Willen durch einen anderen treuhänderisch zu erfüllen ist".

Ähnliches bestimmt das DDR-Stiftungsgesetz, das als Träger des Stiftungsvermögens nur eine juristische Person des privaten oder öffentlichen Rechts vorsieht.

Sie erkennen daraus, dass man zivilrechtlich mit der unselbständigen Stiftung nichts Rechtes anfangen kann. Man ist sich zwar darüber einig, dass es sich um Treuhandvermögen handelt, aber auch die Treuhandschaft ist im BGB nicht ausdrücklich geregelt.

Das Steuerrecht findet hier einen anderen Ansatz. Wir finden als Subjekt der Körperschaftsteuer in § 1 Abs. 1 Nr. 5 KStG „die nicht rechtsfähigen Vereine, Anstalten, Stiftungen und andere Zweckvermögen des privaten Rechts", alles unter dem Oberbegriff des Zweckvermögens.

Erstes Faktum ist also, dass Ertragsteuerprivilegien auch für nicht rechtsfähige Stiftungen gelten, sofern diese die Voraussetzungen der Steuerbegünstigung nach der Satzung und der tatsächlichen Geschäftsführung erfüllen. Sie werden wie rechtsfähige Stiftungen behandelt.

Zweites Faktum ist, dass eine nicht rechtsfähige Stiftung ein treuhänderisches Zweckvermögen ist. Somit liegt der Schluss nahe, dass zwei Rechtsgebilde mit identischer Satzung steuerbegünstigt sein können, von denen das eine als „Stiftung", das andere als „Zweckvermögen" bezeichnet wird. Die Neuregelung des § 10 b EStG gilt aber nur für nicht rechtsfähige Stiftungen. Damit wird die Rechtsformabhängigkeit zur „Bezeichnungsabhängigkeit". Jedes steuerbegünstigte Zweckvermögen muss also künftig als Stiftung bezeichnet werden, damit sich die Türe der Stiftungsprivilegien öffnet.

Nicht rechtsfähige Stiftungen werden künftig mehr Aufmerksamkeit als bisher erhalten: Wer schon eine Stiftung errichtet hat und dieser weitere Zuwendungen machen möchte, wird sich überlegen müssen, ob dies in Form einer Zustiftung sinnvoll ist. Zwar verbindet sich mit der Zustiftung die Spendenabzugsfähigkeit mit 5 bzw. 10 % des Gesamtbetrags der Einkünfte. Zusätzlich können bis zu jährlich DM 40.000,00 abgezogen werden. Die Abzugsfähigkeit von DM 600.000,00 gilt aber nur für die Neuerrichtung von Stiftungen, die bei der Zustiftung nicht stattfindet. So erhebt sich die Frage, ob bei größeren Zustiftungen nicht die Errichtung einer unselbständigen, nicht rechtsfähigen Stiftung in der Trägerschaft der bestehenden Stiftung vorzuziehen ist. Die Stiftungszwecke können identisch sein.

Notabene: Auch der Hundesportverein, der seinen Spendern nur 5 %ige Spendenabzüge zu bieten hat, kann als Träger einer 600.000,00 DM – nicht rechtsfähigen – Hundesport-Stiftung den Stiftern mit der Abzugsfähigkeit der Stiftungsdotierung dienen.

cc) Die nichtrechtsfähige Stiftung wird sich künftig auch im Bereich der Bürgerstiftungen einen Namen machen. Während nämlich das Kapitel des 600.000,00 DM-Abzuges ein Jahr nach der Errichtung der Bürgerstiftung abgeschlossen ist und größere Zustiftungen nur nach § 10 b Abs. 1 berücksichtigt werden können, sind unselbständige Stiftungen in der Trägerschaft der Bürgerstiftung mit der weiteren 600.000,00 DM-Abzugsfähigkeit bedacht.

Das gleiche gilt für die in zunehmendem Maß entstehenden „Regenschirm-Stiftungen", die einen generell steuerbegünstigten Zweck verfolgen und die Trägerschaft und Verwaltung für unselbständige Stiftungen anbieten, die mit eigenem Namen und spezifischem Zweck unter dem Dach der rechtsfähigen Stiftung auftreten.

e) Ein Hinweis sei noch für die Situation gegeben, dass der Spender verheiratet ist und mit seinem Ehegatten zusammen veranlagt wird. In diesem Fall können beide Ehegatten den 600.000,00 DM-Abzug nur einmal geltend machen. Wählen sie aber die getrennte Veranlagung, so gilt § 10 b Abs. 1 a EStG für beide Ehegatten.

3. Erbschaftsteuer-/Schenkungsteuer-Gesetz

Das bereits eingangs erwähnte erbschaft- oder schenkungsteuerliche Weitergabeprivileg bedeutete bisher, dass die Steuer nach § 29 ErbStG mit Wirkung für die Vergangenheit erlosch, soweit Vermögensgegenstände, die von Todes wegen oder durch Schenkung unter Lebenden erworben wurden, innerhalb von 24 Monaten nach dem Zeitpunkt der Entstehung der Steuer einer Stiftung zugewendet wurden, die „als gemeinnützig anzuerkennenden wissenschaftlichen oder kulturellen Zwecken diente". Ab 01.01.2000 ist dies auf steuerbegünstigte Zwecke i. S. der §§ 52–54 AO mit Ausnahme der Freizeitzwecke erweitert.

Die Erweiterung gilt allerdings nur für Erwerbe, für die die Steuer nach dem 31. Dezember 1999 entsteht. Bitte achten Sie darauf: Der Zeitpunkt der Entstehung der Steuer ist in § 9 ErbStG geregelt. Die Steuer entsteht beim Erben grundsätzlich mit dem Tod des Erblassers. Ist dieser also vor dem 01.01.2000 verstorben, so gilt noch die alte Regelung. Für Schenkungen unter Lebenden entsteht die Steuer mit dem Zeitpunkt der Ausführung der Zuwendung.

Schließlich wurde das Verzeichnis der Zwecke, die allgemein als besonders förderungswürdig i. S. des § 10 b Abs. 1 EStG anerkannt sind, durch Änderung der Anl. 1 zu § 48 der EStDV in Nr. 10 neu gefasst, nachdem mehr oder weniger versehentlich die Völkerverständigung herausgefallen war. Besonders förderungswürdig ist also nunmehr

„die Förderung internationaler Gesinnung, der Toleranz auf allen Gebieten der Kultur und des Völkerverständigungsgedankens, sofern nicht nach Satzungszweck und tatsächlicher Geschäftsführung mit der Verfassung unvereinbare oder überwiegend touristische Aktivitäten verfolgt werden."

III. Gesetz zur Änderung des Investitionszulagengesetzes vom 20.12.2000

Sie finden das Gesetz veröffentlicht in BGBl. 2000 I S. 1850 und im BStBl. 2001 I S. 28. Auf die Besprechung durch Schmidt/Völkers in „Stiftung und Sponsoring" 3/2001 S. 18 ff. sei hingewiesen.

1. Stiftungen haben nach dem in § 56 AO verankerten Gebot der Ausschließlichkeit nur ihre eigenen steuerbegünstigten satzungsmäßigen Zwecke zu verfolgen. § 57 AO schreibt vor, dass sie diese Zwecke selbst, also unmittelbar erfüllen müssen.

Als Ausnahmeregelung schließt § 58 Nr. 1 AO die Steuervergünstigung nicht aus, wenn eine Körperschaft Mittel für die Verwirklichung der steuerbegünstigten Zwecke einer anderen Körperschaft oder für die Verwirklichung der steuerbegünstigten Zwecke durch eine Körperschaft des öffentlichen Rechts beschafft. Solche Förder- oder Spendensammel-Körperschaften gibt es häufiger in der Rechtsform von Vereinen, aber auch bei Stiftungen. Die Beschaffung von Mitteln muss nach dem Anwendungserlass als Satzungszweck festgelegt sein. Weiterhin bestimmt der AEAO bisher: „Die Körperschaft, für die die Mittel beschafft werden, muss nicht steuerbegünstigt sein. Die Verwendung für die steuerbegünstigten Zwecke muss jedoch ausreichend nachgewiesen werden."

Im Gegensatz dazu gilt ab 01.10.2001 die Hinzufügung: „Die Beschaffung von Mitteln für eine unbeschränkt steuerpflichtige Körperschaft setzt voraus, dass diese selbst steuerbegünstigt ist."

Die bisherige Regelung war systematisch richtig; sie stellte auf den steuerbegünstigten Zweck ab. Wir wissen aber, dass steuerbegünstigte Zwecke von nicht steuerbegünstigten Körperschaften verfolgt werden können, z.B. durch private Forschungseinrichtungen oder gesellschaftliche Vereine mit mildtätigen Aktionen. Wir wissen auch, dass eine grundsätzlich steuerbegünstigte Körperschaft ihrer Steuerbegünstigung für einen Veranlagungszeitraum verlustig gehen kann. Da sich letzteres erst durch die Prüfung nach Abschluss des Veranlagungszeitraums herausstellt, hat die Körperschaft keine Chance zu einer Korrektur. Sie verliert in diesem Fall die Steuerbegünstigung.

Die Vertreter von Förder- und Sammelorganisationen sind daher angesprochen, das Sammeln von Mitteln für nicht steuerbegünstigte Körperschaften sofort einzustellen und künftig beim Empfänger laufende Nachweise über die dortige satzungsmäßige Verwendung der beschafften Mittel zu verlangen.

Nach wie vor ist es nicht erforderlich, den Empfänger der gesammelten Mittel in der Satzung der Förderkörperschaft anzugeben. Wenn es also nicht der Herzenswunsch Ihres Stifters war, gerade für diese Körperschaft zu sammeln, dann streichen Sie diese aus der Satzung, sonst sind Sie auf Gedeih und Verderb mit ihr steuerlich verbunden.

Für beschränkt steuerpflichtige Körperschaften, also insbesondere ausländische, darf Ihre Stiftung sammeln, sofern der Zweck – wie bisher – steuerbegünstigt ist. Handelt es sich also um einen ausländischen Empfänger, so ist darauf zu achten, dass dieser Zwecke verfolgt, die nach unserem Recht steuerbegünstigt sind, auch wenn sie nicht in Deutschland verwirklicht werden. International können z.b. mildtätige Zwecke und solche der Wissenschaft, Kultur und Völkerverständigung verwirklicht werden. Die allgemeine Förderung des demokratischen Staatswesens im Geltungsbereich der Abgabenordnung und die Förderung des Faschings und der Reservistenbetreuung sind dagegen inländische Zwecke, die durch § 58 Nr. 1 in seiner Neufassung nicht gedeckt sind.

2. § 64 AO regelt die Besteuerung wirtschaftlicher Geschäftsbetriebe. In Abs. 5 war auch bis jetzt bei Sammlungen von Altmaterial der Gewinn „auf die Höhe eines branchenüblichen Reingewinns" zu schätzen. Der neue Abs. 6 lässt eine gesetzlich fingierte wahlweise Gewinnschätzung von 15 % der Einnahmen für folgende wirtschaftliche Geschäftsbetriebe zu:

a) Werbung für Unternehmen, die im Zusammenhang mit der steuerbegünstigten Tätigkeit einschließlich Zweckbetrieben stattfindet,

b) Totalisatorbetriebe und

c) zweite Fraktionierungsstufe der Blutspendedienste.

Zu a)
Bei „Werbung für Unternehmen" geht es natürlich um steuerpflichtige Sponsoring-Einnahmen. Ich darf in Erinnerung rufen, dass Erträge aus Sponsoring steuerfrei sind, soweit der Gesponserte seine Nennung durch den Sponsor nur duldet und nicht an den Werbeleistungen des Sponsors mitwirkt. Beteiligt es sich jedoch aktiv an der Werbung, z.B. durch Ermöglichung der Bandenwerbung oder Herausgaben von werbenden Druckschriften, so betreibt er einen wirtschaftlichen Geschäftsbetrieb. Auch dieser Fall verliert seine Schrecken, wenn von der eingenommenen Million nur 15 %, also DM 150.000,00 als Gewinn zu versteuern sind, bei einem Körperschaftsteuersatz von 25 %, also gerade mal DM 37.500,00 oder 3,75 % der Einnahmen bezahlt werden müssen.

Einschränkend ist darauf hinzuweisen, dass die Sponsorwerbung nur dann pauschal abgerechnet werden kann, wenn sie „im Zusammenhang mit der steuerbegünstigten Tätigkeit erfolgt", typischerweise ist das die Banden- oder Trikotwerbung mit dem Sportereignis, die Werbung im Programmheft mit dem kulturellen Inhalt. Tragen die Sportler hingegen beim abendlichen

Fernsehinterview die Werbung für den Vereinssponsor am Hemdkragen, gilt die Pauschalierung nicht.

Zu b)

Totalisatorbetriebe kommen wohl ausschließlich im Pferderennsport vor, der sich größtenteils aus Rennwetten finanziert. Sie sind wirtschaftliche Geschäftsbetriebe zur Mittelbeschaffung und profitieren in gleicher Weise von der günstigen Pauschalregelung.

Zu c)

Noch tieferes Verständnis beim Steuerbürger als die Erleichterung der Besteuerung von Rennwetten wird die Einbeziehung der Blutspendedienste in die Pauschalregelung finden. Was die zweite Stufe der Blutfraktionierung allerdings bedeutet, fragen Sie am besten beim Deutschen Roten Kreuz nach.

Schließlich wird § 68 Nr. 6 AO, der schon bisher die Lotterien steuerbegünstigter Körperschaften als Zweckbetriebe einstufte, wenn sie höchstens zweimal im Jahr stattfanden, neu gefasst. Er gilt nun auch für häufigere Lotterien und Ausspielungen, z.B. Fernsehlotterien und Tombolen, „wenn ihr Reinertrag unmittelbar und ausschließlich zur Förderung mildtätiger, kirchlicher und gemeinnütziger Zwecke verwendet wird."

4. Einen Knüller des Gesetzes zur Änderung des Investitionszulagengesetzes habe ich Ihnen noch vorenthalten. Das ist die Änderung von § 8 b des Körperschaftsteuergesetzes. Weil das aber mehr in den Rahmen des Steuersenkungsgesetzes passt, überlasse ich die Ausführungen dazu Herrn Kollegen Spiegel.

Schlussbemerkung

Die Frage, ob Stiftungen mit dem runderneuerten Steuerrecht besser fahren, lässt sich rundweg mit „Ja" beantworten. Allein der Anstieg der Stiftungserrichtungen im Jahr 2000 zeigt, dass der Gesetzgeber die Weichen richtig gestellt hat.

Die Unternehmenssteuerreform

Harald Spiegel, Rechtsanwalt, Steuerberater, Wirtschaftsprüfer,
Sozietät Dr. Mohren & Partner, München

Durch die Ziele des Gesetzes zur Senkung der Steuersätze und zur Reform der Unternehmensbesteuerung (Steuersenkungsgesetz – StSenkG vom 23.10.2000, BGBl I 2000, S. 1433) ist eine wettbewerbsfähige und europataugliche Besteuerung der Unternehmen zu schaffen. Wettbewerbsfähig soll heißen, die Steuersätze auf ein im internationalen Vergleich attraktives Niveau zu senken, wobei der eintretende Steuerausfall teilweise durch die Verbreiterung der Bemessungsgrundlage der Steuern ausgeglichen werden soll. Mit europatauglich ist die Abschaffung des seit 1977 geltenden Anrechnungsverfahren bei Körperschaftsteuer gemeint; an dessen Stelle soll ein Verfahren der getrennten Besteuerung auf der Ebene der Kapitalgesellschaft und der Ebene des Gesellschafters eingeführt werden.

Die Unternehmenssteuerreform hat vielfältige Auswirkungen auf Stiftungen, nicht nur auf solche mit Unternehmensbeteiligungen. Der Beitrag behandelt folgende Änderungen:

1. Senkung der Steuersätze
2. Dividendenbesteuerung
3. Behandlung der alten Körperschaftsteuer-Guthaben
4. Steuerbefreiung von Anteilsveräußerungen
5. Verschärfung bei unerwünschter Darlehensfinanzierung durch steuerfreie Gesellschafter
6. Besteuerung der Destinatäre von Familienstiftungen
7. Neue Auffangtatbestände bei Kapitaleinkünften

1. Senkung der Steuersätze

a) Die seit 1999 geltenden Körperschaftsteuersätze für thesaurierte Gewinne von 40 % und für ausgeschüttete Gewinne von 30 % sinken einheitlich auf 25 %. Betroffen sind hiervon steuerpflichtige Stiftungen und wirtschaftliche Geschäftsbetriebe von steuerbegünstigten Stiftungen.

b) Der Steuersatz der Kapitalertragsteuer sinkt von bisher 25 % auf 20 %. (Zu den neu eingeführten Tatbeständen im Bereich der Kapitaleinkünfte vgl. Punkt 7.)

c) Der gespaltene Steuersatz bei der Körperschaftsteuer begünstigte bisher die Ausgliederung eines wirtschaftlichen Geschäftsbetriebes in eine GmbH: War der wirtschaftliche Geschäftsbetrieb mit 40 % Körperschaftsteuer belastet, so konnte die definitive Belastung im Rahmen einer Tochter-kapitalgesellschaft auf 30 % Körperschaftsteuer gesenkt werden. Durch den künftig einheitlichen Körperschaftsteuersatz von 25 % führt die Ausgliederung nicht mehr zu einem Steuersatzvorteil; gleichwohl kann sie aus anderen Gründen sinnvoll sein, z.b. bei zunehmender Größe des wirtschaftlichen Geschäftsbetriebes.

d) Die neuen Steuersätze sind grundsätzlich ab dem Veranlagungszeitraum 2001 anzuwenden.

2. Dividendenbesteuerung

a) Das bisher geltende sogenannte „Anrechnungsverfahren" umfasste die Körperschaftsteuerzahlung auf der Ebene der Kapitalgesellschaft, die aber zugleich dem Gesellschafter und Dividendenbezieher wie eine eigene Steuervorauszahlung zugerechnet wurde: Die bei der Kapitalgesellschaft einbehaltene Körperschaftsteuer wurde dem Gesellschafter als Einkommen zugerechnet und zugleich als Steuerguthaben „angerechnet".

Das neue sogenannte „Halbeinkünfteverfahren" führt zu einer steuerlichen Entkoppelung der beiden Ebenen der Gesellschaft und des Gesellschafters. Im ersten Schritt wird der Gewinn der Gesellschaft definitiv mit einer Körperschaftsteuer von 25 % besteuert. Nach Ausschüttung kommt es auf der Ebene des Gesellschafters zu einer zweiten zusätzlichen Besteuerung mit Einkommensteuer, die aber nur noch auf die Hälfte der Dividende erhoben wird. Die restlichen 50 % der Dividendeneinkünfte werden von der Steuer freigestellt.

b) Diese zusätzliche Besteuerung der halben Dividendeneinkünfte tritt erst bei einer Ausschüttung an einen Gesellschafter, der natürliche Person ist, ein. Bei Ausschüttungen von einer Körperschaft an eine andere Körperschaft innerhalb eines Konzerns erfolgt keine weitere Belastung mit Körperschaftsteuer, um eine Mehrfachbesteuerung mit definitiver Körperschaftsteuer zu vermeiden. Steuertechnisch wird dieses Ziel dadurch erreicht, dass Dividendenerträge, die eine Körperschaft von einer Kapitalgesellschaft bezieht, gemäß § 8 b Abs. 1 KStG von der Körperschaftsteuer freigestellt werden und zwar unabhängig von der Höhe und der Dauer ihrer Beteiligung.

c) Auswirkungen auf Stiftungen:

aa) Steuerbegünstigte Stiftungen

Dass der Gewinn der Kapitalgesellschaft einer Definitivbelastung mit Körperschaftsteuer unterliegt, ist gegenüber dem bisherigen Zustand kein Unterschied, da die steuerbegünstigte Stiftung als Anteilseigner schon im bisherigen Anrechnungsverfahren nicht anrechnungsberechtigt war.

Die neue zusätzliche Besteuerung der halben Dividendeneinkünfte führt bei der steuerbegünstigten Stiftung zu keiner zusätzlichen Belastung: In der Regel werden die Einkünfte im Bereich der Vermögensverwaltung zufließen, so dass sie generell keiner Ertragsteuer unterliegen. Wird die Beteiligung im wirtschaftlichen Geschäftsbetrieb gehalten, so wird die neue Befreiung von Ausschüttungen innerhalb eines Konzerns nach § 8 b Abs. 1 KStG wirksam.

Die Absenkung des Kapitalertragsteuersatzes bleibt ohne Auswirkung, da die Kapitalertragsteuer ohnehin erstattet wird.

Die Senkung des Körperschaftsteuersatzes um 5 % (von 30 % auf 25 %) führt grundsätzlich zu einer Erhöhung der zufließenden Netto-Dividende, sofern die Kapitalgesellschaft in der gleichen Höhe wie bisher ausschüttet. Anders als im bisherigen Körperschaftsteuerrecht begünstigt der nun einheitliche Körperschaftsteuersatz aber nicht mehr die Ausschüttung von Dividenden. Sind andere einkommensteuerpflichtige Mitgesellschafter vorhanden, führt die Ausschüttung bei diesen zu einer zusätzlichen Einkommensteuerbelastung. Tendenziell ist deshalb mit einer höheren Thesaurierungsquote zu rechnen. Stiftung, die mehrheitlich an Kapitalgesellschaften beteiligt sind, müssen deshalb prüfen, ob ihr Ausschüttungsbeschluss der Verpflichtung gerecht wird, ausreichend Mittel zur Verwirklichung der satzungsgemäßen Zwecke einzusetzen.

ba) Steuerpflichtige Stiftungen

Steuerpflichtige Stiftungen, die künftig Dividenden von Kapitalgesellschaften beziehen, müssen diese nach dem Prinzip der Befreiung von Ausschüttungen im Konzern (§ 8 b Abs. 1 KStG) nicht mehr mit Körperschaftsteuer versteuern.

d) Der zeitliche Anwendungsbereich des neuen Verfahrens ist abhängig vom Geschäftsjahr der ausschüttenden Gesellschaft:

Entspricht dieses dem Kalenderjahr, dann gilt das Verfahren für alle Dividenden, die im Jahr 2002 für das Geschäftsjahr 2001 ausgeschüttet werden.

Hat die ausschüttende Gesellschaft ein abweichendes Wirtschaftsjahr, so wird die Anwendung des neuen Verfahrens um 1 Jahr in die Zukunft verschoben.

Mit anderen Worten: Entspricht das Geschäftsjahr der ausschüttenden Gesellschaft dem Kalenderjahr, so werden die Gewinne des Geschäftsjahres 2000 nach altem Recht, die Gewinne des Geschäftsjahres 2001 nach neuem Recht besteuert.

3. Behandlung der alten Körperschaftsteuerguthaben

Nach dem alten Anrechnungsverfahren war in der ausschüttenden Kapitalgesellschaft dadurch ein Körperschaftsteuerguthaben gespeichert, dass die thesaurierten Gewinne zuerst mit 40 % Körperschaftsteuer besteuert wurden und erst bei der späteren Ausschüttung der Steuersatz auf 30 % ermäßigt wurde. Bei jeder Ausschüttung musste deshalb geprüft werden, inwieweit der ausgeschüttete Betrag mit Körperschaftsteuer vorbelastet war. Um dies zu ermitteln, wurde das Eigenkapital der Kapitalgesellschaft steuerlich in verschiedene sogenannte Eigenkapitaltöpfe gegliedert, die je nach ihrer Vorbelastung mit Körperschaftsteuer belegt waren. Für die Realisierung der in diesen nach dem alten System gegliederten „EK-Töpfen" vorhandene Körperschaftsteuerguthaben sieht das Steuersenkungsgesetz eine Übergangsregelung vor (Geschäftsjahr = Kalenderjahr):

Die letzte Eigenkapitalgliederung nach dem bisherigen System wird zum 31.12.2000 durchgeführt. Ausschüttungen im Jahr 2001 für das Geschäftsjahr 2000 werden wie bisher mit dem Eigenkapital zum 31.12.2000 verrechnet. Ein danach verbleibendes Körperschaftsteuerguthaben aus Gewinnen, die bis 1998 entstanden sind (sog. EK 45, weil mit dem Thesaurierungssatz von 45 % besteuert), werden zwangsweise in andere Guthabentöpfe umgegliedert (in EK 40 und EK 02). Danach wird ein endgültig übrig bleibendes Körperschaftsteuerguthaben zum 31.12.2001 gebildet und zwar in Höhe von 1/6 des Endbestandes des EK 40-Topfes. Dieses Körperschaftsteuerguthaben wird in den folgenden 15 Jahren (2002 bis 2016) eingelöst und zwar jeweils mit 1/6 der erfolgten Gewinnausschüttung. Jeweils in Höhe von 1/6 der erfolgenden Ausschüttung wird also die Körperschaftsteuer gemindert. Im Ergebnis werden damit alle Altgewinne, die bis zum 31.12.2000 entstanden sind, mit dem alten Ausschüttungskörperschaftsteuersatz von 30 % besteuert.

Für Ausschüttungen von Altgewinnen im Konzern gilt quasi das Anrechnungsverfahren noch 15 Jahre weiter. Für körperschaftsteuerpflichtige Körperschaften als Anteilseigner (dazu gehört auch die körperschaftsteuerpflichtige Stiftung) löst die Dividende eine Erhöhung der Körperschaftsteuer und die Anrechnung eines entsprechend hohen Körperschaftsteuerguthabens aus (§ 37 Abs. 3 KStG).

Die komplizierten Übergangsregelungen können in bestimmten Fällen Handlungsbedarf auslösen:

Die Zwangsumgliederung von altem EK 45-Guthaben führt zu einem Verlust an Körperschaftsteuerguthaben, wenn nicht in der Folge das gesamte Eigenkapital aus den Guthaben EK 40 und EK 02, in die zwangsumgegliedert wurde, voll ausgeschüttet werden kann. Es kann deshalb unter Umständen sinnvoll sein, die Zwangsumgliederung zu vermeiden, indem der EK 45-Bestand vorher voll ausgeschüttet wird. Bei sehr hohen Altbeständen an EK 45 führt das jedoch zu einem hohen Eigenkapitalverlust der Gesellschaft. Um den Eigenkapitalentzug rückgängig zu machen, bietet sich das sog. „Schütt-aus-hol-Zurück-Verfahren" an. Damit ist ein Verfahren gemeint, bei dem im Anschluss an die Ausschüttung eine Wiedereinlage der ausgeschütteten Gewinnanteile in die Gesellschaft erfolgt. Bei gemeinnützigen Gesellschaftern ist dieses Verfahren jedoch aus folgenden Gründen problematisch:

Zunächst führt die ausgeschüttete Dividende zu Einkünften im Bereich der Vermögensverwaltung und zu zeitnah verwendungspflichtigen Mitteln. Die freie Rücklage nach § 58 Nr. 7 a AO darf nur in Höhe von 1/3 hieraus gebildet werden. Die Wiedereinlage der vollen Ausschüttung ist also nur unter besonderen Umständen möglich, z.B., wenn ein notwendiger Kapitalbedarf betriebswirtschaftlich nachgewiesen werden kann, so dass die Wiedereinlage über eine Kapitalerhöhung der Gesellschaft, die dem Erhalt der Beteiligungsquote der Stiftung gemäß § 58 Nr. 7 b AO dient, durchgeführt werden kann. In jedem Fall ist die Realisierung und Nutzbarmachung des eingeschlossenen Körperschaftsteuerguthabens kein ausreichender Grund, der die Wiedereinlage des Eigenkapitals entgegen der Verpflichtung zur zeitnahen Mittelverwendung rechtfertigt.

Dadurch, dass künftig der gespaltene Körperschaftsteuersatz wegfällt und keine Körperschaftsteuerguthaben mehr entstehen, wird das Schütt-aus-hol-zurück-Verfahren seine Bedeutung verlieren.

Denkbar sind auch Fälle, dass neue Stiftungen, die noch die neue Thesaurierungsmöglichkeit nach § 58 Nr. 12 AO in den ersten drei Jahren ihres Bestehens in Anspruch nehmen können, eine besonders hohe Ausschüttung von Altgewinnen ihrer Gesellschaft zur Aufstockung ihres Stiftungsvermögens verwenden können.

4. Steuerbefreiung von Anteilsveräußerungen

Die neue Steuerbegünstigung von Anteilsveräußerungen (§ 8 b Abs. 2, Abs. 3 KStG) hat ihren Grund darin, dass Anteilsveräußerungen steuerlich gleich behandelt werden sollen, wie die Besteuerung von Dividenden: Der Ertragswert, der heute bei Anteilsveräußerungen in der Regel zugrundegelegt wird, repräsentiert letztlich die zukünftig erwarteten Dividenden der veräußerten Gesellschaft. Die Anteilsveräußerung stellt somit letztlich die Vorwegnahme der künftig erwarteten Dividende dar und soll steuerlich so wie diese behandelt werden.

Nach der Neuregelung müssen Anteilseigner, die körperschaftsteuerpflichtig sind, ihre Gewinne aus der Veräußerung von Anteilen an Kapitalgesellschaften nicht mehr versteuern. Anteilseigner, die einkommensteuerpflichtig sind, brauchen Gewinne aus der Veräußerung von Anteilen nur noch in Höhe der halben Einkünfte aus Anteilsveräußerungen zu versteuern.

Während im Steuersenkungsgesetz ursprünglich noch die Regelung vorhanden war, dass nur solche Anteile begünstigt sind, die im Betriebsvermögen mindestens 1 Jahr gehalten wurden, sind diese beiden Voraussetzungen durch das spätere Gesetz zur Änderung des Investitionszulagengesetzes 1999 (BGBl I 2000, S. 1859) gestrichen worden.

Als Konsequenz der Steuerfreistellung der Veräußerungsgewinne können umgekehrt Veräußerungsverluste und Teilwertabschreibungen auf Beteiligungen nicht mehr mit steuerlicher Wirkung abgezogen werden (§ 8 b, Abs. 3 KStG).

Die Neuregelungen betreffen insbesondere die sog. „einbringungsgeborenen Anteile". Damit sind solche Geschäftsanteile gemeint, die aus einem Vorgang entstanden sind, bei dem die Versteuerung bereits vorhandener stiller Reserven vermieden und in die Zukunft verschoben wurde. Zu denken ist z.B. an die Übertragung eines Betriebes in eine Kapitalgesellschaft zu Buchwerten ohne die Aufdeckung der im Betrieb vorhandenen stillen Reserven mit der Folge, dass auch die durch die Einbringung erworbenen Geschäftsanteile mit den niedrigen Buchwerten bewertet werden, so dass die Nachversteuerung der stillen Reserven des Betriebes erst später erfolgt, wenn die durch die Einbringung erworbenen Geschäftsanteile = einbringungsgeborene Geschäftsanteile an einen Dritten veräußert werden. Im Ergebnis setzen sich also noch nicht versteuerte stille Reserven in den aus der Einbringung erworbenen Anteilen fort und werden erst bei Veräußerung der Anteile besteuert. Diese Nachversteuerung erfolgte bisher gemäß § 21 Abs. 3 Nr. 2 Umwandlungssteuergesetz ohne Ausnahme.

Nach neuem Recht ist nunmehr die steuerfreie Veräußerung auch einbringungsgeborener Anteile möglich und zwar nach einer Haltedauer von 7 Jahren.

Auswirkung auf Stiftungen:

aa) Steuerbegünstigte Stiftungen

Die neue Begünstigung für Anteilsveräußerungen wirkt sich für solche Anteile aus, die im wirtschaftlichen Geschäftsbetrieb gehalten wurden (Anteile, die im Bereich der Vermögensverwaltung gehalten wurden, konnten schon jetzt ohne Steuerbelastung umgeschichtet werden).

Einbringungsgeborene Anteile können künftig nach einer Haltedauer von 7 Jahren steuerfrei veräußert werden.

ba) Steuerpflichtige Stiftungen

Gemäß § 8 b Abs. 2 KStG sind Anteilsveräußerungen künftig generell von der Körperschaftsteuer freigestellt.

Die neuen Regelungen gelten für Veräußerungen ab dem Kalenderjahr 2002, wenn das Geschäftsjahr dem Kalenderjahr entspricht.

5. Verschärfung der Maßnahmen gegen unerwünschte Darlehensfinanzierung durch steuerfreie Gesellschafter

Mit dem Standortsicherungsgesetz wurde 1994 eine Regelung in das Körperschaftsteuerrecht aufgenommen, deren Ziel war, solche Gestaltungen zu vermeiden, mit denen ausländische Gesellschafter Gewinne ihrer inländischen Tochtergesellschaft in das niedrig besteuerte Ausland verschoben, indem sie der deutschen Tochtergesellschaft unangemessen hohe Darlehen gewährten. Gewährt der Gesellschafter in solchen Fällen Fremdkapital anstelle von Eigenkapital, entsteht bei der inländischen Tochtergesellschaft der Zinsaufwand, während im niedriger besteuerten Ausland der Zinsgewinn anfällt. Die neue Regelung des Standortsicherungsgesetzes war gegen alle nicht anrechnungsberechtigten Gesellschafter, einschließlich der steuerbegünstigten Gesellschafter gerichtet. Sie galt für solche Gesellschafter, die wesentlich, also in Höhe von mehr als 25 % an der Gesellschaft beteiligt waren. Die Regelung sah vor, dass Darlehenszinsen in den unerwünschten Darlehensfällen als nicht abzugsfähig und als sog. verdeckte Gewinnausschüttung behandelt wurden.

Da das Steuersenkungsgesetz das Anrechnungsverfahren abschafft, musste auch der „nicht anrechnungsberechtigte Gesellschafter" in dieser Regelung entfallen. Künftig werden also bestimmte Gesellschafterdarlehen disqualifiziert, wenn die steuerliche Erfassung der Zinsen im Rahmen der Veranlagung des Anteilseigners nicht mehr gesichert ist. Mit der „Erfassung" ist die tatsächliche Besteuerung der Zinsen beim Anteilseigner gemeint; bei·steuerbegünstigten

Anteilseignern, die ihre Zinsen zwar im Rahmen der Vermögensverwaltung erklären, aber nicht der Besteuerung unterwerfen, liegt eine „Erfassung" in diesem Sinne nicht vor. Durch diesen Punkt sollte also der Anwendungsbereich der Regelung zur sog. Gesellschafterfremdfinanzierung nicht geändert werden, auch steuerbegünstigte Gesellschafter sind nach wie vor von dieser Regelung betroffen.

Die Verschärfung der Regelung liegt in folgendem:

- Darlehenszinsen, die nicht nach einem Prozentsatz vom Kapital, sondern gewinn- oder umsatzabhängig bemessen werden, sind künftig gar nicht mehr abziehbar.

- Darlehenszinsen, die nach einem Prozentsatz des Kapitals bemessen werden, sind nur noch bis zum 1,5-fachen (bisher 3-fachen) des anteiligen Eigenkapitals abziehbar.

- Bei Holdinggesellschaften ist der Abzug nur noch bis zum 3fachen (bisher 9fachen) des anteiligen Eigenkapitals möglich.

- Die Neuregelungen gelten ab dem Jahr 2001; maßgebend für die Bemessung des anteiligen Eigenkapitals ist die Handelsbilanz zum 31.12.2000.

6. Besteuerung der Destinatäre von steuerpflichtigen Stiftungen

Bisher war die Besteuerung von Leistungen an Destinatäre von Stiftungen als sog. wiederkehrende Bezüge gemäß § 22 Nr. 1 EStG wie folgt geregelt:

- Wenn der Geber (Stiftung) unbeschränkt steuerpflichtig war, wurden die Bezüge ihm (und nicht dem Empfänger) zugerechnet.

- Wenn der Geber (Stiftung) steuerbegünstigt war, wurden die Bezüge dem Empfänger zugerechnet und von ihm in voller Höhe versteuert.

Nach dem Steuersenkungsgesetz ändert sich die Besteuerung der Leistungen von steuerpflichtigen Stiftungen (bei steuerbegünstigten Stiftungen bleibt es wie bisher bei der vollen Besteuerung beim Empfänger; hier besteht kein Halbeinkünfteverfahren, weil keine Vorbelastung beim Geber erfolgt).

Da auf der Ebene der steuerpflichtigen Stiftung der Körperschaftsteuersatz auf 25 % sinkt, wird als Ausgleich auf der Ebene des empfangenden Destinatärs die Leistung mit einer zusätzlichen Einkommensteuer im Halbeinkünfteverfahren belastet. Die Leistungen sind also beim Empfänger steuerpflichtig (§ 22 Nr. 1 S. 2 a EStG), werden aber in Höhe von 50 % von der Einkommensteuer freigestellt (§ 3 Nr. 40 IEStG).

Erfasst werden grundsätzlich alle Zuflüsse ab dem Jahr 2001. Das Halbeinkünfteverfahren tritt aber grundsätzlich ab dem Jahr 2002 in Kraft, so dass zwar im Jahr 2001 eine Doppelbesteuerung möglich ist. Die Vermeidung der Doppelbesteuerung soll jedoch im Rahmen eines Einführungsschreibens des Bundesfinanzministeriums klargestellt werden.

7. Neue Auffangtatbestände bei Kapitaleinkünften

Mit dem Ziel, bestimmte Körperschaften, wie z.b. Stiftungen, steuerlich den Kapitalgesellschaften gleichzustellen, wurden durch das Steuersenkungsgesetz verschiedene Neuregelungen bei den Kapitaleinkünften eingeführt, die im Prinzip zu einer Vorbelastung mit 25 % auf der Ebene der Körperschaft und zu einer Nachbelastung von 50 % der Ausschüttungen führen sollen. Bei den betroffenen Fällen handelt es sich laut der Gesetzesbegründung um „Vermögensübertragungen an die hinter diesen Gesellschaften stehenden Personen, die wirtschaftlich mit Gewinnausschüttungen vergleichbar sind." Es geht also um eine Art „Quasi-Ausschüttungen", die durch einen neuen Kapitalertragsteuerabzug belastet werden sollen (§ 43 Abs. 1 Nr. 7 a, b, c EStG).

Betroffen sind folgende drei Fälle:

• Leistungen einer steuerpflichtigen Stiftung

• Leistungen von Betrieben gewerblicher Art in eigener Rechtspersönlichkeit

• Gewinne aus unselbständigen Betrieben gewerblicher Art oder wirtschaftlichen Geschäftsbetrieben, die für außerbetriebliche Zwecke verwendet werden

Die neuen Regelungen sollen ab dem Jahr 2002 gelten, wenn das Geschäftsjahr der betroffenen Körperschaft dem Kalenderjahr entspricht.

Die Neuregelungen sind zum Teil in ihrem Anwendungsbereich noch nicht geklärt (z.B. Abgrenzung einer Leistung nach § 20 Abs. 1 Nr. 9 EStG gegenüber wiederkehrenden Bezügen nach § 22 Nr. 2 EStG), zum anderen führen sie zu einer nicht unerheblichen Verkomplizierung des Steuerrechts, ohne dass eine echte neue Steuerfolge entsteht.

Beispiel:
Gewinne eines wirtschaftlichen Geschäftsbetriebes, die für Zwecke außerhalb des wirtschaftlichen Geschäftsbetriebes verwendet werden (§ 20 Abs. 1 Nr. 10 b EStG) müssen prinzipiell bei Bilanzerstellung mit Kapitalertragsteuer nachbelastet werden (§ 43 Abs. 1 Nr. 7 c EStG). Der Kapitalertragsteuerabzug kann aber entfallen, wenn die gemeinnützige Stiftung die formellen Voraussetzun-

gen für die Abstandnahme vom Kapitalertragsteuerabzug erfüllt, d.h. sich selbst durch Vorlage einer Bescheinigung des zuständigen Finanzamtes nachweist, dass sie eine steuerbegünstigte Körperschaft ist (§ 44 a Abs. 4 und Abs. 7 EStG).

Ergebnisse:

1. Die Körperschaftsteuerbelastung steuerpflichtiger Stiftungen und wirtschaftlicher Geschäftsbetriebe sinkt auf 25 %.

2. Bei Ausschüttungen steigen die Netto-Dividenden-Einnahmen durch die Absenkung des Körperschaftsteuersatzes um 5 %.

3. Einbringungsgeborene Anteile sind spätestens nach einer Haltefrist von 7 Jahren steuerfrei veräußerbar.

4. Leistungen an Destinatäre steuerpflichtiger Stiftungen unterliegen künftig der Einkommensteuer im Halbeinkünfteverfahren.

Literaturhinweise

Dr. Manfred Orth, Stiftungen und Unternehmenssteuerreform, Deutsches Steuerrecht 2001, S. 325

Prof. Dr. Rainer Hüttemann, Die Unternehmenssteuerreform, Deutsche Stiftungen 1/2001, S. 72

Dr. Christian von Oertzen, Auswirkungen der Unternehmenssteuerreform auf inländische Familienstiftungen, Stiftung & Sponsoring 2/2001, S. 24

Dr. Ambros Schindler, Auswirkungen der Unternehmenssteuerreform auf steuerbefreite Körperschaften, DER BETRIEB 2001, S. 448

Dr. Christoph Mecking, Stiftung und Unternehmenssteuerreform, Deutsche Stiftungen 3/2000, S. 64

2. Ergebnisniederschrift über die Sitzung des Arbeitskreises Deutscher Stiftungen

„Immobilienmanagement"

am 31. Mai 2001
im Mediapark, Köln

zu den Themen: **Werterhaltungsmanagement als Basis nachhaltiger Portfolioentwicklung. Immobilienentwicklung als Reaktion auf den Markt**

Jürgen Ehrlich, Mitglied des Vorstands der Deutschen Immobilien Fonds AG (DIFA), Hamburg

Immobilienanlagen im Vermögen einer Stiftung unter den Aspekten Diversifikation und Internationalität. Formen und Renditeerwartungen von Immobilienanlagen

Norbert A. Völler, Vorstand Merck-Finck-Treuhand AG für Privat- und Stiftungsvermögen, Frankfurt

Das Erbbaurecht – aktuelle Entwicklungen aus Rechtsprechung und Praxis

Ulrike Kost, Kirchenrechtsdirektorin der Evangelischen Pflege Schönau, Heidelberg

Leitung: Ulrike Kost, Kirchenrechtsdirektorin der Evangelischen Pflege Schönau, Heidelberg

Kurzbericht über die Sitzung des Arbeitskreises

Ulrike Kost, Arbeitskreisleiterin

Erstmalig tagte in Köln der neue Arbeitskreis Immobilienmanagement, der aus der Trennung des alten Arbeitskreises Kommunal- und Grundstücksrecht hervorgegangen ist. Die Leiterin des Arbeitskreises, Ulrike Kost, begrüßte als Gast Herrn Georg Michael Primus und dankte ihm für die Leitung des bisherigen Arbeitskreises.

Ulrike Kost, Arbeitskreisleiterin

Anknüpfend an die Themen der Jahrestagung in Weimar lag der Schwerpunkt der Vorträge im Portfoliomanagement, insbesondere der indirekten Anlage in Immobilien. Jürgen Ehrlich, Mitglied des Vorstandes der Deutsche Immobilienfonds AG, referierte über Werterhaltungsmanagement als Basis nachhaltiger Portfolioentwicklung. Er machte deutlich, welche Werterhaltungskomponenten heute bei der Disposition von Immobilien vorrangig zu betrachten sind. Der Schwerpunkt seiner Ausführungen lag dabei im Bereich Gewerbe-Immobilien. Auf diesem Markt zeigt sich zunehmend eine Verschiebung von standardisierten Bauten zum individuell entwickelten Projekt, bei dem nicht einfach ein Gebäude, sondern Leben und Erleben, d.h. die Immobilie als *event*, im Vordergrund steht. Die Immobilie wird zur Ware und aktive Kunden bzw. Zielgruppenorientierung notwendiger denn je. Der Kunde wird zum Gast. Es entstehen neue Immobilienformen wie Cityquartiere, ein *third place* als neue Dimension zwischen Büro und Wohnung. Immobilienentwicklungen dieser Größenordnungen sind für die meisten Anleger nicht mehr im Bereich der Direktanlage finanzierbar, so dass dieses Segment nur im Rahmen von Immobilienfondsanteilen in das Portfolio aufgenommen werden kann.

Herr Ehrlich vermittelte mit seiner langjährigen Erfahrung in der Immobilienbranche in anschaulicher Weise die Entwicklungen des Immobilienmarkts.

Mit dem Thema Immobilienanlagen im Vermögen einer Stiftung unter den Aspekten Diversifikation und Internationalität sowie Formen und Renditeerwartungen von Immobilienanlagen beschäftigte sich Norbert Völler, Vorstand der Merck-Finck Treuhand AG.

Kapitalerhalt durch Immobilien als Beimischung im Stiftungsvermögen war sein Schwerpunkt, in den er durch die Skizzierung der verschiedenen Möglichkeiten von Immobilienanlagen einführte. Als Alternative zu Beteiligungen an Immobilienfonds stellte Herr Völler die Anlage in Immobilienaktien vor. Anhand eines Fonds für Immobilienaktien des Bankhauses Ellwanger und Geiger erläuterte er die Möglichkeiten dieser Anlageform, die im Rahmen der Diversifizierung des Immobilienportfolios eine interessante Anlagemöglichkeit darstellt, die in Risiko und Rendite auf der Basis der bisher vorliegenden Zeitreihen zwischen den offenen Immobilienfonds und dem allgemeinen Aktiendepot anzusiedeln ist.

Die lebhafte und durchaus kritische Diskussion zu beiden Vorträgen machte deutlich, dass diese Themen für alle Stiftungsverwalter aktuell waren.

Wie gewohnt kam auch das Thema Erbbaurecht nicht zu kurz, das die Leiterin des Arbeitskreises, Ulrike Kost, mit einer knappen Einführung zum ausliegenden Paper ergänzte. Sie sprach dabei die Weiterentwicklung der Arbeitshilfe Erbbaurechtsvertrag, die Auswertung des Fragebogens Erbbaurecht und einige neue Gerichtsurteile an.

Werterhaltungsmanagement als Basis nachhaltiger Portfolioentwicklung. Immobilienentwicklung als Reaktion auf den Markt

Jürgen Ehrlich, Mitglied des Vorstands der Deutschen Immobilien Fonds AG (DIFA), Hamburg

Jürgen Ehrlich, F.R.I.C.S.
Mitglied des Vorstandes

Werterhaltungsmanagement als Basis nachhaltiger Portfolioentwicklung

DIFA
Deutsche Immobilien Fonds AG

57. Jahrestagung des Bundesverbandes deutscher Stiftungen
Arbeitskreis Immobilienmanagement
31. Mai 2001

Sicherheit mit Gesetz und Kontrolle

DIFA ist ein Spezialkreditinstitut für Offene Immobilienfonds

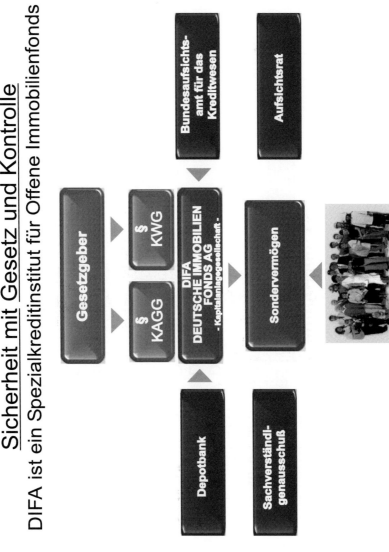

Gesetzgeber

§ KWG

§ KAGG

DIFA DEUTSCHE IMMOBILIEN FONDS AG
- Kapitalanlagegesellschaft -

Bundesaufsichts-
amt für das
Kreditwesen

Aufsichtsrat

Sondervermögen

Depotbank

Sachverständl-
genausschuß

DIFA Deutsche Immobilien Fonds AG

Gründung 1965

Auflegung der Fonds

1966	DIFA-Fonds Nr. 1
1985	DIFA-GRUND
1989	DIFA-Fonds Nr. 3
1991	DIFA-Fonds Nr. 4

Fondsvermögen

Alle vier Fonds 17,9 Mrd. DM

Immobilienbestand

161 Pro- und Objekte in

Deutschland – Europa – USA

Summe Verkehrswerte 16,0 Mrd. DM

Quelle: DIFA Research
Stand: Mai 2001

DIFA International

141 Pro- und Objekte
1.737.000 m²
11,9 Mrd. DM

London

9 Objekte
130.000 m²
2,5 Mrd. DM

Atlanta, Washington

3 Objekte
80.000 m²
0,5 Mrd. DM

Paris

6 Objekte
95.000 m²
1,0 Mrd. DM

Madrid

1 Objekt
5.000 m²
0,05 Mrd. DM

Brüssel

1 Objekt
23.000 m²
0,09 Mrd. DM

74 % Inland   **26 % Ausland**
Stand: Mail 2001   (nach Immobilienvermögen)

Immobilienregionen

Regionale Verteilung der SV-Werte bei DIFA (alle Fonds) in Mio. DM incl. Beteiligungen und Projektentwicklungen mit kalk. Werten

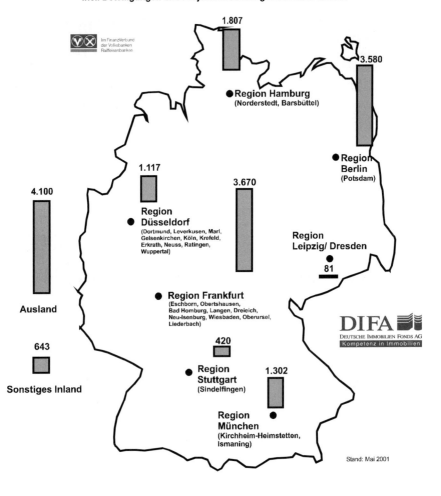

ARBEITSKREIS IMMOBILIENMANAGEMENT
JT 2001

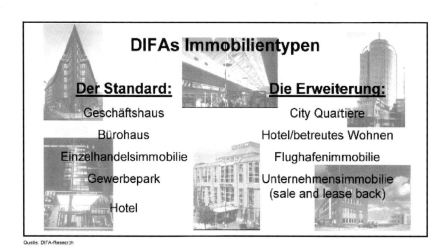

DIFAs Immobilientypen

Der Standard:

Geschäftshaus

Bürohaus

Einzelhandelsimmobilie

Gewerbepark

Hotel

Die Erweiterung:

City Quartiere

Hotel/betreutes Wohnen

Flughafenimmobilie

Unternehmensimmobilie
(sale and lease back)

Quelle: DIFA-Research

 Im FinanzVerbund
der Volksbanken
Raiffeisenbanken

DIFA
DEUTSCHE IMMOBILIEN FONDS AG
Kompetenz in Immobilien

DIFAs Immobilien – Produktmerkmale

Lage, Lage, Lage

Struktur

Technische Ausstattung

Innenarchitektur

Erscheinung

Dienste

Miete

Quelle: DIFA Research   Timing, Timing, Timing

DIFA-Produktstrategie:
Ankäufe im <u>Inland</u> 1990-2000
(Gesamt: 11,2 Mrd. DM, einschl. Projekte, die z.Zt. im Bau sind,
dazu im <u>Ausland</u> 3,6 Mrd. DM nur Bürohäuser)

City Quartiere
29%

Bürohaus
40%

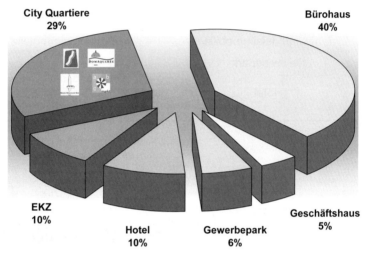

EKZ
10%

Hotel
10%

Gewerbepark
6%

Geschäftshaus
5%

Kein anderer Fonds hat eine so stringente Produktstrategie

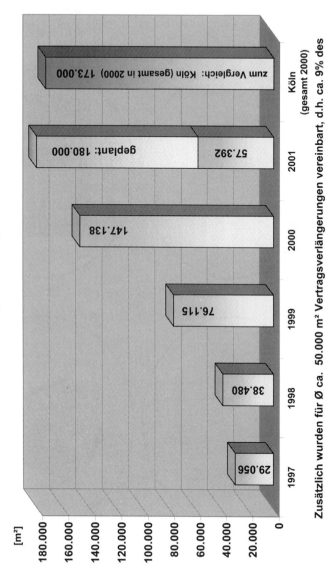

Neuvermietungsleistung bei DIFA

[m²]

180.000
160.000
140.000
120.000
100.000
80.000
60.000
40.000
20.000
0

1997: 29.056
1998: 38.480
1999: 76.115
2000: 147.138
2001: 57.392 / geplant: 180.000
zum Vergleich: Köln (gesamt in 2000) 173.000

Köln (gesamt 2000)

Zusätzlich wurden für Ø ca. 50.000 m² Vertragsverlängerungen vereinbart, d.h. ca. 9% des Gesamtbestandes werden jährlich vermarktet.

Stand: 27.04.2001. Quelle Flächenabsatz Köln: MÜLLER Office Market Report 2001.

DIFA
DEUTSCHE IMMOBILIEN FONDS AG
Kompetenz in Immobilien

Im Finanzverbund der Volksbanken Raiffeisenbanken

DIFA
DEUTSCHE IMMOBILIEN FONDS AG
Kompetenz in Immobilien

Werterhaltungskomponenten

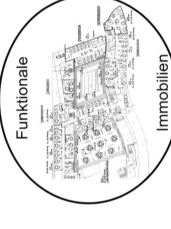

Funktionale
Immobilien

Nachgefragte
Immobilien

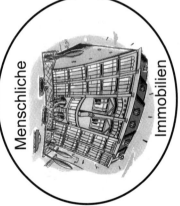

Menschliche
Immobilien

Sachwert
Immobilien

Im FinanzVerbund
der VolksLanken
RaiffeisenDanken

ARBEITSKREIS IMMOBILIENMANAGEMENT
JT 2001

Das Instrumentarium für ein marktfähiges Immobilienmanagement

- **Immobilien-Strategie und Research**
  - gesellschaftliche Trends
  - internationale und regionale Entwicklungen
  - Immobilienproduktentwicklungen
  - Innovationen
  - Umfeldbeobachtungen
  - Standortanalysen
  - Mietenentwicklung und Prognose

- **Immobilien-Controlling - Immobilienanalyseprogramm**
  - umfangreiche Objekt- und Standortaufnahme
  - Renditeberechnung
  - Wertentwicklungsrechnung

Die Immobilien sind unsere Ware:
Immobilienmarketing als Kundenbindungsmanagement

Langzeitzyklen – der sechste Kondratieff

Basisinnovation Gesundheit

Das Netz neuer Produkte, Verfahren, Dienstleistungen und Technologien, das den nächsten Langzyklus tragen wird, wird aus den Branchen **Information, Umwelt** (einschließlich Solartechnik), **Biotechnologie** und **Medizin** bestehen.

Langzeitzyklen nach Kondratieff

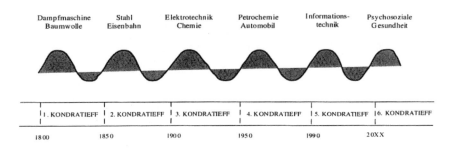

In der Vernetzung zwischen dem fünften und sechsten Kondratieff steckt ein enormes Innovations- und Produktivitätspotential.

Das erste Mal wird der Mensch im Mittelpunkt einer Basisinnovation stehen.

Zitat aus: Leo A. Nefiodow, Der sechste Kondratieff, 4. Auflage 2000.

Im FinanzVerbund
der Volksbanken
Raiffeisenbanken

Aktuelle Diskussionen zu gesellschaftlichen Trends in Verbindung mit Immobilienentwicklungen

"**Die Innenstädte** in ihren gewachsenen Strukturen und in ihrer ursprünglichen Funktionsmischung aus Wohnen und Arbeiten, Leben und Einkaufen sind unser kostbarstes Gut, **das größte Potential, um das uns die Amerikaner beneiden.**"

Peter Fuhrmann, Gründer der SCC Shopping Center Consulting GmbH, freier Berater

Aktuelle Diskussionen zu gesellschaftlichen Trends in Verbindung mit Immobilienentwicklungen

„(Die Innenstädte) – Sie positionieren sich damit wieder als gefragter Ort für erlebnisorientierten Einkauf und Freizeitspaß. Der Handel trägt mit seinen spektakulären neuen Konzepten von Ladenbau, Warenpräsentation und Logistik maßgeblich hierzu bei – und damit gleichermaßen zum **Erhalt der europäischen Stadt als Mittelpunkt gesellschaftlich-wirtschaftlichen Lebens** wie auch zur Sicherung und Steigerung der in ihr gebundenen Immobilienwerte."

Günter Muncke, Geschäftsführer Jones Lang LaSalle, Chairman Retail Services Deutschland

ARBEITSKREIS IMMOBILIENMANAGEMENT
JT 2001

Aktuelle Diskussionen zu gesellschaftlichen Trends in Verbindung mit Immobilienentwicklungen

Die Virtualisierung der Kommunikation (Internet, E-Mail, SMS-Botschaften) fördert aber auch einen starken Gegentrend: die Sehnsucht nach authentischen und realen Erlebnissen, nach sozialem Umgang und persönlichem Kontakt – nach dem echten Leben. Somit wächst auch die Sehnsucht nach einem alternativen, **dritten (Aufenthalts-) Ort – zwischen Büro und Zuhause.**

Dieser Trend heißt 'Third Place'.

Oliver Perzborn, Strategischer Planer im Bereich Consulting, Trendbüro

Aktuelle Diskussionen zu gesellschaftlichen Trends in Verbindung mit Immobilienentwicklungen

Die Grenzen zwischen Handel, Dienstleistung, Gastronomie und Entertainment lösen sich auf. Zielgruppen werden zu Stilgruppen, Geschäfte und Gaststätten werden zu Themenwelten, zu Erlebnisangeboten für multioptionale Kunden, die der virtuellen Welt zum Trotz nach wie vor gern ausgehen, gern einkaufen und vor allem sich gern verführen lassen. **Man betrachtet sie nicht als Konsumenten, sondern als Gäste."**

Oliver Perzborn, Strategischer Planer im Bereich Consulting, Trendbüro

ARBEITSKREIS IMMOBILIENMANAGEMENT
JT 2001

Neues Kranzler Eck

Frankfurter Welle

DIFA City Quartiere
Platz zum Leben und Erleben

Raum der Stille

Im Finanzverbund
der Volksbanken
Raiffeisenbanken

Neues Kranzler Eck

DOMAQUARÉE

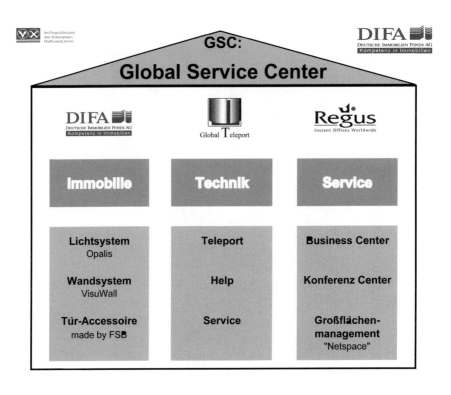

ARBEITSKREIS IMMOBILIENMANAGEMENT
JT 2001

Basis allen Handelns:
Objektinformationen

Standardisierte Erfassung der Objekt- und Umfelddaten mittels eines Fragebogens.

Objektbeurteilung durch technische und kaufmännische Mitarbeiter des Immobilienmanagements, Einstufung von Mikro- und Makrostandort durch Research. Jeweils jährliche Überprüfung.

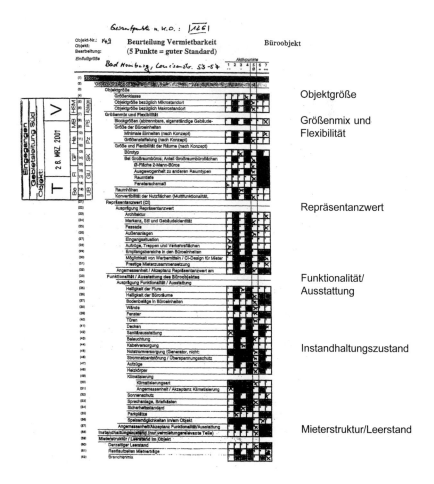

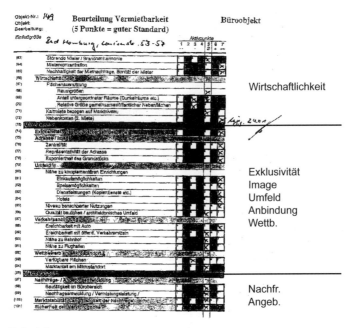

Objekt-Nr.: 149	Beurteilung Vermietbarkeit	Büroobjekt
Objekt:	(5 Punkte = guter Standard)	
Bearbeitung:		

Einflußgröße Bad Homburg, Louisenstr. 53-57

Wirtschaftlichkeit

Exklusivität
Image
Umfeld
Anbindung
Wettb.

Nachfr.
Angeb.

Beispiel:
Erhebungsbogen Büro

Die Erhebungsbögen sind jeweils speziell auf die Anforderungen an Objekt-konzeption und Lage der einzelnen Nutzungsarten zugeschnitten. Es gibt sie für die Nutzungen:

- Büro
- Hotel
- Gewebepark
- Wohnen

- Laden/Passage/Supermarkt
- Einkaufs-/Fachzentrum
- Fach-/Verbrauchermarkt
- Kauf-/Warenhaus

Handlungsanweisungen:
Ergebnisse

Aus den Bepunktungen der einzelnen Bewertungspositionen des Fragebo-gens errechnet sich eine Gesamtpunktzahl für jede Nutzungsart des Ob-jekts. Individuell für jede Nutzungsart werden bei bestimmten „kritischen„ Ausprägungen einzelne Dimensionen zu „KO-Kriterien" und wirken ver-stärkend positiv bzw. negativ.

100 Gesamtpunkte stehen dabei für „guter Standard".

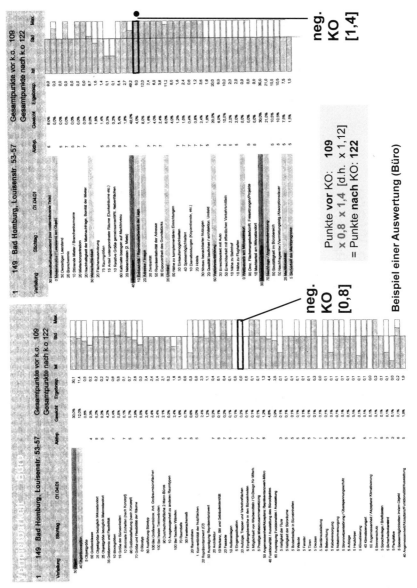

Beispiel einer Auswertung (Büro)

Punkte vor KO: 109
x 0,8 x 1,4 [d.h. x 1,12]
= Punkte nach KO: 122

- Verdichteter Ausdruck der Marktgängigkeit des Objekts
- Objektive Bestimmung der Leerstandsdauer in der Prognose
- Aufschluß über einzelne Stärken und Schwächen des Objekts und des Standorts
- Anhaltspunkt für grundsätzliche Erfordernis von Entwicklungs- oder Instandhaltungsmaßnahmen

Die Immobilien sind unsere Ware

- Vertriebsanregungen dazu aus dem Handel -

- Steuerung der Vorstellungen über Visionen
- Einzigartigkeit der Geschäftsidee und ihre Differenzierung zum Wettbewerb herausarbeiten
- Kompetenz im Angebot entwickeln
- Hochwertigkeit im Angebot herausstellen
- Baukastensysteme entwickeln
- Absolute, aktive Kunden- bzw. Zielgruppenorientierung, d.h. Kundenzufriedenheit als oberstes Gebot, nicht als bloßes Lippenbekenntnis
- Forcierung von Database-Marketing, d.h. Direktmarketing wird wichtig!
- Beschwerde-Management einführen
- Systematisches Vertriebsmanagement durchführen

Quelle: BBE-Studie, Megatrends in Vertrieb, Handel und Gesellschaft II

ARBEITSKREIS IMMOBILIENMANAGEMENT
JT 2001

DIFAs Mietvertrag – 6 Besonderheiten

- Keine Option (über 10 Jahre hinaus)

- Jährliche Indexanpassung

- **Verwaltungskostenumlage**
  (z.Zt. 1–5 % p.a. des Mietertrages)

- **Instandhaltungskostenpauschale**
  (z.Zt. € 0,60 m²/mtl.)

- Verpflichtung zum Mietergespräch

- Umsetzungsklausel

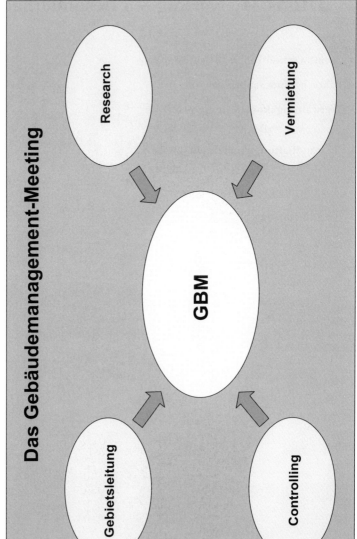

Das Gebäudemanagement-Meeting

Research

Vermietung

GBM

Gebietsleitung

Controlling

ARBEITSKREIS IMMOBILIENMANAGEMENT
JT 2001

DIFAs Ergebnisse im Vergleich
Vermietungsquoten
(% der Brutto-Sollmiete, jeweils zum Stichtag 31.03., iii 30.06.)

	2001	2000	1999	1998	1997
DIFA-Fonds Nr. 1	98,3	97,5	96,9	98,0	98,0
CGI	98,3	96,3	95,8	96,4	95,4
DIFA-GRUND	97,7	97,8	96,4	96,2	96,1
DGI	97,0	96,8	96,2	94,9	94,0
DespaFonds	95,7	95,4	92,6	94,7	92,6
iii-Fonds Nr. 1	95,3 *)	95,2	94,4	92,8	93,0
DEGI	95,0	95,0	94,1	93,5	92,3
iii-Fonds Nr. 2	94,5 *)	95,7	96,1	97,6	96,8

Quelle: Rechenschafts-/Halbjahresberichte, Erhebung bei den Fonds

*) Stand 31.12.2000

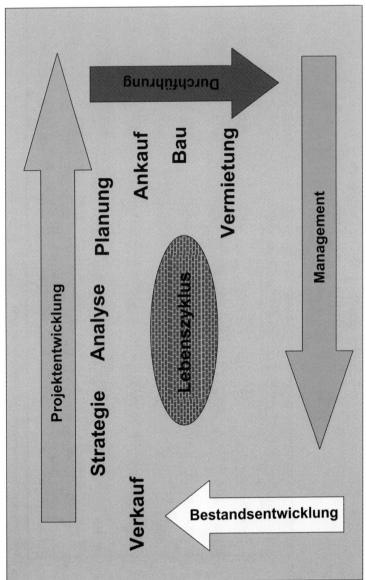

Leben und Erleben

Neues Kranzler Eck

DOMAQUARÉE

Raum der Stille

Neues Kranzler Eck

Immobilienanlagen im Vermögen einer Stiftung unter den Aspekten Diversifikation und Internationalität.
Formen und Renditeerwartungen von Immobilienanlagen

Norbert A. Völler, Vorstand Merck-Finck-Treuhand AG für Privat- und Stiftungsvermögen, Frankfurt

- 1 -

Folie 1

Stiftungen und Immobilien

Bedeutung von Immobilienvermögen für Stiftungen

- Der Anteil der Immobilien am Vermögen der privaten Haushalte in Deutschland beträgt ca. 2.500 – 3.000 Mrd. DM (mehr als 50%)

- Häufig sind Immobilien Gegenstand von Stiftungsvermögen

  - weil sie einen hohen Anteil des Vermögens der Stifter einnahmen

  - weil das direkte Immobilieneigentum wenig fungibel ist, und deshalb lange im Stiftungsvermögen verbleibt

Bundesverband Deutscher Stiftungen, Köln 30./31.05.2001

Stiftungen und Immobilien

Eignung von Immobilienvermögen für Stiftungen

- Stiftungen haben einen langfristigen Anlagehorizont

- Stiftungen legen Wert auf Fruchtziehung
  - a. Immobilienanlagen bieten stabile Cash Flows
  - b. Immobilien sind besser geeignet als Investitionen in Neue Märkte, deren Cash Flow unsicher ist

- Stiftungen legen Wert auf den Kapitalerhalt

Bundesverband Deutscher Stiftungen, Köln 30./31.05.2001   **Folie 2**

Stiftungen und Immobilien

Kapitalerhalt durch Immobilien

Für die Direktanlage gilt:

- Die Risikoarmut der direkten Immobilienanlage resultiert aus dem Bewertungsverfahren

- Eine regelmäßig und neutrale Feststellung des Verkehrswert unterbleibt oft. Die Direktanlage bleibt von kurzfristigen Schwankungen unberührt.

Für die Indirekte Anlage gilt:

- Ein ausreichend großes Portfolio von Immobilienaktien bietet eine geringe Volatilität (Schwankungsanfälligkeit)

Eine geringe Volatilität bedeutet, dass eine echte Garantie auf den Werterhalt des Kapitals vom Kapitalmarkt zu günstigen Konditionen bereitgestellt werden kann.

Bundesverband Deutscher Stiftungen, Köln 30./31.05.2001   **Folie 3**

ARBEITSKREIS IMMOBILIENMANAGEMENT
JT 2001

Direkte und indirekte Immobilienanlagen

Formen der Kapitalanlage in Immobilien

Direkte Anlage

- = Real Estate („wirklicher Besitz")
- intransparenter und wenig fungibler Markt
- Risiko durch geringe Streuung
- Grenze zu gewerblicher Tätigkeit

Offene Fonds

- unflexibel bei Volumenänderung
- suggerierte Transparenz existiert nicht
- viele Bestände sind überbewertet
- strukturelle Renditenachteile

Spezialfonds

- Kurze Wertschöpfungskette
- Geringe Transparenz (Bewertungsgutachten)
- starke Abhängigkeit vom Initiator bzw. Treuhänder

Immobilien-AG / Aktienportfolio

- Fungibilität
- Diversifikation
- struktureller Renditevorteil
- Transparenz durch Publizität

Folie 4

Bundesverband Deutscher Stiftungen, Köln 30./31.05.2001

Argumente für die Investition in Immobilien

früher:
- Inflationsschutz
- Steuerersparnis

heute:
- Rendite
- Risikosenkung durch Portfoliogedanken
- Fungibilität

Rahmenbedingungen

➢ **ineffizienter Markt:** unorganisiert, intransparent

➢ **Transaktionskosten:** hoch (➜ Buy-and-hold-Strategie)

➢ **Effizienter Markt**
niedrige Transaktionskosten

Bundesverband Deutscher Stiftungen, Köln 30./31.05.2001

Folie 5

Direkte und indirekte Immobilienanlagen

Immobilienaktien als Instrument der Zukunft

Stabiler Wertzuwachs bei geringem Risiko
Vergleich der Anlageinstrumente

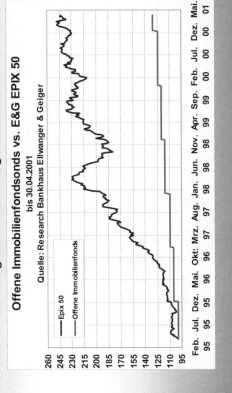

Offene Immobilienfondsonds vs. E&G EPIX 50

bis 30.04.2001

Quelle: Research Bankhaus Ellwanger & Geiger

Epix 50
Offene Immobilienfonds

Folie 6

Bundesverband Deutscher Stiftungen, Köln 30./31.05.2001

Direkte und indirekte Immobilienanlagen

Immobilien als alternatives Investment

Anforderungen an die Immobilienanlage von heute:

Rendite,Risikostreuung,Handelbarkeit

zu Lasten von:

- Direktinvestments in Objekte
  (schwierige Steuerbarkeit der
  Nettoverzinsung)
- Spezialfonds für Direktinvestments
  (reduzierte Handelbarkeit)

zu Gunsten von:

- Strukturierten Produkten mit
  Immobilienaktien,dem richtigen
  Instrument für die Wertpapierepoche

Bundesverband Deutscher Stiftungen, Köln 30./31.05.2001

Folie 7

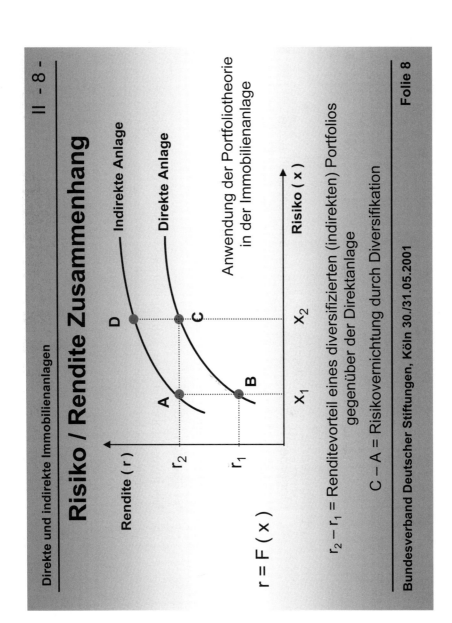

Immobilienaktien und andere Wertpapiere

Der Sektor Immobilien im modernen Portfoliomanagement

- **Portfoliotheorie**

  - Modernes Portfoliomanagement folgt der Portfoliotheorie

  - Auswahl gemäß den Kriterien Rendite (% per annum) und Risiko (β-Faktor; der β-Faktor misst, in welchem Ausmaß eine Aktie mit dem Gesamtmarkt schwankt)

- **β-Faktor des Immobilienmarktes**

  - ist deutlich kleiner als eins.

  - $\Rightarrow$ Mit Investitionen in den Immobiliensektor senkt der Anleger systematisch das Gesamtrisiko seines Portfolios

Bundesverband Deutscher Stiftungen, Köln 30./31.05.2001   **Folie 9**

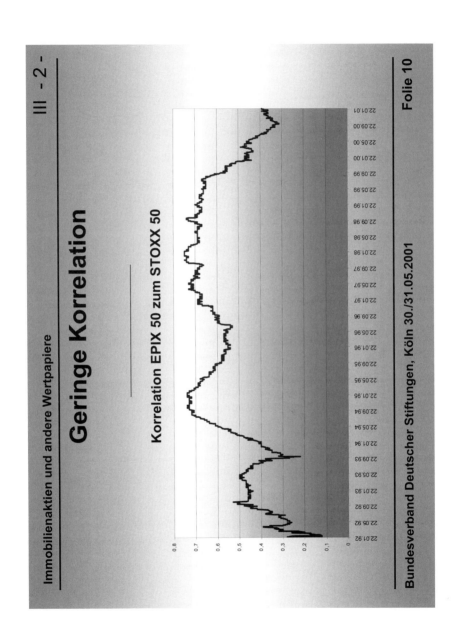

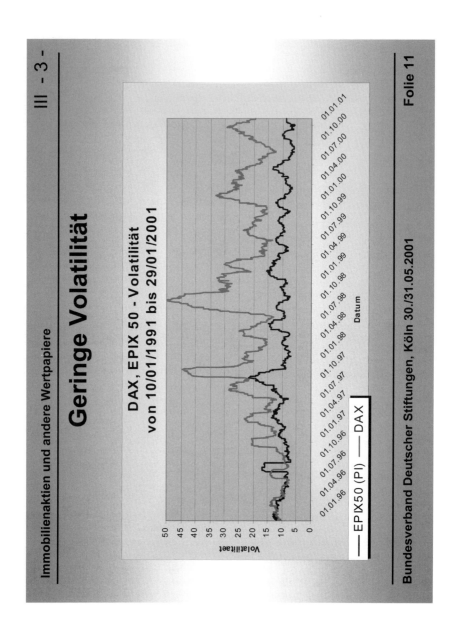

ARBEITSKREIS IMMOBILIENMANAGEMENT
JT 2001

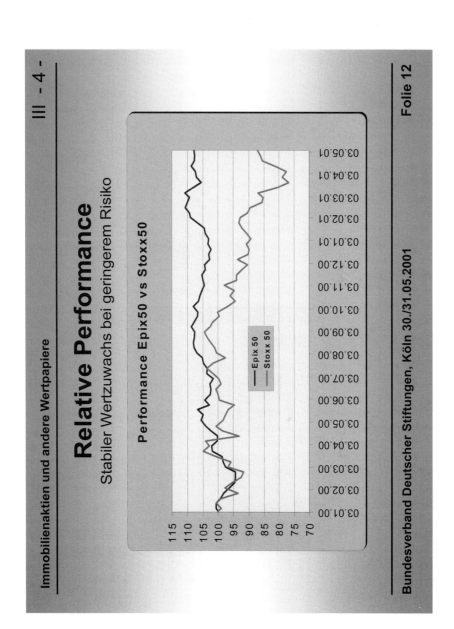

Benchmark für die Erfolgsmessung

E&G EPIX 50

1	CA Immobilien	AT	26	Metanopoli	IT
2	Die Erste	AT	27	Rodamco CE	NL
3	Immofinanz Immobilien	AT	28	VIB	NL
4	Cofinimmo	BE	29	Wereldhave	NL
5	Companie Immo. de Belgique	BE	30	Sonae Imobiliaria	PT
6	Hamborner	DE	31	Intershop	CH
7	Harpen	DE	32	AllReal	CH
8	Bayerische Immobilien	DE	33	PSP Swiss Property	CH
9	IVG	DE	34	Ejendom Norden	DK
10	WCM	DE	35	TK Development	DK
11	Colonial	ES	36	British Land	GB
12	Immobiliaria Urbis	ES	37	Canary	GB
13	Metrovacesa	ES	38	Hammerson	GB
14	Vallehermoso	ES	39	Land Securities	GB
15	Citycon	FI	40	Slough Estates	GB
16	Sponda	FI	41	Liberty International	GB
17	Compagnie Foncière Klépierre	FR	42	Avantor	NO
18	Foncière Lyonnaise	FR	43	Steen og Strom ASA	NO
19	Gecina	FR	44	Olav Thon	NO
20	SILIC	FR	45	Castellum	SE
21	SIMCO	FR	46	Drott	SE
22	Unibail	FR	47	Hufvudstaden	SE
23	Green Property	IE	48	Pandox	SE
24	Beni Stabili	IT	49	Tornet	SE
25	IPI	IT	50	Wihlborgs Fastigheter	SE

Merkmale des E&G EPIX 50
als Benchmark:

- 50 börsennotierte
  Unternehmen
- Marktkapitalisierung
  ca. 60 Mrd. Euro
- Fokus Europa

Bundesverband Deutscher Stiftungen, Köln 30./31.05.2001 Folie 13

V - 3 -

Bewertungsverfahren für Immobilien

Direktanlage

Immobilien AG

- Vergleichsverfahren

- Sachwertverfahren

- Ertragswertverfahren (Multiplikator)

- Discounted Cash Flow Methode führt zu Net Asset Value (NAV)

- Residualwertverfahren (Verkaufswert ./. Entwicklungskosten)

V - 4 -

Net Asset Value und Aktienkurs

Abweichung des NAV von
der Börsenkapitalisierung

Premium

- Fokus
- Free-Float
- Fantasie

Discount

- negative Immobilienkonjunktur
- ungünstiges Börsenumfeld
- Marktineffizienzen

ARBEITSKREIS IMMOBILIENMANAGEMENT
JT 2001

Das E&G Konzept

F wie Fokus

1. **Sektorale Fokussierung** z.B. Büros, Wohnungen, Einzelhandel, Logistikimmobilien, Spezialimmobilien

2. **Geografische Fokussierung**

F wie Float

Free Float (Streubesitz) $\Rightarrow$ Wertpapierumsatz $\Rightarrow$ Aufmerksamkeit der Analysten $\Rightarrow$ andere Institutionelle investieren ebenfalls

F wie Fantasie

z.B. Durch Wachstum, Lange Wertschöpfungskette mit Projektentwicklung, Aktives Portfolio-Management (An-/ Verkauf), Kreative Nutzungskonzepte, die soziologische und demografische Entwicklungen vorwegnehmen

Bundesverband Deutscher Stiftungen, Köln 30./31.05.2001 — Folie 16

Aktives Management eines Portfolios von Immobilienaktien

Die Lösungen des Bankhauses Ellwanger & Geiger

a) E&G Fonds Immobilienaktien Europa
b) kapitalgarantierter Schuldschein (auf Basis des Fonds)
c) gemeinsame Spezialfonds

➢ jährliche Rendite von 10% langfristig realistisch

➢ geringe Volatilität

➢ Rendite des E&G Fonds Immobilienaktien Europa seit 04. Oktober 2000: 8%

Bundesverband Deutscher Stiftungen, Köln 30./31.05.2001   **Folie 17**

Das Erbbaurecht. Aktuelle Entwicklungen aus Rechtsprechung und Praxis

Ulrike Kost, Kirchenrechtsdirektorin der Evangelischen Pflege Schönau, Heidelberg

A) Arbeitshilfe Erbbauvertrag

Inzwischen liegen schon Erfahrungen mit der Anwendung des in Weimar verteilten Vertragsmusters vor. Einige Hinweise, die Änderungsbedarf zur Folge hatten, sind in der Neuauflage Mai 2001 eingearbeitet.

Dies sind folgende Änderungen:

1. § 2 Abs. 3

Der bisherige Text stellte auf die Zustimmung des Grundstückseigentümers ab. Bei nochmaliger Überprüfung erschien in Anbetracht der Tatsache, dass es sich teilweise um erhebliche Veränderungen, die unmittelbar den Kern des Erbbaurechts betreffen, handelt, eine einfache Zustimmung nicht ausreichend. Die Neuformulierung des Abs. 3 stellt nun klar, dass die genannten Veränderungen nur im Wege der Vertragsänderung, d.h. mit notarieller Beurkundung, wirksam vereinbart werden können.

2. § 8 Abs. b, 2. Halbsatz

Dieser Halbsatz wurde gestrichen, da ein Grundbuchamt sich geweigert hatte, dies einzutragen mit der Begründung, es handle sich hier um den Gesetzestext, der nicht eintragungsfähig sei.

3. § 8 Abs. c

Aufgrund einer Beanstandung wurde die Darstellung dieses Absatzes im Vertrag nochmals geändert. Ein großer Teil der Literaturmeinung (u.a. von Oefele und Hägele Grundbuchrecht) sind der Auffassung, dass diese Vereinbarung nicht dinglich gesichert werden kann. Bei der Formulierung des Vertrages war dieser Punkt bereits gesehen worden und man war davon ausgegangen, dass sofern sich ein Grundbuchamt weigert dieses einzutragen, über § 18 Abs. 4 in jedem Falle die schuldrechtliche Vereinbarung bleibt.

Obwohl bisher nur ein Grundbuchamt bekannt ist, das sich geweigert hat, dies einzutragen, haben wir die Darstellung im Vertrag dahingehend geändert, dass entgegen der Systematik der dinglichen und schuldrechtlichen Vertragsinhalte die Vereinbarung in § 8 c als schuldrechtliche Verpflichtung stehen bleibt, um dem Erbbauberechtigten die Orientierung bezüglich der Zustimmungserfordernisse zu erleichtern. Es wurde zusätzlich zur Klammer eine Fußnote eingefügt, die darauf hinweist, dass diese Vereinbarung nur schuldrechtlich gilt.

4. § 14 Abs. 2 b

Hier war ein Schreibfehler: In der 2. Zeile wurde das Wort Eigentum durch das Wort Erbbaurecht ersetzt. Darüber hinaus wurde in diesem Absatz zur Vervollständigung neben der Grundschuld auch die Rentenschuld als Grundlage für eine Abtretungsvormerkung aufgenommen.

B) Fragebogen zum Erbbaurecht

Bei dem Fragebogen zum Erbbaurecht, den ich letztes Jahr in Weimar verteilt habe, gab es leider nur 9 Rückläufe.

Statistisch verwertbare Aussagen sind damit kaum möglich.

Aus diesem Rücklauf und auch anderen Gesprächen hat sich jedoch ein Problemkreis herauskristallisiert, auf den ich noch mal näher eingehen möchte. Wir hatten bereits in der Arbeitsgruppe des Deutschen Städtetages und in den Grundstückskommissionen der Evang. und Kath. Kirche die Situation, dass der Zeitpunkt der Erbbauzinsanpassungen bei den verschiedenen Erbbaurechtsgebern eine große Bandbreite von 3 Jahre Mindestfrist bis 10 Jahre hat. Wir haben uns daher darauf verständigt, im Erbbauvertragsmuster hier keine Empfehlung auszusprechen, die von der gesetzlichen Mindestvoraussetzung abweicht. Im Mustervertrag ist daher die Gleitklausel auf der Basis der Zulässigkeit alle 3 Jahre gemäß Erbbauverordnung formuliert.

Während viele Stiftungen einen Erhöhungszeitraum von 5 oder 10 Jahren bewusst vereinbaren, um ein entsprechendes Zugeständnis an die Interessen der Erbbauberechtigten zu machen, erleben andere Stiftungen teilweise jedoch auch heftige Rückmeldungen auf diese langen Erhöhungszeiträume, wenn dann die Anpassungsbeträge erheblich sind. Den Erbbauberechtigten ist dann meist nicht zu vermitteln, dass sie über die lange Stundung der Anpassung einen wirtschaftlichen Vorteil haben.

Darüber hinaus stellt sich die Frage, ob bei so langen Zeiträumen eine angemessene Verzinsung des gebundenen Stiftungskapitals, das bei Wohnerbbaurechten ohnehin die Wertsteigerungen des Grundstücks nicht realisieren kann, zu erreichen ist. Im Ergebnis wird jede Stiftung für sich entscheiden müssen, auf der Basis welcher Kriterien sie sich für die kurze oder lange Anpassungsfrist entscheidet. Die Schwierigkeit liegt insbesondere darin, dass bei einer von den Mindestfristen der Erbbauverordnung abweichenden Lösung diese für die Stiftung ungünstige Anpassungsmodalität für die gesamte Laufzeit des Erbbaurechts unveränderlich ist.

Denkbar wäre auch eine Gestaltungsalternative, die grundsätzlich von einem 3-jährigen Anpassungszeitraum ausgeht, aber u.U. individuell eine Stundung für die ersten 10 Jahre Laufzeit des Erbbaurechts vereinbart.

C) Rechtsprechung

1. Landgericht Hannover, Az.: 13 S 334/2000-019/– vom 21.07.2000

Das Landgericht Hannover hat in dieser nicht veröffentlichten Entscheidung als Berufungsinstanz die Anwendung des vom Bundesgerichtshofs im Jahre 1980 entwickelten Mischindex bestätigt.

„Nach Auffassung der Kammer sind die genannten Indices auch heute noch allein maßgeblich für die Beurteilung der allgemeinen Wirtschaftsentwicklung. Es dürfte zwar zutreffen, dass innerhalb der letzten 20 Jahre seit Erlass der zitierten BGH-Entscheidung (BGH NJW 80, 2519) der Anteil von Renten- und Pensionsempfängern in der Gesellschaft überproportional zugenommen hat. Insoweit liegen dem Gericht aber nach wie vor keine verlässlichen Zahlen vor, die den repräsentativen Durchschnitt der Rentnereinkommen geschweige denn deren kontinuierliche Entwicklung darstellen. Ob dies bei den vorgelegten Zahlen der Bundesversicherungsanstalt für Angestellte, die sich insoweit auf eigene Daten beziehen durfte der Fall ist, erscheint einigermaßen zweifelhaft. Außer Betracht bleiben z.B. Pensionäre und Versicherte der Landesversicherungsanstalten. Fraglich ist auch, ob zusätzliche Alterseinkommen wie z.B. die Betriebsrenten in dieser Aufstellung berücksichtigt sind. Angesichts dessen ist es nach wie vor am verlässlichsten, auf die Indices des Statistischen Bundesamtes zurückzugreifen.

Über dies ist es auch nicht zwingend, ausgerechnet die Rentner in die Ermittlung der Einkommensverhältnisse einzubeziehen, wohingegen beispielsweise Einkünfte aus Kapitaleinkommen, freiberuflicher Tätigkeiten, Mieten, Sozialhilfe, die heute ebenfalls eine Rolle spielen u.a. mangels greifbarer Daten nicht berücksichtigt werden.

Nach ständiger Rechtsprechung des Bundesgerichtshofs ist „Vertragsschluss" im Sinne von § 9 a Abs. 1 Satz 2 ErbbaurechtsVO die Vereinbarung der Anpassungsklausel, nicht aber die letzte Erhöhung (z.B. BGH in NJW 81, 2567)."

Bei der Anpassung der Erbbauzinsen sind die Frage der Berechnung der Veränderung der allgemeinen wirtschaftlichen Verhältnisse und die Frage, welcher Zeitraum der Berechnung zugrunde zulegen ist, die klassischen Angriffspunkte der Erbbauberechtigten. Es gelingt nicht immer im ersten Anlauf, die Erbbauberechtigten oder deren Rechtsanwälte mit der 20 Jahre alten Rechtsprechung des Bundesgerichtshofs zu überzeugen. Viele berufen sich darauf, dass sich die Verhältnisse doch erheblich geändert hätten und insofern die vom BGH genannten Faktoren nicht mehr angemessen seien.

Es ist daher erfreulich, dass mit der Entscheidung des Landgerichts Hannover wieder eine Berufungsentscheidung vorliegt, die nach wie vor die Anwendung des durch den Bundesgerichtshofs entwickelten Mischindex bestätigt und keinen Anlass zu einer abweichenden Entscheidung sieht.

2. Landgericht Köln, Beschluss vom 28.07.1999, 11 T 81/99 in NJW-RR 2000, S. 682 ff.

Belastung des Erbbaugrundstücks mit privater Schuld – Tierarztrechnung nebst Vollstreckungskosten

1. Ein Erbbaugrundstück kann im Wege der Eintragung einer Sicherungshypothek auch mit einer privaten Schuld des Erbbauberechtigten (hier: Tierarztkosten) belastet werden. Vollstreckungskosten können hinzuaddiert werden.

2. Zur Ermittlung des Verkehrswerts eines Erbbaurechts kann der frühere Erwerbspreis unter Zugrundelegung des Lebenshaltungskostenindexes im Wege der Schätzung hochgerechnet werden.

3. Die Belastungsgrenze im Zustimmungsersetzungsverfahren nach §§ 7 Abs. 2, 3 ErbbauVO ist bei 60 % des Verkehrswerts des Erbbaurechts noch nicht erreicht.

Dieses Urteil bestätigt die herrschende Meinung, wonach der Eigentümer verpflichtet ist, auch Belastungen des Erbbaurechts zuzustimmen, die nicht der Finanzierung des Bauwerks dienen, sofern durch diese Belastung das Erbaurecht nicht notleidend wird oder der Erbbau-berechtigte das Erbaurecht unter Entfremdung seines ursprünglichen Zwecks spekulativ ausnützen will. Für die Beurteilung der Frage, ob das Erbbaurecht notleidend wird, spielt insoweit der Verkehrswert des Erbbaurechts und die Beleihungsfähigkeit eine Rolle.

3. Landgericht Itzehoe, Beschluss vom 26.04.2000 – 4 T 129/00 in NZM 2001, S. 256

„Vereinbarungen nach § 5 ErbbauVO sind auch ohne ausdrückliche Eintragung durch Bezugnahme auf die Eintragungsbewilligung wirksam und gelten auch nach Aufteilung in Wohnungs- und Teilerbbaurechte bei Bezugnahme der Eintragungsbewilligung auf deren Teilungserklärung für diese weiter."

Auch dieses Urteil bestätigt die herrschende Meinung, dass bei der Arresthypothek trotz des fehlenden rechtsgeschäftlichen Bezugs die Mitwirkung des Eigentümers erforderlich ist, wenn dies gemäß § 5 Abs. 2 ErbbauVO wirksam vereinbart ist. Denn nach § 8 ErbbauVO sind Verfügungen, die im Wege der Zwangsvollstreckung oder der Arrestvollziehung erfolgen, insoweit unwirksam, als die Rechte des Grundbucheigentümers aus einer Vereinbarung gemäß § 5 ErbbauVO vereiteln oder beeinträchtigen würden.

4. OLG Braunschweig, Geschäfts-Nr. 3 U 216/98 vom 24.03.1999

„Wenn in § 154 Abs. 4 Satz 3 BauGB bestimmt ist, dass der Sanierungsausgleichsbetrag nicht als öffentliche Last auf dem Grundstück ruht, ändert dies nichts daran, dass der Ausgleichsbetrag eine öffentliche Abgabe ist, für die die Beklagten als Erbbauberechtigte einzustehen haben."

5. Bundesgerichtshof, Beschluss vom 05.10.2000, V ZR 448/99 in NJW 2000 S. 3645

„Macht der Eigentümer seine Zustimmung zur Veräußerung des Erbbaurechts z.B. von der Eintragung einer Vormerkung zur Sicherung des Erbbauzinsanpassungsanspruchs abhängig und verweigert das Grundbuchamt die Eintragung wegen mangelnder Bestimmtheit des Anpassungsmaßstabs, so kann der Käufer dem Verkäufer eine Frist zur Einleitung des Ersetzungsverfahrens nach § 7 Abs. 3 ErbbauVO setzen mit der Folge, dass der Vertrag nach fruchtlosem Fristablauf unwirksam wird.

Die Revision der Klägerin gegen das Urteil des OLG-Hamm wurde nicht angenommen, da die Rechtssache keine grundsätzliche Bedeutung und die Revision im Ergebnis auch keine Aussicht auf Erfolg hatte."

D) Literatur

**1. Veräußerung eines bebauten Erbbaurechts –
Zweifelsfragen der Besteuerung von privaten Verkäufen.**
Norbert Schneider in Süddeutsche Wohnwirtschaft 2/2001 Seite 65

Im Schreiben des Bundesministeriums der Finanzen vom 05.10.2000 (Az.: IVC3 – S 2256-263/00) nimmt das BMF Stellung zu Zweifelsfragen der Änderungen der §§ 22 und 23 ESTG.

Dabei werden insbesondere Fragen der Veräußerung eines bebauten Erbbaurechts angesprochen.

2. „Erlöschen der Auflassungsvormerkung und Erbbauzinsreallast bei der Insolvenzverwalterversteigerung
Regierungsdirektor a.D. Kurt Stöber, Rothenburg o.d.T.
in NJW 2000, Heft 49, S. 3600 ff.

Der Autor ist Verfasser des ZVG-Kommentars Zeller/Stoeber und Mitautor des ZPO-Kommentars Zeller.

Herr Stoeber problematisiert in seinem Artikel die Neuregelung des § 174 a ZVG, der mit Wirkung ab 01.01.1999 eingefügt wurde. Demnach kann auch der Insolvenzverwalter „verlangen, dass bei der Feststellung des geringsten Gebots nur die in den Ansprüchen aus § 10 Abs. 1 Nr. 1 a ZVG vorgehenden Rechte berücksichtigt werden."

Er problematisiert die seiner Ansicht nach misslungene Einfügung des § 174 a dahingehend, dass damit der elementare Grundsatz des Sachenrechts aufgegeben wird, dass dingliche Rechte am Grundstück durch nachrangige nicht geschmälert werden können.

3. „Die Scholle mieten – Mithilfe von Erbbaugrundstücken kommen Familien leichter zum Eigenheim"
Dorothea Heintze in Die Zeit Nr. 3, 11.01.2001, S. 26

Frau Heintze plädiert in ihrem Artikel für die Attraktivität des Erbbaurechts und benennt verschiedene Situationen unterschiedlicher Erbbaurechtsgeber.

Im wesentlichen bringt der Artikel keine neuen Aspekte, sondern fasst verschiedene Veröffentlichungen der letzten Jahre zusammen.

E) Informationen

Neben den Vorträgen finden Sie am Ausgang Prospekte des Bankhauses Ellwanger & Geiger über ihren Fonds Immobilienaktien Europa und der Oppenheim Immobilien – Kapitalanlagegesellschaft.

F) Jahrestagung Mai 2002

Für die Planung der nächsten Jahrestagung wäre ich Ihnen dankbar, wenn Sie mir Ihre Themenwünsche benennen würden. Ich habe dieses Jahr den Schwerpunkt im Fondsbereich gelegt, da diese Thematik vielleicht nicht in allen Stiftungen geläufig ist. Gerne würde ich künftig Ihre Wünsche konkret bei der Planung umsetzen.

Folgende Schwerpunkte wären denkbar:

* öffentliches Planungsrecht: private – public – partnership

* Outsourcing im Immobilienmanagement

* Trends in der Immobilienwirtschaft

* Wohnungen als Bestandteil des Stiftungsvermögens

3. Ergebnisniederschrift über die Sitzung des Arbeitskreises Deutscher Stiftungen

„Soziales"

am 31. Mai 2001
im Mediapark, Köln

zum Thema: **Die Zukunft des Sozialen gemeinsam verantworten –
Stiftungen und bürgerliches Engagement**

Prof. Dr. Thomas Klie,
Evangelische Fachhochschule Freiburg

Leitung: Marlehn Thieme, Deutschen Bank AG, Frankfurt am Main

Kurzbericht über die Sitzung des Arbeitskreises

Marlehn Thieme, Arbeitskreisleiterin

Sehr geehrte Damen
und Herren,

sehr herzlich begrüße ich Sie
hier in Köln zur diesjährigen
Tagung des Arbeitskreises
der Sozialstiftungen im Rahmen der Tagung des Bun-
desverbandes Deutscher Stiftungen. Gestatten Sie mir
einen kurzen Rückblick auf
das vergangene Jahr, das der
Arbeitskreis in Weimar mit

Marlehn Thieme, Arbeitskreisleiterin

dem Oberthema „Das Verhältnis der Sozialstiftungen zum öffentlichen Sektor, insbesondere zu kommunalen Trägern" begonnen hatte. Hier ging es vor
allem um eine Positionierung und Respektierung von Stiftungshandeln im Sozialstaat. Aus dieser Tagung haben sich nach meinem Wissen eine Reihe interessanter Kontakte ergeben. Damit hat sich also genau eines der Ziele unseres Zusammenseins erfüllt.

Nun ist es in diesem Arbeitskreis eine gute Übung, im Herbst noch einmal in
kleinerem Kreis und auf Einladung einer Stiftung zusammenzukommen, um
sich über speziellere Themen auszutauschen. Dieses haben wir im vergangenen
Jahr im Herbst auf Einladung der Johannishofstiftung in Hildesheim getan.

Auf dem Programm stand neben fachlichen Themen und einem großzügigen
und interessanten Rahmenprogramm auch ein Besuch auf der Expo. Hildesheim ist auch ohne dieses Jahrtausendereignis eine Reise wert, so die allgemeine Erkenntnis aller Beteiligten. Der fachliche Austausch schloss sich an
verschienene sehr unterschiedliche Referate an und bezog sich auf „Konzepte
professioneller Einzelfallhilfe" und „Qualitätssicherung in der Gesundheitsförderung". Die Referate von Frau Gottlob, Frau Dr. Czerwinski, Frau Langanke
und Frau Dr. Macher, die leider aus gesundheitlichen Gründen kurzfristig
verhindert war, werden in Kürze in dem dazu erscheinenden Tagungsband
nachzulesen sein[*].

---

[*] Bundesverband Deutscher Stiftungen (Hrsg.): Konzepte für eine professionelle Einzelfallhilfe und
zur Qualitätssicherung von Stiftungen in der Gesundheitsförderung; Dokumentation der 10. Tagung
des Arbeitskreises Deutscher Stiftungen „Soziales", Berlin 2001.

Intensive Diskussionen wurden über die Entwürfe zur Novellierung des Heim-gesetzes geführt. Hier war der Arbeitskreis einhellig der Meinung, dass zusätz-lich zu den Wohlfahrtsverbänden eine Stellungnahme der Sozialstiftungen in die parlamentarische Diskussion eingebracht werden solle, um Kritik an einer einseitigen Bewohner- bzw. Erbenausrichtung und an einer zu stark struktu-rell vereinheitlichenden staatlichen Vorgabe auch von Stiftungen zu üben, die Heime unterhalten. Den hierzu verfassten Brief an die zuständigen Ministe-rien können Sie in den Mitteilungen des Bundesverbandes nachlesen.

Ein weiterer Punkt der Diskussion betraf Anträge auf Kostenübernahme für das Verfahren der Verbraucherinsolvenz, die bei zahlreichen Förderstiftungen nach Einführung des unvollständig gebliebenen Verbraucherinsolvenzgesetzes eingegangen waren. Das Gesetz enthält nämlich keine Regelung über die Finanzierung des Verfahrens, da entsprechende Vorschläge der Regierung im Bundesrat keine Mehrheit gefunden hatten. Die Sozialstiftungen halten es nicht für sinnvoll, ihre Gelder für aufwendige staatliche Verfahren zu verwenden und als Lückenbüßer für eine fehlende staatliche Finanzierung einzutreten. Hierzu wurde auf Initiative der Hohmann-Stiftung ein Gutachten erstellt und ein Brief an die Bundesjustizministerin geschrieben. Diese hat gerade in die-ser Woche geantwortet, dass sie die Probleme sehe und eine Stundungsregelung zur Entlastung der Schuldner von Verfahrenskosten vorschlage. Dies ist mei-nes Erachtens sicherlich keine gute Lösung, aber entlastet die Stiftungen si-cherlich von derartigen Anfragen. Die Diskussion im Kreise aktiver Stiftungs-verantwortlicher war auch hierzu wie immer anregend und zeugte von der Kompetenz der Teilnehmer.

Nach diesem Rückblick komme ich zum heutigen Thema: da sich der Refe-rent wegen schlechten Wetters in noch nicht bekanntem Ausmaß verspätet, erlauben Sie mir den gedanklichen Bogen zum Generalthema der Jahres-versammlung des Bundesverbandes etwas weiter zu schlagen: „Auf dem Weg zur Bürgergesellschaft – die Rolle der Stiftungen". Dieser Arbeitskreis hat schon immer über die Positionierung von Stiftungsmitteln debattiert, denn im Sozialstaat ist diese Frage elementar: was muss, was darf, was soll der Staat durch Umverteilung und Steuermittel bzw. durch Kranken-, Pflege-, Renten- und Arbeitslosenversicherung mit Beiträgen von Arbeitnehmern und Arbeit-gebern finanzieren? Wo sind Stiftungen in dem oft dichten Gestrüpp der wohlfahrtsstaatlichen Rechtssetzung erforderlich? Wohlfahrtsverbände sind durch Kostenersatz abhängig geworden von staatlichen Zuweisungen. Werden Stiftungen zum Lückenbüßer für ein sich zurückziehendes staatliches Engage-ment? Wo sind Stiftungen im Sozialstaat sinnvoll oder gar unentbehrlich? Ich verweise auf die eingangs beschriebene Diskussion zum Heimgesetz und zum Verbraucherinsolvenzverfahren.

Heute nun – abgeleitet aus dem Generalthema der diesjährigen Tagung des Bundesverbandes hier der Blick über den Tellerrand und in die moderne Sozialarbeit hinein: „Die Zukunft des Sozialen gemeinsam verantworten – Stiftungen und bürgerschaftliches Engagement".

Im internationalen Jahr der Freiwilligen, das die UNO für 2001 ausgerufen hat, ist Ehrenamt oder bürgerschaftliches Engagement in aller Munde – schon die Wahl des Begriffes löst intensive Diskussionen aus: bürgerschaftliches Engagement?, Ehrenamt gleich Eselsamt? „Unbezahlt oder unbezahlbar" – die Slogans und Werbeplakate mit netten Menschen, die sich engagieren, sind vielleicht ein Versuch, verlorenes Terrain für gesellschaftliches Leben wieder-zugewinnen, hoffentlich aber noch mehr: ein Schritt zur gedanklichen Lösung von der einseitigen Staatsfixiertheit und Erwartungshaltung gegenüber dem Staat, die meines Erachtens in den vergangenen Jahren in erschreckendem Maße und ziemlich unreflektiert zugenommen hat.

Für die allermeisten von Ihnen ist Stiftungsarbeit ehrenamtliche Arbeit, die mit großem Einsatz und großer Verantwortung für Stifterziele, Stiftungsvermögen und häufig auch Mitarbeiter und Mitarbeiterinnen verbunden ist. Das Motto der diesjährigen Tagung bezieht sich daher auch ausdrücklich auf die Standortbe-stimmung von Stiftungen als Teil der Bürgergesellschaft: Stiftungen sind ein Teil unserer Bürgergesellschaft und haben als solche eine lange Tradition. Sozial-stiftungen haben auch in Zeiten des Sozialstaats wichtige Funktionen. So sind sie im Rahmen repräsentativer demokratischer Willensbildung ein Stück bürger-schaftlicher Partizipation und erlauben eine neue Rückbindung zwischen insti-tutionalisierter Selbstverwaltung und der Bevölkerung (so Prof. Pitschas, Spey-er). Damit schaffen sie auch gesellschaftliche Identität.

Wo Politikverdrossenheit und damit einhergehende sinkende Wahlbeteiligungen immer stärker um sich greifen, ist bürgerschaftliches Engagement und sind Stiftungen ein Mehr an Selbstverantwortung. In Zeiten sozialstaatlichen An-spruchdenkens und administrativer Dienstleistungsgesellschaft sind Stiftungen auch ein wichtiges Instrument, um die Waage von Gleichheit und Freiheit zugunsten der Freiheit ins Lot zu bringen und auch individuelle Bedürfnisse zu erfüllen, neue Wege zu gehen und Innovation zu ermöglichen, die der Sozialstaat durch Gleichheitsgebote oder fiskalische Erwägungen nicht mehr oder noch nicht finanzieren kann.

Ein Problem des bürgerschaftlichen Engagement ist, und damit komme ich auch zum Thema des heutigen Vortrags von Prof. Klie von der evangelischen Fachhochschule in Freiburg, die professionell entwickelten Standards vor al-lem im sozialen Bereich zu halten. Darunter fällt, hauptberufliche Mitarbeiter mit ehrenamtlich Tätigen erfolgreich zu einem Team zu verbinden, Qualität zu sichern, Wissen zu vermitteln und nicht gegen, sondern miteinander zu arbeiten und natürlich Ehrenamtliche zu gewinnen und zu motivieren. Ich glaube, es gibt im bürgerschaftlichen Engagement, auch in Stiftungen, vielfältige Reserven oder auch Ängste: die Menschen in der Verwaltung meinen gegenüber „Engagierten" Defizite bekennen zu müssen, Stifter und Stiftungen haben manchmal das Gefühl nur Lücken zu stopfen oder Geld für nicht wirklich Gewolltes einzusetzen, Politiker haben die Angst vor fremdem Einfluss und ihrer Macht nicht unterliegende Finanzmittel – alle beäugen sich respektvoll bis feindselig. Diese Gefühlsmelange behindert alle Beteiligten an einer freien Diskussion. Vielleicht kommt deshalb auch die Enquete-Kommission des Bundestags zur Zukunft des bürgerschaftlichen Engagements nicht zu einer freien und ergebnisorientierten Diskussion.

Dabei liegen die Vorteile bürgerschaftlichen Engagements, auch in Sozialstiftungen, auf der Hand:

- Für die aktiven Menschen als Alternative zum passiven Konsum und zur reinen Spaßgesellschaft.

- Für die Menschen, denen z.B. im sozialen Bereich geholfen werden kann; unter anderem mehr Qualität, mehr Zuwendung und Aufmerksamkeit durch Einbeziehung von Angehörigen, Sterbebegleitung, Kurse für pflegende Angehörige bei Einbindung in professionelle Pflege.

Die Motivation und Verbindung der beteiligten Menschen erfordert eine Aktivierung der Netzwerke, die Herr Prof. Klie von der Evangelischen Fachhochschule für Sozialwesen in Freiburg für das baden-württembergische Landesprogramm für bürgerschaftliches Engagement seit 1996 fachlich und wissenschaftlich begleitet. Als „gesellschaftspolitisches Lernprojekt" haben ca. 60 Städte, Gemeinden und Landkreise und einige Wohlfahrtsverbände Initiativen zur Schaffung förderlicher Rahmenbedingungen für freiwilliges Bürgerengagement entwickelt. Über eines dieser Projekte in der Nähe von Freiburg wird Herr Prof. Klie uns jetzt besonders berichten. Ich freue mich sehr darauf und bin so gespannt wie Sie hier im Saal sicherlich auch und danke Ihnen sehr herzlich für Ihre knappe Zeit und Ihr offensichtlich nicht einfaches Herkommen im Unwetter!

Die Zukunft des Sozialen gemeinsam verantworten – Stiftungen und Bürgerschaftliches Engagement

Prof. Dr. Thomas Klie, Evangelische Fachhochschule Freiburg

I. Vorbemerkungen

Lassen Sie mich zunächst recht herzlich danken, dass Sie mich hier nach Köln zu Ihrer Tagung eingeladen haben. Ich darf zu Beginn in aller Kürze skizzieren, in welcher Weise wir uns an der Evangelischen Fachhochschule Freiburg mit Fragen des Bürgerschaftlichen Engagements und Stiftungen befassen. Seit fünf Jahren sind wir mit der wissenschaftlichen Begleitung des Landesprogramms „Förderung Bürgerschaftlichen Engagements in Baden-Württemberg" befasst, vier Jahre davon mit Beratungsaufgaben für sich beteiligende Kommunen. Das spezifische Verständnis von Bürgerschaftlichem Engagement in Baden-Württemberg möchte ich später erläutern. Im Zusammenhang mit dem Landesprogramm stellte sich sowohl auf der kommunalen als auch der Landesebene immer wieder die Frage „Stiftungen". Schließlich sind wir aktuell von der Enquete-Kommission „Bürgerschaftliches Engagement" beauftragt, Förderpraktiken des dritten Sektors auf kommunaler Ebene zu recherchieren und nach förderlichen und hemmenden Faktoren Ausschau zu halten, die Bürgerschaftliches En-

Marlehn Thieme und Prof. Dr. Thomas Klie

gagement betreffen. Die Förderung Bürgerschaftlichen Engagements, sie ist auch und gerade eine Herausforderung für die kommunale Ebene, aber nicht nur für sie, sondern für viele andere Akteure auch. Dies haben Sie auch im Titel meines Vortrages zum Ausdruck gebracht, wenn Sie davon sprechen, dass es das Soziale gemeinsam zu verantworten gelte. Hier drückt sich ein neues, modernes Verständnis von Sozialpolitik, aber auch ein modernes Verständnis von der Rolle des Staates aus mit einer wachsenden Bedeutung des dritten Sektors und damit auch der Stiftungen. Mit diesen neuen Mixturen der Verantwortung für das Soziale möchte ich meinen Vortrag beginnen, bevor ich auf das Bürgerschaftliche Engagement und den dritten Sektor zu sprechen komme, um ihm etwas Profil zu geben. Besonders widmen möchte ich sodann der Rolle und Intentionen der Stiftungen im Kontext des Bürgerschaftlichen Engagements bevor ich mit Perspektiven schließen werde.

II. „Das Soziale gemeinsam verantworten"

Die Rede von der „gemeinsamen Verantwortung" ist eine neue Rede und sie wird, gerade wenn sie auch in die Gesetzessprache Eingang findet, beargwöhnt. Zieht sich hier der Staat aus seiner Verantwortung zurück? Redelegiert er die Verantwortung für das Soziale an die Familien und die Ehrenamtlichen? Steuern wir auf amerikanische Zustände hin, wo existenzsichernde Leistungen davon abhängig gemacht werden, ob sich im dritten Sektor Initiativen herausbilden, Stiftungen tätig werden, um Notlagen zu begegnen? Entsprechende Tendenzen sind zu beobachten: der deutsche Sozialstaat unterliegt einer enormen Rationalisierungsdynamik. Sozialleistungen werden in Frage gestellt, zum Teil gekürzt, im Wesentlichen aber rationalisiert, in bestimmten Bereichen schon rationiert. Wir blicken auf das Gesundheitswesen, dort wo Rationierungen am Greifbarsten erscheinen, insbesondere zu Lasten der älteren Bevölkerung, aber auch zu Lasten einkommensschwacher Personenkreise. Wir blicken auf die Hilfen für Arbeitssuchende, in der etwa die originäre Arbeitslosenhilfe in Frage gestellt wurde und die Sozialhilfe als letztes Netz herhalten muss. Die Liste ließe sich verlängern um die Rentenversicherung, die Pauschalierung in der Sozialhilfe und vieles mehr. Dieser Prozess ist wachsam und kritisch zu begleiten, wenn einem die sozialstaatlichen Grundlagen unseres Staates wertvoll sind. Gleichzeitig kann man nicht umhin, zur Kenntnis zu nehmen, dass die Sozialhaushalte diejenigen sind, die in den letzten Jahrzehnten am stärksten gestiegen sind: die Forderungen der 68er-Generation wurden eingelöst. Die Sozialausgaben wurden verdoppelt, der Verteidigungshaushalt eher eingefroren. Eine weitere Expansion des Sozialhaushaltes scheint kaum mehr möglich, wenngleich auch nicht zu unterschätzen ist, welche Wachstumsressourcen in den Sektoren Gesundheit und Soziales liegen. Immerhin weist der gesamte Gesundheitssektor einen höheren Umsatz aus, als die gesamte deutsche Automobilindustrie. Auch der Sektor Pflege wird als ein Wachstumsmarkt gesehen mit beschäftigungspolitischen Effekten. Aus unserer deutschen Optik erscheinen Wachstumseffekte im Sozialen sofort unter dem Blickwinkel erhöhter Staatsausgaben bzw. weiter steigender Lohnnebenkosten, deren Absenkung uns Bundeskanzler Schröder versprochen hat. Eine Erhöhung der Staatsausgaben im Bereich des Sozialen ist schwer vorstellbar, gerade auch im europäischen Kontext, was jedoch nicht heißt, dass der Markt sich nicht in diesem Bereich weiter entwickeln kann und muss. Unser soziales Sicherungssystem in seiner Konstruktion wird zwei Entwicklungen kaum mehr gerecht: der demographischen Entwicklung und der gesellschaftlichen Modernisierung. Die demographische Entwicklung verschafft uns in den nächsten Jahrzehnten eine bisher unbekannte Altersverteilung in der Bevölkerung, in der generationsvertragliche Konzepte nicht mehr greifen, um die Finanzierung des Sozialstaates sicher zu stellen. Hierin liegt eine kulturelle und gesellschaftliche Herausforderung ersten Ranges. Der soziale Wandel, in der Soziologie unter dem Terminus der Modernisierung diskutiert, führt überdies zu einer Veränderung sozialer Netzwerkstrukturen, insbesondere im familiären Bereich: traditionelle Frauenrollen sind ebenso in Frage gestellt, wie die vorausgesetzte Leistungsfähigkeit im Sektor des Sozialen. Hierauf baut aber unser Sozialstaat. Das Beispiel der Pflegeversicherung macht das Verhältnis von vorausgesetzter Hilfe in sozialen Netzwerken zu staatlich garantierten professionellen Leistungen deutlich: die Pflegeversicherung ist als erste Sozialversicherung in Deutschland als Teilkaskoversicherung konzipiert und geht davon aus, dass die Pflegeaufgaben im Wesentlichen von den Familien, Angehörigen oder Partnern übernommen werden. Der Staat mit seinen Transferleistungen und die Professionellen mit ihren Unterstützungsangeboten sind hier nur begleitend und unterstützend tätig, vielleicht einmal abgesehen vom Bereich der vollstationären Pflege. Die Rechnung geht heute noch auf: überwiegend werden Pflegeaufgaben in Familien wahrgenommen. Das könnte sich aber ändern, wenn sich die Modernisierung in der Gesellschaft auch auf Solidaritätsformen im Bereich der Pflege und Erziehung weiterhin auswirken wird.

Die skizzierten Veränderungen verlangen eine neue Mixture von an der „Wohlfahrtsproduktion" beteiligten Feldern und Instanzen, zu denen der Staat, der informelle Sektor, der Markt aber auch und gerade der dritte Sektor, der der Freiwilligen, der bürgerschaftlich Engagierten und der Stiftungen gehört. Im sozialpolitischen Kurs wird hier vom „New Welfare Mix" gesprochen, einem neuen Wohlfahrtspluralismus, von dem wir neu zu bestimmen haben, welche Leistungen von informellen Netzwerken erbracht werden können, wofür der Staat Verantwortung trägt, was der Markt leisten kann und wo und wie auch in neuer Form Dritte-Sektor-Organisationen ihre Tätigkeiten und Wirkungs-felder finden (EVERS, OLK; 1996). Nicht mehr und nicht weniger steckt hinter der Formulierung von der gemeinsamen Verantwortung des Sozialen, wie Sie sie selbst für den Vortragstitel gewählt.

III. Bürgerschaftliches Engagement im dritten Sektor im Profil

Hintergrund:
Förderung Bürgerschaftlichen Engagements in Baden-Württemberg
Ende 1995 haben das Sozialministerium Baden-Württemberg und die Kommu-nalen Spitzenverbände des Landes eine „Arbeitsgemeinschaft Förderung Bür-gerschaftliches Engagement" (AG/BE) gebildet und unter gleicher Bezeich-nung ein umfangreiches Landesprogramm auf den Weg gebracht (SOZIALMI-NISTERIUM BADEN-WÜRTTEMBERG 1996; 1998; 2000). Ziel des Programms ist, Kommunen dabei zu unterstützen, gemeinsam mit BürgerInnen, Fachkräften und Verbänden Rahmenbedingungen zur Förderung Bürgerschaftlichen Enga-gements zu schaffen. Von September 1996 bis Dezember 2000 wurden ins-gesamt 32 Städte, Gemeinden und Landkreise als Modellstandorte gefördert (KLIE/ROß 2000a, 53–180). Die Förderung umfasst Zuschüsse, Qualifizierungs-maßnahmen, Vernetzungsangebote und Fachberatung (KLIE, ROß u.a. 1997, 22f).[1] In weiteren ca. 30 Kommunen wurden einzelne Initiativen und Maß-nahmen unterstützt.

In seiner bisherigen Form endete das Programm am 31. Dezember 2000. Eine weiterführende Phase mit einer Laufzeit bis Mai 2005 ist zwischen den Part-nern der AG/BE vereinbart.

Bürgerschaftliches Engagement: Idee und Praxis
„Bürgerschaftliches Engagement" ist derzeit in aller Munde. Spätestens seit der Einrichtung einer „Enquetekommission Bürgerschaftliches Engagement" durch den Deutschen Bundestag Ende 1999 ist der Terminus in der Bundes-republik fest etabliert. Die inhaltliche Bedeutung dieses Trendbegriffs ist aber bislang keineswegs eindeutig. Der Verwendung als allgemeiner, eher unschar-fer Ober- oder Sammelbegriff für alle Formen des Ehrenamtes und des frei-willigen Engagements (sowie z.T. auch der Selbsthilfe) steht ein spezifischeres Verständnis gegenüber, das den Terminus in den Zusammenhang der Idee der „Bürger"- oder „Zivilgesellschaft" stellt und ihm damit eine deutliche gesell-schaftspolitische Konnotation verleiht (vgl. RAUSCHENBACH 1999).

---

1 Die Kontaktstelle für praxisorientierte Forschung an der Evang. Fachhochschule Freiburg ist beauf-tragt, das Landesprogramm fachlich und wissenschaftlich zu begleiten (ROß 1998). Auf den Ergeb-nissen dieser Begleitforschung – vorgelegt in jährlichen Wissenschaftsberichten (KLIE, ROß u.a. 1997 ff.) – basieren die hier entwickelten Überlegungen.

In diesem Sinne hat der Begriff gerade in Baden-Württemberg in den vergangenen Jahren eine Schärfung seiner Konturen erhalten (vgl. AG/BE 2000, 7–14). Basis dafür waren und sind sowohl eine gezielte Praxisentwicklung als auch eine systematische theoretische Reflexion. Beim Bürgerschaftlichen Engagement geht es um:

- ein Engagement mit bestimmten **Merkmalen,**

- ein Engagement mit konkreten **Entwicklungsfeldern und Entwicklungsperspektiven;**

- ein Engagement, das eine spezifische **Idee** verkörpert und

- eine besondere **Dimension von Ehrenamt, Selbsthilfe und Freiwilligenwesen** darstellt.

Merkmale Bürgerschaftlichen Engagements

Konkrete Belange als Ausgangspunkt: die Belange anderer, für die man sich einsetzt (für Wohnungslose, Sterbende, Jugendliche etc.), aber auch die eigenen Anliegen der Engagierten (Verkehrskonzept, Selbsthilfe bei Krankheit oder Lebenskrisen, Tausch von Diensten). Bürgerschaftliches Engagement ist offen für eine Vielzahl unterschiedlicher Motive: Christliche Nächstenliebe kann genauso Ausgangspunkt sein wie Interesse an Mitgestaltung oder der Wunsch, neue Kontakte zu knüpfen oder neue Fähigkeiten zu erwerben.

Verantwortung für den unmittelbaren öffentlichen Lebensraum, für den Stadtteil, die Gemeinde oder die Nachbarschaft, wo die BürgerInnen leben. Bürgerschaftliches Engagement will einen Beitrag zur Gestaltung dieses Lebensraums leisten. Gemeint ist weder ein Engagement, das sich auf die Binnenräume von Familie, Freundeskreis oder Hausgemeinschaft bezieht, noch sich etwa der Erhaltung einer vom Aussterben bedrohten Vogelart in fernen Ländern widmet.

Gemeinsames Handeln von BürgerInnen: Keine isolierten Einzelaktionen, sondern Aktivitäten zusammen mit anderen sind gemeint (z.B. die gemeinsame Spielplatz-Aktion, bei der auch das gemeinsame Eintopfessen nicht fehlt). Das Engagement hat immer einen gemeinschaftsstiftenden Aspekt. Es stellt das „Wir" in den Mittelpunkt und leistet einen Beitrag zur Belebung des sozialen Miteinanders.

Denken in Zusammenhängen. Bürgerschaftliches Engagement findet zwar seine konkreten Bezugspunkte gewissermaßen vor der Haustür, stellt das Engagement jedoch in einen größeren Zusammenhang: etwa in das Bemühen um soziale Gerechtigkeit, den Schutz der Umwelt oder die Kinderfreundlichkeit der Städte (lokales Handeln – globales Denken). Die Interessen der einen gesellschaftlichen Gruppe werden nicht auf Kosten der anderen verfolgt, die des einen Stadtteils nicht zu Lasten des benachbarten. Bürgerschaftliches Engagement handelt nicht nach dem „Sankt-Florians-Prinzip".

Selbstorganisation und Kompetenzorientierung. Bürgerschaftliches Engagement wird von Bürgern und BürgerInnen selbst entwickelt und lebt von ihrem Wissen, ihren Fähigkeiten und ihrem Interesse. Gemeint ist Mitverantwortung für die öffentlichen und gemeinschaftlichen Angelegenheiten, nicht jedoch, Bürger für bestimmte öffentliche Aktivitäten einzuplanen, die bisher etwa von der Stadt erledigt wurden. Gefördert werden soll vielmehr die Eigen-Initiative der Bürger, allerdings mit Unterstützung durch Verwaltung und Fachkräfte.

Gleichberechtigte Kooperation zwischen BürgerInnen, Verwaltung, Politik beruflich tätigen Fachleuten und Verbänden (z.B. in Gremien), aber auch unter den verschiedenen engagierten BürgerInnen und Gruppen. Nicht um Abgrenzung, nicht um das Hin- und Herschieben von Zuständigkeiten und Aufgaben geht es, sondern um die gemeinsame Verantwortungsübernahme in der Gesellschaft und das Aushandeln von Interessen im Dialog.

Demokratische Teilhabe aller BürgerInnen bei der Gestaltung des Lebensraums. Bürgerschaftliches Engagement richtet sich nicht gegen bestimmte Gruppen, schließt niemanden aus, sondern versucht, möglichst viele Bürgerinnen und Bürger zur Mitwirkung einzuladen und zu befähigen.

Felder und Perspektiven bürgerschaftlicher Entwicklung
Damit Bürgerschaftliches Engagement im Sinne der genannten sieben Merkmale wächst und gestärkt wird, kommt es vor allem, aber nicht allein auf die Bürgerinnen und Bürger selbst an. Förderung Bürgerschaftlichen Engagements ist kein Solospiel, sondern ein Gemeinschaftsprojekt. Es gelingt, wenn verschiedene gesellschaftliche Bereiche einen Beitrag leisten, wenn hier Entwicklungsprozesse aufgegriffen und vorangebracht werden:

a) **BürgerInnen: Von „Privatmenschen"/„selbstlosen HelferInnen" zu „autonome *und* engagierte BürgerInnen"**

Für die Bürgerinnen und Bürger geht es darum, die Privatheit der Familie und des Freundeskreises zu überschreiten, und im öffentlichen Lebensraum aktiv zu werden, ohne dass damit die Erwartung selbstloser Pflichterfüllung verbunden wäre. Bürgerschaftlich Engagierte legen Wert auf Selbstbestimmung, wollen ernst genommen werden und mitentscheiden. Aber sie sind zugleich bereit, sich in gesellschaftliche Belange „verwickeln" zu lassen. Sie überlassen nicht alles dem Staat, sondern setzen Zeit und Können ein und übernehmen Verantwortung.

b) **Fachkräfte: Von „ExpertInnen" zu „PartnerInnen"**

Für die Fachkräfte geht es nicht allein darum, als ExpertInnen auf hohem professionellen Niveau für die Lösung der Probleme ihrer Kunden oder Klienten zu sorgen. Wichtig ist ebenso die Fähigkeit, bürgerschaftlich Engagierte partnerschaftlich zu unterstützen und – wo gewünscht und notwendig – zu befähigen, Aufgaben selbst zu übernehmen. Die Zusammenarbeit mit den Engagierten, die Unterstützung erwarten, aber nicht vereinnahmt werden wollen; die sich einsetzen, aber keine billigen Kräfte für Hilfsarbeiten sein wollen, ist kein leichtes Geschäft!

c) **Verwaltungen: Von der „Erledigungsverwaltung" zur „Ermöglichungsverwaltung"**

Für die Verwaltungen geht es im Sinne eines neuen Rollenverständnisses und Handlungsstils darum, die Mitarbeit und Mitgestaltung von BürgerInnen zu „ermöglichen", statt lediglich Aufgaben zu „erledigen". Möglichst viel soll *mit* den Bürgern und Bürgerinnen getan werden und nicht *für* sie. Förderung Bürgerschaftlichen Engagements bedeutet für Kommunen keine Rückzugs-, sondern eine Gestaltungsaufgabe. Wichtig sind nicht nur finanzielle Mittel, sondern vor allem konkrete AnsprechpartnerInnen mit klarem Auftrag und durchschaubare Strukturen.

d) **Politik: Von der „Detailkompetenz" zur „Richtlinienkompetenz"**

Neue Formen bürgerschaftlicher Teilhabe und die Strukturen und Gremien des repräsentativen Systems (Gemeinderat, Ausschüsse, Fraktionen, Parteien) müssen keine Konkurrenz darstellen. Sie können sich in sinnvoller Weise gegenseitig ergänzen. Angemessen in einen Gesamtzusammenhang gebracht, ergeben sie eine lebendige Landschaft kommunaler Demokratie. Für die repräsentativen Gremien bedeutet dies die Herausforderung, sich auf eine Richtlinien- und Letztentscheidungskompetenz zu konzentrieren – bzw. sich auf der anderen Seite aus Detailzuständigkeiten herauszuziehen. Damit verbunden ist die Chance, verstärkt gestaltend tätig zu werden.

e) **Verbände und Einrichtungen: Vom „Rekrutieren" zum „Unterstützen"**

Für die Verbände und Einrichtungen geht es nicht darum, MitarbeiterInnen für die eigenen bestehenden Aufgabenfelder zu rekrutieren oder Mitglieder zu werben. Vielmehr sind sie herausgefordert, die BürgerInnen mit ihren Ideen und Fähigkeiten in den Mittelpunkt zu stellen und sie zu unterstützen. Die Verbände können ihre räumlichen und technischen Kapazitäten, vor allem aber ihr Fachwissen und Fachpersonal in die Förderung Bürgerschaftlichen Engagements einbringen. Interne Strukturveränderungen als Konsequenz dieser Entwicklung sind inbegriffen.

f) Unternehmen: Von der Verfolgung von Partikularinteressen zu Corporate Citizenship

Im Gesamtkontext der Zivilgesellschaft muss sich auch die Wirtschaft neu verorten. Dabei geht es darum, unternehmerisches Handeln nicht isoliert zu betreiben, sondern das KundInnen- und MitarbeiterInnen-Umfeld des Unternehmens zugleich als Teil einer aktiven Bürgerschaft zu betrachten sowie die Verantwortung für diese aktive Bürgerschaft in eine neue Unternehmenskultur zu integrieren. Über Sponsoring, Förderprogramme, Engagement von MitarbeiterInnen usw. werden Unternehmen auf vielfältige Weise positiv mit dem Gemeinwesen verbunden werden und agieren so gewissermaßen als „korporative Bürger". Dadurch ergibt sich für alle Beteiligten ein Gewinn ("Win-Win-Situation"): Imagegewinn, Zugang zu neuen KundInnen und verbesserte Motivation der MitarbeiterInnen für die Unternehmen – finanzielle, sachliche und fachliche Unterstützung von Initiativen, Gruppen und Organisationen. Zugleich wird auch das Gemeinwesen als solches gestärkt.

BürgerInnen, die sich engagieren; Verwaltungen, die Bürgerengagement aktiv ermöglichen; Fachkräfte, Verbände und Einrichtungen, die Engagierte partnerschaftlich unterstützen; Politik, die Freiräume für Engagement schafft; Unternehmen, die Verantwortung im Gemeinwesen übernehmen – all das muss nicht neu erfunden werden. Die beschriebenen Entwicklungen sind nicht überall, aber an vielen Orten längst Realität. Wichtig ist, sie im Sinne der Förderung Bürgerschaftlichen Engagements zusammenzudenken, zusammenzuführen und gezielt voranzubringen.

Die Idee Bürgerschaftlichen Engagements

Die Erläuterungen zu den Feldern und Entwicklungsperspektiven machen deutlich: Förderung Bürgerschaftlichen Engagements beschränkt sich nicht darauf, mehr Menschen als bislang für ein gemeinwohlbezogenes Engagement gewinnen zu wollen. Es geht vielmehr um die breite Stärkung der Demokratie und des Miteinanders in unserer Gesellschaft.

Demokratie lässt sich nicht auf die Teilnahme an Wahlen und die Mitwirkung an den repräsentativen Strukturen unserer Gemeinwesen beschränken. Demokratische Teilhabe an der Gestaltung des Gemeinwesens stellt einen bürgerschaftlichen Lebensstil dar. Damit die Demokratie weiter wehrhaft und lebendig bleibt, muss sie eine starke Demokratie sein. So gilt es, neben den bewährten auch neue Formen zu entwickeln, wie sich BürgerInnen verantwortlich und wirkungsvoll einbringen können. Möglichst viele BürgerInnen sollen zur demokratischen Teilhabe gestärkt und befähigt werden.

Ziel ist es, Gegenakzente zum oft als unbefriedigend empfundenen Rückzug ins Private zu setzen, zur Vereinzelung modernen Lebens und zur Arbeitstei-

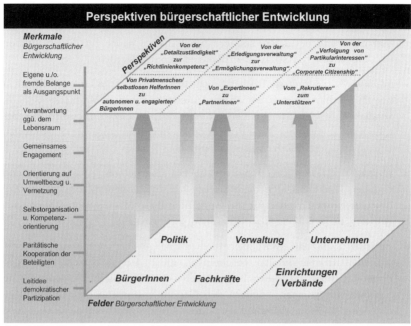

Perspektiven bürgerschaftlicher Entwicklung

Merkmale Bürgerschaftlicher Entwicklung

Eigene u./o. fremde Belange als Ausgangspunkt

Verantwortung ggü. dem Lebensraum

Gemeinsames Engagement

Orientierung auf Umweltbezug u. Vernetzung

Selbstorganisation u. Kompetenz-orientierung

Paritätische Kooperation der Beteiligten

Leitidee demokratischer Partizipation

Perspektiven

Von der „Detailzuständigkeit" zur „Richtlinienkompetenz"

Von der „Erledigungsverwaltung" zur „Ermöglichungsverwaltung"

Von der „Verfolgung von Partikularinteressen" zu „Corporate Citizenship"

Von Privatmenschen/ selbstlosen HelferInnen zu autonomen u. engagierten BürgerInnen

Von „ExpertInnen" zu „PartnerInnen"

Vom „Rekrutieren" zum „Unterstützen"

Politik — Verwaltung — Unternehmen

BürgerInnen — Fachkräfte — Einrichtungen / Verbände

Felder Bürgerschaftlicher Entwicklung

Schaubild 1: Perspektiven Bürgerschaftlicher Entwicklung

lung im Berufsleben, die viele als Entfremdung erleben. Bürgerschaftliches Engagement bietet die Chance, mit Menschen zusammenzukommen, mit denen man sonst nie zu tun gehabt hätte; gemeinsam Projekte von der Idee bis zur Umsetzung zu entwickeln; neue Fähigkeiten zu erwerben; Anerkennung jenseits der Erwerbsarbeit zu erhalten. Bürgerschaftliches Engagement bietet die Chance, die eigene soziale Identität weiterzuentwickeln und sich in einem Lebensraum zu beheimaten.

Bürgerschaftliches Engagement: eine spezifische Dimension
Bürgerschaftliches Engagement im Sinne der genannten Idee und der erläuterten Merkmale zu fördern, bedeutet eine bestimmte Dimension von Ehrenamt, Selbsthilfe und Freiwilligenarbeit anzusprechen: sie aufzugreifen und zur Geltung zu bringen, wo sie bereits vorhanden ist; für sie zu werben, wo sie noch nicht entdeckt ist; sie in jedem Fall gezielt zu stärken.

„Bürgerschaftliches Engagement" fördern bedeutet also nicht, die vielfältigen bestehenden Formen des freiwilligen Engagements für ungenügend oder gar überholt zu erklären: das traditionelle Ehrenamt in Kirchen, Verbänden und Vereinen, das politische Ehrenamt, das neue Freiwilligenwesen, die Selbsthilfe, die Bürgerinitiativen.

- *Ehrenamtliche Vereinsarbeit* ist „Bürgerschaftliches Engagement", wenn z.b. Sport und Musik nicht nur als private Freizeitbeschäftigung oder Erholung betrachtet und betrieben, sondern bewusst als Chance für die Integration von Menschen mit sozialen Problemen genutzt werden;

- *Selbsthilfe* ist „Bürgerschaftliches Engagement", wenn eine Gruppe sich nicht nur im geschlossenen Kreis um die Unterstützung ihrer Mitglieder bemüht, sondern ihre Erfahrungen und Kompetenzen – z.b. hinsichtlich der Bewältigung schwieriger Lebenssituationen, dem Umgang mit Suchtstoffen usw. – an adere BürgerInnen weitergibt;

- *Kirchliches Ehrenamt* ist „Bürgerschaftliches Engagement", wenn engagierte Christen ihre Gemeinde nicht als isolierte Insel erleben, sondern als Teil des Gemeinwesens, der für die Gestaltung dieses Lebensraums Mitverantwortung trägt (z.B. in der Alten- und Jugendarbeit).

- *Bürgerinitiativen* sind „Bürgerschaftliches Engagement", wenn sie sich nicht auf ein Partikularinteresse beschränken, indem sie ein einzelnes Anliegen ohne Rücksicht auf die Belange anderer Akteure durchzusetzen oder zu verhindern versuchen, sondern den Gesamtzusammenhang des jeweiligen Problems und die Auswirkungen ihres Engagements zu berücksichtigen bereit sind.

IV. Stiftungen und Bürgerschaftliches Engagement

Die Stiftungen in Deutschland sind wichtige Institutionen des „dritten Sektors". Sie haben zu Ihrer Tagung in diesem Jahr unter dem Thema „Auf dem Weg zur Bürgergesellschaft – Die Rolle der Stiftungen" eingeladen. Bürgerschaftliches Engagement bezieht sich explizit auf den vielschichtigen und zum Teil unscharfen Diskurs um die Bürgergesellschaft, einem durchaus schillernden Sympathiebegriff in der aktuellen parteipolitischen Programmatik.

Eine verantwortungsvolle Rolle des Bürgers, ein erweiterter Demokratiebegriff, die Stärkung und Neuformierung des dritten Sektors gehören zu den wesentlichen Bestandteilen der Bürgergesellschaftskonzepte in einer durchaus auch wechselseitigen Bezogenheit der genannten Aspekte. Das baden-württembergische Verständnis von „Bürgerschaftlichen Engagement" gibt dem Bürgergesellschaftsbegriff herausfordernde Konturen:

Hier kommt nun Stiftungen in ihrer Vielfältigkeit eine große Bedeutung zu, gerade auch den Stiftungen, die im Bereich des Sozialen ihre Aufgaben und Gemeinwohlfunktionen sehen. Dabei haben sich Stiftungen der Gefahr bewusst zu sein, dass sie in einer fiskalisch orientierten, sich auf dem „Rückzug" be-

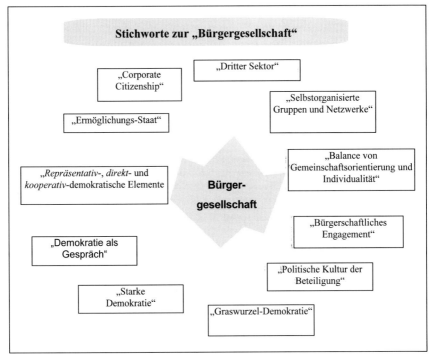

Schaubild 2: Stichworte zur „Bürgergesellschaft"

findlichen Sozialpolitik als Lückenbüßer herhalten müssen. Ihre Funktionen können hierin nicht liegen und können auch nicht darin liegen, eine unzureichende Finanzausstattung für Einrichtungen und Dienste im Sektor des Sozialen zu kompensieren. Dies ist aber nicht selten der Fall. Nicht selten wird unwirtschaftliches Verhalten im Management von Einrichtungen und Diensten, werden aber auch unzureichende Pflegesätze ausgeglichen durch Stiftungsmittel. Die Funktion der Stiftungen gerade im sozialen Sektor ist vielmehr darin zu sehen, lokale und regionale Kulturen der Solidarität zu sichern und zu fördern, eine Innovationsfunktion wahrzunehmen, die Weiterentwicklung von Angeboten und Diensten voranzutreiben sowie in verschiedener Weise für die Verankerung des Sozialen in der Kultur eines Gemeinwesens Sorge zu tragen. Dabei spielt in besonderer Weise die Orientierung an der bürgerschaftlichen Basis für die sozialen Belange einer Stadt, einer Region oder eines Gemeinwesens eine Rolle. Stiftungen können somit Ausdruck sein für eine reflexive Verantwortungsübernahme für das Soziale in der Bürgergesellschaft. Hier erscheinen gerade Beispiele aus dem Kontext des Bürgerschaftlichen Engagements in Baden-Württemberg interessant, wenn dort etwa Stiftungen als

„dritte Sektor-Tür" über Konfessionsgrenzen hinaus eine Infrastruktur entwickeln und Engagement von Bürgern zu binden in der Lage sind. Für Stiftungen, die schon über eine lange Tradition verfügen, mag die Herausforderung darin liegen, Reflexivität, ihre Innovationskraft und die Fähigkeit, die Bereitschaft von Bürgern, sich zu engagieren – sei es finanziell oder durch

---

Merkmale einer Bürgerstiftung

"Eine Bürgerstiftung ist eine unabhängige, autonom handelnde gemeinnützige Stiftung von Bürgern für Bürger mit möglichst breitem Stiftungszweck. Sie engagiert sich nachhaltig und dauerhaft für das Gemeinwesen in einem geographisch begrenzen Raum und ist in der Regel fördernd und operativ für alle Bürger ihres definierten Einzugsgebietes tätig. Sie unterstützt mit ihrer Arbeit bürgerschaftliches Engagement.

1. *Eine Bürgerstiftung ist gemeinnützig und will das Gemeinwesen stärken. Sie versteht sich als Element einer selbstbestimmten Bürgergesellschaft.*

2. *Eine Bürgerstiftung wird in der Regel von mehreren Stiftern errichtet. Eine Initiative zu ihrer Errichtung kann auch von Einzelpersonen oder einzelnen Institutionen ausgehen.*

3. *Eine Bürgerstiftung ist wirtschaftlich und politisch unabhängig. Sie ist konfessionell und parteipolitisch nicht gebunden. Eine Dominanz einzelner Stifter, Parteien, Unternehmen wird abgelehnt. Politische Gremien und Verwaltungsspitzen dürfen keinen bestimmenden Einfluß auf Entscheidungen nehmen.*

4. *Das Aktionsgebiet einer Bürgerstiftung ist geographisch ausgerichtet: auf eine Stadt, einen Landkreis, eine Region.*

5. *Eine Bürgerstiftung baut kontinuierlich Stiftungskapital auf. Dabei gibt sie allen Bürgern, die sich einer bestimmten Stadt oder Region verbunden fühlen und die Stiftungsziele bejahen, die Möglichkeit einer Zustiftung. Sie sammelt darüber hinaus Projektspenden und kann Unterstiftungen und Fonds einrichten, die einzelne der in der Satzung aufgeführten Zwecke verfolgen oder auch regionale Teilgebiete fördern.*

6. *Eine Bürgerstiftung wirkt in einem breiten Spektrum des städtischen oder regionalen Lebens, dessen Förderung für sie im Vordergrund steht. Ihr Stiftungszweck ist daher breit. Er umfasst in der Regel den kulturellen Sektor, Jugend und Soziales, das Bildungswesen, Natur und Umwelt und den Denkmalschutz. Sie ist fördernd und/oder operativ tätig und sollte innovativ tätig sein.*

7. *Eine Bürgerstiftung fördert Projekte, die von bürgerschaftlichem Engagement getragen sind oder Hilfe zur Selbsthilfe leisten. Dabei bemüht sie sich um neue Formen des gesellschaftlichen Engagements.*

8. *Eine Bürgerstiftung macht ihre Projekte öffentlich und betreibt eine ausgeprägte Öffentlichkeitsarbeit, um allen Bürgern ihrer Region die Möglichkeit zu geben, sich an den Projekten zu beteiligen.*

9. *Eine Bürgerstiftung kann ein lokales Netzwerk innerhalb verschiedener gemeinnütziger Organisationen einer Stadt oder Region koordinieren.*

10. *Die interne Arbeit einer Bürgerstiftung ist durch Partizipation und Transparenz geprägt. Eine Bürgerstiftung hat mehrere Gremien (Vorstand und Kontrollorgan), in denen Bürger für Bürger ausführende und kontrollierende Funktionen innehaben."*

Verabschiedet vom Arbeitskreis Bürgerstiftungen auf der 56. Jahrestagung des Bundesverbandes Deutscher Stiftungen im Mai 2000.

Schaubild 3: Merkmale einer Bürgerstiftung

aktives Tun – zu erhalten. In besonderer Weise interessant sind dabei die in Ihrem Verband diskutierten Konturen von Bürgerstiftungen, die sich ganz im Sinne der Diskussion um das Bürgerschaftliche Engagement durch ihre Gemeinwesenbezogenheit, ihre Offenheit für Bürger und ihre unterschiedlichen Engagementformen auszeichnen, aber auch für die Diskurse in der Gesellschaft von Bedeutung sind, und ein breites Spektrum von Engagementfeldern von der Jugend über die Kultur bis zum Sozialen anbieten und offen sind für unterschiedliche und neuartige bürgerschaftliche Projekte, gewissermaßen „befreit" von der Logik der Refinanzierbarkeit unterhaltener Dienste und Einrichtungen, konzipiert als lokales Netzwerk freier Initiativen Bürgerschaftliches Engagement.

Das Konzept der Bürgerstiftungen in diesem Sinne ist auch für die Entwicklung des Bürgerschaftlichen Engagements hoch interessant, da es in der Lage sein könnte, Raum und Kristallisationspunkt aber auch operative Instanz für Bürgerschaftliches Engagement auf lokaler Ebene anzubieten. Damit wäre noch nicht die Legitimation und zukünftige Bedeutung der Stiftungen im Feld des Sozialen mit Trägerfunktion in Frage gestellt, gleichwohl aber ein innewohnendes Potenzial angesprochen oder aber Entwicklungsperspektiven für das Stiftungswesen auf kommunaler Ebene.

V. Perspektiven

„Die Zukunft des Sozialen gemeinsam verantworten – Stiftungen und Bürgerschaftliches Engagement": zwei wesentliche Funktionen ordne ich den Stiftungen in diesem Feld zu. Zum einen den des dritte Sektor-Akteurs in einem wohlfahrtspluralistischen Konzept, zum anderen die Funktion Ort und Rahmen für vielfältige Formen Bürgerschaftlichen Engagements und bürgerschaftlicher Verantwortungsübernahme im Sozialen zu bieten.

In der ersten Funktion stellt sich manche Herausforderung konzeptioneller Art für bestehende Einrichtungen. „Wir sind nicht nur und primär Marktteilnehmer im Markt sozialer Dienste" mit moderner Kundenorientierung und Qualitätsmanagement, sondern eine Institution des dritten Sektors mit spezifischen und neuen Aufgaben mit einem wohlfahrtspluralistischen Konzept. In der anderen Funktion, der des Rahmens und Ortes für Engagement, stellen sich Aufgaben des *Coachings*, des *Financings* und des *Networkings* für bürgerschaftlich Engagierte. Und optional die Übernahme von bisher von Kommunen wahrgenommenen Förderungsaufgaben für bürgerschaftliche Initiativen, die sich heute oftmals in einer gewissen Gefangenschaft korporistischer Strukturen und sehr stabiler Förderungstraditionen mit einer sehr begrenzten Rationalitäts- und Innovationskraft befinden.

Wie dies ganz konkret aussehen kann, darf ich abschließend an Hand eines Beispiels aus der bürgerschaftlichen Praxis in Baden-Württemberg skizzieren, der Gemeinde Eichstetten im badischen Kaiserstuhl. Die Gemeinde ist geprägt von Kleingewerbe und Handwerk, einer traditionellen Struktur von vielfältigen Vereinen und einer in Baden-Württemberg häufig anzutreffenden starken Gemeindeverwaltung mit direkt gewählten Bürgermeistern. Umbrüche, sowohl wirtschaftlicher als auch gesellschaftlicher Art, haben zu einer neuen Offenheit für bürgerschaftliche Entwicklungen beigetragen, die etwa am Beispiel des Krankenpflegevereins, der im Zuge der Einführung des SGB XI seine ursprüngliche Funktion verloren hat, zu neuen Handlungs- und Organisationsformen im Bereich der Sicherung der Pflege und Betreuung pflegebedürftiger und älterer Menschen geführt hat. Aus dem Krankenpflegeverein wurde eine Bürgergemeinschaft, in der auf Anhieb 50 % aller Haushalte der Ortschaft Mitglied wurden, und zwar interessanter Weise milieuübergreifend: auch Nichtwähler, auch nicht traditionellen Vereinen und Kirchen Zugehörige sind Mitglied und engagieren sich. Es wurde ein Konzept des Betreuten Wohnens entwickelt, das die erwarteten Dienstleistungen in die Hand bürgerschaftlich Engagierter legt. Überdies profiliert sich die Bürgergemeinschaft und das Bürgerbüro zu einem Kristallisationspunkt für Bürgerschaftliches Engagement in Eichstetten. Hier geht es um Engagementvermittlung und -förderung. Integriert in einem Prozess der Lokale Agenda 21 hat sich in Eichstetten eine vielfältige Engagementkultur entwickelt, mit einem neuen Selbstverständnis von Verwaltung als einer fördernden und ermöglichenden Verwaltung sowie einer aktiven Rolle des Bürgermeister. Es konnte auf Anhieb eine Stiftung mit einem Kapital von 150.000 DM gebildet werden. Auch wenn die Stiftung nicht im Wesentlichen im Feld des Sozialen ihre Aktivitäten entfaltet, sondern im Bereich der Ökologie und der Landwirtschaft, so ist die Eichstetter Stiftung doch ein interessantes Beispiel für eine Bürgerstiftungsinitiative in einer Gemeinde im Umbruch. Die Integration in landesweite Lernnetzwerke, ein aktiv gestaltender Bürgermeister, eine unterstützende Verwaltung und der interessante Rahmen für Bürgerengagement, den sowohl die Bürgergemeinschaft als auch die Bürgerstiftung anbieten, gehört zu den Erfolgsbausteinen des Eichstetter Modells.

Literatur

EVERS, A.; OLK, T. (Hg.) (1996): Wohlfahrtspluralismus, Opladen 1996

ROß, P.-ST. (1998): Bürgerschaftliches Engagement – Beratung und Forschung. Evaluation in einem lebensraumbezogenen „Lernprojekt". In: Steinert, Erika; u.a. (Hg.): Sozialarbeitsforschung: was sie und leistet, Freiburg 1998, S. 128–144

KLIE, Th.; ROß, P.-ST. u.a. (1997): Bürgerschaftliches Engagement in Baden-Württemberg. 1. Wissenschaftlicher Jahresbericht 1996/97. Reihe: Bürgerschaftliches Engagement. Bd. 11; Sozialministerium Baden-Württemberg (Hg.), Stuttgart 1997

KLIE, TH.; ROß, P.-ST. u.a. (1998): Bürgerschaftliches Engagement in Baden-Württemberg. 2. Wissenschaftlicher Jahresbericht 1997/98. Reihe: Bürgerschaftliches Engagement, Bd. 15; Sozialministerium Baden-Württemberg (Hg.), Stuttgart 1998

KLIE, TH.; ROß, P.-ST. u.a. (1999): Bürgerschaftliches Engagement in Baden-Württemberg. 3. Wissenschaftlicher Jahresbericht 1998/99. Reihe: Bürgerschaftliches Engagement, Bd. 17; Sozialministerium Baden-Württemberg (Hg.), Stuttgart 1999

KLIE, TH.; ROß, P.-ST. (2000): Bürgerschaftliches Engagement in Baden-Württemberg. 4. Wissenschaftlicher Jahresbericht 1999/2000 – Abschlussbericht. Reihe: Bürgerschaftliches Engagement. Bd. 23; Sozialministerium Baden-Württemberg (Hg.), Stuttgart 2000

RAUSCHENBACH, TH. (1999): Ehrenamtliches Engagement bei veränderten gesellschaftlichen Bedingungen. In: Diakonisches Werk der EKD (Hg.): Das neue Ehrenamt zwischen Engagement und Professionalität (Tagungsdokumentation), Stuttgart 1999 S. 24 ff.

SOZIALMINISTERIUM BADEN-WÜRTTEMBERG (Hg.) (1996): Aufruf zum Bürgerschaftliches Engagement in Baden-Württemberg. Wir tun etwas gemeinsam, Stuttgart 1996

SOZIALMINISTERIUM BADEN-WÜRTTEMBERG (1998): Die Projektlandschaft Bürgerschaftlichen Engagements in Baden-Württemberg. Reihe: Bürgerschaftliches Engagement, Bd. 14. Stuttgart 1998

SOZIALMINISTERIUM BADEN-WÜRTTEMBERG (2000) (Hg.): Geschäftsbericht (1990–2000) Förderung Bürgerschaftliches Engagement. 10 Jahre Geschäftsstelle Bürgerengagement im Sozialministerium Baden-Württemberg. Reihe: Bürgerschaftliches Engagement, Bd. 22; Hg: Sozialministerium Baden-Württemberg, Stuttgart 2000

4. Ergebnisniederschrift über die Sitzung des Arbeitskreises Deutscher Stiftungen

„Bildung und Ausbildung"

am 31. Mai 2001
im Mediapark, Köln

zum Thema: **Schule in Europa – Qualität und Leistungsvergleich**

zu den Themen: **Evaluation der Qualität von Schule und Unterricht als Motor der Schulentwicklung – zu einem europäischen Pilotprojekt**

Prof. Dr. Michael Schratz, Institut für LehrerInnenbildung und Schulforschung, Universität Innsbruck

Was leistet das internationale Netzwerk innovativer Schulsysteme der Bertelsmann Stiftung?

Cornelia Stern, Bertelsmann Stiftung, Gütersloh

Schulen im Wettbewerb – Die Leistungen der Schulen als Anbieter von wissen, sozialer Kompetenz und Berufstätigkeit

Winfried Kühner, Sächsisches Staatsministerium für Kultus, Dresden

Lernwerkstatt Evaluation – ein Entwicklungsprojekt der Offenen Schule Babenhausen

Eva Diel, Vertreterin der Offenen Schule Babenhausen

Leitung: Dr. Ulrich Bopp,
Geschäftsführer der Robert Bosch Stiftung GmbH, Stuttgart und Beiratsmitglied des Bundesverbandes Deutscher Stiftungen

Kurzbericht über die Sitzung des Arbeitskreises

Dr. Ulrich Bopp, Arbeitskreisleiter

Der Arbeitskreis befaßte sich erstmals mit dem Thema „Evaluation der Qualität von Schule und Unterricht als Motor der Schulentwicklung", das aufgrund von OECD-Studien und Beschlüssen des Europäischen Ministerrates auch in Deutschland zunehmend in seiner Bedeutung erkannt wird.

In seiner Einführung betonte Dr. Bopp, daß die vergleichende Qualitätsdiskussion an Schulen noch am Anfang stehe und es darum gehe, wieder ein allgemeines Verständnis für die „Leistung der Schule" zu schaffen und jene Methoden der Qualitätsverbesserung zu entwickeln, die sie für ihre Anpassung an die Erfordernisse einer sich dramatisch wandelnden Welt benötigt. Private Stiftungen und private Schulen könnten hierzu einen wichtigen Beitrag leisten.

Prof. Schratz, Institut für Lehrer/Lehrerinnenausbildung und Schulforschung an der Universität Innsbruck, berichtete zur Einführung über ein 1998 abgeschlossenes EU-Projekt, bei dem 101 Schulen aus 18 Ländern die Qualität ihrer Schulen und des Unterrichts evaluiert hatten. Wesentlich war dabei die Einbeziehung sämtlicher Akteure des schulischen Lebens sowie eine kritische Sicht von außen auf die Ergebnisqualität der Schulen.

„Evaluation" definierte Prof. Schratz als das Bemühen, die Qualität der Prozesse und Produkte von Schule und Unterricht zu verstehen – in der Absicht, sie weiter zu entwickeln. Dieses permanente Streben nach Verbesserungen macht eine lernende Organisation aus und führt zu Veränderungen und Verbesserungen im Schulalltag.

Die Schulen haben Bedarf an Unterstützungsinstrumenten, Werkzeugen und finanziellen Mitteln, um die Qualitätsverbesserung nachhaltig umsetzen zu können. Hier eröffnet sich ein weites Feld für fördernde Stiftungen und Engagement von Bürgern und Unternehmen.

Frau Stern stellte das 1997 von der Bertelsmann Stiftung gegründete internationale Netzwerk innovativer Schulsysteme vor. Die Auswahl der Schulsysteme erfolgte nach Kriterien wie der Orientierung der Schulen an der Lern- und Lebenssituation von Kindern und Jugendlichen, der Beteiligung von Schülerinnen und Schülern, Eltern und Institutionen sowie der Kooperation zwischen Einzelschulen und externen Entscheidungsträgern. Die nominierten Länder verfügen über ein beträchtliches Know-how zum Thema Innovation in Schulen und Schulsystemen. Neben Schulleitern und Vertretern aus nationaler wie regionaler Bildungsverwaltung sind Lehrerausbilder und Schulentwicklungs-

forscher im Netzwerk vertreten. Der Schwerpunkt der Arbeit liegt auf der schulischen Selbstevaluation, der Rechenschaftslegung sowie der Veränderung von Lehr- und Lernprozessen und Schulmanagement.

Wilfried Kühner, Eva Diel, Dr. Ulrich Bopp, Cornelia Stern

Herr Kühner, Sächsisches Staatsministerium für Kultus, berichtete von den Erfahrungen eines Leistungsvergleichs von Gymnasien und Mittelschulen, einer Schulform, die Realschule und Hauptschule unter einem Dach vereint. Grundanliegen ist es, eine Öffnung der Einzelschule sowie die Transparenz der Angebote zu erreichen. Der Wettbewerb dient dabei zum Finden der besten Lösungen („best practice") und ermöglicht das Voneinanderlernen. Zukünftig wird Sachsen den Leistungsvergleich erweitern und in Form von Schulportraits darstellen, in die sowohl quantitative als auch qualitative Faktoren wie die Kooperation mit externen Partnern, die Teilnahme an Wettbewerben etc. einfließen werden.

Frau Diel berichtete von der „Lernwerkstatt Evaluation" an der Offenen Schule Babenhausen, einer integrierten Gesamtschule. Die Schule war an dem oben genannten EU-Projekt beteiligt und hat u.a. die Erfahrungen von Schüler/innen eines Jahrgangs nach dem Wechsel in die Berufsausbildung bzw. in weiterführende Schulen evaluiert. Anfangs beteiligte sich nur eine kleine Gruppe von Lehrern, Schülern und Eltern an der Evaluation. Es war ein langer Weg, bis die Evaluation schließlich Bestandteil des Schulprogramms wurde.

Die rege Diskussion im Arbeitskreis setzte sich kritisch und konstruktiv mit den Beiträgen der Referenten auseinander. Dabei kamen jene Faktoren zur Sprache, die einen Qualitätswettbewerb der Schulen untereinander behindern, aber auch Skepsis gegenüber Schulrankings ohne Einbeziehung der Lebenssituation der Schüler, des lokalen Umfelds der Schule und anderer Faktoren.

Dr. Bopp dankte allen Beteiligten und lud die an Bildungsfragen interessierten Stiftungen zu einem weiteren Werkstattgespräch am 27./28.09. 2001 nach Stuttgart ein. Dabei sollen die Themen „musisch-kreative Bildung an Schulen", „soziales Lernen" und „Begabtenförderung" behandelt werden. Beiträge aus der Praxis anderer Stiftungen sind willkommen.

Evaluation der Qualität von Schule und Unterricht als Motor der Schulentwicklung

Prof. Dr. Michael Schratz, Institut für LehrerInnenbildung und Schulforschung,
Universität Innsbruck

Prof. Dr. Michael Schratz

1 Schulen brauchen Rückmeldung

Wenn man heute die Qualität von Schulen evaluieren will, muss man sich der vielen gleichzeitig herrschenden Kräfte bewusst sein, denen Schulen ausgesetzt sind: Der politische Druck von oben und der Druck durch die Schülerinnen von unten, die alle ihre Ängste, ihre Erwartungen und auch Grenzen durch ihren sozialen und ökonomischen Hintergrund, in die Klassen mitbringen.

Maßnahmen zur Evaluation sind die Türöffner für die Auseinandersetzung darüber, was eine gute Schule, was guter Unterricht ist. Darüber gibt es viel Wissen einzelner, aber wenig Gemeinsames. Schulen brauchen Rückmeldung, um ihre Stärken abzusichern und sich um Schwachstellen besonders zu kümmern. Es braucht zunächst Mut, diese einzugestehen und sich den über Evaluationen gewonnenen Daten zu stellen. Es braucht aber auch die Bereitschaft, gemeinsam daraus Maßnahmen zur Entwicklung von Schule und Unterricht abzuleiten. Wenn Selbstevaluation zu einer Verbesserung der Schule beitragen soll, dann muss sie ein teilhabender Prozess sein.

Soll Evaluation mehr sein als ein Modewort, sind Impulse „vor Ort" vonnöten, Kreativität, Querdenken und Professionalität, Mut zum Erproben von Neuem, Gelassenheit und Zeit zur Reflexion. Aus dieser Perspektive ist Evaluation das Bemühen, die Qualität von Schule und Unterricht zu verstehen, in der Absicht sie weiter zu entwickeln. Dazu brauchen alle Teilsysteme Rückmeldung: SchülerInnen und LehrerInnen, Schulleitung und Schulen als Ganzes, aber auch Schulaufsicht und das Gesamtsystem (vgl. Becker/v. Ilsemann/Schratz 2001).

2 Qualität – Was ist sie?

Sind wir eine gute Schule? Ob ja oder nein – woher wissen wir das? Im Übrigen: Was ist das eigentlich – eine gute Schule? Und wer soll das beurteilen? Fragen über Fragen bestimmen den heutigen Schulalltag – Alle reden von Qualität, aber von welcher? Das Wort Qualität, wie man sie misst und entwikkelt, ist heute in vieler Munde. Aber was genau bedeutet Evaluation von Qualität überhaupt? Und vorab, was ist eigentlich Qualität im Bereich Schule und Unterricht? Die Beantwortung dieser Frage ist entscheidend für alles Weitere, da sich daraus entsprechende Vorgaben bzw. Normen für Qualitätsanforderungen ergeben, sei das durch die Schule selbst oder eine externe Instanz. Aus dem Bereich der Wirtschaft, wo die Qualitätsdebatte eine längere Tradition hat, kennen wir vorwiegend fünf verschiedene Sichtweisen von Qualität (vgl. Winch 1996, Hämäläinen/Jakku-Sihvonen 1999):

---

❶ **Totalanspruch**: Qualität ist der/die/das Beste. (*"Search for Excellence"*)

❷ **produktbasiert**: Qualität ist eine exakt messbare Charakteristik.

❸ **anforderungsbezogen**: Qualität ist, was den Anforderungen entspricht.

❹ **verwendungsorientiert**: Qualität ist, was der Kunde/die Kundin will. (*"Der Kunde ist König."*)

❺ **wertbasiert**: Qualität ist das Geld wert. (Value for Money)

Auch wenn sich diese Interpretationen aus ökonomischer Sicht nicht ohne weiteres auf den Bereich Erziehung und Bildung übertragen lassen, finden sich diese in unterschiedlicher Ausprägung auch im Bildungsbereich:

❶ Der Totalanspruch findet sich im Bereich Schule dort, wo der/die beste Schüler/in bzw. die beste Lösung bzw. die beste Schule ausgezeichnet wird. Beispiele dafür gibt es zahlreiche im Schulwesen, von der Kür und Auszeichnung der Klassenbesten über die Facholympiaden bis zur Prämierung des innovativsten Schulsystems (vgl. Bertelsmann Stiftung 1996).

❷ Die klassische Form der „pädagogischen Qualität" ist die Beurteilung von Schülerleistungen über die Benotung, welche in Ziffernnoten normiert wurde. Die Übertragung eines naturwissenschaftlich-technischen Normierungssystems in den Bereich der Pädagogik wird allerdings immer wieder in Frage gestellt (vgl. Weiss 1989). Über (trans)nationale Vergleichstests wird versucht, die subjektiven Komponenten im Lehrerurteil dadurch aufzufangen, dass eine (bis weltweite) Standardisierung herbeigeführt wird (vgl. etwa TIMSS, PISA).

❸ Der Anforderungsbezug, der in der Wirtschaft über Normensysteme standardisiert ist (z.B. DIN, ISO) wird im Schulwesen über die Lehrpläne fachlich und überfachlich vergeben. Ob diese Qualitätsanforderungen erreicht werden, wird in einzelnen Schulsystemen unterschiedlich überprüft. Die Formen reichen von Maßnahmen der intersubjektiven Überprüfung (z.B. bei Abituranforderungen) bis zu nationalen Tests (wiederum über die Produktbasierung von ❷).

❹ Die Mitsprache in öffentlichen Belangen hat auch die Schule erreicht, so dass – analog zur Kundenorientierung im Bereich der Wirtschaft – die Stimmen der „Anspruchsberechtigten"[1] stärkere Berücksichtigung finden und fordern. Dazu zählen nicht nur die Schülerinnen und Schüler selbst und deren Erziehungsberechtigte, sondern auch Interessen aus der Wirtschaft, weiterführende Schulen bzw. Universitäten und sonstige gesellschaftliche Gruppierungen, die sich – zum Teil lautstark – über die Medien zu Wort melden.

❺ Das wertbasierte Argument kommt vorwiegend aus politischen Kreisen, da die (Bildungs-)Verwaltung im Zuge der budgetären Maßnahmen („Sparpakete" u.ä.) immer stärker unter Legitimationsdruck kommt und (sich) fragt, ob das in die Bildung investierte Geld die (gesellschaftlichen) Erwartungen erfüllt. Nicht zuletzt auch aufgrund der eingeschränkten finanziellen Spielraum durch die im Budgetansatz gebundenen Mittel.

Oft werden die unterschiedlichen Argumentationsstränge in der Qualitätsdebatte miteinander verbunden, um dem eigenen Standpunkt mehr Gewicht zu verleihen. Beispiel: „Wir haben in den letzten Jahren soviel Geld in die (Schul-)Bildung investiert (❺), bei den internationalen Rankings sind wir trotzdem nur im unteren Drittel!" ❷).

Allen fünf Annäherungen ist gemeinsam, dass es kein vorgegebenes „Maß" dafür gibt, was als Qualität bezeichnet wird. Vielmehr liegt die „Definitionsmacht" jeweils bei unterschiedlichen Entscheidungsträgern, was sich jeweils unterschiedlich auf die schulische Praxis auswirkt. Denn Qualitätsentwicklung ist ein vielschichtiger Prozess, der sich aus dem Zusammenspiel mehrerer Kräfte zusammensetzt. Auf Grund unserer Erfahrungen kommt es auf die folgenden sieben Punkte an, die eine wirklich hilfreiche Evaluation auszeichnen. Die jeweils angeführten Fragen können dabei als Checkliste für die Bewertung einer Evaluation eingesetzt werden. Eine gute Evaluation ...

❶ **... hat einen positiven Zweck.**
  Weshalb wird sie durchgeführt? Wessen Evaluation ist es? Wer gewinnt dadurch? Was soll sie bewirken?

---

1 Ich verwende dieses Wort als Übersetzung des Englischen *Stakeholders.*

❷ ... hat klare Zielstellungen darüber, was evaluiert werden soll.
Was will die Schule erreichen? Was sind die Erwartungen?

❸ ... weist Indikatoren auf, nach denen Prozesse & Produkte bewertet werden können.
Woran kann man ablesen, ob ein Kriterium erfüllt wird? Was kann als „Beweis" gelten?

❹ ... beruht auf dem Einsatz von stimmigen Methoden, wobei die Verhältnismäßigkeit von Aufwand und Ergebnis eine der wichtigsten Erfolgskriterien sind.
Welche Methoden sind für die erwarteten Ziele brauchbar? Wie lassen sich die zu erwartenden zusätzlichen Belastungen in Grenzen halten?

❺ ... bezieht sich auf einen brauchbaren, für den Schulalltag relevanten Ausschnitt von Schulwirklichkeit.
Welche Reichweite haben die Ergebnisse der Evaluation?

❻ ... reflektiert unerwartete Nebenwirkungen.
Was hat die Evaluation ausgelöst, das nicht den ursprünglichen Intentionen entspricht?

❼ ... löst Entwicklung aus.
Was bewirken die Ergebnisse für die Zukunft der Schule?

Diese sieben Kriterien für eine „gute" (Selbst-)Evaluation sind im Sinne einer normativen Vorgabe zwar hilfreich, da sie eine Art Mindeststandard für die Durchführung von Evaluationsvorhaben darstellen können. Beim Einstieg in die Evaluationsarbeit kann ein solcher „Tugendkatalog" allerdings eher hemmend wirken. Denn aufgrund der Dynamik, die sich aus dem vielschichtigen Zusammenspiel von Kräften ergibt, stellt sich die Frage, wie kommt Evaluation überhaupt in die Schule ...?

Eine lernende Schule ist daran zu erkennen, dass sie kontinuierlich die Fähigkeit ausweitet, ihre eigene Zukunft schöpferisch zu gestalten. Dafür stellt die Evaluation ein Mittel zur Professionalisierung aller Beteiligten dar und sorgt für Rückmeldungen darüber, ob ein gedeihliches Wachstum ermöglicht wird. Daher sind vor allem jene Evaluationsmaßnahmen von Interesse, welche mit eigenen Bordmitteln wahrgenommen werden können.

Evaluation findet daher „nicht schulfern im wissenschaftlichen Elfenbeinturm statt, sondern praxis- und problembezogen und zu größeren Teilen schulintern. Dem dient das Konzept einer 'reflective practice', das davon ausgeht, dass es in einer so komplexen Arbeitssituation wie einer sich entwickelnden Schule keine allgemein gültigen Lösungen für spezielle Probleme mit spezifischen Rahmenbedingungen geben kann" (Ekholm u.a. 1996, S. 75).

3 Wie kommt Evaluation in Gang?

Sehr oft höre ich von Schulleitung die Frage: „Wie kann ich überhaupt Evaluation an unserer Schule in Gang bringen?" Ich setze mich zunächst grundsätzlich mit dieser Frage auseinander. Dann ist wichtig, eine Übereinkunft darüber zu treffen, was evaluiert werden soll, bevor mit dem Prozess begonnen wird. Dazu findet sich abschließend eine Methode, die den Einstieg in die Evaluationsarbeit erleichtern sollen.

Wann und wie beginnt Selbstevaluation? Als Antwort auf die Ankündigung einer Inspektion durch die Schulaufsicht? Mit der Entscheidung der Schulleitung, die Qualität der Schule zu überprüfen? Oder mit dem Lesen dieses Studienbriefes? Da Selbstevaluation nie etwas völlig Neues sein kann, ist die eigentliche Antwort in keiner von diesen Fragen zu finden. Selbstevaluation sollte nie als eine lästige oder zeitaufwendige Bürde gesehen werden, sondern als ein notwendiges und grundlegendes Element eines guten Unterrichts, bedeutungsvollen Lernens sowie einer Schule, die sich als lernende Organisation versteht. Daher hat Selbstevaluation im eigentlichen Sinn keinen Anfang, aber auch kein Ende, weil sie sich ständig weiterentwickelt und verbessert. Die Aufgabe der Schule ist es also, fortwährend zu versuchen, besser, systematischer zu werden und sich mehr mit Dokumentation und Reflexion auseinander zu setzen. Eine wohl durchdachte Selbstevaluation ist in den täglichen Schulalltag so integriert, dass sie von ihm nicht bemerkbar und auch nicht unterscheidbar ist.

Innerhalb einer Schule gibt es viele Bereiche, die evaluiert werden können. Dennoch sind nicht alle von gleicher Wichtigkeit. Abhängig von einem bestimmten Orts- bzw. Zeitverhältnis wird manchen Aspekten mehr Bedeutung geschenkt als den anderen. Wie auch immer, manche Aspekte sind von einer beständigen Bedeutung. Die Schulleistungen werden immer relevanter als die Qualität des Schulgebäudes und der Anlagen sein. Und dass Lernen und Wohlbefinden kritischen Bedingungen unterliegen, ist allgemein anerkannt. Daher muss Selbstevaluation eine Balance zwischen Wichtigem und Peripherem, Allgemeinem und Spezifischem, Vorübergehendem und Bleibendem finden.

Der Schulalltag ist aus vielen verschiedenen Perspektiven zusammengesetzt und daher erfordert ein Evaluationsverfahren eine Sensibilität gegenüber der Komplexität, die jedem Aspekt des Schulalltags eigen ist. Die Komplexität unterscheidet sich nicht nur von Land zu Land, sondern auch von Schule zu Schule. Die Anwendung von Evaluationsverfahren mit einer Sichtweise, die

die Komplexität reduziert, ist immer ein sensibler Prozess mit einer 'politischen' Untermauerung und einem unbeschränkten (und oft auch expliziten) Machtverhältnis. Daher ist es wichtig, aus der Führungsposition von Schulleitung zu analysieren, wie es mit den Kräfteverhältnissen in den einzelnen Dimensionen steht. Als simple, aber effektive Maßnahme zur Einleitung von Qualitätsdiskussionen hat sich die Beantwortung folgender drei Fragen erwiesen, die eine (gedankliche) Evaluations-Schleife (Abbildung 1) ergeben:

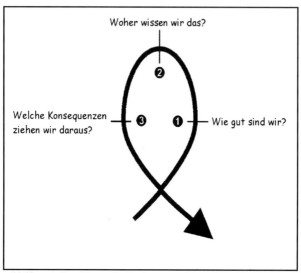

Abbildung 1: Drei Fragen der Evaluations-Schleife

Man wird sich immer die Frage stellen: Wer definiert, was Qualität ist? Wer trifft die Entscheidungen? Das Sammeln und Verarbeiten von Informationen bei einer Selbstevaluation stellt immer ein Eingreifen einer bestimmten Art dar und ist daher auch ein potentieller Störfaktor für die Menschen und das soziale Umfeld, in dem sie sich befinden. Wenn Selbstevaluation zu einer Verbesserung der Schule beitragen soll, dann muss sie ein teilhabender Prozess sein. Da Selbstevaluation für LehrerInnen, SchülerInnen und Eltern gedacht ist, sollten sie oder ihre Vertreter – insofern es möglich ist – in jedem Teilabschnitt des Prozesses involviert sein. Es fällt aber nicht immer leicht, alle Beteiligten einzubeziehen, denn sie haben unterschiedliche Vorstellungen darüber, was „gut" oder „schlecht" ist. Was SchülerInnen für die Qualität ihres Lernens fordern, mag für LehrerInnen wenig Bedeutung haben. Eltern wollen das Beste für ihr Kind, aber stimmt das immer mit den realen Möglichkeiten überein?

Eine Methode zum Einsteigen
Wo stehen wir? (Selbsteinschätzungsprofil)

Mit dem Selbsteinschätzungsprofil (Kopiervorlage aus Schratz/Iby/Radnitzky 2000, S. 31) kann die Schule eine rasche Bestandsaufnahme über die Qualität in einzelnen Schlüsselbereichen durchführen. Durch die Bearbeitung des Selbsteinschätzungsprofils soll der Diskussionsprozess zwischen den einzelnen Schulpartnern unterstützt und gefördert werden. (Abbildung sieh nächste Seite)

Auswahl der Personen:

Die Schule wählt für den Einsatz des Selbsteinschätzungsprofils jeweils eine Gruppe von SchülerInnen, Eltern und LehrerInnen aus. (Jede Gruppe sollte aus einer Mindestzahl von zwölf Personen bestehen, doch kann sich eine Schule natürlich für eine größere Teilnehmerzahl entscheiden.) Die Auswahl der Personen, aus denen diese Gruppen gebildet werden, erfolgt entweder nach dem Zufallsprinzip oder dadurch, dass über die Auswahl versucht wird, ein bestimmtes Meinungsspektrum zu repräsentieren.

Die ausgewählten 36 Personen werden in 6 Sechsergruppen unterteilt und zwar entweder nach

Variante A: Bildung von 2 Schülergruppen, 2 Elterngruppen und 2 Lehrergruppen, oder nach

Variante B: Mischung der Gruppen in der Weise, dass jede Gruppe 2 SchülerInnen, 2 Eltern und 2 LehrerInnen umfasst.

Der Vorteil der ersten Methode besteht darin, dass sich drei verschiedene Standpunkte ergeben werden, was wiederum interessante „Dreiseiten"-Informationen ermöglicht. Bei der zweiten Methode dagegen besteht die Möglichkeit eines intensiveren Dialogs, und es können vielleicht mehr Erkenntnisse gewonnen werden.

Ablaufschritte
1. Schritt: Von jedem Teilnehmer wird das Selbsteinschätzungsprofil sorgfältig und aufmerksam durchgearbeitet und jedes der zwölf Felder unter Berücksichtigung von Informationen, die über die Schule vorliegen, selbständig ausgefüllt. Wenn jede Person das Selbsteinschätzungsprofil ausgefüllt hat, kommt die Sechsergruppe zusammen, um über die Eintragungen zu diskutieren. Das Profil wird Feld für Feld durchgegangen, und es wird versucht, sich auf eine gemeinsame Bewertung zu einigen. In dieser Phase ist es wichtig, dass die TeilnehmerInnen weder zu rasch nachgeben und eine Gruppenbewertung akzeptieren, noch dass sie hartnäckig auf ihrem Standpunkt bestehen. Die

SELBSTEINSCHÄTZUNGSPROFIL

Geben Sie bitte eine Bewertung zur Stellung der Schule in den einzelnen Bereichen der nachstehenden Tabelle.

Bereich	Bewertung				Jüngste Entwicklung		
I. Qualität des Unterrichts							
1 Unterrichtsgestaltung	++	+	–	––	↑	→	↓
2 Standards & Lernanforderungen	++	+	–	––	↑	→	↓
3 Schülerleistungen	++	+	–	––	↑	→	↓
II. Qualität des Lebensraums Klasse/Schule							
4 Klassen-/Schulklima	++	+	–	––	↑	→	↓
5 Schule als Lernort	++	+	–	––	↑	→	↓
6 Schule als sozialer Ort	++	+	–	––	↑	→	↓
III. Schulpartnerschaft und Außenbeziehungen der Schule							
7 Schülerpartizipation	++	+	–	––	↑	→	↓
8 Elternpartizipation	++	+	–	––	↑	→	↓
9 Öffnung nach außen	++	+	–	––	↑	→	↓
IV. Qualität des Schulmanagements							
10 Organisation und Administration	++	+	–	––	↑	→	↓
11 Führung und Leitung	++	+	–	––	↑	→	↓
12 Pädagogik und Beratung	++	+	–	––	↑	→	↓
V. Professionalität und Personalentwicklung der Lehrpersonen							
13 Systematische Fort- und Weiterbildung	++	+	–	––	↑	→	↓
14 Innovations- und Entwicklungskompetenz	++		–	––	↑	→	↓
15 Selbstreflexion und persönliche Entwicklung	++		–	––	↑	→	↓

Bedeutung des Prozesses liegt in der Qualität des geführten Dialogs, im Zuhören, in der Argumentation sowie darin, dass bei einer Entscheidung angeführte Gründe berücksichtigt und vorgebrachte Argumente begründet werden. Hier könnte eine externe Beratung, die um die Begleitung des Prozesses ersucht wird, entsprechende Unterstützungsarbeit (Moderation etc.) leisten. Sobald sich die Gruppe gemeinsam auf eine Wertung festgelegt hat, wählt sie eines ihrer Mitglieder als VertreterIn für den zweiten Schritt des Verfahrens aus.

2. Schritt: Die gewählten VertreterInnen der Gruppen in Schritt 1 bilden eine neue Gruppe und bearbeiten das Selbsteinschätzungsprofil nochmals, wobei sie sich auf die Ergebnisse der vorherigen Phase stützen. Dabei ist es möglich, dass man sich auf eine Bewertung einigt, doch sollte bei entgegengesetzten Standpunkten von der Gruppe nicht versucht werden, unbedingt zu einem Kompromiss zu gelangen, (wodurch sich nämlich ein Profil ergeben würde, durch das keiner der Standpunkte repräsentiert wird.) Es besteht beispielsweise die Möglichkeit einer Polarisierung der Standpunkte, so dass die Gruppe die Eintragung unterschiedlicher Werte für erforderlich hält. In den Fällen, in denen von der Gruppe keine Einigung erzielt werden kann, sollten zwei Werte eingetragen werden. Bei jedem dieser Werte sollte es sich um den „Mittel"-Wert handeln, d. h. um den Wert, der innerhalb der Gruppe am häufigsten erreicht wurde.

3. Schritt: Die Ergebnisse des Selbsteinschätzungsprofils werden in der Schulgemeinschaft (LehrerInnen, SchülerInnen, Eltern) im Hinblick auf die Stärken und Schwächen der Schule diskutiert. In der weiteren Folge sollten in jenen Bereichen Maßnahmen vorgesehen werden, die von allen in der Selbsteinschätzung negativ bewertet worden sind. Die Wiederholung der Selbsteinschätzung nach einiger Zeit ermöglicht die Überprüfung der Wirksamkeit der gesetzten Maßnahmen.

Beispiel:

Person:	Fr. A	Hr. B	Fr. C	Hr. D	Fr. E	Fr. F
Wertung:	1	1	2	4	4	3

Die beiden Mittelwerte, die in das Profil einzutragen sind, sind hier 1 und 4.

Aus den Ergebnissen des Selbsteinschätzungsprofils eröffnen sich üblicherweise neue Fragestellungen für tiefergehende Recherchen, so etwa: Worin liegen die Differenzen zwischen den unterschiedlichen Einschätzungen? Woher wissen wir, wie die Schule im Bereich „Schulklima" zu den schlechten Werten gekommen ist? Wie können wir dazu beitragen, dass sich alle an die Vorgaben des Schulprogramms halten?

4 Ausblick

Das Problem, in der Qualitätsentwicklung von Schule und Unterricht schwer Fass- und Messbares über Evaluationsmaßnahmen fass- und messbar zu machen, wird man allerdings auch bei dieser systematischen Arbeit nicht los. Daher kann Evaluation immer nur ein Bemühen sein, die Qualität von Verfahren und Ergebnissen zu verstehen und aufgrund der gewonnenen Einsichten und Erkenntnisse weiter zu entwickeln. Lehren und Lernen stehen dabei in einem Wechselwirkungsprozess, der auf die Verbesserung der Leistung jedes einzelnen Schülers und jeder einzelnen Schülerin abzielt (vgl. Abb. 2).

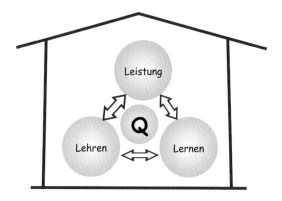

Abbildung 2: Das Qualitätsdreieck einer lernenden Schule

Die Zusammenfassung in Form dieses Qualitäts-Dreiecks im „Haus des Lernens" (vgl. Abb. 2) ist zwar vereinfachend, soll in dieser Prägnanz aber den klaren Hinweis auf die oft gestellte Frage „Woran sich orientieren?" geben. Denn eines steht fest: das Thema Qualität und Evaluation wird uns noch ein gutes Stück weiter im neuen Jahrtausend begleiten, und die Ergebnisse von Evaluation werden immer daran gemessen werden, ob sich dadurch die Leistung der Schülerinnen und Schüler verbessert!

Literatur

Becker, G./v. Ilsemann, C./Schratz, M.: Qualität entwickeln: evaluieren. Jahresheft XIX. Seelze: Friedrich-Verlag, 2001.

Bertelsmann Stiftung (Hrsg.): Carl Bertelsmann Preis 1996. Innovative Schulsysteme im internationalen Vergleich, Gütersloh: Bertelsmann, 1996.

Ekholm, M./Meyer, H./Meyer-Dohm, P./Schratz, M./Strittmatter, A.: Wirksamkeit und Zukunft der Lehrerfortbildung in Nordrhein-Westfalen. Abschlußbericht der Evaluationskommission. Düsseldorf: Concept-Verlag, 1996.

Hämäläinen, K./Jakku-Sihvonen, R.: More quality to the quality policy of education. Background paper for the Meeting of the Ministers of Education, Helsinki: verv., 1999.

Schratz, M./Iby, M./Radnitzky, E.: Qualitätsentwicklung – Verfahren, Methoden, Instrumente. Weinheim: Beltz, 2000.

Weiss, R.: Leistungsbeurteilung in den Schulen – Notwendigkeit oder Übel? Problemanalysen und Verbesserungsvorschläge, Wien: Jugend und Volk, 1989.

Winch, Ch.: Quality and Education, Oxford und Cambridge: Blackwell, 1996.

Was leistet das internationale Netzwerk innovativer Schulsysteme der Bertelsmann Stiftung ?

Cornelia Stern, Bertelsmann Stiftung, Gütersloh

Die Bertelsmann Stiftung nutzt in ihrer operativen Projektarbeit das Instrument der Netzwerke, um den Erfahrungs- und Wissenstransfer zwischen lernbereiten Projektpartnern unbürokratisch, flexibel und pragmatisch zu ermöglichen. Durch die Zusammenarbeit im Netzwerk sollen tragfähige Problemlösungen gesammelt, analysiert und für die Weiterentwicklung der einbezogenen Institutionen genutzt werden.

Im Bereich der Schul- und Schulsystemreform koordiniert die Bertelsmann Stiftung ein internationales und ein deutsches Netzwerk. Ausgangspunkt beider Netzwerke war die internationale Recherche zum Carl Bertelsmann Preis 1996, die der Suche nach innovativen Schulsystemen gewidmet war. Innovative Schulsysteme – so die mit internationalen Experten besetzte Arbeitskommission – sind durch folgende Kriterien[1] gekennzeichnet:

Kriterium 1: Orientierung der Schulen an der Lern- und Lebenssituation von Kindern und Jugendlichen

These: Damit Kinder und Jugendliche verantwortungsbewusst in der Gesellschaft von heute und morgen agieren können, müssen sie die dazu notwendige Handlungskompetenz (Fach- und Methodenkompetenz, Sozial- und Kommunikationskompetenz) erwerben. Schulen sind dann innovationsfähig, wenn sie ihre Ziele, Inhalte und Methoden von den Entwicklungsmöglichkeiten und Bedürfnissen ihrer „Kunden", den Kindern und Jugendlichen, ausgehend definieren und in sinnvoller Abstimmung mit bewährten Normen und Werten kontinuierlich weiterentwickeln.

Kriterium 2: Innovation und Evolution

These: Um den gesellschaftlichen Herausforderungen der Gegenwart und der Zukunft aktiv zu begegnen, müssen den Einzelschulen als lernende Organisationen über Gestaltungsfreiräume verfügen und diese zur Verbesserung ihrer Leistungsfähigkeit ausschöpfen.

---

1 Eine ausführliche Beschreibung der Kriterien ist in der Dokumentation der internationalen Recherche zum Carl Bertelsmann Preis 1996 „Innovative Schulsysteme im internationalen Vergleich", Bd. 1 über den Verlag der Bertelsmann Stiftung zu beziehen.

Kriterium 3: Potentiale der Mitarbeiterinnen und Mitarbeiter

These: Motivierte und gut ausgebildete Lehrerinnen und Lehrer sind der Grundstein einer jeden innovativen Schule. Ihre Rolle im Schulentwicklungsprozess und ihre Verantwortung für die Kinder und Jugendlichen erfordert die Bereitschaft zu einem Prozess des lebenslangen Lernens.

Kriterium 4: Innovatives Führungssystem

These: Es ist die Aufgabe der Schulleitung, Initiative und Verantwortungsbewusstsein in den Schulen zu fördern. Sie ermutigt die an den Schulen tätigen Personen zu größerer Freiheit und Verantwortung. Alle Beteiligten repräsentieren und verantworten die Schulen gegenüber dem gesellschaftlichen Umfeld. Die Gesamtverantwortung liegt jedoch bei der Schulleitung.

Kriterium 5: Beteiligung von Schülerinnen und Schülern, Eltern und Institutionen

These: Schulen nehmen Bildungs- und Erziehungsaufgaben parallel und ergänzend zur Familie wahr. Im Spannungsfeld zwischen Fortsetzung bewährter Bildungs- und Erziehungsaufgaben und flexibler Anpassung an aktuelle Veränderungsnotwendigkeiten müssen Schulen aktiv den Austausch mit relevanten gesellschaftlichen Gruppen fördern und steuern.

Kriterium 6: Kooperation zwischen Einzelschulen und externen Entscheidungsträgern

These: Schulträger, Schuladministration und Schulpolitik sind die verantwortlichen Instanzen für die schulischen Rahmenbedingungen. Diese müssen mit dem Ziel der permanenten Verbesserung der schulischen Arbeit konstruktiv zusammenarbeiten.

Kriterium 7: Evaluation und Qualitätssicherung

These: Alle Beteiligten im Schulsystem arbeiten kontinuierlich an der Verbesserung der Qualität. Verlässliche, formalisierte Verfahren der Evaluation sind die Voraussetzung für die Delegation von Verantwortung an die Einzelschule.

Kriterium 8: Staatliche Rahmenbedingungen für innovative Schulentwicklung

These: Innovative Schulen brauchen fördernde Rahmenbedingungen. Der Staat gewährleistet den notwendigen Gestaltungsfreiraum der Schulen und stellt vergleichbare Bildungschancen für alle Kinder und Jugendlichen sicher.

Auf Basis dieser Kriterien wurden folgende Bildungslandschaften für den Preis nominiert: das Durham Board of Education, Provinz Ontario, Kanada; Neuseeland; Niederlande; Strathclyde Region; Schottland; Akerhus Fylke, Norwegen und Budapest, Ungarn.

Bereits bei der Preisvergabe an das Durham Board of Education wurde sehr schnell deutlich, dass aufgrund der Gemeinsamkeiten in der Schulsystementwicklung sowie gemeinsamer Erkenntnisinteressen und Umsetzungsprobleme ein reichhaltiges Feld für einen internationalen Lernprozess umrissen werden konnte, an dem auch die Vertreter der deutschen Bundesländer Interesse signalisierten.

Trotz aller Unterschiedlichkeit in den Schulsystemen trafen sich 1997 Vertreter von Ministerien und innovativen Schulen, um vor dem Hintergrund der länderspezifischen bildungspolitischen Strategien ein gemeinsames Arbeitsprogramm festzulegen. Für die erste Arbeitsphase wurde 1997 das „International Network of Innovative School Systems (INIS) gegründet, das in den drei Projekten "Quality and Standards", "Accountability" sowie "Growth and Change" bis zum Jahr 2000 zu folgenden Ergebnissen kam:

In dem Projekt "Quality and Standards" stand die Frage „Wie entsteht ein gemeinsames Qualitätsverständnis in Schulen?" im Mittelpunkt. Dreizehn Schulen aus der Bundesrepublik Deutschland (Hessen, Nordrhein-Westfalen und Sachsen), Kanada, Niederlande, Norwegen, Schottland, Schweiz (Genf und Zürich) und Ungarn vereinbarten anhand des schottischen Ansatz "How good is our school?", in drei Bereichen Selbstevaluationen durchzuführen. Im Rahmen der internationalen Jahrestreffen wurden die verschiedenen Evaluationsverfahren und die Konsequenzen für den eigenen Schulentwicklungsprozess vorgestellt. Der schottische Projektleiter, Prof. John McBeath, analysierte die wirkungsvollsten Evaluationsansätze und erarbeitete eine Aufstellung verschiedener Instrumente (Toolbox), die demnächst im Internet veröffentlicht wird[2]. Aufgrund der Entfernungen war die Kooperation der Schulen naturgemäß eingeschränkt. Im Einzelfall entwickelten sich aber über das Projekt hinaus intensivere Kooperationen, z.B. zwischen den hessischen und schottischen Schulen, die 1999 zu der Gründung einer Qualitätspartnerschaft der beteiligten Regionen führte. Auf Initiative der hessischen Schulen wurde mit tatkräftiger Unterstützung von Peter Döbrich, DIPF, für Deutschland eine Übersetzung von "How good is our school ?" herausgegeben[3]. Die Orientierungsleistung des schottischen Ansatzes und dessen einvernehmliche Übersetzung

---

2 Siehe auch http://www.bertelsmann-stiftung.de/inis.htm
3 Cornelia Stern, Peter Döbrich: Wie gut ist unsere Schule? ist bei dem Verlag Bertelsmann Stiftung zu beziehen.

hat die Kooperation und den systematischen Erfahrungsaustausch über die fünf deutschen Schulen hinaus in die deutsche Schullandschaft sehr gestärkt. In Kooperation mit dem IFS, Dortmund und mit Unterstützung von weiteren Schulen aus dem „Netzwerk der innovativen Schulen in Deutschland"[4] wurden die Leitlinien zur Selbstevaluation entwickelt, um einvernehmlich Kriterien zu formulieren, die als Grundlage für eine Checkliste des eigenen Evaluationsverfahrens dienen[5].

In dem Projekt "Accountability" wurde der Wunsch nach einer Synopse der verschiedenen Rahmenbedingungen und Verfahren der Rechenschaftslegung aus den Ländern Rechnung getragen. In der Studie von Professor Ken Leithwood[6] werden die verschiedenen Rechenschaftsverfahren sehr systematisch erfasst und im Hinblick auf ihre theoretische Wirkungsweise analysiert. Letztere steht oftmals in einem Widerspruch zu den Ergebnissen einer nicht-repräsentativen Befragung von Schulpraktikern, die Ken Leithwood in allen Länder durchgeführt hat. Ein Signal, dass von den Systemrepräsentanten in INIS zu einer vertieften Reflexion erfolgreicher Rechenschaftsverfahren führte und einige der INIS-Schulen zu der Anfertigung von Rechenschaftsberichten für ihre Schulgemeinde anregte.

In dem Projekt "Growth and Change" wurde systematisch erfasst, welche grundlegenden Veränderungen im Berufsbild der Lehrer und Schulleitungen international zu erkennen sind. Norm Green, ehemaliger Leiter der Lehrerfortbildung in Durham und für dieses Projekt verantwortlich, recherchierte erfolgreiche Ansätze der Lehrer- und Schulleiterqualifizierungen und entwickelte für jede Zielgruppe eine Fortbildung, die sich an ein internationales Publikum richtete. 1999 wurde die "Summer Academy on Innovation in Learning and Teaching" durchgeführt, die in adaptierter Form im Jahr 2000 von den Landesinstituten in Thüringen und Nordrhein-Westfalen übernommen wurden. Für die Schulleitungen wurde im Jahr 2000 die "Summer Academy on Leadership and Change" durchgeführt, die in diesem Jahr von den Landesinstituten in Hessen und Bayern adaptiert werden[7]. Für dieses Jahr ist eine weitere internationale Akademie mit dem Fokus Innovation in der Schulaufsicht geplant[8]. Mit den Akademien trägt die Bertelsmann Stiftung der Er-

---

4 Dieses Netzwerk entwickelte sich aus der Vergabe der Sonderpreise „Innovative Schulen in Deutschland" im Rahmen des Carl Bertelsmann Preises 1996, weitere Informationen sind unter http:// www.bertelsmann-stiftung.de/nis.htm

5 Die beiden Poster „Wie gut ist unsere Schule?" und „Leitlinien zur Selbstevaluation" können kostenlos bei petra.balsliemke@bertelsmann.de angefordert werden.

6 Kenneth Leithwood: Educational Accountability: The State of the Art ist beim Verlag Bertelsmann Stiftung zu beziehen.

7 Interessenten wenden sich bitte an mathias.berner@bertelsmann.de

8 Die „Fall Academy for School Inspectors" wird vom 7. bis 13. Oktober 2001 in Berlin-Spandau stattfinden, Interessenten wenden sich bitte an eric.vaccaro@bertelsmann.de .

kenntnis der internationalen Recherche zum Carl Bertelsmann-Preis 1996 Rechnung, dass Schulreformen nur dann möglich sind, wenn die Träger der Reform die Chance erhalten, für ihre neuen Aufgaben qualifiziert zu werden. Die Akademien sollen eine Sondierungsmöglichkeit für die Zielgruppen und Multiplikatoren aus den Landesinstituten bieten. Um diesen Ansatz auf eine breitere Basis stellen zu können, wurde recherchiert, auf welche Weise die Akademien aus dem Comenuis-Programm der EU teilfinanziert werden können[9].

Voneinander lernen weltweit ist möglich, lautet die These des internationalen Netzwerkes. Projektevaluation und die Kenntnisse verschiedenster Spinn-offs bestätigen das Vorhaben. Natürlich lasten auf den Teilnehmern ungleich schwierigere Arbeitsbedingungen – das Eindenken in andere Bildungstraditionen, die Überwindung von Sprachgrenzen, die seltenen Gelegenheiten der persönlichen Begegnung – wenngleich Letzteres durch die Sommerakademien teilweise kompensiert werden konnte. Aber internationales Netzwerken ermöglicht allen Grenzgängern das Verlassen eingefahrener Wege, die Reflexion der eigenen Sprache, das Ausprobieren neuer Gedankenmodelle und das Ausloten vermeintlicher und wirklicher Schulentwicklungstiefen. Die Evaluation hat gezeigt, dass durch die Projekte der ersten Phase die meisten Teilnehmer für ihre eigene Arbeitssituation gelernt und das Gelernte in die Praxis umgesetzt haben [10].

Für die Bertelsmann Stiftung ist der Transfer der internationalen Netzwerkarbeit in die deutsche Schullandschaft von besonderer Bedeutung. Parallel zu der internationalen Recherche wurde deshalb 1996 der „Sonderpreis innovative Schulen in Deutschland" ausgerufen, die Bewerbungskriterien spiegelten die o.g. Systemkriterien auf Schulebene. 333 Schulen bewarben sich um den Sonderpreis. Eine Überraschung für alle Beteiligten der Arbeitskommission – denn ungeachtet von der meinungsprägenden Schulschelte in den Medien hatten sich überall in Deutschland Kollegien auf den Weg gemacht, ihre Schule für die Bedürfnisse ihrer Schülerinnen und Schüler weiterzuentwickeln. Viele dieser Schulen konnten sich dabei auf die Unterstützung nichtstaatlicher Institutionen erfreuen – in erster Linie von Stiftungen!

Beeindruckt von der Reformbereitschaft und dem außergewöhnlichen Engagement dieser Kollegien führte die Bertelsmann Stiftung 1997 eine Befragung der Schulen durch, um das Selbstverständnis der Schulen und ihren Unterstützungsbedarf zu identifizieren. Sehr schnell wurde deutlich, dass die Schu-

---

9 Interessenten wenden sich bitte an mathias.berner@bertelsmann.de
10 Der Abschlußbericht zur ersten Phase ist in Vorbereitung und kann ab Mai 2001 bei dem Verlag Bertelsmann Stiftung bestellt werden.

len sich häufig isoliert sahen und die Kontaktaufnahme zu anderen Reformschulen wünschten. Mit dem Kongress „Ziele und Wege innovativer Schulen in Deutschland" bot die Bertelsmann Stiftung diesen Schulen die Möglichkeit sich auf der persönlichen Ebene kennen zu lernen, Reformerfahrungen auszutauschen und ihr gemeinsames Reformverständnis als sogenannte „Münstersche Erklärung"[11] für die bildungspolitische Diskussion zu artikulieren. Mit diesem Kongress wurde 1997 das „Netzwerk innovativer Schulen in Deutschland" gegründet, dass durch die Veröffentlichung der Schulprofile[12] zunächst Transparenz der Reformbewegungen leisten möchte, durch das Bewerbungsverfahren und der Vergabe einer Urkunde dem einzelnen Schulkollegium Anerkennung ausspricht. In Lernnetzwerken werden zu drängenden Fragen der Unterrichts-, Personal- und Organisationswicklung erfolgreiche Reformstrategien für den Transfer an andere Schulen geprüft und in Form von Tools dieses Knowhow für andere Schulen aufbereitet[13]. Dass Vertreter dieser Schulen in hohem Masse an den Sommerakademien des internationalen Netzwerkes teilgenommen haben, liegt nahe. Von größter Freude ist es für uns, dass der Funkenflug dieser Akademien nicht nur in verschiedene Landesinstitute erfolgt, sondern auch auf die Schulentwicklung ganzer Kollegien einwirkt. Gerade in diesen Tagen findet eine internationale Sommerakademie zu neuen Lern – und Lehrformen in einer Gesamtschule statt, in denen die Kollegien sich auf eigene Kosten in der unterrichtsfreien Zeit von kanadischen Trainern weiterbilden lassen – und ihrerseits wieder benachbarte Schulen an ihrem Entwicklungsprozess teilnehmen lassen.

Die Arbeit in diesen beiden Schulnetzwerken hat in den letzten vier Jahren gezeigt, dass Vertreter von Schulsystemen und Schulen nicht immer wieder das Rad neu erfinden müssen, sondern zuerst national und international Problemlösungen aufspüren können. Dieses Lernen aus der Praxis für die Praxis muss allerdings durch die Ermöglichung gegenseitiger Besuche und gemeinsamer Fortbildungen flankiert werden – nur so kann ein intensiver Erfahrungsaustausch ermöglicht werden. Für diesen ist die Entwicklung eines gemeinsamen Begriffsverständnisses der erste Schritt für den Lernprozess. Wünschenswert wäre für die Zukunft, dass diese Lernbereitschaft systematisch unterstützt und durch den Aufbau einer gemeinsamen Datenbank auch über die Arbeit in kurz- oder mittelfristigen Projekten hinaus, der Know-how-Transfer zwischen den Schulen virtuell gestützt wird. Eine Aufgabe, die der Unterstützung aller bildungsorientierten Stiftungen in Deutschland bedarf.

---

11 Die Dokumentation (Buch und Video) ist über den Verlag Bertelsmann Stiftung zu beziehen. Das Poster ist über gudrun.wehmeier@bertelsmann.de .
12 „Schule neu gestalten", Hrsg. Cornelia Stern, Verlag Bertelsmann Stiftung
13 Interessenten wenden sich bitte an annette.czerwanski@bertelsmann.de

Schulen im Wettbewerb – Die Leistungen der Schulen als Anbieter von Wissen, sozialer Kompetenz und Berufsfähigkeit

Wilfried Kühner, Sächsisches Staatsministerium für Kultus, Dresden

Sehr geehrte Damen und Herren,

gerade Stiftungen leisten im Bildungsbereich wichtige Beiträge. Deshalb bin ich dankbar für dieses Podium, das mir Gelegenheit gibt, über ein sehr aktuelles Projekt im Rahmen der schulischen Bildung aus Sachsen zu berichten.

Zu Beginn dieses Jahres ist das Schulsystem des Freistaates Sachsen in die Schlagzeilen geraten. „Sachsen führt Schul-Ranking ein" lautete eine der drastischeren Formulierungen, „Heikle Qualitätsbewertung von Schulen" vermeldete sachlicher ein anderes Blatt.

Ich werde versuchen, Ihnen über die wesentlichen Eckpunkte dieses Projekts und unsere weitere Arbeit in Sachsen zu berichten. Sie werden dabei feststellen, dass das, was wir vorhaben, weit weniger spektakulär ist als die Medien glauben machen wollten – denn wir haben natürlich kein typisches „Ranking" durchgeführt. Aber wir beschreiten mit diesem Projekt und dem dahinter stehenden Grundanliegen nach unserer Auffassung doch einen in dieser Dimension unkonventionellen Weg, der in Deutschland so bisher neu ist.

Lassen Sie mich Ihnen deshalb unter folgenden Leitfragen einen kurzen Überblick darüber geben, was wir in Sachsen konkret zu Beginn dieses Jahres gemacht haben, welches das von uns damit verfolgte Grundanliegen ist, wie unsere ersten Erfahrung sind und wie das Projekt fortgesetzt werden soll.

Bericht über die Leistungsfähigkeit von Schulen in Sachsen

Ende Dezember des vergangenen Jahres hat das sächsische Kultusministerium im Auftrag des Landtages unter dem Titel „Berichtswesen über den Charakter und die Leistungsfähigkeit jeder einzelnen Schule" einen Bericht vorgelegt und öffentlich gemacht. In diesem Bericht wurden die statistisch erfassten Schülerleistungen bei den Abschlussprüfungen an Gymnasien und Mittelschulen des Jahres 2000 in Durchschnittsziffern für jede einzelne Schule errechnet und den alphabetisch aufgelisteten Schulen zugeordnet. Konkret waren dies bei den Gymnasien die Bestehensquoten der Abiturprüfungen sowie die durchschnittlich erzielten Abiturprüfungsnoten und Abiturendnoten. Bei den Mittelschulen waren es die Bestehensquoten und die durchschnittlichen Prüfungsnoten in Mathematik und Deutsch für den Realschulabschluss.

Zwar hatte das Kultusministerium sowohl im Vorfeld der Veröffentlichung in einem umfassenden Brief an die Eltern, Schüler und Schulleiter als auch in dem Bericht an den Landtag selbst darauf hingewiesen, dass eine Rangfolgenbildung der einzelnen Schulen auf dieser Grundlage nicht möglich ist und dass aus diesen begrenzten Parametern über Schülerleistungen auch keine Aussage möglich ist, welche Schule gut oder schlecht ist. Dennoch wurden in der Öffentlichkeit und insbesondere von den Medien sofort Rangfolgen willkürlich gebildet, ohne dass in der Regel auf den komplexen Sachverhalt hingewiesen wurde.

Das Grundanliegen

In der Diskussion über Bildung redet man in Deutschland mittlerweile ganz gerne vom Wettbewerb. Allerdings werden hier fast ausnahmslos die Hochschulen und Universitäten gemeint. Wettbewerb zwischen Schulen ist nach wie vor ein Thema, das in der öffentlichen Diskussion nur mit großer Zurückhaltung angegangen, mitunter sogar tabuisiert wird. Warum eigentlich, kann man sich da zu Recht fragen, wo doch gerade der Wettbewerb in den Schulen, nämlich der Wettbewerb zwischen den einzelnen Schülern, ganz selbstverständlich ist, ja gerade ein wesentliches Funktionselement von schulischem Lernen darstellt. Schüler befinden sich von früh bis spät in einer Wettbewerbssituation. Und wir begründen das auch: mit dem gegenseitigen Anregungspotenzial sowie mit den Möglichkeiten, miteinander und voneinander zu lernen. Warum sollte dies also nicht auch zwischen den Schulen möglich sein.

Das Grundanliegen des sächsischen Kultusministeriums mit diesem Projekt ist es folglich, den Wettbewerbsgedanken auch im Verhältnis zwischen den Schulen zu enttabuisieren. Dabei geht es nicht um Wettbewerb im Sinne einer Bestenliste, sondern um eine ehrliche Öffnung der Einzelschule, um die Herstellung von Transparenz, die erkennen lässt, was an jeder einzelnen Schule geschieht, und es geht darum, was mit welchem Aufwand jeweils erreicht wird. Ziel ist die Einführung eines Systems gegenseitigen Lernens und schließlich die Schaffung von Präsentationsmöglichkeiten für gute Konzepte zur Lösung oftmals gleicher Probleme. Wenn dabei beste Lösungen besondere Aufmerksamkeit erzielen, dann nur deshalb, weil wir davon ausgehen können, dass von diesen auch andere lernen können. Schließlich war auch die Überzeugung ausschlaggebend, dass wir dringend schrittweise Veränderungen in der gesamten Schullandschaft anregen müssen, da einige ausgereifte Insellösungen an wenigen Schulen erfahrungsgemäß von sich aus oftmals nur geringe Außenwirkung entfalten.

Zugleich war es unsere Absicht, eine breite öffentliche Diskussion über Qualität und Leistungsfähigkeit der Schulen auszulösen, wohl wissend, dass es sich hier um einen langen Prozess handelt und dass mit dem genannten Bericht unter Verzicht auf viele wichtige Details nur ein erster, aber ein wichtiger Schritt gemacht werden konnte.

Erste Erfahrungen in Sachsen

Bei aller Neigung von Medien zu Effekthascherei und einfachen Wahrheiten hat die ganze Diskussion in Sachsen doch eines gezeigt: Die Öffentlichkeit – und gemeint sind hier nicht nur die Eltern und Schüler – die Öffentlichkeit hat ein enorm großes Interesse daran zu erfahren, was an der einzelnen Schule geschieht. Es interessiert die Menschen im Lande, welche Ergebnisse an einzelnen Schulen erzielt werden, welche Angebote gemacht werden, welche Arbeit geleistet wird mit dem Einsatz der zumeist öffentlichen Mittel. Dass dabei ein Vergleich zwischen den einzelnen Schulen angestellt wird, ist für viele Eltern und Schüler kein Problem.

Und eines ist nach unseren Erfahrungen unbestritten: Schulen werden ohnehin verglichen. Gerade in größeren Städten, in denen mehrere Schulen der selben Schulart vorhanden sind, ist es selbstverständlich, dass Schüler und Eltern das Angebot und die Leistungen der verschiedenen Schulen gleichen Typs miteinander vergleichen.

Wenn man sich der Tatsache bewusst ist, dass ein Vergleich ohnehin stattfindet, ist der zweite Schritt zwangsläufig: Dann stellt sich nur noch die Frage, wie wir ihn so qualifizieren, dass er aussagekräftig ist und dass er der Weiterentwicklung der Schulen dient. Wir sehen unsere Aufgabe folglich darin, Kriterien und Parameter vorzubereiten, die einen Vergleich rechtfertigen, und die den Schulen helfen, ihre Arbeit zu überprüfen, Mängel ausfindig zu machen und Verbesserungen anzustreben. Genau das geschieht in Sachsen.

Nach unseren Erfahrungen ist es außerordentlich wichtig, bei solchen Projekten von Beginn an die Betroffenen von Sinn und Zweck des Vorhabens zu überzeugen sowie in die Ausgestaltung einzubeziehen. Der Erfolg hängt nicht zuletzt davon ab, wie gut es gelingt, das dahinter stehende Anliegen plausibel zu erklären. Ebenso sind die vorgesehenen Maßnahmen und die damit verbundenen Folgen von Beginn an klarzustellen. Vor dem Hintergrund einer überwiegend an kurzfristigen Schlagzeilen interessierten Medienlandschaft ist dies ein aufwändiges und zeitraubendes Unterfangen, da vielfach das Interesse für tief gehende Kausalanalysen fehlt. Ohne diesen Aufwand wird aber die notwendige Akzeptanz für derart weitreichende Innovationen kaum zu erreichen sein.

Fortsetzung des Schulbericht-Projekts

Wir haben dem Landtag zugesagt, dass dieser Bericht über die durchschnittlichen Schülerleistungen nur ein erster Schritt war, nicht mehr als der Einstieg in ein komplexeres Berichts-System.

Zur Zeit arbeiten wir an einer Konzeption, wie diese künftigen Schulberichte oder Schulporträts aussehen könnten. Eines steht fest: In den Berichten sollen die Schulen in einem konkret vorgegebenen, landesweit einheitlichen Raster berichten, was sie leisten bzw. in bestimmten Bereichen anbieten, wie z.B. Schülerleistungen, Unterrichtsversorgung/Unterrichtsausfall, Arbeitsgemeinschaften, Teilnahme an und Ergebnisse bei Wettbewerben, außerschulische Projekte, Kooperation mit externen Partnern wie Unternehmen oder sozialen Einrichtungen. Daneben sind aber auch offene Kategorien vorgesehen, in denen Schulen die Möglichkeiten haben, über das zu berichten, was aus ihrer spezifischen Sicht ihre besondere Leistung und Qualität ausmacht.

Wir haben die interessierte Öffentlichkeit, die Schulen, die Schüler, die Eltern und die Lehrer zur Mitwirkung an der Erarbeitung dieses Kriterienkatalogs eingeladen. Jeder hatte die Möglichkeit, konkrete Vorschläge zu machen. Diese Vorschläge werden zur Zeit ausgewertet, die konkrete Ausarbeitung des Konzepts erfolgt unter Beteiligung von Schulleitern, Lehrern und Wissenschaftlern. Wir haben vor, das Konzept noch im Sommer fertig zu stellen und zu Beginn des nächsten Schuljahres an den Schulen einzusetzen. Erste Ergebnisse erwarten wir dann zum Ende des laufenden Jahres.

Uns ist klar, dass wir auch mit den angestrebten Berichten zunächst nur eine Beschreibung des Ist-Zustandes erhalten werden. Eine nähere Analyse wird dann im Einzelfall zeigen müssen, welche Ursachen zu welchen Ergebnissen führen und was unter welchen Voraussetzungen leistbar ist. Beides sind wichtige Voraussetzungen, um die aktuelle Diskussion über Qualitätsentwicklung an unseren Schulen sachgerecht führen zu können.

Lassen Sie mich mit einem Zitat von Sören Kierkegaard schließen, der behauptet hat: „Das Vergleichen ist das Ende des Glücks und der Anfang der Unzufriedenheit". Die Unzufriedenheit war in der langen Menschheitsgeschichte immer mit eine Antriebskraft für Wandel und Verbesserungen. Wenn man Kierkegaards Gedanken folgt, dann ist das von ihm benannte Glück wohl auch nur ein vermeintliches, denn wer nichts anderes kennt, begnügt sich mit dem, was er hat. Ich bin deshalb sicher, dass die Schulporträts in Sachsen zwar sicher zunächst auch Unzufriedenheit über die Situation an einzelnen Schulen auslösen werden, dass aber zu diesen Schulen nach einer Phase der Anstrengung auch das Glück zurückkehren wird.

Lernwerkstatt Evaluation – ein Entwicklungsprojekt der Offenen Schule Babenhausen

Eva Diel, Vertreterin der Offenen Schule Babenhausen

Ich werde versuchen, in der knappen Zeit nur das über die Schule und ihren Entwicklungsprozess mitzuteilen, was für die Einordnung der Lernwerkstatt Evaluation, um die es hier geht, wichtig ist. Dieser Schulentwicklungsprozess war nicht so gradlinig, wie es in meinem Vortrag vielleicht scheinen mag. Es ging und geht des öfteren bergauf und bergab. Ich werde mich aus Zeitgründen auf die Bergkuppen beschränken, wobei die Talsohlen der Schulentwicklung nicht weniger interessant sind.

Vorab einige Daten:

Die Schule liegt in Babenhausen, einer Kleinstadt mit 15 000 Einwohner im Dreieck Frankfurt – Aschaffenburg – Darmstadt. Sie ist 8-zügig (d.h. es gibt 8 Parallelklassen pro Jahrgang) hat 1200 SchülerInnen und 75 LehrerInnen. Seit den 70er Jahre ist die Schule eine integrierte Gesamtschule. In den 80er Jahre wurde sie in eine Offene Schule umgewandelt. Öffnung bedeutet zum einen in die Lebenswelt der SchülerInnen, in die Berufswelt, die Gemeinde, aber auch die Öffnung von Lernen und Unterricht hin zu veränderten Lehr- und Lernformen.

Neu war damals, dass das pädagogische Konzept und die notwendigen baulich Maßnahmen von KollegInnen erarbeiteten wurden. Die wichtigsten Veränderung waren eine Dezentralisierung der Schule, d.h. die Klassenräume eines jeden Jahrgangs war räumlich zusammengefasst und um einen Aufenthalts- und Arbeitsbereich gruppiert. Die LehrerInnen, die in dem Jahrgang unterrichteten bildeten ein Team mit einem eigenen Teamraum in diesem Jahrgangsbereich.

Diese veränderte Situation bedurfte auch einer veränderten Organisationsstruktur. Die Jahrgangsteams 5 bis 10 schickten jeweils einen Vertreter/eine Vertreterin in die Koordinationsgruppe, die sich um die Organisation und die Alltagsprobleme der Teams kümmert und einen Vertreter/eine Vertreterin in die Programmgruppe, die stärker die zukünftige Entwicklung der Schule im Blick hat, das Schulprogramm entwickelt und für die Evaluation der Vorhaben zuständig ist. Von der Schulleitung nehmen jeweils 3 Mitglieder an den Sitzungen der Gruppen teil. Die Jahrgangsteams und die Programmgruppe bzw. Koordinationsgruppe tagen jeweils 14-tätig im Wechsel. Im Abstand von 4–6 Wochen findet eine gemeinsame Sitzung von Programmgruppe und Koordinationsgruppe statt.

Die Idee zu einer Lernwerkstatt Evaluation ging im Schuljahr 1997/98 von einem 10. Jahrgangsteam aus. Dieses Team wurde wissenschaftlich begleitet durch Ulrich Steffens vom Hessischen Landesinstitut für Pädagogik und hatte im Rahmen des Projektunterrichts bereits erste Erfahrungen mit externer und interner Evaluation gemacht.

Offizieller Auslöser war allerdings die Schulentwicklungsmaßnahme des Hessischen Kultusministers „Schulprogramm und Evaluation", die alle Schule dazu verpflichtete ein Schulprogramm zu erstellen und die darin enthaltenen Vorhaben auch zu evaluieren. Da es in diesem Bereich an der Schule wenig Erfahrungen gab, wurde deshalb unter dem Motto „Wir wollen, weil wir bald müssen und noch nicht so richtig können" die Gründung einer Lernwerkstatt beschlossen. Der Name „Werkstatt" sollte deutlich machen, dass hier etwas Neues ausprobiert wurde, somit auch Fehler gemacht werden konnten.

Auf die schulinterne Ausschreibung hin meldeten sich 8 Kolleginnen und Kollegen. Die ersten Vorhaben waren interessengebunden und unsystematisch. Jede/r evaluierte das, was ihn/sie gerade am meisten beschäftigte bzw. interessierte. So kamen die folgenden 6 Vorhaben zustande, die anschließend dokumentiert und mittlerweile im Hessischen Landesinstitut für Pädagogik veröffentlicht wurden:

- Evaluation der Arbeit mit dem Wochenplan/Arbeitsplan im Jahrgang 5
- Evaluation selbständigen Arbeitens im Anfangsunterricht Englisch
- Evaluation der Wirkungen von Methoden und Ritualen in einer Klasse der Sekundarstufe I
- Evaluation der Erfahrungen von SchülerInnen eines Jahrgangs nach dem Wechsel in die Berufsausbildung bzw. in weiterführende Schulen
- Evaluation der Möglichkeiten gemeinsamen Lernens in der Integrationsklasse im 5. Jahrgang
- Evaluation der Zusammenarbeit von Eltern und Schule in einer 5. Klasse

Die Vorhaben wurden auf einer Gesamtkonferenz vorgestellt. Die Resonanz im Kollegium war wohlwollend aber abwartend, denn Evaluation war noch nicht das vordringliche Problem der KollegInnen; es gab wenig Vorstellung davon, was das sein sollte, vor allem zu was es nutzen sollte. In der Regel wurde damit eine Kontrolle von „Oben" assoziiert.

Im gleichen Zeitraum beteiligte sich die Schule am Pilotprojekt der Europäischen Kommission *„Evaluation der Qualität von Schule und Unterricht"*. Aber auch dieses Projekt nahm in der schulischen Öffentlichkeit keinen breiten Raum ein.

Im Schuljahr 1998/99 fand mit interessierten KollegInnen und Hans Haenisch vom Landesinstitut für Schule und Weiterbildung in Soest ein Workshop statt, in dem die ersten Erfahrungen reflektiert und die Bedingungen formuliert wurden, die für das Gelingen von schulinterner Evaluation sinnvoll und notwendig sind:

- Mit denjenigen beginnen, die Interesse haben

- Gemeinsam geht es besser

- Einfache Einstiege erleichtern vieles – „Small and simple"

- Genügend Zeit für Erfahrungen

- Mit Themen beginnen, die auf den „Nägeln brennen"

- Die kritische Außensicht als Prozesshelferin

- Schulinterne Evaluation kritisch reflektieren

Die Gruppe machte sich ebenfalls Gedanken darüber, was die Perspektiven für die weitere Arbeit sein könnten:

1. Evaluation muss zu einem *selbstverständlichen Bestandteil* der Arbeitskultur der Schule werden.

2. Evaluation kann auf Dauer nicht in die *Beliebigkeit* der KollegInnen gestellt sein, die dies tun oder auch lassen können.

3. Die Schule muss einen *inhaltlichen Rahmen* für schulinterne Evaluation erarbeiten, der die Umsetzung des Schulprogramms und vorgegebener Standards zur Schul- und Unterrichtsqualität sichert.

4. Die Schule muss einen *organisatorischen Rahmen* erarbeiten, der den zeitlichen Aufwand minimiert und Erfahrungen zulässt im Sinne von „es nutzt mir etwas", „ich habe etwas davon", „es entlastet mich bei meiner Arbeit".

Bis diese Überlegungen konkretisiert werden konnte, dauerte es allerdings weitere zwei Jahre.

In diesen 2 Jahren, in denen schulinterne Evaluation immer noch nicht zum offizielle Thema der ganzen Schule gemacht wurde, wurde schwerpunktmäßig in zwei Jahrgangsteams von einigen KollegInnen weiter evaluiert und es wurde interessante und wichtige Erfahrungen gemacht.

Die weiteren Vorhaben beschäftigten sich mit den folgenden Bereichen

Klassenklima
- Evaluation des Klassenklimas in drei Klassen des 6. Jahrgangs
- Projekt im Rahmen des Arbeitslehre-Unterrichts 10. Schuljahr: „SchülerInnen untersuchen ihren Arbeitsplatz Schule"
  daraus entstand in Zusammenarbeit mit dem Jahrgangsteam 6 ein Fragebogen, der im 6. Jahrgang in Jahrgangsbreite das Klassen- und Jahrgangsklima erheben sollte.

LehrerInnen-Feedback durch SchülerInnen
- Fragebögen in verschiedenen Klassen in unterschiedlichen Jahrgängen (*Grundlage ist das „Konstanzer Lehrerverhaltensinventar" – ein standardisierter Fragebogen der auf H. Fend zurückgeht und der vom PI überarbeitet wurde*)

Unterricht à offene Lernformen
- Evaluation des Stationen-Lernens „Nationalsozialismus" in einem 10. Schuljahr
- Evaluation des Stationen-Lernens „Römisches Weltreich" in einem 7. Schuljahr

Bild der Schule in der Öffentlichkeit
- Image-Untersuchung der Schule à ein Projekt im 9. Jahrgang (Befragung von 325 Eltern, Politikern, Gewerbetreibende, Bevölkerung allgemein)

Wirksamkeit eines Jahrgangsprojekt
- Evaluation eines Projekts „Soziales Lernen – Persönlichkeitstraining" in einem 8 Jahrgang (200 SchülerInnen)

Prozessbegleitung und Evaluation
- Prozessbegleitung einer „schwierigen" Klasse mit Evaluationsmethoden in einer 7. Klasse
- „Klasse werden" à Prozessbegleitung und Evaluation in einem 5. Schuljahr (Methodische Anleitung + Instrumente und Methoden zur Evaluation)

Im Schuljahr 2001/2002 wird Evaluation erstmals ein fester Bestandteil in verschiedenen Bereichen der Schule sein.
- Das Vorhaben „Klasse werden" wird in einem gesamten 5. Jahrgang durchgeführt und evaluiert.
- Die Lernwerkstatt Evaluation wird als ein Vorhaben ins Schulprogramm aufgenommen.
- Die Evaluation einzelner Vorhaben des Schulprogramm wird verbindlich festgelegt.

Zusammenfassen läßt sich sagen, dass Kolleginnen und Kollegen, die Erfahrungen mit Evaluation gemacht haben, ihren Vorteile und Nutzen durchaus sehen und schätzen, denn

- sie zwingt zur Präzisierung, denn ohne genaue Zielformulierung kann nichts überprüft werden.

- sie dient der Vergewisserung, inwieweit die eigene oder schulische Ziele erreicht worden sind.

- sie macht Kooperation sinnvoll und notwendig, vor allem wenn es darum geht, welche Konsequenzen aus bestimmten Daten zu ziehen sind.

- sie führt zu einer professionellen Kommunikation über schulische Vorhaben. Sie versachlicht Diskussionen, führt weg von Glaubenssätzen und Vermutungen.

- sie unterstützt die Partizipation der Betroffenen bei der Gestaltung von Schule und Unterricht, d.h. aber auch sie verändert die Rolle der SchülerInnen und der LehrerInnen.

Evaluation muß ein selbstverständlicher Bestandteil der LehrerInnentätigkeit werden und sollte deshalb noch stärker in der LehrerInnenausbildung verankert werden. Von daher ist Evaluation ein wichtiger Beitrag zur Qualitätsentwicklung an Schulen. Sie ist unbestritten ein Motor der Schulentwicklung – aber auch ein Motor läuft nicht von alleine!

Das heißt: Evaluation ist nicht kostenlos, denn sie braucht Zeit, Methodenkompetenz bei den LehrerInnen und bei den SchülerInnen und Beratung von außen. Wenn das mit bedacht wird, kann schulinterne Evaluation eine Chance haben.

5. Ergebnisniederschrift über die gemeinsame Sitzung der Arbeitskreise Deutscher Stiftungen

„Kunst und Kultur" und „Wissenschaft und Forschung"

am 31. Mai 2001 im Museum Ludwig, Köln

Thema: **Forschung in Museen**

zu den Themen: **Großer Sprung braucht großen Anlauf**

Prof. Dr. Joachim Reichstein, Archäologisches Landesamt Schleswig-Holstein, Schleswig

Die Echternacher Springprozession. Aktuelle künstlerische Produktion als Forschungsansatz für historische Positionen

Prof. Kasper König, Museum Ludwig, Köln (liegt in schriftlicher Form nicht vor)

Kein Museum ohne Forschung - keine Forschung ohne Sammlung

Prof. Dr. Horst Bredekamp, Kunstgeschichtliches Institut, Humboldt-Universität zu Berlin

Leitung: **Arbeitskreis „Kunst und Kultur":**

Dr. Dominik Frhr. von König, Generalsekretär der Stiftung Niedersachsen, Hannover und Beiratsmitglied des Bundesverbandes Deutscher Stiftungen

Arbeitskreis „Wissenschaft und Forschung":

Dr. Wilhelm Krull, Generalsekretär der VolkswagenStiftung, Hannover und Beiratsmitglied des Bundesverbandes Deutscher Stiftungen

Begrüßung und Einführung

Dr. Wilhelm Krull, Arbeitskreisleiter „Wissenschaft und Forschung"

Meine sehr verehrten Damen und Herren,

Herr von König und ich heißen Sie herzlich willkommen zur gemeinsamen Veranstaltung der Arbeitskreise „Wissenschaft und Forschung" sowie „Kunst und Kultur". Dass sich die beiden Kreise in diesem Jahr zusammengetan haben, geschieht nicht von ungefähr. Beide Bereiche, die Wissenschaft wie die Kultur, sehen sich derzeit Entwicklungen gegenüber – ich nenne nur die Begriffe Digitalisierung, Globalisierung, Inter- und Transdisziplinarität – ‚die ihnen neue Arbeitsweisen eröffnen, die aber auch neue Probleme mit sich bringen, ja eine aktuelle Reflexion ihres Selbstverständnisses auslösen, die auch das gegenseitige Verhältnis von Wissenschaft und Forschung auf der einen, Kultur und Kunst auf der anderen Seite berührt.

Und das ist in den Zeiten der Bürgergesellschaft keine interne Angelegenheit der Wissenschaftlergemeinschaft oder der Fachleute für Kultur. Beide Bereiche prägen diese Gesellschaft zu Beginn des neuen Jahrtausends wie selten zuvor in der Geschichte.

Für die Wissenschaften hat das Hubert Markl einmal in der ihm eigenen anschaulichen Sprache ausgedrückt (Wissenschaft: zur Rede gestellt, München

Dr. Wilhelm Krull, Arbeitskreisleiter   *Foto: Martin Lässig*

1989, S. 7): „Keiner kann übersehen, dass unser gesamtes Alltagsleben mit den Folgen (natur- und technik-) wissenschaftlicher Arbeit „gesättigt" ist, vom Radiowecker, mit dem der Tag beginnt, über die wissenschaftlich begründeten Prinzipien unserer Ernährung (...), die Hilfsmittel unserer Bekleidung, Fortbewegung, Arbeitsleistung bis zur abendlichen Fernsehbelehrung (...): Nichts von alledem wäre ohne das Erkenntnisstreben von Wissenschaftlern denkbar und ohne den Erfindungsreichtum von Erfindern machbar geworden." Und – darf man hinzufügen – für die Geistes- und Gesellschaftswissenschaften gilt Entsprechendes.

Ob auch die Kultur ähnlich unverzichtbares Konstituens des modernen Lebens oder lediglich eine angenehme Dreingabe ist, mag man fragen, aber die Antworten liegen auf der Hand. Nimmt man das Dreigestirn der Institutionen, die Kulturgüter sammeln, bewahren und erschließen, also – in alphabetischer Reihenfolge – die Archive, Bibliotheken und Museen, so sind sie schon darum unerlässlich, weil sie elementare Voraussetzung für kulturwissenschaftliches Arbeiten sind.

Und wenn man von einem weiten Kunstbegriff ausgeht, der überholte elitäre Sichtweisen überwunden hat und auch das umfasst, was man früher mit der Bezeichnung „trivial" oder mit schlimmeren Namen belegte, so lässt sich schlechterdings nicht übersehen, dass das Alltagsleben auch vom Gedruckten, das man an jeder Straßenecke erstehen kann, und vom Gesendeten, das über Wellen oder Leitungen massenweise in unsere Wohnungen kommt, „gesättigt" ist.

Aber auch alles, was die Bezeichnung „Kunst" im „höheren" Sinn verdient, blüht und gedeiht. 100 Millionen Museumsbesucher zählen wir jährlich in Deutschland. Das Publikum strömt zu den Ausstellungen, sucht „Troja" im Schwabenland und besteigt die „Sieben Hügel" Berlins. Der Deutschlandfunk sieht sich in diesen Wochen veranlasst, eine ganze Sendereihe der Frage zu widmen, ob die großen Ausstellungsevents nicht zu viel des Guten tun. In Berlin und anderswo werden mit großem Erfolg lange Nächte der Museen durchgeführt und, um den genius loci, den genius Coloniae Agrippinensis, nicht ungenutzt zu lassen: Man muss nur sehen, was sich in der Museumslandschaft Kölns getan hat und tut, und – Herr König – vermutlich noch tun wird, um guter Dinge zu sein.

Ist diese gleichzeitige Blüte von Wissenschaft und Kultur ein zufälliges Zusammentreffen, durch nichts als ihre Gleichzeitigkeit verbunden? Oder handelt es sich um kommunizierende Röhren? Dann wäre zu fragen, wie sich die Wissenschaften und die Kultur zueinander verhalten und welche Kraft es ist, die die beiden Säulen auf gleicher Höhe hält.

Ein Stichwort, an dem wir bei unseren Überlegungen auch in diesem Kontext nicht vorbeikommen werden, ist das der Digitalisierung. Sie stellt uns eine neue Kulturtechnik zur Verfügung, die nicht nur die Kommunikation ungeheuer erleichtert und beschleunigt, sondern auch das Sammeln und das Recherchieren im schriftlichen und bildlichen Kulturgut. Was hätte wohl Platon angesichts von Servern gesagt, die das gesamte Gedächtnis der menschlichen Kultur aufnehmen und bequem zugänglich machen?

Wir kennen die Antwort. In seinem Dialog Phaidros (274 d–275 b) hat Platon eine mythische Geschichte erzählt. Darin führt der ägyptische Gott Theuth dem guten und weisen König Ammon seine Erfindungen vor, darunter auch die Schrift, die, so sagt Theuth, die Menschen weiser und gedächtnissicherer machen werde. Ammon aber hält ihm entgegen, dass die Menschen im Vertrauen auf die neue Erfindung umgekehrt die eigene Erinnerung vernachlässigen und sich damit vom eigentlichen Wissen entfernen werden.

Man muss nicht Platons Ideenlehre folgen, die hinter seiner auch an anderen Stellen geäußerten Kritik an der Schriftlichkeit steht, um die Gefahren zu sehen, die dem Wissen von der Schrift und den Büchern, den Bits und den Servern droht.

Klaus-Dieter Lehmann, der Präsident der Stiftung Preußischer Kulturbesitz, hat sich in jüngster Zeit zu Chancen und Risiken der Digitalisierung von Kultur mehrfach geäußert. Auf der letzten Jahrestagung des Bundesverbandes hat er im Arbeitskreis „Wissenschaft und Forschung" vier aktuelle Entwicklungen benannt, die unserem kulturellen Erbe gefährlich werden können (Buch, Bild und Bibliothek in Zeiten des Internet, 56. Jahrestagung des Bundesverbandes Deutscher Stiftungen, Berlin 2000, S. 192 ff.). Erstens die Globalisierung, die unabhängig von Ort und Zeit zu einer Bilder- und Informationsflut führt, gegen die die Wassermengen, die Goethes Zauberlehrling bedrohen, ein Kinderspiel sind. Es ist zweitens die Flüchtigkeit der Medien, die Gleichzeitigkeit, Interaktivität und Offenheit für alles fördert, aber Dauerhaftigkeit, Öffentlichkeit und Auswahl unter Vielem nicht vermitteln kann. Dies wird verschärft durch die dritte Entwicklung, das Verschwinden eines gemeinsamen Kanons kultureller und intellektueller Überlieferung und – vierter Punkt – eine eindeutige Bevorzugung ökonomischer Sichtweisen gegenüber kulturellen.

Als eine zukunftsfähige Konstellation in diesem Zusammenhang sieht Lehmann Überlegungen, die Quellen der kulturellen Überlieferung nicht sparten- und materialbezogen in Bibliotheken, Archiven und Museen zu isolieren, sondern sie sinnvoll aufeinander zu beziehen. „Die parallelen Bereiche", sagte er, „bieten erst in ihrer Verknüpfung neuartige Assoziationen, Erkenntnisse und Optionen." Es wäre interessant zu hören, wie sich dies aus der Sicht der Museen ausnimmt.

Des Weiteren wäre nach dem Verhältnis der drei Sparten aufbewahrter Kultur zu Wissenschaft und Forschung zu fragen. Herr Lehmann erinnerte daran, dass schon Wilhelm von Humboldt für eine lokale und institutionelle Nähe von Bibliotheken, Archiven, Museen *und Universitäten* eintrat und unterstrich nachdrücklich die Verpflichtung der kulturellen Einrichtungen, auch künftig die Ressourcen für die Wissenschaften bereitzuhalten. Nicht nur Träger des kulturellen Erbes sollten sie sein, sondern „Aktivposten für die Wissenschaften". Hier würde ich gern den Begriff „Aktivposten", der ja ein dynamisches und ein statisches Element miteinander verbindet, thematisieren: Wie weit haben die Museen dienende Funktion für die Wissenschaft, wie weit können, dürfen oder müssen sie selber aktiv Forschung treiben.

Dazu kann ich Erfahrungen aus der VolkswagenStiftung beisteuern. Als die Stiftung 1976 einen Förderschwerpunkt „Erfassen, Erschließen und Erhalten von Kulturgut als Aufgabe der Wissenschaft" einrichtete, war eines der ersten Projekte die Bilddokumentation „Kunst in Deutschland" am Bildarchiv Foto Marburg. Das später vom Wissenschaftsrat als bundesdeutsches Zentrum für kunstgeschichtliche Dokumentation anerkannte Marburger Bildarchiv wurde dann ab 1982 bei seinen Bemühungen um die ikonographische Bilddokumentation unter Nutzung der Möglichkeiten der Datenverarbeitung weiter gefördert. Schließlich hat die Stiftung dazu beigetragen, dass Professor Lutz Heusinger, der spiritus rector des Ganzen, inzwischen einen Lehrstuhl für Informatik in der Kunstgeschichte an der Universität Marburg innehat.

Im Rahmen der letzten Jahrestagung des Bundesverbandes Deutscher Stiftungen hat Herr Huisinger „Thesen zur Zukunft der Bilder in Wissenschaft und Gesellschaft" vorgetragen. Dabei hat er aus einer stark politischen Sicht eine Reihe kritischer Fragen gestellt (Tagungsband der 56. Jahrestagung S. 200 ff.), die ihn zu dem petitum führten, das, „was wir für unsere Erinnerung brauchen, besser zu bewahren, sorgfältiger zu untersuchen und entschlossen zu vermitteln." War das eine zugespitzte, vielleicht allzu zugespitzte Formulierung oder genau die, die einer Bürgergesellschaft gut zu Gesicht steht?

Im Kontext „Forschung und Museum" dürfen zwei Ausstellungen des letzten Jahres auf keinen Fall unerwähnt bleiben, die schon genannten „7 Hügel – Bilder und Zeichen des 21. Jahrhunderts" und das „Theatrum naturae et artis", in dem Sie, Herr Bredekamp, zusammen mit Jochen Brüning Schätze aus den Sammlungen der Humboldt-Universität zu einer, wie DIE ZEIT schrieb, ästhetischen Schule des Sehens zusammengeführt hatten. Mit dieser Ausstellung präsentierte sich zugleich eine noch junge Institution der Öffentlichkeit, von der man nach diesem Beginn Interessantes und Fundiertes zu unserem Thema erwarten darf: das Hermann von Helmholtz-Zentrum für Kulturtechnik (HZK) der Humboldt-Universität zu Berlin, dessen Ziel die systematische Erforschung der Wechselwirkungen zwischen wissenschaftlichen oder kulturellen Umbrüchen und technischen Neuerungen ist. Dabei werden Schwerpunkte gesetzt bei den fundamentalen Kulturtechniken Bild, Schrift und Zahl und ihrer wechselseitigen Verschränkung sowie bei der Sammlung und Analyse der die technologischen Innovationen begleitenden technischen Bilder.

Doch noch einmal zu den Sieben Hügeln. Die spektakuläre Ausstellung hatte sich nichts Geringeres vorgenommen als die Befassung des Menschen mit dem gesamten Kosmos zu inszenieren, vom Kern bis zum Weltraum, vom Wissen bis zum Glauben, und natürlich durch die ganze Bandbreite der wissenschaftlichen Disziplinen.

Ich kann hier wieder aus der Erfahrung sprechen, die die VolkswagenStiftung über Jahrzehnte hinweg durch zwei ihrer Förderschwerpunkte hat gewinnen können, der „Archäometrie" von 1971 bis 1986 und der „Archäometallurgie". von 1987 bis 1995. Gemeinsam war beiden Förderinitiativen, dass naturwissenschaftliche Methoden auf Forschungsgegenstände der Geisteswissenschaften angewandt wurden, etwa die Radiocarbonmethode, die Dendrochronologie oder verschiedene Verfahren der Spektroskopie.

Ich möchte hier exemplarisch auf den „Betenden Knaben" eingehen, der seit kurzem wieder seinen Platz im Alten Museum in Berlin eingenommen hat. Seit die Figur 1503 aus Rhodos nach Venedig kam, war ihre Deutung und kunsthistorische Einordnung zweifelhaft. Vor einigen Jahren taten sich dann Archäologen der Antikensammlung Berlin mit Ingenieuren des Gießerei-Instituts der Rheinisch-Westfälischen Technischen Hochschule Aachen zu umfangreichen Forschungsarbeiten zusammen. Die Statue wurde naturwissenschaftlich untersucht und umfassend restauriert, das Metall wurde ebenso analysiert wie antike Tonreste, die sich in der Figur fanden, mit verschiedenen Bildgebungsverfahren drang man in das Innere der Figur ein. Schließlich wurde die Gusstechnik mit Verfahren der Computersimulation, die für industrielle Anwendungen entwickelt worden waren, aufgeklärt und in der Praxis nachvollzogen. Heute steht fest, dass es sich beim Betenden Knaben nicht, wie immer wieder gesagt wurde, um eine römische Kopie, sondern um ein griechisches Original aus dem dritten vorchristlichen Jahrhundert handelt.

Freilich konnte auch die vereinigte Forschungspower der Figur nicht alle Geheimnisse entlocken. Nach wie vor ist unsicher, ob es sich wirklich um einen Betenden Knaben handelt oder zum Beispiel um eine Darstellung des Apoll, des Ganymed oder um einen jungen Burschen als Teil einer Reitergruppe. Und das ist gut so. Es ist sozusagen der handfeste Beleg dafür, dass die Objekte, die die Museen bewahren, niemals „aus-erklärt" sein werden.

Zur Ausstellung „Theatrum naturae et artis" hat DIE ZEIT kürzlich (Nummer 10/2001) mit Ihnen, Herr Bredekamp, und Herrn Brüning ein ausführliches Gespräch „über das heikle Verhältnis von Wissenschaft und Kunst" geführt. Darin hat Herr Brüning gesagt, die interessanten Fragestellungen seien von Natur aus ‚interdisziplinär', weil sie keiner Disziplin angehörten, sondern auf ein komplexes Stück Wirklichkeit zielten. Allerdings haben Sie sich kritisch zu einer „Interdisziplinarität" „im gewöhnlichen Sinn" geäußert und angekündigt, das Hermann von Helmholtz-Zentrum wolle eine das Lagerdenken von Natur- und Geisteswissenschaften überwindende Kulturtheorie entwickeln. Eine Ankündigung, die neugierig macht.

Neugierig und gespannt sind wir sicher alle auf die Vorträge, die uns erwarten, und ich freue mich, meine Herren – Herr Professor Bredekamp, Herr Professor König, Herr Professor Reichstein – , Sie nun auch formell begrüßen zu dürfen. Ich weiß, dass Ihre Kompetenz und Ihr Rat vielerorts gesucht werden, und danke Ihnen umso herzlicher, dass Sie bereit sind, uns einen Einblick in Ihre Überlegungen, Gedanken und Vorschläge zu geben.

1. Einführungstext zu Professor Dr. Joachim Reichstein

Die Metapher des Sprungs begegnet uns heute in den Titeln zweiter Vorträge, so auch bei Herrn Reichstein nämlich: „Großer Sprung braucht großen Anlauf", rhetorisch gesehen wohl ein Parallelismus, der darauf hinweist, dass wir uns in bewegte Gefilde begeben.

Herr Reichstein leitet seit 1975 das Landesamt für Vor- und Frühgeschichte von Schleswig-Holstein, das 1996 in Archäologisches Landesamt Schleswig-Holstein umbenannt wurde. Geboren in Lüben/ Schlesien zu Beginn des Schicksalsjahres 1939, kam Herr Reichstein nach Kriegsende nach Niedersachsen. Ab 1960 studierte er in Marburg, dann in Kiel, wobei sich das Schwergewicht immer mehr von der Geschichte und Germanistik zur Ur- und Frühgeschichte verschob. Dabei erhielt er zeitweise ein Stipendium aus Mitteln der Stiftung Volkswagenwerk, wie sie damals noch hieß, gut angelegtes Geld, wie man heute sagen kann.

Entscheidend für Herrn Reichsteins Werdegang, darauf weist er immer wieder hin, war ein enges persönliches Verhältnis zu akademischen Lehrern, dem Germanisten Walter Mitzka und dem Prähistoriker Georg Kossack.

In seiner Dissertation entwarf er auf der Grundlage von Untersuchungen zum frühen germanischen Tierstil einen Periodisierungsrahmen der norddeutschen, skandinavischen und englischen Völkerwanderungszeit. Später wandte er sich auch der Vorderasiatischen Archäologie zu und gewann Grabungserfahrung im Libanon, bevor er selber Grabungen auf Sylt leitete, wobei siedlungsarchäologische Fragen im Mittelpunkt standen. Von seinen sonstigen Forschungsvorhaben erwähne ich aus dem Bereich der Archäometallurgie eine großangelegte Untersuchung zur frühen Eisengewinnung im Joldelund/Nordfriesland, mit dem Herr Reichstein viele Jahre hindurch Stammkunde bei der VolkswagenStiftung war.

Herr Reichstein hat immer großes Gewicht auf moderne Methoden gelegt, etwa Phosphatanalysen, Erdradar, Leichenbrandanalyse, Luftprospektion und andere, und arbeitet dazu eng mit verschiedenen Universitäten zusammen. Verschiedenen Verbänden stellt er nicht nur seine wissenschaftliche Erfahrung zur Verfügung, sondern auch seine beachtliche Fähigkeit, Menschen (und Fördermittel) in Bewegung zu bringen.

Arbeit ist für Herrn Reichstein immer auch Freude, die er auf andere zu übertragen versteht. Und wenn der Norddeutsche Rundfunk seine Zuhörer und Zuschauer immer wieder auffordert „Freut Euch des Nordens", dann erlaube ich mir, diese Aufforderung zweckentfremdet, aber mit gutem Grund auf Herrn Reichstein zu beziehen.

Herr Reichstein, Sie haben das Wort.

2. Einführungstext zu Prof. Kasper König

Herr Kasper König leitet seit November letzten Jahres das Museum Ludwig hier in Köln. Damit ist er in die Stadt zurückgekehrt, in der gestern vor 20 Jahren, am 30. Mai 1981, die berühmte Ausstellung „Westkunst – Zeitgenössische Kunst seit 1939" eröffnet wurde, die auch ihren Initiator und Ausstellungskommissar berühmt machte, eben Herrn Kasper König. Im Handbuch zur Ausstellung schrieb er damals, ihm und sei-

Prof. Kaspar König, Dr. Dominik Frhr. von König, Ulrich Voswinckel

nem Team sei es darum gegangen, Kunst auszuwählen, die „ihre unmittelbare und unverbrauchte Wirkung entfalten sollte. Das Kriterium war, dass die Werke den auf ein Mittelmaß gedrückten Erwartungen – dem ‚guten Geschmack', dem ‚gesunden Menschenverstand' – entschieden entgegentreten sollten."

Erwartungen zu entsprechen und Herkömmliches zu bestätigen war Herrn Königs Sache nie. Er wurde 1943 in Mettingen/Westfalen geboren als Rudolf Hans König. Den Namen Kasper nahm er später an. Als sein persönliches Schlüsselerlebnis, was die Kunst betrifft, hat er eine Ausstellung von Cy Twombly genannt. Nach einem Volontariat in der Galerie Zwirner ging Kasper König zunächst in das damals swingende London, von dort aus in die USA, wo er bis 1978 die aktuellsten Kunstströmungen hautnah miterlebte.

Von 1973 bis 77 gab er die Press of the Nova Scotia College, Halifax, heraus, in der wichtige kunsthistorische Monographien erschienen. Dann folgte die Zeit der großen Ausstellungen, nach der Westkunst im Jahr 1984 „von hier aus" in Düsseldorf und seit 1987 die Skulpturenprojekte in Münster, die der Kunst im öffentlichen Raum gewidmet waren.

Im Jahre 1988 wurde Kasper König als Professor an die Staatliche Hochschule für Bildende Künste Städelschule in Frankfurt am Main berufen, deren Rektor er im folgenden Jahr auch wurde. In Frankfurt zeigte er mit seinem Portikus, dem Rest eines vom Krieg verschonten Säulenportals, erweitert um ein paar Container, Zigarrenkisten, wie er selber sagt, wie man ästhetische und architektonische Maßstäbe auch mit minimalem Etat setzen kann.

Was ihn nicht hinderte, beim Großevent schlechthin, bei der EXPO 2000, das Kunstprojekt „In Between" mitzugestalten und zeitgenössische Künstler dabei zu unterstützen, im Dreiklang „Mensch, Natur, Technik" die Kunst nicht untergehen zu lassen.

Herr König hat seinem heutigen Vortrag den Titel gegeben „Die Echternacher Springprozession. Aktuelle künstlerische Produktion als Forschungsansatz für historische Positionen." Wenn ich dazu wieder den rhetorischen Formelschatz bemühen darf, ist es die Spannung der Antithese *aktuelle Produktion* und *historische Position*, die uns neugierig macht. Und natürlich die Metapher Echternacher Springprozession. Da bei der originalen Echternacher Springprozession jeweils alle Teilnehmer nach drei bis fünf Vorwärtsschritten einen bis drei Schritte zurückspringen, ist immerhin ein gewisses Vorankommen garantiert. Wie das bei der Umkehrung dieser Art von Bewegung ist, wage ich nicht auszudenken. Oder sollten Sie, Herr König, die Metapher gewählt haben, weil es sich bei der Echternacher Springprozession um ein Dankfest für die Beendigung des Veitstanzes handelt. Dann wiederum wäre ich gespannt, wo Sie den Veitstanz in der heutigen Museumslandschaft (oder vielleicht in der vor 20 Jahren und einem Tag) lokalisieren. Herr König, Sie haben das Wort.

3. Einführungstext zu Professor Dr. Horst Bredekamp

Herr Bredekamp ist seit 1993 Professor für Kunstgeschichte an der Humboldt-Universität zu Berlin. Nach einem Studium, das in Kiel, München, Berlin und Marburg die Fächer Kunstgeschichte, Archäologie, Philosophie und Soziologie umfasste, veröffentlichte er 1975 als erstes Buch „Kunst als Medium sozialer Konflikte. Bilderkämpfe von der Spätantike bis zur Hussitenrevolution". Etliche seiner zahlreichen Werke, die vor allem um die Renaissance kreisen, wurden in mehrere Sprachen übersetzt, zum Beispiel das für unsere Thematik besonders einschlägige „Antikensehnsucht und Maschinenglauben. Die Geschichte der Kunstkammer und die Zukunft der Kunstgeschichte" von 1994, das im vorigen Jahr in dritter deutscher Auflage und zuvor in Englisch, Italienisch, Französisch und Japanisch erschienen ist.

Herr Bredekamp war Gastprofessor unter anderem am Institute for Advanced Study, Princeton, am Getty Center for the History of Art and the Humanities in Los Angeles und am Collegium Budapest und ist Mitglied in mehreren internationalen Beiräten, Ordentliches Mitglied der Berlin-Brandenburgischen Akademie der Wissenschaften und Membre ordinaire und Vizepräsident des Comité International d´istoire de l'Art.

Als Forschungsschwerpunkte nennt seine Biografie: Bildersturm, spanische Skulptur der Romantik, Kunst der Renaissance und des Manierismus, Politische Ikonographie, Museologie, Kunst und Wissenschaftsgeschichte, Geschichte der Kunstgeschichte, Kunst und Neue Medien.

Die Fülle der wissenschaftlichen Interessen darf keinesfalls als nur quantitative Anhäufung missverstanden werden. Herr Bredekamp versteht es immer wieder, die unterschiedlichen Ansatzpunkte seiner wissenschaftlichen Arbeit in erkenntnisfördernder Weise zusammenzuzwingen. Dabei verraten seine Titel eine Vorliebe für Antithese und das Oxymeron: Etwa „Die *Geschichte* der Kunstkammer und die *Zukunft* der Kunstgeschichte". Oder: „Sankt Peter in Rom und das Prinzip der *produktiven Zerstörung*." Ein Beitrag zum Katalog der „7 Hügel" (Bd. VI, S. 041 ff.) hat den Titel „die *endlosen anfänge* des museums".

Für seinen heutigen Beitrag, den wir gleich hören werden, verwendet Herr Bredekamp eine andere rhetorische Figur: den Chiasmus, mit dem er die beiden Begriffe unserer Veranstaltung in Kreuzstellung unlöslich miteinander verbindet: „Kein Museum ohne Forschung – keine Forschung ohne Sammlung." Herr Bredekamp, ich darf Sie bitten zu uns zu sprechen.

Ein Museum ohne Forschung –
keine Forschung ohne Sammlung

Prof. Dr. Horst Bredekamp, Kunstgeschichtliches Institut, Humboldt-Universität zu Berlin

1. Das Berliner *Theatrum*

Gebeten, über die Ausstellung „Theater der Natur und Kunst" zu sprechen, nehme ich diese Unternehmung zum Anlass, Überlegungen über den gegenwärtigen Zustand des Ausstellungs- und Museumswesens anzustellen. Es fragt sich natürlich, ob Erfahrungen mit einzelnen Ausstellungen und Sammlungen geeignet sind, allgemeine Betrachtungen zu formulieren, aber das Berliner „Theater" stand in einem Reigen ähnlicher Veranstaltungen, die insgesamt symptomatisch zu sein scheinen.

Die Ausstellung, die ich gemeinsam mit dem Mathematiker Jochen Brüning im Berliner Martin-Gropius-Bau vom Dezember 2000 bis März 2001 mit Lotto-Mitteln und auch durch Unterstützung der VolkswagenStiftung habe einrichten können, galt den so unbekannten wie unermesslichen Sammlungen der Humboldt-Universität. Es handelt sich um Millionen von Objekten, die in einer Auswahl von gut Tausend ausgestellt wurden, um einen Begriff davon zu vermitteln, dass seit jeher Forschung, und zumal naturwissenschaftliche und medizinische Forschung Objektberge auf Objektberge aufgehäuft hat, die auch und gerade ästhetischen Fähigkeiten verdankt wurden. Um diese Wechselwirkung zu betonen, wurden die Exponate um die beiden Pole Naturwissenschaft und Kulturwissenschaft gefügt; in dem für Veranstaltungen frei gelassenen Lichthof standen der bronzene Muskelmann für die Natur und der antike Marmortorso für die Kunst. Nach dieser scharf gezogenen Unterscheidung sollte gezeigt werden, dass die zwei getrennten Bereiche zugleich die Pfeiler für Brückenschläge abgaben. Wir wollten durch unmittelbare Präsentation der Exponate in rahmenlosen Vitrinen, deren Glas sich ephemer auflöste, andeuten, dass es keine Naturobjekte ohne Eingriffspuren der menschlichen Techné, und keine Kunstobjekte ohne natürliche Prägung gibt.

Der Erfolg war durchaus ungewiss, auch und vor allem aus dem Grund, dass die Ausstellung auf die grandiose, in Teilen auch gigantomane Jahrundertschau „Sieben Hügel des Wissens" folgte. Zwar gab es eine akustische Führung, begleitende Filme und auch ein digitales Archiv, aber wir sind in den Räumen der Exponate das Risiko eingegangen, auf mediale Vermittlungen zu verzichten. Wir wussten nicht, ob das „interaktiv" geschulte Publikum Langeweile empfinden und folglich ausbleiben würde. Der Besuch hat jedoch nicht nur unsere Befürchtungen beseitigt, sondern die Erwartungen übertroffen; unter den nach Größe und Dauer vergleichbaren Themenausstellungen hatte die Ausstellung die höchste Besucherzahl.

2. Leibniz' Forschungsmuseum

Die Ausstellung stand unter dem Titel „Theatrum Naturae et Artis". Es handelt sich um ein programmatisches Zitat von Gottfried Wilhelm Leibniz, dem großen Philosophen, Historiker, Naturwissenschaftler und Mathematiker, der, was unter Tausenden von ihm gewidmeten Artikeln und Büchern übersehen wurde, auch ein Museologe war. Die Idee der Einrichtung von Museen, die auch Laboratorien der Natur- und Kulturwissenschaften wären, war nicht mehr und nicht weniger als die *idée fixe* seines intellektuellen Lebens, und damit wirkt er wie historischer Reflektor höchst aktueller Fragen. Leibniz ist nicht allein durch Gilles Deleuze eine besondere Aktualität zuerkannt worden;[1] die Durchgründung aller Lebensbereiche durch die *mathesis universalis*, die er hat durchsetzen helfen, ist unserer, von Fragen der künstlichen, computergesteuerten Intelligenz bestimmten Zeit durchaus parallel.

Mit Blick auf die Bestände der Kunstkammer des Berliner Schlosses, die später an die Humboldt-Universität übergeben wurden und folglich auch einen Nukleus der Ausstellung abgaben, forderte Leibniz in einer seiner Denkschriften des Jahres 1700 vom preußischen König: „Zu allen diesen Wissenschafften dienen Bibliothecken, Iconothecae (oder Collectanea von Kupferstücken, Rissen, Bildungen und Gemählden), Kunst- und Raritätenkammern, Zeug- und Rüst-Häuser, Gärten vieler Art, auch Thier-Behältnisse, und die großen Wercke der Natur und Kunst selbsten, von welchen allen, zum Theatro Naturae et Artis, bey Churfürstl. Durchlaucht kein Mangel."[2]

1713 führte er in Wien aus, dass der dortigen Akademie *Theatra der Natur und Kunst* zur Verfügung gestellt werden sollten, wobei Leibniz auch hier die kaiserliche Bibliothek und Kunstkammer im Auge hatte. Leibniz' Hochschätzung dieser Art Sammlungen, welche die moderne Spezialisierung noch nicht vollzogen hatten und die unter einem Dach Exponate der Natur wie der Kunst verbanden, führt auf den erkenntnistheoretischen Kern, dass der Mensch ein bildhaftes Gegenüber benötige, um Neues auszubilden und zu ordnen. Ein besonders verblüffendes Motiv liegt darin, dass Leibniz das Lernen nicht

---

1 Gilles Deleuze, Die Falte. Leibniz und der Barock, Frankfurt am Main 1995.
2 Zit. nach: Hans-Stephan Brather, Leibniz und seine Akademie. Ausgewählte Quellen zur Geschichte der Berliner Sozietät der Wissenschaften 1697–1716, Berlin 1993, S. 77.

ohne Museum, das Museum nicht ohne Forschungslabor und beide gemeinsam nicht ohne Theaterbühne projektierte.

Insbesondere der im September 1675 verfasste *Gedankenscherz (Drôle de Pensée)* ist für Leibniz' museologische Überlegungen von zentraler Bedeutung, weil er das Konzept des „Theaters der Natur und Kunst" hier in einer nie zuvor oder danach erreichten Gedankenfreiheit in den Mittelpunkt der Überlegungen zur Errichtung einer umfassenden Strategie zur Förderung des Wissens stellt.[3]

Experimente, mittels technischer Geräte auf dem Wasser zu gehen oder zu fliegen, boten ihm den Ausgangspunkt zur Idee, dass Personen von Verstand zusammenkommen sollten, um beachtenswerte Dinge, vor allem aber Maschinen öffentlich zu repräsentieren. Der Text handelt von der ökonomischen und politischen Vorbereitung, der inneren Organisation, der Anwerbung von Spezialisten zur Durchführung und Inszenierung der Ausstellung, der Erörterung möglicher Gegenstandbereiche und der bühnenmäßigen Inszenierung der Werke und Werkgruppen. Zur Gesamtanlage gehörten auch Spielsäle, ein Patentamt, ein Schattentheater, Bühnen, Laboratorien und Museen, in denen die Exponate nicht nur betreut und gesichert, sondern auch inszeniert werden sollten. Die Liste der möglichen Exponate ist das Produkt einer Imaginationskraft, die alle bekannten Vorstellungen von Ausstellungen und Museen hinter sich lässt: „Die Darbietungen könnten beispielsweise die Laterna Magica sein (damit könnte man beginnen), sowie Flugversuche, künstliche Meteoriten, alle Arten optischer Besonderheiten sowie eine Darstellung des Himmels und der Sterne, Kometen, ein Globus wie jener in Gottorp oder Jena; Feuerwerke, Wasserspiele, ungewöhnlich geformte Gefäße sowie Alraunen und andere seltene Pflanzen. Ungewöhnliche und seltene Tiere. Die Königliche Manege. Tiergestalten. Der königliche Automat eines künstlichen Pferderennens. Eine Verlosung"[4]; dann auch optische Instrumente und Installationen, Modelle des Himmels und der Erde, Inszenierungen künstlicher Phänomene, Exemplare der Pflanzen- und Tierwelt, Automaten, ein anatomisches Theater, botanische und zoologische Gärten, Rechenmaschinen, Gemälde, Medaillen, eine Bibliothek, und sodann auch Vorführungen wie etwa Experimente mit Wasser, Luft und Vakuum, vor allem das des Guericke, und Versuche mit Magneten sowie verschiedenen Arten von Flüssigkeit. Als Urlaubsservice wird man den Zuschauern die Wettervorhersage für den nächsten Tag geben, und insgesamt gleicht alles dem Kabinett von Athanasius Kircher. Dass am Schluss dieser

---

3 Gottfried Wilhelm Leibniz, Sämtliche Schriften und Briefe (hrsg. von der Preußischen, später Deutschen Akademie der Wissenschaften zu Berlin), Berlin 1923 ff., IV, 1, Nr. 49; S. 562–568.
4 Vgl. Arno Victor Nielsens für die Bonner Ausstellung von 1994 (Wunderkammer des Abendlandes. Museum und Sammlung im Spiegel der Zeit, Ausstellungskatalog, Bonn, S. 122–126) besorgte und teils auch kommentierte Übersetzung. Dort ist der Text insgesamt auf Deutsch wiedergegeben.

Aufzählung das römische „Museum" des deutschen Jesuiten Athansius Kircher steht, das zu dieser Zeit zu den größten Kunstkammern überhaupt gehörte, zeigt nochmals, dass Leibniz dieser Sammlungstypus vor Augen stand.

In der Darstellung der theatralischen Möglichkeiten fabuliert Leibniz die Ausstellung in eine Art überregionalem Patentamt für Erfindungen aus, die zugleich auch *repräsentiert* werden: „Der Nutzen einer solchen Unternehmung würde größer sein als man es sich vorstellen könnte, sowohl in der Öffentlichkeit als auch in einem spezialisierten Kreis. In der Öffentlichkeit würde es den Leuten die Augen öffnen, zu Erfindungen anregen, schöne Ansichten offerieren und die Welt mit unendlich vielen sowohl nützlichen wie geistreichen Neuigkeiten bekannt machen. Alle jene, die eine Erfindung hätten oder einen ingeniösen genialen Entwurf besäßen, könnten hierher kommen, wo sie die Gelegenheit erhalten würden, ihren Lebensunterhalt zu verdienen, indem sie daraus Nutzen ziehen könnten, ihre Erfindung publik zu machen. Es gäbe ein Generalbüro, an das sich alle Erfinder wenden könnten.[5]

All dies bietet den Anstoß zur Gründung einer Europa übergreifenden Verbindung von Museum, Forschung und Theater. Funktionen der Akademie der Wissenschaften übernehmend, gehen von dem musealen Forschungstheater Dependancen in alle Viertel von Paris und danach in alle europäischen Metropolen aus, die ihrerseits die Grundlage für eine europäische Akademie bilden: unter der Hand wuchert Leibniz' museales „Theater der Natur und Kunst" in eine ganz Europa transformierende Kulturlandschaft des Wissens, Forschens, Sammelns und Ausstellens. Leibniz geht es hierbei um eine tiefgreifende Reform der Wissenschaften, die nicht allein auf den Ernst, sondern auch auf das Spiel und das Vergnügen setzt.

All dies trug dazu bei, warum wir die Ausstellung des Martin-Gropius-Baues um die Pole Natur und Kunst geschalte Ausstellung auf Leibniz' *Theater* bezogen haben, und warum wir uns ermutigt fühlten, nicht etwa eines der üblichen Begleitprogramme durchzuführen, sondern Veranstaltungen unmittelbar in die Ausstellung hinein wirken zu lassen. An zwei Dritteln aller Öffnungstage fanden Lesungen, Vorträge, Diskussionen und Theateraufführung im Lichthof vor einem zunächst geringen, dann ständig wachsenden Publikum statt.[6] Aber natürlich erreicht dies nicht ansatzweise Leibniz' ungeheure Ansprüche an das forschende Museum.

---

5 Das „Bureau d'adresse et de rencontre" wurde 1630 durch Théophraste Renaudot begründet (znort).
6 Anke Michaelis, Ein Wissenstheater für alle, in: Theater der Natur und Kunst. Theatrum Naturae et Artis. Dokumentation (Hg.: Horst Bredekamp, Jochen Brüning und Cornelia Weber), Berlin 2001, S. 96–105.

Für sein Konzept, dass es kein Forschen ohne Sammlung und kein Museum ohne Forschen gibt, ist schließlich sein um 1680 verfasster Aufruf, Naturalien des Harzes systematisch zu sammeln, höchst aufschlussreich. Leibniz hat diesen Vorschlag damit begründet, dass die Natur in diesem mitteldeutschen Gebirge selbst als Künstlerin agiert habe. Der Harz sei als eine Art natürliche Außenstelle der Kunstkammer zu begreifen: „Der Harz ist für sich genommen nichts anderes als ein wunderbarer Schauplatz, wo die Natur mit der Kunst gleichsam streitet."[7]

Leibniz beerbte mit diesem Bild die manieristische Kunsttheorie und Naturphilosophie. Nicht nur die ästhetische Erscheinung von Naturgebilden insgesamt, vor allem jene Formen, die als figürliche Skulpturen von der Erde selbst als sogenannte Zufallsbilder *(chance images)* hervorgebracht wurden, galten als Zeugen des Wettstreites zwischen Natur und Mensch, der die gesamte Epoche des Manierismus durchzieht, als Trick der Künstlerin Natur, wie sie Torquato Tasso auf überragende Weise in *„Gerusalemme liberata"* mit Blick auf einen Garten in die Verse gebracht hatte:

> „Die Kunst scheint wie Natur, die zum Vergnügen
> ihre eigene Nachahmung scherzhaft imitiert." (16, 9 f.)

Indem sich Leibniz auf diesen *Paragone* bezog, setzte er Objekte der Natur in die Arena dieses Wettstreites mit der menschlichen Kunst. Dieser produktive Konflikt war für ihn der Kern all seiner Überlegungen zur Reform der Forschung, die aktueller nicht sein könnte. Die angesichts der Gentechnologie von manchen Biologen geäußerte Vermutung, dass die Gene der eigentliche Herr der Natur seien, die sich einen besonders ausgestatteten Wirt, den Menschen, gesucht hätten, der sich auf der Bühne des Lebens bewege, um mit künstlichen Mitteln die natürliche Ausstattung der Gene zu optimieren, diese Vorstellung, die an Hegels absoluten Weltgeist erinnert, der sich im Menschen ein Medium gesucht habe, in dem er zu einem eigenen Bewusstsein komme, diese Metapher des Wechselspieles von Naturwerk und Kunstwerk ist in der Frage von Leibniz bereits aufgehoben, ob nicht „die Natur mit der Kunst gleichsam streitet".

Leibniz' zunächst wie ein Beispiel der berühmt-berüchtigten „barocken Projektemacherei" wirkenden Texte wirken bei näherer Betrachtung so atemberaubend, weil sie, lange Zeit vergessen, wie Wiedergänger in unsere Zeit zu passen scheinen: als Programmschriften für kulturelle Verschichtungen, die durchaus verwandte Überlegungen in Form der Institutionalisierung der „Wissensgesellschaft" haben entstehen lassen. Ein erstes Beispiel waren Einrich-

---

7 Leibniz (Anm. 3), I, 3, Nr. 17, S. 17, Z. 33–35.

tungen wie das *Centre Pompidou,* zu den jüngsten gehörten der Themenpark der EXPO und die „Sieben Hügel des Wissens".

3. Die Kunstkammern als Seismograph

Die Wiederkehr des von Leibniz propagierten Prinzips der forschenden Kunstkammer ist selbst ein Indiz für das, was Leibniz vom Museum verlangte, nämlich ein fröhlich-theatralisches Forum der forschenden Wissenschaften und Künste zu sein.

Bereits 1988 hatte die Villa Hügel in Essen mit „Prag um 1600" das unübertroffene Ensemble Rudolfs II. rekonstruiert, 1991 wurde die Simulation einer idealen *Kunstkammer* in New York als Zeichen des „Age of the Marvellous" gewertet, und 1994 wurde eine hochartifizielle „Wunderkammer des Abendlandes" in Bonn geschaffen. Von diesen aufwendigen, aber auch etwas geschmäcklerischen Versuchen, einer scheinbar entseelten Welt das Staunen zurückzugeben, stachen die historisch sehr genauen Rekonstruktionen einzelner *Kunstkammern* wie die des Amerbach-Kabinetts von 1991, des Praunschen Kabinetts in Nürnberg von 1994 oder erneut der *Kunstkammer* Rudolfs II. von 1997, ab.[8]

Ereignisse waren auch die historischen Rekonstruktionen der Braunschweiger Kunstkammerbestände im Jahr 1997 und die Wiedergewinnung der Frankeschen *Kunstkammer* von Halle. Mit den Rekonstruktionen einer verlorengegangenen Museologie wurden auch Teile der Kunstgeschichte umgeschrieben. Urplötzlich wurde deutlich, dass Prinzipien der Kunstkammer von Künstlern bewahrt worden waren. Die sechs „sentimentalen Museen", die Daniel Spoerri zwischen 1977 und 1989 schuf, zeigten dies ebenso wie Marcel Broodthaers „Musée de l'Art Moderne, Département des Aigles": von einem eher skurrilen Seitenpfad der Kunst-Museologie zu einem Hauptweg. Mit der „Spurensicherung" war dieser Vorgang mit einem treffenden Begriff ausgestattet worden, der die Suche und die Archivierung, wie sie Nikolas Lang, Christian Boltanski sowie Anne und Patrick Poirier vorgeführt hatten, als semantische Doppelung von wissenschaftlicher Erschließung und persönlicher Erinnerung erfasste. 1998 wanderte, als vorläufiger Höhepunkt dieser Kunstform, die Ausstellung „Deep Storage" durch München, Berlin, Düsseldorf und Seattle.

Das Prinzip, Gegenstände der Natur, Instrumente der Forschung und Werke der Bildenden Kunst zusammenzuführen, um die Objekte nicht statisch abzulegen, sondern beweglich einzusetzen und mit Laboratorien und Bibliotheken

---

8 Vgl. hierzu und zum Folgenden: Horst Bredekamp, Antikensehnsucht und Maschineglauben, Berlin 2000, S. 103 f.

zu verbinden, führte explizit auch zur Wanderschaft auf der Grenze zwischen Kunst und Wissenschaft. Traumwandlerisch sicher hatte sich bereit die unübertroffene „L'Ame au corps" – Ausstellung in Paris von 1993 auf dieser Linie bewegt, gefolgt von Veranstaltungen wie „Wunderblock" und „Wunschmaschinen" in Wien.

Mit Blick auf die Berliner „Sieben Hügel des Wissens" wurde diese Art Veranstaltung als Vorbote einer neuen Wissenschaftsreligion gesehen, die sich dadurch an die Stelle der zerfallenen sozialen Utopien zu setzen beginnt, dass sie weit über die spezialisierten Wissenschaften hinausgeht und Hoffungen auf einen „neuen Menschen" wiederaufzuführen vermag.

Um ein abgenutztes Wort zu gebrauchen: „Interdisziplinarität" zwischen den Bereichen Natur und Kunst war in der *Kunstkammer* keine Forderung, sondern Bedingung, und daher ist die Renaissance dieses Museumstypus zumindest eine Gegenmetapher zu jener Absolutierung von Einzelwissenschaften, die so notwendig wie unabwendbar ist, die aber auch manch schreckliche Vereinfachung in Bezug auf die physische, neuronale und genetische Statur der menschlichen Spezies erzeugt und daher zugleich bestärkt wie überwunden werden muss.

Mit einem Spürsinn, welcher der Witterungsleistung der Kunst durchaus entspricht, haben die genannten Ausstellungen auf Prozesse reagiert, die sich in den kulturellen Verschichtungen zwischen den Natur- und den Kulturwissenschaften ergeben haben. Sie waren ungeachtet ihrer unterschiedlichen Ausprägung und Kritikfähigkeit doch insgesamt ein Zeichen dafür, dass im Museumswesen die Gegenwart eine möglicherweise größere Rolle spielt als in den Gegenwartswissenschaften wie etwa Soziologie oder Politologie. Denn in der aus aktuellen Fragestellungen aufgeschlüsselten Geschichte kann sich die Gegenwart, weil im Spiegel distanziert, durchaus nachhaltiger bewusst werden, als im Tanz auf der Nadelspitze des Jetzt. Insofern ist die Fülle der genannten Veranstaltungen bereits für sich ein Beleg dafür, dass im Museum gedacht und geforscht wird, auch wo es sich strikt historisch darstellt: diese Orientierung ist vielmehr die Bedingung einer gehobenen Aktualität. Mir kommt kein sprechenderes Phänomen in den Sinn, das den Einbruch der Naturwissenschaften in die Sphären der Kultur, in die Feuilletons, in die Predigten und Ethikvorlesungen sinnlicher begreiflich macht als die Wiederkehr dieses vormodernen Museumstypus, der Natur- und Kulturwissenschaften zwanglos verband. Dieses überraschende Moment war und ist das Produkt einer beträchtlichen Witterungsfähigkeit. Immense Bemühungen sind aufgewendet worden, um einem Museumstypus Raum zu schaffen, der den Spannungen zwischen Naturwissenschaften und überkommener Kultur einen Resonanzraum zu bieten vermochte. Es gibt nicht eine erinnerungswerte Ausstellung, nicht ein nachhaltiges Museum, das nicht auch ein Produkt intuitiv angestoßener Forschung gewesen wäre.

4. Der Doppelcharakter des *Event*

Das Bild hat natürlich auch tiefe Trübungen, und die Erfahrungen des „Theaters der Natur und Kunst" mit *Event*veranstaltern, die mit einer bemerkenswerten Physis in die Ausstellung hineinbrechen wollten und teils von fast panischer Angst bestimmt waren, dass ein inhaltliches Konzept sichtbar bleiben könnte, ist ein höchst problematisches und nicht genug zu kritisierendes Phänomen. Aber, auch hierfür kann die Museumsutopie von Leibniz einen Anstoß geben, es braucht nicht dämonisiert zu werden. Leibniz' Text lässt in seiner Mischung aus naturwissenschaftlichem Ernst und fröhlicher Naturwissenschaft als Spiel und Theater auch die Fronten zwischen der sogenannten *Event*-Kultur und der kontemplativen Gewissenhaftigkeit verflüssigen. Ausstellungen in Museen und an Wechselorten sind nicht lebensfähig, wenn sie nicht auch Ereignisse sind und das theatralische Moment des Exponates und des *Events* nutzen, um den Brüchen unserer Zeit eine eigene Kultur entgegenzustellen. Auch hierfür gibt es eine Fülle von Beispielen.

Das hervorstechendste Zeichen einer seit Jahrzehnten auf jeden Kanon des Wissens verzichtenden Bildung ist der Verlust elementarer Kenntnisse der klassischen Mythologien und der christlichen Religion. Umso bemerkenswerter ist die Häufung von kulturgeschichtlichen Ausstellungen der letzten Jahre. Der „Spiegel der Seligkeit: Privates Bild und Frömmigkeit im Spätmittelalter", eine Nürnberger Ausstellung des letzten Jahres, setzte das Mittelalter und seine Reproduktionsverfahren mit großer Überzeugung und prächtigen Beispielen bis in die Gegenwart fort; „The Body of Christ", Houston 1998 und London 2000, nutzte mit Geschick die bildtheologischen Finessen der Fleischwerdung Christi, um die gegenwärtige Mode der Körper-Erkundungen seitens der Kulturwissenschaft zu historisieren und komplexer zu gestalten als es die Fixierung auf die pure Befindlichkeit vermag. Dies gilt mehr noch für die gegenwärtig noch laufende, maßgeblich durch deutschsprachige, keinesfalls erzkatholische Kunsthistoriker gestaltete Ausstellung des Vatikan über das Christusbild, in dem die Problematik der Reproduzierbarkeit von numinosen Bildern ebenso erörtert wird wie die anikonische Botschaft der abstrakten Kunst. Auf diese Weise wird in einer Zeit, in der selbst die grundlegenden Kenntnisse der christlichen Religion in Seminaren mühsam gelernt werden müssen, ein komplexer Zugang zu diesem zweitausendjährigen Geschehen quasi über einen Nebenweg ermöglicht, der auf Freiwilligkeit und einem individuellen Zugang beruht.

Auch hier liegt eine forschende Witterung vor, aber nicht etwa, wie in der Wiederkehr der Kunstkammer, in Form einer Reflexion neuer transdisziplinärer Komplexe, sondern einer Gegenwehr gegenüber Verlusten. Dasselbe gilt für die Kenntnisse der Mythologie, die kaum mehr vorausgesetzt werden können und die in Veranstaltungen wie der schon legendären Frankfurter Ausstellung „Natur und Antike in der Renaissance" auf eine so sinnliche Weise ausgewiesen und abgefordert wurden, dass auch hier ein Neueinstieg jenseits des als atavistisch erachteten klassischen Kanons ermöglicht wird.

Und schließlich ein letztes Beispiel eines anderen Feldes: „Renaissance Venice and the North" hat 1999 in Venedig ein Bild der Vermittlung von cis- und transalpiner Kultur entwickelt und damit eine gesamteuropäische Idee aus der Kunstgeschichte herausgeschält, wie es die Verleihung des Karlspreises immer nur rhetorisch leisten kann.

All dies sind profunde Forschungsleistungen, die ein Beispiel dafür geben können, in welchem Maße die Museen auch Forschungsstätten für die Erwachsenenbildung sein können. Es gibt keinen Grund zur Überheblichkeit, und manche Bereiche der Museen sind vor allem an der Bestandswahrung und der inneren und äußeren Ruhe interessiert; zudem ist immer wieder zu Recht und nicht oft genug zu kritisieren, dass die Grundausstattung an Volontariats- und Kustodenstellen zurückgeht. Ich wollte heute aber den umgekehrten Weg gehen und durch den Hinweis auf einige Erfolge und Leistungen jene Ansprüche stärken, die wohl unübertroffen in Leibniz' Konzept des Museums formuliert wurden, das als Seismograph, Forschungslabor, Theater und Vergnügungsstätte agiert und das bei all dem über ein Gedächtnis verfügt.

Großer Sprung braucht großen Anlauf

Prof. Dr. Joachim Reichstein, Archäologisches Landesamt Schleswig-Holstein, Schleswig

Prof. Dr. Joachim Reichstein   Foto: Martin Lässig

Herren Vorsitzende!
Meine Damen und Herren!

Lässt eine Geste nobler Politesse heute morgen dem Alter den Vortritt oder, meine Damen und Herren, – oder bestimmte die Devise „Steich rein mit Reichstein" – „**St**eich **r**ein mit **R**eich**st**ein" die Regie dieser morgendlichen Sitzung? Hatten vielleicht unsere Regisseure das Restrisiko jenes gesellligen Abends für den nachfolgenden Morgen im Kopf? Weckte gar die gymnologische Metaphorik meines Themas die Sehnsucht nach Frühsport?

Apropos Sport: Die alte Geschichte: Ein olympischer Wettläufer löste während des Laufs seinen Gürtel, um besser sprinten zu können. Er siegte. Seitdem kämpfte man nackt. Sie haben auch ohne Frühsport rasch erkannt, welche Frage meine Sportmetaphorik im Bedeutungszusammenhang mit unserem Generalthema vorbereitet: Wie fest sitzt der Gürtel Forschung in Museen? Kann man ihn überhaupt lockern?

Was ich dazu sagen möchte, sage ich in folgenden vier Abschnitten:

1. Kultur und Blößenwahn
2. Das Museum als Forschung und Darstellung
3. Forschung: die Zitadelle des Museums
4. Der Mangel an Wahrnehmung

Mit einer Schlussbemerkung werde ich enden.

Dabei habe ich zum Sitzungsthema eine exzentrische Position: ich bin kein Museumsmann, ich bin in die zu verhandelnde Sache nicht eigentlich einbezogen und insoweit ganz inkompetent. Üblicherweise indes reicht heute volltönende, dreiste Rede als Kompetenzbeleg. Ich beginne deshalb ganz konventionell und hörbar mit

Abschnitt 1
Kultur und Blößenwahn

Bei anhaltender Ebbe in den öffentlichen Kassen wird landauf, landab versucht, dem, was ich verkürzt „Kultur" nenne, die Mittel zu entziehen. Kultur hat man nie im Mittelpunkt von Einfluss und Bedeutung gesucht, Kultur ist auch nie ein Machtfaktor gewesen. Inzwischen steht sie aber in der Werteordnung der Gesellschaft weit hinten. Resignierend folgen gebeutelte Kulturpolitiker den Anweisungen jener Ressorts, die noch Saft und Kraft haben. Finanzminister und Kämmerer können offenbar nie etwas falsch machen. Welcher Kulturpolitiker entwickelt unverwechselbare Strategien? Wo gilt die Devise, Kargheit nicht in Dürftigkeit enden zu lassen? Kulturpolitik bleibt gerade ein Notpfennig. Ihr Niedergang ist offenbar. Das führt reinweg zur Marginalisierung kultureller Signifikanz. Ihre Dignität schrumpelt ein. Hellmut Seemann sprach in Frankfurt von „Kulturabdeckerei". Der Schritt zur Destruktion des vermeintlich Unwerten fällt nicht schwer, wo sich Steuerungsinstrumente allein an ökonomischen Wertbestimmungen orientieren. Der prekäre Status dessen, was wir Kultur nennen, kommt dem entgegen.

In summa: Auf staatlicher und kommunaler Ebene herrscht Blößenwahn, sind kultureller Striptease und Kulturnudismus die Folge. Man legt Kultur ab, wie unser Olympionike seinen Gürtel.

Meine Prognose: Für die Kulturpolitik von Ländern und Kommunen wird es in den nächsten Jahren keinen ehernen Orientierungspunkt als den der Etatkürzung geben. Länder und Kommunen werden dem Druck der jeweiligen Finanzminister und Kämmerer in den nächsten Jahren noch weniger standhalten und die Ausgaben für die Kultur weiter radikal kürzen.

Mangel schlägt durch, er ist bereits durchgeschlagen. Auch auf die Museen: Spätestens seit Mitte der 90er Jahre hatte sich die staatliche oder kommunale

Alimentation einiger Museen so verschlechtert, dass sie eo ipso nicht mehr weitermachen konnten. Man suchte die Rettung in der Abkoppelung von den staatlichen Haushaltsordnungen. Ob mehr als Mogelpackungen dabei herausgekommen sind, sei dahingestellt. Mangel wich nicht Masse. Wo aber Museen sammeln, bewahren, forschen und vermitteln sollen, das Sammeln immer teurer und das Bewahren mit wachsender Sammlung nicht billiger werden, wo die Vermittlung ständig wachsenden Ansprüchen gerecht werden soll, droht die Gefahr, dass Forschung im Museum auf der Strecke bleibt. Wo aber im Stadion des Blößenwahns Museen mit Forschung strippen, droht ihnen existentielle Gefahr. Nicht jede Nacktheit macht Sieger.

Bereits wissenschaftstheoretisch ist Forschung ein Grundelement jeden Museums. Ich skizziere das in

Abschnitt 2
Das Museum als Forschung und Darstellung

Seit es in der Wissenschaft Zeichen von Überdruss daran gibt, allein in Schlüssen zu denken und an sprachfixierter Hermeneutik zu kleben, sammelt die Wissenschaft. Lesen Sie dazu Manfred Sommers philosophischen Versuch „Sammeln". Seither gehört Sammeln von Dingen und von dinglicher Überlieferung zur Wissenschaft wie der Dom und ein kühles Kölsch zu Köln. Was, werden Sie fragen, unterscheidet das Museum von der Sammlung? Nun, dass Museumsleute Sammlungsgegenstände zur Darstellung nutzen. Durch Darstellung mutiert die reine Sammlung zum Museum. Darstellung begründet das Museum, Darstellung als wissenschaftliche Tätigkeit zur Geltungssicherung von Aussagen, Darstellung im Unterschied zur Forschung als wissenschaftliche Tätigkeit, durch die wir ihre, der Forschung, Gegenstände kennen lernen und zu Aussagen darüber gelangen, Darstellung als Metakompetenz im Unterschied zu Forschung als Objektkompetenz. Kein Museum kann Dinge sachgerecht präsentieren (Darstellung als Metakompetenz), ohne objektbezogene Forschung betrieben zu haben (Forschung als Objektkompetenz). Schon Aristoteles kannte in seiner Logik den Unterschied zwischen Analytik und Topik, Leibniz nahm ihn in seiner *ars iudicandi* (Analysis) und seiner *ars inveniendi* (Synthesis) wieder auf. Wissenschaft hat wissenschaftstheoretisch zwei Seiten, sie kennt zwei Handlungsweisen: Forschung und Darstellung. Wissenschaft ist Forschung und Darstellung.

Wenn aber ein Museum ein Museum ist, ist Darstellung ein Grundelement. Das Grundelement Darstellung bedingt dann das Grundelement Forschung.

Meine Damen und Herren, Sie haben längst erkannt: Jedes Museum, das nicht nur so heißt, sondern auch eines ist, ist bereits wissenschaftstheoretisch ein

Forschungsinstitut. Weil Dinge und dingliche Überlieferung im Museum dargestellt werden, ist objektbezogene Forschung indispensabel. Darstellung fordert Forschung. Ausstellung nicht. Was hat Ernst Sprockhoff, einer meiner akademischen Lehrer, mit Blick auf die alte prähistorisch-archäologische Ausstellung in Schloss Gottorf in Schleswig gesagt? „Ein Museum und eine Ausstellung sind zweierlei." Der bissige Sprockhoff traf den Nagel auf den Kopf.

Ein Museum stellt dar, wie es gewesen ist. Forschung wird Leerstellen im Wissen, wie es gewesen ist, füllen. Museum und Forschung sind kohärent.

Moderne Wissenschaft fordert Schnittstellenforschung. Museale wissenschaftliche Erkenntnisarbeit ist Schnittstellenforschung. Die Verfügbarkeit von Überresten, Sammlungsgut aus Natur und Kultur, aus Raum und Zeit, für planmäßige zielgerichtete Suche nach neuen Erkenntnissen zur Lösung sammlungsbezogener praktischer Anliegen oder zur Ausweitung des Erkenntnisstandes ganz allgemein, immer zugleich mit der Chance zu publikumswirksamer Erschließung und Präsentation, zu publikumswirksamer Darstellung, gibt dem Museum als Forschungsinstitut eigene Autorität. Gerühmt wird immer wieder die besondere Möglichkeit zu integrativer Forschung und die enorme Bandbreite der Forschung in Museen, die – Stichwort Schnittstelle – situationsbedingt auf eine unabsehbare Fülle wissenschaftlicher Fragen nach Provenienz, Datierung, Axiologie oder Funktion ihrer Forschungsgegenstände Antworten finden kann, die höchsten Ansprüchen genügen und so nicht überall gefunden werden können. Die Nähe zum Sammlungsgut, sein Reichtum und seine Vielfalt formt wissenschaftliche Kennerschaft, die unvergleichlich und Aufsehen erregend sein kann und ist.

Noch einmal: Museum und Forschung sind kohärent. Ein Museum darf den Gürtel Forschung nicht einmal lockern, ablegen nie.

So ist, – und das bekräftige ich in

Abschnitt 3
Forschung: die Zitadelle des Museums

Eine Zitadelle, meine Damen und Herren, ist, wie Sie wissen, das Kernstück einer Festung. Noch, behaupte ich, – noch ist die Forschung nicht nur wissenschaftstheoretisch (also Forschung versus Darstellung), sondern auch museumspraktisch Kernstück des Museums: seine Zitadelle.

Ich bin, wie gesagt, kein Museumsmann, aber ich kann Stellenpläne lesen: Amtsbezeichnungen von Museumsleuten und ihren akademischen Titeln sowie Kennwörtern für Forschungsvorhaben auf Schildern an Türen der Diensträume entströmt wissenschaftlicher Stallgeruch; es riecht nach lebendiger Forschung. Alle Voraussetzungen scheinen gegeben, Theorien, die durch wissenschaftliche Forschung gewonnen werden, im Museum in sinnvoller Darstellung zusammenzubringen, und nach innen und außen wird die Autorität der Wissenschaft bemüht, um das, was Museen vermitteln, zu authentifizieren. Forschung, meine Damen und Herren, das Element der Rhetorik der Authentizität im Museum.

Addierten wir die Stellen der Wissenschaftler in Museen – Stellen ohne Ende! Allein in Niedersachsen rund 450 Museen! –, würde ganz gewiss ein wissenschaftliches Potential fassbar, nach dessen Gegenstück man lange wird suchen müssen. Die Kulturstatistik liefert dazu keine Daten. Sie ließe uns auch im Stich, wenn wir den Output der Forschung im Museum zu bestimmen suchten. Wer vermag die Naturalisierung von Forschung in einer Ausstellung für statistische Zwecke nutzbar zu machen, wer den durch Verpflichtung museumsfremder Autoren für Museumspublikationen immer mehr ausartenden Etikettenschwindel? Basiert jeder Bestandskatalog auch auf Bestandsforschung? Welcher Katalog ist forschungsorientiert aufgelegt? Typ „Neue Bilderhefte" mit der klirrenden Rüstung des Apparats als wissenschaftlicher Staffage, aber bar authentischer Forschung oder Typ „Illustriertes Gesamtverzeichnis"? (Ich denke an Jochen Sanders und Bodo Brinkmanns Bestandskatalog der im Frankfurter Städel versammelten niederländischen Gemälde vor 1800, der einen ersten wissenschaftlichen Zugang zu den Einzelwerken schuf und für den originäre Forschung die Zuschreibungen auf einen aktuellen Stand brachte.) Vor diesem Hintergrund frage ich: Ist alles, was Museum sein will, unbestreitbar Museum? Wo ist die Aufgabe, die Sammlungen in Dokumentation und Publikation durch Forschung zu erschließen, wirklich unbestrittene Maxime, und hat die dafür notwendige Forschungsleistung im Museumsalltag noch überall beglaubigten Rang? Nach dem Statut für die Staatlichen Museen zu Berlin (Stiftung Preußischer Kulturbesitz) sind die Wissenschaftler „zu einer angemessenen Forschungstätigkeit verpflichtet". Angemessen? Goethe: „Der Zweifel ist's, der Gutes böse macht".

Meine Damen und Herren, zwischen der Forschungsleistung für Kataloge vom Typ „Neue Bilderhefte" und solcher vom Typ „Illustriertes Gesamtverzeichnis" liegen Welten, – ungeachtet der Zwischenstufen und dem, was darunter und vielleicht auch darüber rangiert. Ergo: die Zitadelle Forschung in den Museen scheint ungleich munitioniert. Aber das ist Sache der Büchsenmeister. Haben sie solide und gediegene fachliche Bildung? Sind es fachlich hochkarätige Museumsleute mit wissenschaftlichem Format? Sind nicht gerade fürs Museum nur die besten gut genug? Wer nicht neugierig ist, erfährt nichts.

Und wie steht es mit den Feuerwaffen? Ein Blick auf die Artillerie: Sind die Schießscharten des Museums nur auf solche Besucher gerichtet, die sich im

Museum schon immer ohne Probleme zurechtgefunden haben, oder zielt man darauf ab, die Besucherbasis entschlossen und radikal zu verbreitern? Danach wird sich auch die Armierung richten.

Der Zitadelle Forschung Manko oder einträgliche Bilanz haben nicht nur mit Geld zu tun. Forschungsmanko hängt in komplexer Weise auch mit chronischer Angst vor Marginalisierung zusammen. Museumsleute, die nicht erkennen, dass es in der modernen Welt neben dem finanziellen Leidensdruck ein wachsendes Bedürfnis nach Substanz gibt, sollte man entlassen. Im Museumskarussell relativiert jede Ausstellung die vorangehende, und Popularisierung mit aufgesetzten Schnick-Schnack-Strategien führt zwangsweise à la longue zur inneren Demolierung der Festung Museum, zum völlig unnötigen Verschleiß an Substanz.

Als Verteidigung gegen staatliche und kommunale Belagerungstechnik ist Desarmierung der Zitadelle Forschung genau die falsche Taktik, auch wenn Breschen geschossen werden. Nicht schleifen ist die Parole, sondern die Forschungseinrichtung Museum aufwerten. Forschung ist der Waffenspeicher der Festung Museum. Sie allein gibt Kraft, Stärke und Mut zum Widerstand. Sie ist der eigentliche Kontrapunkt zum Blößenwahn, Geist gegen Geiz.

Noch immer ist das museale Forschungspotential eindrucksvoll bedeutend. Doch Forschung erscheint individualisiert. Noch mehr als sonst schon in der modernen Wissenschaft bestimmen das persönliche wissenschaftliche Format des oder der Verantwortlichen im Museum dessen wissenschaftliche Arbeit und exzellente Forschungsleistung. *Mediocritas in omni re est optima*, dieser das Mittelmaß als Maßstab setzende Wahlspruch Lübecks, ist für das Museum ein Desaster, – sein Ende, wo Forschung von Behauptung lebt.

Museales Forschungspotential ohne Ende, – aber kein Ranking, kein Forschungs – TÜV! So kann die Demolier-Polka getanzt werden, – für das Pianoforte von Johann Strauß.

Grundrechtlich ist Forschung frei, aber Forschung ist nicht vogelfrei. Es gibt Museen, die tanzen nicht mit. Etwa die naturkundlichen Forschungssammlungen: Ihre Direktorenkonferenz – ein Dutzend Mitglieder – stellt sich der Herausforderung, ganz wesentlich zur vollständigen Analyse des geologischen, paläontologischen und biologischen Inventars unseres Planeten beizutragen. Ihre Sammlungen, etwa in der Biologie zur Dokumentation, Erschließung und Analyse der Biodiversität, das heißt der strukturellen und taxonomischen Vielfalt der Organismen angelegt und vor wenigen Jahren in der Öffentlichkeit noch als Nebensache betrachtet, haben mit einem Mal für Fragen in Zusammenhang mit der Bewältigung der globalen ökologischen Krise zentrale Bedeutung. Hier brummt die Forschung, wenn auch für jeden der zwölf Direktoren noch nicht überall laut genug, – hier brummt nicht zuletzt Forschung, aus der sich möglicherweise auch zuständige Universitätsprofessoren längst zurückgezogen haben.

Tanzmuffel bei den Tönen der forschungskillenden Demolier-Polka sind nicht zuletzt die Museen der „Blauen Liste". Die Geldgeber verlangen, dass Forschungsmittel nicht zur Querfinanzierung des Ausstellungsbetriebs benutzt werden. Der Anteil der Forschung an der Gesamtheit der Aktivitäten des jeweiligen Museums liegt bei 50 bis 65 % und darüber. Gerät der Anteil einmal unter 50 %, gibt es handfeste Probleme für die zukünftige Finanzierung. Die Evaluation leistet auf Bitten der Bund-Länder-Kommission für Bildungsplanung und Forschungsförderung der Wissenschaftsrat. Auch für andere Museen wurde ein hälftiger Forschungsanteil des Gesamtaufwandes pauschaliert, etwa für das Deutsche Bergbau-Museum Bochum, ein DMT-Forschungsinstitut für Montangeschichte. Meine Damen und Herren, es gibt Festungen, deren bloße Existenz schreckt Belagerungsheere ab.

Umso mehr beschäftigt mich in

Abschnitt 4
Der Mangel an Wahrnehmung

Die Öffentlichkeit nimmt die Forschung in Museen nicht angemessen wahr. Ich habe den Bundesforschungsbericht und die mir verfügbaren Landesforschungsberichte durchgesehen: Über die außeruniversitäre Forschungsleistung unserer Museen findet man darin praktisch nichts. Das mag an Ressortperspektivismus und an den Schnittstellen zwischen Wissenschaft und Kultur liegen. Das mag auch daran liegen, dass die Museumsleute ihre Forschungsleistungen für die Forschungsberichte nicht transparent machen und dass sich darum die Berichterstatter an Ludwig Wittgenstein halten: „Wovon man nicht sprechen kann, darüber muss man schweigen."

Doch – auch Wittgenstein – „Die Welt ist alles, was der Fall ist", und somit ist Forschung im Museum – Forschungsberichte hin, Forschungsberichte her – nicht aus der Welt. „Die Welt" – wieder Wittgenstein – „zerfällt in Tatsachen", hat die Forschungskommission Niedersachsen gekontert. Im niedersächsischen Forschungsbericht gibt es immerhin elf Seiten unter der Überschrift „Forschung an Museen" und noch zwei Seiten mit „Empfehlungen zur Forschung an Museen". Man liest leider, dass „die speziell für Forschungszwecke aufgewandten Mittel ... im einzelnen nicht quantifizierbar" seien. Man ist sich der – „auch in kleineren Museen vorhandenen" – Forschungspotentiale aber durchaus bewusst und macht dies auch öffentlich geltend. Wittgenstein: „Die Gesamtheit der Tatsachen bestimmt, was der Fall ist." Ich füge an: – ob die Öffentlichkeit davon Notiz nimmt oder nicht.

Der Mangel an öffentlicher Wahrnehmung der Forschungspotentiale größerer und kleinerer Museen – Ausnahme: Niedersachsen – ist ein Ärgernis, aber er legitimiert kein Museum, seine Forschungspotentiale zu destruieren. Wir haben die Destruktion von Forschung in der Denkmalpflege erlebt. Die Öffentlichkeit hat sie nicht wahrgenommen. Aber inzwischen, wo die Handlungsweise der Denkmalpflege mehr durch denkmalpflegerische Ideologie als durch wissenschaftlich fundierte Qualitätskriterien bestimmt zu werden scheint, rüstet sich die öffentliche Meinung gegen die Denkmalpflege. Die Institution Museum sollte sich vor so etwas hüten. Selten entscheidet die öffentliche Meinung unweise. Einen Mangel an öffentlicher Wahrnehmung kann am besten die Öffentlichkeit selber und allein sie korrigieren. Wir können dazu einen wichtigen Beitrag leisten. Nackt kann man kämpfen, aber nicht ohne öffentliche Meinung.

Meine Damen und Herren, ich komme zu der angekündigten unvermeidlichen

Schlussbemerkung

und damit bald zum halbwegs pünktlichen Schluss:

An den Krallen erkennt man die Katze, an der Liebe das Leben, an der Forschung das Museum. Folgerichtig mein Zuruf an die Museumsleute:

1. Keine Angst vorm Blößenwahn!
2. Lasst den Forschungs-Gürtel dran!
3. Schießt Euch auf die Forschung ein!
4. Das nur wird die Rettung sein!

Mit Ihnen, meine Damen und Herren, kann ich Prosa reden, Sie haben mich in guter Absicht ums Wort gebeten:

Die Wirkung von Trainerwechseln auf das jeweilige Leistungsniveau von Mannschaften der Fussballbundesliga seit 1961 wurde untersucht, – die Wirkung von Kulturnudismus auf die Leistungsfähigkeit von Museen nicht. Angesichts des wissenschaftlichen Potentials musealer Forschung halte ich es an der Zeit, unter Berücksichtigung der organisatorischen und strukturellen Modalitäten der Museen dieses Potential qualitativ und quantitativ zu bestimmen. Sachgerechte Recherche schüfe eine empirische Basis für zukunftsorientierte Museums- und Forschungspolitik auf diesem Feld, böte die Grundlage, Organisation und Qualität musealer Forschung regional und überregional zu beurteilen und das moderne Museum zu seinem gesellschaftlichen Umfeld, kurz: zu der modernen Welt in Beziehung zu setzen. Die Leistung einzelner Museumsleute würde in solche Recherche gewiss eingehen, aber nicht eigentlich Gegenstand der Recherche sein.

Lassen Sie mich über Art und Weise des Erfahrbaren mutmaßen: Wir werden von erstaunlichen Forschungsleistungen hören, aber auch von fragmentiert erscheinender Forschung, zersplittert nach der Interessenlage einzelner Museumsleute und ohne regionale und überregionale Vernetzung und Koordination bei weitgehend fehlender Inter- bzw. Transdisziplinarität der Forschungsansätze. Ich prognostiziere Defizite in der Nutzung von Möglichkeiten fachlich und sachlich gebotener Zusammenarbeit, auch mit Hochschulinstituten; ich ahne, dass isolierte Darstellung der Forschungsarbeiten und das damit verbundene Defizit an öffentlicher Wahrnehmung zutage kommen. Wird auch das Problem geringer werdender wissenschaftlicher Karrierechancen im Museum mit der Folge abnehmenden Grenznutzens und Bedeutungsverlusts evident werden? Man wird gewiss die thematische Betreuung forschungsrelevanter Bestände in kleinen Museen durch große Museen reklamieren, bei der anspruchsvollen Erschließung wissenschaftlich wichtiger Bestände den Blick ins Land vermissen. Man wird hören, wo überall es langfristig angelegte Forschungsvorhaben gibt und wo es sie eben nicht gibt, und man wird gewiss auch etwas von der „Drittmittelgefahr" für kontinuierliche Forschung im Museum vernehmen.

Man wird über die Einrichtung museumsspezifischer Forschungskommissionen oder Akademien nachdenken müssen oder wenigstens über die Schaffung repräsentativer Organe, die – wie die Direktorenkonferenz der Naturkundlichen Forschungssammlungen – Museen in der Öffentlichkeit nach außen vertreten und zugleich Anlaufstellen für die Öffentlichkeit sind. Bereitschaft, sich im Museum mit so genannten Gegenwartsfragen zu beschäftigen wird ebenso abgefragt werden, wie die Bereitschaft, spartenoffen und gegenstandsoffen zu arbeiten.

Kurz, meine Damen und Herren: Meine Leitgedanken implizieren ein Programm, ein Programm für die Evaluation der Museen.

Ich fordere nicht den Kontrolleur, den Schnüffler, den Aufpasser. Dafür ist mir wissenschaftliche Freiheit selbst viel zu wichtig. Museen brauchen unverbaute Schwungkraft. Aber wenn Forschung die Zitadelle des Museums ist, _das_ Element seiner Authentizität, _das_ Schlüsselthema, kann nur die Ansage des wissenschaftlichen Potentials der Forschung in Museen, kann nur ein Ranking die Zukunft der Museen, die Museen sind und bleiben sollen, retten, – Ranking als geistiger Widerstand gegen die Materialisierung der Welt, Ranking als Herausforderung, Ranking als Zellulartherapie, als Frischzellenbehandlung. Betroffene werden mich tadeln und eine Evaluierung missbilligen. Aber das muss ich aushalten. Manchmal dient man seiner Zeit am besten, wenn man für sie Verrat begeht.

Ranking, meine Damen und Herren, Wertvolles bestimmen und abgrenzen, Rankig selbst ist Forschung. Aber Forschung braucht Förderung und Förderung braucht Förderprogramme. Dabei blicke ich auf und Sie an. Ranking taxiert das museale Forschungspotential auch unter gesamtwirtschaftlichen Aspekten. Ranking kann dem öffentlichen Wahrnehmungsdefizit in Sachen Forschung in Museen begegnen und, meine Damen und Herren, Ranking schafft die Grundlage für Ihre Förderung von Forschung in Museen, Förderung vielleicht im Rahmen von wenigstens mittelfristig angelegter, auf die zukünftige Entwicklung des Museums abzielender Forschungsplanung unter Leitung eines in der Forschung aktiven Wissenschaftlers des Stammpersonals mit Mitteln, die unter keinen Umständen für andere Aufgaben des Museums verwendet werden dürfen und vor deren Bewilligung sich die Museumsträger zur geplanten Forschung verbindlich bekennen müssen.

Ranking eigener Art gibt es in Niedersachsen. Die Stiftung Niedersachsen hat 1999 ein Forschungsprogramm ausgelobt, das gezielt Kontinuität und Qualität von Forschung in Museen erhält und stärkt. Museen in Niedersachsen, die ein Forschungsvorhaben, an das internationale Vergleichsmaßstäbe angelegt werden können, durchführen wollen, können sich um die Förderung bewerben. Die Anträge werden wissenschaftlich begutachtet; ein Auswahlgremium von Senatsmitgliedern der Stiftung entscheidet über die Anträge.

Forschung, Schnittstellenforschung bestimmt Rang und Bedeutung eines Museums. Man ruft nach Leuchttürmen. Die Blaue Liste baut Leuchttürme, wie die DMT, die Stiftung Niedersachsen und andere mehr. Das Bedürfnis nach Orientierung fordert jedoch allenthalben Leuchttürme, orientierungs- und standortbestimmende Punkte für Forschung in Museen.

„Bewegte Gefilde", Herr Dr. Krull: Sie haben die Metaphorik meines Vortrags gut entziffert. Das Museum sagt uns viel über unsere Gegenwart. Der Hopser, mit dem wir traditionelle Schranken überwinden müssen, der uns voranbringen wird, gelingt nicht ohne große leistungs- und erfolgsorientierte geistige Beweglichkeit. Bei vielen Begeisterten und professionellen Museumsleuten, die ihre ganze, oft eigenwillige Persönlichkeit in die Museumsarbeit einbringen, ist sie präsent. Sie werden Kritik, prüfende Bewertung begrüßen, Ranking gutheißen als Chance, sich dem Besseren zuzugesellen, Standpunkte und Begriffsapparate zu wechseln. Indes: In der Sprunggrube wird nicht alles landen, was Museum heißt.

Nichtsdestotrotz: der Hopser braucht Anlauf. Wer besser als Sie, meine Damen und Herren, könnten die Anlaufbahn ebnen und den Absprungbalken einscharren? Stiften heißt anstiften! – anstiften, um das Museum aufzuwerten.

„Je gelehrter, je verkehrter", hör' ich beckmessern. Nein! „Je gelehrter, so geehrter." Jedes Museum, in dem man geistiges Potential spürt, ist spannend. Solches Museum bringt seine Öffentlichkeit in Bewegung und wird sie immer in Bewegung halten.

Für mich heißt es Stopp!, nicht ohne den von Ihnen, Herr Dr. Krull, analysierten rhetorischen Formelschatz noch einmal zu bemühen, eine Allusion, eine Anspielung auf den vermeintlichen Staub im Museum, wenn ich, der Archäologe mit dem Maulwurf als Wappentier, meine Leitgedanken mit meinem Motto, einer neuen Metapher, zugleich mein letzter Satz, besiegele:

Die Schnauze ständig im Dreck,
in den Augen den Glanz der Geschichte.

1 Manfred Sommer: Sammeln. Ein philosophischer Versuch (Frankfurt am Main: Suhrkamp, 1999) bes. 423 ff.
2 Vgl. dazu etwa: Friedrich Waidacher: Handbuch der allgemeinen Museologie (Wien: Böhlau,³ 1999) 315
3 Jochen Sander und Bodo Brinkmann: Bestandskatalog niederländischer Gemälde vor 1800 in bedeutenden Sammlungen. Bd. 1: Städel, Frankfurt am Main (Frankfurt am Main: Blick in die Welt, 1995)
4 Vom Stiftungsrat am 11. Dez. 2000 verabschiedete Fassung III,2
5 Johann Wolfgang von Goethe: Iphigenie auf Tauris V.1991
6 Wissenschaftsrat (Hrsg.): Stellungnahmen zu den Einrichtungen des Sektors Museen der Blauen Liste (Köln, 1992); ders: Stellungnahmen zu Instituten der Blauen Liste und zu Aufnahmeanträgen in die Blaue Liste. Bd. V (Köln 1198); ders.: Stellungnahmen zu Instituten der Blauen Liste. Bd. VII (Köln 2000)
7 Deutsches Bergbau-Museum Bochum: Jahresbericht 1999
8 Bundesministerium für Bildung und Forschung (Hrsg.): Bundesbericht Forschung 2000 (Bonn, 2000)
9 Baden-Württemberg: Landesforschungsbericht 1995; Berlin: Forschung in Berlin (1999); Brandenburg: Forschung im Land Brandenburg (1998); Hamburg: Forschen für Hamburgs Zukunft (1995); Niedersachsen: Forschung in Niedersachsen (1994); Nordrhein-Westfalen: Forschung in Nordrhein-Westfalen (1999); Sachsen: Herausragende Ergebnisse sächsischer Forschung (1997) und Forschung in Sachsen (³1999); Rheinland-Pfalz: Landesforschungsbericht 1990
10 Ludwig Wittgenstein: Tractatus logico-philosophicus 7
11 Wittgenstein: Tractatus 1
12 Wittgenstein: Tractatus 1.2
13 Forschungskommission Niedersachsen (Hrsg.): Forschung in Niedersachsen, Bericht und Empfehlungen (1994) bes. 337 ff. und 372 f.
14 Wittgenstein: Tractatus 1.12
15 Vgl. Tätigkeitsbericht der Stiftung Niedersachsen 1999 (Hannover: Stiftung Niedersachsen, [2000]); Kultur und Wissenschaft. Ausschreibung des Förderprogramms zur Forschung an Niedersächsischen Museen und Sammlungen 2001 (Hannover: Stiftung Niedersachsen, [2000])

6. Ergebnisniederschrift über die Sitzung des Arbeitskreises Deutscher Stiftungen

„Umwelt, Natur- und Landschaftsschutz"

am 31. Mai 2001
im Mediapark, Köln

zu den Themen: **Nutzungsdiversität als Mittel zur Erhaltung von Biodiversität**

Prof. em. Dr. Dr. h.c. Wolfgang Haber, Vorsitzender des Kuratoriums der Allianz Umweltstiftung, München, Lehrstuhl für Landschaftsökologie der Technischen Universität München-Weihenstephan, Freising

Die Einrichtung von Biosphärenreservaten als Teil des UNESCO-Programms „Der Mensch und die Biosphäre"

Dr. Horst Korn, Bundesamt für Naturschutz, Insel Vilm

Leitung: Dr. Lutz Spandau, Geschäftsführender Vorstand der Allianz Umweltstiftung, München

Kurzbericht über die Sitzung des Arbeitskreises

Dr. Lutz Spandau, Arbeitskreisleiter

Biodiversität – ein Förderbereich für Umweltstiftungen

Der Schutz, die Pflege und die Entwicklung der natürlichen Lebensgrundlagen sowie die Bewahrung der Vielfalt des Lebens auch für künftige Generationen zählen zu den größten globalen Herausforderungen unserer Zeit. Der Reichtum der biologischen Vielfalt und die von ihr erbrachten Leistungen - wie Sauerstoffbildung und Bodenfruchtbarkeit, sauberes Trinkwasser, Arzneien und Rohstoffe – sind bedeutende Grundvoraussetzungen für das Leben der Menschen. Projekte der Umweltstiftungen zur Thematik der Biodiversität stellen damit einen wichtigen Beitrag zur Lebensqualität des Menschen dar. Biologische Vielfalt ist sowohl Lebensgrundlage als auch Basis für ökonomische Wertschöpfung.

Die heutige Natur mit ihrer Vielzahl von Pflanzen, Tieren, Mikroorganismen und Lebensräumen ist aus einer rund vier Milliarden Jahre andauernden Entwicklung und Anpassung an die verschiedenen Umweltbedingungen hervorgegangen. Die 1,75 Mio. Arten, die bislang bekannt sind, bilden nur einen kleinen Prozentsatz der insgesamt geschätzten, bisher noch unentdeckten Artenvielfalt unseres Planeten. Leider ist durch die menschliche Nutzung weltweit ein Rückgang der biologischen Vielfalt festzustellen.

Dieser Entwicklung gegenzusteuern war Grundlage, das Thema unter den deutschen Umweltstiftungen zu diskutieren. Es sollte gezeigt werden, wie Aspekte der Biodiversität in die Projektförderung einbezogen werden können, sei es zum Beispiel

- beim Schutz biologischer Vielfalt vor Ort,
- bei der nachhaltigen Nutzung der biologischen Vielfalt in den unterschiedlichen Nutzungsbereichen wie Land- und Forstwirtschaft, Jagd, Tourismus etc.
- bei der gerechten Verteilung der Vorteile aus der Nutzung genetischer Ressourcen in Deutschland und bei der Zusammenarbeit mit Entwicklungsländern.

Zur Vertiefung dieser Thematik hatte der Arbeitskreis zwei Referenten eingeladen. Dr. habil. Horst Korn vom Bundesamt für Naturschutz referierte über „Internationale Aktivitäten zur Erhaltung der Biodiversität und Mitwirkung von Stiftungen". In seinem Referat stellte er die globalen Zusammenhänge und Probleme internationaler Programme wie z.B. die Klimaschutzkonvention, die Wüstenkonvention oder das Übereinkommen über die biologische Vielfalt vor. Er zeigte eindrucksvoll auf, dass bisher relativ wenig Erfolge erzielt werden konnten. Dies liegt auch in der Zuständigkeit verschiedener Ressorts für die Frage der Biodiversität. Mit Nachruck forderte er die Stiftungen auf, bei ihren Aktivitäten zur Biodiversität den Weg vom Artenschutz zum ganzheitlichen Ansatz des Ökosystemschutzes zu beschreiten.

Dieser Aspekt wurde auch von Prof. Dr. Dr. Wolfgang Haber, Emeritus am Lehrstuhl für Landschaftsökologie der TU München, hervorgehoben. Er zeigte die Komplexität der biologischen Vielfalt auf – von den Organismen über die Lebensgemeinschaft, das Ökosystem bis zur Landschaft – und leitete das Problem des Rückgangs der Biodiversität daraus ab. Er führte aus, dass diese gesellschaftlich gesehen einen Störfaktor darstelle, da die Gesellschaft auf Gleichheit ausgerichtet sei. Über das Konzept der differenzierten Landnutzung forderte er die Stiftungen auf, den Weg von der Artenvielfalt zur Ökosystemvielfalt aktiv zu beschreiten.

Beide Referate werden in diesem Band publiziert.

Den Referenten und den Teilnehmern der Arbeitskreissitzung sei an dieser Stelle für die inhaltliche Gestaltung und die interessanten Diskussionen gedankt. Die aktive Mitarbeit hat dem Arbeitskreisleiter die Gestaltung der Sitzung sehr erleichtert. Viele Fragen konnten nur gestreift werden. Es wurde daher vereinbart, das Thema auf der nächsten Sitzung des Arbeitskreises am 25.–26. Oktober 2001 im Nationalpark Sächsische Schweiz nochmals zur Diskussion zu stellen. Mit Schwerpunkt soll das Thema des Bodenschutzes diskutiert werden.

Alle Interessenten werden hierzu rechtzeitig eingeladen.

Nutzungsdiversität als Mittel zur Erhaltung von Biodiversität

Prof. em. Dr. Dr. h.c. Wolfgang Haber, Vorsitzender des Kuratoriums der Allianz Umweltstiftung, München, Lehrstuhl für Landschaftsökologie der Technischen Universität München-Weihenstephan, Freising

Prof. em. Dr. Dr. h.c. Wolfgang Haber

1. Einführung

Auf der Konferenz der Vereinten Nationen über Umwelt und Entwicklung (UNCED) in Rio de Janeiro 1992 wurde eine internationale Konvention „zur Erhaltung der Biologischen Vielfalt" beschlossen. Im allgemeinen Verständnis, also außerhalb von Expertenkreisen, handelt es sich dabei um ein Naturschutz-Abkommen. Welche Bedeutung aber der biologischen Vielfalt oder Diversität – in Kurzform „Biodiversität" – für die Umwelt und (nachhaltige) Entwicklung eigentlich zukommt und wie man sie erhält, ist selbst wissenschaftsintern, vor allem unter Bio- und Ökologen, Naturschutzfachleuten, Umweltökonomen und Geographen nicht völlig geklärt, teilweise sogar umstritten, und bedingt neben einer Fülle von Veröffentlichungen anhaltende Diskussionen. Hinzu kommt, dass die für Biodiversität am meisten zuständige Disziplin, nämlich die Biologie, sich derzeit immer stärker auf Molekularbiologie, Biochemie und Biotechnologie orientiert und die sog. „organismische" Biologie mit ihren stärker ganzheitlich-naturbezogenen Ansätzen und auch die für die Artenkenntnis unentbehrliche Taxonomie vernachlässigt. Insofern ist es wenig verwunderlich, dass die praktische Umsetzung der Biodiversitätskonvention weit hinter den Erwartungen zurückbleibt.

Biodiversität ist die Vielfalt des Lebens in allen seinen Erscheinungen. Vielfalt heißt Verschiedenartigkeit, d.h. Ungleich-Sein, und es ist eine allgemeine, ja triviale Erfahrung, dass es mehr als nur eine Art oder Sorte von Dingen gibt. Warum faszinieren uns immer wieder eineiige Zwillinge? Weil wir gewohnt sind, dass Menschen ungleich sind und die fast völlige Gleichheit der Zwillinge uns so beeindruckt, dass wir sofort nach kleinsten Unterscheidungsmerkmalen suchen! Andererseits leben wir in einem Gesellschaftssystem, das auf Gleichheit ausgerichtet ist und große Unterschiede ungern akzeptieren mag. Zwar gilt dies vor allem in sozialer Hinsicht und in der „Gleichheit vor dem Gesetz", macht aber vor biologischen Unterschieden nicht immer Halt, wie die Forderung nach völliger Gleichstellung von Mann und Frau zeigt. Dass solche Einstellungen mit „Biodiversität" schwerlich konsequent vereinbar sind, wird nur selten angesprochen.

Vielfalt ist also eine Eigenart des Phänomens „Leben", aber keineswegs darauf beschränkt. Auch die unbelebte Natur zeigt Vielfalt in physikalischer und chemischer Form. Die biologische Vielfalt ist jedoch durch größere Komplexität ausgezeichnet und daher noch schwieriger handhabbar als die physikalisch-chemische Vielfalt, die uns z.B. täglich im Ablauf und in der Voraussage des Wetters begegnet.

Beide Typen von Vielfalt bedingen die ungeheure Komplexität der Umwelt, die die Komplexität unseres einzigartigen Denk- und Verständnisorgans, des menschlichen Gehirns, weit übertrifft und daher auch nur in Teilen, niemals aber vollständig verstanden werden wird. Durch die Erkenntnis einer hierarchischen Ordnung der Natur wird das Verständnis immerhin erleichtert. Grundsätzlich lässt sich die Natur in „Sphären" mit einer Rangordnung einteilen (Haber 1993; Abb. 1), wobei die Einflüsse der jeweils „höheren" Sphäre die niedrigeren dominieren und kontrollieren, also die Atmosphäre die Hydro-, Litho- und Biosphäre. Zugleich werden die Sphären in dieser Reihenfolge in sich immer verschiedenartiger: Die Atmosphäre hat eine relativ einheitliche physiko-chemische Zusammensetzung, die Lithosphäre kann dagegen alle 100 m völlig verschiedenartig sein, und die Biosphäre gilt, wie gesagt, als die „Vielfalt schlechthin". Daher wird für sie eine eigene Darstellung gewählt, die die sog. Organisationsebenen des Lebens mit jeweils eigenen Raum- und Zeitdimensionen zeigt (Abb. 2).

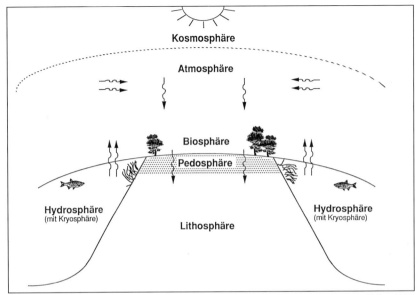

Abb. 1: Die „Umweltsphären" der Erde (Kyrosphäre = Gesamtheit gefrorenen Wassers). Aus Haber 1993

Ökologen haben sich vor allem mit den Organisationsebenen oberhalb des Individuums befasst und dabei der Diversität seit jeher große Aufmerksamkeit geschenkt. In den 1960er Jahren haben sie die sog. Diversitäts-Stabilitäts-Hypothese aufgestellt, wonach ein Ökosystem um so stabiler (dauerhafter) sei, je artenreicher es sei. Biodiversität wurde hierbei also auf die Artenvielfalt, d.h. auf die Organisationsebene der Population in Abb. 2 bezogen. Es wurde dann aber gezeigt, dass es auch viele artenarme Ökosysteme gibt, die dauerhaft existieren; als Beispiele wurden der mitteleuropäische Buchenwald, das Schilfröhricht, Hochmoor-, Taiga- und Tundra-Ökosysteme genannt. Umgekehrt wurde an Modellen gezeigt, dass artenreiche

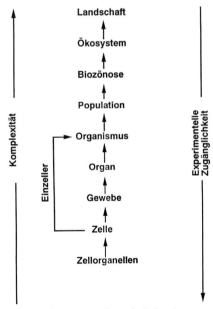

Abb. 2: Organisationsebenen des Lebens in ihrer Rangfolge. Aus Haber 1993, verändert

Ökosysteme keineswegs stabil sein müssen. Diese Befunde haben die genannte Hypothese erschüttert und in den Hintergrund gedrängt, ohne dass sie freilich als bedeutungslos oder widerlegt gelten kann.

2. Artenvielfalt und Ökosystem-Vielfalt

Der bedeutende amerikanische Ökologe Eugene Odum lenkte damals die Aufmerksamkeit von der Artenvielfalt in einem Ökosystem auf die Vielfalt der Ökosysteme in einem gegebenen Raumausschnitt und warf die Frage auf, ob ökologische Stabilität – als Beitrag zu einer dauerhaften Umwelt – eher mit dieser Ökosystem-Diversität als mit der Artenvielfalt gesichert oder gefördert würde. Er hat also den von meinem Vorredner erwähnten „ökosystemaren Ansatz" der Biodiversitäts-Erhaltung vorweggenommen. Odum unterschied dazu zunächst zwischen **produktiven** und **protektiven** Ökosystemen in unserer Umwelt (Odum 1969; 1971), d.h. nach Ökosystem-Funktionen. Protektive Ökosysteme sind Ergebnis einer überwiegend natürlichen Entwicklung und vom Menschen wenig beeinflusst; produktive Ökosysteme sind von ihm geschaffen und gelenkt, um Nahrungsmittel oder andere biologische Rohstoffe zu erzeugen.

Wenn man den Menschen rein ökologisch charakterisiert, so ist er ein exploitativ, d.h. auf Ausnutzung der Natur veranlagtes Lebewesen, ein Konsument und Biophage (Verzehrer lebender oder lebensfrischer Substanz). Tausende von Generationen hat der Mensch die Produktivität der Natur als Sammler und Jäger genutzt – bis er entdeckte, dass er sich eigene, auf die Produktion von ihm gewünschter Pflanzen und Tiere orientierte Ökosysteme schaffen konnte. Seitdem bevorzugt er diese in der Landnutzung und umgibt sich mit hochproduktiven, möglichst einheitlich zusammengesetzten Ökosystemen wie Getreidefeldern, Wiesen und Weiden sowie Tierbeständen, die alle aus nur wenigen Arten (wenn auch aus vielen Sorten oder Rassen) bestehen, und deren Produktionsleistung ständig durch Auslese und Züchtung verbessert wurde. Solange der Mensch es nach seiner Kopfzahl nicht nötig hatte, und nach seinen technischen Fähigkeiten auch nicht in der Lage war, das ganze Land mit diesen produktiven Ökosystemen zu überziehen, entging ihm die Erkenntnis, dass für eine ausgewogen funktionierende Umwelt auch die nicht oder wenig produktiven Ökosysteme erforderlich sind. Auf diesen beruhen ja Energieumsetzungen und Stoffkreisläufe, Regeneration von Luft, Wasser und Böden, der Fortbestand des Lebens in seiner Fülle und – spezifisch für den Menschen – auch ästhetische Qualitäten, Naturgenuss und Erholung. Damit dienen diese Ökosysteme der Erhaltung, also dem Schutz einer funktionierenden Natur oder Umwelt einschließlich deren weiterer Entwicklung, und deswegen nannte Odum sie „protektive" Ökosysteme.

Odum hob hervor, dass zwischen protektiven und produktiven Ökosystemen von Anfang an ein prinzipieller, nicht ausgleichbarer Unterschied besteht. Natürliche Ökosysteme entwickeln sich nach dem Prinzip der Selbstorganisation und Selbstregelung in Richtung „maximalen Schutzes" (Protektion) gegen Störungen der System-Umwelt; sie sind aus sich selbst heraus „nachhaltig". Die von uns Menschen geschaffenen produktiven Ökosysteme sind von ihm auf „maximaler (Netto-)Produktion" hin organisiert und sind daher aus sich selbst heraus nicht nachhaltig. Sie müssen daher durch ständige Aufwendungen und Eingriffe (z.B. Düngung, Pflanzenschutz) nachhaltig gemacht werden. Diese Eingriffe sind aber Störungen oder Gefährdungen für die natürlichen Ökosysteme, die ja oft inmitten der anthropogenen Ökosysteme liegen, und unter Umständen sogar für diese selbst, wie Überdüngung von Äckern oder Auswüchse der Tierhaltung zeigen. Hier wird also ein grundsätzlicher Mensch-Natur-Konflikt sichtbar, und die Erkenntnis der ökologischen Grundlage dieses Konfliktes ist nach Odum der erste Schritt zu einer rationalen Landnutzungspolitik.

Das wie ein Wortspiel klingende Begriffspaar produktiv-protektiv bezeichnet also einen grundlegenden Dualismus in der Einstellung zur Natur, aber auch ein ebenso grundlegendes Element der *Vielfalt* als Charakteristikum eben dieser Natur. „Protektiv" hat dabei in der menschlich überformten Umwelt einen Doppelsinn: es bezeichnet diejenigen Ökosysteme, die allgemeine ökologische oder „Naturhaushalts"-Funktionen aufrechterhalten (also diese schützen), die aber zugleich wegen dieser ihrer Bedeutung auch selbst Schutz erhalten müssen – Schutz **vor** einer anderweitigen Beanspruchung und Umwandlung durch den ertragsorientierten oder -begierigen Menschen, d.h. aber zugleich, wenn auch seiner Einsicht nicht so unmittelbar zugänglich, **für** sein Wohlbefinden insgesamt.

Intuitiv handeln wir Menschen oft dieser Einsicht gemäß. Wir umgeben unsere Wohnstätten mit protektiven, nicht oder wenig produktiven, nicht essbaren Beständen von Bäumen, Sträuchern, Gräsern und Kräutern, oft in farbenfroher ästhetischer Gestaltung; doch etwas weiter entfernt davon werden Felder und Wiesen so behandelt, dass sie auch den letzten zusätzlichen Doppelzentner an Ertrag bringen – das ist „rationale Nutzung"!

Mit diesem Verhalten der Menschen wird deutlich zum Ausdruck gebracht, dass zwei in Konflikt stehende, unvereinbare Nutzungen unmöglich im gleichen (Öko-)System maximiert werden können. Aus diesem Dilemma gibt es nur zwei Auswege („Strategien"):

1. Den steten **Kompromiss** zwischen Menge an Ertrag und an Lebensqualität, wobei auf beiden Seiten Abstriche zu machen sind, neuerdings auch als „Integration" von Schutz in Nutzung (oder umgekehrt) bezeichnet;

2. Die **Aufteilung** (Kompartimentierung) der Landschaft in hochproduktive (d.h. intensiv genutzte) Ökosysteme auf der einen und in protektive, d.h. schützende und zu schützende Ökosysteme auf der anderen Seite, wie es mit Zonierungen und ähnlichen Konzepten wie z.B. „Segregation" von Nutzung und Schutz angestrebt wird.

Schon auf den ersten Blick erscheint die zweite Strategie als die zweckmäßigere, zumal die Oberflächenformen der Landschaft und ihre unterschiedliche Ausstattung mit den für die Nutzung erforderlichen Ressourcen sie geradezu anbieten. Außerdem kann die erste (Kompromiss-) Strategie als Management-Element in das Prinzip der Kompartimentierung einbezogen werden, wie es Odum auch selbst getan hat.

3. Der Weg zur „differenzierten Landnutzung"

Als ich mich um 1970 aus landschaftsökologischer Sicht mit den Vorstellungen Odum's näher beschäftigte, kam ich unter dem Einfluss der seinerzeit intensiv diskutierten Diversitäts-Stabilitäts-Hypothese rein gedanklich zu der Überzeugung, dass, wenn überhaupt Vielfalt stabilisierend wirken sollte, dafür nicht so sehr die Artenvielfalt, sondern die Ökosystem-Vielfalt im Raum in Frage kommen würde. Aus dieser Überlegung habe ich – in der Aufbruchszeit der deutschen Umweltpolitik – die Odum'sche Strategie aufgegriffen und sie, einer Anregung von Prof. Ellenberg aus der Landnutzung Islands folgend, zum Konzept der differenzierten Bodennutzung (später: Landnutzung) erweitert (Haber 1971, 1972).

Ich ging von folgenden Überlegungen aus: Auch in der intensiv genutzten Kulturlandschaft Mitteleuropas gibt es produktive und protektive Ökosysteme in unterschiedlicher Verteilung und Mischung (Abb. 3). Es überwiegen meist die anthropogenen Ökosysteme des mehr oder weniger produktiven Typs, deren (Netto-)Produktivität in den letzten Jahrzehnten ständig gesteigert worden war. Sie enthalten selbstverständlich auch natürliche Komponenten oder deren Einflüsse, wie Luft, Wasser, Böden, Gesteine sowie Pflanzen, Tiere und Mikroorganismen, sind aber vor allem durch Nutzungen und deren Intensität bestimmt. Je intensiver die Nutzungen erfolgen, um so stärker greifen sie in die natürlichen Gegebenheiten der Standorte ein und um so größer sind die mit ihnen verbundenen oder durch sie ausgelösten Neben- und Nachwirkungen. Deren Summe ist das als „Umweltbelastung" bezeichnete Haupt-Wahrzeichen des technisch-industriellen Zeitalters.

Die Hauptquelle der Umweltbelastungen sind die städtisch-industriellen Agglomerationen, die sog. Techno-Ökosysteme (Haber 1993; Pignatti 1995) als Stätten höchst intensiver Landnutzung, dichtester menschlicher Besiedlung und stärk-

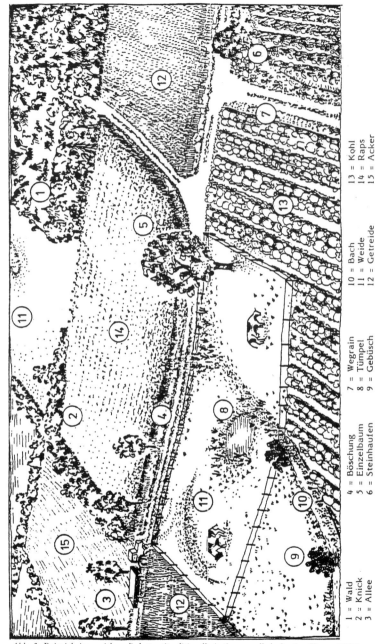

Abb. 3: Beispiel einer reich gegliederten (traditionellen) Agrargesellschaft. Aus Kauer 1993

ster Veränderung der natürlichen Gegebenheiten. Hier lebt heute die Mehrzahl der Menschen unter im Grunde suboptimalen bis schlechten biologisch-ökologischen Bedingungen in einer weitgehend artifiziellen Umwelt, die aber als solche im Zuge der „Emanzipation von der Natur" (Häussermann & Siebel 1988) gewählt, gesucht und gestaltet wird. Hier entstehen. Emissionen aller Art als Abgase, Abwässer, Schlämme und feste Abfälle mit Bauschutt und Abraum mengenproportional zur Größe der Stadt. Ungeachtet aller Rückhalte- und Recycling-Maßnahmen breiten sich viele Emissionen über Luft und Gewässer innerhalb und auch außerhalb der Städte aus, wo sie als Immissionen und Depositionen eine eigene Komponente der Umweltbelastungen darstellen.

Trotz der artifiziellen Umweltsituation weisen die meisten Städte eine überraschend hohe Raumdiversität und damit ökologische Vielfalt auf, die z.T. auf bewusster Gestaltung beruht, und die eine ebenso überraschend große Artenvielfalt bedingt (Reichholf 1989; Sukopp 1990).

Eine weitere große Quelle von Umweltbelastungen liegt aber im ländlichen Raum, und zwar vor allem in solchen Landschaften, die einen besonders großen Anteil von intensiv genutzten Agrar-Ökosystemen der Äcker und des Grünlandes sowie an großen Tierhaltungen besitzen. Neben Bodenerosion und Bodenverdichtung durch schwere Fahrzeuge und Landmaschinen, die nur im Ackerbau auftreten, sind die intensiv genutzten Landwirtschaftsgebiete ganz besonders durch zwei Typen von Umweltbelastungen gekennzeichnet (vgl. Haber 1986; Haber & Salzwedel 1992):

1. Verminderung, Zersplitterung („Fragmentierung") und Beseitigung von Biotopen wildlebender Pflanzen- und Tierarten infolge Vergrößerung der Feld- und Grünlandschläge, Regulierung der Gewässer und Ausbaues des Wegenetzes;

2. Anhaltender Eintrag von Dünge- und Pflanzenschutzmitteln, die sich in den Böden und im Grundwasser sowie in den Oberflächengewässern anreichern und dadurch zu Belastungen von Umwelt (z.B. Eutrophierung) und Gesundheit werden.

Die von der intensiven Landwirtschaft verursachten Umweltbelastungen finden deswegen besonders große Aufmerksamkeit, weil sie sich einerseits auf relativ großen Flächen abspielen und dort eigene Emissionen verursachen, und weil die besondere Qualität des ländlichen Raumes, das Landschaftsbild, in seiner Bedeutung für Freizeit- und Erholungsaktivitäten der städtischen Bevölkerung beeinträchtigt oder entwertet wird. Aus der Sicht der Stadtbevölkerung, die ja die Bevölkerungsmehrheit darstellt, ist man bezüglich des ländlichen Raumes sehr viel empfindlicher gegen eine „Denaturierung", weil der städtische Lebensraum einerseits als ohnehin denaturiert empfunden werden mag, andererseits aber durch Erhöhung der Raumdiversität, aufgelockerte Bebauung und Durchgrünung (mit Respektierung von „Stadtbiotopen") als beispielhaft für eine Art von Umgang mit Land und Natur angesehen wird, die gerade im ländlichen Raum vermisst wird. Dieser gilt unabhängig davon weiterhin als Ausgleichs- und Ergänzungsraum der Städte, die die im außerstädtischen (ländlichen) Raum gesuchte Naturqualität nicht bieten können.

4. Konzept und Regeln der differenzierten Landnutzung

Das Konzept der differenzierten Landnutzung ist grundsätzlich auf alle Typen von Landnutzungen anwendbar, einschließlich der Siedlung bzw. der dörflich-städtischen Landnutzung (Haber 1989). Bei seiner erstmaligen Vorstellung (Haber 1971, 1972) verfolgte ich zunächst das Ziel, mittels der räumlichen Diversität die Umweltbelastungen in intensiv genutzten Agrarlandschaften zu vermindern. Um Missdeutungen zu vermeiden, sei aber zunächst festgestellt, dass die Diversifizierung bzw. Differenzierung der Landnutzung nicht etwa eine umweltschonende Landbewirtschaftung ersetzen, sondern diese ergänzen soll. Trotz Umweltschonung oder -verträglichkeit wird aber eine unvermeidbare Restbelastung bleiben. Um gerade sie noch erträglicher zu machen, müssen die Nutzungen soweit möglich differenziert, d.h. räumlich wie zeitlich auf nicht zu große Einheiten aufgeteilt werden. Es ist also eine räumliche und zeitliche Nutzungsdiversität anzustreben. Damit ist jedoch keine beliebige Nutzungsmischung gemeint, die ja auch Umweltbelastungen beliebig ausbreiten könnte.

Von Anfang an war ich mir klar darüber, dass traditionelle, „gewachsene" Landnutzungen, auch wegen der Grundbesitzverhältnisse, nicht einfach verschoben oder neu verteilt werden können. Daher geht das Konzept der differenzierten Landnutzung ganz pragmatisch davon aus, dass die jeweils räumlich vorherrschende Landnutzung, sei sie eine städtisch-industrielle, eine agrarische, eine forstliche oder sogar eine extensive bis reduzierte Nutzung, beibehalten wird. Sie hat sich ja in der Regel aufgrund besonderer Eignungen oder Traditionen entwickelt. Entsprechend der mit den Nutzungen verbundenen Umweltbelastungen oder Eingriffen werden sie jedoch folgenden **einschränkenden Regeln** unterworfen:

Innerhalb einer Raumeinheit – hier gehe ich von den Naturräumlichen Einheiten nach Meynen et al. (1953–62) aus –.

1. sollte eine umweltbelastende, intensive Landnutzung nicht 100 % der Fläche beanspruchen. Im Durchschnitt müssen mindestens 10–15 % der Fläche für entlastende oder puffernde Nutzungen verfügbar bleiben bzw. re-

serviert werden. Dies sind Nutzungen, von denen keine oder höchstens gelegentliche und geringfügige Emissionen ausgehen. In der Regel ist dies bei naturnahen Landschaftsbestandteilen der Fall, wie z.B. Wälder, Gebüsche, Hecken, Baumgruppen, Grünanlagen oder auch Gewässer mit ihren Uferbereichen. Dies sind die vorher genannten „protektiven" Ökosysteme oder Teile von ihnen. Auswahl und Zusammensetzung der entlastenden oder puffernden Nutzungen richten sich nach der Stärke der Umweltbelastungen, die aus der Hauptnutzung stammen.

2. muss die jeweils vorherrschende Landnutzung in sich diversifiziert werden, um große uniforme Flächen, z.B. „Agrarsteppen", monotone Industriegebiete, Baugebiete aus gleichförmigen Gebäudestrukturen in Mindestabständen, oder ausgedehnte forstliche Reinbestände zu vermeiden. In der Agrarlandschaft ist die Schlaggröße dafür ein wichtiger Parameter.

3. müssen, wenn die Raumeinheit intensiver Nutzung unterliegt, im Durchschnitt mindestens 10 % der Fläche, möglichst in netzartiger Verteilung, für „naturbetonte" Bereiche reserviert werden oder bleiben. „Naturbetont" heißt, dass wildlebende Pflanzen und Tiere zwar unter menschlicher Obhut und ggf. Pflege, aber doch so spontan und ungestört wie möglich leben und gedeihen können. Damit soll einerseits das Erscheinungsbild der Landschaft abwechslungsreich und aufgelockert gestaltet werden. Andererseits wird dadurch ein wichtiger Beitrag zum Biotop- und Artenschutz geleistet, auf den alle diejenigen Arten angewiesen sind, die in den Nutzflächen selbst nicht dauerhaft existieren können.

Diese Regeln sind als Grundsatzregeln zu verstehen. Die in den Regeln 1 und 3 angesprochenen Flächen können teilweise identisch sein oder sich überlappen. Um die unterschiedlichen Zielsetzungen zu betonen, werden die beiden Regeln jedoch getrennt aufgeführt.

5. Diskussion und weitere Erläuterungen

Grundsätzlich soll mit der differenzierten Landnutzung eine Entwicklung gebremst und umgelenkt werden, die gerade in den 1950er bis 1980er Jahren typisch war: nämlich die Zusammenfassung gleichartiger Nutzungen auf immer größeren Flächen (Abb. 4). Dadurch hat die Eintönigkeit im Erscheinungsbild des Landes zugenommen, der überkommene Abwechslungsreichtum ist geschwunden. Gravierender ist noch, dass die Umweltbelastung in der Regel verschärft wurde. Nutzung heißt nun einmal Eingriff in die Natur – trotz § 8 Abs. 7 des Bundesnaturschutzgesetzes von 1976 und der entsprechenden Bestimmungen in den Ländergesetzen. Je großflächiger eine Nutzung erfolgt, um so großflächiger ist selbstverständlich auch der Eingriff mit seinen Folgen, die sogar überproportional wachsen können. Ein Beispiel liefert die Bodenerosion auf Äckern. Wie alle einschlägigen Untersuchungen (z.B. Schwertmann et al. 1987) zeigen, nimmt die Bodenerosion durch Wasser und Wind mit der Größe der Ackerfläche zu, z.T. überproportional. Das gilt auch für andere nutzungsabhängige Emissionen, die oft auch zeitlich synchronisiert erfolgen.

Großflächig-einheitliche Nutzung heißt ja gerade in der Landwirtschaft, dass große Mengen von umweltbelastenden Stoffen (z.B. Pflanzenschutzmittel, Gülle) zum gleichen Zeitpunkt ausgebracht werden, und in der Regel überschreitet dies die Aufnahme-, Bindungs- oder Verdünnungs-Kapazitäten der Umwelt, für die aber kleinere Mengen erträglich wären. Durch räumliche Verteilung und Auflockerung der Nutzungen und auch durch deren interne Diversifizierung wird vermieden, dass hohe Belastungen durch Stoffeinträge an **einer** Stelle bzw. auf **einer** Fläche zum **gleichen** Zeitpunkt erfolgen. In Verbindung mit der ohnehin notwendigen Reduzierung

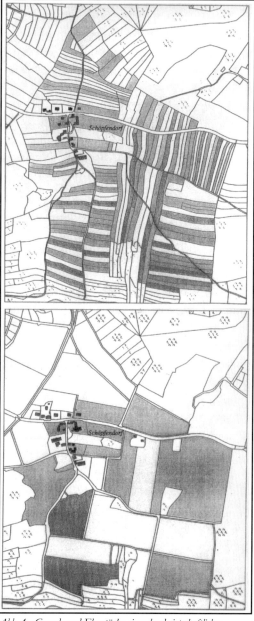

Abb. 4.: Grund- und Flurstücke einer landwirtschaftlichen Gemarkung vor (links) und nach der Flurbereinigung (rechts). Aus einem Informationsblatt der Flurbereinigungs-Verwaltung.

der Stoffeinträge wird die Differenzierung die Belastungen insgesamt tragbarer machen.

Auf diese Weise können die durch Nutzung verursachten unvermeidbaren Eingriffe mit ihren Neben- und Nachwirkungen sowohl räumlich als auch zeitlich gestaffelt werden, ohne dass die Nutzungsintensität drastisch gesenkt werden muss. Empfindliche Ressourcen wie Luft, Böden, Grundwasser sowie die Pflanzen-, Tier- und Mikrobenwelt werden vor starken Eingriffen auf großen Flächen geschont.

In der Agrar-, speziell der Ackerlandschaft sind, wie schon erwähnt, die Größe und der Umriss der „Schläge" (Felder) dafür von wesentlicher Bedeutung. Nach süddeutschen Erfahrungen hatte ich eine durchschnittliche Schlaggröße von 5 ha empfohlen, und 10 ha sollten nicht überschritten werden. Erfahrungen aus Ostdeutschland haben jedoch gezeigt, dass auch größere Schläge für das Konzept tragbar sind, wenn dafür gesorgt ist, dass auch großflächigere naturbetonte „Zwischenflächen" eingestreut sind (Kretschmer et al. 1997). Auch kann durch neuere agrartechnische Entwicklungen, vor allem durch das „Global Positioning System" (GPS) und durch „Precision Farming" (Auernhammer 1994) erreicht werden, dass auf großen Schlägen die Ausbringung von Dünge- und Pflanzenbehandlungsmitteln je nach Boden- und Pflanzenbedarf differenziert und sogar die Bodenbearbeitung jeweils der Bodensituation angepasst werden kann. Dies trägt also sozusagen „intern" zur Erfüllung der Regel 2 bei. Solche neuen Erkenntnisse haben mich bewogen, die Schlaggrößen-Forderung zu modifizieren und auf 20–25 ha zu erweitern. Doch sollten aneinandergrenzende Schläge unterschiedliche Kulturen tragen. Die Verwirklichung differenzierter Landnutzung in einem „ausgeräumten" Ackerbaugebiet gemäß der Regeln 2 und 3 ist von Kaule et al. (1979, Abb. 5) schematisch dargestellt worden, wäre aber nach den Vorstellungen von Kretschmer et al. (1997) zu modifizieren.

Ich warne aber davor, die genannten Zahlenangaben „sklavisch" zu befolgen. Stets ist die standörtlich gegebene ökologische Situation zu untersuchen und danach die Nutzungsentscheidung zu treffen. Dies gilt auch für die Regel Nr. 3. 10 % naturbetonter Biotope ist **im Durchschnitt** eine untere Grenze. Sie kann in intensiv genutzten Gebieten durchaus noch unterschritten werden – und dies geschieht ja auch –; nach Huston (1994) stellt sie dort ein Maximum dar. In weniger für intensive Nutzungen geeigneten Gebieten sollte sie überschritten werden, was ebenfalls erfolgt. In einer Studie über die Entwicklung der Landnutzung im US-Bundesstaat Georgia empfahl Odum (1989) einen Anteil von 20 % als angemessen. In der in Rio den Janeiro 1992 beschlossenen Konvention zur Erhaltung der Biodiversität ist die 10 %-Regel als welt-

Nachhaltige (umweltverträgliche) Landwirtschaft durch differenzierte Landnutzung und biotische Anreicherung

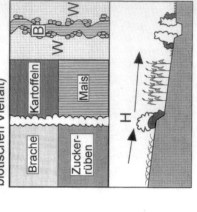

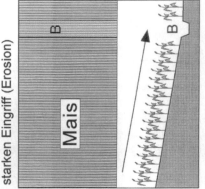

Abb. 5. Differenzierung agrarischer Landnutzung in drei Schritten (von links nach rechts). Aus Haber 1998 nach Kaule et al. 1979.

weit geltender Grundsatz anerkannt und auch in den 2001 vorgelegten Entwurf für die Novellierung des deutschen Bundesnaturschutzgesetzes aufgenommen worden.

Zwei wichtige Entwicklungen können mit dem Konzept der differenzierten Landnutzung nicht verhindert werden. Die eine ist die Ausbreitungstendenz der städtisch-industriellen Ökosysteme auf Kosten der übrigen Ökosysteme, die vor allem in tropischen Ländern, aber auch in Japan und USA, beängstigend ist. Die andere ist die Zerschneidung des Landes durch Verkehrstrassen aller Art, vor allem Straßen.

Es ist jedoch bemerkenswert, dass im Städtebau und in der Stadtplanung das Konzept der differenzierten Landnutzung längst stärker befolgt wird als in Gebieten agrarischer oder forstlicher Nutzung. Eine „Durchgrünung" der Städte, die Erhaltung und Pflege von Parken und Grünanlagen sowie des Baumbestandes sind heute fast selbstverständlich, und damit werden die Regeln 1 und 3 erfüllt. Auch ist ein Bemühen um Formenvielfalt der Bauwerke und um ihre monotonie-vermeidende räumliche Anordnung gemäß der Regel Nr. 2 erkennbar. In intensiv genutzten Agrarlandschaften ist man von der Erfüllung dieser Regeln noch ziemlich weit entfernt. In der Vergangenheit waren im Zuge von Flurbereinigung, Bachbegradigung, Wegebau und anderen Rationalisierungsmaßnahmen vorhandene „Durchgrünungen" sogar systematisch beseitigt worden (vgl. Abb. 3). Allerdings ist auch im Städtebau früher stark gegen die differenzierte Landnutzung verstoßen worden, nämlich mit der „Charta von Athen", die bekanntlich eine großflächige Trennung von Wohngebieten, Industrievierteln und Kultur- und Erholungsbereichen vorsah.

6. Schlussbetrachtung und Kommentierung

Die Grundgedanken des Konzeptes der differenzierten Landnutzung habe ich bereits 1971 veröffentlicht und seitdem mehrfach beschrieben (Haber 1972, 1979, 1989, 1998); auch frühere Mitarbeiter von mir haben dazu beigetragen, so Schemel (1976) und Kaule et al. (1979). Der Rat von Sachverständigen für Umweltfragen hat es in sein Umweltgutachten 1987 (SRU 1987) übernommen. Auch in landwirtschaftliche bzw. agrarökologische Arbeiten hat es Eingang gefunden; u.a. ist Knauer (1993) ausführlich darauf eingegangen, und es taucht auch in agrarpolitischen Zukunftsvorstellungen auf. Auch Schumacher (1995) sowie Konold (1996, Abb. 6) greifen darauf zurück, und besonders umfassend und vielfach variiert hat Ringler (1995) es in Band I seines großen Werkes „Landschaftspflegekonzept Bayern" behandelt. In Richtlinien und gesetzlichen Vorschriften für Naturschutz und Landschaftspflege ist das

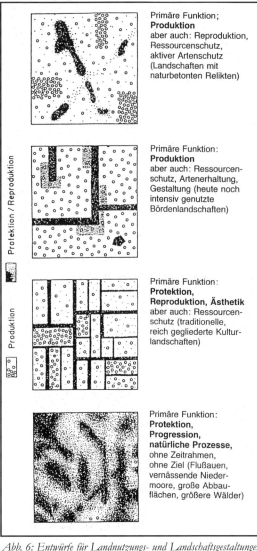

Primäre Funktion;
Produktion
aber auch: Reproduktion,
Ressourcenschutz,
aktiver Artenschutz
(Landschaften mit
naturbetonten Relikten)

Primäre Funktion:
Produktion
aber auch: Ressourcen-
schutz, Artenerhaltung,
Gestaltung (heute noch
intensiv genutzte
Bördenlandschaften)

Primäre Funktion:
**Protektion,
Reproduktion, Ästhetik**
aber auch: Ressourcen-
schutz (traditionelle,
reich gegliederte Kultur-
landschaften)

Primäre Funktion:
**Protektion,
Progression,
natürliche Prozesse,**
ohne Zeitrahmen,
ohne Ziel (Flußauen,
vernässende Nieder-
moore, große Abbau-
flächen, größere Wälder)

Protektion / Reproduktion

Produktion

Abb. 6: Entwürfe für Landnutzungs- und Landschaftsgestaltungen gemäß dem Differenzierungs-Prinzip (aus Konold 1996).

Konzept bisher allerdings kaum berücksichtigt und selbst in der Naturschutzpraxis wenig beachtet worden.

Ich bin mir völlig klar darüber, dass mit dem Konzept der differenzierten Landnutzung keineswegs **alle** Naturschutzziele verwirklicht werden können, und daß seine Umsetzung mühsam ist. Doch **ohne** differenzierte Landnutzung werden die meisten Naturschutzziele, so vor allem die Umsetzung der Biodiversitäts-Konvention und auch der Flora-Fauna-Habitat-Richtlinie, nicht verwirklicht werden können; denn sie erfordern zwingend eine solche Differenzierung, d.h. weitestmögliche räumliche Diversität. Wie besonders Huston (1994) betont hat, bringt die Erhaltung, Förderung oder (Neu-)Schaffung von landschaftlicher Diversität – oder eines vielfältigen „Landschaftsmusters" – die besten Voraussetzungen für die Existenz vieler verschiedener Lebensgemeinschaften, womit sowohl die Arten- als auch die genetische Vielfalt erhöht werden. Er hält diese Strategie für erfolgversprechender als die – oft um fast jeden Preis erfolgende – Bemühung, stets eine möglichst große Artenzahl aufrechtzuerhalten und bei jedem Fund einer Rote Liste-Art sozusagen alle menschlichen Aktivitäten, die diese gefährden könnten, „einzufrieren".

Literatur

Auernhammer, H. (Hrsg.) (1994): Global positioning systems in agriculture. – Computers and Electronics in Agriculture 11 (Special Issue). S. 104

Haber, W. (1971): Landschaftspflege durch differenzierte Bodennutzung. – Bayer. Landwirtschaftliches Jahrbuch 48, Sonderheft 1, S. 19–35.

Haber, W. (1972): Grundzüge einer ökologischen Theorie der Landnutzungsplanung. – Innere Kolonisation 24, S. 294–298.

Haber, W. (1979): Raumordnungskonzepte aus der Sicht der Ökosystemforschung. – Forschungs- u. Sitzungsberichte der Akademie für Raumforschung u. Landesplanung (Hannover) 131, S. 12–24.

Haber, W. (1989): Differenzierte Bodennutzung im Siedlungsraum. – DISP (Dokumente u. Informationen zur Schweizerischen Orts-, Regional- und Landesplanung, Zürich) 99, S. 18–21.

Haber, W. (1993): Ökologische Grundlagen des Umweltschutzes. – Bonn: Economica Verlag. (Umweltschutz - Grundlagen und Praxis Bd. 1).

Haber, W. (1998): Das Konzept der differenzierten Landnutzung – Grundlage für Naturschutz und nachhaltige Naturnutzung. – In: Bundesministerium für Umwelt, Naturschutz und Reaktorsicherheit (BMU), Bonn (Hrsg.), Ziele des Naturschutzes und einer nachhaltigen Naturnutzung in Deutschland, S. 57–64.

Haber, W., & Salzwedel, J. (1992): Umweltprobleme der Landwirtschaft. Sachbuch Ökologie. Hrsg.: Rat von Sachverständigen für Umweltfragen. – Stuttgart: Metzler-Poeschel.

Häussermann, H., & Siebel, W. (1989): Ökologie statt Urbanität. – Universitas 44, S.514–525.

Huston, M. A. (1994): Biological diversity: The coexistence of species on changing landscapes. – Cambridge/USA: Cambridge University Press.

Kaule, G., Schaller, J., & Schober, H.M. (1979): Auswertung der Kartierung schutzwürdiger Biotope in Bayern. Allgemeiner Teil: Außeralpine Naturräume. – Schutzwürdige Biotope in Bayern Bd. 1. München: Bayer. Landesamt f. Umweltschutz / R. Oldenbourg.

Knauer, N. (1993): Ökologie und Landwirtschaft. Situation – Konflikte – Lösungen. – Stuttgart: Ulmer.

Konold, W. (Hrsg.), 1996: Naturlandschaft – Kulturlandschaft. Die Veränderung der Landschaften nach der Nutzbarmachung durch den Menschen. – Landsberg/Lech: ecomed.

Kretschmer, H., Hoffmann, J., & Wenkel, K.O. (1997): Einfluss der landwirtschaftlichen Flächennutzung auf Artenvielfalt und Artenzusammensetzung. – Schriftenreihe d. Bundesministeriums f. Ernährung, Landwirtschaft und Forsten, Reihe A: Angewandte Wissenschaft, Bd. 465, S. 266–280. („Biologische Vielfalt in Ökosystemen – Konflikte zwischen Nutzung und Erhaltung"). Bonn.

Meynen, E., Schmithüsen, J., Gellert, J., Neef, E., Müller-Miny, H., & Schulze, J.H. (1953–1962): Handbuch der naturräumlichen Gliederung Deutschlands. – (Bonn-) Bad Godesberg: Bundesanstalt für Landeskunde und Raumordnung, 2 Bände.

Odum, E.P. (1969): The strategy of ecosystem development.– Science 164, S. 262–270.

Odum, E.P. (1971): Fundamentals of ecology. 3rd Edition. – Philadelphia/ London/Toronto: Saunders.

Odum, E. P. (1989): Input management of production systems. – Science 243, S. 177–184.

Pignatti, S. (1995): Ein dynamisches Modell für das urbane Ökosystem. – Schriftenreihe f. Vegetationskunde 27 (Festschrift Sukopp), S. 175–182.

Reichholf, J. (1989): Siedlungsraum. Zur Ökologie von Dorf, Stadt und Straße. – München: Mosaik Verlag (Steinbachs Biotopführer Band 4).

Ringler, A. (1995): Landschaftspflegekonzept Bayern. Band I: Einführung: Ziele der Landschaftspflege in Bayern. – München: Bayer. Staatsministerium für Landesentwicklung und Umweltfragen, und Laufen: Bayer. Akademie für Naturschutz u. Landschaftspflege (ANL).

Schemel, H. J. (1976): Zur Theorie der differenzierten Bodennutzung. Probleme und Möglichkeiten einer ökologisch fundierten Raumordnung. – Landschaft + Stadt 8, S. 159–167.

Schumacher, W. (1995): Offenhaltung der Kulturlandschaft? Naturschutzziele, Strategien, Perspektiven. – LÖBF-Mitteilungen 20 (4), S. 52–61. (Landesanstalt für Ökologie, Bodenordnung und Forsten Nordrhein-Westfalen, Recklinghausen.)

Schwertmann, U., Vogl, W., & Kainz, M. (1987): Bodenerosion durch Wasser. Vorhersage des Abtrags und Bewertung von Gegenmaßnahmen.– Stuttgart: Ulmer.

SRU (Rat von Sachverständigen für Umweltfragen) (1987): Umweltgutachten 1987. – Stuttgart/Mainz: Kohlhammer.

Sukopp, H. (1990): Stadtökologie. Das Beispiel Berlin. – Berlin: Reimer.

Internationale Aktivitäten zur Erhaltung der Biodiversität und Möglichkeiten zur Mitwirkung von Stiftungen

Dr. Horst Korn, Bundesamt für Naturschutz, Insel Vilm

Jede Gesellschaft ist von biologischer Vielfalt abhängig. Dies bedeutet nicht nur die Abhängigkeit von pflanzengenetischen Ressourcen und nutzbaren Arten, sondern vor allem auch von funktionsfähigen Ökosystemen.

Was ist biologische Vielfalt?

Biologische Vielfalt beinhaltet die Vielfalt der Lebensformen in allen ihren Ausprägungen und Beziehungen untereinander. Dazu gehören:

- Die Vielfalt der Arten,
- Die Vielfalt der Ökosysteme und Landschaften,
- Die genetische Diversität,

sowie die strukturellen und funktionellen Beziehungen zwischen diesen Ebenen.

Geschichtliche Entwicklung

In den achtziger Jahren des vorigen Jahrhunderts kristallisierten sich folgende globale Umweltprobleme heraus, die sich aufgrund ihrer Tragweite einer alleinigen nationalstaatlichen Regelung entzogen:

- Klimaveränderung
- Tropenwaldverlust
- Ausbreitung der Wüsten
- Verlust biologischer Vielfalt.

Vor der Öffnung des „Eisernen Vorhangs" war die Gefährdung und der Verlust borealer Wälder noch nicht im Bewusstsein der Menschen Westeuropas und Nordamerikas und deshalb noch nicht Gegenstand internationaler Diskussionen und Bemühungen um den Erhalt der Wälder.

Als grundlegende Ursachen für den Verlust biologischer Vielfalt galten:

- Die Armut und Unterentwicklung im „Süden" bzw. in den Entwicklungsländern,
- Ein ressourcenverschwendender Lebensstil im „Norden", bzw. in den Industriestaaten.

Mit diesen Ausgangspositionen ging man Ende der achtziger Jahre in die Verhandlungen um ein weltweites Biodiversitätsabkommen.

Der Entwurf wurde von der IUCN (Weltnaturschutzunion) erstellt. Er hatte die Überschrift „Übereinkommen zum Schutz der biologischen Vielfalt". Damit lag er ganz auf der Linie der Industriestaaten, denen ein stark schutzorientiertes Instrument, ähnlich der FFH-Richtlinie der Europäischen Union, vorschwebte. Die Entwicklungsländer waren stärker „nutzungs-" oder „entwicklungsorientiert" und hielten wenig von der „Tabuisierung" von Arten oder Ökosystemen, die sie als ihre nationale Ressource zur Versorgung einer armen Bevölkerung ansahen. Der Kompromiss lag in der Verbindung von Erhaltung und nachhaltiger Nutzung biologischer Vielfalt nach dem Vorsorgeprinzip, wobei die Lasten der Entwicklungsländer für Schutzmaßnahmen von globaler Bedeutung über einen durch die Industrieländer gespeisten Finanzierungsmechanismus (die Global Environment Facility, GEF) abgegolten werden.

Die einseitige Schutzbetonung wurde aus der Überschrift des Vertragsentwurfes entfernt, da sie den verhandelten Zielen nicht mehr entsprach. Der endgültige Titel lautet damit „Übereinkommen über die biologische Vielfalt". Der völkerrechtlich verbindliche Vertrag lag bei der Konferenz der Vereinten Nationen für Umwelt und Entwicklung im Juni 1992 in Rio de Janeiro zur Unterzeichnung durch die versammelten Staatsoberhäupter oder deren Repräsentanten aus. Das Übereinkommen ist seit Dez. 1993 in Kraft und hat mittlerweile weltweit 180 Mitglieder (179 Staaten und die Europäische Union). Neben dem Übereinkommen über die biologische Vielfalt sind in Rio 1992 u.a. noch deren „Schwesterabkommen", die Klimarahmenkonvention und das Aktionsprogramm für die Umwelt, Agenda 21, verabschiedet worden.

Ziele der Biodiversitätskonvention

Das Übereinkommen über die biologische Vielfalt hat drei gleichgewichtige Ziele:

* Die Erhaltung biologischer Vielfalt.
* Die nachhaltige Nutzung ihrer Bestandteile (Gene, Arten, Lebensräume).
* Die ausgewogene und gerechte Aufteilung der sich aus der Nutzung der genetischen Ressourcen ergebenden Vorteile, insbesondere durch angemessenen Zugang zu genetischen Ressourcen und angemessene Weitergabe von Technologien unter Berücksichtigung aller Rechte an diesen Ressourcen und Technologien sowie durch angemessene Finanzierung.

Das dritte Ziel, das ursächlich kaum mit dem Naturschutz in eine direkte Verbindung gebracht werden kann, ist im Verlaufe der Verhandlungen auf Bestreben der Entwicklungsländer dazugekommen. Zu Beginn der neunziger Jahre gerieten die genetischen Ressourcen als das „Gold des dritten Jahrtausends" immer weiter in den Blickwinkel der Öffentlichkeit. Internationale

Regelungen wurden immer dringlicher. Da man jedoch nicht mehrere Jahre für einen neuen Verhandlungsprozess verlieren wollte, wurde das Thema noch in die schon laufenden Verhandlungen der Biodiversitätskonvention integriert und somit vor Rio 1992 zu einem schnellen Abschluss gebracht.

Besonderheiten des Übereinkommens

Das Übereinkommen über die biologische Vielfalt reicht mit seinen Inhalten weit über den Naturschutz im engeren Sinne hinaus. Sein Geltungsbereich ist weltweit. Sein Inhalt behandelt alles nichtmenschliche Leben auf dieser Erde mit allen Aspekten seiner Erhaltung und nachhaltigen Nutzung. Um einen finanziellen Nord-Süd-Ausgleich herzustellen, zwischen den biodiversitätsarmen aber an finanziellen Ressourcen reichen Industriestaaten und den biodiversitäs-reichen aber ansonsten armen Entwicklungsländern wurde ein spezieller Finanzierungsmechanismus für das Übereinkommen (die GEF) eingerichtet, der von den Industriestaaten gespeist wird. Das Spezialgebiet „ausgewogener und gerechter Vorteilsausgleich bei der Nutzung genetischer Ressourcen" reicht thematisch von den Rechten indigener Völker an ihrem traditionellen Wissen (über Heilkräuter etc.), über internationales Patentrecht bis hin zum Techno-logietransfer im Bereich der Gentechnik. Weitere politisch brisante und wirt-schaftlich wichtige Fragen behandeln die Sicherheit in der Biotechnologie, die mittlerweile in einem eigenen Protokoll im Rahmen der Biodiversitätskonven-tion abgehandelt wird und internationale Haftungsfragen.

Wie ein „roter Faden" zieht sich der „Ökosystemare Ansatz der Biodiver-sitätskonvention" („Ecosystem Ap-proach") durch alle Beschlüsse und Arbeitsprogramme des Übereinkom-mens. Sein Ziel ist es, die drei gleich-gewichtigen Ziele der Biodiversitäts-konvention, nämlich Erhaltung, nach-haltige Nutzung und den gerechten Vorteilsausgleich in Einklang zu brin-gen und damit eine Handlungsan-leitung zur Umsetzung des Überein-kommens anzubieten.

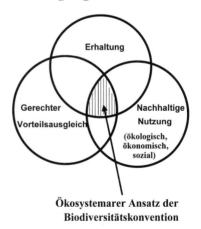

Ökosystemarer Ansatz der Biodiversitätskonvention

Die Themen und Arbeitsprogramme

Der recht generell gehaltene, aber dadurch auch sehr flexible und an neue Anforderungen anpassungsfähige Text der Biodiversitätskonvention wird durch sogenannte Arbeitsprogramme in konkrete Handlungsanweisungen an die Vertragsparteien, den Generalsekretär, verschiedene Ausschüsse und Arbeitsgruppen oder den Finanzierungsmechanismus des Übereinkommens in die Praxis umgesetzt. Darüber hinaus ergehen Einladungen an andere internationale Konventionen oder Organisationen zur koordinierten Zusammenarbeit, um Doppelarbeit zu vermeiden. Diese Arbeitsprogramme und andere Entscheidungen zur Weiterentwicklung des Übereinkommens gehen auf sogenannte Beschlüsse der Vertragsstaatenkonferenz zurück. Die Vertragsstaatenkonferenz (VSK), die in ein- bis zweijährigem Rhythmus tagt, ist eine Vollversammlung der Mitglieder des Übereinkommens und sein höchstes Beschlussorgan. Seine Beschlüsse sind für die Mitgliedsstaaten völkerrechtlich bindend, wobei die Sanktionsmöglichkeiten bei Nichterfüllung jedoch äußerst limitiert sind. Vor allem durch den Finanzierungsmechanismus, werden deshalb positive Anreize zur Umsetzung des Übereinkommens in den Entwicklungsländern angeboten.

Die bisherigen Arbeitsprogramme können in zwei Großgruppen unterteilt werden:

A. Thematische Schwerpunkte (Stand Juni 2001)

- Biodiversität der Küsten und Meere
- Biodiversiät der Binnengewässer
- Agro-Biodiversität
- Biodiversität der Trockengebiete
- Biodiversität der Wälder (Schwerpunkt der VSK 2002)
- Biodiversität in Berggebieten (Schwerpunkt der VSK 2004)

B. Querschnittsthemen (Reihenfolge ohne Wertung)

- Ökosystemarer Ansatz der Biodiversitätskonvention
- Clearing-House Mechanismus
- Informationsaustausch
- Öffentlichkeitsarbeit
- Biodiversitätsforschung
- Bildung und Ausbildung
- Technologietransfer
- Nachhaltiger Tourismus in ökologisch sensiblen Gebieten
- Zugangsregelung zu genetischen Ressourcen
- Gerechter Vorteilsausgleich bei der Nutzung genetischer Ressourcen
- Rechte indigener Völker und lokaler Gemeinschaften
- Schutzgebiete
- Invasive, gebietsfremde Arten
- Haftungsfragen bei Schäden an der biologischen Vielfalt

- Nachhaltige Nutzung biologischer Vielfalt
- Indikatoren für biologische Vielfalt
- Subventionen und andere Anreizmaßnahmen
- Globale Strategie zur Erhaltung der Pflanzenvielfalt
- Globale Taxonomie-Initiative
- Monitoring
- Zusammenarbeit mit anderen internationalen Übereinkommen, Organisationen und Programmen

Darüber hinaus werden Themen von überragender Bedeutung, für die es bisher keine international gültigen Regelwerke gibt, als Protokolle im Rahmen der Biodiversitätskonvention behandelt. Solche Protokolle sind rechtlich eigenständige Übereinkommen unter einer umfassenderen „Rahmenkonvention". Bisher gibt es nur das „Biosafety-Protokoll" zu Fragen der Sicherheit beim grenzüberschreitenden Transport von genetisch modifizierten Organismen. Weitere Protokolle sind im Verhandlungsstadium, wie das über „Pflanzengenetische Ressourcen von Bedeutung für die Ernährung und die Landwirtschaft" oder wurden von Vertragsparteien vorgeschlagen (Waldprotokoll, Invasive gebietsfremde Arten, Tourismus in ökologisch sensiblen Gebieten).

Beispiele für ganzheitliche und integrative Ansätze

Nur durch ganzheitliche Ansätze, die sektorale Grenzen überwinden und Konzepte der nachhaltigen Entwicklung mit denen des Naturschutzes verknüpfen, können die weltweiten Probleme des Verlustes biologischer Vielfalt (Gene, Arten, Lebensräume) und die weitere Degradation von Ökosystemen überwunden werden.

Das Übereinkommens über die biologische Vielfalt hat den Anspruch, dass die Arbeitsprogramme bezüglich der thematischen Schwerpunkte und der Querschnittsthemen ganzheitlich, d.h. sektorübergreifend und integrativ, umgesetzt werden. Der „ökosystemare Ansatz" der Biodiversitätskonvention (s.o.) hilft dabei, die „Balance" zwischen den drei Zielen des Übereinkommens (Erhaltung, nachhaltige Nutzung und gerechter Vorteilsausgleich) so weit als möglich herzustellen.

Ein hervorragendes Beispiel für einen integrativen Ansatz bietet das Biosphärenreservats-Konzept. Bewusst möchte ich hier auf das Konzept hinweisen, da die zugrundeliegenden Gedanken auch außerhalb von Biosphärenreservaten verwirklicht werden können. Seine wesentlichen Elemente liegen in einer differenzierten Landnutzung, die durch Zonierung erreicht wird und dessen Ziel in einer Synthese von Schutz und nachhaltiger Nutzung liegt. Umweltbildung und Öffentlichkeitsbeteiligung sind ebenfalls wichtige Komponenten des Konzeptes. Biosphärenreservate werden traditionell dem Naturschutz zugerechnet, obwohl ein strenger Schutz mit wesentlichen Nutzungseinschränkungen nur in den kleinen Kernzonen praktiziert wird. Mit seinen Zielen und Möglichkeiten ist es deshalb eher ein Instrument der nachhaltigen Regionalenwicklung, dessen Potential bisher in Deutschland, auch aufgrund eines falschen Verständnisses darüber, was ein Biosphärenreservat eigentlich ist und will, kaum ausgeschöpft ist.

Als weiteres Beispiel für eine ganzheitliche Betrachtungsweise soll das Thema Wald genannt werden. Für den Waldbesitzer besteht der Nutzen des Waldes darin, die Holzressourcen zu nutzen und an den Jagdrechten teilzuhaben. Für die Gesellschaft bietet der Wald eine Vielzahl von „Dienstleistungen" an, die in ihrem ökonomischen Wert häufig ein Vielfaches des Holzwertes und der Jagdrechte ausmachen. Dazu gehört vor allem die Bereitstellung von sauberem Wasser (auch Trinkwasser), Pilzen und Beeren, der Erosionsschutz, die Erhaltung biologischer Vielfalt (Gene, Arten, Lebensräume) und der Hochwasserschutz. Wälder sind zudem Senken für das klimaschädliche CO_2, sie wirken als Staubfilter, reichern die Luft mit Feuchtigkeit an und schaffen damit ein günstiges Regionalklima. Sie sind wichtig für die Landschaftsästhetik und dienen der Erholung der Menschen, die gerne ihre Zeit in ihm verbringen. Der Wald soll all diese Ansprüche erfüllen, wobei die „Dienstleistungen" des Waldes dem Waldbesitzer bisher nicht abgegolten werden. Um die für den Naturschutz, und damit für die gesamte Gesellschaft, extrem wichtigen Funktionen des Waldes zu optimieren, müssen für den Waldbesitzer entsprechende Anreize geschaffen werden, damit er sein Einkommen aus dem Wald nicht nur aus dem Verkauf von Holz und der Nutzung von Jagdrechten erzielen kann. Eine solche, ganzheitliche Betrachtungsweise ist die Grundlage für die Umsetzung der Biodiversitätskonvention, bei der sowohl Schutz-, als auch Nutzungsaspekte zu Ihrem Recht kommen. Darüber hinaus soll ein gerechter Vorteilsausgleich durchgeführt werden, um die Nachhaltigkeit einer Maßnahme zu sichern.

Vom Reparaturbetrieb zur Daseinsvorsorge

Mit dem Übereinkommen über die biologische Vielfalt hat der Naturschutz einen anderen Stellenwert bekommen. Seither ist er nicht mehr der „Restflächenverwerter" oder

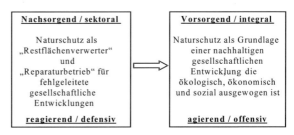

Nachsorgend / sektoral	Vorsorgend / integral
Naturschutz als „Restflächenverwerter" und „Reparaturbetrieb" für fehlgeleitete gesellschaftliche Entwicklungen	Naturschutz als Grundlage einer nachhaltigen gesellschaftlichen Entwicklung die ökologisch, ökonomisch und sozial ausgewogen ist
reagierend / defensiv	**agierend / offensiv**

der „Reparaturbetrieb" für fehlgeleitete gesellschaftliche Entwicklungen sondern gilt als Grundlage einer nachhaltigen gesellschaftlichen Entwicklung, die ökologisch, ökonomisch und sozial ausgewogen ist.

Möglichkeiten zur Mitwirkung von Stiftungen

Interdisziplinarität wird in jeder Festrede gepriesen – im Alltag jedoch sabotiert. Die Strukturen von Behörden, Universitäten, sowie der staatlichen Finanzierungsinstitutionen fördern nicht unbedingt die Interdisziplinarität, da sie gewöhnlich sektoral organisiert sind und ganzheitliche Projekte nicht eindeutig einem bestimmten Thema zugeordnet werden können. Sie fallen deshalb unter keine der üblichen Kategorien bzw. streifen so viele Themenfelder, dass die Finanzierung eines schlüssigen Gesamtkonzepts aus einer Quelle meist nicht sichergestellt werden kann.

Hier könnten Stiftungen bahnbrechende Vorarbeiten leisten, indem sie Modellprojekte entwickeln, welche die drei Hauptziele der Biodiversitätskonvention miteinander vereinen. Sie sollten sowohl Elemente des Schutzes und der nachhaltigen Nutzung, als auch des gerechten Vorteilsausgleichs enthalten.

Wir brauchen dringend solche integrativen und umfassenden Modellprojekte, um deren Vorteile gegenüber der sektoralen Herangehensweise aufzuzeigen. Da es durch solch einen „ökosystemaren Ansatz" zu einem Interessensausgleich zwischen den verschiedenen Ansprüchen an Schutz und Nutzung kommt, ist zu erwarten, dass diese Art von Maßnahmen nachhaltiger sind als konventionelle Projekte.

Die GEF als Finanzierungsmechanismus der Biodiversitätskonvention kann diese Rolle für uns nicht leisten, da sie der Finanzierung von Projekten in Entwicklungsländern vorbehalten ist.

Um solche ganzheitlichen Projekte erfolgreich durchführen zu können, bedarf es der Bildung und Ausbildung, um Fachleute heranzubilden, die in der Lage sind ganzheitlich zu denken und zu handeln. Hier liegt ein weiterer Schwerpunkt für das mögliche Engagement von Stiftungen.

Als flankierende Maßnahmen zur Sicherung der Nachhaltigkeit von Projekten sollte die Öffentlichkeitsarbeit stärker ausgebaut werden. Dies auch mit dem Ziel die betroffene Bevölkerung und die Menschen im Umfeld stärker an der Projektentwicklung zu beteiligen.

Als „Brennpunkt" mit dringendem Handlungsbedarf kristallisiert sich der geplante Beitritt mitteleuropäischer Staaten in die Europäische Union heraus. Sowohl der Bereich der Landwirtschaft (gemeinsame Europäische Agrarpolitik) als auch der Bereich der durch die EU geförderten Regionalentwicklung (Großprojekte zur Verbesserung der Infrastruktur) bergen große Gefahren für die Erhaltung und nachhaltige Nutzung biologischer Vielfalt in dieser Region, der aufgrund ihrer einzigartigen Naturausstattung für Europa eine herausragende Rolle zukommt. In diesen Ländern sind alte Nutztierrassen und Pflanzensorten, viele Arten wildlebender Pflanzen und Tiere, Lebensräume und Landschaften noch in einem solchen Maße erhalten, wie sie in Westeuropa nicht mehr zu finden sind.

Bedingt durch die hervorragende Ausgangslage in der Naturausstattung, die kostengünstigen Landpreise und die verhältnismäßig niedrigen Löhne erscheint es durchaus lohnend, sich als Stiftung verstärkt in der Region der EU-Beitrittskandidaten zu engagieren und damit die schlimmsten Auswüchse des EU-Beitritts für Natur und Landschaft abzumildern. Auch hier wären die drei oben ausführlicher behandelten Themenschwerpunkte hervorzuheben, bei deren Umsetzung sich eine Zusammenarbeit mit Verbänden aus der Region anbieten würde:

- Ganzheitliche Modellprojekte **(mit den Elementen Schutz, nachhaltige Nutzung und gerechter Vorteilsausgleich)**

- Bildung und Ausbildung **(für Fachleute, damit sie in der Lage sind ganzheitlich zu denken und zu handeln) und**

- Öffentlichkeitsarbeit **(um die Notwendigkeit und die Art der durchzuführenden Maßnahmen zu erläutern und damit Ängste, die mit jeder Veränderung einhergehen, bei den betroffenen Menschen abzubauen).**

Anhang

Die internationalen Aktivitäten zur Erhaltung biologischer Vielfalt sind eine aktives Feld mit schnellen Veränderungen. Aktuelle, gedruckte Informationen gibt es wenig und was es gibt, ist bei Drucklegung oft schon veraltet. Deshalb ist es sinnvoll, sich jeweils via Internet direkt beim jeweiligen Sekretariat oder einer entsprechenden Organisation über den neuesten Stand zu informieren. Eine kurze Zusammenstellung wichtiger Internet-Adressen soll hier weiterführen. Die Liste soll dem schnellen Einstieg dienen, erhebt aber nicht den Anspruch der Vollständigkeit.

Biosphärenreservate
  http://www.unesco.org.wnbr.htm
Bundesamt für Naturschutz (BfN)
  http://bfn.de

Europäische Umweltagentur in Kopenhagen (EEA)
  http://wwweea.dk,
  http://wwwmnhn.fr/ctn/index/html
  (Topic-Centre für Naturschutz)
Europarc Federation
  http://www.europarc.org
European Centre für Nature Conservation (ECNC)
  http://www.ecnc.nl

Übereinkommen über die biologische Vielfalt
  International: http://www.biodiv.org
  National: http://www.dainet.de/bmu-cbd/index.htm
Weltnaturschutzunion (IUCN)
  http://www.iucn.org

7. Ergebnisniederschrift über die Sitzung des Arbeitskreises Deutscher Stiftungen

„Kirchen"

am 31. Mai 2001
im Mediapark, Köln

Thema: **Die unselbständige kirchliche Stiftung**

zu den Themen: **Die Stiftung nach kanonischem Recht**

Prof. Dr. Rüdiger Althaus, Theologische Fakultät Paderborn

Die unselbständige Stiftung – der staatliche Rechtsrahmen

Dr. Albert Post, Stiftung Patronatsbaufonds, Fulda

Leitung: Dr. Hein U. Röder, Diözesanjustitiar des Erzbischöflichen Ordinariat, München und Beiratsmitglied des Bundesverbandes Deutscher Stiftungen

Kurzbericht über die Sitzung des Arbeitskreises

Dr. Hein Röder, Arbeitskreisleiter

In Fortsetzung des Einführungsreferats von Landeskirchenrat Grünhaupt anlässlich der 56. Jahrestagung zum Thema „Unselbständige Stiftungen im Bereich der Kirchen" widmete sich der Arbeitskreis Kirchen in diesem Jahr ausschließlich dieser Problematik im Einklang mit dem Motto der 57. Jahrestagung „Auf dem Weg zur Bürgergesellschaft ...".

Die überproportionale Erhöhung der Teilnehmerzahl zeigte, dass an der Klärung der Probleme im Zusammenhang mit „unselbständigen Stiftungen" besonderes Interesse bestand.

Herr Professor Dr. Rüdiger Althaus, Paderborn, referierte in einem grundlegenden Referat „Die Stiftung nach kanonischem Recht", wobei er einen Schwerpunkt auf die unselbständigen Stiftungen legte. Anschließend referierte Herr Diözesanjustitiar Dr. Albert Post, Fulda, über „Die unselbständige Stiftung – der staatliche Rechtsrahmen".

Beide Referate sind im Berichtsband abgedruckt, so dass auf die Wiedergabe von Einzelheiten verzichtet wird.

Dr. Hein Röder, Arbeitskreisleiter und Dr. Albert Post   Foto: Martin Lässig

Deutlich wurde, dass die Bestimmungen des Codex Iuris Canonici (CIC) z.T. von den staatlichen Regelungen abweichen. So ist im CIC die Errichtung von unselbständigen Stiftungen beispielsweise nur noch für eine bestimmte Dauer vorgesehen.

Herr Dr. Post wies darauf hin, dass bei allem gesellschaftlichen Interesse, möglichst viele Bürger zu motivieren, Vermögen in Form der Stiftung zur Verfügung stellen, eine gewisse Sorgfalt gewahrt werden müsse. Dies gelte insbesondere für die „unselbständigen Stiftungen" als vorwiegenden Einstieg für ein stiftungsmäßiges Engagement.

In der anschließenden Diskussion wurden ausschließlich Fragen zu dem referierten Problemkreis behandelt.

Die Stiftung nach kanonischem Recht

Prof. Dr. Rüdiger Althaus, Theologische Fakultät Paderborn

Seit jeher haben Privatpersonen der Kirche größere oder kleinere Vermögenswerte zugewendet, damit diese ihre Ziele verfolgen kann. Obgleich die Kirche letztlich eine überirdische Bestimmung hat, bedarf sie irdischer Mittel, weil sie konkret hier auf der Erde existiert und in menschliche und zeitliche Strukturen und Gegebenheiten eingebunden ist.[1]

Die Rechtsform einer solchen Zuwendung variiert; oftmals wird es sich um eine Spende handeln, die zum *Verbrauch* bestimmt ist.[2] Eine besondere Form, in früheren Zeiten nicht selten, ist die sog. Stiftung *(fundatio)*; so dürften (wie in Bayern heute rechtlich verankert[3]) die meisten alten Rechtspersonen auf pfarrlicher Ebene (Gotteshausvermögen, Benefizien) auf Stiftungen zurückgehen. Bei einer solchen werden Vermögenswerte auf Dauer dazu bestimmt, durch deren *Gebrauch* oder deren *Erträge* kirchliche Ziele zu verfolgen.[4] Entscheidend ist zudem, dass eine solche Vermögensmasse eine zumindest relative rechtliche Selbständigkeit besitzt, diese also nicht in der Vermögensmasse einer anderen juristischen Person (vollständig) aufgeht.[5]

Diese bewusst sehr allgemein gehaltene Umschreibung mag genügen, bevor ich nun wichtige Eckpunkte des Stiftungsrechts nach Maßgabe des katholischen Kirchenrechts, insbesondere der cc. 1303-1310 CIC, anspreche, wobei ich Bestimmungen des weltlichen Rechts bewusst nur am Rande tangiere. In einem ersten Schritt sollen grundsätzliche Aspekte einer Stiftung aufgezeigt

---

1 Vgl. II. Vatikanisches Konzil, Dogmatische Konstitution über die Kirche *Lumen Gentium* vom 21. November 1964, in: Acta Apostolicae Sedis 57 (1965) 5–75, hier Art. 8 Abs. 1.

2 Die Übereignung zeitlicher Güter, die unter *Verbrauch* des Kapitals einen bestimmten Zweck verfolgt, bezeichnet das Kirchenrecht nicht als Stiftung.

3 Vgl. Ordnung für kirchliche Stiftungen in den bayerischen (Erz-)Diözesen (KiStiftO) in der Fassung vom 1. Juli 1988, Art. 1.

4 Daher unterscheidet man formal zwischen einer *Gebrauchsstiftung* und einer *Ertragsstiftung*, ob also die zeitlichen Güter der eigenen Nutzung (z.B. ein von dieser Stiftung benutztes Haus) dienen oder aber durch ihre Erträge (z.B. aus Vermietung) zum Unterhalt beitragen. – Literatur: **Rüdiger Althaus,** Buch V. Die zeitlichen Güter der Kirche, in: K. Lüdicke (Hrsg.), Münsterischer Kommentar zum Codex Iuris Canonici, Essen seit 1985 (Loseblattwerk), Stand: 34. Erg.-Lfg. November 2000, Kommentar zu cc. 1303-1310; **Wolfgang Busch,** Die Vermögensverwaltung und das Stiftungsrecht im Bereich der katholischen Kirche, in: HdbStKirchR I, Berlin ²1994, 947–1008; **Hans Heimerl/ Helmuth Pree,** Handbuch des Vermögensrechts der katholischen Kirche unter besonderer Berücksichtigung der Rechtsverhältnisse in Bayern und Österreich, Regensburg 1993, Rdn. 5/975-1093; **Evelyne Dominica Menges,** Die kirchliche Stiftung in der Bundesrepublik Deutschland, Münchener Theologische Studien III 48, St. Ottilien 1995.

5 Nicht jede *universitas rerum* ist indes als Stiftung zu qualifizieren, wie es die offiziöse deutsche Übersetzung des c. 115 § 3 CIC unterstellt (**Codex Iuris Canonici** – Codex des kanonischen Rechtes, lateinisch-deutsche Ausgabe, herausgegeben im Auftrag der Bischöfe des deutschen Sprachraumes, Kevelaer ⁴1994).

werden, um dann auf die beiden Typen selbständige und unselbständige Stiftung näher einzugehen. – Die Bestimmungen der evangelischen Landeskirchen konkretisieren zumeist nur das staatliche Recht; über letzteres handelt ein eigenes Referat.

1. Grundlegende Aspekte einer kirchlichen Stiftung

Für eine kirchliche Stiftung sind aus kirchenrechtlicher Sicht folgende Momente von grundsätzlicher Bedeutung:

1. Es handelt sich um eine Vermögensübertragung *ad causas pias*.[6] Hiermit ist nicht nur die Frömmigkeit im engeren Sinne gemeint, sondern jedweder Zweck, der im Horizont der kirchlichen Sendung steht. Eine im Gesetzbuch der katholischen Kirche mehrfach wiederkehrende Zwecktrias[7] nennt schwerpunktartig (aber nicht abschließend) folgende Zielsetzungen für die Verwendung kirchlichen Vermögens und damit auch für jedwede Zuwendung an die Kirche: 1. würdige Feier des Gottesdienstes, 2. Unterhalt der Kleriker und anderer kirchlicher Bediensteter, 3. Werke des Apostolates und der Caritas. Diese Bestimmungen sind nicht eng auszulegen; so gehört zur Feier des Gottesdienstes sowohl die eigentliche liturgische Feier als auch der Unterhalt des entsprechenden Gebäudes. Auch caritative Werke jeglicher Art erfüllen diese Bestimmung *ad causas pias*. Im Blick auf das deutsche Verfassungsrecht ist davon auszugehen, dass die Kirche in Anbetracht der korporativen Religionsfreiheit und des kirchlichen Selbstbestimmungsrechts den Horizont dessen, was *kirchliche* Zwecke sind, selber bestimmt.[8]

2. Es ist unerheblich, *wer* eine solche Zuwendung macht. Zwar mag man zunächst an einen Angehörigen der entsprechenden Kirche denken, aber dies stellt sicher keine *conditio sine qua non* dar. So käme durchaus auch ein Nichtkatholik in Betracht, ob er einer anderen christlichen Gemeinschaft angehört oder nicht, oder gar eine juristische Person. Für das kirchliche Recht resultiert eine solche Zuwendung aus der im Naturrecht verankerten Verfügungsgewalt über das eigene Vermögen[9]; das deutsche Verfassungsrecht sieht darin eine Konkretisierung der garantierten freien Religionsausübung.[10]

3. Hinsichtlich der konkreten Zwecksetzung und Organisation der Stiftung besteht im Rahmen der gesamtkirchlichen und zivilrechtlichen Vorgaben

---

6 Vgl. c. 1303 § 1 CIC.

7 Vgl. cc. 114 § 2, 222 § 1 und 1254 § 2 CIC, wobei die Reihenfolge der Zwecke variiert.

8 Vgl. Art. 4 Abs. 2 GG, Art. 140 GG iVm. 137 Abs. 3 WRV. Axel Freiherr von Campenhausen, Staatskirchenrecht, München ³1996, 105–114.

9 Vgl. c. 1299 CIC.

10 Vgl. Art. 4 Abs. 2 GG.

Gestaltungsfreiheit. So steht es dem Stifter frei zu bestimmen, welchen konkreten Zweck seine Stiftung erfüllen soll, zu wessen Gunsten dies geschieht, wo sie errichtet und wie sie verwaltet wird und an sich auch die genaue Rechtsform, wobei sicher auch Nützlichkeits- und Zweckmäßigkeitserwägungen eine Rolle spielen müssen. Unabdingbare Voraussetzung ist jedoch, da eine kirchliche Stiftung sich nicht der kirchlichen Aufsicht entziehen darf.

4. Die Stiftung wird nicht bereits durch die Vermögensübertragung des Stifters konstituiert. Vielmehr bedarf sie der rechtsgültigen Annahme bzw. Errichtung. Damit ist ein hoheitlicher Akt der kirchlichen Autorität (d.h. in der Regel des Ordinarius[11]) gemeint, kraft derer die Stiftungsverpflichtung anerkannt, deren Erfüllung definitiv übernommen sowie der Rechtscharakter der Stiftung festgelegt wird. Zugleich sollten dabei auch innerhalb der rahmenrechtlichen Vorgaben in Statuten bzw. Stiftungsurkunde weitere Einzelheiten vereinbart werden (z.B. Verwaltung, Heimfall des Kapitals). Es handelt sich also bei der Konstituierung einer Stiftung, dem Stiftungsgeschäft, um einen Vertrag (näherhin um einen sog. *Innominatkontrakt*), aus dem Leistung (Schenkung mit bestimmter Verpflichtung) und Gegenleistung resultieren (Erfüllung der Verpflichtung). Aus dieser Qualifikation als *Vertrag* folgt nach Maßgabe von c. 1290 CIC auch, dass, sofern keine speziellen kirchenrechtlichen Bestimmungen bestehen, die einschlägigen Vorschriften des weltlichen Rechts auch für den kirchlichen Bereich zu beachten sind.[12] Hinsichtlich der kirchenrechtlichen Bestimmungen ist zum einen an die rahmenrechtlichen Vorgaben des *Codex Iuris Canonici* für die Gesamtkirche zu denken[13] sowie an das Partikularrecht[14], doch wird letzteres zwecks Sicherung der Stiftungen nach weltlichem Recht wohl kaum Vorschriften enthalten, die mit diesem unvereinbar wären.[15] Durch die Annahme der Stiftung garantiert die Kirche die Erfüllung der Stiftungsverpflichtung, über die die kirchliche Stiftungsaufsicht zu wachen hat. Wurde die Stiftung auch nach weltlichem Recht errichtet, greift an sich auch die staatliche Stiftungsaufsicht, sofern deren Zuständigkeit nicht an die kirchliche Autorität übertragen wurde. In diesem Kontext sei angemerkt, dass die konsequente Anwendung des verfassungsrechtlich verankerten

---

11 Auf diözesaner Ebene sind dies der Diözesanbischof bzw. der Generalvikar sowie ein Bischofsvikar, sofern dieser einen entsprechenden Zuständigkeitsbereich besitzt; es ist aber auch an den ordensrechtlichen Bereich zu denken sowie an den überdiözesanen Bereich; für letzteren gilt c. 312 § 1 CIC analog.

12 C. 1290 CIC enthält ferner einen Vorbehalt zugunsten des göttlichen Rechts und des Zeugenbeweises.

13 Vgl. cc. 1303-1310 CIC.

14 Auf die Kompetenz des partikularrechtlichen Gesetzgebers weist ausdrücklich c. 1304 § 2 CIC hin, obgleich diese Norm gesetzessystematisch nicht zu dem lediglich die unselbständigen Stiftungen betreffenden § 1 passt.

15 Dies lässt sich aus c. 1284 § 2, 2° und 3° CIC ableiten.

kirchlichen Selbstbestimmungsrechts[16] bedeutet, dass die kirchliche Stiftungs-aufsicht allein zuständig wäre.

5. An sich selbstverständlich sein dürfte, dass das Stiftungskapital hinreichend geeignet sein muss, den Zweck der Stiftung zu erfüllen. Dabei kommt es nicht primär auf die Art der Güter an (Immobilien, Mobilien, geldwerte Rechte im eigentlichen Sinne), sondern auf ihre Eignung, die vermögensrechtliche Grund-ausstattung dieser Stiftung zu bilden, so dass es ihr möglich ist, ihre Ziele zu verwirklichen. Die zuständige kirchliche Autorität hat (wie vor Errichtung jedweder Rechtsperson) zu prüfen, ob diese wirtschaftliche Basis tatsächlich ausreichend ist.[17] In Anbetracht sich wandelnder ökonomischer oder sozialer Gegebenheiten sollte die Stiftungsurkunde auf jeden Fall eine Reduktions-klausel sowie eine Heimfallklausel enthalten für den Fall, dass die Erfüllung der Stiftungsverpflichtung unmöglich oder unzweckmäßig ist.

6. Das Vermögen jedweder Stiftung ist nach seiner Zweckbestimmung, sei-nem Umfang und seiner Verwaltung von dem jedweder anderen Rechtsperson zu unterscheiden. Es liegt also stets ein Sondervermögen vor. Ein wie auch immer gearteter „Kapitaltransfer" zu oder mit einer anderen Rechtsperson ist nur als ein Rechtsgeschäft möglich, durch das die finanzielle Leistungskraft der Stiftung nicht geschmälert wird. Daher bedürfen Veräußerungen und ver-äußerungsähnliche Rechtsgeschäfte der kirchenaufsichtlichen bzw. stiftungs-aufsichtlichen Genehmigung[18], was inhaltlich näher durch allgemeine Stiftungs-ordnungen oder die jeweilige Stiftungssatzung zu füllen ist.

2. Die Arten einer Stiftung nach kanonischem Recht

Im Blick auf die konkrete Rechtsform der *fundatio pia* nach kirchlichem Recht ist grundsätzlich die selbständige Stiftung von einer unselbständigen Stiftung zu unterscheiden, was mit einer rechtsfähigen bzw. nichtrechtsfähigen Stiftung nach weltlichem Recht verglichen werden kann, obwohl Abweichungen zu beachten sind.

2.1. Die selbständige Stiftung

Bei einer selbständigen Stiftung *(fundatio pia autonoma)* handelt es sich *per definitionem* um eine Gesamtheit von Sachen, die zu einem der genannten kirch-lichen Zwecke bestimmt und von der zuständigen kirchlichen Autorität *als*

---

16 Vgl. Art. 140 GG iVm. Art. 137 Abs. 3 WRV.
17 Vgl. cc. 114 § 3, 1304 § 1 CIC.
18 Vgl. cc. 1291 und 1295 CIC.

juristische Person errichtet worden ist.[19] Entscheidend ist also, dass eine selbständige Stiftung kraft ihrer Errichtung eine eigenständige Rechtsperson nach kanonischem Recht darstellt, diese also, und damit auch das Stiftungsvermögen nach erfolgtem Stiftungsgeschäft, unabhängig von jedweder anderen Rechtsperson existiert; dies schließt nicht aus, dass als Organe der Stiftung die Organe einer anderen Rechtsperson in Personalunion fungieren.[20] Hinsichtlich der Rechtspersönlichkeit im weltlichen Bereich sind indes die Vorschriften des staatlichen Rechts zu beachten, wobei jedoch vermieden werden sollte, dass staatlicher und kirchlicher Rechtsstatus auseinander klaffen. – Manche staatlichen Stiftungsgesetze schreiben allerdings *expressis verbis* vor, dass die staatliche Stiftungsaufsichtsbehörde eine Stiftung nur mit Zustimmung der kirchlichen Stiftungsaufsichtsbehörde als eine *kirchliche* genehmigen kann.[21]

Das geltende kirchliche Gesetzbuch von 1983 eröffnet jedoch eine interessante Variationsmöglichkeit: Es kann entweder eine *öffentliche* Rechtsperson in der Kirche errichtet werden, also eine *öffentliche* Stiftung, oder eine *private* Rechtsperson, also eine *private* Stiftung in der Kirche. Der CIC von 1983 stellt in Rezeption der Lehre des II. Vatikanischen Konzils über das allgemeine Priestertum bzw. das Apostolat der Laien deutlich heraus[22], dass es im Bereich der Kirche durchaus private Initiativen geben kann, näherhin als Konkretisierung des Rechts, Vereinigungen und Unternehmungen bzw. Initiativen zu gründen und zu führen.[23] Somit kann es zu kirchlichen Zwecken bestimmtes, privates Vermögen im Raum der Kirche geben.[24]

Nach kirchlichem Recht[25] muss jedwede öffentliche Rechtsperson folgende Kriterien zugleich erfüllen: 1. Errichtung durch die zuständige Autorität, 2. Handeln innerhalb der festgelegten Grenzen nach Maßgabe der Rechtsvorschriften, 3. Handeln im Namen der Kirche *(nomine Ecclesiae)*, 4. Erfüllen der eigenen Aufgabe, 5. im Hinblick auf das öffentliche Wohl *(bonum publicum)*. Mit Blick auf eine Stiftung besteht das wesentliche Unterscheidungskriterium darin, dass eine *öffentliche* Stiftung im Unterschied zu einer privaten im Namen der Kirche handelt, eine *private* Stiftung (als „Privatinitiative") im *eigenen* Namen, jedoch beide einen Zweck im Horizont der kirchlichen Sendung verfolgen. In Analogie zum kirchlichen Vereinigungsrecht ist davon auszugehen, dass eine solche private Stiftung an sich jedweden kirchlichen Zweck verfol-

---

19 Vgl. c. 1303, 1° CIC.
20 Dies trifft bereits z.B. für den Kirchenvorstand gemäß § 1 Abs. 2 VVG Preußen zu.
21 Vgl. z.B. § 4 Abs. 3 Satz 1 StiftG NW.
22 Vgl. Dogmatische Konstitution *Lumen Gentium*, Art. 37 (s. Anm. 1); Dekret über das Apostolat der Laien *Apostolicam Actuositatem* vom 18. November 1965, in: AAS 58 (1966) 837–864.
23 Vgl. cc. 215 und 216 CIC.
24 Vgl. c. 1257 § 2 CIC.
25 Vgl. c. 116 § 1 CIC.

gen kann mit Ausnahme der Glaubensverkündigung *nomine Ecclesiae*, der Förderung des *amtlichen* Gottesdienstes oder einem Ziel, das seiner Natur nach der kirchlichen Autorität vorbehalten ist[26]; hier wäre in Analogie zur Diskussion im staatlichen Bereich abzugrenzen, was zu den „hoheitlichen Aufgaben" zu zählen ist. Im Hintergrund steht, dass 1. private Initiativen keine hoheitlichen Aufgaben erfüllen können und 2. eine private Stiftung nicht die kirchenamtliche Sendung behindern darf.

Bei einer *privaten* Stiftung handelt es sich nicht um Kirchenvermögen, sondern um privates Vermögen. Daraus ergibt sich:

1. Bei der Errichtung einer privaten Stiftung besteht ein größerer Gestaltungsraum bzgl. der Vermögensverwaltung, die sich an den kodikarischen Bestimmungen orientieren kann, aber nicht muss. Zu beachten sind indes die rahmenrechtlichen Vorgaben etwaiger diözesaner Stiftungsordnungen. – Bei der Errichtung einer *öffentlichen* Stiftung wird man insbesondere auf die Einhaltung der strengen kodikarischen Vorgaben pochen.[27] Dessen unbeschadet sind freilich für bereits errichtete Stiftungen die in Statuten bzw. Stiftungsurkunden definitiv festgelegten Regelungen einzuhalten.

2. Die kirchliche Stiftungsaufsicht betrifft bei privaten Stiftungen neben dem Schutz der ökonomischen Grundausstattung allgemein die Verwendung der Güter bzw. Erträge im Sinne der Widmung[28], überlässt aber die konkrete Verwaltung und Verwendung dem Organ der Stiftung, sofern keine Vorgaben seitens des Stifters gemacht und diese rechtsgültig anerkannt worden sind. Werden die Aufgaben der staatlichen Stiftungsaufsicht von der kirchlichen wahrgenommen, sind zudem die Bestimmungen des staatlichen Rechts zu beachten; ob angesichts des geltenden Verfassungsrechts überhaupt eine staatliche Zuständigkeit besteht, habe ich bereits angefragt. Zu bedenken bleibt jedoch ein Zweifaches:

1. Die genannte Unterscheidung zwischen privater und öffentlicher Stiftung steht bislang in der katholischen Kirche kaum im Blick. So findet sich in der kanonistischen Literatur keine inhaltliche Füllung. In der Praxis kommt sie kaum vor. Dies liegt darin begründet, dass es sich um eine kodikarische Neuerung handelt, deren Relevanz (und Chance) man sich in Anbetracht nur weniger neu errichteter selbständiger Stiftungen in jüngerer Zeit wohl noch nicht hinreichend bewusst ist. – *Materiell* setzten allerdings das Angesprochene bereits manche diözesane Stiftungsordnungen um. So gilt beispielsweise in Nord-

---

26 Vgl. c. 301 § 1 CIC.
27 Vgl. c. 1257 § 1 CIC.
28 Vgl. c. 325 und c. 1307 § 1 iVm. c. 1301 § 2 CIC.

rhein-Westfalen, hier konkret im Erzbistum Paderborn, die diözesane Stiftungsordnung von 1978, die die Eckdaten des Stiftungsgesetzes NW von 1977 näher füllt; diese kirchliche Ordnung regelt die Aufsicht über Stiftungen mit überwiegend kirchlichen Aufgaben, die entweder vor Inkrafttreten des BGB errichtet wurden oder, später errichtet, nach dem Willen des Stifters von der katholischen Kirche verwaltet und beaufsichtigt werden sollen.[29] Unterstellt man, dass für die Verwaltung etwaiger *öffentlicher* Stiftungen die strengeren Vorschriften für Kirchengemeinden analog gelten, weil es sich um Kirchenvermögen handelt[30], liegt hier eine Regelung für private Stiftungen in der Kirche vor. Die Initiative des Evangelischen Landeskirche von Westfalen vom Frühjahr diesen Jahres basiert auf einer vergleichbaren kirchlichen Stiftungsordnung, stellt aber die Zweckmäßigkeit und Angemessenheiten von Stiftungen zugunsten der Kirche deutlich heraus und regelt insbesondere die Modalitäten des Stiftungsgeschäftes näher.[31]

2. Die staatliche Rechtsordnung dürfte sich in bezug auf die genannte Unterscheidung öffentlich-privat nicht hinderlich auswirken, da aus Sicht des staatlichen Rechts die alten Stiftungen mit eindeutig kirchlicher Zwecksetzung, die aber seitens des Stifters nicht (ausdrücklich) der kirchlichen Stiftungsaufsicht unterstellt wurden, als Vorbild für private Stiftungen des kirchlichen Rechtes angesehen werden können. Darüber hinaus bezeichnet z.B. das Stiftungsgesetz NW kirchliche Stiftungen allgemein als solche, deren Zweck es ist, überwiegend kirchliche Aufgaben zu erfüllen und die nach dem Willen des Stifters von einer Kirche verwaltet oder beaufsichtigt werden.[32] Verfügen die Stiftungsgesetze der anderen Bundesländer über solche oder ähnliche Regelungen, wäre eine hinreichend weite rahmenrechtliche Vorgabe vorhanden.

Da eine selbständige Stiftung eine eigene Rechtsperson darstellt, ist sie ihrer Natur nach zeitlich unbegrenzt.[33] Sie wird also nicht auf bestimmte Zeit errichtet. Allgemein gilt für das Erlöschen einer Rechtsperson in der katholischen Kirche: Sie endet 1. durch Aufhebung seitens der zuständigen (kirchlichen) Autorität; 2. von Rechts wegen 100 Jahre, nachdem sie zu handeln aufgehört hat; 3. eine *private* Rechtsperson außerdem kraft Auflösung gemäß Statuten oder autoritativer Feststellung, dass sie zu handeln aufgehört hat. Das Gesagte ist aber nur eingeschränkt auf Stiftungen übertragbar. Zu beach-

---

29 Vgl. Stiftungsordnung für das Erzbistum Paderborn vom 13. März 1978, in: KA Paderborn 121 (1978) 57–58.
30 Vgl. c. 1257 § 1 CIC.
31 Diese Initiative geht zurück auf ein Projekt der Evangelischen Kirche in Deutschland und hat bisher außerdem in der Evangelischen Kirche im Rheinland und in der Evangelisch-Lutherischen Kirche in Bayern Konkretisierung gefunden.
32 Vgl. § 2 Abs. 4 StiftG NW.
33 Vgl. c. 120 § 1 CIC.

ten bleibt grundsätzlich, dass das vorhandene Stiftungskapital weiterhin zur Erfüllung des Stiftungszweckes verwendet werden muss. Tangiert die Auflösung einer Stiftung den Stiftungszweck, bedarf es hierzu einer entsprechenden Bevollmächtigung durch die Stiftungsurkunde oder die (zum Zeitpunkt des Abschlusses des Stiftungsgeschäftes geltende) Stiftungsordnung.[34] Es empfiehlt sich bei der Errichtung einer Stiftung dringend, den Fall zu regeln, dass die Erfüllung der Stiftung erschwert, ineffizient oder gar unmöglich wird.[35]

Zu bedenken geben möchte ich, dass die kirchliche Autorität mit der Errichtung kirchlicher Stiftungen mit *öffentlicher* Rechtspersönlichkeit Zurückhaltung üben sollte, zum einen um das Laienapostolat zu stärken, zum anderen der Betrieb von komplexen Unternehmen ihr Potential übersteigen könnte. Wie die Vorkommnisse um die Caritas im Bistum Trier haben deutlich werden lassen, bedarf es heute aufgrund komplizierter Rechtslagen nicht nur besonderer Sorgfalt, sondern auch spezifischer ökonomischer Kenntnisse bei der kirchenaufsichtlichen Genehmigung, woraus auch Fragen der Haftung resultieren. Daher wäre zu erwägen, Stiftungen, die einem mittleren oder größeren Wirtschaftsbetrieb ähneln, als private Stiftungen in der Kirche zu errichten, so dass Wirtschaftsexperten die eigentliche betriebswirtschaftliche Prüfung vornehmen, die kirchliche Autorität lediglich über die Erfüllung der Stiftungsverpflichtung wacht. – Indes sehen verschiedene Stiftungsordnungen die Hinzuziehung eines Wirtschaftsprüfers zumeist schon vor.[36]

2.2. Die unselbständige Stiftung

Unselbständige Stiftungen *(fundationes piae non autonomae)*, in der einschlägigen kirchenrechtlichen Literatur auch *Zustiftungen* oder *angelehnte Stiftungen* genannt, sind nach Maßgabe der Definition des heute geltenden kirchlichen Gesetzbuches *zeitliche Güter, die einer öffentlichen juristischen Person in der Kirche übergeben worden sind mit der Auflage, für längere, im Partikularrecht zu bestimmende Zeit, aus den jährlichen Erträgnissen Messen zu feiern und bestimmte andere kirchliche Funktionen durchzuführen oder kirchliche Zwecke auf andere Weise zu verfolgen.* Es handelt sich also um zweckgebundenes Sondervermögen einer Rechtsperson. Für diese unselbständigen Stiftungen gelten folgende Kriterien:

1. Eine unselbständige Stiftung ist *per definitionem* an eine *öffentliche* juristische Person in der Kirche angelehnt; der Vorschlag, als Treuhänder der Zustiftung

---

34 Dieses Erfordernis ergibt sich kraft Analogieschlusses aus c. 1310 § 1 CIC, demzufolge der Ordinarius bereits für die Abänderung einer Stiftungsverpflichtung der Bevollmächtigung durch den Stifter bedarf; andernfalls hat er den Hl. Stuhl anzugehen.

35 Zu denken ist z.B. an ein Krankenhaus, das später keine Aufnahme mehr in den Krankenhausbedarfsplan findet.

36 Vgl. z.B. § 10 StiftG NW; § 7 Abs. 1 Stiftungsordnung Paderborn.

auch private juristische Personen zuzulassen, wurde in der Codex-Reform-kommission abgelehnt.[37] Als solche öffentliche juristische Personen gelten die uns geläufigen Körperschaften Pfarrei und Diözese, aber auch Gemeindeverbände, Gotteshausvermögen, Benefizium (Pastorat, Küsterei o.ä.) sowie jede selbständige Stiftung mit öffentlicher Rechtspersönlichkeit in der Kirche. Diese Bindung an eine öffentliche Rechtsperson mag daraus resultieren, dass man (weltweit) darin eine effektivere Vigilanz über die Erfüllung der Stiftungs-verpflichtung sah, sowie aus dem Umstand, dass der Stiftungszweck (bislang) hauptsächlich im gottesdienstlichen Bereich liegt. Eine an einer privaten Rechts-person errichtete unselbständige Stiftung ist keine Stiftung im Sinne des *Codex Iuris Canonici*, was aber eine entsprechende Behandlung nach weltlichem Recht nicht ausschließt.

2. Der Zweck einer unselbständigen Stiftung besteht allgemein in einem der eingangs genannten kirchlichen Zwecke. Wenn der Gesetzestext an erster Stelle die Feier von hl. Messen nennt (sog. *Meßstiftungen)*, an zweiter Stelle andere wohl gottesdienstliche Funktionen (Prozessionen, Ewiges Licht usw.), so ist hierin eine Reminiszenz an die bestehenden Gepflogenheiten hinsichtlich des Stiftungszweckes zu sehen, nicht aber eine wertende Reihenfolge.

3. Eine unselbständige Stiftung bedarf der rechtsgültigen Annahme durch die verantwortliche Rechtsperson sowie, wiederum zur Gültigkeit, der kirchenauf-sichtlichen Genehmigung. Erstere sichert dadurch die Erfüllung der Stiftungs-verpflichtung zu, letztere hat zu prüfen, dass das Stiftungskapital ausreicht und die demnächst verantwortliche Rechtsperson bereits bestehende sowie die nun zu übernehmende Stiftungsverpflichtung zu erfüllen in der Lage ist.[38] Ist abzusehen, dass die neue Stiftungsverpflichtung nicht erfüllt werden kann oder bereits übernommene Verpflichtungen gefährdet werden, darf diese neue nicht übernommen werden; um unvorhersehbaren Ereignissen vorzubeugen, ist die Aufnahme einer Reduktionsklausel dringend anzuraten.

4. Das Vermögen der unselbständigen Stiftung geht mit deren rechtsgültiger Annahme als Sondervermögen in den Besitz der betreffenden öffentlichen Rechtsperson über; auf eine Eigentumsübertragung sollte großer Wert gelegt werden.

5. Hinsichtlich der Haftung gilt der allgemeine Grundsatz, dass derjenige, der durch eine widerrechtlich, vorsätzlich oder fahrlässig vorgenommene Hand-lung oder durch ein Nichthandeln Schaden zugefügt hat, regresspflichtig ist.[39]

---

37 Vgl. Communicationes 12 (1980) 431.
38 Vgl. c. 1304 § 1 CIC.
39 Vgl. c. 128 CIC; der letzte Aspekt findet sich zwar *expressis verbis* nicht in c. 128, doch ist die vorliegen-de Gesetzeslücke analog zu schließen.

Im Sinne der Organhaftung wäre dazu unter Umständen auch das Vermögen der öffentlichen Rechtsperson heranzuziehen[40], da das Vermögen dieser treuhänderisch übertragen worden ist.[41]

6. Eine unselbständige Stiftung wird nur noch auf bestimmte Dauer errichtet, die Verpflichtungen werden also grundsätzlich nicht mehr wie bisher auf immerwährende Zeiten *(in perpetuum)* übernommen. Hierin liegt ein gravierender Unterschied zum bisher geltenden Recht sowie zur weltlichen Rechtsordnung.[42] Damit wurden die Erfahrungen mit Inflationen einerseits und der Zunahme von Zustiftungen andererseits berücksichtigt. So war es aus beiden Gründen im Anschluss an die Inflationen nach den beiden Weltkriegen notwendig geworden, Meßstiftungen in erheblichem Umfang zu reduzieren.[43] – Eine Auswirkung auf bereits *in perpetuum* angenommene Zustiftungen ergibt sich aus dieser Vorschrift indes nicht.

Aus der zeitlichen Begrenztheit der unselbständigen Stiftung ergeben sich nun zwei Konsequenzen:

1. Die Zeitdauer ist durch das Partikularrecht festzulegen. Hier mag man zunächst an diözesane Bestimmungen denken, die aber nur für Meßstiftungen existieren (oftmals 20 Jahre), für die aber auch ein Mindest-Stiftungskapital angegeben wird. Hinsichtlich anderer Zustiftungen bestehen keine verbindlichen Vorgaben. In der Praxis dürfte man geneigt sein, sich an der Regelung für Meßstiftungen zu orientieren, doch besteht an sich (mangels Bestimmungen) „Verhandlungsspielraum". Vor späteren Unwägbarkeiten schützt die heute übliche Reduktionsklausel. Anzuregen wären rahmenrechtliche Vorgaben der Diözesen.

2. Es ist vorab festzulegen, welchem Zweck das Stiftungskapital nach Ablauf der Zeit zuzuführen ist. Der Stifter kann dies frei bestimmen, doch dürfte die Annahme der Stiftung wohl auch davon abhängig gemacht werden, dass der spätere Verwendungszweck mit der kirchlichen Sendung vereinbar ist, zumindest aber nicht in Widerspruch steht. Wenn der *Codex Iuris Canonici* bei Nicht-

---

40 Vgl. c. 1281 § 3 CIC.

41 Da dies (je nach Umfang der unselbständigen Stiftung) ein hohes Risiko für die öffentliche Rechtsperson bedeuten kann, wäre zu fragen, ob nicht in der Stiftungsurkunde ggf. eine Haftungsbeschränkung bzw. ein Haftungsausschluss vereinbart werden kann.

42 Vorzüge und Nachteile dieser neuen Regelung können hier nur angedeutet werden: So liegt es einerseits sicher in der Intention mancher potentieller Stifter, ihren Namen bzw. Stiftungszweck auf unbestimmte Zeit erhalten zu wissen, andererseits ist die Praktikabilität (auch im Blick auf Jahrhunderte) zu bedenken. Durch einen entsprechend bestimmten Heimfall des Vermögens nach Ablauf der Zeit ließe sich aber der Stiftungszweck zumindest allgemein weiter verfolgen.

43 Die Codex-Reformkommission wies in ihrer Begründung indes nur auf möglicherweise langfristig instabile ökonomische Verhältnisse hin (vgl. Communicationes 5 [1973] 102, 9 [1977] 273, 12 [1980] 431).

vorliegen einer anderweitigen Verfügung den Vermögensheimfall zugunsten der diözesanen Priesterbesoldungskasse anordnet, ist dies vor dem Hintergrund der Sorge um die Priesterbesoldung (weltweit)[44] sowie der Praxis der Meßstiftungen zu sehen, nicht aber als Präjudiz.

Aus der Praxis bleibt anzumerken, dass, abgesehen von Meßstiftungen, andere unselbständige Stiftungen nur höchst selten errichtet werden, und daher entsprechende Kriterien oder Orientierungslinien (bislang) fehlen.

3. Fazit und Ausblick

Das kirchliche Gesetzbuch von 1983 hat die Möglichkeit geschaffen, *selbständige Stiftungen* sowohl mit öffentlicher als auch mit privater Rechtspersönlichkeit zu errichten. Die in Deutschland bereits bekannten Stiftungen mit kirchlicher Zwecksetzung nach staatlichem Recht haben also durch die kanonische Rechtsordnung Berücksichtigung gefunden. Indes ist die Möglichkeit solcher privater Stiftungen bei den Kirchengliedern und damit die Möglichkeit, dass sie auf diese spezifische Weise die Ziele der Kirche unterstützen, faktisch nicht bekannt. Die Initiative der Evangelischen Kirche von Westfalen vom Frühjahr 2001 (und anderer Landeskirchen) verdient in diesem Kontext Aufmerksamkeit. – Hinsichtlich der *unselbständigen Stiftungen* bleibt zu beachten, dass diese nach kirchlichem Recht nur an einer öffentlichen Rechtsperson in der Kirche und nur auf bestimmte Zeit errichtet werden können. Hiermit sind klare Grenzen gezogen, die im Partikularrecht bislang, weil auf Meßstiftungen konzentriert, noch zu keinen näheren Reflexionen Anlass gegeben haben.

Abschließend sei kurz der Frage nachgegangen, wie Zuwendungen an die Kirche unter Lebenden oder *mortis causa* zu behandeln sind, die sich nicht in den – obgleich rahmenrechtlichen – Kategorien des kodikarischen Stiftungsrechtes fassen lassen. Hier ist auf eine grundsätzliche Regelung des Kirchenrechts hinzuweisen: Wer für fromme Zwecke treuhänderisch Vermögen angenommen hat, muss dem Ordinarius von seiner Treuhandschaft Kenntnis geben und ihm alles auf diese Weise übertragene bewegliche und unbewegliche Vermögen samt seinen Belastungen anzeigen; wenn dies der Geber ausdrücklich und ausnahmslos verboten hat, darf er die Treuhandschaft nicht übernehmen. Der Ordinarius hat die sichere Anlage des Vermögens zu fordern und die Erfüllung der Verpflichtungen zu überwachen.[45] – Dieser Vorschrift lässt sich entnehmen, dass unabhängig von den genannten Kategorien des kodikarischen Stiftungsrechts eine Übernahme von Vermögen „zu treuen

---

44 Vgl. c. 1274 §§ 1 und 2 CIC.
45 Vgl. c. 1302 §§ 1 und 2 CIC.

Händen" möglich ist, sofern damit ein frommer Zweck erreicht werden kann. Abgesehen von der genannten Aufsicht enthält sich das Recht für die Gesamt- kirche einer näheren Normierung; es kann vielmehr die grundsätzliche Rege- lung Anwendung finden, dass hinsichtlich der Verträge das weltliche Vertrags- recht auch im innerkirchlichen Bereich zu beachten ist, sofern einzelne Rege- lungen nicht dem göttlichen Recht widersprechen oder (ausnahmsweise) spe- zielle kirchenrechtliche Vorschriften bestehen. Dies gewährt hinreichend Raum für eine tiefergehende kirchenrechtliche und staatskirchenrechtliche Reflexion über Vermögenszuwendungen an die Kirche *ad causas pias,* die sich an der staatlichen Rechtsordnung orientieren.

Die unselbständige Stiftung – der staatliche Rechtsrahmen

Dr. Albert Post, Stiftung Patronatsbaufonds, Fulda

1. Das Stiftungsrecht in der Diskussion

Die Politik hat die „aktive Bürgergesellschaft" entdeckt. Sie wird dabei geleitet von der Erkenntnis: Der Staat kann nicht alles (finanzieren) – daher soll der Bürger, insbesondere das wohlsituierte Mitglied dieser Gesellschaft, animiert werden, sein Vermögen in wesentlichen Teilen bereitzustellen für Aufgaben, die der Allgemeinheit nützen und guten Zwecken dienen. Um dieses begrüßenswerte Ziel zu erreichen, haben seit einiger Zeit viele Interessierte das Instrument „Stiftung" entdeckt und glauben, dass wesentliche Hindernisse nur noch in den vermeintlich veralteten oder unpraktikablen Regeln des Stiftungsrechtes liegen.

Es stellt sich aber tatsächlich die Frage, ob es am vorhandenen Rechtsrahmen liegt, dass die Bürger nicht noch stärker als bisher Vermögen in gemeinnützige Stiftungen einbringen oder ob die Hauptursache nicht vielmehr in der gesellschaftlichen Situation einer egozentrischen Lebensauffassung liegt, die dem begrüßenswerten Ziel der aktiven Bürgergesellschaft noch entgegensteht. Vielleicht macht man es sich zu leicht, wenn man glaubt, es liege an den komplizierten Gründungsvorschriften, den Anerkennungsvoraussetzungen des steuerlichen Gemeinnützigkeitsrechts und dem Konzessionssystem der Stiftungsaufsicht, dass die Bürger nicht im größeren Umfang als es bisher der Fall ist, Stiftungen errichten. Dieter Reuter hat recht wenn er feststellt: „Die neuere Diskussion über das Recht der unselbständigen Stiftung leidet – wie die anderen Bereiche des Stiftungsrechts – darunter, dass sie allzu stark von dem rechtspolitischen Ziel bestimmt wird, eine möglichst große Zahl von Stiftungsgründungen zu erreichen. Die Folge ist nicht nur ein bisweilen recht leichtfertiger Umgang mit dem vorgegebenen Rechtsstoff, sondern auch und vor allem die Förderung von Quantität auf Kosten der Qualität."[1]

Diesen Eindruck erhält man auch, wenn man die aktuellen Diskussionen zur Änderung des Stiftungsrechtes verfolgt. Nachdem nämlich die Reform des Stiftungsrechtes in steuerlicher Hinsicht mit dem Gesetz zur weiteren steuerlichen Förderung von Stiftungen abgeschlossen war (Gesetz vom 14.07.2000 – BGBl. I, S. 1034) hat das Bundes-Justizministerium bekanntlich eine Bund-Länder-Arbeitsgruppe eingesetzt, die sich mit den Fragen der Reformbedürftigkeit des Stiftungsprivatrechtes befassen sollte. Von dieser Arbeitsgruppe wurde ein Fragenkatalog erarbeitet, der mit der Bitte an die Kirchen, Verbände und gesellschaftlichen Gruppen zur Stellungnahme verschickt wurde und auf dessen Grundlage am 30.10.2000 eine Anhörung stattgefunden hat. Die Themen dieses Katalogs und damit der Anhörung machen deutlich, dass es insbesondere darum geht, alle möglichen Vermutungen oder evtl. auch tatsächlich vorhanden Hemmnisse aufzuräumen und quasi zu einem Stiftungsrecht zu kommen, das unter der Überschrift stehen könnte „Stiften leicht gemacht".

2. Unselbständige Stiftung – Stiften leicht gemacht?

Zunächst einmal ist grundsätzlich nichts dagegen zu sagen, dass rechtliche Hemmnisse, die einer weiteren Ausbreitung des Stiftungsgedankens entgegenstehen könnten, beseitigt werden. Dies kann jedoch bei einem Rechtsgebiet wie dem Stiftungsrecht, das organisch gewachsen und in föderativer Vielfalt durch die Bundesländer ausgestaltet ist, nur mit größtmöglicher Sorgfalt und hoher fachlicher Qualität geschehen. Vor allem aber ist nicht nur eine intensive vorbereitende Diskussion mit allen von solchen Änderungen betroffenen Institutionen erforderlich, sondern eine möglichst klare Analyse der bestehenden Rechtsnormen und ihrer Regelungsinhalte und Hintergründe, damit nicht durch das Drehen an einer Schraube im Rechtssystem an einer anderen Stelle Wirkungen erzeugt werden, die dem ganzen Bestreben eher entgegenlaufen. Die Idee, die unselbständige Stiftung in dieser Hinsicht als Vorbild für eine Neugestaltung des gesamten Stiftungsrechtssystems zu machen, kann leicht das gesamte Vorhaben konterkarieren und zur Destabilisierung der heute als vertrauenswürdige Institution und Rechtsform angesehenen Stiftung beitragen. Das hohe Ansehen der Stiftung könnte leicht in das Gegenteil verkehrt werden, wenn nach ein paar Jahren wegen mangelnder Rechtssicherheit und gewagter Stiftungskonstruktionen eine Reihe von Fällen mit Vermögensverfall oder anderen wirtschaftlichen Schäden auftreten würden und gutgläubig bereitgestellte Mittel für gemeinnützige Zwecke verloren gingen.

Soweit Informationen über den Ausgang der Anhörung der Bund – Länder – Arbeitsgruppe vorliegen, sahen die meisten Verbände und Einrichtungen in ihren Stellungnahmen keinen grundlegenden, zu einem Systemwechsel führenden Reformbedarf im Stiftungsprivatrecht. Dies zeigt, dass bei näherem Hinsehen unser Stiftungsrecht, insbesondere bei den selbständigen Stiftungen, den anstehenden Aufgaben, gewachsen ist und auch in der Zukunft Bestand haben könnte. Ob der Ruf nach noch größeren privatautonomen Gestaltungsfreiheiten und nach Beseitigung der als überflüssig angesehenen Staatsaufsicht der unselbständigen Stiftung zu einer so großen Ausstrahlung verhilft, dass diese Gestaltungsform des Stiftungsrechtes stets als primäre Lösung für ein bestehendes Stiftungsvorhaben empfohlen oder gar zum Leitbild für die künftige gesetzliche Normentwicklung erkoren werden sollte, müsste näher untersucht werden. Dieser Frage soll hier gemäß der Themenstellung des Arbeitskreises nachgegangen werden. Natürlich lassen Zeit und Zielvorgabe dieses Referates nur einen Einstieg in diese Fragestellung zu.

3. Rechtsnatur der unselbständigen Stiftung

Weder in der Literatur noch in den bestehenden Gesetzen auf Bundesebene findet sich eine verbindliche Definition des Begriffs der unselbständigen Stiftung. Wenn man die Stiftungsgesetze der Länder betrachtet, so findet sich lediglich in § 2 Abs. 2 des Stiftungsgesetzes von Nordrhein-Westfalen eine Art Legaldefinition. Danach besteht eine unselbständige Stiftung aus Vermögenswerten, deren sich der Stifter zugunsten eines uneigennützigen, auf die Dauer angelegten Zwecks entäußert, und mit denen der Zweck nach dem Willen des Stifters durch einen anderen treuhänderisch zu erfüllen ist. In einem eigenen, kurzen Abschnitt regelt das NRW-Stiftungsgesetz eine Rechtsaufsicht bezüglich der Erfüllung des Stifterwillens (§ 32 Stiftungsgesetz NRW) und ordnet an, dass die Bezirksregierungen ein Verzeichnis unselbständiger Stiftungen ihres Bereiches zu führen haben. Einzutragen sind die von einer juristischen Person verwalteten Stiftungen, aber auch diejenigen, deren Eintragung der Stifter oder der Treuhänder beantragt.

Nach dieser Legaldefinition entsteht also eine unselbständige Stiftung im allgemeinen durch privatrechtliches Rechtsgeschäft, durch das der Stifter das Stiftungsgut einer anderen Person überträgt, die es treuhänderisch zu verwalten und

damit einen uneigennützigen, auf Dauer angelegten Zweck zu erfüllen hat. Eine Rechtsgrundlage bezüglich der Erfüllung des Stifterwillens, wie ihn das NRW-Stiftungsgesetz kennt, ist so in anderen Bundesländern nicht vorhanden. Vielmehr verbindet derjenige, der eine unselbständige Stiftung errichtet, damit typischerweise die Erwartung, dass, anders als im Fall der selbständigen Stiftung, die Mitwirkung des Staates in Gestalt der Genehmigung und Beaufsichtigung der Stiftung ausgeschlossen ist.[2] Genau hier liegt nach Auffassung vieler, die sich über die Stiftungsaufsicht als Hemmnis für Stiftungsgründungen Gedanken machen, der wesentliche Unterschied zur selbständigen Stiftung.

3.1. Abgrenzung zur selbständigen Stiftung

Der Stiftungszweck als solcher ist im Rahmen der Definition der unselbständigen Stiftung kein Kriterium zur Unterscheidung zwischen unselbständiger und selbständiger Stiftung. Wie die selbständige, so ist auch die unselbständige Stiftung dadurch charakterisiert, dass ein Stifter ein bestimmtes Vermögen einem von ihm festgelegten Zweck auf Dauer widmet. Die inhaltliche Zielvorgabe beider Rechtsformen der Stiftung ist somit identisch; nur ist es die rechtliche Gestaltung auch?

Der wesentliche Unterschied zwischen beiden Formen besteht zunächst darin, dass die unselbständige Stiftung keine juristische Person ist und deswegen eines rechtsfähigen Trägers bedarf, um rechtswirksam handeln zu können. Weil folglich die unselbständige Stiftung nicht erst mit der Schaffung eines eigenen Rechtsträgers verbunden werden muss, sondern quasi auf eine schon vorhandene „Infrastruktur" zurückgreift, stellt sie sich so als die einfachere, vielleicht ältere Grundform der Stiftung überhaupt dar, die zugleich mit dem Treuhandgedanken in besonderer Hinsicht verbunden ist. Der Stifter überträgt hier einer natürlichen oder juristischen Person seines Vertrauens die vorgesehenen Vermögenswerte mit der Bestimmung, diese zur Verfolgung der von ihm, dem Stifter, gesetzten Zwecke zu verwenden.

Da somit weder von der Ziel- und Zwecksetzung noch von der inhaltlichen Struktur beider Rechtsformen die unterscheidenden Abgrenzungskriterien hergeleitet werden können, verbleiben im wesentlichen die beiden folgenden positivistischen Unterscheidungsmerkmale:

(1) Die unselbständige Stiftung ist keine juristische Person und bedarf, wie schon angesprochen, deswegen eines rechtsfähigen Trägers und

(2) nach der gegebenen Gesetzeslage ist das eigentliche Stiftungsrecht nicht anwendbar, so dass bei der Errichtung und Verwaltung einer unselbständigen Stiftung keiner Mitwirkung der staatlichen Stiftungsaufsicht vorgesehen ist.

Die beiden relevanten Unterscheidungskriterien sind jedoch von unterschiedlicher Qualität. Während das erstgenannte Kriterium etwas mit der Rechtsnatur dieser Rechtsform zu tun hat, spiegelt das zweite Kriterium die gegebene Rechtslage wider und könnte durch das Tätigwerden des Gesetzgebers durchaus auch als Unterscheidungskriterium entfallen. Das zweite Kriterium ist also nicht konstitutiv. Bei dem erstgenannten Kriterium ist dagegen die Notwendigkeit einer juristischen Person, die selbst das Vermögen zu Eigentum hält und den Stiftungszweck verwirklicht, konstitutiv für die selbständige Stiftung, während es bei der unselbständigen Stiftung quasi zum Wegfall der Unselbständigkeit führt. Das Hauptmerkmal der unselbständigen Stiftung, nämlich die fehlende juristische Person, ist für die Existenz dieser Rechtsform wesentlich und verbunden mit der Konsequenz, dass ein Dritter als rechtsfähiger Träger sich um Stiftungsvermögen und Stiftungszweck kümmern muss.[3] Die Zuordnung des Stiftungsvermögens an einen Dritten und die Sicherstellung des Stiftungszwecks durch diesen dritten Rechtsträger ist damit der Kern der Regelungsproblematik bei unselbständigen Stiftungen, wobei – wie gesagt – die relevanten Regelungen nicht im unmittelbaren Stiftungsrecht zu finden sind.

Abgesehen von diesem maßgeblichen Unterscheidungskriterium der Zuordnung des Stiftungsvermögens, welches im nachfolgenden Kapitel noch etwas näher beleuchtet wird, hat der Mangel einer eigenen Rechtspersönlichkeit bei der unselbständigen Stiftung natürlich auch erhebliche weitere Konsequenzen: So genießt die unselbständige Stiftung selbst keinen Grundrechtsschutz, sondern kann allenfalls am Grundrechtsschutz ihres Stifters oder ihres Trägers teilhaben. Auch sind weder die Stiftungsvorschriften des BGB noch die Vorschriften der Landesstiftungsgesetze – soweit diese nicht ausdrücklich wie in NRW diese Rechtsmaterie regeln wollen. – auf die unselbständige Stiftung anwendbar. Um die erwünschte Förderung idealer Zwecke nicht zu behindern, wurde im BGB absichtlich vermieden, für die fiduziarische Stiftung eines besondere Form vorzuschreiben.[4] Wie bereits angemerkt, sind damit die unselbständigen Stiftungen dem Stiftungsrecht und der darin vorgesehenen staatlichen Genehmigung und Aufsicht von vornherein entzogen. Nach Hagen Hof (in Seifart/von Campenhausen S. 522) lassen sich folglich mangels konstitutiver Errichtungsgenehmigung alle nach 1900 ohne staatliche Genehmigung entstandenen Stiftungen grundsätzlich nur als unselbständige klassifizieren.

Schließlich hat der fehlende Rechtsträger bei der unselbständigen Stiftung auch zur Folge, dass ein Unterschied bei der Art des Stiftungsgeschäftes notwendigerweise besteht. Während nämlich das Stiftungsgeschäft der selbständigen Stiftung lediglich eine einseitige, nicht empfangsbedürftige Willenserklärung unter Lebenden oder einer einseitigen Verfügung von Todes wegen in einem Testament erfordert (vgl. §§ 80, 81 und 83 BGB), ist das Stiftungsgeschäft der unselbständigen Stiftung von der Annahme durch den vorgesehenen Rechtsträger abhängig, so dass hier wegen der Empfangsbedürftigkeit und Annahmeerklärung des vorgesehenen Rechtsträgers gleichsam ein zweiseitiges Rechtsgeschäft vorliegt. Unter rein formellen Gesichtspunkten ist auch festzuhalten, dass das Stiftungsgeschäft unter Lebenden bei einer selbständigen Stiftung nach § 81 BGB der Schriftform bedarf. Des gilt erst recht bei Stiftungen von Todes wegen, die den Testamentserrichtungsvorschriften entsprechen müssen. Demgegenüber muss die Errichtung einer unselbständigen Stiftung unter Lebenden nicht unbedingt schriftlich festgehalten werden. Rein rechtlich könnte es genügen, dass der Stifter das ausgesetzte Stiftungsvermögen dem dies annehmenden Träger übergibt und ihm den Stiftungszweck erläutert. Aus Beweisgründen empfiehlt sich jedoch auch hier die Schriftform bzw., soweit Grundstücke übergeben werden oder andere formpflichtige Rechtsgeschäfte

mit der Stiftungserrichtung verbunden sind, müssen die gesetzlichen Formvorschriften natürlich beachtet werden.

3.1.1. Besonderheiten der unselbständigen öffentlich-rechtlichen Stiftungen

Eine Besonderheit bei der Abgrenzung zwischen selbständigen und nichtselb-
ständigen Stiftungen soll hier kurz bezüglich der öffentlich-rechtlichen Stiftungen erwähnt werden.

Während, wie bereits gesagt, die privatrechtlichen unselbständigen Stiftungen
im allgemeinen Zivilrecht aber außerhalb des Stiftungsrechts geregelt sind, ist
dies im öffentlichen Recht noch etwas anders. Hier werden rechtsfähige und
nichtrechtsfähige Stiftungen des öffentlichen Rechts manchmal gleich behandelt. Das ist insbesondere dann der Fall, wenn für die Verwaltung des endgültig hingegebenen Stiftungsvermögens einer juristischen Person des öffentlichen Rechts eine besondere Organisation besteht und das Stiftungsvermögen
von dem sonstigen Vermögen der empfangenden öffentlich-rechtlichen Körperschaft oder Anstalt getrennt bleibt. Dies hat verschiedentlich zu großen
Abgrenzungsschwierigkeiten zwischen selbständigen öffentlich-rechtlichen
Stiftungen und unselbständigem Sondervermögen des Staates geführt. Erwähnt
sei hier die Diskussion aus dem 19. und 20. Jahrhundert über den Allgemeinen Hannoverischen Klosterfonds.[5]

Zu dieser Problematik, die hier nicht in vollem Umfang dargestellt werden
kann, sei nur soviel festgehalten, dass auf die nicht rechtsfähigen öffentlich-
rechtlichen Stiftungen ausschließlich öffentliches bzw. Verwaltungsrecht Anwendung findet, das in eigenen staatlichen, kommunalen oder auch staatlich
anerkannten kirchlichen Satzungen, Verordnungen oder Gesetzen die Rechts-
grundlagen dieser mit einer speziellen Zwecksetzung verbundenen Sondervermögen regelt. Der Stiftungszweck, die Aufgaben und die Interessen dieser
Stiftungen werden in vollem Umfang von dem öffentlichen Muttergemeinwesen
wahrgenommen, in dessen Verwaltung sie unbeschadet der relativen Sonderstellung des Stiftungsvermögens integriert sind. Haushaltsrechtlich wird dieses Vermögen als unselbständiges Sondervermögen, als Nebenfonds oder
Vermögensgrundstock vom sonstigen Vermögen des Trägergemeinwesens
getrennt gehalten. Im übrigen finden dann die Rechtssätze Anwendung, die
für den öffentlich-rechtlichen Rechtsträger selbst maßgeblich sind. Bei größerem Sondervermögen wird das Trägergemeinwesen oder ein übergeordneter
öffentlicher Gesetzgeber die Stiftungsverwaltung durch Satzungen regeln. Auch
in dieser Weise sind die nicht rechtsfähigen Stiftungen des öffentlichen Rechts
nach den Normen des Verwaltungsrechtes und nicht des Privatrechtes geregelt und mit der öffentlichen Verwaltung eng verbunden.[6]

3.2. Zuordnung des Stiftungsvermögens

Festzuhalten ist unter dem Gesichtspunkt der Zuordnung des Vermögens, dass auch die unselbständigen Stiftungen Stiftungen im allgemeinen Rechtssinne sind, da ihre Vermögenswerte nicht alsbald verbraucht werden dürfen, wie etwa beim sog. Sammelvermögen, sondern das Vermögen soll Erträge liefern, aus denen die Stiftungszwecke zu erfüllen sind. Im Rahmen der treuhänderischen Bindung des rechtsfähigen Trägers sind daher vorrangig die Erträge zur Zweckverfolgung einzusetzen. Der Verbrauch des Grundstockvermögens kommt nur als Ultima ratio in Betracht.

Die entscheidende Frage bei der Vermögenszuordnung der unselbständigen Stiftung ist das ob bzw. das wieweit das vom Stifter gegebene Vermögen in das Vermögen des Rechtsträgers integriert ist bzw. von diesem geschieden ist. Grundsätzlich ist in diesem Zusammenhang festzustellen, dass der für das Stiftungsrecht typische Primat des Stifterwillens bei einer unselbständigen Stiftung nur mit einigen Einschränkungen gilt, weil – wie oben bereits ausgeführt – prinzipiell das Stiftungsrecht nicht direkt anwendbar ist. Für das Stiftungsgeschäft der unselbständigen Stiftung unter Lebenden gelten die Grundsätze der Vertragsauslegung. Das folgt daraus, dass es auf jeden Fall der Annahme durch den vorgesehenen Stifter bedarf, damit das Stiftungsgeschäft zustande kommt. Folglich gilt nicht allein das vom Stifter Gewollte, sondern es kommt darauf an, wie der Stifterwille vom Horizont des Erklärungsempfängers her verstanden werden durfte. Entsprechendes gilt für die Stiftungserrichtung von Todes wegen. Zwar steht der Stifterwille bei letztwilligen Verfügungen nach den erbrechtlichen Auslegungsregeln im Vordergrund, doch ist der Träger frei, sein Erbe oder Vermächtnis auszuschlagen, so dass es insoweit dann doch wesentlich auf das Verständnis des Stiftungsträgers bzw. der Erklärungen des Stifter mit ankommt.

Auch ist festzuhalten, dass bei einer selbständigen Stiftung die staatliche Genehmigung den Zeitpunkt markiert, von dem an dem Stifter eine Einflussnahme auf die Stiftung prinzipiell abgeschnitten ist. Eine solche eindeutige Zäsur fehlt bei der unselbständigen Stiftung. Außerdem lassen die schuld- und erbrechtlichen Vorschriften unter besonderen Voraussetzungen den Widerruf des Stiftungsgeschäftes und die Rückforderung des Stiftungsvermögens zu. Darüber hinaus kann der Stifter sich im Stiftungsgeschäft und Satzung weitere Einflussmöglichkeiten in Form vertraglicher Verpflichtungen des Trägers oder durch institutionelle Verankerung in einem Beirat sichern.

Mit diesen Ausführungen wird deutlich, dass die Frage der Zuordnung und des Umfangs der Einbindung des vom Stifter gegebenen Vermögens in das Vermögen des Rechtsträgers letztendlich von der Ausgestaltung des Stiftungsgeschäftes und den darauf anwendbaren gesetzlichen Bestimmungen abhängt. Erst hieraus ergibt sich, ob der Träger lediglich pro forma oder auch materiell und endgültig Eigentümer des gestifteten Vermögens wird. Die Ausgestaltungsmöglichkeiten sind hier vielfältig. Grundsätzlich sind Verfügungen von Todes wegen und Stiftungsgeschäfte unter Lebenden zu unterscheiden.

3.3. Rechtliche Gestaltungsmöglichkeiten

3.3.1. Verfügungen von Todes wegen

Die Ausgestaltung und Ausdeutungsformen über die Art und den Inhalt des Stiftungsgeschäftes bedürfen in der Regel großer Sorgfalt, wenn das Stiftungsgeschäft als Verfügung von Todes wegen errichtet wird, da hier auch die erbrechtlichen Gestaltungsformen zu beachten sind. Eine unselbständige Stiftung kann demnach durch <u>Testament</u> oder <u>Erbvertrag</u> oder als <u>Vermächtnis mit Auflage</u> errichtet werden. Das Stiftungsgeschäft unterliegt dann den besonderen erbrechtlichen Formvorschriften, d.h. ein Testament mit Erbeinsetzung oder Vermächtnis ist entweder nach § 2247 BGB vom Stifter eigenhändig zu schreiben und zu unterschreiben oder aber, was sich in solchen Fällen empfiehlt, wie der Erbvertrag notariell zu errichten. Gerade beim Stiftungsgeschäft von Todes wegen empfiehlt sich zur Vermeidung von Auslegungsproblemen und evtl. langwierigen Rechtsstreitigkeiten eine klar Angabe zu der vom Stifter gewählten Rechtsform. Fehlt sie, so ist nach den allgemeinen Regeln der Testamentsauslegung der Wille des Erblassers optimal zur Geltung zu bringen. Aus der Einsetzung eines Rechtsträgers zum Erben ergibt sich allein kein Hinweis auf die vom Stifter gewünschte Rechtsform. Im Zweifel ist die Frage der Rechtsform nachrangig zu der Überlegung, wem der Erblasser sein Vermögen anvertrauen wollte. Da im Rahmen dieses Referates diese Fragen nicht weiter untersucht werden können, sei an dieser Stelle unter Verweis auf die einschlägigen Literaturstellen lediglich folgende Hinweise zur Qualifizierung des Stiftungsgeschäftes von Todes wegen und deren anwendbaren Rechtsvorschriften gestattet.[7] Denkbar ist die Regelung des Stiftungsgeschäftes von Todes wegen durch folgende Gestaltungsformen:

(1) Der Träger des Stiftungsvermögens ist Alleinerbe: Hier ist Rücksicht auf Pflichtteils- und Pflichtteilsergänzungsansprüche zu nehmen (§§ 2303 ff. und 2325 ff. BGB) Hier empfehlen sich Erbverzichtsverträge im Sinne der §§ 2346 ff., zumal ein Alleinerbe an sonstigen einseitig das Stiftungsgeschäft widerrufen könnte.

(2) Einsetzen des Rechtsträgers zum Miterbe oder Nacherben; hier besteht der Nachteil, dass vor Auseinandersetzung bzw. Eintritt des Nacherbenfalls der Wert des auf den Träger entfallenden Stiftungsvermögens unbestimmt

ist. Die Einsetzung des Trägers als Vorerbe kann dann sinnvoll sein, wenn der Stifter von vornherein nur eine zeitlich begrenzte Stiftung errichten wollte. Ähnliche Probleme bestehen bei Bestellung des Trägers zum Ersatzerben, da auch hier das Wirksamwerden der Stiftung in der Regel völlig ungewiss ist.

(3) Mit der Zuwendung eines Vermächtnisses im Sinne der §§ 2147 ff. BGB erhält der vorgesehene Träger lediglich einen schuldrechtlichen Anspruch gegen die Erben auf Übertragung des ihm als unselbständige Stiftung zugewendeten Vermögens oder der Erträge daraus. Letztere Form kommt aus verschiedenen Gründen allenfalls in Betracht für Stiftungen, die ihre Erträge alljährlich gemäß den Angaben im Stiftungsgeschäft oder einer Satzung konkret benannten Organisation zur Verfügung stellen sollen. Hier ist zu beachten, dass ein Vermächtnis, das nicht vollzogen wurde, nach 30 Jahren verjährt.

(4) Das letztwillige Vermächtnis unter Auflage (§§ 1940, 2192 ff. BGB) stellt eine Nachlassverbindlichkeit dar, zu deren Erfüllung der Träger (Erbe) nach den erbrechtlichen Vorschriften verpflichtet ist, aber beschränkt auf das Stiftungsvermögen haftet.

(5) Schließlich kommt ein Schenkungsversprechen von Todes wegen nach § 2301 BGB in Frage. Allerdings gelten hier nach § 2301 Abs. 2 BGB die schenkungsrechtlichen Vorschriften.

Außer diesen Gestaltungsmöglichkeiten kommen auch Mischformen in Frage. So könnte der Stifter durch letztwillige Verfügung etwa bestimmen, dass sein Erbe eine nicht rechtsfähige Stiftung unter Lebenden errichten soll und diese Auflage durch Information der zuständigen Behörden nach § 2194 BGB sicherstellt. Überhaupt sollte bei Verfügungen von Todes wegen zur Überwachung des Stiftungsträgers und zur Sicherung des Vollzugs der letztwilligen Auflage in wichtigen Fällen eine Testamentsvollstreckung angeordnet werden, die zweckmäßigerweise wegen der Dauerhaftigkeit in die Hände einer juristischen Person des privaten oder öffentlichen Rechts gelegt werden sollte. Die Begrenzung einer Dauervollstreckung auf 30 Jahre nach § 2210 BGB ist jedoch auch hier zu beachten.

3.3.2. Stiftungsgeschäft unter Lebenden

Bei Stiftungsgeschäften unter Lebenden besteht der Vorteil, dass der Stifter noch selbst gestaltend mitwirken kann und vor allem bei der Auslegung seines Willens befragt werden könnte. Auch hier sind eine Reihe von Gestaltungsmöglichkeiten gegeben. Ein Vertrag über eine unselbständige Stiftung unter Lebenden kann im wesentlichen als Treuhandlösung in Form des Auftrags,

Dienstvertrages, Geschäftsbesorgungsvertrags oder eines Vertrags sui generis gestaltet werden. Aber es stehen auch die Varianten der Schenkung unter Auflage nach den §§ 518, 525 BGB zur Verfügung. Je nach Intention, Zeitvorstellungen, Sicherheitsüberlegungen für die Person des Stifters oder Absicherung der Dauerhaftigkeit der Stiftung, sind viele Gestaltungsmöglichkeiten gegeben.

3.3.1.1. Treuhandlösung

Die wohl herrschende Meinung steht auf dem Standpunkt, dass jedenfalls die unter Lebenden errichtete unselbständige Stiftung im Zweifel ein Treuhandverhältnis sei: Der Stiftungsträger soll kraft Treuhandvertrags mit dem Stifter zur Verwaltung der überlassenen Mittel gemäß dem Willen des Stifters verpflichtet sein.[8] Hier beginnen aber bereits die Probleme, da der Treuhandvertrag im BGB nicht als eigener Vertragstyp beschrieben ist, sondern seine Elemente durch verschiedene Vertragstypen des BGB's realisiert werden können. Während er ganz überwiegend, je nach Entgeltlichkeit oder Unentgeltlichkeit, als Geschäftsbesorgungsvertrag (§ 675 BGB) oder als Auftragsverhältnis (§§ 662 ff. BGB) eingeordnet wird, soll er nach teilweise vertretener Ansicht ein eigenständiger Vertragstypus, also ein Vertrag sui generis (§ 305 BGB) sein. Die rechtsdogmatische Auseinandersetzung über die Frage, ob nun unbedingt der Regelungsinhalt in die vom BGB vorgegebenen Regelungstypen eingepasst werden muss (so Reuter), oder aber das Treuhandverhältnis auch als gemischter Vertrag mit eigenem nicht genormtem Regelungsinhalt sachgerechter ist (so Hof in Seifart/von Campenhausen, S. 528) ist unentschieden Sie kann sicherlich nicht im Rahmen eines solchen Referates entschieden werden. Meines Erachtens ist dies auch nicht nötig, wenn man bei der Gestaltung des Stiftungsgeschäftes wesentliche Gefahrenpunkte beachtet und entsprechend regelt. Da im Bereich der unselbständigen Stiftungen durchaus Flexibilität vonnöten ist, um die vielfältigen Vorstellungen der Stifter aufzufangen, sollte ein vertragstheoretischer Purismus zugunsten der Praxis und der grundrechtlich geschützten Stifterfreiheit vermieden werden. Dies heißt allerdings auch, dass man Schwachpunkte individuell gestrickter Vertragsgestaltungen sehen und lösen muss. Diese Schwachpunkte kann man vermeiden, wenn der Stiftungserrichter die Pflichten des ins Auge gefassten Stiftungsträgers möglichst genau regelt und bei der Auswahl des Trägers besondere Sorgfalt walten lässt.

Hinsichtlich der Pflichten der Vertragsparteien ist davon auszugehen, dass die Hauptpflicht des Stifters in der Übertragung des gestifteten Vermögens besteht, während die Hauptpflicht des Trägers die Erfüllung des vom Stifter gesetzten Zweckes ist. Der Stifter oder seine Erben können Erfüllung jedoch erst dann verlangen, wenn die Übertragung des Stiftungsvermögens auf den Träger erfolgt ist, da dessen Verwaltung und bestimmungsgemäße Verwendung Vertragsgegenstand sind. Im Stiftungsgeschäft sind auch etwaige besondere Aufgaben des Trägers zu nennen, für die der Stifter besondere Vorgehensweisen wünscht. Hier ist beispielsweise an die Errichtung und Unterhaltung von Einrichtungen der Stiftung und an evtl. mündelsichere Anlagen des Stiftungsvermögens zu denken. Grundsätzlich empfiehlt es sich, zur Schaffung der notwendigen Klarheit mit dem Stiftungsgeschäft auch eine Satzung der unselbständigen Stiftung festzulegen, die dem Stiftungsträger eine Leitlinie für seine Verwaltung und die Umsetzung des Stiftungszweckes bietet.

Besondere Sorgfalt im Rahmen des Stiftungsgeschäftes sollte der Frage zugewandt werden, wieweit das ausgesetzte Stiftungsvermögen vom übrigen Trägervermögen abgegrenzt und völlig der vom Stifter gewollten Zwecksetzung unterworfen wird. Dabei erscheint es geraten zu sein, schon im Wortgebrauch klarzustellen, dass weder eine Schenkung noch eine Erbeinsetzung des Trägers vorgesehen ist. Um derartige Verwechslungen zu vermeiden, ist es angezeigt, die Worte Stifter und Stiftung ganz bewusst in dem Stiftungsgeschäft zu verwenden. Ebenso empfiehlt es sich, den Träger auch ausdrücklich als Treuhänder zu bezeichnen, um so seine besondere Pflichtenstellung hervorzuheben. An diesem Punkt entscheidet sich auch die Frage, ob das Stiftungsgeschäft tatsächlich eine unselbständige Stiftung zum Ziel hat, oder sich als Schenkung unter Auflage darstellt.

3.3.1.2. Schenkung unter Auflage

Besondere Probleme wirft ein Stiftungsgeschäft auf, das sich als Schenkung unter Auflage darstellt. Nach § 518 BGB bedarf es notarieller Beurkundung, wenn das Stiftungsvermögen nicht sofort übertragen wird. Nach den in diesem Fall anwendbaren Vorschriften des Schenkungsrechtes löst sich letztlich der Stifter in diesen Fällen nicht völlig von seinem ausgesetzten Vermögen, auch wenn der Stiftungsträger nach Schenkungsvollzug Eigentümer geworden ist und die Vermögensteile mit seinem eigenen Vermögen vereinigt hat. Vor Vertragserfüllung kann der Stifter nämlich nach § 519 BGB die Vermögensübertragung verweigern. Nach der Übertragung des Vermögens kann er bei sogenanntem Notbedarf nach den §§ 528, 529 BGB vom Träger die Herausgabe des Stiftungsvermögens nach den Regeln des Bereicherungsrechtes verlangen. Auch darf er unter den Voraussetzungen des § 530 BGB die Schenkung wegen groben Undanks gegenüber dem Träger widerrufen, wenn dieser eine natürliche Person ist. Gegenüber juristischen Personen ist dieses Recht allerdings lt. Rechtsprechung ausgeschlossen. Der Stiftungszweck wird bei dieser Art der Stiftungsvereinbarung zum Inhalt einer Auflage im Sinne von § 525

BGB. Soweit der Stiftungszweck in Form der Auflage im öffentlichen Interesse liegt, so kann auch nach dem Tode des Stifters/Schenkers die zuständige Behörde (diese wird in den Ausführungsgesetzen zum BGB der Länder bestimmt) nach Abs. 2 dieser Vorschrift die Vollziehung verlangen.

Wegen der Einfügung des Stiftungsvermögens in das Vermögen des Trägers kann dieses unter bestimmten Umständen als unbelasteter Vermögensteil in das Eigentum des Trägers gelangen. Wird z.b. der Stiftungszweck ohne Verschulden des Trägers tatsächlich oder rechtlich unmöglich, wird der Träger von der Zweckerfüllung frei, ohne dass er das Vermögen zurückgeben muss. Soll dies nach der Absicht des Stifters nicht geschehen, so wären für diesen Fall im Stiftungsvertrag Vorkehrungen zu treffen (Rücktrittsrecht oder Auflage als Bedingung formulieren). Stiftungstypischer wäre allerdings, hier dann Ersatzzwecke im Stiftungsgeschäft anzugeben.

3.4. Insolvenzfragen

Ein gewisser Vorteil der Schenkung unter Auflage wird vielfach in der Literatur dahingehend angenommen, dass im Konkurs des Stifters § 23 Konkursordnung (heute § 116 Insolvenzordnung) auf die Schenkung unter Auflage keine Anwendung findet. Das heißt, die Stiftung würde beim Rechtsträger fortbestehen. Im umgekehrten Falle lässt sich sowohl bei einer Qualifizierung der Vermögenszuordnung als Schenkung unter Auflage ebenso wie bei einer Betrachtung im Treuhandverhältnis der Verlust des Stiftungsvermögens letztendlich nicht vermeiden.

Das wirtschaftliche Eigentum des schenkungsweise übertragenen Stiftungsvermögens wie auch das im Rahmen eines Treuhandverhältnisses übertragenen Stiftungsvermögens lässt sich in der Regel nicht mehr dem Stifter zuordnen, so dass nach § 47 Insolvenzordnung (früher § 43 KO) kein Aussonderungsanspruch begründen ließe. Auch hinsichtlich der Frage, ob im Zwangsvollstreckungsverfahren eines Gläubigers gegen den Stiftungsträger gemäß § 771 ZPO Drittwiderspruchsklage möglich ist, bestehen in der Regel große Bedenken. Dies käme wohl nur in Betracht, wenn man Stiftungsgeschäfte vorliegen hat, die den Stifter bzw. dessen Rechtsnachfolger ohne größere Voraussetzungen in die Lage versetzten, das Vermögen wieder an sich zu ziehen und darüber nach Gutdünken zu verfügen, so dass das wirtschaftliche Eigentum beim Stifter liegen würde.

Solche Konstruktionen sind jedoch im Hinblick auf das steuerliche Gemeinnützigkeitsrecht nach den §§ 51 ff. Abgabenordnung wiederum mit großer Vorsicht zu genießen. da sie dem Grundsatz der Vermögensbindung nach den §§ 55 Abs. 1 Nr. 4, 61 AO widersprechen. Dies gilt vor allem auch für natürliche Personen als Stiftungsträger, da das Privileg des § 62 AO nur für unselbständige Stiftungen gilt, die von einer Körperschaft des öffentlichen Rechts verwaltet werden.

Insgesamt kann man sagen, dass eine dauerhafte Bestandssicherung und Schutz vor den Gläubigern Dritter und hier insbesondere natürlicher Personen als Stiftungsträger sehr schwierig ist. Soweit Größe, Stiftungszweck, Organisationsstatut und Gründungsaufwand dies rechtfertigen, lässt sich ein dauerhafter Schutz des Stiftungsvermögens vor stiftungsfremden Gläubigern in erster Linie nur durch die Rechtsform der selbständigen Stiftung realisieren oder dadurch, dass man konkursfeste Stiftungsträger auswählt. Dies liegt daran, dass das deutsche Haftungsrecht grundsätzlich allein auf die dingliche Zuordnung abhebt. Wer einen Anspruch auf Übereignung einer Sache hat, kann diese weder im Konkurs des Schuldners aussondern, noch der Zwangsvollstreckung anderer Gläubiger in sie entgegentreten.[9] In diesem Zusammenhang ist hier auch an eine qualifiziert wahrgenommene Stiftungsaufsicht zu erinnern.

4. Aufsicht über unselbständige Stiftungen

Vielfach sehen die Stiftungsgesetze der Länder vor, dass die Stiftungsaufsicht bei unklarer Rechtslage über die Rechtsform der Stiftung zu entscheiden hat (vgl. z.B. § 27 NRW-Stiftungsgesetz, § 22 Hess. Stiftungsgesetz oder Art. 46 Abs. 2 Bayerisches Stiftungsgesetz). Auf diese Weise können die Aufsichtsbehörden auch mit unselbständigen Stiftungen befasst werden, obwohl diese ihrer Kontrolle sonst nicht unterliegen. Diese Vorschriften sind zu begrüßen, da die Stiftungsaufsicht hier ihrer Fürsorgepflicht nachkommt und der Stiftung in ihrem eigenen Interesse Klarheit über ihre rechtliche Stellung verschafft.

Da bei den unselbständigen Stiftungen ansonsten der stützende Rückhalt der Stiftungsgesetze und der darin vorgesehenen aufsichtlichen Fürsorge fehlt, ist der Stifter im besonderen Maße darauf angewiesen, in Stiftungsgeschäft und Satzung Vorkehrungen zu treffen gegen unerwünschte Entwicklung.

Im übrigen sehen die Landesgesetze und die darin vorgesehene Staatsaufsicht keine Zuständigkeit für unselbständige Stiftungen vor. Lediglich der inzwischen teilweise aufgehobene § 28 Abs. 2 des noch in einigen neuen Ländern wie Sachsen, Thüringen geltenden DDR-Stiftungsgesetzes besagte, dass auch alle gesetzlichen Vorschriften für private rechtsfähige Stiftungen auch auf unselbständige Stiftungen anzuwenden sind, was jedoch erheblichen Bedenken begegnete, da es nicht systemkonform war. Soweit, wie bereits berichtet, in Nordrhein-Westfalen unselbständige Stiftungen von einer unter Aufsicht des Landes stehenden juristischen Person des öffentlichen Rechts verwaltet werden, erstreckt sich die Rechtsaufsicht über diese auch auf die Erfüllung des Stifterwillens (§ 32). Aber unselbständige Stiftungen in der Trägerschaft eines privaten Rechtsträgers unterliegen der staatlichen Aufsicht auch hier nicht. Auch die nicht in das Stiftungsrecht gehörenden Sonderregelungen aus dem Schenkungs- und Erbrecht, die nach den §§ 525 Abs. 2 und 2194 BGB den in diesen Vorschriften genannten Behörden bestimmte Überwachungsaufgaben zuweisen, können keinesfalls als Ersatz der staatlichen Stiftungsaufsicht angesehen werden, zumal diese Behörden dann nicht als Garanten des Stifterwillens, sondern als Vertreter öffentlicher Interessen fungieren.

Damit bleiben für den hier angesprochenen Bereich der unselbständigen Stiftungen die Vorschriften übrig, die Aufsichtsregelungen für bestimmte Arten von möglichen Rechtsträgern unselbständiger Stiftungen enthalten. Für kommunalverwaltete Stiftungen gelten hier vielfach Sonderregelungen nach Maßgabe der jeweiligen Gemeindeordnung, da in der Regel die Trägerschaft einer Gemeinde auch zur Einordnung der unselbständigen Stiftung in Funktionskreis und Geltungsbereich des öffentlichen Rechts führt. Die Folge davon ist durchweg, dass auch die öffentlichen Haushaltsvorschriften auf die Verwaltung von unselbständigen Stiftungen durch kommunale Behörden anzuwenden sind, wie dies ausdrücklich in Art. 29 des Bayerischen Stiftungsgesetzes vorgesehen ist.

Für den hier in dieser Runde interessierenden Bereich der möglichen Rechtsträger aus kirchlichen Körperschaften und Anstalten gilt natürlich entsprechendes. So legen die kirchlichen Vermögensverwaltungsgesetze, die in den einzelnen deutschen Bistümern oder Landeskirchen auch die Aufsicht über die kirchlichen Körperschaften und Stiftungen mitregeln, überwiegend fest, dass auch sonstige kirchliche Körperschaften, Anstalten, Stiftungen und sonstigen Einrichtungen und Vermögensstücke, die z.B. nicht zum Vermögen einer Kirchengemeinde gehören, aber dort mitverwaltet werden, ebenfalls nach den hierfür geltenden allgemeinen Bestimmungen des partikulären Kirchenrechtes oder ggf. nach den besonderen Satzungen geführt und beaufsichtigt werden. Soweit solche Spezialregelungen im Einzelfall nicht existieren, konstatiert etwa § 34 Abs. 2 des Kirchenvermögensverwaltungsgesetzes für die Diözese Fulda (KVVG), dass auf die in Absatz 1 dieser Vorschrift genannten Körperschaften und Einrichtungen die Bestimmungen des Kirchenvermögensverwaltungsrechtes entsprechend Anwendung finden. Die anzuwendenden Vorschriften in diesem Beispielsfall sehen in § 17 KVVG die übliche Reihenfolge von Rechtsgeschäften und Rechtsakten vor, die der kirchlichen Aufsicht unterliegen. Kirchengemeinden oder sonstige juristische Personen im kirchlichen Bereich unterstehen daher auch hinsichtlich solcher gesonderter Vermögensteile in vollem Umfang der nach dem allgemeinen und partikulären Kirchenrecht festgelegten Aufsichtsregeln.

5. Fazit

Schon diese Ausführungen zeigen, dass letztlich Euphorie bei der Neugestaltung des Stiftungsrechtes unter dem Blickwinkel einer vermuteten oder vielleicht auch tatsächlichen Gestaltungsfreiheit, wie man sie bei den unselbständigen Stiftungen abzulesen glaubt, nicht angebracht ist. Die Gestaltungsfreiheit, die hier möglich ist, beinhaltet auch eine Reihe von Unsicherheiten, die letztendlich das Ziel des Stifters, mit einem entsprechenden Vermögen einen bestimmten Zweck auf Dauer zu fördern, unerreichbar machen können. Wie immer kommt es letztendlich darauf an, was ein stiftungsbereiter Bürger mit seiner Stiftung erreichen will. Geht es um kleinere und kurzfristige Ziele, ist sicherlich auch die unselbständige Stiftung ein geeigneter Weg, wenn er entsprechend durch gute fachliche Beratung begleitet und im Bewusstsein der möglichen Risiken gegangen wird.

Möchte der Stifter in größerem Rahmen und auf Dauer einen von ihm als förderungswürdig angesehenen Zweck erreichen und vor allem auch im Gemeinnützigkeitssteuerrecht die gegebenen Möglichkeiten nutzen, ist sicherlich eher zu einer selbständigen Stiftung zu raten.

Unter den vorgenannten Voraussetzungen, dass Zweck, Vermögensumfang und Dauer für die Gründung einer unselbständigen Stiftung sprechen, kommt es letztendlich darauf an, dass dem Stifter der jeweils geeignete Wege zu einem sicheren langfristig disponierten und seriösen Stiftungsträger gewiesen wird. Denn vor allem anderen ist bei Auswahl des Trägers besondere Sorgfalt geboten. Auch wenn als Träger grundsätzlich eine natürliche Person in Betracht kommt, so ist die Abhängigkeit von den besonderen Lebensumständen einzelner Personen eher kritisch zu betrachten. Der „Verewigungsfunktion" der Stiftung entspricht es nämlich mehr, eine „potentiell unsterbliche" juristische Person als Stiftungsträger zu wählen, als die stets mit einer Nachfolgefrage verbundene natürliche Person. Neben privaten Trägern, wie bereits bestehende selbständige Stiftungen, Vereine, Verbände oder Gesellschaften, ist hier an öffentlich-rechtliche Institutionen, wie Gemeinden, Landkreise oder andere öffentliche Anstalten zu denken. Natürlich erst recht auch an öffentlich-rechtliche Institutionen aus dem Bereich der Kirchen.

Diese öffentlich-rechtlichen Institutionen im Bereich von Staat und Kirche bringen in der Regel sowohl die entsprechenden organisatorischen Voraussetzungen, aufsichtsrechtliche Elemente, aber auch Nähe zu vielen gemeinnützigen Stiftungszwecken, die den Stiftern vorschweben, mit. Hinzu kommt auch der Vorteil, dass juristische Personen des öffentlichen Rechts eine gewisse Konkursfestigkeit aufweisen, auch wenn dies nach § 12 der neuen Insolvenzordnung etwas relativiert worden ist. Schließlich bieten diese öffentlich-rechtlichen Institutionen auch die Voraussetzungen für die Anerkennung der steuerlichen Gemeinnützigkeit und insbesondere des Privileges des § 62 AO, gerade für die unselbständigen Stiftungen, die in der Satzung keine Vermögensbindung benötigen, wenn sie von Körperschaften des öffentlichen Rechts verwaltet werden. Vor diesem Hintergrund kann potentiellen Stiftern, die die Gründung einer selbständigen Stiftung scheuen, nur geraten werden, sich unter den heutigen gesetzlichen Bedingungen, aber sicherlich auch unter neuen stiftungsrechtlichen Vorgaben, wie immer diese aussehen mögen, vertrauensvoll an kirchliche öffentlich-rechtliche Körperschaften und Anstalten zu wenden, soweit dies sich im Einzelfall mit deren Vorstellungen bezüglich der Zwecksetzung vereinbaren lässt.

Literaturhinweise

1) Reuter, Dieter: Die unselbständige Stiftung in: Stiftungen in Deutschland und Europa, Düsseldorf 1998, S. 203 ff. (228)
2) Kronke. Stiftungstypus und Unternehmensträgerstiftung, 1988, S. 10 sowie Westebbe, Die Stiftungstreuhand, 1993, S. 23
3) Hof, Hagen in: Seifart/von Campenhausen: Handbuch des Stiftungsrechts, 2. Aufl. 1999, S. 520
4) vgl. Oberlandesgericht Stuttgart in Neue Juristische Wochenschrift, 1964, S. 1231 sowie Hof in: Seifart/von Campenhausen, a.a.O. S. 521 f.
5) Kaulitz/Reis/Sperling: Zur Rechtslage des allgemeinen Hannover'schen Klosterfonds, des Braunschweig'schen vereinigten Kloster- und Studienfonds und anderer ähnlicher Stiftungen und Fonds in: Zeitschrift für evangelisches Kirchenrecht, Bd. 16 (1971), S. 386 ff.
6) von Campenhausen, Axel, in: Seifart/von Campenhausen. a.a.O. S. 459
7) Hof, Hagen in: Seifart/von Campenhausen, a.a.O. S. 536 ff. mit weiteren Nachweisen
8) Reuter, Dieter: a.a.O., S. 208 f. mit weiteren Nachweisen
9) Reuter, Dieter: a.a.O., S. 218 sowie Hof, Hagen in: Seifart/von Campenhausen. a.a.O., S. 533 f.

8. Ergebnisniederschrift über die Sitzung des Arbeitskreises Deutscher Stiftungen

„Internationales"

am 31. Mai 2001
im Mediapark, Köln

Thema: **Stiftungsprivatrecht im internationalen Vergleich**

zu den Themen: **Foundations and State Supervision in Europe. Legitimacy of State Supervision**

Dr. Wino J. M. van Veen, Faculteit der Rechtsgeleerdheid, Vrije Universiteit Amsterdam

Die Reform des Stiftungsprivatrechts vor dem Hintergrund internationaler Erfahrungen

Dr. Volker Then, Bertelsmann Stiftung, Gütersloh

Leitung: Dr. Andreas Schlüter, Rechtsanwalt und Beiratsmitglied des Bundesverbandes Deutscher Stiftungen

Kurzbericht über die Sitzung des Arbeitskreises

Dr. Andreas Schlüter, Rechtsanwalt, Arbeitskreisleiter

Der Arbeitskreis „Internationales" beschäftigte sich mit den rechtlichen Rahmenbedingungen für die Arbeit von Stiftungen im internationalen Vergleich. Ein Schwerpunkt der Erörterungen lag dabei in einem Vergleich der unterschiedlichen Typen von Stiftungsaufsicht in einzelnen europäischen Rechtssystemen. Hintergrund der Vorträge war die Diskussion zur Reform des deutschen Stiftungszivilrechts. Eine vom Bundesminister der Justiz eingesetzte Bund-Länder-Kommission analysiert die Notwendigkeit und die Möglichkeiten zur Weiterentwicklung des Stiftungsprivatrechts in Deutschland. Dabei geht es um Fragen der Stiftungsgründung, der Registrierung und Publizität von Stiftungen sowie um die staatliche Aufsicht über die Arbeit von Stiftungen. Für diese Reformdiskussion können die vergleichenden Analysen des Stiftungsrechts anderer Länder wertvolle Hinweise liefern. Referenten des Arbeitskreises waren Herr Dr. Volker Then, Projektleiter der Bertelsmann-Stiftung, und Dr. Wino J. M. van Veen, Rechtsanwalt in den Niederlanden mit dem Schwerpunkt Stiftungsrecht.

Herr Dr. Then berichtete über eine kürzlich abgeschlossene unveröffentlichte Studie der Bertelsmann-Stiftung unter dem Titel „Foundations in Europe –

Dr. Andreas Schlüter, Dr. Wino van Veen, Dr. Volker Then

Society, Management and Law", die das Stiftungswesen in über 20 europäischen Ländern beschreibt und in einer vergleichenden Analyse Teilfragen der Besteuerung von Stiftungen, der staatlichen Aufsicht von Stiftungen sowie der internationalen Aktivitäten von Stiftungen untersucht. In seinem Bericht schilderte Dr. Then die gegenwärtigen Reformbestrebungen zur Weiterentwicklung des Stiftungsrechtes in ausgewählten europäischen Ländern. Dabei ging er insbesondere auf die Arbeit der Charity Commission in England und Wales sowie die aktuellen Entwicklungen in Italien ein. In Italien haben eine Reihe von gesetzlichen Maßnahmen zu einer Renaissance des Stiftungswesens in den letzten Jahren beigetragen. Hierzu zählen nicht zuletzt die Bestimmungen über die Verstaatlichung privater Banken, deren Vermögen auf neue Stiftungen übertragen wurde. Diese aus der Privatisierung von Banken hervorgegangenen Stiftungen spielen mittlerweile eine bedeutende Rolle in der Entwicklung von Non-Profit-Organisationen in Italien.

Dr. van Veen erläuterte in seinem Referat die unterschiedlichen Typen von Stiftungsaufsicht in Europa. Nach seiner Darstellung lassen sich drei grundsätzliche Typen unterscheiden: In einigen Ländern wird die Kontrolle über Stiftungen durch staatliche Organe wahrgenommen. Hierzu gehören beispielsweise die Bundesrepublik Deutschland und das englische System der Charity Commission. Viele Länder verzichten auf eine derartige Kontrolle und überlassen die Aufsicht über die Stiftungsorgane eine in den Statuten der Stiftung selbst angelegten Form der Beaufsichtigung. Zu den Organen der Stiftung gehören neben einem Exekutivorgan, das für die Durchführung der Stiftungsgeschäfte verantwortlich ist, ein weiteres Gremium, deren Hauptaufgabe in der Überwachung der Exekutivorgane liegt. Eine dritte Gruppe von Ländern verzichtet sowohl auf eine externe staatliche wie auch auf eine interne innerhalb der Stiftungsorganisation durchgeführte Kontrolle und fördert über z.T. umfangreiche Publizitätsvorschriften einen öffentlichen Diskurs über die Arbeit von Stiftungen. Soweit Stiftungen gemeinnützige Aufgaben erfüllen, unterliegen sie in allen Ländern einer Kontrolle durch die jeweiligen Steuerbehörden, da mit der Anerkennung einer gemeinnützigen Einrichtung gleichzeitig eine Reihe von steuerlichen Privilegien verbunden sind.

Die anschließende Diskussion ging der Frage nach, inwieweit die dargestellten ausländischen Erfahrungen auf die Bundesrepublik Deutschland übertragbar sind oder für jetzt laufende Reformdiskussion genutzt werden können. Kontrovers wurde dabei insbesondere die Frage diskutiert, inwieweit das System der deutschen staatlichen Stiftungsaufsicht vor dem Hintergrund ausländischer Erfahrungen modifiziert werden muss. Ein Teil der Diskussionsteilnehmer hielt eine externe Kontrolle der Arbeit von Stiftungen für zwingend notwendig, da nur so sichergestellt werden kann, dass die Stiftungsorgane auch langfristig im Sinne des Stifterwillens handeln. Im übrigen sei die in vielen Bundesländern praktizierte Form der Stiftungsaufsicht eine beratende Tätigkeit sowohl für potentielle Stifter, die sich mit der Errichtung einer Stiftung beschäftigen, wie auch für existierende Stiftungen bei der Erfüllung ihrer Aufgaben. In der aufsichtsrechtlichen Praxis habe sich die Funktion von einer reinen Kontrollinstitution zu einer begleitenden Beratung von Stiftungen weiterentwickelt. Auf der anderen Seite wurde geltend gemacht, dass das deutsche Stiftungsrecht im Hinblick auf die Beaufsichtigung von Stiftungen nicht konsequent ausgestaltet ist. Unselbständige Stiftungen sind von der staatlichen Stiftungsaufsicht vollständig freigestellt. Allein der jeweilige Treuhänder entscheidet über die Erfüllung des Stifterwillens und die Wahrnehmung der Stiftungsgeschäfte. Eine weitergehende Aufsicht findet nicht statt. Im Grundsatz können die Erfahrungen mit der unselbständigen Stiftung auch auf die selbständige Stiftung übertragen werden, so dass auch bei selbständigen Stiftungen eine externe staatliche Aufsicht nicht zwingend geboten erscheint.

Ein Teil der Diskussion beschäftigte sich mit der Notwendigkeit einer Vereinheitlichung des europäischen Stiftungsrechts. Die rechtlichen Rahmenbedingungen für Stiftungen in den einzelnen Ländern sind Ausprägung einer nationalen kulturellen Tradition, die die gesellschaftliche Rolle von Stiftungen und deren Akzeptanz in der Gesellschaft entscheidend geprägt hat. Diese Einbettung in nationale Traditionen und nationale gesellschaftliche Strukturen steht einer grenzüberschreitenden Angleichung des Stiftungsrechts entgegen. Gleichwohl wäre es wünschenswert, wenn – zumindest im Kontext der Europäischen Union – die grenzüberschreitende Tätigkeit von Stiftungen weiter gefördert wird.

Foundations and State Supervision in Europe. Legitimacy of State Supervision*

Dr. Wino J. M. van Veen, Faculteit der Rechtsgeleerdheid, Vrije Universiteit Amsterdam

1. Introduction

I was invited to speak to you about the State supervision of foundations, more particularly, the legitimacy of state supervision of foundations. Before we go into this issue, I would like to try and give an overview of the differences that exist in this respect within Europe.

State supervision can be found in two different stages. The first is supervision in relation to the incorporation of a foundation and in relation to the functioning of a foundation, more particularly the managing board of the foundation, after its incorporation.

2. Supervision in relation to incorporation

With regard to the State involvement with the incorporation of foundations one can distinguish three forms of State supervision:

- The first of these forms is that for the establishment of a foundation, the consent of the State is required, in such manner that the State has a discretionary power to either grand or dismiss the request.

  This system can be found for example in France and in Greece, where a foundation can be set up only for the public benefit. Usually the power to authorise the establishment of foundation, is executed by a body of the public administration, i.e. a Ministry or special authority.

  In theory this system also exists in Germany, although there is constitutional right to establish a foundation in Germany. This to a large extent diminishes the discretionary character of the relevant authority.

- In the second form, State consent is required as well, however, the involvement of the State is of a normative character. The relevant authority is charged with checking if the constitutive documents of the foundation and its purposes are in accordance with the law.

  For example in Hungary, a foundation can be established, but a check of the constitutive documents has to be performed by the court. This kind of supervision exists in Germany with regard to the establishment of associations.

---

* Die Übersetzung ins Deutsche folgt auf Seite 256.

- The third alternative, is that there is no State involvement at all. This is for example the case in the Netherlands and Estonia. In the Netherlands the constitutive documents have to be drawn up by a civil law notary, that is responsible to make sure that the requirements of the law are met.

Just to make a short remark, the differences are quite extreme.

3. Supervision after incorporation

With regard to the supervision on the functioning of a foundation, or its managing board, there is a variety of instruments that are developed.

Preventive:

- Direct influence at the composition of the board
  (in France and Greece)
- Direct influence on establishing the annual budget of the foundation
- Efficiency control
- Authorisation of certain transactions
- Change of purpose or other important provision in the constitutive documents
- Submitting/reporting/publication of the annual accounts
- None
  (The Netherlands have no form of government supervision or reporting or publication requirements that apply to foundations in general. There are few exceptions to these requirements.)

Punitive:

- fines
- dissolution
- dismissal

4. Observations

It is clear that there are extreme differences in approach of foundations in Europe. In some countries foundations are largely regulated by administrative law, and indeed the direct influence on the management of foundations by the public administration is considerable. This is so in particular in France and Greece (also Belgium), where members of the board are members of the public administration or can be appointed by the government. In addition, there is a rule that the budget has to be approved by the government etc.

In England the situation is somewhat different, but similar. There the emphasis is on the charity as a property with a destination. This destination is decisive in establishing the power of the Charity Commissioners. The Charity Commissioners have extensive powers. They are advisor, regulator, supervisor and enforcer at the same time.

On the other side of the extreme are countries like the Netherlands, where there is no involvement of the government with foundations.

In this light it is very hard to say something about the legitimacy of State supervision. What is possible is to say something about the background of State supervision and the justifications that can be found for it.

5. Justifications

The justifications can be found in protecting the State and society against initiatives that are a bit too excentric and those in protecting the foundation against mismanagement.

Within the first category are the following:

- independent institutions such as foundations pose a threat to the (public interest monopoly of the) Souveraing or State

- efficient application of property:
  a) it should be avoided to have too many small foundations, it is better to a few sizeable ones;
  b) it should be avoided that property is allocated for purposes that are not worth it;
- mort main: it should be avoided that property is taken out of society

Within the second category are the following:

- Safeguard independence of the will of the founder
  (in Germany and France)

- Safeguard the interests of the public (undefined beneficiaries)
  (in England and Wales)

The underlying thought is that because foundations are not a membership organisation, with its internal control and supervision of the board by the membership, some form or external supervision is required or desirable. Following this logic, external supervision would not be necessary, or would not necessarily have to include direct influence on the management if there was a form of internal supervision.

This thought is found in some jurisdictions, for example in Germany with regard to family foundations, where the assumption is that in those foundations internal supervision will suffice. Also in some jurisdictions with relatively young law on foundations, e.g. in Hungary or Estonia, internal supervision in the form of mandatory supervisory board is prescribed.

6. Explanations

What we can conclude is that the jurisdictions within Europe show considerable difference with regard to the supervision of foundations. Apparently this field of law is characterized by a strong "couleur locale". In order to find an explanation of these differences, one would have to go back in history to explain these differences, and involve the legal concept of the foundation as well.

To start with the history, in most countries there is a sort of a starting point, where the basis for the present legal regime has found its origin. As a rule it can be stated that from the perspective of the Feudal Sovereign and later the unity State there was reserved position vis a vis legal entities with their own internal legal order. This order was often not derived from the sovereign (churches, monastries, guilds etc.) and posed a threat to their power and the tax base. Therefore in countries, where the State had the power, the establishment of such institutions were made subject to consent of the state. Deriving legitimacy from the state, state supervision was justified. Consent was understandably usually only granted when and where there was a need. Usually not because it was the right thing to do from a human perspective, but because it was necessary to prevent social uproar and disruption of public order. (relieve of poverty, education, hospitals etc.).

The English law of charity for example has its origin in the 1601 *Charitable Uses Act*, that still is an authoritative source in determining the scope of the present *Charities Act* 1993.

In addition to this specific historic events or developments have influenced the laws in individual jurisdictions. For example in France, the aftermath of the Revolution (1791–1793) has deeply affected the legal regime applicable to foundations. In Germany, if I am correct, starting from the end of the 18th century and very beginning of the 19th century, concepts where developed to include citizens that started to ask for a role in society in the concept of the absolute State, whereas for example in the Netherlands starting from the period of the Republic, there has been a desire for a "weak" central government in combination with a social understanding that in order to keep the country safe – in particular from the threats of the see – the State would have to cooperate with the citizenry.

In addition, the legal concept of the foundation plays an important role. It is not possible to elaborate on this issue in the context of this contribution. To make a short remark on this point, a rough distinction can be made between the foundation as a property with a specific destination, and the foundation as an organisational form for private initiative. The first concept is in particularly strong in England, where the *charitable trust* is concerned. In theory, the establishment of the trust is no more than a transfer or gift of property. A *charitable trust*, therefore, in a certain perspective is a "gift to the public", that as such is subject to state supervision by an authority acting in its capacity of "parens patriae": aimed at preserving the property for the public benefit.

On the opposite stands the Dutch approach, where foundations are a legal form for citizens initiative, much like the association, but with other requirements regarding internal organisation. In fact, foundations are often preferred over associations, exactly because of the relative flexibility in internal organisation. Rather than the property and its destination, as it is the case in England, a foundation is seen from the perspective of people and the achievement of their aims. The legal standpoint in the Netherlands since its independence has been that foundations can be established without consent from the government.

7. Legitimacy

The issue of State supervision of foundations is of a complex nature. In each jurisdiction exists a regime that has deep roots, intertwined with the history and cultural background of this specific country. Exactly because of this fact, it is a delicate exercise to try and evaluate the various regimes. Apparently there is no consensus about what could or should be the starting point for the evaluation of State supervision of foundations. Everyone is more or less familiar with his or her own regime and is quite content with it, maybe with the exception of a few elements that could be changed without changing the system.

However, in search of a commonly acceptable touchstone of a legal nature, I think the European Convention on Human Rights could be the starting point. Of course the problem is then to agree upon the answers to the question what type of freedom is applicable to the founder and the foundation respectively. A start of the discussion could be whether there is a provision in the European Convention that covers the right to establish a foundation.

In respect one could argue that the freedom of association applies when two or more persons want to establish a foundation. It is accepted that the concept of the association as guaranteed in art. 11 of European Convention is an autonomous concept, that doesn't follow the national concept of association. Also the freedom of speech and the right to property are involved, to the extent that it involves the destination of property to achieve a specific purpose.

These considerations would imply that only restrictions provided for by law are *necessary* (*useful* or *sensible* would be not enough) in a democratic society. For one thing, this would put an end to a discretionary power to either grant or refuse consent to establish a foundation. Also I think it implies that it is not allowed to reserve the form of the foundation only for public benefit purposes as defined by law or the opinion of some body of the public administration. In combination with the non-discrimination command of art. 14 of the ECHR, this would be an infringement of the freedom of association or the freedom of property.

Once the legitimacy of State involvement with the establishment of foundations has to be evaluated, this has consequences for the instruments that the State has in relation to the managing of the daily affairs of a foundation.

On a more general level, one might think about the answer to the question whether it is still necessary and proper to subject the freedom to establish a foundation to State consent. Given the role of foundations in society, I think there are good reasons to argue for a freedom to establish foundations. In this respect I have no objections against a normative test, to check whether the foundation and its purpose are not in conflict with the law. This test should preferably be conducted by the court or the advocate general's office, rather than by a body of the public administration.

Stiftungen und staatliche Aufsicht in Europa. Legitimität der staatlichen Aufsicht (Übersetzung)

Dr. Wino J. M. van Veen, Faculteit der Rechtsgeleerdheid, Vrije Universiteit Amsterdam

1. Einführung

Ich wurde gebeten, über die staatliche Stiftungsaufsicht zu sprechen, und hier insbesondere über die Legitimität der staatlichen Aufsicht über Stiftungen. Bevor wir uns diesem Thema zuwenden, möchte ich versuchen, einen Überblick über die Unterschiede zu geben, die es diesbezüglich in Europa gibt.

Staatliche Aufsicht kann in zwei verschiedenen Phasen ausgeübt werden. Zunächst erfolgt Aufsicht in Bezug auf die Errichtung einer Stiftung und, nachdem sie errichtet ist, in Bezug auf die Führung der Stiftungsgeschäfte, konkret den Stiftungsvorstand.

2. Aufsicht bei der Errichtung von Stiftungen

Hinsichtlich der Mitwirkung des Staates bei der Errichtung von Stiftungen lassen sich drei Erscheinungsformen der staatlichen Aufsicht unterscheiden.

- Die erste Form besteht darin, dass die Errichtung einer Stiftung der staatlichen Genehmigung bedarf und es somit im Ermessen des Staates liegt, einen diesbezüglichen Antrag zu genehmigen oder zurückzuweisen.

Dieses System findet man beispielsweise in Frankreich und in Griechenland, wo Stiftungen nur zu gemeinnützigen Zwecken errichtet werden können. Die Genehmigung von Stiftungen obliegt gewöhnlich einer staatlichen Stelle d.h. einem Ministerium oder einerspezielle Behörde. Theoretisch existiert dieses System auch in Deutschland, obwohl es in Deutschland ein verfassungsmäßig verbrieftes Recht auf Gründung einer Stiftung gibt. Dies schränkt den Ermessensspielraum der zuständigen Behörde erheblich ein.

- In der zweiten Form ist eine staatliche Genehmigung ebenfalls erforderlich, hier trägt die Mitwirkung des Staates jedoch lediglich normativen Charakter. Die zuständige Behörde hat die Aufgabe zu prüfen, ob die Stiftungsdokumente und der Stiftungszweck in Einklang mit dem Gesetz stehen.

So kann man beispielsweise in Ungarn eine Stiftung errichten; die Stiftungssatzung muss allerdings durch ein Gericht geprüft werden. Diese Form der Aufsicht existiert in Deutschland hinsichtlich der Gründung von Vereinen.

- Die dritte Alternative besteht darin, dass es in diesem Bereich keinerlei Mitwirkung des Staates gibt. Dies ist beispielsweise in den Niederlanden und in Estland der Fall. In den Niederlanden müssen die Stiftungsdokumente von einem auf Zivilrecht spezialisierten Notar erstellt werden, der dafür Sorge zu tragen hat, dass die gesetzlichen Anforderungen erfüllt werden.

Kurzum, die Unterschiede sind gewaltig.

3. Aufsicht nach der Errichtung

Für die Ausübung der Aufsicht über die Tätigkeit oder den Vorstand einer Stiftung sind die verschiedensten Instrumente entwickelt worden.

Instrumente der Prävention

- Direkter Einfluss auf die Zusammensetzung des Vorstandes
  (in Frankreich und Griechenland)
- Direkter Einfluss auf die Aufstellung des Jahresbudgets der Stiftung
- Kontrolle der Effizienz
- Genehmigungspflicht für bestimmte Geschäfte
- Änderung des Stiftungszwecks und anderer wichtiger Bestimmungen in den
  Stiftungsdokumenten
- Einreichung/Berichterstattung/Veröffentlichung der Jahresabschlüsse
- Keine
  (In den Niederlanden gibt es keine staatliche Stiftungsaufsicht und keine
  für alle Stiftungen verbindlichen Auskunfts- oder Veröffentlichungspflichten.
  Es gelten jedoch einige Ausnahmen.)

Sanktionen

- Zwangsgelder
- Auflösung
- hoheitliche Verfügung der Beendigung

4. Anmerkungen

Zweifelsohne werden in Europa Stiftungen extrem unterschiedlich behandelt.
In manchen Ländern werden Stiftungsfragen größtenteils durch das Verwaltungsrecht geregelt, und hier hat die öffentliche Hand tatsächlich beträchtlichen direkten Einfluss auf die Führung der Stiftungsgeschäfte. Dies ist insbesondere in Frankreich und Griechenland (auch Belgien) der Fall, wo die
Mitglieder von Stiftungsvorständen Beschäftigte des öffentlichen Dienstes sind
oder von der Regierung ernannt werden können. Darüber hinaus muss das
Stiftungsbudget durch die Regierung genehmigt werden usw.

In England ist die Situation trotz einiger Unterschiede im Großen und Ganzen ähnlich. Hier betrachtet man die Stiftung vorrangig als Vermögensmasse,
die einem bestimmten Zweck dient. Diese Zweckbindung ist ausschlaggebend
für die Einsetzung der Charity Commissioners. Die Charity Commissioners
haben weitreichende Vollmachten. Sie sind gleichzeitig Berater, Gesetzgeber,
Aufsichtsperson und Vollstrecker.

Auf der anderen Seite der Skala haben wir Länder wie die Niederlande, die
keine staatliche Mitwirkung in Stiftungsangelegenheiten kennen.

Im Lichte des Gesagten ist es sehr schwer, etwas über die Legitimität der
staatlichen Aufsicht zu sagen. Man kann allerdings etwas sagen über die

Hintergründe für die staatliche Aufsicht und über die Rechtfertigungen, die man für sie ins Feld führen kann.

5. Rechtfertigungen

Rechtfertigungsgründe lassen sich daraus ableiten, dass erstens Staat und Gesellschaft vor allzu exzentrischen Initiativen geschützt werden sollen und zweitens auch die Stiftung selbst vor Misswirtschaft zu schützen ist.

In die erste Kategorie fallen folgende Rechtfertigungsgründe:

- unabhängige Institutionen wie Stiftungen stellen eine Bedrohung für das Monopol eines Herrschers oder Staates auf Wahrung des Gemeinwohls dar

- effiziente Verwendung von Vermögen:
  a) die Errichtung zu vieler kleiner Stiftungen ist zu vermeiden; besser ist die die Existenz einiger größerer Stiftungen;
  b) es soll vermieden werden, dass Vermögen für unangemessene Zwecke verwendet wird;
- es soll vermieden werden, dass der Gesellschaft Vermögen entzogen wird.

Zur zweiten Kategorie gehören:

- Wahrung der Unabhängigkeit des Stifterwillens
  (in Deutschland und Frankreich)

- Wahrung der öffentlichen Interessen (unbestimmte Destinatäre)
  (in England und Wales)

Eine gewisse externe Aufsicht hält man aus dem Gedanken heraus für notwendig oder wünschenswert, weil Stiftungen keine Mitgliedsorganisationen sind, in denen der Vorstand der Kontrolle und Aufsicht durch die Mitgliedschaft unterliegt.

Folgt man dieser Logik, so wäre eine externe Aufsicht nicht nötig oder würde nicht unbedingt die direkte Einflussnahme auf die Geschäftsführung einschließen, wenn es eine Form der inneren Aufsicht gäbe.

Dieser Gedanke findet sich in einigen Rechtssystemen, beispielsweise in Deutschland in Bezug auf Familienstiftungen, bei denen man davon ausgeht, dass die innere Aufsicht in solchen Stiftungen ausreichend ist. Auch wird in manchen Ländern mit relativ jungem Stiftungsrecht, wie z.B. in Ungarn oder Estland, eine innere Aufsicht in Form eines obligatorischen Aufsichtsrates gesetzlich gefordert.

6. Erklärungen

Aus dem Gesagten können wir schlussfolgern, dass die Stiftungsaufsicht in den europäischen Rechtssystemen äußerst unterschiedlich geregelt ist. Offensichtlich ist dieses Rechtsgebiet durch ein starkes „Lokalkolorit" gekennzeichnet. Will man diese Unterschiede erklären, muss man die Geschichte und auch den Rechtsbegriff der Stiftung betrachten.

Beginnen wir mit der Geschichte. In den meisten Ländern gibt es eine Art Anfangspunkt, von dem aus die Grundlagen der gegenwärtig gültigen Rechtsnormen gelegt wurden. Allgemein kann man sagen, dass zunächst Feudalherrscher, später dann der Einheitsstaat, eine reservierte Haltung gegenüber Rechtssubjekten mit eigener innerer Ordnung einnahmen. Denn diese Ordnung war oftmals nicht vom Herrscher (Kirchen, Klöster, Gilden usw.) abgeleitet und stellte eine Bedrohung für die Macht der Herrscher und das Steueraufkommen dar. In Ländern, in denen der Staat die Macht hatte, wurde daher die Einrichtung solcher Institutionen von einer staatlichen Genehmigung abhängig gemacht. Da somit die Legitimierung vom Staate ausging, war auch die staatliche Aufsicht gerechtfertigt. Verständlicherweise wurden Genehmigungen meist nur im Notfall erteilt. Dies geschah nicht etwa, weil man es aus menschlicher Sicht für richtig hielt, sondern weil es notwendig war, um soziale Unruhen und die Störung der öffentlichen Ordnung zu vermeiden (Milderung der Armut, Bildung, Krankenhäuser usw.).

Das englische Stiftungsrecht beispielsweise geht auf das *Charitable Uses Act* (Gesetz über wohltätige Zwecke) von 1601 zurück, auf das man in Fragen des Geltungsbereiches des *Charities Act* (Gesetz über gemeinnützige Einrichtungen) von 1993 auch heute noch zurückgreift.

Darüber hinaus haben bestimmte historische Ereignisse und Entwicklungen die Gesetze in verschiedenen Ländern beeinflusst. In Frankreich beispielsweise haben die Nachwirkungen der Revolution (1791–1793) die für Stiftungen gültigen Rechtsvorschriften entscheidend geprägt. Soweit ich weiß wurden in Deutschland ab dem Ende des 18. und Beginn des 19. Jahrhunderts Konzepte zur Einbeziehung der Bürger entwickelt, die zunehmend eine Rolle als gesellschaftliche Kraft im Rahmen des absolutistischen Staates einforderten. In den Niederlanden hingegen herrschte seit der Zeit der Republik der Wunsch nach einer „schwachen" Zentralregierung, gepaart mit dem gesellschaftlichen Verständnis, dass der Staat mit der Bürgerschaft zusammenarbeiten müsse, um die Sicherheit des Landes – insbesondere vor den Gefahren des Meeres – zu gewährleisten.

Des weiteren spielt der Rechtsbegriff der Stiftung eine wichtige Rolle. Im Rahmen dieses Beitrags ist es nicht möglich, näher auf dieses Thema einzugehen. Ich kann lediglich darauf verweisen, dass man grob unterscheiden kann nach der Definition der Stiftung als Vermögen mit einer bestimmten Zweckbindung und ihrer Definition als Organisationsform für Privatinitiative. Das erstgenannte Konzept ist besonders stark in England in den *charitable trusts* verankert. Theoretisch ist die Errichtung eines Trusts nichts anderes als die Übertragung oder Schenkung von Vermögen. Ein *charitable trust* ist somit gewissermaßen ein „Geschenk an die Öffentlichkeit", das als solches der öffentlichen Aufsicht durch eine Behörde unterliegt, die als „parens patriae" mit dem Ziel agiert, das Vermögen zum Nutzen der Öffentlichkeit zu wahren.

Im Gegensatz dazu gelten in den Niederlanden Stiftungen als eine Rechtsform für Bürgerinitiativen. Hierin sind sie den Vereinen ähnlich, allerdings gelten für ihre innere Organisation andere Anforderungen. Gerade weil es in Bezug auf ihre innere Organisation relativ flexible Gestaltungsmöglichkeiten gibt, wird die Rechtsform als Stiftung sogar häufig dem Verein vorgezogen. Anders als in England, wo der Schwerpunkt auf dem Vermögen und seiner Zweckbindung liegt, betrachtet man die Stiftung aus der Sicht der Menschen und der Erreichung ihrer Ziele. Seit der Unabhängigkeit haben die Niederlande die Rechtsauffassung vertreten, dass Stiftungen ohne Zustimmung der Regierung errichtet werden können.

7. Legitimität

Das Thema der staatlichen Stiftungsaufsicht ist komplex. In jedem Rechtsraum existiert ein System, das tief mit der Geschichte und der Kultur des jeweiligen Landes verwurzelt ist. Weil dies so ist, stellt der Versuch, die verschiedenen Systeme zu bewerten, ein heikles Unterfangen dar. Offensichtlich herrscht kein Konsens darüber, welcher Ansatz für die Bewertung der staatlichen Stiftungsaufsicht der richtige sein könnte oder sollte. Jeder ist mit seinem eigenen System mehr oder weniger vertraut und ist damit zufrieden, vielleicht mit Ausnahme einiger Elemente, die man ändern könnte, ohne gleich das ganze System in Frage zu stellen.

Ich bin jedoch der Meinung, dass die Europäische Menschenrechtskonvention ein Ansatzpunkt für die Suche nach einem allgemein akzeptablen rechtlichen Prüfstein sein könnte. Hier hat man natürlich zunächst das Problem, dass man sich darüber einigen müsste, welche Freiheit dem Stifter bzw. der Stiftung zusteht. Vielleicht könnte man die Diskussion mit der Frage beginnen, ob es einen Artikel in der Europäischen Menschenrechtskonvention gibt, der das Recht auf Errichtung einer Stiftung garantiert.

In diesem Zusammenhang könnte man argumentieren, dass die Vereinigungs-freiheit gilt, wenn zwei oder mehr Personen eine Stiftung errichten wollen. Es ist allgemein anerkannt, dass der Begriff der Vereinigung, wie er in Artikel 11 der Europäischen Konvention verwendet wird, ein eigenständiger Begriff ist, der nicht mit dem national verwendeten Begriff der Vereinigung identisch ist. Auch das Recht auf freie Meinungsäußerung und das Recht auf Eigentum sind hier insoweit betroffen, als dass es um die Verwendung von Eigentum zur Erreichung bestimmter Zwecke geht.

Ausgehend von diesen Überlegungen wären nur solche Einschränkungen zulässig, die gesetzlich vorgesehen und in einer demokratischen Gesellschaft *notwendig* (*nützlich* oder *vernünftig* wäre unzureichend) sind. Dies würde zumindest dem Zustand ein Ende setzen, dass die Genehmigung zur Errichtung einer Stiftung je nach Ermessen erteilt oder verweigert werden kann. Meiner Meinung nach bedeutet dies auch, dass es nicht rechtmäßig ist, die Rechtsform der Stiftung ausschließlich für gesetzlich oder behördlich definierte gemeinnützige Zwecke vorzusehen. In Verbindung mit dem Diskriminierungs-verbot nach Artikel 14 EMRK würde damit die Vereinigungsfreiheit oder die Freiheit des Eigentums verletzt.

Wenn geprüft werden muss, ob die Mitwirkung des Staates an der Errichtung von Stiftungen legitim ist, so hat das auch Konsequenzen für die Aufsichts-mittel, mit denen der Staat in die Tätigkeit der Stiftung eingreifen kann.

Man könnte ganz allgemein darüber nachdenken, ob es noch immer notwendig und angemessen ist, die Freiheit auf Errichtung einer Stiftung von der Zustimmung des Staates abhängig zu machen. Angesichts der Rolle von Stiftungen in der Gesellschaft gibt es meines Erachtens gute Gründe, die für die Freiheit zur Errichtung von Stiftungen sprechen. In diesem Zusammenhang habe ich keine Einwände gegen eine Prüfung, ob die Stiftung und ihr Stiftungszweck nicht geltenden Gesetzen widersprechen. Anstatt durch eine Behörde sollte eine solche Prüfung allerdings vorzugsweise durch ein Gericht oder das Büro des Generalstaatsanwaltes vorgenommen werden.

Die Reform des Stiftungsprivatrechts in Deutschland vor dem Hintergrund internationaler Erfahrungen

Dr. Volker Then, Bertelsmann Stiftung, Gütersloh

Meinen Beitrag zum Arbeitskreis „Internationales" möchte ich mit einer Leitfrage beginnen: Beobachten wir vor dem Hintergrund internationaler Erfahrungen im Stiftungsprivatrecht eine Entwicklung der Konvergenz oder der Harmonisierung? Aus unseren Vorarbeiten zum internationalen Handbuch „Foundations in Europe"[1] wissen wir, dass eine Betrachtung des europäischen Stiftungsprivatrechts mit einer enormen Vielfalt an Ausgestaltungsformen konfrontiert ist. Zu den Erkenntnissen bei der Arbeit an diesem Handbuch gehört auch, dass die Ausgestaltung der Rechtssysteme in den europäischen Ländern so unterschiedlich ist, dass die Schnittmenge bei der Suche nach einem kleinsten gemeinsamen Nenner gleich Null ist. Die Frage, ob es eine eigene zivilrechtliche Form der Stiftung gibt, ob diese zivilrechtliche Form ausschließlich gemeinnützigen oder auch privatnützigen Zwecken zur Verfügung steht, ob eine solche Unterscheidung bereits im Zivilrecht oder ausschließlich unter steuerrechtlichen Vorgaben gemacht wird, die Frage einer Vermögensbindung einer Stiftung oder die Möglichkeit, dass eine Stiftung Mitglieder hat, – all diese Gesichtspunkte unterscheiden das Stiftungsverständnis in unterschiedlichen europäischen Ländern. Wie auch immer man die Entscheidung trifft, wird sie die geltenden Gestaltungsmöglichkeiten in jeweils einer Reihe europäischer Länder ausschließen. Daraus ergibt sich, dass jede Harmonisierungsstrategie notwendigerweise für eine Reihe europäischer Länder restriktivere Bedingungen schaffen wird, als sie in der gegenwärtig geltenden Rechtslage herrschen.

Andererseits beobachten wir in einer Reihe europäischer Länder, vor allem in Italien und Großbritannien, beginnende Debatten zur Gestaltung einer in diesen Rechtssystemen bisher nicht existierenden zivilrechtlichen Form der Stiftung. In beiden Ländern, die Stiftungen bisher nur durch steuerrechtliche Privilegierung von Körperschaften oder anderen juristischen Personen kennen, würde dies eine erhebliche Innovation darstellen. Diese Innovation entspringt jedoch zugleich einer Auseinandersetzung um den vermögensbasierten und Zweck orientierten Charakter der Stiftung, der sich in körperschaftlich organisierten Formen, d.h. Institutionen, die Gesellschafter oder Mitglieder kennen, nicht vollständig erfassen lässt.

---

1 *Foundations in Europe: Society, Management, Law*, Andreas Schlüter, Volker Then, Peter Walkenhorst (eds.), Directory of Social Change, Charities Aid Foundation und Verlag Bertelsmann Stiftung, London, 2001.

Dieser Beitrag wird sich daher im Einzelnen zunächst mit der Formenvielfalt des Stiftungsrechts auseinandersetzen. In einem zweiten Schritt werden Fragen des Publicity Requirement in den unterschiedlichen Rechtssystemen behandelt. Ein dritter Aspekt der Darstellung wird Einzelentwicklungen vor allem in Italien und in Großbritannien zum Gegenstand haben. In einem vierten und abschließenden Abschnitt werden europäische Rechtsentwicklungen, insbesondere das Statute of Associations und ein denkbares Statute of Foundations thematisiert.

1. Formenvielfalt

Das Stiftungsprivatrecht in den europäischen Ländern kennt eine enorme Vielfalt an Stiftungsformen[2]. Stiftungen können zu öffentlichen oder privatnützigen Zwecken gegründet werden. Stiftungen können in Formen des Zivilrechts wie auch des öffentlichen Rechts entstehen. Sie sind zu eigens in expliziter Auflistung genannten Zwecken zulässig, wie auch zu an übergreifenden Kriterien orientierten Zweckzusammenhängen. Stiftungen werden unterschieden nach dem Stifter bzw. der Mittelherkunft. Es gibt in zahlreichen europäischen Ländern die Sonderform der historisch entstandenen kirchlichen Stiftungen. Schließlich kennen einige europäische Rechtsordnungen die Sonderformen von Stiftungen zur Abwicklung von Pensionsfonds, d.h. Stiftungen, die durch Vereinbarung der Tarifpartner bzw. mit dem Staat geschaffen werden.

In einer Reihe von Ländern sind Stiftungen in der Form der auch wirtschaftlichen Zwecken offen stehenden Körperschaft zulässig, wobei es in diesem Fall auf die steuerrechtliche Privilegierung ankommt. Im Rechtsgebiet des Common Law sind Stiftungen als Trusts gängig, während sie in anderen Rechtssystemen auch als vereinsrechtliches Instrument denkbar sind. Nur in einer Minderheit von Ländern existiert für die Gestaltung einer Stiftung nur eine zur Verfügung stehende rechtliche Form.

Für die deutsche zivilrechtliche Reformdiskussion lässt sich aus diesem Variantenreichtum nicht zwangsläufig eine Schlussfolgerung ableiten. Wenden wir uns daher in der weiteren Betrachtung einem nächsten Gesichtspunkt der Reformdiskussion zu, nämlich der Frage nach der Publizitätspflicht und dem öffentlichen Charakter der Stiftung.

---

2 Vgl. *Foundations in Europe*, S. 807 ff.

2. Publizitätspflicht

Nur wenige europäische Länder kennen eine völlige Publizitätspflicht der Stiftungen:[3] In Belgien, Tschechien, Bulgarien und Schweden bestehen entsprechende Regelungen. In einer Vielzahl von Rechtssystemen existiert ein öffentliches Einsichtsrecht Dritter auf Nachfrage, das unterschiedlich umfangreiche Auskunftspflichten begründet. Dies gilt insbesondere in England und Wales, Estland, Frankreich und Spanien. Auch in Bulgarien und Schweden gilt die Berichtspflicht der Stiftungen gegenüber einer öffentlichen Institution, die allerdings die Tätigkeitsberichte der Stiftungen zur Einsicht zur Verfügung stellt. Sehr viel begrenztere Einsichtsrechte in das Berichtswesen der Stiftungen formuliert das französische Recht.

Nur in Portugal und Österreich existiert keinerlei Publizitätspflicht bzw. öffentliche Rechenschaftspflicht der Stiftungen. Hier ist ausschließlich die Aufsichtsbehörde Empfängerin des stifterischen Berichtswesens.

Es wird deutlich, dass stark an der Staatsaufsicht orientierte Modelle mit solchen öffentlicher Kontrolle konkurrieren. In der konkreten Ausgestaltung kommen unterschiedle Rechtstraditionen und ein unterschiedliches Staatsverständnis zum Ausdruck. Aufgrund ihres dem öffentlichen Nutzen dienenden Charakters werden Stiftungen in zahlreichen Ländern durch zuständige Staatsbehörden beaufsichtigt, gegenüber denen die weitreichendsten Berichtspflichten bestehen. Dies ist jedoch keineswegs gleichbedeutend mit einer entsprechenden öffentlichen Verfügbarkeit der Informationen.

Ehe sich Schlussfolgerungen für die deutsche Reformdiskussion ziehen lassen, soll im Detail die in den letzten Jahren ablaufende italienische Entwicklung betrachtet werden.

3. Italien

Stiftungsaktivitäten in Italien werden seit dem 1. Januar 1998 wie auch die Aktivitäten anderer gemeinnütziger Einrichtungen durch das Gesetz zur steuerlichen Neuordnung nicht-wirtschaftlicher Körperschaften und Non-Profit-Organisationen geregelt[4]. Dieses Gesetz konstituierte die sogenannten ONLUS (Organizzazione Non Lucrativa di Utilita Sociale/non-profit-organisation of public interest). Das Verständnis dieser Organisationen als „non-commercial bodies" (mit einhergehender Verpflichtung zur Gewinn- und Verlustrechnung!) führt dazu, dass die finanziellen Aspekte der Mittelentstehung und nicht die

---

3 Vgl. *Foundations in Europe*, S. 841, 853.
4 D.L. 460 vom 04.12.1997.

Zweckausrichtung der Organisationen von zentraler Bedeutung sind. ONLUS werden nicht durch ihre gemeinnützige Zweckbindung und ein entsprechendes Ausschüttungsverbot an private Parteien definiert, sondern durch ein Verständnis der wirtschaftlichen Tätigkeit ohne Gewinnerzielungs-Absicht.

In einem solchen Verständnis werden Zweckbetriebs-Aktivitäten unmittelbar zur wirtschaftlichen Tätigkeit, d.h. operativ gegen Entgelt ihre Zwecke verfolgende Stiftungen gelten als Wirtschaftsbetriebe. Dies gilt gleichermaßen für die Einnahmen gestützten Aktivitäten einer karitativen oder in der medizinischen Versorgung tätigen Stiftung wie für die Kasseneinnahmen eines Theaters oder eines Museums. Diese für gemeinnützige Einrichtungen ungewöhnlich restriktive und sehr enge Grenzziehung zur wirtschaftlichen Tätigkeit hat dazu geführt, dass Interessenvertreter des Dritten Sektors in Italien in Zusammenarbeit mit den Ministerien der vorigen Regierung (vor dem Amtsantritt von Ministerpräsident Berlusconi) einen Reformvorschlag entwickelt haben, der noch in diesem Jahr wieder ins Parlament eingebracht werden soll. Der Reformvorschlag hat die Schaffung einer zivilrechtlichen eigenständigen Körperschaft von Non-Profit-Organisationen ausgerichtet an der Zwecksetzung zum Gegenstand: Entstehen sollen sogenannte INLUS (Impresa Non Lucrativa di Utilita Sociale), also eine eigens auf Gemeinnützigkeit ausgerichtete Körperschaft[5]. Der Reformvorschlag sieht vor, dass INLUS sich durch folgende Eigenschaften auszeichnen sollen:

- Körperschaft, die private und öffentliche Körperschaften sowie Ministerien als Mitglieder haben kann
- Organisierte und kontinuierliche Zweckverfolgung: philanthropische Zwecke, Erziehung und Bildung, Forschung, soziale und humanitäre Zwecke, Sport, Familienförderung, Kultur, Kunst, Förderung des künstlerischen und kulturellen Erbes, Umweltschutz, Verbreitung und Förderung von kulturellem, sprachlichem und wissenschaftlichem Austausch
- Zweckbetriebs-Aktivitäten sollen nicht als wirtschaftlicher Geschäftsbetrieb gelten.
- Non-distribution-constraint/Ausschüttungsverbot
- Nachhaltige Zweckverfolgung sollte alle Arten von Zuwendungen, Vermögensgegenständen/Beiträgen berücksichtigen.
- Klare Regelungen zur Führungsverantwortung/Gremien, Buchhaltungsvorschriften, und die Art der Rechnungslegung nach dem Vorbild der handelsrechtlichen Rechnungslegungsvorschriften.
- Eigene Abteilung für INLUS im Handelsregister

---

5 In der folgenden Darstellung folge ich einem Vortrag von Prof. Enrico Bellezza, Mailand, „The Non-Profit Enterprise of Social Utility", gehalten bei der Jahrestagung des European Foundation Centre, Stockholm, 21.–23. Mai 2001.

Vor diesem Hintergrund wird deutlich, dass das deutsche Rechtssystem einen klaren Wettbewerbsvorteil besitzt: Die Stiftung ist in Deutschland als zivilrechtliche Form definiert, die anschließend steuerrechtlich privilegiert wird. Sowohl die italienische Diskussion als auch entsprechende beginnende Debatten in Großbritannien zeigen, dass bei einer Vermischung zivilrechtlicher und steuerrechtlicher Regelungssachverhalte große Vorsicht geboten ist. Werden steuerrechtliche mit zivilrechtlichen Fragen vermischt, drohen aller Voraussicht nach restriktive Entwicklungen.

4. Europäisches Recht

Vor einer abschließenden Beurteilung sollen einige aktuelle Entwicklungen auf der Ebene des europäischen Rechts dargestellt werden. Im Gefolge des europäischen Gipfels von Nizza sind Rechtsformen für europäische Körperschaften wieder auf die Tagesordnung des politischen Handelns gekommen. Zunächst gilt die Priorität hier der europäischen Aktiengesellschaft, bei der nach jahrelanger Auseinandersetzung insbesondere die geforderten und inzwischen im Entwurf des Statuts enthaltenen Mitbestimmungsregelungen zentral waren. Mit nachrangiger Bedeutung und zeitlicher Verzögerung wird auf die Verabschiedung der europäischen Aktiengesellschaft voraussichtlich die Wiederaufnahme der Diskussion um ein „Statute of Associations" folgen, das seit 1996 im Entwurf vorliegt, in der Zwischenzeit jedoch nicht weiter beraten wurde[6]. Auch dieser Entwurf des Vereins nach europäischem Recht kann hier nur kurz skizziert und eingeschätzt werden. Es wird jedoch deutlich, dass es sich hier um ein im strengen Sinne vereinsrechtliches Gebilde handelt, dass vor allem der Schaffung einer europaweiten juristischen Person im Sinne des Vereinsrechts dient. Sieben Mitglieder bilden die Mindestzahl, es werden ausführliche Regelungen zu Gremienbestimmungen und dem Wahlrecht der Gremien getroffen, die Mitbestimmungsregelung, die auch für die europäische Aktiengesellschaft gelten soll, wird gleichartig für den europäischen Verein als Anlage vorgesehen, und es ist eine ausführliche Publizitätspflicht geplant.

Besonders relevant sind Regelungen des Statuts, die deutlich machen, dass das Recht der jeweiligen Mitgliedsstaaten bindend ist, soweit Fragen nicht explizit durch dieses europäische Statut geregelt werden. In diesem Fall sind Tätigkeiten der Organisation und der Standort ihrer Aktivitäten ausschlaggebend zur Anwendung nationalen Rechts. Offensichtlich entsteht eine noch nicht völlig geklärte Differenz bei Vereinsaktivitäten in mehreren Mitgliedsstaaten der

---

6 Dokument 8841/96 vom 12.07.1996, European Union, The Council, Subject: Amended proposal for regulation of the European Parliament and of the Council on the Statute for a European Association (erhältlich beim European Foundation Centre).

Union, denn für diesen Fall könnte drohen, dass die Regelungsvielfalt innerhalb der europäischen Länder in der Körperschaft des europäischen Vereins abgebildet werden muss[7]. Die Vorstellung, dass eine solche europäische Körperschaft Konten nach Aktivitäten in den einzelnen beteiligten Mitgliedsländern führen müsste, erscheint eher als behindernde Horrorvorstellung denn als fördernder Gedanke für den gemeinnützigen Sektor. Es lässt sich jedoch auch der umgekehrte Fall des systematischen Forum-Shopping vorstellen, in dem ein Verein sein Vermögen in einem Land verwaltet, Grundbesitz in einem anderen hält, Aktivitäten außerhalb der Europäischen Union von einem dritten Land aus organisiert und Zweckbetriebs-Aktivitäten in einem vierten entfaltet.

Offenkundig ist, dass das Statut bis in den Wortlaut Parallelitäten mit dem Statut für die Konstitution der europäischen Aktiengesellschaft aufweist und dass die Entwürfe der Kommission vor allem daran ausgerichtet sind, für die europäischen Körperschaften weitgehend identische Regelungen zu kreieren, die sich einzig durch die fehlende Gewinnerzielungsabsicht des europäischen Vereins unterscheiden. Offenkundig ist diese Rechtsform für Stiftungen nur dann von Nutzen, wenn sie als Organisationsform grenzüberschreitender Projekte gewählt wird, nicht jedoch als Form der Stiftung selbst. Mit Sicherheit lässt sich daher sagen, dass das Statute of Associations aus einer Denkweise entstanden ist, die stärker der französischen Vereinstradition als der Stiftungstradition anderer europäischer Rechtssysteme verpflichtet ist und dem Stiftungsgedanken daher nicht besonders positiv gegenüber steht.

Für den Entwurf eines denkbaren zukünftigen Statuts der europäischen Stiftung lassen sich daraus klare Schlussfolgerungen ziehen: Jede Ausrichtung am Ziel der Harmonisierung bedeutet erheblichen Schaden für den europäischen Stiftungssektor und droht in mindestens einem Teil der Mitgliedsländer restriktive Folgen zu zeigen. Eine europäische Stiftung lässt sich nur konzipieren als anspruchsvolle, komplementär zum nationalen Recht verfügbare Rechtsform, die im Gegenzug zu ihrer umfassenden Privilegierung mit entsprechend hohen Verpflichtungen ausgestattet sein muss. Die Rechtsform einer europäischen Stiftung muss daher eher in einem Verständnis der Avantgarde als dem des kleinsten gemeinsamen Nenners formuliert werden. In welcher Weise dies gelingen kann, muss weitere intensive Analyse erst noch zeigen.

Schon jetzt lässt sich jedoch sagen, dass eine europäische Stiftung auf öffentliche, gemeinnützige Zwecke ausgerichtet sein sollte. Diese Stiftung wird mit Sicherheit durch die von ihr verfolgten Zwecke bestimmt werden, nicht je-

---

7 Vgl. Artikel 6 des Statuts.

doch durch die Generierung ihrer Mittel definiert sein. Sie wird eine vermögens-basierte Organisation sein müssen. Es wird darauf ankommen, klare Gremien-zuständigkeiten (Gremienpflichten, Gremienrepräsentation des Stifterwillens, Vertretung bei einer Mehrzahl von Stiftern) zu formulieren. Dazu steht so-wohl das aus der angelsächsischen Tradition entstandene Modell des Trusts (mit dem Vorstand als Treuhänder des Stiftungszwecks gegenüber allen Stif-tern) als auch das aus der kontinental europäischen Rechtstradition stammen-de Repräsentationsmodell (mit dem Vorstand als ausschließlich dem Stifter-willen der Gründungsstifter verpflichtete Gremium) zur Verfügung.

Eine europäische Stiftung wird mit Sicherheit der Publizitätspflicht unterlie-gen und durch ein Ausschüttungsverbot zur privatnützigen Zwecken gekenn-zeichnet sein. Entscheidend für die Arbeitsfähigkeit dieser Stiftung wird die Gestaltung einer Möglichkeit zur Erzielung eigener Einnahmen und die Formu-lierung einer liberalen Zweckbetriebsregelung sein. Mit Sicherheit der umstrit-tenste Punkt der Rechtsform einer europäischen Stiftung wird die einheitliche steuerliche Behandlung in einem Europa sein, in dem die Harmonisierung der direkten Steuern bisher der langsamste aller Integrationsprozesse ist.

5. Schluss

Beobachten wir einerseits eine Konvergenz in einigen europäischen Ländern hin zur zivilrechtlichen Form der Stiftung, wo sie bisher nicht existiert hat, andererseits jedoch eine neue Ausdifferenzierung in der Formenvielfalt, so lassen sich nicht ohne weiteres Anregungen für die deutsche Reformdiskussion gewinnen. Wichtig scheinen jedoch einige Gemeinsamkeiten der Entwicklung in einzelnen Ländern bei aller Unterschiedlichkeit der historisch gewachsenen Rechtsformen und der sonstigen systematischen Behandlung von Stiftungen zu sein: Stiftungen werden zunehmend für spezielle, bisher häufig dem öf-fentlichen Recht und den öffentlichen Institutionen vorbehaltene Zwecke diskutiert. Die Überführung kultureller Einrichtungen oder Universitäten in die Rechtsform der Stiftung, die Gestaltung von Stiftungsstatuten, die Mitgliederzulassung, die zunehmenden Trends hin zu Gemeinschaftsstiftungen zahlreicher Stifter, sowie die Entwicklung hin zu Public Private Partnerships formulieren neue Anforderungen an die Gestaltung des Stiftungsrechts. Die Beteiligung öffentlicher Hände an Stiftungen, die zugleich private Stifter mobilisieren sollen, führt zu einer Grenzüberschreitung und der damit für den gesamten Dritten Sektor beobachtbaren sich verringernden Trennschärfe zwischen wirtschaftlicher, staatlicher und gemeinnütziger Tätigkeit.

Um so mehr wird es unter diesen Umständen darauf ankommen, dass Stif-tungen im Licht der Öffentlichkeit agieren. Eine Publizitätspflicht und ein

Stiftungsregister, das sowohl der Sicherheit des Rechtsverkehrs wie der Kenntnis über vorhandene Organisationen und ihrer Zwecksetzungen dient, sind Ecksteine eines solchen Denkens. Es wird außerdem darüber nachzudenken sein, ob an Stelle staatlicher externer Aufsicht neue Konzeptionen der Binnenkontrolle, der mehrgliederigen Gremienstruktur und damit der Sicherstellung der Zweckverfolgung notwendig sind. Um der Grenzziehung zwischen den Sektoren zu dienen, ist sicherlich die Definition der Stiftung als Allzweckstiftung unter Ausschluss von Umgehungsformen zur rein wirtschaftlichen Tätigkeit empfehlenswert. Hier sind ausdrücklich nicht Unternehmensträgerstiftungen gemeint, sondern Gestaltungsformen wie etwa die Stiftung & Co KG. In der in der deutschen Diskussion anvisierten dritten Reformphase zu Fragen des Gemeinnützigkeitsrechts wird eine besondere Rolle spielen, mit welchem Verfahren die als gemeinnützig anerkennungsfähigen Zwecke, die eine Stiftung verfolgen kann, definiert werden. Es wird eine Klärung notwendig sein, inwieweit die bisherige Abgrenzung zur wirtschaftlichen Tätigkeit tragfähig ist, wenn operative Stiftungsformen neue Dimensionen der Zweckbetriebs-Aktivität erschließen. Es bietet sich dabei an, die Gemeinnützigkeitsdefinition stärker am Ausschüttungsverbot zu privatnützigen Zwecken und der Haftung für gesicherte Zweckverfolgung auszurichten als an der Frage, ob die Organisation auf der Grundlage eigen erwirtschafteter Mittel oder externer Zuwendungen arbeitet.

Vor dem Hintergrund eines rapide wachsenden Stiftungssektors und eines zugleich politisch gewollten Ausbaus solcher gemeinnütziger Aktivitäten zur Investition in öffentliche Güter wird die zukünftige Gestaltung der Rechtsordnung für Stiftungen auch daran zu messen sein, inwieweit sie einen wachsenden Sektor auf das zunehmende öffentliche Interesse an seiner Arbeit vorbereitet.

9. Ergebnisniederschrift über die Sitzung des Arbeitskreises Deutscher Stiftungen

„Bürgerstiftungen"

am 31. Mai 2001
im Mediapark, Köln

Thema: **Bürgerstiftungen und die Kultur des Gebens in Italien**

Dr. Bernardino Casadei, Progetto Fondazioni delle Comunità Locali, Fondazione Cariplo, Mailand

Leitung: Nikolaus Turner, Geschäftsführer der Kester-Haeusler-Stiftung, Fürstenfeldbruck und Beiratsmitglied des Bundesverbandes Deutscher Stiftungen

Protokoll über die Aktivitäten des Arbeitskreises

Nikolaus Turner, Arbeitskreisleiter

Nach seiner Errichtung auf der Jahrestagung 1999 in Bonn traf sich der Arbeitskreis „Bürgerstiftungen" in Köln zum zweiten Mal aus Anlass einer Jahrestagung und insgesamt zum 7. Mal.

Während die in der Regel auf eineinhalb Tage angelegten, ausführlichen Arbeitskreistreffen zwischen den Jahrestagungen dem intensiven Erfahrungsaustausch und der Beschäftigung mit jeweils einem konkreten Anliegen der bereits aktiven Bürgerstiftungen oder den im Errichtungsstadium befindlichen Initiativen dienen und damit als erste Versuche des Bundesverbandes anzusehen sind, den außergewöhnlich großen Bedarf an Information und Informationsaustausch im Rahmen seiner Möglichkeiten zu befriedigen, nutzte der Arbeitskreis sein Treffen während der Jahrestagung wieder zu einem Blick über die Landesgrenzen ins Ausland.

Nach der Begrüßung des mit über 80 Zuhörerinnen und Zuhörern wieder erfreulich großen Kreises an Bürgerstiftungen Interessierter verwies Ulrich F. Brömmling, Leiter Medien und Information beim Bundesverband, auf die zunehmende Berichterstattung über Bürgerstiftungen in den Medien. Keine andere Gruppe von Stiftungen habe im vergangenen Jahr einen vergleichbaren Zuwachs an Medienaufmerksamkeit erfahren. Das Interview des Rheinischen Merkur mit dem Ersten Vorsitzenden des Bundesverbandes, Prof. Dr. Axel Frhr. von Campenhausen, stellte die Bürgerstiftung in den Mittelpunkt („Das Neue wächst von unten"). Der Kölner Stadt-Anzeiger berichtete am Tag des Arbeitskreistreffens ausführlich über die Aktivitäten der Bürgerstiftungen in Hamburg und Dresden. Für die Zeitschrift „Das Parlament" liegt ein Übersichtsartikel zu Bürgerstiftungen vor. In einigen Rundfunkanstalten sind Features und andere Beiträge gelaufen oder geplant. Nach dieser Einleitung gab der Arbeitskreisleiter einen Überblick über die „Ereignisse" seit der letzten Jahrestagung, die, da sich dieser Bereich in einer schnellen Vergrößerung und damit verbundener Veränderung befindet, hier auch aus dokumentarischen Gründen festgehalten werden sollen.

Da bereits fast 100 Bürgerstiftungsinitiativen und Bürgerstiftungen beim Bundesverband bekannt sind, kann bald die magische Grenze erreicht und überschritten werden.

In den letzten Wochen und Monaten wurde die Bürgerstiftung Stuttgart gegründet, der es gelungen ist die Stadt Stuttgart und ihren Gemeinderat zur Bereitstellung eines Matching Funds zur Erhöhung des Grundstockvermögens zu gewinnen.

In Mailand traf sich das von der Bertelsmann Stiftung und der Charles Stewart Mott Foundation eingerichtete und betreute Transatlantic Community Foundation Network nach dem Treffen in Dresden zu seiner zweiten Plenumstagung. Die auch mit einzelnen Vertretern deutscher Bürgerstiftungen besetzten internationalen Arbeitsgruppen kamen zu intensiven Sitzungen zusammen, deren Ergebnisse bereits zum Teil unter der von der Bertelsmann Stiftung betreuten domain www.buergerstiftungen.de bzw. unter der domain des European Foundation Centre www.efc.be aufzufinden sind.

Mitte Mai fand auf Einladung der Ev. Akademie Tutzing und der ZEIT-Stiftung Gerd und Ebelin Bucerius am Starnberger See eine zweitägige Tagung „Stiftungen in der Bürgergesellschaft" statt, bei der der Idee der Bürgerstiftungen auch ein großer Raum eingeräumt wurde.

Mit Datum vom 28.05.2001 wurde die Bürgerstiftung Region Ahrensburg genehmigt.

In Magdeburg wurde eine Initiative zur Gründung von Bürgerstiftungen in Sachsen-Anhalt gegründet.

Die Bürgerstiftung Kiel soll bis Juni 2001 genehmigt sein, die Bürgerstiftung Nürnberg wird im Juli errichtet werden und die Bürgerstiftung Hildesheim plant ihre Errichtung im Herbst.

Im Zusammenhang mit dem bestehenden Bedarf an Information und Beratung an der Errichtung von Bürgerstiftungen interessierter Bürgerinnen und Bürger zeigt sich der Nutzen, den die im letzten Herbst herausgebrachte Dokumentation „Bürgerstiftungen in Deutschland" insbesondere bei der ersten Orientierung bieten kann.

Seit der Präsentation beim Treffen des Arbeitskreises im November des letzten Jahres bei der Bertelsmann Stiftung in Gütersloh hat die Dokumentation eine erfreulich große Nachfrage und Resonanz erfahren, so dass für den Herbst 2001 eine erweiterte Neuauflage geplant werden kann, zu der auch alle seit Erscheinen der ersten Auflage neu entstandenen und entstehenden Bürgerstiftungen und Bürgerstiftungsinitiativen Beiträge liefern können und sollen.

Neben der Dokumentation erfreuen sich auch die 10 Merkmale, die der Arbeitskreis bei seinem Treffen in Dresden erarbeitet und auf der letzten Jahrestagung vorgestellt hat einer großen Beachtung. Erste Fragen nach den Besonderheiten von Bürgerstiftungen können mit den Merkmalen befriedigt werden. Ihre Verbreitung sollte auch durch die Bürgerstiftungscommunity weiter vorgenommen werden. Inzwischen liegen die 10 Merkmale auch in englischer Fassung vor (abzurufen über www.buergerstiftungen.de).

Immer häufiger befassen sich Kommunen mit dem Gedanken der Errichtung einer „Bürgerstiftung", um kommunale Belange mit privatem Geld, aber unter kommunaler Leitung zu erledigen. Hier bedarf es zusätzlicher Aufklärung und Information, um zu vermeiden, dass unter dem Deckmantel einer „Bürgerstiftung" genannten Einrichtung städtischer oder kommunaler Herkunft sogenannte „Mogelpackungen" entstehen, die schon begrifflich Fehlinterpretationen mit sich bringen.

Viele positive Reaktionen auf die Präsentation und den Versand der „Dokumentation Bürgerstiftungen in Deutschland" bestätigen den Bedarf an Information und den Sinn einer solchen Publikation, die neben dem Ratgeber „Handbuch Bürgerstiftungen" der Bertelsmann Stiftung eine sinnvolle Ergänzung und Einführung geben kann.

Die Darstellung vieler, ganz unterschiedlicher Bürgerstiftungen und ihrer ganz individuellen Entstehungsgeschichten geben einen Überblick über die Vielfalt der Varianten und Möglichkeiten und führen dazu, dass sich jede neue Initiative selber Gedanken zu Ihrer Stiftungsgründung macht und die jeweiligen Gegebenheiten vor Ort größtmögliche Berücksichtigung finden.

Von den zahlreichen Rückmeldungen seien nur einige in Auszügen wiedergegeben:

[...] Mit großem Interesse habe ich in der mir freundlicherweise zugedachten Dokumentation „Bürgerstiftungen in Deutschland" gelesen. Ich freue mich sehr darüber, dass das Interesse an dieser Form des bürgerschaftlichen Engagements in unserem Lande immer mehr zunimmt. Die Bürgerstiftung bietet gewiss den nicht hoch genug einzuschätzenden Vorteil, dass sie vielen Mitbürgerinnen und Mitbürgern als Mit- oder Zustifter das Stiften selbst ermöglicht. Sie rückt die Stiftung als Instrument der Bürgergesellschaft in die breite Öffentlichkeit und – auch das kein geringzuschätzender Aspekt – vermag das Bild der Stiftung als eine Domäne der Vermögenden korrigieren.

Sie können sicher sein, dass ich mich weiter für das so wichtige Ehrenamt in unserer Gesellschaft einsetzen und auch die weitere Entwicklung im Bereich der Bürgerstiftungen mit großer Aufmerksamkeit verfolgen werde. [...]

Bundespräsident Dr. h.c. Johannes Rau

[...] Für Ihr freundliches Schreiben [...] und die Übersendung der Publikation über „Bürgerstiftungen in Deutschland" [...] danke ich Ihnen. Ich hoffe, bald die Muße zu finden, um in den beiden Schriften etwas ausführlicher blättern zu können.

Bürgerschaftliches Engagement ist wichtig und macht obendrein Freude. Bürgerstiftungen nach dem Vorbild der amerikanischen Community Foundations gewinnen auch deshalb an Bedeutung, weil zunehmend erkannt wird, dass es nicht reicht, nach der öffentlichen Hand zu rufen, um in Stadt und Region das Umfeld zu verbessern und insbesondere soziale und kulturelle Aktivitäten zu fördern. [...] Es würde mich freuen, wenn sich noch zahlreiche weitere Bürgerstiftungen bilden würden. [...]

Prof. Dr. Kurt Biedenkopf,
Ministerpräsident des Freistaates Sachsen

[...] ich möchte mich sehr herzlich für Ihr Schreiben und die Übersendung Ihrer Schrift „Bürgerstiftungen in Deutschland", in die ich mit großem Interesse hinein gesehen habe, bedanken.

[...] Auch in ihrer politischen Arbeit wird die SPD-Bundestagsfraktion weitere Verbesserungen für ehrenamtlich und bürgerschaftlich Engagierte anstreben. Dazu gehören insbesondere:

- *Verbesserung der rechtlichen Rahmenbedingungen (Freistellung, Haftung, Versicherung etc.),*
- *Weitere Verbesserungen bei der steuerlichen und sozialversicherungsrechtlichen Behandlung von Aufwandsentschädigungen für ehrenamtlich Tätige,*
- *Novellierung des Stiftungszivilrechts,*
- *Erleichterung der ehrenamtlichen Tätigkeit von Arbeitslosen durch Änderung der Verfügbarkeitsvorschriften im Arbeitsförderungsgesetz,*
- *Abbau bürokratischer Hemmnisse für ehrenamtlich engagierte Bürger und Organisationen.*

Darüber hinaus werden voraussichtlich Anfang des Jahres 2002 die Ergebnisse der Bundestags-Enquete-Kommission „Zukunft des Bürgerschaftlichen Engagements" vorliegen, aus denen weitere Verbesserungen für ehrenamtlich und bürgerschaftlich Engagierte abzuleiten sein werden. [...]

Dr. Peter Struck MdB,
Vorsitzender der Sozialdemokratischen Bundestagsfraktion

[...] Die intensiven Bemühungen des Arbeitskreises Bürgerstiftungen im Bundesverband Deutscher Stiftungen [...] zur Förderung der verstärkt entstehenden Bürgerstiftungen finden mein ganzes Interesse. Die in der Broschüre dargestellte große Zahl mittlerweile entstandener Stiftungen ist überaus beeindruckend und berechtigt zu guten Hoffnungen für die zukünftige Entwicklung dieser Stiftungsform – gerade im kommunalen und kulturellen Bereich. Von besonderer Bedeutung ist zweifellos aus, dass Bürgerstiftungen eben gerade nicht auf das Engagement nur eines besonders zahlungskräftigen Mäzens zurückgehen, sondern auf den Schulter vieler Bürger ruhen. Bürgerstiftungen – dies ist seit langem Meinung der CDU und auch Ausdruck parlamentarischen Wirkens – bedürfen deshalb insbesondere der Förderung. [...] Unser Ziel ist es zudem, den Wert freiwilliger Arbeit

fest im Bewusstsein der Öffentlichkeit zu verankern, einen Durchbruch zu besseren Rahmenbedingungen für freiwillige Tätigkeit zu schaffen, bürokratische Hürden zu beseitigen und ehrenamtliches Engagement in den Biographien der Bürger stärker als bisher anzuerkennen.

Dr. Angela Merkel MdB
Vorsitzende der CDU Deutschlands

[...] Unsere Bürgergesellschaft lebt von dem Engagement ihrer Bürger. Was der Bürger in eigener Verantwortung entscheiden kann, muss es auch entscheiden dürfen. In der liberalen Bürgergesellschaft ist es nicht Aufgabe des Staates, „die Bürger ihrer Probleme zu enteignen", die Bürger regeln ihre Angelegenheiten in Freiheit und Verantwortung selbst. [...]

Durch die von Ihnen übersandte Broschüre habe ich mir ein sehr gutes Bild über das enorme Engagement der Bürgerstiftungen in Deutschland machen können. Zu dieser Arbeit möchte ich Ihnen gratulieren.

Sollten hierfür Hilfestellungen von Seiten der Politik nötig sein, können Sie sich gerne an die F.D.P.-Bundestagsfraktion wenden.

Dr. Wolfgang Gerhardt MdB,
Vorsitzender der F.D.P.-Bundestagsfraktion
Bundesvorsitzender der Freien Demokratischen Partei

[...] Bürgerstiftungen sind in der Tat ein wichtiges Element der Aktiven Bürgergesellschaft. Es freut mich sehr, dass immer mehr Bürger bereit sind, ihren Beitrag für unser Gemeinwesen zu leisten und Verantwortung für andere zu übernehmen. Aufgabe der Politik ist es, die Rahmenbedingungen für diese „Kultur des Helfens" zu schaffen. [...]

Viele Bürgerinnen und Bürger engagieren sich in Bürgerstiftungen in vorbildlicher Weise für das Gemeinwohl. Auf diesem Weg müssen wir weitergehen, damit wir die Herausforderungen der Zukunft meistern und unser Land leistungsfähiger und gleichzeitig auch menschlicher machen können. [...]

Alois Glück MdL
Fraktionsvorsitzender der CSU Fraktion
im Bayerischen Landtag

Das Herbsttreffen im November 2000 in Gütersloh, bei dem der Arbeitskreis Gast der Bertelsmann Stiftung sein durfte, war sowohl dem Bereich der Arbeitskräfterekrutierung für Bürgerstiftungen gewidmet wie auch der Frage, ob Bürgerstiftungen auch ABM Kräfte beschäftigen können.

*Das Frühjahrstreffen, zu dem die Körber-Stif*tung in Hamburg ihr „Haus im Park" zur Verfügung gestellt hat, stand unter dem Thema „Treuhänderische Stiftungen".

Erste Beispiele derartiger „Zu-"Stiftungen sind bei der Stadtstiftung Gütersloh, der Bürgerstiftung Hamburg und der Bürgerstiftung Dresden zu vermelden. Herr Jacobi, Herr Dr. Rollin und Herr Ripp stellten jeweils die Musterverträge ihrer Stiftung und eigene Entwürfe von Treuhandvereinbarungen vor. Auf der Grundlage ihrer Ausführungen wurden die mit der Aufnahme und Betreuung unselbständiger Stiftungen verbundenen Fragen und Probleme angesprochen und intensiv diskutiert. Erste Erfahrungen und die hilfreichen Hinweise der mit den Verhandlungen zwischen potentiellen Zustiftern und den jeweiligen Bürgerstiftungen befassten Herren haben zahlreiche Anregungen und Ideen gegeben, die den anderen Bürgerstiftungen im Fall des Falles Hilfe leisten werden. Darüber hinaus stehen die genannten Herren und Bürgerstiftungen für Rückfragen aber auch jederzeit zur Verfügung.

Anknüpfend an das Arbeitskreistreffen in Gütersloh und die dort aus dem Kreis der Teilnehmer erhobene Forderung die Bürgerstiftungen im Rahmen der Arbeit der Enquete-Kommission des Deutschen Bundestages zum Ehrenamtlichen Engagement aktiv zu vertreten und ihre Wünsche vernehmbar zu artikulieren, galt den Wünschen und Forderungen der Bürgerstiftungsgemeinschaft der zweite Teil der Sitzung.

Das besonderes Bestreben aller Beteiligten gilt einem Schutz des Begriffs Bürgerstiftungen für Einrichtungen, die die Voraussetzungen der „10 Merkmale einer Bürgerstiftung" erfüllen. Hieraus ergab sich die Forderung eines „Namensschutzes" für Bürgerstiftungen und Zeit-Stifter als modernen Begriff für Ehrenamtliche.

Auf das Problem der Begrifflichkeiten soll die Enquete-Kommission ebenso hingewiesen werden wie auf drei weitere Forderungen, die sich im Rahmen der Diskussion ergaben:

Neben dem Namenschutz soll auch kleineren Bürgerstiftungen schon von Gründung ab die Festlegung eines breiten Stiftungszweckes ermöglicht werden. Ein solcher, breit gefasster Stiftungszweck ist bei einer Bürgerstiftung allein schon deshalb erforderlich, weil Bürgerstiftungen als Netzwerke und Dächer gerade zahlreichen Zustiftungen mit ganz unterschiedlichen Interessen eine dauerhafte Heimat bieten sollen.

Im Rahmen steuerrechtlicher Verbesserungen fordert der Arbeitskreis die Umsetzung der Möglichkeit der Endowmentbildung durch andere Stiftungen, die Abschaffung der verschuldensunabhängigen Haftung für Ehrenamtliche und eine einheitliche Behandlung von Spenden und Zustiftungen für gemeinnützige Zwecke im Rahmen der Abzugsmöglichkeiten mit einheitlich 10 % bzw. 20 %.

Der letzte Punkt betrifft die stärkere Anerkennung ehrenamtlicher Tätigkeit und benennt einige Möglichkeiten der ehrenamtlichen Tätigkeit, nicht eine Bezahlung sondern eine Form von Belohnung zu ermöglichen.

Neben der Abzugsmöglichkeit für Auslagen, auch in den Fällen in denen Ehrenamtliche keine Aufwandsentschädigung erhalten, soll der Versicherungsschutz für Ehrenamtliche verbessert werden und eine Möglichkeit der Anerkennung von Zeit-Spenden durch eine Anrechnung bei der Rente, einen Vermerk in Zeugnissen oder die Einführung einer „Lohnsteuerkarte für ehrenamtliches Engagement" umgesetzt werden.

Diese Forderungen, die in Zeiten knapper Kassen der öffentlichen Hand zum Teil wenig Aussicht auf unmittelbare Umsetzung haben werden, dessen ungeachtet aber in die Diskussion eingebracht werden sollen, wurden von den Teilnehmern der Arbeitskreistreffen in großem Einvernehmen beschlossen.

Anfang Mai wurde der Arbeitskreis aufgefordert der Enquete-Kommission kurzfristig eine Stellungnahme zukommen zu lassen. Die für das Treffen auf der Jahrestagung geplante Aussprache zur ersten Stellungnahme konnte daher nicht mehr abgewartet werden, eine Abstimmung konnte nur mit einzelnen Bürgerstiftungsvertretern erfolgen.

Die so entstandene, erste Stellungnahme wurde dem Vorsitzenden der Enquete-Kommission des Deutschen Bundestages, Herrn Dr. Michael Bürsch, am 8. Mai 2001 zugesandt.

Die Stellungnahme wurde während des Treffens in Köln an alle Teilnehmer verteilt und ist in Anschluss an diese Zusammenfassung auch abgedruckt.

Zwischenzeitlich ist es auch gelungen einen Gesprächstermin mit der Enquete-Kommission zu vereinbaren, bei dem die Arbeitskreisleitung mit einzelnen Vertretern bereits aktiver Bürgerstiftungen die Wünsche und Belange der Bürgerstiftungen vorstellen kann. Bei dieser Gelegenheit wird auch eine ergänzte Stellungnahme überreicht werden, deren Erarbeitung Thema des nächsten, 8. Arbeitskreistreffens am 7. und 8. September bei der Stiftung Kunst und Kultur im Münsterland in Schöppingen sein wird.

Im Frühjahr 2002 wird das 9. Treffen des Arbeitskreises am 22. und 23. Februar 2002 auf Einladung der Bürgerstiftung Göttingen in Göttingen stattfinden und sich dem Themenbereich „Personal" widmen.

Nach diesen dokumentarischen und technischen Ausführungen galt es den Referenten des Vortrages, Herrn Dr. Bernardino Casadei, vorzustellen und einzuführen. Herr Casadei, der in Rom politische Wissenschaften studierte und Assistent des Generalsekretärs des Italienischen Rechnungshofes war, leitete von 1992–1996 als Generalsekretär die von ihm mitgegründete philosophische Stiftung „Augusto del Noce" (1910–1989). Seit 1996 entwickelt er das Projekt Bürgerstiftungen für die 1990 errichtete Fondazione Cariplo, die ein Vermögen von rund 14 Mrd. DM hat und jährlich rund 250 Millionen ausschüttet.

Mit seinem Vortrag stand auch dieses Treffen wie das des Vorjahres im Zeichen des Blickes nach Außen. Um einen Eindruck von der Situation der Bürgerstiftungsbewegung in anderen Ländern zu bekommen und aus den Erfahrungen Anderer Gemeinsamkeiten und Unterschiede zu erkennen und Anregungen für die eigene Arbeit zu erhalten, ging nach dem Blick nach Großbritannien (vgl. Kurzbericht und Referat von Mrs Gaynor Humphreys im Bericht über die 56. Jahrestagung 2000 in Weimar) in diesem Jahr der Blick nach Italien.

In Italien ist die Bürgerstiftungsbewegung noch sehr jung. Durch die sehr starke Förderung, die die Idee durch die Fondazione Cariplo erfahren hat, nämlich die Bürgerstiftungsgründungen stark zu fördern und bei vorliegen gewisser Voraussetzungen auch mit sehr namhaften Zustiftungen zum jeweiligen Grundstockvermögen zu unterstützen, verfügt die Lombardei bereits über erste Stiftungsgründungen mit beachtlichen Grundstockvermögen.

Herr Casadei gab mit seinem Vortrag „Die Kultur des Gebens und Bürgerstiftungen in Italien" einen interessanten, teilweise von den Zuhörerinnen und Zuhörern neidvoll wahrgenommenen Überblick über die Situation der Bürgerstiftungen und ihrer Entwicklung in Italien und stellte das Konzept der Cariplo Stiftung zur Verbreitung des Bürgerstiftungsgedankens in Italien vor.

Es schloss sich eine rege Diskussion an, die die deutlichen Unterschiede in der Entwicklung der Bürgerstiftungen Italiens und Deutschlands unterstrich.

Bürgerstiftungen fördern die Bürgergesellschaft

Stellungnahme des Arbeitskreises Bürgerstiftungen im Bundesverband Deutscher Stiftungen zur Zukunft des bürgerschaftlichen Engagements

Mehr als 10.000 gemeinnützige Stiftungen tragen mit ihren Fördermitteln und mit erheblichem persönlichen Einsatz vieler tausend Bürgerinnen und Bürger auf allen in der Abgabenordnung als gemeinnützig anerkannten Gebieten durch eigene Projekte oder durch die Förderung von Personen und Fremdprojekten zu einer Stärkung und Weiterentwicklung der Bürgergesellschaft bei.

Dabei sehen Stiftungen ihre Rolle nicht nur darin, das Staatshandeln zu ergänzen; sie geben neue, zusätzliche Anstöße und Anregungen, schließen Lücken in allen Bereichen gesellschaftlicher Bedürfnisse und betreten Neuland in der Beantwortung bestehender Nachfrage; damit sind sie ein wichtiges ordnungspolitisches Element unserer Zivilgesellschaft: Immer mehr Bürgerinnen und Bürger ziehen sich nicht mehr anonym zurück und überlassen alles Handeln dem Staat; sie setzen sich heute noch mehr als bisher persönlich für das Gemeinwesen ein, übernehmen Verantwortung und errichten darüber hinaus Stiftungen, die darauf ausgerichtet sind, dauerhaft das Gemeinwohl zu fördern.

In der Gestalt der Bürgerstiftungen manifestiert sich das bürgerschaftliche Engagement besonders stark und zeitgemäß:

Durch Bürgerstiftungen sind Bürgerinnen und Bürger in der Lage, auch mit jeweils verhältnismäßig geringen Beträgen gemeinsam eine Stiftung zu errichten. Die Summe vieler kleinerer Beträge ergibt eine den durchaus sinnvollen Maßstäben der Genehmigungsbehörden genügende Kapitalausstattung für die Errichtung einer Stiftung und verbindet mehr Bürgerinnen und Bürger mit der Idee des Stiftens als dies bei klassischen Stiftungen eines Stifters oder Stifterpaares der Fall ist.

Mit der Bürgerstiftung ist der Gedanke des Stiftens zum Inbegriff des bürgerschaftlichen Engagements geworden: Menschen stiften Ideen, Geld und/oder Zeit, bringen sich ehrenamtlich ein und tragen so dauerhaft dazu bei, dass Stiftungsmittel zum Wohle der Gesellschaft erwirtschaftet und ausgegeben werden können.

Bürgerstiftungen haben daher eine besondere Breitenwirkung in der Verstärkung bürgerschaftlichen Engagements zur Übernahme gesellschaftlicher Verantwortung in unserem demokratischen Staat. Er sollte dies deshalb auch deutlicher anerkennen und fördern als bisher.

In beinahe allen Ländern der Bundesrepublik Deutschland haben die mit finanziellen Mitteln der Bürgerstiftungen und erheblichen Zeitspenden in Angriff genommenen Projekte schon gute, nachweisbare und messbare Erfolge erzielt. So wurden und werden Kinder gefördert, potenzielle Aussteiger wieder in die Gemeinschaft eingegliedert und Gewaltbereite aufgefangen, Museen eingerichtet, die Identifikation von Jugendlichen mit ihrer Heimat gestärkt, sozial Schwächere unterstützt und finanzielle Ressourcen aufgetan und gebündelt, die sonst ungenutzt versiegen würden oder gar nicht für das Gemeinwohl hätten eingesetzt werden können.

Fast jede Woche wird an einem weiteren Ort in Deutschland die Idee zur Initiierung einer Bürgerstiftung geboren oder aufgegriffen.

Eine adäquate Anerkennung durch den Staat steht gleichwohl aus, wenngleich das Gesetz zur weiteren steuerlichen Förderung von Stiftungen vom 14. Juli 2000 in Teilen sicher auch den Bürgerstiftungen zu Gute kommen wird. Stichhaltige Daten hierzu stehen allerdings noch aus.

Der Arbeitskreis Bürgerstiftungen im Bundesverband Deutscher Stiftungen fordert die Enquete-Kommission „Zukunft des bürgerschaftlichen Engagements" des Deutschen Bundestages daher auf, sich dafür einzusetzen, dass die Rahmenbedingungen so verbessert werden, dass die bereits vorhandenen Bürgerstiftungen noch effektiver und wirksamer arbeiten und neue Bürgerstiftungen zügiger entstehen können.

Die Anregungen und Wünsche des Arbeitskreises Bürgerstiftungen gliedern sich in vier Bereiche:

1. Namensschutz
2. Stiftungszweck
3. steuerliche Rahmenbedingungen
4. Anerkennung ehrenamtlicher Tätigkeit

ad 1. Namensschutz

a) Bürgerstiftung

Der Arbeitskreis Bürgerstiftungen sieht den leider nicht legaldefinierten Begriff der „Bürgerstiftung" durch inflationären Gebrauch gefährdet. Es droht die Gefahr der Aufweichung durch missbräuchlichen Gebrauch und Einsatz.

Da sich des Begriffs derzeit auch solche Stiftungen bedienen können, die nicht einmal die Grundeigenschaften einer Bürgerstiftung erfüllen, ist die Gefahr des Missbrauchs evident.

Daher fordern die Bürgerstiftungen die Genehmigungsbehörden auf, nur dann den Namen oder Namenszusatz „Bürgerstiftung" zuzulassen, wenn die neu zu errichtende Stiftung auch die erprobten und bewährten zehn „Merkmale einer Bürgerstiftung" erfüllt.

Diese „Merkmale" wurden vom Arbeitskreis Bürgerstiftungen zum Selbstschutz erarbeitet und formuliert und auf der 56. Jahrestagung des Bundesverbandes Deutscher Stiftungen in Weimar im Mai 2000 beschlossen.

Bei den 10 Punkten handelt es sich im Einzelnen um Charakteristika, die sich aus der Erfahrung des noch überschaubaren Bereichs ergeben haben. Auch die Erfahrungen des Community Foundation Sektors in den Vereinigten Staaten, der sich „National Standards" gegeben hat, wurden berücksichtigt, übertragbare Erfahrungen aufgegriffen und umgesetzt:

Präambel:

> Eine Bürgerstiftung ist eine unabhängige, autonom handelnde, gemeinnützige Stiftung von Bürgern für Bürger mit möglichst breitem Stiftungszweck. Sie engagiert sich nachhaltig und dauerhaft für das Gemeinwesen in einem geographisch begrenzten Raum und ist in der Regel fördernd und operativ für alle Bürger ihres definierten Einzugsgebietes tätig. Sie unterstützt mit ihrer Arbeit bürgerschaftliches Engagement.

> 1. Eine Bürgerstiftung ist gemeinnützig und will das Gemeinwesen stärken. Sie versteht sich als Element einer selbstbestimmten Bürgergesellschaft.

> 2. Eine Bürgerstiftung wird in der Regel von mehreren Stiftern errichtet. Eine Initiative zu ihrer Errichtung kann auch von Einzelpersonen oder einzelnen Institutionen ausgehen.

> 3. Eine Bürgerstiftung ist wirtschaftlich und politisch unabhängig. Sie ist konfessionell und parteipolitisch nicht gebunden. Eine Dominanz einzelner Stifter, Parteien, Unternehmen wird abgelehnt. Politische Gremien und Verwaltungsspitzen dürfen keinen bestimmenden Einfluss auf Entscheidungen nehmen.

> 4. Das Aktionsgebiet einer Bürgerstiftung ist geographisch ausgerichtet: auf eine Stadt, einen Landkreis, eine Region.

> 5. Eine Bürgerstiftung baut kontinuierlich Stiftungskapital auf. Dabei gibt sie allen Bürgern, die sich einer bestimmten Stadt oder Region verbunden fühlen und die Stiftungsziele bejahen, die Möglichkeit einer Zustiftung. Sie sammelt darüber hinaus Projektspenden und kann Unterstiftungen und Fonds einrichten, die einzelne der in der Satzung aufgeführten Zwecke verfolgen oder auch regionale Teilgebiete fördern.

6. Eine Bürgerstiftung wirkt in einem breiten Spektrum des städtischen oder regionalen Lebens, dessen Förderung für sie im Vordergrund steht. Ihr Stiftungszweck ist daher breit. Er umfasst in der Regel den kulturellen Sektor, Jugend und Soziales, das Bildungswesen, Natur und Umwelt und den Denkmalschutz. Sie ist fördernd und/oder operativ tätig und sollte innovativ tätig sein.

7. Eine Bürgerstiftung fördert Projekte, die von bürgerschaftlichem Engagement getragen sind oder Hilfe zur Selbsthilfe leisten. Dabei bemüht sie sich um neue Formen des gesellschaftlichen Engagements.

8. Eine Bürgerstiftung macht ihre Projekte öffentlich und betreibt eine ausgeprägte Öffentlichkeitsarbeit, um allen Bürgern ihrer Region die Möglichkeit zu geben, sich an den Projekten zu beteiligen.

9. Eine Bürgerstiftung kann ein lokales Netzwerk innerhalb verschiedener gemeinnütziger Organisationen einer Stadt oder Region koordinieren.

10. Die interne Arbeit einer Bürgerstiftung ist durch Partizipation und Transparenz geprägt. Eine Bürgerstiftung hat mehrere Gremien (Vorstand und Kontrollorgan), in denen Bürger für Bürger ausführende und kontrollierende Funktionen innehaben.

b) Zeit-Stifter

Um den in Bürgerstiftungen mitwirkenden Ehrenamtlichen auch das Gefühl der gleichberechtigten Mitwirkung gegenüber den „Geld-"Stiftern zu geben, sollte der Begriff der Zeit-Stifter zugelassen werden.

Derzeit ist es abhängig von den Genehmigungsbehörden der Länder, ob in eine Stiftungssatzung neben dem Begriff der **Stifter** auch der Begriff der **Zeitstifter** aufgenommen werden darf.

Bedeutungsvoll kann dies z.B. in den Fällen werden, in denen neben (Geld-) Stiftern auch ehrenamtlich Mitwirkende, die sogenannten Zeit-Stifter, in der Stifterversammlung, im Stiftungsrat und/oder in anderen Gremien einer Bürgerstiftung satzungsgemäß verankert und vertreten sein sollen.

Unter Zeit-Stiftern sollen diejenigen verstanden werden, die durch die Zurverfügungstellung von eigener Zeit und persönlichem Know-how die Arbeit der Bürgerstiftung unterstützen. Dies ist mindestens ebenso hoch zu schätzen, viel mehr wert oder sogar unbezahlbar ist im Vergleich zu den jeweils bei einer Bürgerstiftungsgründung üblichen, notwendigen finanziellen Engagements des Gros der Gründungsstifter, die nach bisheriger Erfahrung zwischen DM 1.000 (Bürgerstiftung für den Landkreis Fürstenfeldbruck) und DM 10.000 (Bürgerstiftung Tecklenburger Land) in das Grundstockvermögen einbringen.

Eine anzustrebende, stärkere – auch optische – Gleichberechtigung von Geld- und Zeit-Stiftern kann durch die einheitliche Begrifflichkeit erreicht werden.

Die Aufwertung der Ehrenamtlichen, die sich häufig über einen langen Zeitraum mit großem Engagement für eine Sache einsetzen, ist unverzichtbar.

Die Arbeit der Bürgerstiftungen, die ganz überwiegend ehrenamtlich und unentgeltlich erfolgt, würde ohne Zeit-Stifter nicht umgesetzt werden können.

Das einmalige Weggeben einer überschaubaren Geldsumme in das Grundstockvermögen ist für viele Stifter viel weniger aufwendig als das regelmäßige zeitliche Engagement der Ehrenamtlichen.

ad 2. Stiftungszweck

Entgegen der Annahme einiger Stiftungsbehörden bedürfen Bürgerstiftungen in ihrer Satzung eines breiten Stiftungszweckes, auch wenn die Höhe der Erträge aus dem Gründungskapital zunächst keine gleichberechtigte zeitgleiche Verfolgung aller Stiftungszwecke möglich macht. Ein breit gefasster Stiftungszweck ist allein deshalb erforderlich, weil Bürgerstiftungen als Netzwerke und Dächer für zahlreiche Zustiftungen, unselbständige Stiftungen und Fonds Stifterinnen und Stiftern mit unterschiedlichen Interessen eine Heimat für Schenkungen, Vermächtnisse und Erbschaften zu Gunsten des Gemeinwohls bieten müssen.

Die Aufnahme von Kunst und Kultur, Wissenschaft und Forschung, Bildung und Ausbildung, Jugend, Soziales, Altenpflege, Umwelt, Natur- und Landschaftsschutz, Denkmalpflege, Völker- und Generationenverständigung in den Stiftungszweck ermöglicht jedem Bürger, der gemeinwohlorientiert stiften will, ein Engagement für die Region mit und durch eine Bürgerstiftung.

Durch eine Begrenzung des Stiftungszweckes würden potenzielle Förderer, deren Förderungszwecke dann nicht erfasst wären, von einer Mitwirkung ausgeschlossen. Die entsprechenden Beträge drohen dem Gemeinwohl verloren zu gehen.

ad 3. Steuerliche Rahmenbedingungen

Das Gesetz zur weiteren steuerlichen Förderung von Stiftungen vom 14. Juli 2000 bedeutet auch für bestehende und in der Entstehungsphase befindliche Bürgerstiftungen einen wichtigen Schritt zur Verbesserung der steuerlichen Rahmenbedingungen. Dennoch leiden gerade die – vergleichsweise kleinen – Bürgerstiftungen darunter, dass zentrale Forderungen des Bundesverbandes

Deutscher Stiftungen im steuerlichen Bereich sowie weitere steuerliche Regelungen noch nicht umgesetzt sind. Der Arbeitskreis mahnt daher insbesondere folgende Reformen an:

- Insbesondere für die noch nicht mit besonders großen Grundstockvermögen ausgestatteten Bürgerstiftungen ist es von großer Bedeutung, dass die Unterstützung durch andere Stiftungen, die eigene Fördermittel zur Stärkung des Grundstockvermögens einer Bürgerstiftung zur Verfügung stellen, zugelassen wird. Derartige, die dauerhafte Fördertätigkeit von Bürgerstiftungen stärkende Unterstützungen, die mit Blick auf die in den Vereinigten Staaten ganz üblichen Hilfeleistungen als „Endowments" bezeichnet werden, müssen endlich ermöglicht und steuerrechtlich zugelassen werden, damit kleine Bürgerstiftungen eine Starthilfe beim Kapitalaufbau auch aus den verwendungspflichtigen Mitteln größerer Kapitalstiftungen erhalten können. Ein Blick in die Vereinigten Staaten, wo Endowments möglich sind, zeigt, dass sie als Starthilfe eingesetzt werden und hilfreich wirken können.

Das diesem Anliegen immer wieder entgegengehaltene Argument, dass bei Zulassung von Endowments die grundsätzlich verwendungspflichtigen Mittel so zu (Grundstock-) Kapital werden und nicht zur Ausschüttung gelangen, ist letztlich nicht stichhaltig, da seine Zinsen und Zinseszinsen langfristig eine viel größere, dem Gemeinwohl dauerhaft zu Gute kommende Wirkung auslösen, als eine einmalige Fördermaßnahme, die mit dem gleichen finanziellen Aufwand betrieben wird.

- Die verschuldensunabhängige Haftung benachteiligt ehrenamtliche Mitarbeiter, Geschäftsführer und Vorstandsmitglieder von Stiftungen in unzumutbarem Maße.

Der Anteil ehrenamtlicher Mitarbeiter ist in Bürgerstiftungen besonders hoch. In den „Vorschlägen zur Weiterentwicklung des Stiftungs- und Stiftungssteuerrechts" des Bundesverbandes Deutscher Stiftungen vom Dezember 1999 heißt es dazu: „Eine solche Gefährdungshaftung ist ohne vergleichbares Vorbild im Steuerrecht und schießt über das gewollte Ziel hinaus. Ob Spendengelder zum Teil zweckwidrig verwendet wurden, stellt sich häufig erst Jahre nach der Verwendung im Rahmen einer Betriebsprüfung heraus. Ehrenamtliche Organmitglieder können die hier geforderten steuerlichen Fragen in den seltensten Fällen beurteilen. Ein solches unangemessen überzogenes Haftungsrisiko ohne Entlastungsmöglichkeit wirkt kontraproduktiv zu dem Bestreben, mehr Bürger zu ehrenamtlichem Engagement in spendensammelnden Organisationen zu bewegen. Es wird daher vorgeschlagen, beide Haftungstatbestände in § 10 b Abs. 4 EStG verschuldensabhängig zu gestalten."

- Bürgerstiftungen sind fördernd und operativ in unterschiedlichen steuerbegünstigten gemeinnützigen Bereichen tätig. Die bestehende Differenzierung zwischen Spenden mit einem Abzugsrahmen von 5 % und solchem mit einem Abzugsrahmen von 10 % erschwert die Arbeit der ehrenamtlich in Bürgerstiftungen Tätigen und führt zu einem erhöhten Verwaltungsaufwand, der kaum mehr zu rechtfertigen ist. Die Bürgerstiftungen schlagen daher vor, die steuerbegünstigten Zwecke, die einheitlich in der Abgabenordnung geregelt sind, auch hinsichtlich ihres Abzugsrahmens gleichzustellen.

ad 4. Anerkennung ehrenamtlicher Tätigkeit

Ehrenamtliche Tätigkeit ist nicht nur die Voraussetzung für die erfolgreiche Arbeit von Vereinen und anderen Institutionen, sondern auch von Stiftungen und insbesondere von Bürgerstiftungen.

Immer noch wird jedoch von Seiten des Staates ehrenamtliches Engagement nicht ausreichend anerkannt. Die Bürgerstiftungen treten für eine Gesellschaft ein, in der bürgerschaftliches Engagement zu einer Selbstverständlichkeit werden soll, die auch vom Staat anerkannt und honoriert werden soll. Ehrenamtliche Tätigkeit soll allen Generationen – Kindern, Jugendlichen, Menschen in Ausbildung und Beruf sowie älteren Menschen im dritten Lebensabschnitt – tatsächlich auch zur Ehre gereichen, wie es der Name vorgibt.

Dafür muss ehrenamtliche Tätigkeit nicht bezahlt, sondern belohnt werden. Die Bürgerstiftungen fordern daher eine ergebnisorientierte Diskussion über die Aufhebung der Benachteiligung ehrenamtlich Tätiger. Dies könnte z.B. mit folgenden Maßnahmen geschehen:

- Auslagenersatz
  Die ehrenamtlich für Bürgerstiftungen tätigen Zeit-Stifter sollen auch in den Fällen, in denen sie von der Bürgerstiftung keine Aufwandsentschädigung für ihr Tun erhalten, die Möglichkeit erhalten, die ihnen im Rahmen ihrer (Projekt-)Mitarbeit entstehenden Auslagen (Benzinkosten etc.) bei der Lohn- oder Einkommensteuererklärung steuermindernd geltendmachen zu können. Zur Erhöhung der Chancen einer kurzfristigen Umsetzbarkeit dieses Desiderates könnte zunächst eine Obergrenze von z.B. 3.600 DM pro Jahr angeregt werden. Wo Ehrenamtliche in ihrem privaten Heim für das Gemeinwohl arbeiten, sollte auch ein privates Arbeitszimmer steuerlich geltend gemacht werden können.

Der Gefahr eines denkbaren Missbrauches könnte neben Stichprobenkontrollen auch durch Bestätigungen durch die Vorstände von Bürgerstiftungen entgegengetreten werden.

- Versicherung
  Der Versicherungsschutz für Ehrenamtliche im Rahmen ihres gemeinwohlorientierten Tuns im Sinne der Abgabenordnung ist zu verbessern.

- Anerkennung der Zeitspenden durch Rentenanrechnung
  Um eine adäquate Anerkennung des ehrenamtlichen Engagements der für Bürgerstiftungen Tätigen zu erreichen und weitere Anreize für gemeinwohlorientiertes Tun zu bieten, soll die dem Gemeinwohl zur Verfügung gestellte Zeit der Zeit-Stifter in Zeitkonten erfasst werden und – abhängig vom zeitlichen Umfang und der Dauer und Regelmäßigkeit des Einsatzes – bei der Berechnung der Altersrente als Bonus Berücksichtigung finden.

- Anerkennung der Zeitspenden durch Vermerk im Zeugnis
  Um schon die Kinder im Schulalter und Jugendliche zu ehrenamtlichem Engagement zu motivieren und anzuhalten, soll der Einsatz für das Gemeinwohl in die „Bemerkungen" in Schulzeugnissen angeregt werden. Derartiges Verhalten und die Würdigung durch die Schule kann zusätzlich soziale Kompetenz aufzeigen und im späteren Berufsleben von Bedeutung sein. Im Rahmen der Hochbegabtenförderung sieht der Freistaat Sachsen für künftige Schüler des Landesgymnasiums St. Afra die Ausbildung in „sozialen Fähigkeiten" und die Erziehung zu sozialer Verpflichtung ausdrücklich vor. Dies darf nicht nur Hochbegabten vorbehalten bleiben. Allen Schülern muss die Bedeutung sozialen Engagements vermittelt werden, das u.a. auch durch die Aufnahme auch außerschulischen Engagements in die Bemerkungen im Schulzeugnis auch Anerkennung erfährt.

Die Aufnahme der Diskussion über eine angemessenere und zeitgemäße Anerkennung ehrenamtlichen Engagements und die mittelfristige Umsetzung der vorgelegten Forderungen zu den vier Themenkomplexen ist eine unerlässliche Voraussetzung dafür, dass sich die neuen Strukturen in der Bürgergesellschaft festigen, die alle Bürgerinnen und Bürger zu ehrenamtlichem Tun anregen. Bürgerstiftungen koordinieren schon heute lokale Netzwerke in Deutschland, arbeiten mit anderen Stiftungen und Vereinen zusammen. Der Arbeitskreis Bürgerstiftungen im Bundesverband Deutscher Stiftungen ist selbst das Netzwerk für alle Bürgerstiftungen und fördert ehrenamtliches wie bürgerschaftliches Engagement. Die Bürgerstiftungen als Inbegriff des neuen bürgerschaftlichen Engagements müssen stärkere Würdigung und bessere Rahmenbedingungen durch die Politik erfahren. Ihnen kommt in der Bürgergesellschaft in Deutschland eine zentrale Rolle zu. Die Enquete-Kommission „Zukunft des bürgerschaftlichen Engagements" ist aufgerufen, sich für diese zentrale Rolle einzusetzen.

Berlin, Mai 2001

Bürgerstiftungen und die Kultur des Gebens in Italien

Dr. Bernardino Casadei, Progetto Fondazioni delle Comunità Locali,
Fondazione Cariplo, Mailand

Um die Bürgerstiftungen in Italien leichter zu verstehen, kann man sie mit einer Bank vergleichen. Die italienischen Bürgerstiftungen sind die Banken der Schenkungen. Ihre Rolle, ihre Aufgabe besteht darin, eine allgemein gültige „Kultur des Gebens" zu entwickeln. Die gemeinnützigen Projekte, die Bürgerstiftungen fördern, sind nicht deren Ziel, sondern Folge bzw. Ausfluss ihrer Arbeit. Hierin unterscheiden sich die Bürgerstiftungen Italiens ganz deutlich von Bürgerstiftungen anderer Länder.

Natürlich gibt es in Italien auch andere Organisationen und Einrichtungen, die Geld sammeln um gemeinnützigen Projekte fördern. Bisher aber gibt es keine Institution, dessen Rolle oder Aufgabe es ist, eine allgemein akzeptable Kultur des Gebens zu entwickeln.

Warum sollte man eine Kultur des Gebens entwickeln und fördern? Es gibt verschiedene Gründe dafür: Der Unterschied zwischen dem, was Menschliches ausmacht und dem, was als unmenschlich bezeichnet werden kann, liegt im Geben. Das Geben ist die Gründung der Gemeinschaft. Das Geben ist die Verbindung zwischen dem Einzelnen und dem Gemeinwohl.

Heute spricht man viel über die Sozialverantwortung der Menschen. Man darf in diesem Zusammenhang nicht vergessen, dass die Moderne diese Sozialverantwortung nicht entwickelt hat. Einerseits spricht man seit Mandeville sehr viel über „private vices and public virtues": Es geht um die Idee, dass eine unsichtbare Hand das Gemeinwohl mechanisch bauen soll. Das Gemeinwohl soll kurz gesagt die Summe des Wohles der einzelnen Personen sein. In Wirklichkeit hat man damit keine Verantwortung für das Gemeinwohl, sondern nur Verantwortung für sein eigenes Wohl.

Andererseits hat die Gesellschaft eine Klasse entwickelt, die sich auf die Politik spezialisiert hat, die ihrerseits für das Gemeinwohl verantwortlich ist. Das Ergebnis ist, dass die Menschen selbst nur wählen und Steuern zahlen sollen.

Inzwischen ist uns bewusst, dass wir Solidarität brauchen und die Subsidiarität fördern müssen, wenn wir eine menschliche Gesellschaft gestalten wollen. Wir brauchen eine Ethik, die nicht als äußere Nötigung, sondern als innere Begründung gilt. Genau deshalb ist eine starke Kultur des Gebens wichtig und unterstützenswert.

Um das Ziel einer Kultur des Gebens zu erreichen, bedarf es Institutionen, die uns dabei helfen. Unsere Gesellschaft ist kompliziert und auch das richtige Geben, das grundsätzlich gar nicht so einfach ist, muss gelernt werden. Viele Vorschriften, Gesetze und bürokratischen Hürden sind kaum überwindbar.

Schwierig ist auch, die Bedürfnisse, Notwendigkeiten und bestehenden Möglichkeiten zu kennen. Ich kann Geld haben, um gemeinnützige Projekte zu fördern, aber trotzdem nicht wissen, welche von ihnen förderungswürdig und förderbedürftig sind. Als Stifter habe ich normalerweise keine Zeit zu kontrollieren, ob mein Geld wirklich für die gemeinnützigen Projekte oder aber für andere Zwecke benutzt wird. Und letztlich braucht der potentielle Stifter auch jemanden, der ihn nach seiner Hilfe fragt. Wir leben in einer Gesellschaft, in der wir selten Zeit finden, auf unser Gewissen zu hören. Wir brauchen Gelegenheiten, um uns daran zu erinnern, was wirklich wichtig ist.

Die Bürgerstiftungen in Italien wollen genau diese Rolle übernehmen und die genannten Aufgaben erfüllen. Sie geben Stiftern technische Hilfen, sie unterstützen bei der Auswahl möglicher Förderprojekte, sie haben tiefe und immer größere Kenntnisse des dritten Sektors in ihrer Region.

Sie wissen um Notwendigkeiten und die Möglichkeiten und kontrollieren, wie die gemeinnützigen Einrichtungen das Geld benutzt haben, das ihnen zur Förderung ihrer Projekte zur Verfügung gestellt wurde. Schließlich helfen sie den Stiftern bei der Umsetzung ihrer Ideale und ihrer Träume.

Sozialverantwortung ist nicht nur eine Pflicht, sondern wird zur Möglichkeit, etwas Gutes, etwas Schönes zu tun; etwas, was unserem Leben eine weitere Bedeutung geben kann.

In diesem Sinne müssen die Bürgerstiftungen in Italien absolut neutral sein. Sie können nicht ihre eigenen Projekte entwickeln. Sie sind Mittler zwischen die Stiftern und gemeinnützigen Einrichtungen. Sie können daher objektiv sein, weil sie keine eigenen Projekte unterstützen. Die gemeinnützigen Einrichtungen wissen, dass Bürgerstiftungen für sie keine Wettbewerber sind, da diese kein Geld für sich selbst sammeln, sondern nur um die Projekte der gemeinnützigen Einrichtungen zu fördern. Man sagt bei uns daher, dass man nicht zu einer Bürgerstiftung, sondern durch eine Bürgerstiftung gibt.

Um Geld zu sammeln, das dauerhaft durch Bürgerstiftungen Dienste leisten soll, muss gezeigt werden, dass das Geld, das durch bzw. über eine Bürgerstiftung gegeben wird, auch einen Mehrwert hat. Die Frage, die Bürgerstiftungen in diesem Zusammenhang beantworten können müssen, ist, warum man die Bürgerstiftung als Mittler zwischen dem Stifter und dem Empfänger braucht. Im Rahmen meiner Ausführungen habe ich bereits eine theoretische Antwort gegeben.

Die Bürgerstiftungen aber müssen jeden Tag und ständig mit ihrer Arbeit eine praktische Antwort geben. Sie müssen zeigen, dass sie ihre Region mit ihren Bedürfnissen, Chancen und Nöten kennen, dass sie objektiv und neutral sind und dass sie einem Stifter bei der Auswahl seiner Förderempfänger behilflich sein können. Der Mehrwert dieser Dienstleistungen muss für einen Stifter deutlich erkennbar und gut messbar sein.

In diesem Punkt arbeitet eine Bürgerstiftung wie eine Firma. Einer Bürgerstiftung ist es viel klarer als einer anderen gemeinnützigen Einrichtung, dass man ein Produkt entwickeln muss. Während eine gewöhnliche gemeinnützige Einrichtung die Gefühle des Stifters anspricht, muss die Bürgerstiftung zusätzlich die Vernunft der Stifter überzeugen.

Deshalb ist eine Bürgerstiftungsgründung mit der Errichtung eines Unternehmens vergleichbar. Man benötigt Geld, aber, viel wichtiger, eine klare Strategie und Leute, die diese Strategie bei ihren Mitmenschen implementieren können.

Die ersten Bürgerstiftungen sind in Italien durch ein Projektvorhaben der Cariplo Stiftung angeregt und gegründet worden.

Die Cariplo Stiftung ist die größte Stiftung in Italien. Sie hat ein Vermögen von ungefähr 14 Mrd. DM. Dieses Vermögen stammt aus der Privatisierung der Cassa di Risparmio delle Provincie Lombarde, der größten Sparkasse der Welt. Die Cariplo Stiftung fördert jährlich gemeinnützige Projekte mit ungefähr 250 Mio. DM.

1998 haben die Organe der Stiftung entschieden, die Gründung von Bürgerstiftungen in der Lombardei anzuregen und zu initiieren. Hierfür gab es verschiedene Gründe:

1. Die Cariplo Stiftung erkannte die Notwendigkeit, für ihre eigenen Fördermittelvergaben mehr lokale Partner zu finden, die ihr beim Ausfindigmachen und bei der Auswahl der für Förderungen jeweils in Frage kommenden besten Projekte und der anschließend notwendigen Kontrolle der Umsetzung und Abwicklung helfen können.

Die Cariplo Stiftung arbeitet in der ganzen Lombardei, der wichtigsten Region in Italien mit mehr als 9 Mio. Einwohnern. Seit je her war es für die Cariplo Stiftung fast unmöglich, von Mailand aus zu entscheiden, was die verschiedenen Gemeinden wirklich brauchen. Die Stiftung bekam jedes Jahre Tausende von Anträge und es war schwierig und teuer, diese Projekte von Mailand aus zu analysieren. Man wusste nicht immer, ob das Projekt wirklich nützlich ist und ob es die jeweils beantragende gemeinnützige

Einrichtung auch realisieren kann. Deshalb brauchte die Stiftung jemanden, der diese Vorbeurteilung und Vorbewertung macht.

Als eine mögliche Lösung wurden dezentral gelegene Regionalbüros in den verschiedenen Provinzen der Lombardei angesehen. Diese aber hätten die Struktur der Stiftung unnötig schwerfällig gemacht und eine große, teure Bürokratie erfordert und entwickelt.

Deshalb wurde nach anderen Lösungen gesucht und festgestellt, dass in den Vereinigten Staaten einige der großen Stiftungen, die die Idee der Bürgerstiftungen und einzelne Community Foundations gefördert haben und weiterhin fördern, ganz ähnliche Probleme hatten; so zum Beispiel die Kellogg Stiftung und das Lilly Endowment. Diese haben viel Geld in eine Idee investiert, bis sie mit den Erfolgen sehr zufrieden waren.

2. Einen anderen Zweck, den die Cariplo Stiftung mit der Errichtung von Bürgerstiftungen verfolgt, ist der mit dem Einsatz eigener Fördermittel mehr Geld von der Gemeinschaft für gemeinnützige Projekte zu sammeln. Die von ihr jährlich auszukehrenden 250 Mio. DM sind eine ganz beachtliche Größe, aber die Bedürfnisse auf der Welt und in der jeweiligen Region der Lombardei sind wesentlich größer.

Man muss das Geld der Stiftung als ein Hebel einsetzen, um mehr Geld zu sammeln. Die Cariplo Stiftung selber hat keine Struktur um diese Rolle zu spielen, zumal ihr bei der genannten Ausstattung auch niemand Geld stiften würde. Ganz anders ist dies aber bei einer Bürgerstiftung, die eine starke Beziehung zur Gesellschaft ihrer Region hat und gerade mit dem Ziel und Zweck, auf Dauer Geld zu sammeln, errichtet wurden. Mit der Hilfe von Bürgerstiftungen kann die Cariplo Stiftung den Einsatz ihrer „Fördermittel" vervielfachen.

3. Schließlich ist man in der Cariplo Stiftung davon überzeugt, dass die Bürgerstiftungen eine gute Idee verkörpern, deren Verbreitung selbst bereits lohnt. Die größte Herausforderung besteht darin, unseren Wohlfahrtsstaat mit einer Wohlfahrtsgesellschaft zu erneurn. Um dies zu erreichen, braucht man Organisationen, die die Solidarität und die Subsidiarität fördern.

Die Bürgerstiftungen übernehmen diese Rolle. Sie können auch dem dritten Sektor helfen, seine Identität zu entwickeln. Die Bürgerstiftungen müssen eine völlige Vision des ganzen Sektors haben und sind somit in der Labe, ein neues Verständnis für den dritten Sektors zu entwickeln. Sie können den NPOs helfen, ein besseres Selbstbewusstsein zu erlangen, da diese keinesfalls ein übrigbleibender Sektor sind, der nur Angelegenheiten des Marktes oder des Staates übernehmen und umsetzen soll.

Um alle diese Ziele zu erreichen, hat die Cariplo Stiftung sich entschieden, den Bürgerstiftungsgedanken im Rahmen eines großen Projektes in der Lombardei anzustoßen.

Man hat Treffen mit Vertretern der wichtigsten Einrichtungen und mit Persönlichkeiten der verschiedenen Regionen und Provinzen organisiert, bei denen man die Idee der Bürgerstiftungen vorgestellt hat. Schließlich darf man nicht vergessen, dass zu diesem Zeitpunkt der Bürgerstiftungsgedanke in Italien noch ziemlich unbekannt gewesen ist.

Im Anschluss an die Präsentation der Idee „Bürgerstiftung" hat man die anwesenden Personen um ihre Meinung gebeten und eruiert, ob Interesse an der Mitwirkung oder Gründung einer Bürgerstiftung besteht. Man hat erklärt, dass es sich bei einer möglichen Bürgerstiftungsgründung nicht um ein Projekt der Cariplo Stiftung handelt. Die Cariplo Stiftung hat nur die Idee analysiert und erklärte sich bereit, die Initiatoren einer Bürgerstiftung bei der Umsetzung des Vorhabens zu unterstützen, ohne aber auf den Entwicklungsprozess vor Ort oder in der lokalen Gemeinschaft Einfluss nehmen zu wollen. Der einzige Besitzer einer Bürgerstiftung ist auch nach dem Verständnis der Cariplo Stiftung nur die Gemeinschaft. Man kann nicht eine Bürgerstiftung „von außen mit einem Fallschirm abwerfen", sie muss innerhalb einer Region und aus einem Kreis Interessierter heraus mit einem gemeinsamen Bewusstsein wachsen.

Um in den Genuss einer Förderung und Unterstützung durch die Cariplo Stiftung zu kommen, muss jede Region, die eine Bürgerstiftung gründen will, als Mindestvoraussetzung eine Satzung erstellen und einen strategischen 3-Jahresplan entwickeln. Außerdem müssen mehrere Personen oder Institutionen angesprochen werden, die die für die operativen Notwendigkeiten nötigen Mittel zur Verfügung stellen.

Zusätzlich sind Personen innerhalb der jeweiligen Bürgerstiftungsregionen zu finden, die sich bereit erklären, die Aufgaben eines Vorstandes ehrenamtlich zu übernehmen. Diese Persönlichkeiten, bei denen es sich zum Beispiel um den jeweiligen Bischof, den Präsidenten der Industrie- und Handelskammer, den Bezirkspräsidenten, den Landrat, den Industriellen oder aber auch um Bürgermeister der Region etc. handeln kann, müssen sich selbst zu einem Ehrenkommittee zusammenfinden. Ein weiterer Personenkreis muss bereit sein, die Arbeit eines Gründungskommittees zu übernehmen. Die Experten von der Cariplo Stiftung werden dieser Gruppe der Initiatoren zur Seite stehen, um bei den im Gründungsstadium notwendig werdenden Aufgaben und Arbeiten zu helfen.

Der strukturelle Aufbau einer Bürgerstiftung ist ziemlich einfach. Es gibt einen Verwaltungsrat, der normalerweise aus 9 bis 15 Personen besteht, und drei

Revisoren, die die Buchführung kontrollieren. Zusätzlich gibt es einen Generalsekretär oder einen Direktor.

Wenn die genannten Voraussetzungen vorliegen, unterstützt die Cariplo Stiftung das Projekt finanziell: Es wird von Seiten der Cariplo Stiftung ein Grundstockvermögen in Höhe von 10 Mio. DM gebildet. Die Zinsen dieses Kapitals, derzeit ungefähr 5 %, werden der jeweiligen Bürgerstiftung zur Verfügung gestellt, damit diese bereits gemeinnützige Projekte unterstützen und fördern kann.

Wenn die Bürgerstiftung dann nach drei Jahren die Ziele des selbstgesteckten Strategieplans umgesetzt und erreicht hat, wird sie Eigentümerin des gebildeten Grundstockvermögens.

Zusätzlich hat die Cariplo Stiftung auch zwei „Matching Fund" – Fördermöglichkeiten eingerichtet. Danach wird die Stiftung jede Spende für das Grundstockvermögen einer Bürgerstiftung bis zum Betrag von 10 Mio. DM verdoppeln. Mit dieser Zusage einer Finanzausstattung ist es jeder Bürgerstiftung möglich, mit der Hilfe der Cariplo Stiftung ein Kapital von insgesamt 30 Mio. DM zu erreichen. Dies soll aber nur der erste Schritt sein, um ein immer weiter anwachsendes Grundstockvermögen zu bilden.

Zu Beginn der Projektumsetzung „Bürgerstiftungserrichtung" sind also „nur" Zustiftungen in Höhe von 5 Mio. DM zu sammeln, um die ersten 10 Mio. DM der Cariplo Stiftung zu bekommen.

Um neben der langfristig ausgerichteten Aufbauarbeit des Grundstockvermögens auch Anreize für das Sammeln von Spenden zu bieten hat die Cariplo Stiftung einen zweiten Machting Fund eingerichtet. Bürgerstiftungen, die im ersten Jahr ihres Bestehens einen Spendenbetrag in Höhe von 200.000 DM sammeln, um damit gemeinnützige Projekte zu fördern, erhalten diesen Betrag von der Cariplo Stiftung verdoppelt.

In den letzten drei Jahren haben sich auf diese Weise acht Bürgerstiftungen gegründet. Zusätzlich ist sicher interessant zu wissen, dass auch eine andere Sparkassenstiftung, die Stiftung der Sparkasse von Venedig, eine Bürgerstiftung gegründet hat.

Es ist nicht unwahrscheinlich, dass in der Zukunft die Idee der Bürgerstiftungen in ganz Italien Verbreitung finden wird.

Die erste italienische Bürgerstiftung wurde im Februar 1999 in Lecco gegründet. Es ist eine kleine Provinz mit 300.000 Einwohnern am Comer See. In den ersten 20 Monaten ihres Bestehens hat die Lecco Bürgerstiftung mehr als 7 Mio. DM gesammelt und 85 gemeinnützige Projekte mit fast 2,5 Mio. DM gefördert. Am 31. Dezember 2000 hatte die Lecco Bürgerstiftung ein eigenes Grundstockvermögen von mehr als 6 Mio. DM. Die Verwaltungskosten – dies ist beim genannten Umfang der Förderprojekte sehr bemerkenswert – betrugen in diesen ersten beiden zwei Jahren ihrer Existenz nur 49.000 DM.

10. Ergebnisniederschrift über die Sitzung des Arbeitskreises Deutscher Stiftungen

„Kommunales"

am 31. Mai 2001
im Mediapark, Köln

Thema: **Praxisorientierte Hinweise für die Verwaltung kommunaler Stiftungen und die Betreuung potentieller Stifter**

Katharina Knäusl, Leiterin der Stiftungsverwaltung der Landeshauptstadt München

Beiträge zur Podiumsdiskussion mit Vertretern der kommunalen Spitzenverbände

zu dem Thema: **Rahmenbedingungen für ein stiftungsfreundliches Klima in der Kommune**

Dr. Rolf Derenbach, Deutscher Landkreistag, Berlin

Ralph Sonnenschein, Deutscher Städte- und Gemeindebund, Berlin (liegt in schriftlicher Form nicht vor)

Prof. Dr. Bernd Meyer, Deutscher Städte- und Gemeindebund, Köln

Leitung: Lothar A. Böhler, Stiftungsdirektor der Stiftungsverwaltung Freiburg

Kurzbericht über die Sitzung des Arbeitskreises[*]

Lothar A. Böhler, Arbeitskreisleiter

Ca. 80 Teilnehmer nahmen an der ersten konstituierenden Sitzung des Arbeitskreises Kommunales teil. Dabei wurde festgestellt, dass derzeit 38 Städte direkt Mitglied im Bundesverband Deutscher Stiftungen sind, aber 283 Städte mit zahlreichen Stiftungen bekannt und nicht Mitglied sind. Ein Leitmotiv des Arbeitskreises könnte sein:

> Die Kommunen brauchen die Stiftungen,
> die Stiftungen brauchen die Kommunen.

Einführend wurde festgestellt, welche Bedeutung kommunale Stiftungen insgesamt haben und welche Bedeutung sie in nächster Zeit gewinnen, bzw. gewinnen können.

Der Geschäftsführer des Bundesverbandes Deutscher Stiftungen, Herr Dr. Mecking, hat sich im Vorfeld an die kommunalen Spitzenverbände mit der Bitte um Unterstützung gewandt und in einem Schreiben an Herrn Hauptgeschäftsführer Dr. Articus des Deutschen Städtetages schreibt er unter anderem: „Den kommunalen Spitzenverbänden dürfte es ebenso wie dem Bundesverband darum gehen, die Stiftungsbereitschaft in der Bevölkerung zu entwikkeln oder die Stiftungsform als innovatives Instrument etwa für die Aufgliederung kommunaler Einrichtungen zu entwickeln. Die von ihrem Verband vertretenen Städte, von denen ein Teil auch die Mitgliedschaft im Bundesverband Deutscher Stiftungen besitzt, sind klassische, bedeutende Stiftungsverwaltungen. Aufgrund häufig fehlender Transparenz, aufgrund gelegentlicher Missbräuche bei der Erfüllung dieser Treuhandaufgabe oder aufgrund von fehlendem Verständnis kommunaler Sachverhalte für die Besonderheiten der Stiftungen geht indes die Bereitschaft der Bürger zurück, Stiftungen für die Förderung gemeinnütziger Aufgaben vor Ort zu gründen und den Kommunen anzuvertrauen. Diese bedauerliche Entwicklung hat das Klima für die Entstehung kommunaler Stiftungen nachhaltig verschlechtert, aber in den letzten Jahren auch die Entstehung von Bürgerstiftungen begünstigt, die der Bundesverband in besonderer Weise begleitet. Trotz alledem sollten die Kommunen als Stiftungsverwaltungen im Grundsatz wichtige Stützen bei der Umsetzung der Stiftungsidee bleiben. Einige Städte haben die Problematik erkannt und sich bemüht, durch geeignete Maßnahmen das Stiftungsklima zu verbessern und dadurch wieder Stifter zu motivieren. Der Bundesverband trägt

---

[*] Neben den regulären Teilnehmern waren auch Vertreter von Städten und Gemeinden als Gäste des Arbeitskreises willkommen.

dazu beispielsweise durch die Unterstützung örtlicher Stiftungstage (etwa in Frankfurt, Stuttgart, Freiburg i. Br., Essen oder Münster) bei."

In einem einleitenden Referat von Frau Katharina Knäusl, Leiterin der Stiftungsverwaltung der Landeshauptstadt München, zum Thema: „Praxisorientierte Hinweise für die Verwaltung kommunaler Stiftungen und die Betreuung potentieller Stifter" wurde auf die Situation in der Landeshauptstadt München, mit insgesamt 130 kommunalen Stiftungen, hingewiesen. Die Beratung, Betreuung und Begleitung von Stifterinnen und Stiftern u.a. bei Neugründungen und die Entwicklung der Nachlässe war auch Gegenstand des Referats. Deutlich wurde, dass kommunale Stiftungen eine wichtige Rolle im Erbschaftsmanagement einnehmen können.

In der anschließenden Podiumsdiskussion zum Thema: „Rahmenbedingungen für ein stiftungsfreundliches Klima in der Kommune", referierten Herr Professor Dr. Bernd Meyer für den Deutschen Städtetag, Herr Dr. Derenbach für den Deutschen Landkreistag und Herr Ralf Sonnenschein für den Deutschen Städte- und Gemeindebund.

Alle Vertreter der Spitzenverbände machten ihr Interesse an einer verstärkten Zusammenarbeit deutlich und erklärten sich bereit, in Zukunft den Arbeitskreis zu begleiten.

Nach einer intensiven Diskussion stellte der Arbeitskreisleiter, Herr Lothar A. Böhler, mögliche Aufgaben/Inhalte des Arbeitskreises Kommunales vor und anschließend zur Diskussion. Dabei handelt es sich unter anderem um:

- Verwaltung kommunaler Stiftungen: Formen, Möglichkeiten, Empfehlungen

- Stiftungsmarketing der Kommunen: Öffentlichkeitsarbeit, Internetauftritte

- Gewinnung, Begleitung, Beratung und Betreuung von Stifterinnen und Stiftern

- Kommunale Stiftungen, Gemeinschaftsstiftungen: Abgrenzung, Verbindung

- Kommunale Stiftungen, Bürgerstiftungen: Abgrenzung, Verbindung

- Zusammenarbeit mit kommunalen Spitzenverbänden wie Deutscher Städtetag, Deutscher Landkreistag, Deutscher Städte- und Gemeindebund

- Bedeutung des Themas Stiftungen in den Kommunen bzw. den Verwaltungen, Ansprechpartner in den Verwaltungen

- Bedeutung und Rolle der Stiftungsaufsicht

- Prüfung der kommunalen Stiftungen/Prüfung der kommunalen Stiftungen, Formen, Möglichkeiten, Empfehlungen

- Finanz- und Rechnungswesen kommunaler Stiftungen

- arbeitsrechtliche Formen der Mitarbeiter der kommunalen Stiftungsverwaltungen: BAT-Struktur, Beamtenstruktur etc.

- kommunale Stiftungen in den neuen Bundesländern: Neugründung, Wiedergründung etc.

- kommunale Stiftungen in Deutschland/Europa/USA etc.: Globalisierung einerseits, Gemeinwesen Identifikation andererseits

- Vermögensverwaltung kommunaler Stiftungen

- Kosten kommunaler Stiftungsverwaltungen

- Rechtsfragen kommunaler Stiftungen/Stiftungsverwaltungen

Vorgeschlagen wurde, dass der Arbeitskreis Kommunales sich mindestens einmal im Jahr außerhalb der Jahrestagung des Bundesverbandes trifft, um die angesprochenen Aufgaben und Inhalte systematisch nach einer Prioritätenliste zu bearbeiten. Der erste Termin der Arbeitskreissitzung Kommunales findet vom 07.10. bis 09.10.2001 in München statt. Die Teilnehmer des Arbeitskreises der Jahrestagung werden eingeladen.

Praxisorientierte Hinweise für die Verwaltung Kommunaler Stiftungen und die Betreuung potenzieller Stifter

Katharina Knäusl, Leiterin der Stiftungsverwaltung der Landeshauptstadt München

„... Dieses Geld soll die Landeshauptstadt München zur Unterstützung alleinerziehender deutscher Mütter verwenden. Zu diesem Schritt habe ich mich in Erinnerung an meine Mutter entschlossen, die als Witwe in Deutschlands schwerster Zeit die Kinder allein großgezogen und auf den rechten Weg geführt hat ...“

Katharina Knäusl

Menschen wie dieser ältere Herr haben in der fast 800jährigen Geschichte der Münchner Stiftungsverwaltung den Grundstein dafür gelegt, dass jährlich Tausende Münchner Bürgerinnen und Bürger eine Hilfe im täglichen Leben erhalten, die nur durch Stiftungen neben den sozialen Sicherungssystemen möglich ist.

1. Die Stiftungsverwaltung im Sozialreferat der Landeshauptstadt München

1.1 Organisatorische Einbindung

Die Abteilung Stiftungsverwaltung im Sozialreferat ist als Stabsstelle direkt dem Münchner Sozialreferenten unterstellt. Sie nimmt für alle in ihren Be-

reich fallenden Stiftungen mit sozialer Zweckbindung die Funktion als Eigentümerin und Sachverwalterin war, insbesondere gegenüber den externen und
internen Dienstleistern:

- Stadtkämmerei: zuständig für die Verwaltung des Stiftungsvermögens und
  Aufstellung und Ausführung des Stiftungshaushalts

- Kommunalreferat: zuständig für Verwaltung und Bauunterhalt der stiftungseigenen Liegenschaften

- Baureferat: zuständig für die bautechnische Betreuung der stiftungseigenen
  Zweckbetriebe

- Sozialreferat/Jugendamt: Betriebsführung der stiftungseigenen Kinder- und
  Jugendheime

- MÜNCHENSTIFT gGmbH: Führung der stiftungseigenen Alten- und
  Altenwohnheime im Rahmen von Pacht- und Geschäftsbesorgungsverträgen

Im Rahmen der Zielvereinbarungen bzw. Verträge gibt die Stiftungsverwaltung
den Rahmen vor, innerhalb dessen die Dienstleister ihre Aufgaben erfüllen.
Als kommunale Stiftungen i.S.v. Art. 29 BayStG werden sie von den Organen
ihrer Gebietskörperschaft, der Landeshauptstadt München, vertreten und verwaltet. Wichtige Beschlüsse, wie z.B. die Gründung, Satzungsänderung oder
Aufhebung einer Stiftung sind stets vom Organ Stadtrat zu fassen. Der
Oberbürgermeister ist für die laufende Verwaltung zuständig. Daneben steht
den insgesamt 14 Stiftungen ein beratendes Kuratorium zur Seite, dessen Aufgaben sich je nach Stiftungssatzung verschieden definieren.

Die Landeshauptstadt München verwaltet derzeit insgesamt über 150 Stiftungen. Allein 130 dieser Stiftungen werden vom Sozialreferat betreut. 39 davon
sind rechtsfähig, 91 nichtrechtsfähig. In der langen Geschichte der Münchner
Stiftungsverwaltung (die älteste Stiftung, die Heiliggeistspital-Stiftung, existiert
bereits seit fast 800 Jahren) wurde die Landeshauptstadt München von wohlhabenden Münchner Bürgerinnen und Bürgern immer wieder mit der Aufgabe betraut, ihr Vermögen oder Teile davon nach ihrem Ableben in Form einer
Stiftung oder Zustiftung für soziale Zwecke einzusetzen. Die bei der Landeshauptstadt München verwalteten Stiftungen lassen sich in folgende Arten
aufgliedern:

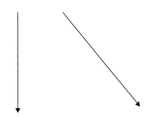

Fördernde Stiftungen	Operative Stiftungen

Stiftung fungiert als Träger eines Zweckbetriebes
* 7 Alten- und Altenwohnheime
* 3 Kinderheime

Personenbezogene Förderung	Projektbezogene Förderung

Förderung von Einzelpersonen

Förderung von Projekten steuerbegünstigter Träger

Der überwiegende Anteil der sozialen Stiftungen schreibt in seinen Satzungen die Förderung von Einzelpersonen fest, wobei die von den Stiftern ausgewählten Zwecke das gesamte Spektrum der aktuellen Notlagen in München ansprechen:

* Einzelfallhilfen an Kinder und Jugendliche, Senioren, Kranke, Behinderte, Obdachlose, Alleinerziehende

* Zuschüsse an Träger der Alten-, Jugend-, Behinderten-, Kranken- und Obdachlosenhilfe

* Unterstützung des Bürgerschaftlichen Engagements zu Sozialen Themen (BEST-STIFTUNG)

Aus der nachfolgenden Tabelle lässt sich die von den Stiftern in ihren Satzungen und Testamenten vorgegebene Vergabe der Stiftungserträge ersehen:

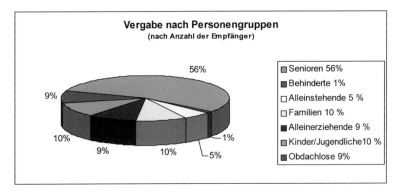

Die älteste Stiftung aus der Münchner Stiftungsgeschichte ist die Heiliggeistspital-Stiftung, datiert aus dem Jahr 1208. Sie dient dem Betrieb und Unterhalt des Altenheimes Heiliggeist. Neben dem Zweckbetrieb mit fast 300 Plätzen für Münchener Senioren, besitzt sie einen über 800 ha großen Forst im Münchner Süden mit einer großen Gastwirtschaft.

Die jüngste Stiftung, die „Münchner Kinder- und Jugendstiftung", erhielt erst vor wenigen Tagen die Genehmigung der Stiftungsaufsicht. Angeregt durch eine ausführliche Berichterstattung der großen Münchner Tageszeitungen über ein Pressegespräch des Sozialreferates und der Leiterin der Münchner Stiftungsverwaltung zum neuen „Gesetz zur weiteren steuerlichen Förderung von Stiftungen" unter dem Motto „Neue Chancen für Stifter und Spender" wurde noch vor Weihnachten das Startkapital von 600.000 DM von einer wohlhabenden Münchner Bürgerin überwiesen.

In den nächsten Jahren wird dieses Kapital noch bis zu 1 Mio. DM aufgestockt. In einer eingehenden Beratung konnte die Stifterin für einen Zweck gewonnen werden, für den in München ein besonders hoher Bedarf besteht: die Hilfe für Kinder und Jugendliche in besonderen Notsituationen sowie die Förderung von Initiativen und Einrichtungen der Kinder- und Jugendarbeit.

1.2 Das Stiftungsvermögen

Das Gesamtvermögen der vom Sozialreferat verwalteten Stiftungen betrug mit Stand vom 31. Dez. 2000:

- Buchwert: 381 Mio. DM
  (davon 220 Mio. DM Kapitalvermögen)

- Marktwert: 670 Mio. DM
  (bei Ansatz des geschätzten Verkehrswertes
  der Immobilien)

Die Entwicklung des Stiftungsvermögens in den letzten 20 Jahren ist in der folgenden Tabelle kurz dargestellt:

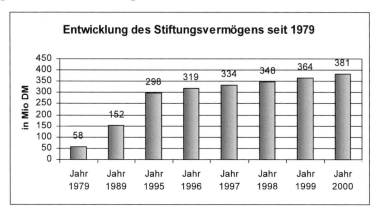

Stichtag: jeweils zum 31.12. des Jahres

Insbesondere durch neue Nachlässe und die Ausschöpfung der Kapitalerhaltungsmaßnahmen nach der Abgabenordnung konnte das Stiftungsvermögen trotz umfangreicher Investitionen im Liegenschafts- und Zweckbetriebsbereich stetig ansteigen. Auch im Jahr 2000 wurde das Sozialreferat von wohlhabenden Münchner Bürgerinnen und Bürgern von Todes wegen bzw. zu Lebzeiten mit einem Gesamtvolumen von über 11 Mio. DM bedacht. Die folgende Tabelle gibt einen kurzen Überblick über die in den letzten 10 Jahren dem Sozialreferat anvertrauten Vermögenswerte:

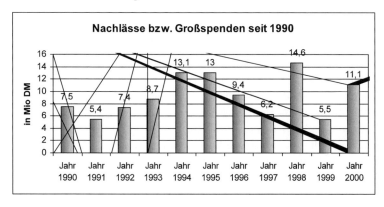

Die Gründe für diesen enormen Zuwachs werden im zweiten Teil der Ausführungen kurz dargestellt. Auch im Jahr 2001 ist auf Grund der Erfahrungen im ersten Halbjahr mit einem ähnlichen Zuwachs an neuen Nachlässen zu rechnen.

1.3 Aufgaben der Stiftungsverwaltung

Wie bereits einleitend dargestellt, nimmt die Stiftungsverwaltung für alle Stiftungen mit sozialer Zweckbindung die Funktion der Eigentümerin und Sachwalterin wahr. Damit trägt sie die Gesamtverantwortung gegenüber den Stiftern, den staatlichen Aufsichtsstellen, den Organen der Stadt und vor allem auch der Öffentlichkeit.

Säulen der Stiftungsverwaltung

Tätigkeiten im Vorfeld der Stiftungserrichtung

Stiftungsmanagement

Verwendung von Überschüssen

Stifterberatung	Kapitalanlagen	Beihilfen
Nachlassabwicklung	Immobilienverwaltung	Zuschüsse
Stifungserrichtung	Satzungspflege	Darlehen
	Betreuung von Kuratorien	

Die Münchner Stiftungsverwaltung bietet in ihrem Service somit das gesamte Spektrum einer modernen Stiftungsverwaltung in einer Hand an. Daneben steht die Stiftungsverwaltung bei der Errichtung und Verwaltung von Stiftungen, die von anderen Referaten betreut werden (insgesamt 25 Stiftungen mit kulturellen, schulischen, gesundheits- und wohnungspolitischen Zwecken) beratend zur Seite. In Erfüllung eines Stadtratsauftrages aus dem Jahr 1999 befasst sich die Stiftungsverwaltung derzeit mit dem Thema „Zentralisierung der Verwaltung aller städtischen Stiftungen".

2. Stellenwert kommunaler Stiftungen innerhalb der Stiftungslandschaft

2.1 Warum brauchen wir Kommunale Stiftungen?

Insbesondere bei den Vertretern der in Deutschland sich immer stärker engagierenden Bürgerstiftungen wird den Vertretern kommunaler Stiftungen wiederholt die Frage gestellt: Brauchen wir in Zukunft noch kommunale Stiftungen? Auch bei der letzten Sitzung des Arbeitskreises Bürgerstiftungen im November letzten Jahres war dieses Thema zumindest in den „Pausengesprächen" immer wieder von zentraler Bedeutung. Diese Frage kann letztendlich nur der Betroffene entscheiden: der potentielle Stifter.

Warum stiftet er und was erwartet er von einer Stiftungsverwaltung?

Die Motive für die Gründung einer Stiftung sind zahlreich und unterschiedlich. In den oft mehrstündigen Gesprächen werden von den Stiftern jedoch häufig Motive genannt, wie z.B.:

- der Wunsch, mit der Stiftung einen Beitrag für die Gesellschaft zu leisten

- der Wunsch, durch die Stiftung „weiterzuleben"
  Dies geschieht z.B. durch den Stiftungsnamen oder bei größeren Stiftungen auch durch eine Straßenbenennung. Beispiel wäre der Petuel-Ring in München, der nach dem Stifterpaar benannt wurde, das nach seinem Tode der Stadt den bislang größten Nachlass vermachte. Stiftungserträge von über 1 Mio. DM jährlich kommen blinden, körperbehinderten und älteren Münchner Bürgerinnen und Bürgern in Notsituationen zu Gute.

- das eigene, schwere Schicksal bzw. die Lebensumstände des Stifters
  Vor wenigen Tagen wurde ein Stifterpaar, das einige Wochen zuvor ihr geistig behindertes Kind verloren hatte, beraten. Nun soll ihr Vermögen nach ihrem Tode in eine Stiftung für geistig Behinderte eingebracht werden.

- steuerliche Aspekte

- Auflagenerfüllung (Grabpflege, Messelesen, Leibrente, Wohnrechte o.ä.)
  Es kommt in der Beratungspraxis immer wieder vor, dass sich das erste Beratungsgespräch zu einem ganz überwiegenden Teil mit der Ausgestaltung der Grabpflege beschäftigt, während man sich bei der Bestimmung des Stiftungszweckes auf die Kompetenz der Stiftungsverwaltung verlässt.

Neben diesen allgemeinen Motiven erwarten Stifter, die der Landeshauptstadt München ihr Vermögen bzw. Teile davon für soziale Zwecke anvertrauen, darüber hinaus insbesondere folgenden Service:

- **Zweckerfüllung im sozialen Bereich**

Die Stifter stellen ihr Vermögen zur Verfügung, weil sie erwarten, dass mit den Erträgen daraus „Gutes getan" wird. Sie konzentrieren sich bewusst auf die soziale Komponente und wollen einen Beitrag zur sozialen Stabilität in München leisten. Dabei wählen sie das Sozialreferat, weil sie davon ausgehen, dass dort das notwendige Wissen zur Verteilung der Gelder in dem von ihnen vorgegebenem Rahmen gebündelt ist.

- **Praxisbezogene kompetente Beratung**

Im Vorfeld der Errichtung einer Stiftung wünschen sich diejenigen Stifter, die sich bereits vor der Stiftungserrichtung an das Sozialreferat wenden, eine kompetente und gezielte Beratung. Für die spätere effektive und wirtschaftliche Tätigkeit der Stiftung ist es angesichts der hohen Bedeutung des Stifterwillens entscheidend, dass der Stifter selbst sich klar wird, was er mit der Errichtung seiner Stiftung (oder mit einer Zustiftung zu einer bestehenden Stiftung) bezwecken will und wie die Stiftung seine Absichten, Vorstellungen und Ziele dauerhaft, nachhaltig und bestmöglich verfolgen soll. Die Beratung muss sich daher auf die Frage der Art und Weise der Stiftungserrichtung, der Stiftungsverwaltung und der Auflagenerfüllung beziehen. Darüber hinaus wird von sozial engagierten Stiftern auch eine gezielte Beratung gewünscht, für welche sozialen Zwecke Stiftungsgelder benötigt werden, d.h. also auch hinsichtlich der konkreten Erfüllung des Stiftungszwecks in der Praxis.

- **Längerfristige kontinuierliche Verwaltung**

Ein ganz entscheidendes Kriterium für die Auswahl des „richtigen" Stiftungsverwalters ist die längerfristige kontinuierliche Verwaltung durch die Kommune. Gerade der Verweis auf die fast 800jährige städtische Tradition ist hierfür ein glaubwürdiger Beleg. Die bei der Stiftungsverwaltung München betreuten Stifter legen in den meisten Fällen besonderen Wert auf eine dauerhafte Sicherung ihres Vermögens für soziale Zwecke. Städtische Kontrollmechanismen, wie u.a. das Revisionsamt, bedingen zwar bisweilen einen höheren Verwaltungsaufwand (und stoßen daher bei den Mitarbeitern der Stiftungsverwaltung nicht ausschließlich auf Gegenliebe), sie bürgen aber für eine strikt auf den Stifterwillen ausgerichtete Verwaltungspraxis.

- **Zusätzliche Betreuungsleistungen**

Nicht selten wird mit dem Wunsch auf Beratung über die spätere Verwendung des Vermögens auch die Bitte um Hilfe bei der Suche nach einem Altenheimplatz oder sonstige Betreuung durch städtische Mitarbeiter verbunden. Auf Grund der engen Einbindung in die städtische Organisation ist oft schnelle unbürokratische Hilfe möglich.

- **Kostengünstige Verwaltung**

Letztendlich spielt auch die Frage der Verwaltungskosten für die Nachlassabwicklung bzw. die spätere Verwaltung der Stiftung eine erhebliche Rolle bei der Einsetzung der Stadt als Stiftungsverwalterin. Der derzeit bei der Landeshauptstadt München für die Verwaltung der Stiftung erhobene Kostenbeitrag von 5,5 % der Stiftungserträge liegt eher am unteren Ende der Skala möglicher Verwaltungskosten. Die Stadt übernimmt hier bewusst einen nicht unerheblichen Teil der Kosten und dokumentiert damit u.a. ihr besonderes Engagement für Stifter in München.

Für die in vielen Fällen erforderliche Nachlassverwaltung werden derzeit den Stiftungen keine Gebühren in Rechnung gestellt. Angesichts der bei gewerblichen Testamentsvollstreckern erhobenen Gebühren von bis zu 6 % des Nachlasses in besonders aufwendigen Fällen bietet die Stadt einen sehr kostengünstigen Service.

2.2 Was müssen kommunalverwaltete Stiftungen tun, um diesen Erwartungen gerecht zu werden?

- **Deutliche organisatorische Trennung von der sonstigen städtischen Verwaltung**

Die Erwartungen unserer potenziellen Stifter sind hoch. Die Befürchtung, das Stiftungsvermögen könnte mit dem städtischen Vermögen „in einen Topf geworfen werden" ist groß. Durch eine deutliche organisatorische Trennung der Organisationseinheit Stiftungsverwaltung von der sonstigen städtischen Verwaltung ist sicher zu stellen, dass die Sonderstellung der Stiftungen allen städtischen Kollegen bewusst wird.

Durch einen Stadtratsbeschluss aus dem Jahr 1999 ließ sich die Münchner Stiftungsverwaltung des Sozialreferates beauftragen, die besondere Stellung zumindest für die 127 Stiftungen mit sozialer Zweckbindung auch organisatorisch hervorzuheben. Seit 2001 steuert die Stiftungsverwaltung als optimierter Regiebetrieb mit erweiterten Befugnissen und einem eigenen Stiftungsverwaltungshaushalt (ab 2002) die Geschicke der sozialen Stiftungen der Stadt.

Im städtischen Haushalt sind alle rechtsfähigen und nichtrechtsfähigen Stiftungen als Sondervermögen, das nach eigenen Kriterien getrennt vom sonstigen städtischen Vermögen verwaltet wird, ausgewiesen.

Ein ganz wesentlicher Punkt für eine Darstellung der Stiftungen als eigenständiger Bereich ist die Präsentation der Stiftungen in der Öffentlichkeit. In allen Veröffentlichungen muss immer wieder auf die besondere Stellung der Stiftungen im städtischen Gefüge hingewiesen werden. Diese oft mühevolle Arbeit, z.b. bei Zuschüssen an gemeinnützige Träger (hier muss die Stiftung und nicht die Stadt als „Wohltäter" genannt werden), wird von städtischen Kollegen nicht immer gesehen.

- **Klare Aufgabenverteilung innerhalb der Stadtverwaltung:**

Gerade bei einer z.T. dezentralen Verwaltung des Stiftungsvermögens muss die Aufgabenverteilung zwischen den einzelnen Dienststellen detailliert festgelegt werden.

Bereits im Jahr 2000 wurde eine entsprechende Zielvereinbarung mit der Stadtkämmerei als für die Vermögensanlage und den Haushalt zuständige Dienststelle abgeschlossen. In dieser sind vor allem die Grundlagen der Anlagepolitik festgehalten sowie ein regelmäßiges Reporting zur Mittelbewirtschaftung festgelegt. Auch die wesentlichen Grundlagen für ein Immobilienmanagement sind in einer Vereinbarung mit dem Kommunalreferat festgeschrieben. Mit den externen Dienstleistern (wie z.b. der MÜNCHENSTIFT gGmbH) wurden umfangreiche Pacht- bzw. Geschäftsordnungsverträge vereinbart. Mit Hilfe dieser Vereinbarungen ist sicher gestellt, dass die Stiftungsverwaltung ihrer Funktion als Sachwalterin der Stiftungsinteressen auch in der täglichen Arbeit gerecht werden kann.

- **Gewährleistung der Subsidiarität der Stiftungsleistungen**

Um dem Vorwurf einer Erfüllung gesetzlicher Aufgaben durch Stiftungserträge von vorne herein entgegentreten zu können, wird gesetzlichen Leistungen im Bereich der Einzelfallhilfen gegenüber Stiftungsleistungen absoluter Vorrang eingeräumt. In jedem Einzelfall werden mögliche Leistungen durch Sozialamt oder andere Leistungsträger abgefragt. Im Bereich der Zuschüsse ist auf eine gleichmäßige Verteilung der Stiftungsmittel zwischen städtischen Einrichtungen und freien Trägern zu achten.

- **Angemessene Öffentlichkeitsarbeit**

Die von der Stadt München als kommunale Stiftungsverwalterin getragene Öffentlichkeitsarbeit soll

- engagiert,
- mit der gebotenen Zurückhaltung
- auf die besonderen Bedürfnisse der Stifter und Destinatäre abgestimmt sein.

Fazit:

Aus Sicht der Münchner Stiftungsverwaltung besteht auch im Zeitalter der aufstrebenden Bürgerstiftungen die Notwendigkeit, potenziellen Stiftern neben privaten Anbietern von Stiftungsverwaltungen auch eine kommunale Stiftungsverwaltung anzubieten. Die Gefahr der Vermischung von städtischen und stiftungsspezifischen Interessen kann durch organisatorische Maßnahmen und klare Zielvereinbarungen innerhalb der Stadtverwaltung vermieden werden.

Rahmenbedingungen für ein stiftungsfreundliches Klima in der Kommune

Dr. Rolf Derenbach, Deutscher Landkreistag, Berlin

Ich darf mich zunächst kurz vorstellen: Nach dem Studium der Architektur an der Berliner Hochschule für Bildende Künste und danach der Stadt- und Regionalplanung an der Technischen Universität Berlin habe ich langjährig in der Bundesforschungsanstalt für Landeskunde und Raumordnung in Bonn in den Bereichen Soziale Infrastruktur und Bildung als Voraussetzung der räumlichen Entwicklung gearbeitet und in dieser Zeit mehrere Gutachten für die Europäische Kommission erstellt. Seit 1989 bin ich im Deutschen Landkreistag (DLT) tätig und dort zuständig für Bildung, Kultur, Europa und Verbandspartnerschaften mit dem Ausland.

Die Beschäftigung des DLT mit dem Thema „Bedeutung des Stiftungswesens für die Kreise" wurde durch Dr. Mecking angeregt. In unserem Kulturausschuss hat er darüber berichtet und ist dabei vor allem auf

- die positiven Trends bei der Gründung von Stiftungen,

- die Verbesserungen im Steuerbereich und

- Fragen der Aufsicht, die in einigen Fällen den Kreisen übertragen worden ist,

eingegangen. Schließlich hat er auch Kritik geübt, vor allem mit Blick auf Fälle im kommunalen Bereich, in denen bei der Beachtung der Stiftungsziele „lasch" umgegangen worden sei.

Der Kulturausschuss hat in der Folge beschlossen, eine Befragung im Kreisbereich auf der Grundlage eines differenzierten Fragebogens durchzuführen. Leider ist diese Erhebung zum gegenwärtigen Zeitpunkt noch nicht abgeschlossen. Bei einem Rücklauf von etwa der Hälfte aller Kreise kann festgestellt werden, dass zwischen 40 % und 50 % der Kreise mit Stiftungen in irgendeiner Form zu tun haben. Dieses Ergebnis ist jedoch noch nicht verallgemeinerungsfähig, weil die Antworten aus einigen Bundesländern noch ganz fehlen.

Die Auswertung hat freundlicherweise der Bundesverband der deutschen Stiftungen übernommen, auch dafür herzlichen Dank vor allem an Herrn Dr. Mecking.

In der ergebnisoffenen Anhörung der Bund-Länder-Arbeitsgruppe über Verbesserungen im materiellen Stiftungsrecht ist – so wie wir das einschätzen –

noch keine alle überzeugende Idee zu weiteren rechtlichen Förderung des Stiftungswesens formuliert worden. Es gilt also abzuwarten, was die Schlussfolgerungen der Bund-Länder-Arbeitsgruppe erbringen werden.

Wir wollen in unserer Verbandszeitschrift „Der Landkreis" ein Themenheft über die Bedeutung der Stiftungen für den Kreisbereich veröffentlichen, in dem wir – auf der Grundlage einer Empfehlung des Kulturausschusses des DLT – sowohl Grundsätze, die Ergebnisse der Befragung in den Kreisen sowie Erfahrungsberichte aus Kreisen, die in diesem Bereich aktiv sind, darstellen wollen. Außerdem wird am Beispiel des Landes Schleswig-Holstein, in dem die Stiftungsaufsicht den Kreisen übertragen wurde, berichtet werden, welche Erfahrungen mit dieser Aufgabenübertragung auf den Kreisbereich vorliegen.

Auf der letzten Sitzung des Kulturausschusses wurde die Frage aufgeworfen, inwieweit Kreise selbst Stiftungsgründer sein könnten bis hin zur Übertragung von Aufgaben etwa im Kulturbereich. Auch diese Frage will der Ausschuss vertiefen, es wurden aber auch Bedenken geäußert, weil damit eine Festlegung auf Dauer verbunden ist, die Kontrolle durch die kommunale Selbstverwaltung nur noch mittelbar möglich ist.

Das Thema der Bürgerstiftungen ist aus kommunaler Sicht von besonderen Interesse. Dabei darf es aber nicht um ein Schielen auf eine spezielle Art des *fundraising* gehen, sondern über die Förderung von Themen und gesellschaftlichen Prozessen, die es wert sind auf Dauer unterstützt zu werden.

Ich möchte hier nur beispielhaft einige Themen nennen:

- Stärkung der lokalen Demokratie und Wiederbelebung des Nachdenkens und Wissens über die Bedeutung der kommunalen Demokratie. Die Bürgern nehmen die Stadt, die Gemeinde und die Kreise oft nicht mehr als primäre Gesellschaftsstruktur wahr, als Gemeinwesen oder – wie es in der Gemeindesoziologie bezeichnet wurde – als „lokale Gemeinschaft mit universalem Bezug", sondern er sieht eher die Kommunalverwaltung als bloße, örtliche Verwaltung und Dienstleistungsbetrieb für öffentliche Güter. Es besteht die Gefahr, dass die Bürgergesellschaft sich ausschließlich an sektoralen Zielen und Werten orientiert und auch gruppiert, die räumliche, aus der engeren und weiteren Nachbarschaft sich ergebenden Formen des sozialen Zusammenhalts aus dem Blickwinkel geraten. Hier könnten kommunale und bürgerschaftliche Stiftungen wirksam werden.

- Die Förderung der tragenden Prinzipien der Institution Kreis ist als weiteres Gebiet zu nennen. Der Kreis ist eine übergemeindliche, kommunale Gebietskörperschaft, die – je stärker das alltägliche Mobilitätsverhalten über die engere Nachbarschaft der Gemeinde hinausgeht – alltäglicher Bezugsraum und damit auch Gebietskörperschaft im sozialen Sinn geworden ist. Wohn-, Arbeits- und Erholungsort sind heute für viele nicht mehr identisch, sondern auf das Kreisgebiet verteilt. Der Kreis ist für viele Betriebe der regionalen Ökonomie der wichtigste Zulieferer- und Absatzmarkt. Der Kreis ist in vielen Fällen Bezugsraum von Vereinen, politischen Parteien, sozialen, kulturellen und wirtschaftlichen Einrichtungen. Eine Stiftung könnte dazu beitragen, dass die Gegebenheiten und Belange des Gemeinwesens Kreis durchleuchtet und damit stärker in das öffentliche Bewusstsein gerückt werden. Dabei könnten auch der Kulturlandschaftsgedanke, die Geschichtsbezüge der Landschaften und die Förderung der Kreisidentität aufgegriffen werden.

Der DLT begrüßt die Absicht des Bundesverbandes der deutschen Stiftungen, die Arbeit seines kommunalen Arbeitskreises zu stärken. Wir sind sehr daran interessiert, daran aktiv mitzuwirken.

Rahmenbedingungen für ein stiftungsfreundliches Klima in der Kommune

Prof. Dr. Bernd Meyer, Deutscher Städte- und Gemeindebund, Köln

Ich möchte in den Mittelpunkt meiner Überlegungen einen Aspekt des Themas „Kommune und Stiftung" stellen, der meines Erachtens in Zukunft wachsende Bedeutung erlangen wird:

Die Zusammenarbeit von öffentlicher Hand, engagierten Bürgerinnen und Bürgern und Wirtschaft auf der Grundlage der Rechtsform einer Stiftung.

Vor wenigen Wochen fand in Leipzig die Hauptversammlung des Deutschen Städtetages unter dem Motto „Zukunft der Stadt? – Stadt der Zukunft!" statt, mit dem eine erste Zwischenbilanz der nunmehr inzwischen seit einem Jahr stattfindenden Diskussionen über die Zukunft der kommunalen Selbstverwaltung gezogen wurde.

In einer Zeit, in der die Kommunen mit vielfältigen Herausforderungen konfrontiert sind, deren Kennzeichen ein tiefgreifender ökonomischer und gesellschaftlicher Wandel durch Globalisierung und digitale Revolution, Pluralisierung sozialer Einstellungen und Werte, demographische Entwicklungen und wachsende Zuwanderung ist, müssen die Kommunen ihre Aufgaben und Handlungsfelder neu sortieren und dabei auch ihr Verhältnis zu den Bürgerinnen und Bürgern neu definieren.

Der finanzielle Aspekt ist dabei nur einer von vielen, auch wenn er immer wieder stark in den Vordergrund rückt, weil die Kommunalfinanzen, aber auch die der Länder und des Bundes von einem wachsenden Schuldenberg eingeengt werden, der unbedingt abgebaut werden muss.

Mit dem Städtetagdiskurs über die Zukunft der kommunalen Selbstverwaltung, den wir offiziell im September vergangenen Jahres begonnen haben, müssen wir entscheiden, was in Zukunft

- gemeinnützig von den Bürgerinnen und Bürgern selbst erledigt werden kann und soll,

- unmittelbar von der Stadt geleistet werden muss,

- von der Stadt gewährleistet, aber in Auftragsvergabe erledigt werden kann,

- privat und in gewerblicher Hand erledigt werden kann.

Dabei geht es keineswegs nur um die künftige finanzielle Leistungsfähigkeit der staatlichen Ebenen.

Es geht um eine Weiterentwicklung der deutschen Demokratie als Voraussetzung dafür, dass wir auch die junge und künftige Generationen für diese Demokratie gewinnen. Der Münchner Soziologe Ulrich Beck fordert einen neuen Gesellschaftsvertrag, eine Gründerinitiative für neue Ideen und Modelle, die Staat, Wirtschaft und Gesellschaft für das 21. Jahrhundert vorbereiten, und sieht dafür Ansätze in einer neuen Bürgerbeteiligung an Politik und Gesellschaft in den deutschen Städten.

Deshalb heißt es in der Leipziger Resolution des Deutschen Städtetages: „Um auch in Zukunft die Bürgerorientierung der Stadtpolitik zu gewährleisten, müssen die Beziehungen von Stadt und Bürgern neu definiert werden. Die Bürger dürfen nicht auf ihre Rolle als Kunden städtischer Dienstleistungen beschränkt werden;" „Nur auf der örtlichen Ebene haben die Bürgerinnen und Bürger, haben Unternehmen und gesellschaftliche Gruppen die Möglichkeit, politische Mitentscheidung und gesellschaftliche Mitgestaltung zu verbinden. Darin liegen die Chancen einer hohen Identifikation der Bürgerschaft mit dem Gemeinwesen und eines hohen Maßes an Integration der Bürgerinnen und Bürger in das Gemeinwesen."

Wie das im Einzelnen geschehen kann, dazu gibt es ganz unterschiedliche Möglichkeiten, je nach Ebene und Aufgabenbereich in der Kommunalpolitik, z.B.

- Ausweitung plebiszitärer Elemente auf der politischen Entscheidungsebene (Bürgerentscheide),

- Mitverantwortung und Mitentscheidung, z.B. in kulturellen Einrichtungen, aber auch etwa in Einrichtungen des Bildungswesens (möglicherweise – aber nicht notwendigerweise – in Verbindung mit einer Mitfinanzierung).

Vor allem aber auch:

- Ausweitung des Bereichs gemeinwohlorientierter, eigenständiger bürgerschaftlicher Tätigkeiten (der schon heute viel größer ist, als häufig erkannt und anerkannt wird).

Für den Kulturbereich ist diese Überlegung keineswegs neu. Schon 1995 haben wir in einem Arbeitskreispapier der Magdeburger Hauptversammlung des Städtetages mit dem Titel „Kultur in der Stadt – Kultur von der Stadt?" deutlich gemacht, dass die öffentliche Verantwortung für kulturelle Einrichtungen und Programme nur einen verhältnismäßig geringen Teil dessen umfasst, was wirklich in unseren Städten geschieht. Und 1997 hat der Kulturausschuss des Deutschen Städtetages mit der Hanauer Erklärung „Kulturpolitik und Bürgerengagement" gefordert, öffentliche Kultureinrichtungen sollten

- sich die vielfach vorhandene kulturelle, künstlerische und soziale Kompetenz der Bürgerschaft zu nutze machen,
- engagierten Bürgerinnen und Bürgern die Möglichkeit zur gestaltenden Mitwirkung in Kultureinrichtungen geben.

Nun ging es hier in erster Linie um Mitwirkungsmöglichkeiten in öffentlichen Kultureinrichtungen und noch gar nicht um die Frage, inwieweit die Kommunen Verantwortung überhaupt wieder in die Hände der Bürger zurückgeben können. Und selbst dieser erste Zwischenschritt hat bei kommunalen Kulturverantwortlichen für erhebliche Aufregung und Diskussion gesorgt. Genau auf diesem Weg müssen wir aber weiter gehen.

Speziell für den Kulturbereich wird es meines Erachtens darauf ankommen, die Entwicklung in drei Richtungen weiter voranzutreiben:

1. Die unabhängige Trägerschaft von Kultureinrichtungen durch Stiftungen, also durch operative Stiftungen weiter zu fördern. Dies hat z.B. bei den Museen ja eine alte Tradition, wird aber in öffentlichen Museumskreisen bis heute nicht immer akzeptiert, vielmehr Museum (im Sinne eines Legitimationsarguments) als hoheitliche Aufgabe betrachtet. Hier müssen die Städte noch lernen, loszulassen, ohne sich einer Förderverpflichtung zu entledigen.

2. Die Unterstützung von kulturellen, bildungspolitischen oder sozialen Anliegen durch Förderung über Stiftungen. Hier geht es in erster Linie darum, den Stifterwillen auch tatsächlich anzuerkennen, ernst zu nehmen und umzusetzen. Im Bildungswesen wird immer gegen eine verstärkte private Förderung ins Feld geführt, dass Chancen- und Versorgungsgerechtigkeit gewährleistet sein müsse. Meines Erachtens ist dafür aber nicht der private Stifter zuständig, sondern die Kommune, die ja durch das Engagement von Stiftern auf der einen Seite entlastet wird, um auf der anderen Seite Ausgleichsfunktionen wahrnehmen zu können. Auf jeden Fall müssen meines Erachtens öffentliche Verwaltungen und Kultureinrichtungen in ihrer Haltung gegenüber fördernden Stiftern und Stiftungen akzeptieren, dass nur Geld zu erwarten, aber nicht mitwirken zu lassen, wenn es um die Ziele und Entscheidungen geht, auf Dauer nicht funktionieren kann. Immerhin sollten wir sehen, dass die Förderung durch Stiftungen auch dann noch altruistischer als das Sponsoring ist, wenn ein konkreter Stifterwille umgesetzt werden soll.

3. Public-private-partnership

Damit meine ich weniger das Sponsoring als ein echtes Zusammenwirken von öffentlicher Hand, privaten Förderern und Wirtschaft.

Hier wird die Zukunft vor allem Mischformen der Rechtsträgerschaft gehören. Dagegen gibt es in den von der öffentlichen Hand getragenen Einrichtungen oft noch Widerstände und wenig Bereitschaft, Mitwirkung zuzulassen.

Der gemeinsamen Verantwortung, für die bei einzelnen Kultureinrichtungen, z.b. den Museen, die Rechtsform der Stiftungen sehr gut geeignet ist, wird deshalb die Zukunft gehören, weil sie beides ermöglicht:

• Partizipation im Sinne gemeinsamer Entscheidungen
• Beteiligung privaten Kapitals

Für diese Entwicklung ist die Forderung kontraproduktiv, dass die Stiftung sich in jedem Fall aus den Erträgen des Stiftungskapitals finanzieren können muss. Zum Stiftungskapital sollten auch in Zukunft der Anspruch gegenüber der Kommune auf bestimmte Sach- und Personalleistungen gehören können. Für ein Kunstmuseum ist schon sehr viel erreicht, wenn zwar nicht die Betriebskosten, aber doch die Kunstankäufe aus den Kapitalerträgen einer Stiftung finanziert werden können. Allerdings gebe ich den Kritikern insoweit Recht, dass es nicht ausreichen kann, wenn die Stiftung nur laufend Zuwendungen nach Maßgabe des Haushaltsrechts erhält. Diese Leistungen müssen schon rechtlich bindender Bestandteil des Stiftungsvertrags sein.

Hier sollte meines Erachtens der Bundesverband Deutscher Stiftungen differenzieren. Die Rechtsform der Stiftung für ein städtisches Museum ist sicher so lange unbefriedigend, als die Institution auch weiterhin ausschließlich auf die Gelder der öffentlichen Hand angewiesen ist. Sie macht aber Sinn, wenn auf diese Weise die Grundlage dafür geschaffen wird, dass sowohl aus der Wirtschaft als auch von kapitalzuwendenden Stiftern Mittel eingebracht werden können, die das Stiftungskapital aufstocken und so eine schrittweise Verbesserung der Aufgabenerledigung und Unabhängigkeit der Einrichtung gewährleisten können.

Und auf diese Weise eine echte Mitwirkung und Mitentscheidung der Stifter gesichert wird.

Ich bin auch deshalb für diese Mischkonstruktion, weil das Ziel ja nicht sein kann, dass sich die Kommune aus der Aufgabenerledigung völlig zurückzieht. Vielmehr geht es um echte Partnerschaften im Sinne einer „Kooperativen Kommune", in der nicht allein hoheitliches Denken, aber auch nicht allein die Gesetze des Marktes oder nur Einzelinteressen gelten. Im Mittelpunkt muss vielmehr das Gemeinwohl stehen.

Aus dieser Verantwortung, auch wenn sie sich in vielen Fällen in eine Mitverantwortung verwandeln könnte, wollen und dürfen wir die Kommunen nicht entlassen.

V. Podiumsdiskussion

„Modernisierung des Stiftungsprivatrechts – Signal auf dem Weg zur Bürgergesellschaft"

Moderation:
Prof. Dr. Axel Frhr. von Campenhausen
Erster Vorsitzender des Bundesverbandes Deutscher Stiftungen

Teilnehmer:
Dr. Bernd Andrick
Vorsitzender Richter am Verwaltungsgericht, Gelsenkirchen
Torsten Wirth
Vorsitzender der Edith-Fröhnert-Stiftung, Lübeck
Hans-Werner Esser
Geschäftsführer der Stiftung Deutsche Welthungerhilfe, Bonn
Dr. Ludger Hünnekens
Geschäftsführendes Mitglied des Stiftungsrates der Allianz Kulturstiftung, München
Dr. Hugbert Flitner
Geschäftsführer der Bürgerstiftung Hamburg
Kathrin Succow-Hoffmann
Geschäftsführerin der Michael Succow Stiftung zum Schutz der Natur, Berlin

Teilnehmer der Podiumsdiskussion   *Foto: Martin Lässig*

Prof. Dr. Axel Frhr. von Campenhausen:

Meine sehr verehrten Damen und Herren, ich eröffne unsere Podiumsveranstaltung. Wir wollen hier mit Vertretern verschiedener Stiftungen Probleme ansprechen, die uns immer wieder beschäftigen.

Ein Punkt, den viele Politiker beklagen, ist das häufig als skandalös bezeichnete Verfahren der Genehmigung neuer Stiftungen. Wir als Bundesverband hatten aber nicht den Eindruck, dass hier die größten Skandale schlummern und haben eine bescheidene Umfrage bei uns bekannten neuen Stiftungen gemacht. Keine der befragten Stiftungen hat sich über diesen Punkt besonders beschwert. Zwar gab es das Problem, dass die verschiedenen Behörden Unterschiedliches verlangen und der Antragsteller nicht genau weiß, woran er sich halten soll. Aber dieses Problem ist nicht das Schlimmste.

Ich möchte in diesem Zusammenhang auf den neunten Forum-Band des Bundesverbandes hinweisen. Darin geht es um „Ein modernes Stiftungsprivatrecht zur Förderung und zum Schutz des Stiftergedankens". Es ist ein Band mit den Abhandlungen und Protokollen der ersten Tagung des „Gesprächskreises Stiftungsprivatrecht" unter Leitung von Professor Werner. Ich möchte Ihnen diesen Band herzlich empfehlen.

Der Stiftungsgedanke als Ganzes genießt Konjunktur. Nicht zuletzt in Nordrhein-Westfalen können wir feststellen, dass die vom Innenminister Behrens angestoßene und vom Bundesverband durchgeführte Ausstellungsreihe „Stiftungslandschaft NRW" dazu geführt hat, dass allen politischen Kräften die Bedeutung der Stiftungen in einem Maße vertraut ist, wie das in den letzten fünf Jahren nicht der Fall war. Das können Sie auch daran sehen, wie die Frankfurter Allgemeine Zeitung und auch andere Zeitungen über uns berichteten. Es ist ein Erfolg und eine Voraussetzung dafür, dass es auch politisch weiter geht. Die Ausstellung wurde von Frau Dr. Weitz erfolgreich organisiert.

Zur Einleitung unserer Podiumsdiskussion wird Herr Dr. Andrick, Vorsitzender Richter am Verwaltungsgericht Gelsenkirchen, das Wort zu einem Impulsreferat zur Modernisierung des Stiftungsprivatrechts nehmen. Von ihm liegt auch sein neues Werk „Stiftung und Aufsicht" aus und wird zum Kauf angeboten. Ich freue mich, dass Herr Dr. Andrick, der sich wiederholt fachkundig zum Stiftungsrecht geäußert hat, hier bereit ist, in aller Kürze zu uns zu sprechen. Bitte nehmen Sie das Wort.

Dr. Bernd Andrick

Sieht man die Bürgergesellschaft mit der ihr innewohnenden Verantwortung auch für den Mitbürger und das Ganze als ein erstrebenswertes Ziel unserer gesellschaftlichen Ordnung an, sind die Stifter und die Stiftungen unverzichtbare Wegweiser auf dem Weg dorthin. Zu Recht verlangt man deshalb im Zusammenhang mit der gegenwärtigen Reformdiskussion einen Rechtsrahmen für Stifter und Stiftungen, der ihrem Stellenwert auf dem Weg zur Bürgergesellschaft gerecht wird.

Dr. Bernd Andrick

1. Was ist es aber in der Substanz, das die Stifter und Stiftungen so heraushebt, dass ihre bisherigen rechtlichen Grundlagen neu überdacht und möglicherweise angepasst werden müssen?

Stiftungen haben eine unverzichtbare Bedeutung für unser Gemeinwesen. Sie bringen eine Werteordnung zum Ausdruck, die nicht nur Grundlage unserer Gesellschaft ist, sondern zugleich auch die Gestaltungskraft offenbart, die unserem demokratischen Gemeinwesen innewohnt. Grundlage hierfür ist unsere Verfassung, die sich als Versprechen der Rechtsgemeinschaft versteht, die Entwicklung einer Gesellschaft auf erprobte Werte auszurichten. Der Staat bewahrt in den verlässlichen Strukturen seiner Verfassung die Leitideen und gewährleistet individuelle Entfaltungsfreiheit. Deshalb ist die Verfassung nicht nur ein Organisationsprinzip, nicht nur eine rechtsverbindliche Verständigung der Politik für den Augenblick, sondern eine Werteordnung, die den Staat und sein Recht auf Vorstellungen, Ideen und Erfahrungen aufbaut, die den Menschen eine Orientierung in der Welt geben und einen Maßstab für ihr Handeln bieten. Es sind gerade die Stifter und Stiftungen mit ihren vielfach gemeinwohlfördernden Zwecken, die die verfassungsgemäß vorgegebene Werteordnung unserer Gesellschaft veranschaulichen und in ihr leben. Vornehmlich die Stifter, die sich im sozialen Bereich engagieren, knüpfen in besonderer Weise an das Menschenbild des Grundgesetzes an. Dieses nimmt bereits in seinem ersten Artikel die Elementarwertung des Christentums auf, die jedem Menschen gleiche Würde zuspricht.

Sodann anerkennt das Grundgesetz in Art. 2 Abs. 1 jeden Menschen auch als Rechtsperson. Der Mensch ist als Person mitgestaltendes Rechtssubjekt, nicht nur ein der Rechts- und Staatsgewalt unterworfener Empfänger von hoheitlichen Befehlen. Zudem gewährleistet derselbe Art. 2 Abs. 1 jedem Menschen die freie Entfaltung „seiner Persönlichkeit", setzt also in der Tradition des deutschen Idealismus bei jedermann die Fähigkeit zur sittlichen Entscheidung voraus. Die hier gewährte Freiheit lässt bürgerliches Engagement im Wege der Errichtung einer Stiftung überhaupt erst möglich werden.

Art. 3 des Grundgesetzes bestimmt im Gleichheitssatz, dass jeder Mensch in seiner Würde, Person- und Personalidentität vor dem Gesetz gleich ist. Dieser Gleichheitssatz bringt in seinem Kern die Bindung an die Grundwerte unserer Gerechtigkeitsordnung zum Ausdruck. Ist es nicht auch der Gerechtigkeitsgedanke, der den Stifter zum Handeln veranlasst? Es geht dem Stifter in vielen Fällen, gerade wenn er sich sozial engagiert, darum, den Schwächeren zu stärken und ihn auf eine Ebene mit denen zu bringen, die keine Not leiden. Der Stifter ist um Gerechtigkeit bemüht, er versucht durch seinen Beitrag, auch die soziale Diskrepanz zu verringern.

Der Stifter weiß, dass er Gerechtigkeit nur dadurch vermitteln kann, dass er teilt. Auch hier stimmt er mit der Werteordnung unserer Verfassung überein, die sich in Art. 14 Abs. 2 des Grundgesetzes mit den Worten widerspiegelt: „Eigentum verpflichtet. Sein Gebrauch soll zugleich dem Wohle der Allgemeinheit dienen." Damit wird die Sozialpflichtigkeit des Eigentums angesprochen, die – und darüber dürfte kein Zweifel bestehen – ihre Umsetzung im Engagement des Bürgers und damit auch im Stiften finden kann.

2. Wer so wie die Stifter und die Stiftungen in der Werteordnung unserer Gesellschaft verwurzelt ist, darf für sich ein Rechtsregime beanspruchen, das der Wegweiser- und Vorbildfunktion gerecht wird. Wenn man in diesem Zusammenhang über die Novellierung des Stiftungsrechts spricht, gilt es, dies mit Augenmaß zu tun. Dabei dürfen aufgeheizte Diskussionen über Konzes-

sions-, Normativ- oder Registriersystem nicht den Mittelpunkt der Debatte bilden. Bei genauem Hinsehen ist die Diskussion über die Systeme von wenig sachlichem Fortschritt geprägt. Denn selbst die Registrierung beim Amtsgericht, die die Gefahr erheblicher Reibungsverluste und Kompetenzprobleme in Bezug auf die nach wie vor bestehende Stiftungsaufsicht in sich birgt und deshalb dem Stiftungswesen keinen Gefallen tun würde, wäre im Ergebnis nichts anderes als eine bloße Verlagerung der Zuständigkeit für den Errichtungsakt. Reserviert zu begegnen ist auch einem parteipolitischen Aktionismus, wie wir ihn etwa mit dem nunmehr dritten Gesetzentwurf innerhalb von zwei Jahren einer kleineren Bundestagsfraktion erleben. Rawert hat dies nicht ohne Grund in der Frankfurter Allgemeinen Zeitung so kommentiert: „Wo Gesetzentwürfe zum reinen Mittel politischer Effekthascherei verkümmern, sollten sie besser unterbleiben." Positiv ist immerhin festzuhalten, dass mit solchen Gesetzesinitiativen politisch das allseitige Anliegen vergegenwärtigt wird, das Stiftungsrecht zu optimieren.

Daran wird allerdings schon gearbeitet. Mit Blick auf die Bedeutung des Stiftungswesens befasst sich die Bund-Länder-Arbeitsgruppe unter Federführung des Bundesjustizministeriums und unter sachverständiger Einbeziehung der Verbände und der Stiftungsrechtsexperten im übrigen mit der Frage, ob überhaupt und – wenn ja – in welchem Umfang Reformbedarf besteht. Es darf nicht um eine Reform der Reform wegen gehen; Ziel muss es vielmehr sein, einen ausgereiften Rechtsrahmen für ein blühendes Stiftungswesen zur Verfügung zu haben.

Das erfordert zunächst, dass die Vielfalt der Stiftungszwecke gewährleistet wird. Denn nur dort, wo dem einzelnen mit der Kraft der Stiftung Gestaltungsspielraum eingeräumt wird, kann er optimale Wirkung entfalten. Nach der gegenwärtigen Rechtslage ist diese Freiheit gewährleistet, weil das Bürgerliche Gesetzbuch mit dem Versagungsgrund der Gemeinwohlgefährdung nur solche Stiftungen nicht zulassen will, die sich nicht auf dem Boden der geltenden Rechtsordnung bewegen. Indem das BGB in § 87 lediglich die Gemeinwohlgefährdung als stiftungshindernden Zweck nennt, im übrigen lediglich das Gefahrenabwehrrecht den Ländern zur Ausgestaltung überlassen hat, hat es eine verbindliche und abschließende Regelung dergestalt getroffen, dass die Stiftung als Rechtsform zur Verfolgung aller mit der Rechtsordnung übereinstimmenden Zwecke zur Verfügung gestellt wird. Bei einer solchen Vorgabe des BGB verbietet es sich wegen der vorrangigen Gesetzgebungskompetenz des Bundes für das Landesstiftungsgesetz Brandenburg, die Genehmigung von Familienstiftungen in Frage zu stellen. Der dortige Ausschluss von Familienstiftungen ist wegen des Vorrangs des Bundesrechts aus kompetenzrechtlichen Gründen verfassungswidrig.

Gleiches gilt auch in Bezug auf das Landesstiftungsgesetz Berlin, wenn dort nach § 10 Abs. 2 die Genehmigung der Familienstiftung von der Existenz eines mit staatlichen Aufsichtsbefugnissen ausgestatteten privaten Organs abhängig gemacht wird. Damit normiert der Berliner Gesetzgeber bereits Anforderungen an die Organstruktur. Diese ist aber in § 86 Satz 1 BGB abschließend geregelt. Entsprechend § 26 Abs. 1 BGB muss die Stiftung einen Vorstand haben. Ein Kontroll- oder Überwachungsorgan wie das Kuratorium oder der Beirat kann zwar, wie sich aus § 85 BGB erschließt, in der Satzung der Stiftung als zusätzliches Organ vorgesehen werden, gesetzlich zwingend ist dies nicht. Dem Landesgesetzgeber fehlt es daher an der Kompetenz, neue Organe einzuführen oder sogar als Genehmigungsvoraussetzung zu normieren. Hier bedarf es gesetzlicher Korrekturen.

Auch die unternehmensverbundene Stiftung steht nach der gegenwärtigen Rechtslage nicht in Frage. Für eine entsprechende Anwendung des § 22 BGB bietet die eindeutige Verweisungsvorschrift des § 86 BGB keine Grundlage. Soweit mancherorts ein landesrechtliches Hindernis für die unternehmensverbundene Stiftung gesehen wird, sind diese Sorgen nicht berechtigt. Denn in den Landesstiftungsgesetzen spiegeln sich lediglich, wie z.B. § 4 Abs. 2 Buchst. b) StiftG NW zeigt, die allgemein anerkannten Strukturmerkmale der Stiftung wider. Danach muss eine Stiftung überwiegend fremdnützig sein, einen – auf den Stifter bezogenen – Selbstzweck darf sie nicht verfolgen. Eine weitergehende Begrenzung des Stiftungszwecks in Bezug auf ein Unternehmen gibt es nicht und ist landesgesetzlich auch nicht vorgesehen.

Was das angefeindete Ermessen der Stiftungsaufsichtsbehörde bei der Genehmigung und das hochgelobte Grundrecht auf Stiftung angeht, erzeugen diese Begriffe keinen zwingenden gesetzgeberischen Handlungsbedarf. Es erscheint schon zweifelhaft, ob überhaupt ein Grundrecht auf Stiftung anzuerkennen ist. Jedenfalls besteht für ein solches Grundrecht bei der Errichtung der Stiftung kein Anwendungsbedarf. Das Genehmigungsermessen spielt nämlich weder tatsächlich noch rechtlich eine Rolle.

Tatsächlich ist aus den letzten Jahren nicht eine einzige Gerichtsentscheidung bekannt geworden, in der eine Stiftungsgenehmigung bei Nichteingreifen eines Versagungsgrundes im Hinblick auf ein Genehmigungsermessen nicht erteilt worden ist.

Diese tatsächlich zu konstatierende Irrelevanz des Genehmigungsermessens lässt sich auch von Rechts wegen begründen, ohne dass es des problematischen Rückgriffs auf grundrechtliche Erwägungen bedarf. Der rechtliche Grund für die fehlende Bedeutung von Ermessen im Bereich der Genehmigungsversagung ist in der materiellen Verzahnung von Tatbestands- und Rechtsfolgenseite der

Genehmigungsregelung zu erblicken. Der Maßstab des Versagungsgrundes der Gemeinwohlgefährdung bestimmt nämlich zugleich Inhalt und Grenzen des pflichtgemäßen Ermessens. Denn die von dem Versagungsgrund der Gemeinwohlgefährdung umfassten Belange sind gleichermaßen auch bei der Ermessensausübung von Bedeutung. Voraussetzung für die Genehmigung der Stiftung ist auf Grund des in allen Bundesländern – geschrieben oder ungeschrieben – geltenden Versagungsgrundes der Gemeinwohlgefährdung, dass der Stiftungszweck mit der Rechtsordnung übereinstimmt. Die Stiftungsaufsichtsbehörde ist nach § 40 des Verwaltungsverfahrengesetzes, § 114 S. 1 der Verwaltungsgerichtsordnung verpflichtet, das Ermessen entsprechend dem Zweck der Ermächtigung auszuüben und die gesetzlichen Grenzen einzuhalten. Die Ermessensprüfung kann also in Bezug auf den Stiftungszweck nicht weiter gehen als die Prüfung der Gemeinwohlgefährdung; das Ermessen ist an die Gemeinwohlgefährdung gekoppelt. Es bleibt also kein Raum mehr, eine Genehmigung bei Nichteingreifen eines Versagungsgrundes in ermessensfehlerfreier Weise zu versagen. Das Genehmigungsermessen läuft also auch rechtlich ins Leere.

3. Man muss fragen, ob angesichts der aus rechtsdogmatischer Sicht durchaus stifterfreundlichen Rechtslage noch gesetzgeberischer Handlungsbedarf besteht. Die Antwort lautet: Im Grundsatz nicht; vor allem ist ein Systemwechsel nicht erforderlich. Allerdings sollte ein Nachdenken darüber nicht verwehrt bleiben, inwieweit psychologische Hemmnisse beseitigt werden können und gesetzessystematisch mehr Rechtsklarheit geschaffen werden kann.

Würde man etwa in § 80 BGB zumindest den stiftungszweckgebundenen Versagungsgrund der Gemeinwohlgefährdung aufnehmen und darüber hinaus gesetzgeberisch verdeutlichen, dass bei Nichtvorliegen von Versagungsgründen die Genehmigung der Stiftung zu erteilen ist und ein Anspruch auf die Stiftungsgenehmigung besteht, hätte man damit nicht nur die tatsächlich und rechtlich wertlose Debatte über das Genehmigungsermessen und das Grundrecht auf Stiftung beendet, sondern auch eine kompetenzrechtliche Klarstellung zugunsten der gemeinwohlkonformen Allzweckstiftung vorgenommen. Zu denken wäre alternativ daran, dass die Landesgesetzgeber die Genehmigung der Stiftung als gebundene Entscheidung fassen und ihre Gesetze um die dargestellten verfassungswidrigen Regelungen bereinigen. Wünschenswert wäre aus Transparenz- und Effizienzgründen auch ein möglichst zentral geführtes Stiftungsregister, wobei jedoch den Belangen der Stifter, die mit ihrer Stiftung zurückhaltend agieren möchten, mit der nötigen Sensibilität begegnet werden müsste.

Soweit man schließlich in dem Begriff der Genehmigung eine psychologische Hürde für eine gedeihliche Entwicklung des Stiftungswesens erblickt, sollte man sich zu ihrer Überwindung einer anderen Begriffswahl nicht um jeden Preis verschließen. Nach wie vor gilt der Satz: falsa demonstratio non nocet.

Meine Damen und Herren, der Weg zur Bürgergesellschaft ist entgegen mancher anderslautender Bekundung stiftungsrechtlich bereits angemessen geebnet. Das schließt nicht aus, dass man ihn an der einen oder anderen Stelle noch verfestigen kann. Lassen Sie uns mit Augenmaß daran arbeiten.

Prof. Dr. Axel Frhr. von Campenhausen:

Herr Andrick, wir danken Ihnen für die Straffheit, mit der Sie Ihre Thesen vorgetragen haben. Wir würdigen die Individualität jeder Person, die hier das Wort nimmt, aber wir sind immer angenehm berührt, wenn sich die Aussagen mit unseren Ansichten decken.

Wir wollen nun fortfahren, indem Stiftungsvertreter aus ganz verschiedenen Gegenden ihre Erfahrungen auf diesem angesprochenen Gebiet bekunden werden.

Ich bitte als erstes Herrn Torsten Wirth von der Edith-Fröhnert-Stiftung in Lübeck das Wort zu nehmen.

Torsten Wirth:

Guten Tag meine Damen und Herren. Ich bin Vorsitzender der Edith-Fröhnert-Stiftung aus Lübeck. Unsere Stiftung fördert alle Projekte, die im Zusammenhang mit Kindern stehen. Das Antragsverfahren der Stiftung begann im Oktober 1995 und wurde im August 1996 mit der Stiftungsurkunde des Landes Schleswig-Holsteins abgeschlossen. Sie sehen an dem Zeitraum, dass wir doch einige Mühe hatten, diese private Stiftung ins Leben zu rufen. Heute kann ich Ihnen nur sagen: Wenn die Stifterin nicht so beharrlich gewesen wäre, und sie nicht so gute Unterstützung gehabt hätte, hätte es sicherlich Momente gegeben, wo diese Stiftung doch nicht gegründet worden wäre.

Ich stimme mit Herrn Dr. Andrick völlig überein, dass die Schwierigkeit nicht in den gesetzlichen Änderungen liegt, sondern im Antragsverfahren, so wie es zurzeit noch in Schleswig-Holstein läuft. Dass das Antragsverfahren oft so langwierig ist, liegt daran, dass einzelne Abteilungen oder Bereiche, wie z.B. das Innenministerium, das Sozialministerium, das Wirtschaftsministerium, in unserem Fall sogar die Oberfinanzdirektion, einzeln befragt werden müssen. Ich kann nur dringend empfehlen, dass man, wie man das in anderen Bereichen auch kennt, sogenannte Lotsen einrichtet, die sich beim Land dieser Stiftungsanträge annehmen und das behördliche Verfahren in die Wege leiten;

den Stifter damit entlasten und vor allem mögliche potentielle Stifter motivieren, eine Stiftung zu gründen. Denn im Moment gibt es häufig noch bei potentiellen Stiftern das Problem, dass sie das Antragsverfahren als zu schwierig bewerten und sich von ihm abschrecken lassen. Das, denke ich, muss zukünftig verhindert werden. Vielen Dank.

Prof. Dr. Axel Frhr. von Campenhausen:

Vielen Dank. Der von Ihnen angesprochene Punkt kommt in den Papieren des Bundesverbandes auch immer wieder unter dem Stichwort „Verbundsystem" vor. Wir kämpfen darum, dass die Stifter nur noch mit einer Behörde verhandeln müssen und nicht nach Genehmigung durch die Stiftungsbehörde anschließend die Gemeinnützigkeit mit dem Finanzamt oder wie in Ihrem Fall mit noch weiteren Behörden klären müssen.

Als nächster nimmt Herr Esser von der Stiftung Deutsche Welthungerhilfe das Wort. Bitte sehr.

Hans-Werner Esser:

Einen schönen guten Tag meine sehr verehrten Damen und Herren. Als Vertreter einer noch relativ jungen Stiftung will ich Ihnen heute die Deutsche Welthungerhilfe vorstellen. Die Stiftung Deutsche Welthungerhilfe wurde 1998 von dem Verein Deutsche Welthungerhilfe e.V. ins Leben gerufen. Die Schwerpunkte der Stiftung Deutsche Welthungerhilfe liegen in der Förderung von Projekten von Frauen, Kindern und Umwelt. Die Stiftung Deutsche Welthungerhilfe wurde errichtet, um in der Entwicklungshilfe engagierten Privatpersonen und Unternehmen eine Möglichkeit zu geben, Vermögen auf die Stiftung zu übertragen.

In unserem Fall kann ich nur bestätigen, dass das eigentliche Genehmigungsverfahren im Widerspruch zu den Erfahrungen meines Vorredners steht. Sowohl von Seiten des Regierungspräsidenten hier in Köln als auch von Seiten der Finanzbehörden ist sehr zügig gearbeitet worden und das Verfahren wurde kurzfristig problemlos abgewickelt. Leichte Irritationen hat es dabei nur bei der Definition des Satzungszweckes gegeben. Er wurde wie folgt festgeschrieben: Der Satzungszweck der Stiftung Deutsche Welthungerhilfe ist die Förderung der Projekte der Deutschen Welthungerhilfe e.V., die gemeinnützige und mildtätige Projekte im Kampf gegen den Hunger in der Welt durchführt. Damit ist auch für die Stiftung Deutsche Welthungerhilfe die Gemeinnützigkeit gewährleistet. Unsere Erfahrung ist, dass die Entscheidungsfindung innerhalb des eigenen Hauses und – das mag manch einen verblüffen – die

Festlegung der Satzungsinhalte länger gedauert hat als das eigentliche Genehmigungsverfahren beim Regierungspräsidenten und beim Finanzamt in Bonn. Ich danke Ihnen für Ihre Aufmerksamkeit.

Prof. Dr. Axel Frhr. von Campenhausen:

Vielen Dank auch bei Ihnen für die Knappheit. Der Punkt, auf den Sie hinweisen, nämlich dass die Genehmigungsbehörden sich als Beratungshelfer bewähren, ist für uns ganz wichtig. Wir erwarten, dass die Behörden eine entsprechende Gesinnung haben, d.h. nicht obrigkeitsstaatlich genehmigen, sondern auch beratend helfen, damit die Satzung und das Stiftungsgeschäft so formuliert werden, dass sie auch bestehen können.

Als nächstes bitte ich Herrn Dr. Hünnekens von der Allianz Kulturstiftung das Wort zu nehmen.

Dr. Ludger Hünnekens:

Meine Damen und Herren. Ich kann unmittelbar an die Rede und die Erfahrungen von Herrn Esser anknüpfen. Die Allianz Kulturstiftung wurde im Sommer letzten Jahres innerhalb von nur etwa drei Wochen gegründet und genehmigt.

Voraus ging diesem Verfahren – wie Sie sich bei einer Publikumsgesellschaft vorstellen können – ein interner intensiver Diskurs über Sinn, Zweck, Ausrichtung, Positionierung dieser neuen, gemeinwohlorientierten Initiative der Allianz AG. Das war im Grunde das, was uns eher Mühe bereitet hatte. Aber in dem Moment, wo die Lösung auf dem Tisch war, gab es auch ein großes Einvernehmen im eigenen Unternehmen. Um aus diesem eigenen Diskurs heraus dann zum Genehmigungsverfahren zu kommen, ist es allerdings aus unserer Erfahrung notwendig, gute Berater zur Seite zu haben. Ich darf an dieser Stelle auf das Umfeld des Bundesverbandes und des Stifterverbandes hinweisen. Da haben Sie die Experten, die Ihnen auch als großem Unternehmen kompetent zur Seite stehen. Wir haben in unserem Unternehmen natürlich Rechtsexperten, aber das sind nicht unbedingt auch Stiftungssteuerrechtler oder Stiftungsrechtler.

Zweite wichtige Voraussetzung sind intensive Vorgespräche mit den öffentlichen Behörden. Wir haben deshalb mit der für uns zuständigen Aufsichtsbehörde, der Regierung von Oberbayern, Hintergrundgespräche geführt. Das ist ein sicherlich legitimes Verfahren, und es hat in dem Moment, wo die Papiere auf dem Tisch lagen, das Genehmigungsverfahren doch erheblich beschleunigt. Um bei der Landesregierung aber die richtigen Ansprechpartner zu haben, ist es wiederum sinnvoll, Kontaktpersonen zu haben, die auch wissen, mit wem Sie bei ihrer zuständigen Behörde den kürzesten Weg finden, um zu einer Lösung zu kommen. Für uns ist dies, auch nachdem die Stiftung gegründet wurde, weiterhin sehr hilfreich gewesen.

Ich bin froh, dass wir hier im Verband eine öffentliche Debatte führen, um das allgemeine öffentliche Klima in Bezug auf das Stiftungswesen grundsätzlich zu verbessern. Auch den Medien gegenüber ist das unser Anliegen. Wir brauchen einen offeneren, transparenten und sachlichen Diskurs in Bezug auf die mehr und mehr aufblühende Stiftungslandschaft. Das erleichtert dann auch einer Publikumsgesellschaft, eine Stiftung der Genehmigungsbehörde und letztlich auch den Aktionären und Mitarbeitern eines Unternehmens gegenüber plausibel zu machen. Vielen Dank.

Prof. Dr. Axel Frhr. von Campenhausen:

Vielen Dank Herr Dr. Hünnekens. Sie haben auf zwei Punkte hingewiesen, die hier noch nicht zur Sprache gekommen sind. Zum einen, dass auf Seite des Stifters Klarheit bestehen muss, was er will. Es kann nicht der Stiftungsbehörde anlasten werden, wenn man selbst noch ein bisschen sucht. Wenn das Genehmigungsverfahren dann länger dauert, ist man selbst dafür verantwortlich. Zum anderen sollte die Stiftungsbehörden auch nicht überfallen werden. Da sind, wie auch sonst im Leben, ein gewisser Kontakt, eine vorangehende Besprechung, ein Hinweis nicht schädlich. Das ist keine Besonderheit des Stiftungsrechts. Vielen Dank.

Herr Flitner von der Bürgerstiftung Hamburg ist nun an der Reihe. Er erscheint mit immer neuen Hüten. Eigentlich kennen wir ihn als einen anderen, aber er ist doch der gleiche Mann.

Dr. Hugbert Flitner:

Im Unterschied zu Ihrer Publikumsstiftung, wie Sie sagten, sind wir eine Gemeinschaftsstiftung von Bürgern. Eine Stiftung, die das Problem hat, Geld zu sammeln und Geld auszugeben, was sich auf dem Projektmarkt sehr deutlich zeigt. Wir müssen nämlich Projekte entwickeln, die sowohl denjenigen, die die Projekte fördern wollen, gefallen, als auch denjenigen, die eventuell Geld dafür geben. Das ist eine besondere Komponente. Früher war ich immer in Stiftungen tätig, die Geld ausgeben und die eigene Programme deswegen leichter fassen konnten.

Die Entstehung der Hamburger Bürgerstiftung wurde dadurch etwas verzögert, dass man erst den Kreis zusammenrufen musste, der diese Bürgerstiftung errichten wollte. Auch musste das Geld zusammengebracht werden. Das Genehmigungsverfahren selbst ging dann sehr schnell. Das lag daran, dass wir einen sehr erfahrenen Notar als Vorstandsvorsitzenden hatten.

Vielleicht sollte ich auch noch ein Wort darüber verlieren, dass wir uns als Bürgerstiftung auch im Netzwerk aller Stiftungen Hamburgs beratend betätigen. Dort sind wir immer wieder auf eine Sache gestoßen, derer sich der Bundesverband vielleicht annehmen sollte: das Rechtsberatungsgesetz von 1934. Damals wurde es gegen ausgegliederte jüdische Anwälte in Kraft gesetzt, um ihnen weitere Rechtsberatung zu verbieten. Es ist nun immer noch in Kraft und hindert uns, eine exakte Rechtsberatung von neuen Stiftern durchzuführen. Wir würden das aber gerne mit erledigen.

Prof. Dr. Axel Frhr. von Campenhausen:

Vielen Dank Herr Dr. Flitner. Nun bitte ich Frau Succow-Hoffmann von der Michael-Succow-Stiftung zum Schutz der Natur zu berichten. Als Träger des alternativen Nobelpreises ist uns der Name des Stifters vertraut. Bitte sehr.

Kathrin Succow-Hoffmann:

Unsere Stiftung wurde 1999 gegründet. Die Genehmigung lag im März vor. Der Prozess, der vorangegangen war, zog sich etwa ein Jahr hin. Der Alternative Nobelpreis wurde Ende 1997 an den Stifter, Prof. Dr. Michael Succow, – hierbei handelt es sich also um eine ganz klassische Stifterpersönlichkeit – in Stockholm übergeben. Das Lebenswerk von Michael Succow in eine eigene Stiftung zu führen, ist aus der Idee entstanden, nicht nur in verschiedenste Gremien und Institutionen – meist auf Zeit – zu investieren, sondern die eigenen Vorstellungen, das Leitbild, unter dem er Jahre hinweg tätig war, mit einem Instrument zu versehen. So entstand die Michael-Succow-Stiftung zum Schutz der Natur. Wir haben unseren Sitz in Mecklenburg-Vorpommern, in Greifswald. Ich vertrete hier also gewissermaßen die neuen Bundesländer. Die Stiftung unterhält ein Büro in Berlin. Gremien sind der Stiftungsrat, der Stiftungsratsvorsitzende, Michael Succow selbst, eine ehrenamtliche Geschäftsführung, die mir obliegt, und auch ein Beirat, dessen Gründung uns noch bevorsteht (was wir immer noch so ein Stück weggeschoben haben, denn auch das verursacht natürlich Kosten). Wir sind primär operativ tätig. Im übrigen eine von den 53 Stiftungen, die es überhaupt in Mecklenburg-Vorpommern gibt; meines Wissens nach das Bundesland mit der geringsten Anzahl

Stiftungen und den meisten Großschutzgebieten und Nationalparks (was unseren Stiftungszweck eng berührt).

Wir konzentrieren uns momentan aber auch auf andere Projektgebiete. Eines liegt in Aserbaidschan. Man sieht daran, dass wir ganz stark mit dem Osten kooperieren, denn da liegen unsere Kompetenzen. Wir nutzen die Erfahrungen, die wir seit vielen Jahren auf dem Gebiet und in Osteuropa und Mittelasien haben.

In Deutschland widmet sich unsere Stiftung einem neuen Projekt im Oder-Mündungsraum mit Unterstützung des NaturschutzFonds Brandenburg und auch der Kettner-Stiftung Berlin. Sie sehen an den Unterstützungen, mit denen wir arbeiten, dass unsere Chance – wir haben nur ein geringes Stiftungskapital, genau wie mein Vorredner es ansprach – im Fundraising liegt. Dies ist in unserem Fall auf Grund einer gewissen Popularität und des jahrelangen persönlichen Engagements etwas leichter als für die meisten unbekannten jungen Stiftungen.

Hier nun ein paar Erfahrungen zum Genehmigungsverfahren, das hinter uns liegt: Die neuen Bundesländer und deren Stiftungsbehörden haben wenig fachlichen Hintergrund und wenig Erfahrung im Umgang mit Stiftungen, dennoch aber eine aktive Bereitschaft, mit „Stiftungsgründern" gemeinsam zu arbeiten. Es gab in Schwerin im Innenministerium mehrstündige Sitzungen, die sehr persönlichen Charakter hatten. Dies aber erst nachdem eindeutig klar war, dass wir Hilfe wollen, wir die Unterstützung brauchen, es sich nicht um Einmischung handelt. Ich denke, das ist ein ganz wichtiger Punkt, an den man in solcherart Vertrauensverhältnis erst einmal kommen muss. Außerdem liegt Unsicherheit innerhalb des Genehmigungsverfahrens daran, dass sich Strukturen und Zuständigkeiten in den Instanzen der Ministerien und Behörden z.B. durch Personalwechsel immer wieder verändern. Letztlich war für uns auch die Zusammenarbeit von Finanzamt und Stiftungsaufsicht etwas problematisch, denn da gab und gibt es zum Teil sehr gegensätzliche Aussagen.

Abschließend: Der Wille des Stifters steht, so in unserem Falle, einer Stiftungsgründung zu Lebzeiten, an erster Stelle und sollte im Vordergrund bleiben. Das Wie sollte sich dem Wohin, dem Ziel, unterordnen. Das ist manchmal nicht ganz einfach. Vielen Dank.

Prof. Dr. Frhr. von Campenhausen:

Vielen Dank, Frau Succow-Hoffmann. Es gilt generell: Der Wille des Stifters sollte immer am Anfang stehen; aber die Klärung und das Abfüllen in Flaschen, die sozusagen im Handel dann auch handelbar sind, das ist eben die

Kunst. Sie und wir alle erwarten eine dienstleistungsorientierte Grundeinstellung der Behörden. Das ist keine theoretische Erwartung, sondern es ist de facto auch in der Praxis weithin schon so. Dass es nicht nur Glücksfälle gibt, liegt an der menschlichen Natur. Aber wir wollen darauf hinarbeiten, dass der Prozentsatz an Glücksfällen größer wird.

Zunächst aber noch einige Anmerkungen: Sie merken, dass es vom Bundesverband immer wieder neue Papiere gibt und das letzte ist Ihnen heute auf den Platz gelegt worden. Es ist gerade von Vorstand und Beiräten verabschiedet worden. Es ist nur scheinbar verwirrend, dass wir als Bundesverband Deutscher Stiftungen nach der „Hallenser Erklärung", dem „Standpunkt" und den „Vorschlägen" nun noch mal „Positionen"[1] bringen. Das neue Papier unterstreicht aber noch einmal, was hier auf dem Podium als besonderer Bedarf hervorgehoben worden ist und was als Forderung, wie ich hoffe, auch Ihnen entspricht.

Uns erscheinen folgende Punkte bei der anstehenden Reform des Stiftungsprivatrechts, nachdem die wichtigsten Punkte im Steuerrecht erledigt sind bzw. wir nicht hoffen können, dass in absehbarer Zeit noch einmal Änderungen erfolgen, ganz wichtig: Wir sind der Meinung, dass das Recht auf Stiften, welches sich seit dem in Krafttreten des Grundgesetzes entwickelt hat, gesetzlich erwähnt werden sollte. Der Grundsatz, dass die Behörden mit ihrem natürlich behördenmäßigen, aber eben doch Ermessen eine Stiftung zulassen oder auch nicht, ist längst überholt und Geschichte. Die Staatsbürger haben auf Grund der verschiedenen Artikel des Grundgesetzes ein Recht mit ihrem Vermögen frei zu wirtschaften, also auch eine Stiftung zu gründen. Wir glauben, dass dieses bereits unbezweifelte Recht auch auf dem positiven Recht seinen Niederschlag finden sollte. Das ist natürlich im BGB aus dem Jahre 1900 nicht der Fall. Dieses spiegelt insofern einen altmodischen Rechtszustand wider. Dieser ist jedoch durch eine modernere und liberalere Praxis überholt worden. Das Recht auf Stiftungen sollte festgeschrieben werden und nicht nur die Erwartungshaltung von potentiellen Stiftern an die Behörde signalisieren, sondern dies auch zum Ausdruck bringen, dass die Behörden wissen, dass sie in Pflicht genommen sind, möglichst schnell und dienstleistungsorientiert alles umzusetzen.

Zweitens – ich wiederhole mich: Viele Politiker neigen dazu, auf die Skandale bei den Zulassungen hinzuweisen und dreschen auf die Genehmigungs- und Aufsichtsbehörden ein. Diese Linie verfolgt der Bundesverband nicht. Wir sind der Meinung, dass sich in den letzten fünf Jahren durch das allgemein gestärkte Bewusstsein des Stiftungsgedankens erhebliche Verbesserungen er-

---

1 Die „Positionen zur Weiterentwicklung des Stiftungsrechts" sind in Bundesverband Deutscher Stiftungen (Hrsg.): Deutsche Stiftungen 2/2001, S. IX vollständig abgedruckt.

geben haben. Aber natürlich müssen die Behörden auch dementsprechend ausgestattet werden, so dass sie diesen Erwartungen nachkommen können. Das Hauptproblem ist, dass der Stifter bis jetzt von der Stiftungsbehörde seine Satzung genehmigt bekommt und die Stiftung damit konstituiert wird. Später erfährt der Stifter dann zu seiner Verblüffung, dass über die Gemeinnützigkeit, was ja steuerlich das Entscheidende ist, noch gar nichts gesagt ist; dass dies vielmehr das Finanzamt regele. Jetzt geht dann der Tanz noch einmal los und das muss aufhören. Wir plädieren dringend für ein Verbundverfahren, damit wir die hier geschilderten Vorgänge nicht wieder erleben. Der Herr Bundespräsident hat bei der Einweihung unseres Alfried-Krupp-Hauses in Berlin sich ja selbst als bescheidener Stifter geoutet, aber eben als Stifter – und hat über die Zweigleisigkeit des Verfahrens laut geseufzt.

Schließlich – Herr Andrick, da müssen Sie genau zuhören, ob das eine Differenz war zwischen uns – ist der Bundesverband der Meinung, dass die Voraussetzung für die Stiftungserrichtung bundeseinheitlich, also im BGB, errichtet werden soll, wie das hier in dem gelben Papier auch im Einzelnen aufgezeichnet ist; und dass die Transparenz, d.h. die Durchschaubarkeit dieses Stiftungsterrains durch die Einführung eines Stiftungsregisters, das bei allen Stiftungsaufsichtsbehörden geführt wird, erweitert werden sollte.

Meine Damen und Herren, da wir alle sehr diszipliniert waren hier auf dem Podium, ist nun die Gelegenheit für Sie, verehrtes Publikum, falls Sie sich ähnlicher Disziplin zu befleißigen bemühen, auch etwas zu sagen. Zwar haben nur wenige die Möglichkeit zu sprechen, aber immerhin, die Zeit ist da. Bitte sehr, Herr Möller.

Rolf Möller:

Ich hatte mal überlegt, den Begriff der Stiftung zu schützen. Ich nehme als Zeitungsleser und als Zeitgenosse wahr, dass alle möglichen Einrichtungen den Namen einer Stiftung führen, von der Rechtsform her aber gar keine sind und sich im Übrigen benehmen, so wie der Bundesverband es von seinen Mitgliedern nicht möchte. Ich dramatisiere nicht, ich spreche von Ausnahmen, aber beklagenswerten Ausnahmen. Ich könnte mir denken, dass eine Begriffsklärung einen gewissen Vorteil mit sich brächte, vorausgesetzt, eine genaue Definition wäre möglichst weit gefasst, damit sie lange trägt. Wenn gewährleistet und geschützt wäre, dass eine Hergabe oder das Versprechen eines Kapitals und dessen Erträge ausreichend wären, den Stiftungszweck zu erfüllen, und wenn des weiteren auch eine sorgsame Organisation dazukäme, könnte ich mir denken, dass auch im öffentlichen Ansehen die Stiftungen insgesamt davon profitieren könnten.

Prof. Dr. Axel Frhr. von Campenhausen:

Vielen Dank. Herr Flitner hat sich unmittelbar dazu gemeldet.

Dr. Hugbert Flitner:

Ich möchte den Vorschlag von Herrn Möller hinsichtlich der Bürgerstiftung erweitern. Es gibt nämlich Institutionen, die sog. Bürgerstiftungen gründen. Sie nennen sie dann Bürgerstiftungen der soundso-Bank oder der soundso-Sparkasse. Das sind aber keine Bürgerstiftungen im engeren Sinne. Bürgerstiftungen müssen von Bürgern gegründet werden. Ich meine, dass diese auf dem Markt sehr wichtige Begriffsvertauschung vermieden werden sollte. Wenn also der Name Stiftung geschützt wird, dann bitte auch der Name Bürgerstiftung. Und dazu noch eine Bemerkung: Ich bin der Meinung, dass nur der Name der gemeinnützigen Stiftung geschützt werden soll; keine andere Institution darf sich gemeinnützige Stiftung nennen oder auch nur Stiftung nennen. Also das Wort „Stiftung" muss identisch sein mit „gemeinnützig".

Prof. Dr. Axel Frhr. von Campenhausen:

Vielen Dank. Sehr anregend, aber in einem Punkt muss da gleich widersprochen werden. Es gibt Stiftungen, die nicht gemeinnützig, aber alt, ehrwürdig und erlaubt sind. Wir als Bundesverband müssen dafür eintreten, dass sich das nicht ändert. Es gibt nämlich Tendenzen bei den Politikern, das einzuschränken. Aber, meine Damen und Herren, wenn man das Geld versaufen darf, darf man auch eine Stiftung für seine Nachkommen gründen. Das ist erlaubt, denn eine privatnützige Stiftung zahlt Steuern und es besteht überhaupt kein Anlass, in obrigkeitlicher Weise dem Stifter zu sagen, was ein vernünftiger Zweck ist. Wir finden diese Fragen in dem neuen Papier abermals angesprochen. Auch die gemeinwohlkonforme Allzweckstiftung hat sich bewährt, d.h. es ist jeder Zweck erlaubt. Die Frage, ob er als gemeinnützig anerkannt wird, ist eine Frage der Finanzbehörden und nicht des Stiftungsbegriffs. Wenn der Zweck nicht als gemeinnützig anerkannt wird, dann zahlt eben die Stiftung alle 30 Jahre Erbersatzsteuer. Bitte aber keine bevormundenden Einschränkungen.

Rolf Möller:

Darf ich dann bitten, dass man dann einen Zusatz „gemeinnützige Stiftung" in Klammern dazusetzt, so wie beim „e. V.". Irgendeine Kennzeichnung muss sein.

Prof. Dr. Frhr. von Campenhausen:

Gut, wir wollen das aufnehmen und bedenken. Die andere Frage, die Herr Möller angesprochen hat, ist der Schutz der Stiftungen überhaupt. Wir haben, heißt es in dem gelben Papier, keine Bedenken gegenüber einer Errichtung durch die öffentliche Hand. Als Bundesverband erheben wir aber immer wieder den Finger, um zu sagen: Es geht nicht, dass der Staat, die Politiker, die öffentliche Hand ihre Probleme dadurch lösen, dass sie ihre Geldprobleme mit dem Begriff einer Stiftung ummanteln. Es muss schon Kapital hingegeben werden. Zu einer Stiftung gehört diese Grundausstattung, aus der prinzipiell die nachhaltige Erfüllung des Stiftungszwecks möglich ist. Dass im Allgemeinen die Stiftungen gerne etwas dazu bekommen und Projekte machen, wo sich Dritte beteiligen, ist eine andere Frage. Aber prinzipiell muss ein eigenes Kapital vorhanden sein.

Mit diesem Vorbehalt nehme ich gerne auf noch einmal den Vorschlag von Herrn Möller zum Schutz des Begriffs Stiftung auf. Man müsste noch darüber sprechen, in welcher Form man so etwas vorschlagen kann. Jedenfalls aber warne ich vor einem Formmissbrauch dadurch, dass man Dinge, die keine Stiftungen sind, sondern in Wirklichkeit Nebentöpfchen des Ministers o.ä., Stiftungen nennt. Vielen Dank für diese Anregungen. Darf ich fragen, ob noch etwas weiteres zu sagen ist, zwei Minuten gibt es noch. Bitte.

Hildegard Gottlob:

Ich bin Stifterin und zugleich geschäftsführende Vorsitzende der von mir selbst gegründeten Georg-Gottlob-Stiftung. Ich wollte eigentlich nur sagen, dass es ganz wichtig ist, von der ersten Stunde der Gründung einer Stiftung an den Stifter mit einzubeziehen. Der Stifter will ja seinen Namen oder den Zweck verewigt sehen und somit wäre es sehr gut, dem Stifter auch selbst im Stiftungsvorstand ein Amt einzuräumen. Dann sieht er laufend, was mit den von ihm eingesetzten Geldern und dessen Erträgen im gemeinnützigen Sinne passiert. In diesem Fall wird er auch gern bereit sein, weitere Spendenmittel einzuwerben oder auch weiteres Vermögen von sich selbst mit einzubringen. Das halte ich für außerordentlich wichtig. Ich mache das jetzt seit 12 Jahren. Ich sehe ganz genau, was mit dem von mir eingebrachten Kapital passiert. Im gemeinnützigen Sinne und damit im Sinne der Kraft des Guten. Danke.

Prof. Dr. Axel Frhr. von Campenhausen:

Vielen Dank. Diese authentische Stimme ist uns wichtig. Herr Andrick: Sie haben gesagt, inzwischen seien alle Voraussetzungen bereits im BGB geregelt. Dazu müssten Sie bitte noch etwas sagen.

Dr. Bernd Andrick:

Ich habe gesagt, dass hinsichtlich des Stiftungszwecks das BGB eine abschließende Regelung getroffen hat, dass hier die Gemeinwohlgefährdung der einzige Versagungsgrund ist, der in Betracht kommen kann. Insofern wäre es wünschenswert, weil das BGB an sich die Gemeinwohlgefährdung nur bei der Aufhebung der Stiftung in § 87 benennt, wenn in § 80 auch die Gemeinwohlgefährdung im Zusammenhang mit der Genehmigung angesprochen wird. Bisher können wir aus dieser abschließende Regelung nur darauf schließen, dass das BGB die Gemeinwohlgefährdung als stiftungshindernden Grund annimmt. Aber es muss berücksichtigt werden, weil mit der Aufhebung ja ein wesentlich intensiverer Eingriff erfolgt. Da wird nämlich eine bestehende Rechtsperson, die Stiftung, beseitigt, während die Genehmigung als solche zunächst mal eine Rechtsperson nicht entstehen lässt. Wenn man also für einen schwereren Eingriff nur die Gemeinwohlgefährdung als stiftungsvernichtend sieht, kann das nicht anders gelten, wenn es um die Genehmigung geht. Deshalb habe ich vorgeschlagen, dass eine Alternative die sein könnte, dass man auch in dem § 80 BGB den stiftungshindernden Zweck der Gemeinwohlgefährdung aufnimmt und damit auch gleichzeitig kompetenzrechtlich für die Länder veranschaulicht, dass sie selbst keine stiftungshindernden Zwecke ergreifen dürfen und die Stiftungsgenehmigung damit versagen dürfen.

Prof. Dr. Axel Frhr. von Campenhausen:

Vielen Dank für die Klarstellung. Das ist in der Tat kein Gegensatz zu dem was wir sagen. Auf der ersten Seite des gelben Papiers finden Sie unseren Vorschlag, der in keinerlei Gegensatz zu Ihrem steht: Bei der Errichtung einer Stiftung sollte als Mindestinhalt der Satzung die Regelung des festzuschreibenden Zwecks, die Vermögensausstattung, der Name, der Sitz der Stiftung und ihre Organe, deren Zusammensetzung, alle Rechte und Pflichten schon geregelt sein.

Mit diesem harmonischen Ende schließe ich diese Runde. Bei mir ist es jetzt genau fünf Uhr. Ich bitte Sie, 10 nach fünf ein Glas Wasser mitgenommen oder ausgetrunken zu haben, aber auf jeden Fall wieder auf dem Platz zu sein, denn dann beginnt unsere Mitgliederversammlung, die in gewisser Weise ja das Kernstück unseres Kongresses ist. Vielen Dank.

VI. Mitgliederversammlung

1. Grußwort

Jürgen Chr. Regge, Vorstand der Fritz Thyssen Stiftung, Köln

Sehr verehrte Stifterinnen und Stifter,
Freunde des Stiftungswesens und
Kolleginnen und Kollegen aus den Stiftungsverwaltungen,

Jürgen Chr. Regge

auf dem Weg zur Bürgergesellschaft sind Sie zur diesjährigen Jahrestagung des Bundesverbandes Deutscher Stiftungen nach Köln gekommen. Sie betreten hier mit jedem Schritt historischen Boden. Es ist gewiss nicht eine unmittelbare Folge der römischen Besiedlung, doch schon in römischer Zeit wurden die Grundlagen für eine sich über viele Jahrhunderte und bis in die heutige Zeit bestehende selbstbewusste Civitas gelegt.

Sie haben auf Ihrem Platz – so hoffe ich – alle die Kopie eines Kupferstichs vorgefunden. Es handelt sich um die Darstellung des Kölner Läuferbotens mit den zeit- und berufstypischen Attributen und mit der Kulisse der Stadt Köln im Hintergrund*.

Es ist moderner Kommunikationswissenschaft zu verdanken, dass wir nicht nur aus den schriftlichen Quellen sondern auch durch solche Darstellungen Informationen zum **Selbstverständnis und Selbstbewusstsein der Kölner Bürgerschaft** besitzen. Verfügten insbesondere die Fürsten jener Zeit über solche Kommunikationsmittel, bestanden auch die Kölner Bürger darauf, mit diesen auf eine Stufe gestellt zu werden. Hierauf lassen die Embleme der Stadt Köln auf der Tasche des Boten schließen.

---

* Der Kupferstich ist am Ende des Grußworts abgedruckt.

Außenbeziehungen sind das Eine. Der Bürgersinn hat aber auch im Inneren seine Spuren hinterlassen: **Schon früh spielten Stiftungen eine wichtige Rolle** im gesellschaftlichen Leben dieser Stadt. Es sind dies nicht nur die kirchlichen Stiftungen, sondern bereits sehr früh auch die Stiftungen wohlhabender Bürger. Die Geschichte der **im Kölner Gymnasial- und Stiftungs-fonds** verwalteten Stiftungen zeugt hiervon. Ich empfehle Ihnen hierzu einen Besuch in der Ausstellung „Bildung stiften" im Kölner Stadtmuseum. Eng verknüpft mit diesen Stiftungen ist die Geschichte der Kölner Universität, die im Jahre 1388 gegründet wurde. Auch war die Keimzelle der bestehenden Universität, die vor hundert Jahren gegründete Handelshochschule, eng mit der Kölner Bürgerschaft verbunden. Heute ist die Kölner Universität die größte Hochschule Deutschlands – nicht immer zu ihrem Vorteil, wie die letzten Hochschulrankings zeigen.

Mäzenatisches Wirken finden Sie in besonderem Maße auch in den **Kölner Museen** repräsentiert. Es waren nicht Fürsten wie an anderen Orten Deutschlands sondern Bürger, denen die Entwicklung der Kölner Museen mit ihrer internationalen Ausstrahlung zu verdanken ist. Dies zeigt nicht zuletzt die Geschichte des Wallraf-Richartz-Museums – von seiner Gründung bis zur Aufnahme der Stiftung Corboud in dieses Museum vor wenigen Monaten.

Köln ist jedoch auch eines der Zentren in der Entwicklung moderner Stiftungen, seien es Förderstiftungen oder auch operative Stiftungen. 1959 wurde die (von mir vertretene) **Fritz Thyssen Stiftung** als erste große Einzelstiftung nach dem Zweiten Weltkrieg hier in Köln gegründet. Sie ist seit Beginn eng verbunden mit der Arbeit des Bundesverbandes Deutscher Stiftungen, damals noch der Arbeitsgemeinschaft. So ist der erste Band der Reihe „Lebensbilder deutscher Stiftungen" dem zehnjährigen Jubiläum der Fritz Thyssen Stiftung und ihrer Arbeit gewidmet. **Weitere Stiftungen** kamen in den folgenden Jahren hinzu, wie die Otto Wolff-Stiftung, die Hanns Martin Schleyer-Stiftung, die Stiftung Industrieforschung, die Kämpgen – Stiftung, die Letter-Stiftung, die Stiftungen der Kreis- und Stadtsparkasse, darunter nicht zuletzt die **SK Stiftung Kultur**, deren Jubiläum Anlass dieser Jahrestagung gibt. Jüngste Gründung ist die Imhoff – Stiftung vor wenigen Wochen.

Dies alles sind Beispiele bürgerschaftlichen Engagements in Köln. Der Regierungspräsident Köln verzeichnet **wachsende Genehmigungszahlen**. Wir begrüßen es sehr, dass im allgemeinen stiftungsfreundlichen Klima der letzten Jahre das Thema „Stiftung" auf allen Ebenen von Bund und Land bis zu den Kommunen offensiv und fördernd angegangen wird. Civitas bedeutet jedoch nicht nur Bürgerschaft sondern auch Bürgerrecht. Es ist das Recht, das dem Bürger zur eigenen Entfaltung gegeben ist. Sollen Stifter und Stiftungen auf dem Weg zur Bürgergesellschaft eine besondere Verantwortung übernehmen, so können Sie dies nur aus gestärktem Selbstbewusstsein heraus tun.

Eine Überdehnung der Stiftungsaufgaben oder gar eine Instrumentalisierung zur Übernahme von Staatsaufgaben birgt die Gefahr von Effizienzverlusten. Hier gilt die alte Feststellung: Einplanbare Stiftungsmittel sind verlorene Stiftungsmittel.

Im Namen der Kölner Stiftungen begrüße ich Sie alle sehr herzlich und wünsche Ihnen noch einen anregenden Aufenthalt in dieser Stadt.

Rheinisches Bildarchiv, Köln

2. Vorlagen zur Mitgliederversammlung

Ordentliche Mitgliederversammlung

am 31. Mai 2001 von 17.15 bis 19.00 Uhr

in der Trinitatiskirche,

Filzengraben 4, 50676 Köln

Tagesordnung

und

Vorlagen

Für die Abstimmungen
bitte den Mitgliederausweis bereithalten!

Bundesverband Deutscher Stiftungen e. V.
Alfried-Krupp-Haus
Binger Straße 40
14197 Berlin
Telefon 030/897947-0
Telefax 030/897947-11
e-mail: bundesverband@stiftungen.org
www.stiftungen.org

Sehr geehrtes Mitglied!

Die Jahrestagung und Mitgliederversammlung in Köln wird wieder Maßstäbe für die Tätigkeit des Bundesverbandes Deutscher Stiftungen setzen. Die Herausforderungen und Aufgaben wachsen ebenso wie die Anzahl der Mitglieder. Um diesen Veränderungen gerecht zu werden, hat die Mitgliederversammlung im vergangenen Jahr mit den „Gesichtspunkten für eine Neubestimmung der Ziele, Aufgaben und Organisationsstruktur des Bundesverbandes Deutscher Stiftungen" (abgedruckt in DS 2/2000, Dokumentation) ein Grundlagenpapier verabschiedet, das Veränderungen in der Verbandsarbeit vorsieht. Vor diesem Hintergrund nimmt die Verabschiedung einer modifizierten Satzung bedeutenden Raum bei der Mitgliederversammlung 2001 ein. Darüber hinaus sind die „Richtlinien für die Bemessung des Mitgliedsbeitrages" wegen der Umstellung auf Euro erneuerungsbedürftig. Schließlich sind neue Mitglieder für die Beiräte zu wählen.

Um Ihnen die Vorbereitung der anstehenden Entscheidungen zu ermöglichen, erhalten Sie in dieser Broschüre die wesentlichen Informationen. Abgerundet wird das Material durch den schriftlichen Geschäftsbericht für das Jahr 2000.

Ich wünsche Ihnen eine interessante Lektüre und hoffe, eine große Anzahl von Mitgliedern in Köln begrüßen zu können. Wie Sie anhand dieses Materials unschwer erkennen können, ist Ihre Beteiligung an dieser richtungweisenden Mitgliederversammlung von großer Bedeutung.

Ihr

Professor Dr. Axel Frhr. von Campenhausen
Erster Vorsitzender des Bundesverbandes
Deutscher Stiftungen

Bundesverband  Deutscher Stiftungen

Tagesordnung

für die ordentliche Mitgliederversammlung
am 31. Mai 2001 um 17.15 Uhr
in der Trinitatiskirche,
Filzengraben 4, 50676 Köln

1. Eröffnung
   Prof. Dr. Axel Frhr. von Campenhausen, Erster Vorsitzender
2. Geschäftsbericht
   Dr. Christoph Mecking, Geschäftsführer
3. Rechnungsprüfungsbericht
   Dr. Jörg Koppenhöfer
4. Aussprache über die Berichte
5. Entlastung des Vorstands
6. Wahlen für die Beiräte
7. Verabschiedung ausscheidender Mitglieder der Beiräte
8. Satzungsreform
9. Änderung der „Richtlinien für die Bemessung des Mitgliedsbeitrages"
10. Verschiedenes
11. Schlusswort des Ersten Vorsitzenden

Vorlage zu
TOP 2
Geschäftsbericht

Der schriftliche Geschäftsbericht gibt einen Überblick über die Aktivitäten des Bundesverbandes Deutscher Stiftungen im Jahr 2000. Er wird in der Mitgliederversammlung durch mündliche Ausführungen des Geschäftsführers ergänzt.

Geschäftsbericht 2000

Das Berichtsjahr 2000 war für die Interessenvertretung und Dachorganisation der Stiftungen in Deutschland **ein besonderes Jahr.**

Nach außen war der Verband aktiv und erfolgreich bei der **Einforderung besserer, vor allem steuerlicher Rahmenbedingungen für Stiftungen und Stifter.**

Nach innen führte die Geschäftsstelle ihre **Konsolidierung** nach dem Jahr des Umzuges von Bonn nach Berlin 1999 weiter. Der Mitgliederversammlung konnten „Gesichtspunkte für eine Neubestimmung der Ziele, Aufgaben und Organisationsstruktur des Bundesverbandes Deutscher Stiftungen" zur Entscheidung vorgelegt werden. Diese Gesichtspunkte bereiten einer Reform der Satzung den Weg, die von der Mitgliederversammlung 2001 beschlossen werden soll. Sie formulieren ein „**Leitbild**" des Bundesverbandes Deutscher Stiftungen als „gemeinnützige Dachorganisation und Gemeinschaftsinitiative, Dienstleister und Interessenvertretung für Stiftungen und Stifter in Deutschland", an dem sich die Aktivitäten der nächsten Jahre orientieren können.

I. Umsetzung der Verbandsziele und -aufgaben

1. Interessenvertretung Deutscher Stiftungen

Die politische Verbandsarbeit wurde in der ersten Jahreshälfte 2000 durch das parlamentarische Verfahren geprägt, das schließlich zum **„Gesetz zur weiteren steuerlichen Förderung von Stiftungen"** führte. Zunächst fand die zweite und dritte Lesung des Gesetzentwurfes vom 13.12.1999 im Deutschen Bundestag statt. Im Mai 2000 riefen dann die Länder einstimmig den Vermittlungsausschuss an. Während der 55. Jahrestagung des Bundesverbandes in Weimar drohte also das Gesetzesvorhaben durch Anrufung des Vermittlungsausschusses zu scheitern.

Der Bundesverband Deutscher Stiftungen hatte seine Haltung zu dem Reformprojekt ausführlich in den Gremien diskutiert. Auch auf der gemeinsamen Sitzung von Vorstand und Beiräten im Februar 2000 stand eine Debatte zum neuen Gesetz und seine Wirkungen auf der Tagesordnung. Auf dieser Grundlage waren die Ministerpräsidenten aufgefordert worden, sich für weitere Verbesserungen des Gesetzes einzusetzen, sodass „wirklich" von einer Reform gesprochen werden könne.

Auf der Basis seines „Standpunktes zur Weiterentwicklung des Stiftungs- und Stiftungssteuerrechts" (Januar 1999) und der „Vorschläge zur Weiterentwicklung des Stiftungs- und Stiftungssteuerrechts" (Dezember 1999) war der Bundesverband **ständiger Diskussionspartner und stetige Informationsquelle** aller am Gesetzgebungsverfahren beteiligten Parteien, Politiker, Verbände und Einrichtungen (vgl. dazu ausführlich: Schriftlicher Geschäftsbericht 1999). Immer wieder gelang es ihm, Politiker im Rahmen seiner Veranstaltungen zu Aussagen und Forderungen zu bewegen, die Klima und Inhalte der Reformdebatte günstig beeinflussten. Am 14.04.2000 beispielsweise hatte Bundespräsident Dr. h.c. Johannes Rau bei der Eröffnung der Geschäftsstelle des Bundesverbandes Deutscher Stiftungen in Berlin weitreichende, „mutige" Reformen im Stiftungs- und Stiftungssteuerrecht angemahnt.

Auf einer Veranstaltung der Expertenkommission von Bertelsmann Stiftung und Maecenata-Institut am 20.01.2000 in Berlin, der der Geschäftsführer des Bundesverbandes von Anfang an angehörte, hatte die Initiatorin der Reformdebatte, Bundestagsvizepräsidentin Vollmer, zuvor deutlich gemacht, dass man sich bei der **Reihenfolge der Reformen – erst Stiftungssteuerrecht, dann Stiftungszivilrecht**, – dem Druck der Verbände gebeugt habe, sie abschließend aber bestätigen könne, dass diese Reihenfolge richtig gewesen sei. Insofern fanden die Worte des Ersten Vorsitzenden vom März 1999 „Unterlässt man die notwendigen chirurgischen Eingriffe beim Stiftungssteuerrecht, dann kann man im Stiftungsrecht auf die vorgesehenen kosmetischen Verbesserungen verzichten" vom Ergebnis her Beachtung.

Das am 07.06.2000 im **Vermittlungsausschuss** erzielte Ergebnis der Verhandlungen zwischen Bund und Ländern brachte dann die entscheidenden Verbesserungen der steuerlichen Rahmenbedingungen für Stiftungen und Stifter, die der Entwurf der rot-grünen Regierungsfraktionen noch nicht vorgesehen hatte. Mit dem „Gesetz zur weiteren steuerlichen Förderung von Stiftungen" vom 14. Juli 2000 haben Bundestag und Bundesrat und alle Parteien ihre Absicht zur Unterstützung des Stiftungsgedankens unterstrichen", so der Geschäftsführer des Bundesverbandes Deutscher Stiftungen, Rechtsanwalt Dr. Christoph Mecking, in der Pressemitteilung vom 14.12.2000.

In der zweiten Jahreshälfte ging es dem Bundesverband Deutscher Stiftungen besonders darum, **das Gesetz zu interpretieren, seine Wirkungen einzuschätzen und die Inhalte zu vermitteln.**

Die Debatte um **Veränderungen im Stiftungsprivatrecht,** die der damalige Staatsminister Dr. Michael Naumann, Beauftragter der Bundesregierung für Angelegenheiten der Kultur und der Medien, angekündigt hatte, wird der Bundesverband auf der Grundlage und in Fortentwicklung seines Standpunktes konstruktiv begleiten. Die Vorträge und Diskussionen auf der Jahrestagung in Weimar sind bereits Bestandteil dieser Aktivitäten. Der Bund-Länder-Arbeitsgruppe „Stiftungsrecht", die von der Bundesjustizministerin eingesetzt worden ist und „ergebnisoffen" den Reformbedarf im Stiftungsprivatrecht ermitteln soll, hat der Bundesverband Deutscher Stiftungen eine ausführliche Stellungnahme vorgelegt (DS 3/2000, Dokumentation) und diese auf einer Anhörung von Verbänden und Einrichtungen am 30.10.2000 vertreten. Seine Einschätzungen und Forderungen haben weitgehende Zustimmung gefunden.

Aktiv hat der Bundesverband Initiativen zur **Modifizierung der Landesstiftungsgesetze** begleitet. Hier ist insbesondere auf die Novellierung des Bayerischen Stiftungsgesetzes hinzuweisen. Mit seinem Vorstandsmitglied Dr. Peter Lex ist der Bundesverband im Landesausschuss für das Stiftungswesen vertreten. Eine Stellungnahme zum Änderungsgesetz datiert vom 13.12.2000.

Nicht nur im engeren stiftungs- und stiftungssteuerlichen Bereich wird der Bundesverband Deutscher Stiftungen im Interesse seiner Mitglieder aktiv. Neben **Hilfestellungen im Einzelfall** hat der Bundesverband am 04.12.2000 eine **Stellungnahme zur geplanten Novellierung des Heimgesetzes,** von dem einige hundert Stiftungen betroffen sein werden, an die Bundesministerin für Familie, Senioren, Frauen und Jugend gerichtet. Mit Schreiben vom 3.11.2000 hat er die Bundesministerin für Justiz aufgefordert, bei der geplanten **Nachbesserung der Insolvenzordnung** Regelungen zu treffen, die es ohne weitere Eigenmittel erlauben, ein Insolvenzverfahren zur Restschuldbefreiung zu eröffnen, da Sozialstiftungen immer häufiger um Hilfe beim Ausgleich dieser offensichtlichen Unzulänglichkeit einer gesetzlichen Regelung gebeten werden.

Die **Zusammenarbeit mit den Stiftungsaufsichtsbehörden** wurde im Berichtsjahr weiter intensiviert. So fand erneut die jährlich vom Bundesverband für die Aufsichtsbehörden durchgeführte Fortbildungsveranstaltung statt, im Jahr 2000 in Cottbus. Bei der Erstellung des „Verzeichnis Deutscher Stiftungen 2000" leisteten die Stiftungsreferenten der Länder wertvolle Hilfe. Fast alle Aufsichtsbehörden geben nunmehr die Informationen über genehmigte Stiftungen zeitnah an den Bundesverband weiter, sodass dort die Datenbank Deutscher Stiftungen à jour gehalten werden kann.

Der Bundesverband Deutscher Stiftungen ist wichtiger Partner anderer großer Kultur- und Sozialverbände sowie der Kirchen. Im Berichtsjahr fanden wiederum gemeinsame Aktivitäten mit u.a. dem **Deutschen Kulturrat** und dem **Kulturkreis der deutschen Wirtschaft im BDI** statt. So brachte etwa eine gemeinsame Pressekonferenz der drei Organisationen am 31.10. die Interessen der Stiftungen auf die erste Seite zahlreicher Tageszeitungen.

2. Haus Deutscher Stiftungen

Die **Eröffnung des Alfried-Krupp-Hauses**, Sitz der Geschäftsstelle des Bundesverbandes in Berlin, bildete den offiziellen Auftakt für die Arbeit der Interessenvertretung am neuen Regierungssitz (DS 1/2000, S. 6f.). Bundespräsident Rau erwies dem Bundesverband Deutscher Stiftungen die Ehre seiner Anwesenheit und eines Grußwortes, als am 11.04.2000 in Anwesenheit von Gremienmitgliedern, Stiftungsvertretern, Vertretern von Politik und Kirchen und zahlreichen Journalisten das Alfried-Krupp-Haus von der Alfried Krupp von Bohlen und Halbach-Stiftung aus der Hand von Prof. Dr. h.c. mult. Berthold Beitz an den Bundesverband übergeben wurde. Der Bundespräsident selbst hatte die Entscheidung mitgetragen, dass der Bundesverband ins Alfried-Krupp-Haus hat ziehen können und dieses mietfrei nutzen darf – damals noch in seiner Zeit als Ministerpräsident von Nordrhein-Westfalen und Kuratoriumsmitglied der Alfried Krupp von Bohlen und Halbach-Stiftung. Nach Worten aller Gäste und nach den Reaktionen in der Presse, aber auch in der Einschätzung der Gastgeber, war die Eröffnung des Alfried-Krupp-Hauses ein gelungener offizieller Start der Verbandsarbeit in Berlin.

Am 03.05.2000 wurde schließlich auch die **Galerie Deutscher Stiftungen** in der Geschäftsstelle des Bundesverbandes wieder eröffnet – mit Plakaten der SK Stiftung Kultur der Stadtsparkasse Köln (DS 2/2000, S. 9 f.). Die Galerie Deutscher Stiftungen präsentiert kleine Ausstellungen unter der Leitidee „Stiftungskultur in Deutschland" und will an Hand ausgewählter Stiftungen die vielseitige Stiftungstätigkeit in Deutschland vorstellen. Eine zweite Ausstellung in der Galerie Deutscher Stiftungen wurde am 11.09.2000 in der Geschäftsstelle eröffnet. Bis zum Jahresende zeigte die Stiftung Deutsches Hygiene Museum Dresden Plakate ihrer Ausstellungen (DS 3/2000, S. 16 f.).

Für die Verwaltung der Geschäftsstelle war das Jahr 2000 neben der Bewältigung der Umzugsfolgen vor allem geprägt durch eine umfassende **Neuordnung des Rechnungswesens**. Die bisher extern durchgeführte Buchhaltung ist nunmehr direkt im Hause angesiedelt. Dabei wurde zur Gewährleistung einer besseren Transparenz und eines effizienteren Controlling eine projektbezogene Kostenstellenrechnung eingeführt. Für die Gehaltsbuchhaltung wurde ein neuer Partner in Berlin gefunden. Auch im Bereich Bankdienstleistungen setzt der Bundesverband auf kompetente Partner vor Ort aus dem Kreise der „Freunde des Stiftungswesens". So wird seit April 2000 der Zahlungsverkehr auf moderne Art mittels electronic banking abgewickelt. Standortwechsel, Wachstum und Modernisierung machten auch eine **Optimierung von Hard- und Soft-ware des EDV-Netzwerkes** mit inzwischen 24 angeschlossenen Arbeitsplätzen erforderlich. Die **Sichtung und Ordnung der Bestände des Archivs und der Bibliothek Deutscher Stiftungen** konnte angesichts der finanziellen und der räumlichen Möglichkeiten allerdings nur in begrenztem Umfang vorangetrieben werden. Insofern stellt sich eine wichtige Aufgabe für das Jahr 2001.

Als neuer Sitz der Geschäftsstelle des Bundesverbandes Deutscher Stiftungen hat sich das Alfried-Krupp-Haus in Berlin bewährt, wird gern besucht und findet den Beifall der Gäste. Zum **Tagesgeschäft**, das neben den zahlreichen Projekten zu erledigen ist, gehörten mit deutlichen Steigerungsraten gegenüber dem Vorjahr Auskünfte zum Stiftungswesen im Allgemeinen und zu spezifischen Anliegen einzelner Stiftungen im Besonderen, der Versand von Publikationen und Informationsmaterial, Recherchen auf der Grundlage der Datenbank Deutscher Stiftungen zur Ermittlung möglicher Förderer für Projekte Dritter oder potentieller Stifter sowie die Unterstützung von Journalisten, Wissenschaftlern und interessierten Einrichtungen. Im Zuge der Debatte um die Reform des Stiftungsrechts nahmen Beratungsgespräche – auch vor Ort – einen immer größeren Raum ein.

3. Netzwerke Deutscher Stiftungen (Das Internetangebot)

Im Berichtsjahr wurde die Internetpräsenz des Bundesverbandes fundiert und erweitert. Das gilt nicht zuletzt für den Ausbau der **Homepage** des Bundesverbandes, **„www.stiftungen.org"** die sich mit ihrer schrittweisen Erneuerung sowohl konzeptionell als auch thematisch den gestiegenen Informationsbedürfnissen stellt. Potenzielle Stifter und Förderer sowie alle weiteren Interessenten am Stiftungswesen finden hier u.a. alles Wissenswerte zu den Themen Stiftungs- und Stiftungssteuerrecht, Stiftungsgründung oder Antragskultur.

Eine besondere Akzeptanz konnte im Jahr 2000 der preisgekrönte **Index Deutscher Stiftungen „stiftungsindex.de"** (vgl. DS 3/1999, S. 7) verzeichnen. Ins Leben gerufen von Studenten der Universität Göttingen und unterstützt von der Körber-Stiftung, pflegt der Bundesverband mittlerweile seit einem Jahr den „Stiftungsindex" in eigener Verantwortung. Mit über 45.000 Gästen alleine auf der Startseite konnte der Index bis Jahresende 2000 fast die 50.000-Marke überschreiten – und das trotz mehrfacher unverschuldeter Betriebseinschränkungen. Das Informationsangebot wurde sichtbar ausgebaut. Als Portal für alle Stiftungen mit eigener Internetpräsenz weist der Index nach nunmehr einem Jahr eigenverantwortlicher Pflege mit mehr als 614 Einträgen die doppelte Anzahl von Stiftungen im „Deutschland-Index" auf. Neu eingerichtet wurde die Recherchemöglichkeit über den „Suchdienst", einer Datenbankanwendung mit fast 4.000 Datensätzen. Weiterhin verfügt der Index Deutscher Stiftungen über alle aktuellen Gesetzesvorlagen zu den Themen Stiftungs- und Stiftungssteuerrecht (DS 2/2000, S. 19).

Mit einem **Intranetauftritt** informiert der Bundesverband seit dem Berichtsjahr auf zahlreichen Veranstaltungen über das Stiftungswesen und die Arbeit des Verbandes und der Deutschen StiftungsAkademie (DS 2/2000, S. 15).

Ein weiteres Projekt ist aus der Planungsphase getreten und steht mit Ende des Berichtsjahrs vor der Realisierung: **„umweltstiftungen.net", die Internet-Plattform für alle Stiftungen in den Bereichen „Umwelt, Natur- und Landschaftsschutz"** (DS 3/2000, S. 28). Auf Initiative des Arbeitskreises „Umwelt, Natur- und Landschaftsschutz" und der Schweisfurth-Stiftung schafft der Bundesverband hier ein für alle zukünftigen Internetplattformen wegweisendes Forum, das mit seinem professionellen Anspruch den neuesten Standards der modernen Medien gerecht wird. „umweltstiftungen.net" soll so als Vorbildmodell für weitere Stiftungsprojekte im Internet dienen.

Der Bundesverband übernahm die **Rechte von 17 weiteren Domains**:

- bildungsstiftungen.de,
- bundesverband-deutscher-stiftungen.de,
- deutsche-stiftungen.de,
- forschungsstiftungen.de,
- kirchenstiftungen.de,
- kulturstiftungen.de,
- sozialstiftungen.de,
- stiftungsakademie.de,
- stiftungsforen.de,
- stiftungspolitik.de,
- stiftungsprojekte.de,

- stiftungsrecht.net,
- stiftungsverband.de,
- stiftungsverlag.de,
- stiftungsverzeichnis.de,
- umweltstiftungen.org,
- wissenschaftsstiftungen.de.

Diese Übernahmen sind durch stark gesunkene Gebühren für die Domain-Bestellungen möglich geworden und bilden die Basis zukünftiger Interaktionen in den stark konkurrierenden Bereichen der Neuen Medien. Die Adressen sind heute teilweise mit eigenen Zielseiten verknüpft oder führen direkt auf die Homepage des Bundesverbandes.

4. Forum Deutscher Stiftungen

Mit dem Forum Deutscher Stiftungen bietet der Bundesverband Deutscher Stiftungen seinen Mitgliedsstiftungen eine **Plattform für Meinungs- und Erfahrungsaustausch, für die Weiterentwicklung von Projekten**, die Beteiligung an der Arbeit des Bundesverbandes als Interessenvertretung und für die Weiterentwicklung der internen Verbandsstruktur.

Die **Arbeitskreise Deutscher Stiftungen** sind als Foren zum Erfahrungsaustausch von Praktikern für spezifische Sektoren der Stiftungsarbeit eingerichtet, die wichtige Hinweise für die tägliche Arbeit geben können. Sie tagen üblicherweise während der Jahrestagung und behandeln hier eher allgemeine Themen, die auch für einen größeren Kreis von Stiftungsvertretern interessant sind. Vorträge „von außen" ergänzen die Beiträge aus dem Kreise der Stiftungen. Einzelne Arbeitskreise tagen auch zu anderen Zeitpunkten im Jahr. Hier steht dann meist der Erfahrungsaustausch zu spezifischen Anliegen im Vordergrund.

Immer häufiger artikulieren Mitglieder den Wunsch nach der Einrichtung **weiterer Arbeitskreise**. Dieses Anliegen wurde und wird mit der gebotenen Sorgfalt in den Gremien diskutiert und entschieden. Im Berichtsjahr wurde eine Teilung des Arbeitskreises „Kommunal- und Grundstücksrecht" in einen **Arbeitskreis „Kommunales"** und einen **Arbeitskreis „Immobilienmanagement"** beschlossen, der mit der Jahrestagung 2001 bereits wirksam wird.

In den **Gesprächskreisen Deutscher Stiftungen** finden sich Experten zusammen, die theoretische Grundlagen und Entwicklungstendenzen im Stiftungswesen diskutieren.

Die **Deutsche StiftungsAkademie** bietet ein Aus- und Fortbildungsangebot speziell für den Stiftungsbereich (vgl. Kap. 5).

Die **Fachausschüsse und Kommissionen** bereiten wichtige Sachfragen für die Verhandlungen in den **Gremien** (Vorstand, Beiräte, Mitgliederversammlung) auf.

Einzelne **Sonderveranstaltungen** runden das Angebot des Forums Deutscher Stiftungen ab.

Im Berichtsjahr arbeiteten folgende Gruppen:

Arbeitskreise Deutscher Stiftungen:
„Steuern, Recht und Wirtschaft"
Leitung: Dr. Peter Lex
„Kommunal- und Grundstücksrecht"
Leitung: Georg Michael Primus
„Soziales"
Leitung: Marlehn Thieme
„Kirchen"
Leitung: Dr. Hein Ulrich Röder
„Bildung und Ausbildung"
Leitung: Dr. Ulrich Bopp
„Kunst und Kultur"
Leitung: Dr. Dominik Frhr. von König
„Wissenschaft und Forschung"
Leitung: Dr. Wilhelm Krull
„Umwelt, Natur- und Landschaftsschutz"
Leitung: Dr. Lutz Spandau
„Internationales"
Leitung: Dr. Andreas Schlüter
„Bürgerstiftungen"
Leitung: Nikolaus Turner

Gesprächskreise Deutscher Stiftungen:
„Stiftungsprivatrecht"
Leitung: Prof. Dr. Olaf Werner
„Stiftungssteuerrecht"
Leitung: Prof. Dr. Rainer Hüttemann
„Stiftungsmanagement"
Leitung: Dr. Christoph Mecking

Fachausschüsse:
„Stiftungsethik"
Leitung: Ulrich Voswinckel
„Stiftungsgesetzgebung"
Leitung: Dr. Peter Lex

Kommissionen:
„Verbandsstrategie"
Leitung: Prof. Dr. Axel Frhr. v. Campenhausen
„Satzungsreform"
Leitung: Prof. Dr. Axel Frhr. v. Campenhausen

Der Bundesverband Deutscher Stiftungen führte zahlreiche Treffen für die Mitglieder durch.

Hauptveranstaltung war die **56. Jahrestagung**, die vom 10. bis 12.05.2000 in Weimar unter dem Titel **„Deutsche Stiftungen: Vielfalt fördern!"** stattfand (DS 2/2000, S. 7 ff.). In teilweise historischen Räumlichkeiten der Klassikerstadt kamen insgesamt 10 Arbeitskreise zu unterschiedlichen Themenschwerpunkten zusammen. Die Arbeitskreise „Internationales" und „Bürgerstiftungen" hatten erstmals Referenten aus dem Ausland (London und Brüssel) eingeladen.

In einer **Podiumsdiskussion** wurde über die **Reform des Stiftungsrechts** debattiert. Ministerialrat Günter Winands berichtete über den Stand der Diskussion im Bundestag, Prof. Dr. Rainer Hüttemann, Beiratsmitglied des Bundesverbandes Deutscher Stiftungen, und Prof. Dr. Olaf Werner von der Friedrich-Schiller-Universität Jena trugen Forderungen an eine Reform vor.

Der **Mitgliederversammlung** wurden u.a. „Gesichtspunkte für eine Neubestimmung der Ziele, Aufgaben und Organisationsstruktur" des Verbandes zur Entscheidung vorgelegt. Mit der Nennung der zentralen Aufgabenbereiche verbanden die „Gesichtspunkte" die Notwendigkeit einer Verbands- und Satzungsreform, an der in den Folgemonaten gearbeitet wurde. Ein „Leitbild" spiegelte das Selbstverständnis des Bundesverbandes wider, der sich als moderner Dienstleister für seine Mitglieder gleichermaßen versteht wie als Förderer des Stiftungsgedankens und als Interessenvertretung der Stiftungen und Stifter gegenüber Politik und Öffentlichkeit.

Thüringens **Ministerpräsident** Bernhard Vogel lud die Teilnehmer der 56. Jahrestagung zu einem **Empfang** in das congress centrum neue weimarhalle ein. In seiner Begrüßungsansprache betonte er die Bedeutung von Stiftungen für eine vielfältige und lebendige Zivilgesellschaft. Außerdem hob er das Engagement der Thüringer Landesregierung für die Verbesserung der steuerlichen Rahmenbedingungen für Stiftungen hervor.

Im Rahmen der **Festveranstaltung** wurde **Eske Nannen** mit dem **Deutschen Stifterpreis 2000**, geehrt. Sie führt die von ihr und ihrem Mann Henri 1983 gegründete Stiftung weiter, die die Kunsthalle Emden trägt. Mit ihrer ansteckenden Begeisterung und immer neuen Ideen bringt sie verschiedenen Zielgruppen die Kunst nahe.

Den **Festvortrag** hielt die Thüringer Ministerin für Wissenschaft, Forschung und Kunst, Prof. Dr. Dagmar Schipanski. Sie nannte Stiftungen einen Garant der Vielfalt in unserer Gesellschaft, in der es keine kollektiven Ziele mehr gebe, in der ein Konsens über Grundwerte aber zunehmend dringlicher werde.

Der **Arbeitskreis Deutscher Stiftungen „Soziales"** tagte in diesem Jahr gleich zwei Mal außerhalb der Jahrestagung. Vom 17. bis 18.02.2000 traf sich der Arbeitskreis zu seiner 9. Tagung zum Thema „Sozial-Stiftungen an der Schwelle zum 21. Jahrhundert" in Münster (DS 1/2000, S. 11). Die 10. Tagung fand vom 08. bis 10.10.2000 in Hildesheim statt. Hier standen Konzepte für eine professionelle Einzelfallhilfe und die Qualitätssicherung von Stiftungen in der Gesundheits-förderung im Mittelpunkt der Diskussion (DS 3/2000, S. 19).

Der **Arbeitskreis „Umwelt, Natur- und Landschaftsschutz"** traf sich zu seiner Herbsttagung" zum Thema „Die Aktivitäten deutscher Stiftungen zur Förderung regenerativer Energien" am 05. und 06.10.2000 in Lübbenau/Spreewald (DS 3/2000, S. 17 f.).

Im Jahr 2000 konnte auch der Bürgerstiftungsgedanke einen großen Schritt voran gebracht werden. Der **Arbeitskreis „Bürgerstiftungen"** trat insgesamt drei Mal zusammen. Am 26.02.2000 erstellte der Arbeitskreis beim 3. Treffen – diesmal auf Einladung der Bürgerstiftung Dresden – ein Thesenpapier über wichtige **„10 Merkmale einer Bürgerstiftung**", die bei der Gründung und beim weiteren Stiftungsmanagement **als „best-practice"** beachtet werden sollten (DS 1/2000, S. 11 f.). Diese „Merkmale" wurden beim 4. Treffen des Arbeitskreises Bürgerstiftungen während der Jahrestagung in Weimar verabschiedet. Auf dem 5. Treffen des Arbeitskreises „Bürgerstiftungen" in Gütersloh, das am 22.11.2000 im Zusammenhang mit einem thematisch verwandten Seminar der Deutschen StiftungsAkademie stattfand, konnte der 7. Band der Reihe „Forum Deutscher Stiftungen" mit dem Titel „Bürgerstiftungen in Deutschland" vorgestellt werden. Damit legt der Bundesverband erstmals eine Handreichung für neue Initiativen zur Gründung einer Bürgerstiftung vor.

Das Engagement des Bundesverbandes für die Bürgerstiftungen in Deutschland hat auch internationalen Niederschlag gefunden. Nikolaus Turner, der Leiter des Arbeitskreises Bürgerstiftungen, vertritt den Bundesverband Deutscher Stiftungen seit 1999 im **Transatlantic Community Foundation Network** (TCFN), das sich im Berichtsjahr vom 11.–13.02. in Dresden traf (DS 1/2000, S. 67 f.).

Mit der „Nürnberger Erklärung" endete die **3. Tagung des Arbeitskreises Kunst- und Kulturstiftungen,** der vom Bundesverband gemeinsam mit dem Kulturkreis der deutschen Wirtschaft im BDI im Germanischen Nationalmuseum in Nürnberg am 25. und 26.10.2000 veranstaltet wurde. Die Erklärung zeigt in vier Thesen die besondere Bedeutung der Kulturstiftungen auf, die in Kunst und Kultur Qualität sichern (DS 3/2000, S. 20).

Über 80 Veranstaltungen hat der Bundesverband Deutscher Stiftungen selbst vorbereitet und durchgeführt oder unterstützt.

Folgende Veranstaltungen wurden im Berichtsjahr unter Beteiligung des Bundesverbandes durchgeführt:

- Vorbereitung der 2. Sitzung der Strategiekommission, Jena (09.02.)
- Vorstandssitzung, Jena (10.2.)
- Gemeinsame Sitzung von Vorstand und Beiräten, Jena (10.–11.02.)
- 9. Tagung des Arbeitskreises „Soziales" „Sozial-Stiftungen an der Schwelle zum 21. Jahrhundert", Münster (17.–18.02.)
- 3. Treffen des Arbeitskreises „Bürgerstiftungen", Dresden (26.02.)
- Sitzung der Strategiekommission, Hannover (01.03.)
- Parlamentarischer Abend und Ausstellungseröffnung „Stiftungen bauen Brükken" im Landtag Mecklenburg-Vorpommern, Schwerin (14.–15.03.)
- Deutsche StiftungsAkademie „Presse- und Öffentlichkeitsarbeit von Stiftungen", Witten/Herdecke (16.03.)
- Deutsche StiftungsAkademie „Rechnungslegung von Stiftungen", Berlin (22.03.)
- Besuch von Stiftungsvertretern aus Marokko (20.03.)
- Deutsche StiftungsAkademie „Erfolgreiches Stiftungsmanagement", Stuttgart (04.04.)
- Ausstellungseröffnungen „Stiftungen bauen Brücken" in Biotechnikum, Aula und Rathaus, Greifswald (07.–08.04.)
- Eröffnung des Alfried-Krupp-Hauses mit Präsentation des Bandes IV „Deutsches Stiftungswesen 1988–1998", Berlin (11.04.)
- Vorstandssitzung, Freie Universität Berlin (11.04.)
- Treffen des Gesprächskreises „Stiftungsrecht", Friedrich-Schiller-Universität, Jena (17.–18.04.)
- Ausstellungseröffnung „Galerie Deutscher Stiftungen" mit Plakaten der SK Stiftung Kultur, Alfried-Krupp-Haus, Berlin (03.05.)
- Vorstandssitzung, Weimar (10.05.)
- Gemeinsame Sitzung von Vorstand und Beiräten, Weimar (10.05.)
- 56. Jahrestagung des Bundesverbandes: „Deutsche Stiftungen: Vielfalt fördern!", Weimar (10.-12.05.)
- Deutsche StiftungsAkademie „Stiftung und Steuern", Bonn (14.06.)
- Vorstandssitzung, VolkswagenStiftung, Hannover (31.08.)
- Podiumsdiskussion „Innovation als Stiftungsaufgabe", Auftaktveranstaltung zur Ausstellung „Stiftungen bauen Brücken" im Abgeordnetenhaus von Berlin, Berlin (13.09.)

- Ausstellungseröffnung „Stiftungen bauen Brücken" im Abgeordnetenhaus von Berlin, Berlin (14.09.)
- Pressekonferenz, Vorstellung „Verzeichnis Deutscher Stiftungen 2000" im Abgeordnetenhaus von Berlin (04.10.)
- Podiumsdiskussion „Stiftungen gestalten die Zukunft – Zukunft der Stiftungen", Abschlussveranstaltung zur Ausstellung „Stiftungen bauen Brücken" im Abgeordnetenhaus von Berlin (04.10.)
- Herbsttagung des Arbeitskreises „Umwelt, Natur- und Landschaftsschutz", „Die Aktivitäten deutscher Stiftungen zur Förderung regenerativer Energien", Cottbus (05.–06.10.)
- Ausstellungseröffnung Galerie Deutscher Stiftungen mit Plakaten der Stiftung Deutsches Hygiene-Museum, Alfried-Krupp-Haus, Berlin (11.10.)
- Vorstandssitzung, Alfried-Krupp-Haus, Berlin (12.10.)
- Gemeinsame Sitzung von Vorstand und Beiräten, Axel-Springer-Stiftung, Berlin (12.–13.10.)
- 9. Fortbildungsveranstaltung der Stiftungsreferenten der Länder, Cottbus (19.-20.10.)
- 3. Treffen des Arbeitskreises „Kunst- und Kulturstiftungen": „Stiftungen sichern Qualität", Stiftung Germanisches Nationalmuseum, Nürnberg (25.–26.10.)
- Deutsche StiftungsAkademie: „Stiftungsmanagement – Die Grundlagen", Frankfurt am Main (27.10.)
- Gemeinsame Pressekonferenz von Bundesverband, Deutschem Kulturrat und Kulturkreis der deutschen Wirtschaft im BDI, Berlin (31.10.)
- Deutsche StiftungsAkademie: Stiftungsmanagement – Die Grundlagen", Berlin (07.11.)
- Ausstellungseröffnung „Stiftungslandschaft NRW", Station Düsseldorf, Landtag Nordrhein-Westfalen, Düsseldorf (07.11.)
- Deutsche StiftungsAkademie: „Stiftungsmanagement – Die Grundlagen", Hamburg (08.11.)
- Deutsche StiftungsAkademie: „Stiftungsmanagement – Die Grundlagen", Essen (13.11.)
- Pressekonferenz mit Vorstellung „Schwerpunkte Deutscher Stiftungen Band 4: Stiftungen in Rheinland-Pfalz, Ministerium für Kultur, Jugend, Familien und Frauen, Mainz (17.11.)
- 5. Treffen des Arbeitskreises „Bürgerstiftungen", Bertelsmann Stiftung Gütersloh (22.11.)
- Deutsche StiftungsAkademie: „Bürger- und Gemeinschaftsstiftungen", Bertelsmann Stiftung Gütersloh (22.–24.11.)
- Expertengespräch „Wie werde ich Stifter?" im Rahmen der Ausstellungsreihe „Stiftungslandschaft NRW", WestLB, Düsseldorf (23.11.)

- Gesprächskreis „Stiftungssteuerrecht", Deutsche Bundesstiftung Umwelt, Osnabrück (27.–28.11.)
- Ausstellungseröffnung „Stiftungslandschaft NRW", Station Essen, Rathaus Essen (28.11.)
- Gesellschafterversammlung Deutsche StiftungsAkademie, Essen (29.11.)
- Vorstandssitzung, Alfried-Krupp-Haus, Berlin (05.12.)
- Expertengespräch „Wie werde ich Stifter?" im Rahmen der Ausstellungsreihe „Stiftungslandschaft NRW", Rathaus Essen (05.12.)
- Deutsche StiftungsAkademie: „Stiftungen und Steuern", Köln (06.12.)
- Treffen der Kommission zur Satzungsreform, VolkswagenStiftung, Hannover (19.12.)

Darüber hinaus haben Vertreter des Bundesverbandes Deutscher Stiftungen zahlreiche Interviews und informelle Gespräche geführt sowie an verschiedenen Veranstaltungen anderer Organisationen mit stiftungsbezogenem Inhalt aktiv teilgenommen. Damit konnte der Kontakt zu den Stiftungen vor Ort ausgebaut und über das Stiftungswesen und den Bundesverband informiert werden. Darunter waren folgende Veranstaltungen:

- 2. Forum der Sparkassenstiftungen in Potsdam – „Stiftungen in Deutschland – Aufbruch zu einer modernen, aktiven Bürgergesellschaft" (17.–18.01.)
- 2. Forum der Expertenkommission der Bertelsmann Stiftung und des Maecenata – Instituts in Berlin (20.01.)
- Vorbereitungstreffen des Initiativkreises zum Hamburger Stiftungstag (09.03.)
- Podiumsdiskussion zur Reform des Stiftungsrechts mit dem Wissenschaftsminister Thomas Oppermann im Niedersächsischen Landesmuseum, Hannover (28.03.)
- Kamingespräch zur Vorbereitung der Errichtung einer Bürgerstiftung Nürnberg, Nürnberg (29.03.)
- Kulturpolitische Fachtagung „Neue Finanzierungswege in Kunst und Kultur", Nürnberg (30.03.)
- Festveranstaltung „100 Jahre Stiftung Meyer'sche Häuser", Leipzig (03.04.)
- Vortragsveranstaltung „Aktuelle Entwicklungen im Stiftungswesen", München (06.04.)
- DeutscheAnwaltAkademie „Stiftungs- und Steuerrecht", Bonn (08.04.)
- Festakt 775 Jahre Spitalstiftung Konstanz (05.05.)
- Treffen der Landesstiftungen und weiterer kulturfördernder Stiftungen, Berlin (16.05.)
- Symposium „Stiftungsrecht in Europa", Landeskulturzentrum Schloß Salzau/ Schleswig-Holstein (18.–20.05.)
- 11. Deutscher Jugendhilfetag, Nürnberg (26.05.)
- Podiumsdiskussion „Das neue Stiftungsrecht – Eine Chance für die Kultur?" Kuratorium Kulturelles Frankfurt, Frankfurt am Main (20.06.)

- Internationales Stiftungssymposium 2000 in der Bertelsmann Stiftung, Gütersloh und Hannover (Expo) (26.–28.06.)
- Ausstellungseröffnung „Wann macht Geld glücklich?", Erlangen (29.06.)
- Seminar „Finanzierung von Naturschutz in der Entwicklungszusammenarbeit", Schneverdingen (25.07.)
- Pressegespräch der SPD-Fraktion zur Reform des Stiftungsrechts (22.08.)
- Trierer Stiftungstreffen, Vereinigte Hospitien, Trier (04.09.)
- Tag der Stiftungen in Rheinland-Pfalz, Kurfürstliches Schloss, Neuwied-Engers (05.09.)
- 82. Sitzung des Kulturausschusses des Deutschen Landkreistages, Horn-Bad Mein-berg (14./15.09.)
- Veranstaltung „Mit dem Erbe stiften gehen". Friedrich-Ebert-Stiftung, Berlin (18.09.)
- EFC-Meeting of National Associations of Donors, Krakau (20.09.)
- EFC-Annual General Assembly and Conference, Krakau (20.–22.09.)
- Hamburger Stiftungstag, Hamburg (06.–07.10.)
- Veranstaltung „Stiftungen – Das große Geld für kleine Projekte?", St. Jakobushaus Goslar (17.10.)
- Festakt 425 Jahre Hospitalstiftung zum Heiligen Geist, Kißlegg (19.10.)
- Rechts- und Verfassungsausschuss des Deutschen Städtetages, Erfurt (26.10.)
- Anhörung von Verbänden und Einrichtungen der Bund-Länder-Arbeitsgruppe „Stiftungsrecht", Berlin (30.10.)
- Informations- und Gesprächsabend „Stifterisches Engagement von Unternehmen und Unternehmern, Haus um die Schenkung, Berlin (09.11.)
- Öffentliche Fachtagung „Zukunft Kulturpolitik: Kulturförderung zwischen öffentlicher Verantwortung und Bürgerengagement", Magdeburg (13.11.)
- Öffentliche Anhörung der Enquete-Kommission zur Zukunft des bürgerschaftlichen Engagements, Berlin (13.11.)
- Workshop Märkische Kulturstiftung Burg Altena (14.11.)
- 75. Deutscher Fürsorgetag, Hamburg (14.–16.11.)
- Forum „Sparkassenstiftungen in Schleswig-Holstein", Kiel (30.11.)
- Vortrag „Stiftung als Element einer freien Gesellschaft", Ernst & Young, Stuttgart (06.12.)

An weiteren Veranstaltungen nahmen Vertreter des Bundesverbandes als Ehrengäste teil.

Eine Reihe von Veranstaltungen des Folgejahres mussten bereits vorbereitet werden, darunter Vorstands- und Beirätetagungen, Arbeitskreistreffen und die 57. Jahrestagung vom 30.05.–01.06.2001 in Köln, aber auch Jahrestagungen kommender Jahre, deren Orte und Termine bis ins Jahr 2007 hinein festgelegt werden konnten.

5. Deutsche StiftungsAkademie

Die Deutsche StiftungsAkademie wurde im Februar 1998 als joint-venture von Bundesverband und Stifterverband für die Deutsche Wissenschaft gegründet, um ein **praxisorientiertes Aus- und Fortbildungsangebot speziell für den Stiftungsbereich** zu bieten. Ende 1998 hat sie die erste Veranstaltung durchgeführt und seitdem ihr Programm deutlich ausweiten können. Geschäftsführer der als gemeinnützige GmbH geführten Einrichtung sind Dr. Christoph Mecking und Erich Steinsdörfer.

Im Jahr 2000 führte die Deutsche StiftungsAkademie an verschiedenen Orten **ins-gesamt 11 Veranstaltungen** durch und hat damit ihr Angebot gegenüber dem Vorjahr mehr als verdoppelt. Dieser Zuwachs demonstriert das gewachsene Interesse an Stiftungsthemen und den gestiegenen Informationsbedarf hierzu.

Es fanden 6 Ganztagesseminare mit unterschiedlichen Themenschwerpunkten, ein drei-tägiges Seminar zum Thema „Bürger- und Gemeinschaftsstiftungen" und 4 eintägige Grundlagenseminare statt. Insgesamt nahmen **755 Personen** an den Veranstaltungen teil. Die durchschnittliche Bewertung durch die Teilnehmer lag bei allen Seminaren im oberen Viertel.

Das erste Seminar des Jahres am 16.03.2000 an der Universität Witten/Herdecke zeigte die verschiedenen Möglichkeiten von **Presse- und Öffentlichkeitsarbeit für Stiftungen** auf (DS 1/2000, S. 15 f.). Es gab Tipps und Empfehlungen für den Kontakt mit Journalisten und einen praktischen Teil, in dem die Teilnehmer ihre bisherige Arbeit reflektieren und verbessern konnten. Am 22.03.2000 wurde bei der Deutschen Bank in Berlin die **Rechnungslegung von Stiftungen** aus unterschiedlichen Blickwinkeln unter Berücksichtigung der Auffassungen von Finanzverwaltung und Stiftungsaufsicht beleuchtet (DS 1/2000, S. 15 f.).

Auch für Stiftungen gelten unternehmerische Attribute wie Effektivität und Effizienz, Kostenbewusstsein und Professionalität. Die Kompetenzen, die eine moderne Stiftungsverwaltung erfordert, wurden auf dem Seminar **„Erfolgreiches Stiftungsmanagement"** am 04.04.2000 im Stuttgarter Rathaus diskutiert (DS 1/2000, S. 15 f.). Am 27.09.2000 bei der HypoVereinsbank in München wurden verschiedene Instrumente zulässiger **Mittelbeschaffung**, wie Fundraising, Sponsoring, Fördervereine und Freundeskreise vorgestellt und diskutiert (DS 3/2000, S. 24 f.).

Der Themenkreis „**Bürger- und Gemeinschaftsstiftungen**" wurde vom 22. bis 24.11.2000 in einer Veranstaltung der Deutschen StiftungsAkademie in Kooperation mit der Bertelsmann Stiftung behandelt. **Ministerpräsident Wolfgang Clement** unterstrich mit einem Gastvortrag zum Thema „Bürgerstiftungen als Form bürgerschaftlichen Engagements" die Bedeutung des Anliegens. Im anschließenden Seminar wurden in einem ersten Schritt die Grundlagen der Errichtung einer Bürgerstiftung erarbeitet. Im zweiten Schritt ging es dann um die Entwicklung des Potentials einer Bürgerstiftung.

Am 14.06.2000, kurz nach der Verabschiedung des Gesetzes zur weiteren steuerlichen Förderung von Stiftungen durch den Vermittlungsausschuss, fand in Bonn beim Deutschen Sparkassen- und Giroverband ein Seminar zum Thema „**Stiftung und Steuern**" statt. Seminarziel war, anhand von praktischen Beispielen die Neuerungen in der Gesetzgebung zu erläutern. Besonders die neuen Entwicklungen im Spenden- und Gemeinnützigkeitsrecht und aktuelle Steuerfragen aus der Stifterpraxis wurden behandelt (DS 2/2000, S. 16 f.). Der Informationsbedarf zu diesem Thema war so hoch, dass am 06.12.2000 im Hause der Deutschen Bank in Köln ein weiteres Seminar zum neuen Stiftungssteuerrecht durchgeführt wurde. Ergänzend zur aktuellen Rechtslage wurden hier die Auswirkungen der Unternehmensteuerreform eingehend vorgestellt.

Erstmalig führte die Deutsche StiftungsAkademie in diesem Jahr 4 **Grundlagenseminare** zum Stiftungsmanagement durch. In Frankfurt, Berlin, Hamburg und Essen wurde Grundwissen über Stiftungs- und steuerrechtliche Rahmenbedingungen vermittelt. Es wurde Einblick in alle für das Stiftungsmanagement relevante Bereiche wie Vermögensverwaltung, Rechnungswesen und Berichterstattung, Finanzplanung sowie Programmentwicklung gegeben. Die Seminare richteten sich in erster Linie an Neulinge im Stiftungsbereich, wurden aber auch von erfahrenen Stiftungsmitarbeitern gern genutzt, um ihr theoretisches Wissen zu überprüfen und auf aktuellen Stand zu bringen.

Alle Seminare waren ausgebucht und hatten eine durchweg positive Resonanz. Die Deutsche StiftungsAkademie evaluiert sämtliche Seminare und nimmt die Anregungen der Stiftungen gerne in den Ausbau ihres Programms auf. Sie ist zu einem tragenden Element der Netzwerk- und Forumsarbeit im Stiftungswesen geworden.

6. Ehrungen

Zu den Aufgaben des Bundesverbandes gehört auch die Ehrung von Persönlichkeiten, die sich in besonderer Weise um das Stiftungswesen in Deutschland verdient gemacht haben, durch ein bemerkenswertes Handeln anderen Menschen als Vorbild dienen und diese damit zur Errichtung einer Stiftung anregen.

Anlässlich der 55. Jahrestagung des Bundesverbandes Deutscher Stiftungen in Weimar, wurde am 12.Mai 2000 der Geschäftsführerin der Emdener Kunsthalle, Frau Eske Nannen, der diesjährige **Deutsche Stifterpreis** verliehen. Ort der Verleihung war das Deutsche Nationaltheater in Weimar. Mit dieser ideellen Auszeichnung ist Frau **Eske Nannen** die fünfte Preisträgerin seit 1994.

Frau Nannen erhielt den Preis ausdrücklich für die Weiterführung der Stiftung ihres verstorbenen Mannes Henri Nannen. Hierbei wurde sie für den ideellen Einsatz geehrt, der ein Beispiel dafür gibt, dass man nicht nur mit finanziellen Mitteln einen Stiftungszweck voran bringen und eine Stiftung mit Leben füllen kann. Mit ihrem museumspädagogischen Engagement hat die Preisträgerin Verständnis für die Kunst des 20. Jahrhunderts geweckt. Darüber hinaus wurde Frau Nannen für die Kreativität bei der Gewinnung von Spendern zur Finanzierung eines Erweiterungsbaus der Emdener Kunsthalle geehrt (zur Realisierung vgl. DS 3/2000, S. 1, 81).

7. Austausch Deutscher Stiftungen

Neue Kontakte konnten auch in diesem Jahr zu Persönlichkeiten, Stiftungen und Stiftungsverbänden aus dem Ausland geknüpft und bestehende vertieft werden.

Das Haus Deutscher Stiftungen hatte u.a. Besuch aus Marokko. Am 20.03.2000 informierten sich Vertreter der „Fondation Abderrahim Bouabid" im Bundesverband Deutscher Stiftungen über das Stiftungswesen in Deutschland. Diesen Besuch vermittelte die Friedrich-Ebert-Stiftung. Die Vertreter der „Fondation Abderrahim Bouabid": Larabi Jaidi, Präsident, und Ali Bouabid, Generalsekretär, interessierten sich vorrangig für Fragen der inneren Struktur von Stiftungen, der steuerlichen Begünstigungen und Satzungsvorlagen von Stiftungen (vgl. DS 1/2000, S. 14).

Auf der 56. Jahrestagung in Weimar waren erstmals **Gastreferenten aus dem Ausland** eingeladen. Mrs. Gaynor Humphreys, Director der Association of Community Trust and Foundations in the UK aus London referierte über die Geschichte und die Entwicklung des Stiftungstyps der Community foundations in Großbritannien. Auch der Arbeitskreis „Internationales" wurde in diesem Jahr in englischer Sprache abgehalten. Referenten aus Brüssel und Großbritannien diskutierten mit den Teilnehmern über „foundation law in a european perspective".

Vom 20. bis 22.09.2000 fand in Krakau die 11. **Jahreshauptversammlung des European Foundation Centre** statt (vgl. DS 3/2000, S. 76 ff.). Im Anschluss an die erfolgreiche Jubiläumsveranstaltung des Vorjahres in Berlin stand die Konferenz in diesem Jahr unter dem Titel „Foundations for Europe – Dialogue with Corporations and Public Authorities, New Technologies, New Philanthropists". Vertreter von Stiftungen, Nichtregierungsorganisationen, Wirtschaftsunternehmen und staatlichen Einrichtungen diskutierten und informierten zu Themen wie Entwicklungszusammenarbeit, Informationspolitik, Öffentlichkeitsarbeit und Stiftungsmanagement. Im Rahmen des Workshops professional development war der Bundesverband Deutscher Stiftungen aufgefordert, die Aktivitäten der Deutschen StiftungsAkademie vorzustellen. Diese in Europa einzigartige Einrichtung fand großes Interesse und wird als Vorbild in Europa dienen.

Die Workshops und Foren boten einen umfangreichen Einblick in die europäische Stiftungslandschaft. Dabei wurde deutlich, wie ähnlich die Probleme und Herausforderungen für Stiftungen zwischen Finnland und Italien, Russland und Irland sind. Im direkten Gespräch konnten persönliche Kontakte geknüpft werden, die grenzüberschreitende Projekte auf den Weg bringen.

Ein interessantes und zukunftsweisendes Projekt des efc ist die Installation eines auf die Arbeit und Bedürfnisse von gemeinnützigen Organisationen abgestimmten Internet Portals. Ausgangspunkt und Ziel dieser Aktivitäten ist die Beschränkung auf nutzbare Erkenntnisse für gemeinnützige Organisationen. Die Reduktion von verfügbaren Daten im Internet auf eine vertretbare Größe und die Verwertung von Synergieeffekten machen dieses Projekt in Zeiten zunehmender Datentransfers zu einer richtungweisenden Einrichtung für die Zukunft.

Im Rahmenprogramm der efc-Konferenz trafen sich auch die unter dem Titel **„National Associations of Donors"** zusammengefassten Initiativen nationaler Stiftungszusammenschlüsse. Die europäische Sicht wurde dabei bereichert durch Organisationen aus Australien und den Vereinigten Staaten. Als einziges Forum mit dieser ausschließlichen Ausrichtung auf nationale Verbände ist dieses Treffen eine wertvolle und unverzichtbare Einrichtung zum Austausch von Erfahrungen. In diesem Jahr war der Bundesverband Deutscher Stiftungen erneut aufgefordert, sich mit seinen Aktivitäten vorzustellen. Dabei stellte sich heraus, dass der Bundesverband die in Europa am weitesten fortgeschrittene Einrichtung dieser Art ist. Die Projekte und Strukturen des Bundesverbandes fanden bei den im Kreis vertretenen Initiativen und Verbänden größtes Interesse.

Mit dem Engagement des Bundesverbandes auf internationaler Ebene wurde der Kontakt zu den dem Bundesverband vergleichbaren ausländischen Initiativen und Institutionen vertieft oder neu hergestellt. **Der Erfahrungsaustausch auf internationaler Ebene und die bilaterale Zusammenarbeit werden im kommenden Jahr ausgebaut,** wenn die organisatorischen und finanziellen Voraussetzungen gegeben sind. Damit wird der Bundesverband seiner besonderen Verantwortung in Europa gerecht.

8. Verlag Deutscher Stiftungen

Der Bundesverband Deutscher Stiftungen ordnete im Jahr 2000 auch seine Kontakte und Aufgaben als Eigenverlag. Die Aktivitäten konnten erneut ausgebaut werden. Wegen der im Berichtsjahr entstehenden Umsatzsteuerpflicht wurde die Preisgestaltung überarbeitet und bekannt gemacht (DS 2/2000, S. 26).

Im Jahr 2000 erschienen **21 Publikationen** des Bundesverbandes Deutscher Stiftungen **mit insgesamt 4.237 Seiten.** Die Reihen erfuhren Verbesserungen und Erweiterungen. Die Reihe „Schwerpunkte Deutscher Stiftungen" erscheint seit dem Jahr 2000 in neuem Format. Besonders hervorgehoben seien der 4. Band der Reihe „Deutsches Stiftungswesen", der die Entwicklung von Wissenschaft und Praxis der Stiftungen in den Jahren 1988–1998 beschreibt, das „Verzeichnis Deutscher Stiftungen 2000", der Katalog zur 7. Station der Ausstellungsreihe „Stiftungen bauen Brücken" in Berlin, der Gesamtkatalog der Ausstellungsreihe „Stiftungslandschaft NRW" und die Handreichung „Bürgerstiftungen in Deutschland".

Die **Verbandszeitschrift „Deutsche Stiftungen: Mitteilungen des Bundesverbandes Deutscher Stiftungen"** entwickelte sich seit ihrer Neugestaltung Anfang 1999 zur Hauptinformationsquelle und zum erfolgreichen Akquisitionsinstrument des Verbandes. Parallel dazu stieg die Nachfrage nach weiteren Heften bei Mitgliedern wie Nichtmitgliedern. Da die Zeitschrift an eine Mitgliedschaft gebunden und nicht käuflich zu erwerben ist, dient sie zudem als gewichtiges Argument, dem Verband beizutreten. Die Mitglieder machen zunehmend von dem Angebot Gebrauch, zusätzliche Hefte gegen eine Schutzgebühr zu erwerben, um sie an Stiftungsmitarbeiter und Interessenten weiterzugeben. Die Zeitschrift bietet nach ihrer Neugestaltung ein attraktives Umfeld für Anzeigenkunden.

Im einzelnen wurden folgende Publikationen vorgelegt:

- „Verzeichnis Deutscher Stiftungen 2000". Darmstadt 2000 (1253+145+98 Seiten)
- „Zahlen, Daten, Fakten zum deutschen Stiftungswesen". Darmstadt 2000 (55 Seiten)
- „Deutsches Stiftungswesen – Wissenschaft und Praxis: 1988–1998. Tübingen 2000 (432 Seiten)
- Forum Deutscher Stiftungen, Band 3: „Aufgaben von Sozialstiftungen im sich wandelnden Sozialstaat – Standortbestimmung" Dokumentation der 8. Arbeitstagung „Erfahrungsaustausch von Sozial-Stiftungen" in Frankfurt am Main vom 16. bis 17. November 1998. Berlin 2000 (62 Seiten)
- Forum Deutscher Stiftungen, Band 4: „Öffentlichkeitsarbeit für Umweltstiftungen" Dokumentation der Herbsttagung des Arbeitskreises Deutscher Stiftungen „Umwelt-, Natur- und Landschaftsschutz" am 10. bis 11. November 1998 im Zentrum für Umwelt und Kultur Benediktbeuern. 2. Auflage Berlin 2000 (92 Seiten)
- Forum Deutscher Stiftungen, Band 5 (in Zusammenarbeit mit der Allianz Stiftung zum Schutz der Umwelt): „Nachhaltiger Umgang mit der Ressource Wasser", Dokumentation der Herbsttagung des Arbeitskreises Deutscher Stiftungen „Umwelt, Natur- und Landschaftsschutz" am 07./08. Oktober 1999 auf der Insel Mainau. Berlin 2000 (69 Seiten)
- Forum Deutscher Stiftungen, Band 6: „Sozial-Stiftungen an der Schwelle zum 21. Jahrhundert", Dokumentation der 9. Arbeitstagung „Erfahrungsaustausch von Sozial-Stiftungen" in Münster vom 17. bis 18. Februar 2000. Berlin 2000 (111 Seiten)
- Forum Deutscher Stiftungen, Band 7: „Bürgerstiftungen in Deutschland" Dokumentation der ersten Treffen des Arbeitskreises „Bürgerstiftungen". Berlin 2000 (200 Seiten)
- Schwerpunkte Deutscher Stiftungen, Band 4: „Stiftungen in Rheinland-Pfalz". Berlin 2000 (126 Seiten)
- „Stiftungen bauen Brücken: Beiträge deutscher Stiftungen im Einigungsprozess. Sechste Station der Ausstellungsreihe: Schwerin". Ausstellungskatalog. Berlin 2000 (146 Seiten)
- „Stiftungen bauen Brücken: Beiträge deutscher Stiftungen im Einigungsprozess. Siebente Station der Ausstellungsreihe: Berlin". Ausstellungskatalog. Berlin 2000 (222 Seiten)
- „Stiftungslandschaft NRW. Die Gesellschaft von morgen gestalten". Ausstellungskatalog Berlin 2000 (262 Seiten)
- „Mitgliederverzeichnis 2000". Berlin 2000 (266 Seiten)
- „Chancen Nutzen Beitritt" (Faltblatt, 6 Seiten). 3. Auflage Berlin 2000
- „Chancen nutzen – Gemeinwohl stärken" (Faltblatt, 6 Seiten). Berlin 2000

- „Deutsche Stiftungen: Mitteilungen 3/1999"- Schwerpunkt: Reformdebatte. Berlin 2000 (84+54 Seiten)
- „Deutsche Stiftungen: Mitteilungen 1/2000" – Schwerpunkt: Berlin. Berlin 2000 (76+54 Seiten)
- „Deutsche Stiftungen: Mitteilungen 2/2000" – Schwerpunkt: Rechnungslegung. Berlin 2000 (96 + 32 Seiten)
- „Deutsche Stiftungen: Mitteilungen 3/2000" – Schwerpunkt: Zahlen, Fakten und Statistiken. Berlin 2000 (88+20 Seiten)
- Pressespiegel 2. Halbjahr 1999. Berlin 2000 (68 Seiten)
- Pressespiegel 1. Halbjahr 2000. Berlin 2000 (102 Seiten)

Über diese Publikationstätigkeit hinaus wirkten Gremienmitglieder und Mitarbeiter der Geschäftsstelle als Autoren, Redakteure oder Koordinatoren bei Publikationen Dritter mit. Exemplarisch erwähnt seien die Festschrift „Bildung stiften" des Kölner Gymnasial- und Stiftungsfonds, die Publikation „Freude am Stiften: Stiftungskultur in Rheinland-Pfalz" der Stiftung Rheinland-Pfalz für Kultur oder der Studienbrief „Financial Planner" der Hochschule für Bankwirtschaft in Frankfurt am Main mit den Thema „Stiftungen und Trusts".

Der Verbreitung der Publikationen des Verbandes dient die Zusendung von Veröffentlichungen an große Bibliotheken und ausgewählte Multiplikatoren in Deutschland. Außerdem werden regelmäßig Rezensionsexemplare an deutsche Zeitungen und Zeitschriften versandt.

9. Regionale Schwerpunkte

Bei seinen Aktivitäten ist der Bundesverband Deutscher Stiftungen gelegentlich lokal und häufig mit regionaler Wirkung tätig, um seine Aufgaben zu erfüllen. So unterstützt er Projekte der Länder, lokale Netzwerke, Stiftungstage und regional wirksame Aktivitäten. In besonderer Weise gilt dies für die örtlichen oder regionalen Stiftungstage, denen auch der redaktionelle Teil des Mitgliederverzeichnisses 2000 gewidmet ist. Die folgenden Beispiele greifen Schwerpunkte der Tätigkeit des Bundesverbandes heraus, die das Anliegen verfolgen, die Stiftungen vor Ort und auf Landesebene zu stärken.

Berlin

Die Bundeshauptstadt Berlin, Sitz der Geschäftsstelle des Bundesverbandes, bildete einen ersten Schwerpunkt der regionalen Aktivitäten des Verbandes. Mit der Eröffnung des Alfried-Krupp-Hauses am 11.04.2000 durch Bundespräsident Rau nahm der Verband seine Arbeit in der neuen Geschäftsstelle auch offiziell auf. Heft 1/2000 der Verbandsmitteilungen „Deutsche Stiftungen" machte Stiftungen in Berlin zum Schwerpunktthema. Zweimal wurden Gäste der lokalen Stiftungslandschaft, Politiker, Journalisten und die interessierte Öffentlichkeit in die Galerie Deutscher Stiftungen im Alfried-Krupp-Haus geladen, zu Ausstellungen der SK Stiftung Kultur und der Stiftung Deutsches Hygiene-Museum Dresden. Die Ausstellungsreihe „Stiftungen bauen Brücken" ging am 04.10.2000 mit mehreren Veranstaltungen im Berliner Abgeordnetenhaus zu Ende. Hier hatten unter anderem Berliner Stiftungen die Möglichkeit, über die eigene Arbeit zu berichten. Die Herbsttagung von Vorstand und Beiräten fand, ebenfalls in Berlin, bei der Axel-Springer-Stiftung statt. Diese Aktivitäten lassen ein Netzwerk mit den Stiftungen in Berlin und hier beheimateten interessierten Einrichtungen wie der Freien Universität, dem Maecenata-Institut oder dem Deutschen Zentralinstitut für soziale Fragen entstehen. Im Jahre 2003 soll die Jahrestagung in Berlin stattfinden.

Mecklenburg-Vorpommern

Der Kontakt zu den Stiftungen in Mecklenburg-Vorpommern, aber auch der dortigen Stiftungen untereinander wurde durch die Ausstellung „Stiftungen bauen Brücken" mit Stationen in Schwerin und Greifswald intensiviert. Bei der Ausstellungseröffnung im Schweriner Schloss waren sowohl der Landtagspräsident Hinrich Kuessner als auch Ministerpräsident Dr. Harald Ringstorff anwesend (DS 1/2000, S. 12 f.; DS 2/2000, S. 11 f.). Die Kontakte zur Stiftungsbehörde konnten im Berichtszeitraum entscheidend verbessert werden.

Nordrhein-Westfalen

Aufgrund einer Initiative des Innenministers Dr. Fritz Behrens führte der Bundesverband die Ausstellungsreihe „Stiftungslandschaft NRW" durch. In diesem Zusammenhang nahm der Bundesverband Kontakt zu allen Stiftungen in Nordrhein-Westfalen auf. Über 100 Stiftungen aus NRW präsentieren sich im Rahmen der Ausstellung in sechs Städten (DS 2/2000, S. 12 f.: DS 3/2000, S. 15f.). Durch die intensive Zusammenarbeit mit dem Stifterverband für die Deutsche Wissenschaft, einigen Stiftungen im Lande und mit der Stiftungsaufsicht sowie im Zusammenhang mit der Durchführung der Jahrestagungen 1999 in Bonn und 2001 in Köln bestehen besonders enge Kontakte mit dort ansässigen Stiftungen.

Rheinland-Pfalz

Beim Stiftungstag Rheinland-Pfalz trafen sich im Schloss Engers bei Neuwied die Stiftungen und Stifter des Landes zum Erfahrungsaustausch. Sowohl Ministerpräsident Kurt Beck als auch Kultusministerin Dr. Rose Götte betonten ebenso wie der Geschäftsführer des Bundesverbandes das weitere Anliegen, Stiftungen als Ausdruck eines engagierten Bürgertums mehr als bisher ins Bewusstsein der Öffentlichkeit zu rücken. Zwei Publikationen, „Freude am Stiften – Stiftungskultur in Rheinland-Pfalz" und Band 4 der „Schwerpunkte"-Reihe mit dem Titel „Stiftungen in Rheinland-Pfalz" wurden von der Stiftung Rheinland-Pfalz für Kultur gemeinsam mit dem Bundesverband Deutscher Stiftungen herausgegeben und der Öffentlichkeit vorgestellt. Bei einem Treffen der Trierer Stiftungen wurde substantiiert der Wunsch an den Bundesverband gerichtet, die Jahrestagung 2004 an die Mosel zu vergeben. Der Ministerpräsident und größere Stiftungen aus anderen Landesteilen haben bereits ihre Unterstützung zugesichert.

Thüringen

Vorstand und Beiräte führten ihre Frühjahrstagung an der Friedrich-Schiller-Universität in Jena durch, wo die Ausstellungsreihe „Stiftungen bauen Brücken" im Vorjahr Station gemacht hatte. In Jena tagte auch der Gesprächskreis „Stiftungsprivatrecht". Schließlich fand die 56. Jahrestagung des Bundesverbandes Deutscher Stiftungen vom 10.–12.05.2000 mit großer Unterstützung der Spitzen des Freistaates und der dort beheimateten Stiftungen in Weimar statt. In diesem Ereignis gipfelt die schon bisher gute Kooperation des Bundesverbandes mit den Einrichtungen im Lande, die sich auch in einigen früheren Publikationen niedergeschlagen hat.

10. Datenbank Deutscher Stiftungen

Der Bundesverband Deutscher Stiftungen verfügt weiterhin über die weltweit größte Datenbank über das deutsche Stiftungswesen und baut sie stetig aus.

Mit dem im Oktober 2000 vorgestellten „Verzeichnis Deutscher Stiftungen 2000" liegt auf der Grundlage dieser Datenbank das umfangreichste Werk zum Stiftungswesen in Deutschland vor, das es je gab. Über drei Jahre lang hat der Bundesverband Deutscher Stiftungen Daten von rund 10.000 Stiftungen zusammengetragen und auf dieser Grundlage ausführliche Statistiken zum Stiftungswesen vorstellen können.

Das Werk beinhaltet aussagekräftige Stiftungsporträts und aktuelle Statistiken zum deutschen Stiftungswesen. Mit seinen fast 8.400 Einzelinformationen zu Stiftungen (1991: 4.500 Portraits; 1994: 5.500 Portraits; 1997: 6.500 Portraits) erreicht das neue Verzeichnis seinen größten Umfang. Der Informationsgehalt über die jeweiligen Stiftungen wurde durch zusätzliche Angaben zur aktuellen Stiftungsarbeit und die faktischen Einsatzmöglichkeiten von Stiftungen nachhaltig verbessert. Anhand der deutlich erweiterten Zahlen, Daten und Fakten zur deutschen Stiftungslandschaft wird in übersichtlicher Form belegt, wie dynamisch und vielseitig sich die Stiftungen in Deutschland entwickeln.

Die ausführlichen Abfragen lassen zum ersten Mal auf verlässlicher Grundlage eine umfassende Statistik zu Vermögen, Ausgaben für den Stiftungszweck, regionale Schwerpunkte und vieles mehr zu. Bei den Arbeiten wurden aber auch die Lücken im Erkenntnisstand deutlich, die es in Zukunft zu füllen gilt.

11. Ausstellungsreihen

Nach der unvorhergesehenen Übergabe der Verantwortlichkeit für Konzeption und Organisation der weiteren Ausstellungsstationen der Reihe „Stiftungen bauen Brücken" von Klemens Müer an die Geschäftsstelle konnte die Ausstellung in zwei Städten in **Mecklenburg-Vorpommern** präsentiert werden. In der Landeshauptstadt Schwerin fand am 14.03.2000 ein Parlamentarischer Abend unter Beteiligung von Landtagspräsident und Ministerpräsident statt; einen Tag später wurde die Ausstellung im Schweriner Schloss durch Landtagspräsident Hinrich Kuessner offiziell eröffnet. In Greifswald wurde die Ausstellung auf vier verschiedene Präsentationsorte aufgeteilt. Zum einen reichte hier nirgendwo der Platz für die zahlreichen Aussteller. Zum anderen konnten verschiedene Menschen mit der Ausstellung erreicht werden. Teile der Ausstellung wurden gezeigt in der „Kleinen Rathausgalerie" im Rathaus, in der altehrwürdigen Aula der Ernst-Moritz-Arndt-Universität, im Biotechnikum und in der Sparkasse am Markt. Die Ausstellungsstationen wurden mit Veranstaltungen, bei denen u.a. der Träger des Alternativen Nobelpreises, Professor Michael Succow sprach, am 07. und 08.04.2000 eröffnet und waren bis 03.05.2000 zu sehen.

Abschlussstation des großen Ausstellungsprojektes war **Berlin**. Dort war die Ausstellung im Preußischen Landtag vom 14.09. bis 05.10.2000 präsent. Den Aspekt der Innovationsförderung als Stiftungsaufgabe beleuchtete die Auftaktveranstaltung am 13. September 2000 in Berlin (DS 3/2000, S 8 f.). Dr. Knut Nevermann vom Beauftragten für Kultur und Medien, Dr. Annette Fugmann-Heesing und Dr. Wolfgang Girnius diskutierten mit Dr. Arend Oetker (Stifterverband für die Deutsche Wissenschaft), Prof. Dr. Dieter Lenzen (Freie Universität Berlin) und Prof. Dr. Hanns-Jürgen Lichtfuß (Technologiestiftung Innovationszentrum Berlin), wie Stiftungen und Staat noch besser miteinander kooperieren können. Zur offiziellen Eröffnung am 14.09. spielten die Berliner Symphoniker. Die Abschlussveranstaltung am 04.10. mit dem Regierenden Bürgermeister von Berlin, Eberhard Diepgen, der Bundestagsabgeordneten Uta Titze-Stecher und zahlreichen Stiftungsvertretern (Titel: „Stiftungen gestalten die Zukunft – Zukunft der Stiftungen") beschloss dann eine Ausstellungsreihe, die nicht nur Bedeutung als Öffentlichkeitsarbeit für Stiftungen hatte, sondern auch als ein Appell zum Stiften sowie zur Förderung des weiteren Zusammenwachsens von Ost und West aufgefasst wurde (DS 3/2000, S. 9 f.).

„Stiftungen bauen Brücken" hat neue Ausstellungsprojekte angeregt und als Vorbild für ähnliche Veranstaltungen gedient.

Dies gilt besonders für die Ausstellungsreihe **„Stiftungslandschaft NRW"**, die am 07.11.2000 im **Landtag Nordrhein-Westfalen** eröffnet wurde und bis Juni 2001 durch die Regierungsbezirke Nordrhein-Westfalens wandern wird. Über 100 Stiftungen aus Nordrhein-Westfalen haben sich vorgestellt oder werden sich an attraktiven Ausstellungsorten im Lande vorstellen. Die positive Resonanz der Stiftungen auf die Einladung des Bundesverbandes, die Unterstützung der Förderer und der amtlichen Stellen im Lande ermöglichten es, ein repräsentatives Bild der „Stiftungslandschaft NRW" zu vermitteln. Pro-fessionell gestaltete Plakate leiten den Besucher durch die nach Themenblöcken gegliederte Ausstellung. Der Bundesverband hat hierzu spezielle Führungen angeboten. Diskussions- und Vortragsabende vertiefen das Verständnis darüber, welche Aufgaben Stiftungen in den verschiedenen gesellschaftlichen Bereichen erfüllen. Auch damit soll das Ziel erreicht werden, den engagierten Bürger zum Stiften, Spenden und zur ehrenamtlichen Mitarbeit bei Stiftungen anzuregen. Die Frage „Wie werde ich Stifter?" bleibt an keinem Ausstellungsort unbeantwortet, sondern wird vielmehr in eigenen Veranstaltungen vertieft.

Bei der Eröffnungsveranstaltung in Düsseldorf empfahl der Präsident des Landtags, Ulrich Schmidt, den Besuchern, Stiftungen als Instrument gegen die zunehmende Gewaltbereitschaft in Deutschland zu nutzen. Dr. Fritz Behrens, Innen- und damit „Stiftungsminister" des Bundeslandes sowie Initiator des Projekts, hob die gesellschaftliche Bedeutung von Stiftungen hervor. Stiftungen zeigten eine zunehmende Bereitschaft, aktiv die Gestaltung der Gesellschaft zu übernehmen. Sie seien – wie es auch der Erste Vorsitzende des Bundesverbandes, Prof. Dr. Axel Frhr. von Campenhausen, formulierte – „ein Pendant zum Staat", von dem wichtige Impulse nicht zuletzt für das kommunale Gemein-schaftsleben ausgingen. Betont wurde damit auch die Bedeutung der wachsenden Anzahl von Bürgerstiftungen, die als „Katalysatoren des sozialen Zusammenhalts im lokalen Rahmen" fungierten.

Unter der Moderation von Johanna Holzhauer vom Westdeutschen Rundfunk schloss sich eine lebhafte Diskussion über die „Rolle von Stiftungen in einer aktiven Bürgergesellschaft" an. Darin stellten Dr. Heinz Murmann, G. und H. Murmann-Stiftung, Troisdorf, Karl Ludwig Schweisfurth, einstiger Inhaber der Wurstfirma Herta, heute Stifter und Kuratoriumsvorsitzender der Schweisfurth-Stiftung, und die Geschäftsführerin der Haniel Stiftung in Duisburg, Dr. Edith

Hagenguth-Werner, sowie zwei Stifter anschaulich ihre persönliche Motivation bei der Erfüllung ihrer Stiftungszwecke dar.

Die Ausstellung, die noch bis zum 23.11.2000 in Düsseldorf zu sehen war, wanderte anschließend in das **Essener Rathaus**, wo sie bis zum 20.12.2000 gezeigt wurde. Bei der Eröffnungsveranstaltung am 28.11.2000 diskutierten zum Thema „Zur Aufgabe von Kulturstiftungen im Kulturbereich – Was können, sollen oder müssen sie leisten?" unter der Moderation von Dr. Oliver Scheytt, Kulturdezernent der Stadt Essen, Dr. Christoph Brockhaus, Direktor der Stiftung Lehmbruck-Museum, Dr. Ingo Ellgering, Mitglied des Vorstands der Kreissparkasse Köln, Hans-Heinrich Grosse-Brockhoff, Kulturdezernent der Stadt Düsseldorf, Horst Dieter Marheineke, Mitglied des Vorstands der Alfried Krupp von Bohlen und Halbach-Stiftung, Rechtsanwalt Dr. Christoph Mecking, Geschäftsführer des Bundesverbandes Deutscher Stiftungen, und Manfred Morgenstern, Staatssekretär im Ministerium für Städtebau und Wohnen, Kultur und Sport des Landes NRW. Geleitworte sprachen Jürgen Büssow, Regierungspräsident der Bezirksregierung Düsseldorf, und Dr. Reiniger, Oberbürgermeister der Stadt Essen. Die Eröffnung erfolgte durch Prof. Dr. Axel Frhr. von Campenhausen, den Ersten Vorsitzenden des Bundesverbandes.

Die Projektleitung für die gesamte Reihe liegt bei Rechtsanwältin Dr. Barbara Weitz.

Zu den Ausstellungsreihen „Stiftungen bauen Brücken" und „Stiftungslandschaft NRW" sind ausführliche Kataloge erschienen.

12. Rahmenvereinbarungen

Im Berichtsjahr konnte der Bundesverband den Mitgliedern eine Reihe neuer exklusiver Vergünstigungen anbieten. Partner dieser Rahmenvereinbarungen sind unter anderem der Deutsche Herold, die Bank Sarasin, PP Business Protection und die Systemgruppe Bremer, Maute, Witschel (DS 2/2000, S. 20 ff.). Weitere Vereinbarungen zugunsten der Verbandsmitglieder sind in Vorbereitung.

II. Mitgliederentwicklung

Im Berichtsjahr konnte das Mitgliederwachstum gegenüber den bereits erfolgreichen Vorjahren in erfreulichem Maße weiter gesteigert werden. **172 Stiftungen und Stiftungsverwaltungen** traten dem Bundesverband im Berichtsjahr bei. Zusätzlich gewann der Verband **71 neue „Freunde des Stiftungswesens".** Damit zählte der Bundesverband bereinigt um die Austritte zu Ende 1999 (12

Stiftungen und 4 Freunde) **am 31.12.2000 1.548 Mitglieder** (1999: 1.321), davon 1.243 Stiftungen (1.083) und 305 Freunde des Stiftungswesens (238). Die Zahl der Mitglieder hat sich damit seit Ende 1994 verdoppelt (s. Anlage 1). 8 Stiftungen und 9 „Freunde" beendeten mit Ablauf des Berichtsjahres ihre Mitgliedschaft.

Die Beitritte und die damit verbundenen Beitragszahlungen führen zu einer weiteren **Stärkung der Legitimation und der Leistungsfähigkeit** des Verbandes. Verglichen mit der hohen Zahl der bestehenden Stiftungen hat der Bundesverband allerdings immer noch zu wenig Mitglieder. Es gilt daher, in Zukunft die Akquisitionsbemühungen weiter zu verstärken, bei denen die Unterstützung der Mitglieder willkommen ist.

Seit zwei Jahren gelten neue **Richtlinien für die Bemessung der Mitgliedsbeiträge** (vgl. DS 2/1999, S. 15 f.). Trotz einiger erfreulicher freiwilliger Beitragserhöhungen (vgl. DS 2/2000, S. 17) besteht nach Kenntnis der Geschäftsstelle bei vielen Mitgliedern erheblicher Nachholbedarf.

Das **Beitragsvolumen** wuchs durch Beitritte und Beitragserhöhungen auf der Grundlage der Richtlinien zur Bemessung des Mitgliedsbeitrages dennoch weiter kontinuierlich an (s. Anlage 2). Es konnte der höchste Zuwachs an Mitgliedsbeiträgen in der Geschichte des Bundesverbandes erzielt werden.

Über die Mitgliedschaft vieler Stiftungsverwaltungen (Kirchen, Universitäten, Kommunen, Stifterverband für die Deutsche Wissenschaft, Gemeinschaftsstiftungen) vertritt der Bundesverband heute deutlich über 4000 Stiftungen in Deutschland.

III. Finanzielle Entwicklung

1. Haushalt

Auch in der Gesamtschau entwickelte sich der Haushalt erfreulich.

Einnahmen in Höhe von 2 307 TDM (1999: 1 950) stehen Ausgaben in Höhe von 2 175 TDM (1999: 1 880) gegenüber. Die nochmalige Steigerung des Haushaltsvolumens gegenüber dem Vorjahr, wo die Steigerungen auf die Sonderzuwendungen für den Standortwechsel zurückzuführen waren, ist im Berichtsjahr auf das **Ausstellungsprojekt „Stiftungslandschaft NRW"** zurückzuführen. Auf dieses Projekt entfallen im Einnahmebereich 346 TDM, im Ausgabebereich 195 TDM. Die Differenz in Höhe von 151 TDM dient der Finanzierung des Projekts bis zur Mitte des Jahres 2001 und wird entsprechend vorgetragen. Um diesen außergewöhnlichen Projektbereich **bereinigt** stehen im Haushalt den **Einnahmen in Höhe von 1 961 TDM Ausgaben** in Höhe von **1 980 TDM** gegenüber. Es wird vorbehaltlich des Beschlusses von Vorstand und Beiräten erstmals von der neuen Rücklagemöglichkeit Gebrauch gemacht und gem. § 58 Nr. 7 a AO eine freie Rücklage in Höhe von 130 TDM gebildet. Der Mittelvortrag erhöht sich um 2 TDM auf 400 TDM.

Obwohl einige Anschaffungen im Zusammenhang mit dem **Standortwechsel von Bonn nach Berlin** zurückgestellt wurden, ergibt sich in diesem Zusammenhang eine **Unterdeckung in Höhe von ca. 25 TDM**. Mit dem Ende des Berichtsjahres kann freilich festgestellt werden, dass die in 1999 und 2000 angefallenen „Umzugskosten" in Höhe von ca. 400 TDM weitgehend aus freiwilligen Zuwendungen von 19 Förderern getragen werden konnten (vgl. DS 1/2000, S. 26; 2/2000, S. 42). Auf das Instrument einer Mitgliederumlage musste daher nicht zurückgegriffen werden.

Näheres ergibt sich aus dem Bericht des Rechnungsprüfers.

2. Förderfonds Stiftungswesen

Der im Jubiläumsjahr 1998 des Bundesverbandes als unselbstständige Stiftung errichtete „Förderfonds Stiftungswesen", dessen Stiftungszweck die Förderung der Wissenschaft und Forschung auf dem Gebiet des Stiftungswesens ist, konnte im Jahr 2000 seine noch äußerst bescheidenen Mittel weiter erhöhen.

Das **Stiftungsvermögen** des Förderfonds betrug zum Jahresende **13.279,22 DM**. Die freie Rücklage gem. § 58 Nr. 7a AO beläuft sich auf 1.141,13 DM und der Mittelvortrag auf 322,21 DM. Eine zweckempfohlene Zuwendung von der Wüstenrot-Stiftung in Höhe von 8.000,00 DM wurde in eine Projektrücklage für den Aufbau der Bibliothek Deutscher Stiftungen eingestellt und wird im Jahr 2001 entsprechend verwendet werden.

Mit einer Zuwendung in Höhe des Mittelvortrags wird der Förderfonds im Jahr 2001 die Herausgabe des Bandes „Deutsches Stiftungswesen: 1988–1998: Wissenschaft und Praxis" fördern.

Der „Förderfonds Stiftungswesen" ist im Gegensatz zum Bundesverband berechtigt, Zuwendungsbestätigungen auszustellen.

IV. Gremien

Im Berichtszeitraum verlor der Bundesverband Deutscher Stiftungen seinen Ehrenvorsitzenden: Dr. Rolf Hauer verstarb am 07.06.2000 im Alter von 88 Jahren in Hannover (DS 2/2000, S. 5).

Dr. Rolf Hauer, Träger des Großen Verdienstkreuzes des Niedersächsischen Verdienstordens, des Verdienstkreuzes 1. Klasse des Bundesverdienstordens und der Goldmedaille „Für Verdienste um das Stiftungswesen", leitete von 1975–1990 als Erster Vorsitzender und seit 1990 als Ehrenvorsitzender maßgeblich die Geschicke des Bundesverbandes Deutscher Stiftungen. Er setzte sich dabei vor allem für die Weiterentwicklung des Stiftungswesens in Deutschland, für die Verbesserungen der rechtlichen Rahmenbedingungen und für die Akzeptanz des Stiftens in Politik und Öffentlichkeit ein. Nicht zuletzt seinem unermüdlichen Werben für die Anerkennung der edlen Tat des Stiftens ist es zu verdanken, dass der Stiftungsgedanke in Deutschland in den letzten Jahrzehnten populärer geworden ist.

Dr. Rolf Hauer hat auch in der Debatte zur Stiftungssteuerrechtsreform an den Vorschlägen des Bundesverbandes mitgearbeitet, die in weiten Teilen Eingang in das neue Gesetz gefunden haben. So ist es ein merkwürdiger Zufall, dass Dr. Hauer in den Abendstunden verstarb, in denen nach jahrelangen Reformbemühungen im Vermittlungsausschuss die Entscheidung zu Gunsten eines Gesetzes fiel, das dem Stiftungswesen in Deutschland weiteren Auftrieb geben wird.

Am 15.08.2000 verstarb im Alter von 88 Jahren Prof. Dr. Dr. h.c. mult. Helmut Coing, Ehrenmitglied des Bundesverbandes (DS 2/2000, S. 6). Prof. Dr. Axel Frhr. v. Campenhausen schrieb in seinem Nachruf: „Helmut Coing gehört zu den führenden Rechtshistorikern der Nachkriegszeit. Rechtsgeschichte, Rechtsphilosophie und Rechtsvergleichung waren der Dreiklang, der über seinem weitgespannten Schaffen steht. Das Besondere an ihm war aber einerseits die Verbindung hin zum geltenden Recht, andererseits die überragende Organisationskraft. Beides machte ihn zu einem gesuchten Ratgeber und Helfer. Coing hat sehr viele Ehrenämter glanzvoll ausgefüllt."

Aus den Beiräten schieden im Berichtsjahr Heike Schmoll und Prof. Dr. Gottfried Kiesow aus. Dem Vorsitzenden der Deutschen Stiftung Denkmalschutz folgte sein Stellvertreter, Prof. Dr. iur. Klaus Trouet, in die Beiräte des Verbandes.

V. Geschäftsstelle

Zum Ende des Berichtsjahres 2000 waren in der Geschäftsstelle, die vom Geschäftsführer, Rechtsanwalt Dr. Christoph **Mecking**, geleitet wird, **zwölf Mitarbeiter** – z.T. befristet – beschäftigt. Gegenüber dem letzten Geschäftsbericht hat es folgende Änderungen gegeben: **Tom-Uwe Bialowons** (ab 15.01.) wurde als Referent für „EDV, Netzwerk und Datenbankmanagement" eingestellt; **Elke Krüger** (ab 15.01.) ist in Sekretariat und Sachbearbeitung für die Referate Medien- und Öffentlichkeitsarbeit, Publikationen und Veranstaltungen tätig; **Ina Hornemann** (ab 01.03.) für Sekretariat und Sachbearbeitung im Bereich „Verwaltung/Organisation/Finanzen". **Heike Pütz**, die über drei Jahre hinweg für das Projekt „Verzeichnis Deutscher Stiftungen 2000" tätig war, hat den Bundesverband zum 30.11.2000 verlassen.

Wie schon im Jahr 1999 arbeiteten im Berichtsjahr folgende Mitarbeiterinnen und Mitarbeiter in der Geschäftsstelle: Annegret Buchholtz M.A. (Referentin Veranstaltungen, Deutsche Stiftungs Akademie), Ulrich F. Brömmling M.A. (Leiter Medien und Öffentlichkeitsarbeit, „Stiftungen bauen Brücken"), Udo M. Hörsch (Leiter Verwaltung), Ariane Kügow (Telefonzentrale/Versand), Dr. Dagmar Löttgen (Referentin Information und Dokumentation), Caren Machlitt (Sekretariat der Geschäftsführung), Janine Maurer M.A. (Referentin Publikationen), Rechtsanwalt Dr. Christoph Mecking (Geschäftsführer), und Gunda Sauerbrey (Referentin Information und Dokumentation/Verzeichnis Deutscher Stiftungen).

Um die Arbeitsweise der Geschäftsstelle weiter zu verbessern, wurde im Dezember 2000 die **Organisationsstruktur gestrafft**. Die Aufgaben sind nunmehr auf vier Bereiche verteilt: Die genaue Struktur und die Besetzung kann dem Organigramm (Anlage 4) entnommen werden.

Auch im Berichtsjahr 2000 unterstützten zahlreiche **Aushilfen, Praktikanten und Referendare** die Mitarbeiter der Geschäftsstelle bei den vielfältigen Aufgaben. Mit Dank für den besonderen Einsatz seien erwähnt: Katrin Becher, Nicole Brabant, Christina Dethlefsen, Markus Eisele, Cornelia Feist, Verena Freyer, Marica Gelo, Sabine Hanel, Ludwig Haugk, Carolin Hegenbarth, Tobias Henkel, Maren Hildebrandt, Doreen Kirmse, Jens Krieger, Katja Kullmann, Clemens Kurek, Julia Meyer, Dirk Riemann, Eva Sauerteig, Alexander Saumweber, Nadine Schimroszik, Susan Schimroszik, Benjamin Siepert, Steven Sievers, Hanna Surmatz, Friederike Waldmann, Nikolas Westerhoff.

Für die Bewältigung der stetig wachsenden Anforderungen an den Bundesverband ist die **Einstellung weiteren Personals** in der Geschäftsstelle erforderlich. Zum Jahreswechsel waren zweieinhalb, zum Teil neue Stellen zu besetzen: Justitiariat, Sekretariat/Sachbearbeitung „Datenbankpflege", Sekretariat/Sachbearbeitung „Medien und Information". Bereits zum 01.01.2001 konnte Assessor Tobias Henkel als Justitiar eingestellt werden, der als Praktikant und Referendar schon mehrere Monate in der Geschäftsstelle tätig war.

VI. Zusammenfassung

Insgesamt konnte der Bundesverband Deutscher Stiftungen für das Berichtsjahr 2000 eine durchweg positive Bilanz ziehen. Der Erste Vorsitzende des
Bundesverbandes Deutscher Stiftungen, Prof. Dr. Axel Frhr. v. Campenhausen
verwies insoweit in einer Pressemitteilung vom 14.12.2000 auf das wachsende
Interesse am Stiftungswesen in Deutschland: „2000 wird als wichtiges Jahr in
die Geschichte des Stiftungswesens eingehen. In den vergangenen 90 Jahren
hat es nie so viele Stiftungserrichtungen gegeben. Die Anfragen potenzieller
Stifterinnen und Stifter beim Bundesverband Deutscher Stiftungen haben sich
allein im vergangenen Jahr fast verdoppelt. Das ist zum einen mit dem Gesetz
zur weiteren steuerlichen Förderung von Stiftungen zu erklären, das viele lange
durch den Bundesverband eingeforderte Verbesserungen für die Stiftungen
brachte, zum anderen durch den stark angewachsenen Umfang der Berichterstattung zum Stiftungswesen in den Medien."

Berlin, 9. März 2001

Dr. Christoph Mecking

  – Geschäftsführer –

Anhang

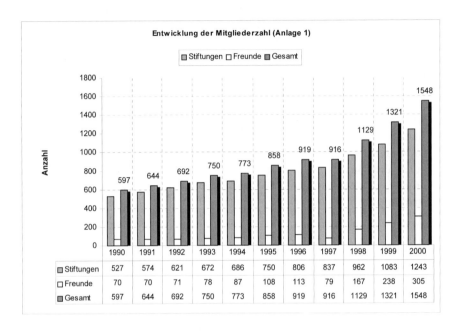

Entwicklung der Mitgliederzahl (Anlage 1)

□ Stiftungen □ Freunde ■ Gesamt

	1990	1991	1992	1993	1994	1995	1996	1997	1998	1999	2000
□ Stiftungen	527	574	621	672	686	750	806	837	962	1083	1243
□ Freunde	70	70	71	78	87	108	113	79	167	238	305
■ Gesamt	597	644	692	750	773	858	919	916	1129	1321	1548

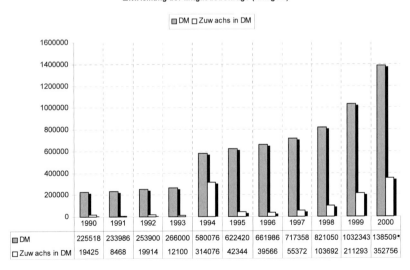

Entwicklung der Mitgliedsbeiträge (Anlage 2)

□ DM □ Zuwachs in DM

	1990	1991	1992	1993	1994	1995	1996	1997	1998	1999	2000
□ DM	225518	233986	253900	266000	580076	622420	661986	717358	821050	1032343	138509•
□ Zuwachs in DM	19425	8468	19914	12100	314076	42344	39566	55372	103692	211293	352756

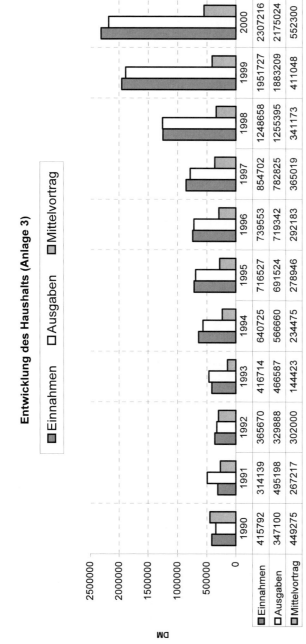

Entwicklung des Haushalts (Anlage 3)

■ Einnahmen □ Ausgaben ■ Mittelvortrag

DM	1990	1991	1992	1993	1994	1995	1996	1997	1998	1999	2000
■ Einnahmen	415792	314139	365670	416714	640725	716527	739553	854702	1248658	1951727	2307216
□ Ausgaben	347100	495198	329888	466587	566660	691524	719342	782825	1255395	1883209	2175024
■ Mittelvortrag	449275	267217	302000	144423	234475	278946	292183	365019	341173	411048	552300

- 1999 + 2000: Haushaltsvolumen einschl. Projekt "Standortwechsel der Geschäftsstelle"
- 2000: Haushaltsvolumen einschl. Ausstellungsreihe "Stiftungslandschat NRW"
- Mittelvortrag jeweils einschl. "Hilfsfonds" bzw. "Förderfonds Stiftungswesen" (ab 1998 der Stammeinlage an der Deutschen StiftungsAkademie gGmbH (ab 1998) sowie der Rücklage gem. § 58 Nr. 7a AO (2000: 130.000,- DM)

Anlage 4

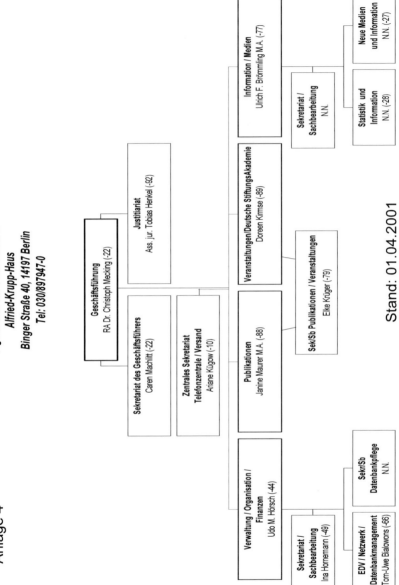

Organisation der Geschäftsstelle
Alfried-Krupp-Haus
Binger Straße 40, 14197 Berlin
Tel: 030/897947-0

Geschäftsführung
RA Dr. Christoph Mecking (-22)

Justitiariat
Ass. Jur. Tobias Henkel (-92)

Sekretariat des Geschäftsführers
Caren Machlitt (-22)

Zentrales Sekretariat
Telefonzentrale / Versand
Ariane Kilgow (-10)

Publikationen
Janine Maurer M.A. (-88)

Sek/Sb Publikationen / Veranstaltungen
Elke Krüger (-79)

Veranstaltungen/Deutsche StiftungsAkademie
Doreen Kirmse (-89)

Information / Medien
Ulrich F. Brömmling M.A. (-77)

Sekretariat /
Sachbearbeitung
N.N.

Statistik und
Information
N.N. (-28)

Neue Medien
und Information
N.N. (-27)

Verwaltung / Organisation /
Finanzen
Udo M. Hörsch (-44)

Sekretariat /
Sachbearbeitung
Ina Hornemann (-49)

EDV / Netzwerk /
Datenbankmanagement
Tom-Uwe Bialowons (-66)

Sekr/Sb
Datenbankpflege
N.N.

Stand: 01.04.2001

Vorlage zu
TOP 6
Wahlen für die Beiräte

I.

Bei folgenden am 22.05.1997 in Osnabrück gewählten Mitgliedern des Beirats läuft mit der Mitgliederversammlung 2001 die 1. Amtszeit aus:

Professor Dr. Manfred Erhardt, Generalsekretär des Stifterverbandes für die Deutsche Wissenschaft,

Dr. Dominik Frhr. von König, Generalsekretär der Stiftung Niedersachsen, und

Dr. Wilhelm Krull, Generalsekretär der VolkswagenStiftung.

Vorstand und Beiräte empfehlen der Mitgliederversammlung die Wiederwahl.

II.

Heike Schmoll, Frankfurter Allgemeine Zeitung, Georg Michael Primus, Oberstadtdirektor der Stadt Goslar, und Prof. Dr. Dr. h.c. Paul Raabe, Direktor der Franckeschen Stiftungen zu Halle, scheiden aus den Beiräten aus oder sind bereits ausgeschieden.

Vorstand und Beiräte empfehlen der Mitgliederversammlung die Wahl von

Herrn Lothar A. Böhler, Stiftungsdirektor der Stiftungsverwaltung Freiburg,

Frau Ulrike Kost, Kirchendirektorin der Evangelischen Pflege Schönau und

Herrn Professor Dr. Olaf Werner, Friedrich-Schiller-Universität Jena.

III.

Vorstand und Beiräte haben auf ihrer gemeinsamen Sitzung am 09.02.2001 beschlossen, Herrn Dr. jur. Ulrich Bopp, Geschäftsführer der Robert Bosch Stiftung GmbH, als Mitglied des Beirats nach seiner ersten Amtszeit mit Wirkung ab der nächsten gemeinsamen Sitzung von Vorstand und Beiräten am 30.05.2001 erneut zu kooptieren.

Zu Ihrer Information sind Kurzbiografien der Kandidaten beigefügt.

Lothar A. Böhler

seit 1992 Stiftungsdirektor der Stiftungsverwaltung Freiburg i. Br.; geboren 1951 in Menzenschwand im Hochschwarzwald; Studium an der Katholischen Fachhochschule für Sozialwesen in Freiburg, Schwerpunkt: Sozialplanung/ Gemeinwesenarbeit; 1976–1981 Arbeiterwohlfahrt Kreisverband Freiburg e. V.; 1981–1985 Leiter der Sozialabteilung und Pressewesen beim Studentenwerk Freiburg; 1985–1992 Geschäftsführer beim Deutschen Roten Kreuz, Kreisverband Freiburg e.V.; Mitglied in zahlreichen Gremien und Ausschüssen auf regionaler und überregionaler Ebene, u.a. im Hauptausschuss des Deutschen Vereins für öffentliche und private Fürsorge, jetzt Leiter des Arbeitskreises „Kommunales" im Bundesverband.

Ulrike Kost

seit 1992 Vorstand der Evangelischen Pflege Schönau in Heidelberg (Zentrale Stiftungsverwaltung der Ev. Landeskirche in Baden); geboren am 22.12.1957 in Karlsruhe; Studium der Rechtswissenschaften in Heidelberg; Zusatzqualifikation Betriebswirtschaft; Ev. Oberkirchenrat in Karlsruhe 1987–1988 für allgemeine Rechtsfragen und 1989–1991 in der Abteilungsleitung Personal/ Angestellte; seit 1998 Mitglied der Grundstückskommission der EKD; früher Referentin im Arbeitskreis „Kommunal- und Grundstücksrecht" im Bundesverband, jetzt Leiterin des Arbeitskreises „Immobilienmanagement".

Prof. Dr. Olaf Werner

seit 1992 Professor für Bürgerliches Recht, Zivilprozessrecht, Handels-, Gesellschafts-, und Wirtschaftsrecht an der Friedrich-Schiller-Universität Jena; geboren am 18.08.1939 in Köln; 1981 Habilitation; anschließend Professuren in Münster und Marburg; 1990 Gastprofessur in Seoul/Korea; 1991 Gründungsdekan an der Rechtswissenschaftlichen Fakultät in Jena; seit 1996 auch Richter am Thüringer Oberlandesgericht Jena; seit 1992 Mitglied des Vorstandes der Ernst-Abbe-Stiftung zu Jena; Kuratoriumsmitglied der Hans-Meinecke-Stiftung in Hannover sowie der Citibank Stiftung; Leiter des Gesprächskreises „Stiftungsprivatrecht" im Bundesverband.

Vorlage zu
TOP 8
Satzungsreform

Die Mitgliederversammlung hat auf ihrer Sitzung in Weimar die „Gesichtspunkte für eine Neubestimmung der Ziele, Aufgaben und Organisationsstruktur des Bundesverbandes Deutscher Stiftungen" (DS 2/2000, Dokumentationsteil S. III ff.) verabschiedet. Darin heißt es:

„Die Veränderungen im Aufgabenprofil des Bundesverbandes erfordern Konsequenzen struktureller Art, die vor allem über eine Satzungsreform umzusetzen sind. Dabei besteht u.a. in folgenden Punkten Prüfungs- bzw. Veränderungsbedarf:

- Mitgliederstruktur: Status, Aufnahmeverfahren;
- Organ- und Gremienstruktur: Zusammensetzung und Aufgaben der Gremien; klare Verantwortlichkeiten und Beschlussverfahren; Zahl, Wahl und Berufung der Gremienmitglieder; Amtszeiten;
- Geschäftsführer und Geschäftsstelle: Verantwortlichkeit, Vertretungsberechtigung;
- Verhältnis zum Verband Deutscher Wohltätigkeitsstiftungen."

Auf der gemeinsamen Sitzung des Vorstandes und der Beiräte am 13.10.2000 wurde zur Erarbeitung eines gemeinsamen Entwurfs eine Kommission zur Satzungsreform eingesetzt, der neben dem Vorstand und dem Geschäftsführer die Beiräte Hüttemann, Krull, Matschke, von Pölnitz-Egloffstein und Rossberg angehören. Sie hat am 19.12.2000 in Hannover eine neue Fassung der Satzung zur Vorlage in der Mitgliederversammlung erstellt. Das zuständige Finanzamt für Körperschaften I/Berlin und das für das Vereinsregister Berlin zuständige Amtsgericht Charlottenburg haben dazu Stellung genommen.

Die Ihnen mit diesen Unterlagen vorliegende modifizierte Synopse ist das Ergebnis der Beratungen auf einer gemeinsamen Sitzung von Vorstand und Beiräten am 9.2.2001 in Hamburg. Sie enthält die erforderlichen Abänderungen.

Vorstand und Beiräte empfehlen der Mitgliederversammlung folgenden Beschluss:

„Die vorliegende Neufassung der Satzung wird angenommen.

er Vorstand wird ermächtigt, redaktionelle Änderungen aufgrund von etwaigen Beanstandungen durch Registergericht oder Finanzbehörde selbstständig vorzunehmen"

Satzungsentwurf (Stand 09.03.2001)

Bisherige Fassung vom 21.06.1990	Neue Fassung: Entwurf zur Vorlage in der Mitgliederversammlung vom 31.05.2001	Erläuterungen zum Entwurf (Die geänderten Passagen sind durch <u>Unterstreichungen</u> hervorgehoben.)
§ 1 Name, Sitz, Geschäftsjahr (1) Der Verein führt den Namen „Bundesverband Deutscher Stiftungen e.V.". Er ist in das Vereinsregister einzutragen.	**§ 1 Name, Sitz, Geschäftsjahr** (1) Der Verein führt den Namen „Bundesverband Deutscher Stiftungen e.V." <u>(Bundesverband)</u>.	
(2) Sitz des Bundesverbandes ist Augsburg.	(2) <u>Der Bundesverband hat seinen Sitz in Berlin. Gründungssitz war die Fuggerei in Augsburg.</u>	Der Bundesverband verlegt aufgrund der Veränderung der tatsächlichen Verhältnisse seinen Sitz von der Fuggerei in Augsburg nach Berlin.
(3) Geschäftsjahr ist das Kalenderjahr.	(3) Geschäftsjahr ist das Kalenderjahr.	
§ 2 Zweck Der Bundesverband nimmt die Interessen von Stiftungen wahr, die gemeinnützigen, mildtätigen oder kirchlichen Zwecken im Sinne des Abschnitts „Steuerbegünstigte Zwecke" der Abgabenordnung dienen. Der Zweck wird erfüllt insbesondere durch	**§ 2 Zweck** <u>Zweck des Bundesverbandes ist die Förderung des gemeinwohlorientierten Stiftungswesens in Deutschland. Der Bundesverband nimmt die Interessen von Stiftungen und Stiftern wahr, die gemeinnützigen, mildtätigen oder kirchlichen Zwecken im Sinne des Abschnitts „steuerbegünstigte Zwecke" der Abgabenordnung dienen. Der Zweck wird beispielsweise verwirklicht durch:</u>	Die Zweckbestimmung wird anhand der von der Mitgliederversammlung am 11.05.2000 in Weimar beschlossenen „Gesichtspunkte für eine Neubestimmung der Ziele, Aufgaben und Organisationsstruktur des Bundesverbandes Deutscher Stiftungen" neu gefasst und erweitert.
1. Wissenschaftliche Vorhaben auf dem Gebiete des Stiftungswesens; 2. Information und Beratung; 3. Pflege der Verbindung zu Verwaltungen und	<u>1. Förderung wissenschaftlicher Vorhaben; 2. Veranstaltungen, Veröffentlichungen; 3. Datensammlung und -dokumentation; 4. Aus- und Fortbildung;</u>	

gesetzgebenden Körperschaften durch Information, Beratung, Vorschläge und Anträge; 4. Öffentlichkeitsarbeit; 5. Ehrung von Persönlichkeiten, die sich um das Stiftungswesen besonders verdient gemacht haben.	5. Internationalen Austausch; 6. Ehrung von Persönlichkeiten und Einrichtungen, die sich um das Stiftungswesen besonders verdient gemacht haben; 6. Beratung von Stiftungen und Stiftern	
§ 3 Gemeinnützigkeit (1) Der Bundesverband verfolgt ausschließlich und unmittelbar gemeinnützige Zwecke im Sinne des Abschnitts „Steuerbegünstigte Zwecke" der Abgabenordnung. Er ist selbstlos tätig und verfolgt nicht in erster Linie eigenwirtschaftliche Zwecke. 2) Mittel des Bundesverbandes dürfen nur für die satzungsmäßigen Zwecke verwendet werden. Die Mitglieder erhalten keine Zuwendungen aus Mitteln des Bundesverbandes. (3) Es darf keine Person durch Ausgaben, die dem Zweck des Bundesverbandes fremd sind oder durch unverhältnismäßig hohe Vergütungen begünstigt werden. Mitglieder des Vorstands und des Beirats können in angemessenem Umfang Ersatz ihrer Auslagen erhalten, sofern diese nicht von anderer Seite erstattet werden. Darüber hinaus kann der Vorstand im Benehmen mit dem Beirat eine pauschale Entschädigung für den Zeit und Sachaufwand seiner Mitglieder festsetzen.	§ 3 Gemeinnützigkeit (1) Der Bundesverband verfolgt ausschließlich und unmittelbar gemeinnützige Zwecke im Sinne des Abschnitts „Steuerbegünstigte Zwecke" der Abgabenordnung. Er ist selbstlos tätig und verfolgt nicht in erster Linie eigenwirtschaftliche Zwecke. (2) Mittel des Bundesverbandes dürfen nur für die satzungsmäßigen Zwecke verwendet werden. Die Mitglieder erhalten keine Zuwendungen aus Mitteln des Bundesverbandes. (3) Es darf keine Person durch Ausgaben, die dem Zweck des Bundesverbandes fremd sind oder durch unverhältnismäßig hohe Vergütungen begünstigt werden. Mitglieder des Vorstandes können in angemessenem Umfang Ersatz ihrer Auslagen verlangen, sofern diese nicht von anderer Seite erstattet werden. Darüber hinaus kann der Vorstand im Benehmen mit dem Beirat eine pauschale Entschädigung für den Zeit und Sachaufwand seiner Mitglieder festsetzen.	

(4) Tätigkeit und Aufwendungen von Beauftragten des Bundesverbandes werden in angemessenem Umfang vergütet. Der Vorstand setzt jeweils die Höhe der Vergütung fest.	(4) Tätigkeit und Aufwendungen von Beauftragten des Bundesverbandes werden in angemessenem Umfang vergütet. Der Vorstand setzt jeweils die Höhe der Vergütung fest.	
§ 4 Mitgliedschaft	§ 4 Mitgliedschaft	
(1) Mitglieder des Bundesverbandes können insbesondere Stiftungen des bürgerlichen und des öffentlichen Rechts sowie kirchliche Stiftungen sein. (2) Stiftungsverwaltungen von Kommunen sowie von kirchlichen und anderen Institutionen können für die von ihnen verwalteten Stiftungen und stiftungsähnlichen Vermögen die Mitgliedschaft erwerben.	<u>(1) Mitglieder des Bundesverbandes können Stiftungen und Stiftungsverwaltungen sein. Daneben können als Freunde des Stiftungswesens auch andere natürliche oder juristische Personen die Mitgliedschaft erwerben, wenn sie den Zweck des Bundesverbandes unterstützen.</u>	Die Vorschriften über die Mitgliedschaft werden in einem Paragraphen zusammengefasst, der Beginn und Ende einer Mitgliedschaft sowie die Frage der Mitgliedsbeiträge regelt (bisher §§ 4,5 und 11).
(3) Die Mitglieder des Verbandes Deutscher Wohltätigkeitsstiftungen e.V. sind zugleich Mitglieder des Bundesverbandes.	<u>(2) Die Mitglieder des Verbandes Deutscher Wohltätigkeitsstiftungen e.V. sind zugleich Mitglieder des Bundesverbandes.</u>	
(4) Als Freunde des Stiftungswesens können auch andere juristische und natürliche Personen Mitglieder werden, die die Ziele des Bundesverbandes bejahen und seinen Zweck unterstützen wollen. § 5 Aufnahme von Mitgliedern, Beendigung der Mitgliedschaft		
(1) Über die Aufnahme von Mitgliedern entscheidet der Vorstand. (2) Der Vorstand ist nach Anhörung des Beirats berechtigt, eine Aufnahme	<u>(3) Über den – schriftlich zu stellenden – Aufnahmeantrag entscheidet der Vorstand. Gegen eine ablehnende Entscheidung kann innerhalb eines Monats nach Zugang Beschwerde</u>	Die Regelungen zum Aufnahmeverfahren werden präzisiert.

in den Bundesverband ohne Angabe von Gründen abzulehnen.	eingelegt werden, über die der Beirat entscheidet.	
	(4) Zur Deckung der Kosten des Bundesverbandes leisten die Mitglieder Jahresbeiträge. Der Vorstand vereinbart die Beiträge mit den Mitgliedern im Rahmen der Richtlinien für die Bemessung des Mitgliedsbeitrages.	Die bisherige Regelung (vgl. § 11 a. F.) wird um den Hinweis auf die von der Mitgliederversammlung beschlossenen Richtlinien ergänzt.
	(5) Die Mitgliedsbeiträge sind zum Anfang eines jeden Kalenderjahres fällig.	
(3) Die Mitgliedschaft endet durch	(6) Die Mitgliedschaft endet	
1. Auflösung oder Aufhebung der Mitgliedsstiftung;	1. durch Auflösung oder Aufhebung der Mitgliedsstiftung oder der Mitgliedsorganisation bzw. mit der Eröffnung des gerichtlichen Insolvenzverfahrens über deren Vermögen oder der Ablehnung der Eröffnung mangels Masse;	
2. Eröffnung des gerichtlichen Konkurs- oder Vergleichsverfahrens über das Vermögen des Mitglieds oder Ablehnung der Eröffnung mangels Masse;		
	2. bei natürlichen Personen mit dem Tod;	
3. Austritt; die Austrittserklärung muss dem Bundesverband bis zum 1. Oktober des laufenden Geschäftsjahres schriftlich zugegangen sein. Die Mitgliedschaft endet sodann mit dem Ende dieses Geschäftsjahres;	3. durch Austritt, dessen Erklärung dem Bundesverband drei Monate vor Ablauf seines Geschäftsjahres schriftlich zugegangen sein muss;	
4. Ausschluss, über den der Vorstand nach Anhören des Beirats entscheidet.	4. durch Ausschluss seitens des Bundesverbandes. Ein Mitglied kann aus wichtigem Grund durch Beschluss des Vorstandes aus dem Bundesverband ausgeschlossen werden. Ein wichtiger Grund liegt insbesondere vor, wenn es	Das Verfahren und die Gründe für einen Ausschluss aus dem Bundesverband müssen präzisiert werden. Es muss die Möglichkeit bestehen, Verbandsmitglieder, die anerkannte Verhaltensgrundsätze missachten oder

	den Mitgliedsbeitrag wiederholt nicht entrichtet oder in schwerwiegender Weise gegen die Ziele und Interessen des Bundesverbandes verstoßen hat. Dem betroffenen Mitglied steht gegen die Entscheidung des Vorstandes ein Widerspruch zu, über den der Beirat entscheidet.	gegen die Ziele des Verbandes verstoßen haben, aus dem Verband auszuschließen.
§ 6 Organe Organe des Bundesverbandes sind: 1. die Mitgliederversammlung; 2. der Vorstand; 3. der Beirat.	**§ 5 Organe** Organe des Bundesverbandes sind: 1. die Mitgliederversammlung (§ 6); 2. der Vorstand (§ 7); 3. der Beirat (§ 8).	
§ 7 Mitgliederversammlung (1) Die Mitgliederversammlung nimmt die ihr nach Gesetz und Satzung zustehenden Rechte wahr, insbesondere die 1. Wahl der Mitglieder des Vorstands; 2. Wahl der Mitglieder des Beirats gemäß § 9 Abs. 1 Satz 2; 3. Wahl des Rechnungsprüfers; 4. Entlastung des Vorstands; 5. Ernennung von Ehrenvorsitzenden und Ehrenmitgliedern; 6. Beschlussfassung über Satzungsänderungen und die Auflösung des Bundesverbandes.	**§ 6 Mitgliederversammlung** (1) Die Mitgliederversammlung nimmt die ihr nach Gesetz und Satzung zustehenden Rechte wahr, insbesondere die 1. Wahl und Abberufung der Mitglieder des Vorstandes und der zu wählenden Mitglieder des Beirates, sowie des Rechnungsprüfers; 2. Entgegennahme des Jahresberichtes und des Rechnungsprüfungsberichtes sowie Entlastung des Vorstandes; 3. Ernennung von Ehrenmitgliedern und Ehrenvorsitzenden; 4. Festsetzung der Richtlinien für die Bemessung des Mitgliedsbeitrages. 5. Beschlussfassung über Satzungsänderungen und die Auflösung des Bundesverbandes.	An den Zuständigkeits- und Verantwortungsbereichen der Mitgliederversammlung wird in modifizierter Form festgehalten. Hinzu kommt die Kompetenz zur Entgegennahme der Berichte und für die Festsetzung der Richtlinien für die Bemessung des Mitgliedsbeitrages.

	(2) Die <u>ordentliche</u> Mitgliederversammlung <u>findet mindestens einmal im Jahr, in der Regel im Rahmen der Jahrestagung des Bundesverbandes,</u> statt. Spätestens einen Monat vor ihrem Beginn hat der Vorstand die Mitglieder unter Angabe der Zeit, des Ortes und der Tagesordnung schriftlich einzuladen. Eine <u>außerordentliche Sitzung</u> ist innerhalb von drei Monaten einzuberufen, wenn mindestens ein Drittel der Mitglieder dies schriftlich <u>unter Angabe der Gründe</u> vom Vorstand verlangt.	Dazu § 7 Abs. 4 a. F.
(2) Anträge an die Mitgliederversammlung sind dem Vorstand mindestens zwei Wochen vor deren Beginn schriftlich mit Begründung einzureichen.	(3) Jedes Mitglied kann bis spätestens <u>drei Wochen</u> vor dem Beginn der Mitgliederversammlung schriftlich mit Begründung die Ergänzung der Tagesordnung beantragen oder sonstige Anträge an die Mitgliederversammlung einreichen.	Aus organisatorischen Gründen ist die Frist für die Einreichung von Anträgen oder Ergänzungen der Tagesordnung von zwei Wochen auf drei Wochen heraufzusetzen (vgl. § 7 Abs. 2 a. F.).
(3) In der Mitgliederversammlung hat jedes Mitglied eine Stimme. Vertretung ist nicht zulässig. Stiftungsverwaltungen von Kommunen sowie von kirchlichen und anderen Institutionen können bis zu zehn Stimmen haben, soweit die von ihnen verwalteten Stiftungen namentlich beim Bundesverband geführt werden und für jede dieser Stiftungen ein gesonderter Beitrag entrichtet wird. (4) Die Mitgliederversammlung tritt mindestens einmal jährlich zusammen.		Die Stimmenhäufung für Stiftungsverwaltungen (§ 7 Abs. 3 a. F.) wurde nicht praktiziert. Soweit eine drittverwaltete Stiftung einen gesonderten Beitrag entrichtet, steht ihr ein Stimmrecht zu. Die Unzulässigkeit von Stimmrechtsvertretungen ist nicht praktikabel und kann entfallen. Die Stimmenhäufung bleibt im beschränkten Rahmen möglich. Wenn ein Viertel der erschienenen Mitglieder dies beantragt, wird schriftlich abgestimmt.

Spätestens einen Monat vor ihrem Beginn sind die Mitglieder vom Vorstand unter Angabe der Zeit, des Ortes und der Tagesordnung schriftlich einzuladen. Eine Mitgliederversammlung ist innerhalb von drei Monaten einzuberufen, wenn mindestens ein Drittel der Mitglieder dies schriftlich vom Vorstand verlangt.

(5) Eine ordnungsgemäß einberufene Mitgliederversammlung ist ohne Rücksicht auf die Zahl der erschienenen Mitglieder beschlussfähig. § 12 Abs. 1 bleibt unberührt.

(4) Eine ordnungsgemäß einberufene Mitgliederversammlung ist ohne Rücksicht auf die Zahl der anwesenden Mitglieder beschlussfähig. § 12 Abs. 1 bleibt unberührt.

(5) In der Mitgliederversammlung hat jedes Mitglied eine Stimme. Keine Person kann mehr als zehn Stimmen auf sich vereinigen.

(6) Beschlüsse werden mit einfacher Mehrheit der abgegebenen Stimmen gefasst, wobei Stimmenthaltungen außer Betracht bleiben. Stimmengleichheit gilt als Ablehnung. Satzungsänderungen und der Beschluss über die Auflösung des Bundesverbandes bedürfen einer Mehrheit von zwei Dritteln der abgegebenen gültigen Stimmen. Die Abstimmung wird schriftlich vorgenommen, wenn ein Viertel der erschienenen Mitglieder dies beantragt.

(7) Für Wahlen gilt ergänzend, dass dann, wenn im ersten Wahlgang kein Kandidat die Mehrheit der abgegebenen gültigen

	Stimmen erreicht, eine Stichwahl zwischen den beiden Kandidaten mit der höchsten Stimmzahl stattfindet.	
(6) Die Mitgliederversammlung wird vom Ersten Vorsitzenden, im Falle seiner Verhinderung vom Zweiten Vorsitzenden oder einem anderen Mitglied des Vorstands geleitet. Sie beschließt mit einfacher Mehrheit. Stimmengleichheit gilt als Ablehnung. Satzungsänderungen und der Beschluss über die Auflösung des Bundesverbandes bedürfen einer Mehrheit von zwei Dritteln der abgegebenen gültigen Stimmen.	(8) Die Mitgliederversammlung wird von dem Vorsitzenden, bei dessen Verhinderung vom Stellvertretenden Vorsitzenden bzw. einem anderen Vorstandsmitglied geleitet. Bei Wahlen wird die Versammlungsleitung für diesen Tagesordnungspunkt einem vom Vorstand vorgeschlagenen und von der Mitgliederversammlung gewählten Wahlleiter übertragen.	Entsprechend der bisherigen Praxis wird die Leitung der Versammlung bei Wahlen einem Wahlleiter bzw. einem anderen Vorstandsmitglied übertragen.
(7) Über die Mitgliederversammlung ist eine Niederschrift aufzunehmen, die vom Versammlungsleiter und dem von ihm bestimmten Schriftführer zu unterzeichnen ist.	(9) Über die Mitgliederversammlung ist ein Protokoll aufzunehmen, das vom Versammlungsleiter und dem von ihm bestimmten Protokollführer zu unterzeichnen ist.	
§ 8 Vorstand	§ 7 Vorstand	
(1) Der Vorstand besteht aus 1. dem Ersten Vorsitzenden; 2. dem Zweiten Vorsitzenden; 3. bis zu drei weiteren Vorstandsmitgliedern.	(1) Der Vorstand besteht aus 1. dem Vorsitzenden; 2. dem Stellvertretenden Vorsitzenden; 3. bis zu fünf weiteren Vorstandsmitgliedern.	Die umständliche Benennung „Erster" und „Zweiter" Vorsitzender wird aufgegeben und durch „Vorsitzender" und „Stellvertretender Vorsitzender" ersetzt.
(2) Die Mitglieder des Vorstands werden von der Mitgliederversammlung für die Dauer von drei Jahren gewählt. Wiederwahl ist zulässig. Die Amtszeit endet jeweils mit dem Ablauf der Mitgliederversammlung, in der die	(2) Die Mitglieder des Vorstandes werden von der Mitgliederversammlung für die Dauer von drei Jahren gewählt. Zweimalige Wiederwahl ist zulässig. Die Amtszeit endet jeweils mit dem Ablauf der Mitgliederversammlung, in der die	Die Erweiterung der Aufgaben des Verbandes erfordert ein stärkeres, handlungsfähigeres Organ, in dem bei Bedarf ein Ressortprinzip durch Verteilung von Aufgabenbereichen auf Mitglieder des Vorstandes umgesetzt werden kann.

nächsten ordentlichen Wahlen stattfinden. Scheidet ein Vorstandsmitglied vor Ablauf seiner Amtszeit aus dem Vorstand aus, so können seine Aufgaben durch Vorstandsbeschluss für die Zeit bis zur nächsten ordentlichen Mitgliederversammlung einem anderen Vorstandsmitglied übertragen werden.	nächsten ordentlichen Wahlen stattfinden.	Deshalb wird die Zahl der möglichen Vorstandsmitglieder erweitert. § 8 Abs. 2 S. 4 a. F. entfällt, da die Aufgabenbereiche ohnehin innerhalb des Vorstands festgelegt werden.
(3) Der Vorstand ist verantwortlich für die Erfüllung der Aufgaben des Bundesverbandes. Er kann aus dem Kreis der gemäß Absatz 1 Nr. 3 gewählten Vorstandsmitglieder ein Geschäftsführendes Vorstandsmitglied bestellen. Zur Vorbereitung seiner Entscheidungen kann der Vorstand Ausschüsse berufen und Sachverständige beauftragen. Im Benehmen mit dem Beirat kann der Vorstand für bestimmte Sachgebiete des Stiftungswesens Arbeitskreise einsetzen. Der Vorstand kann sich eine Geschäftsordnung geben.	(3) Der Vorstand ist verantwortlich für die Erfüllung der Aufgaben des Bundesverbandes. <u>Er beruft einen Geschäftsführer für die Leitung der Geschäftsstelle.</u> (4) Zur Vorbereitung seiner Entscheidungen kann der Vorstand Fachausschüsse einberufen. Im Einvernehmen mit dem Beirat kann der Vorstand Gesprächs- und Arbeitskreise für bestimmte Sachgebiete einsetzen und deren Leiter bestimmen. Der Vorstand kann sich eine Geschäftsordnung geben.	Entsprechend der Praxis wird die Position des Geschäftsführers in die Satzung aufgenommen (§ 7 Abs. 3 S. 2 n. F.) Die Position des „Geschäftsführenden Vorstandsmitglieds" entfällt.
(4) Der Vorstand beschließt in Vorstandssitzungen mit einfacher Mehrheit. Bei Stimmengleichheit entscheidet die Stimme des Ersten Vorsitzenden. In Eilfällen können Beschlüsse im Umlaufverfahren herbeigeführt werden.	(5) Der Vorstand beschließt auf seinen Sitzungen mit einfacher Mehrheit. Bei Stimmengleichheit entscheidet die Stimme des Vorsitzenden. <u>Beschlüsse können auch im schriftlichen oder fernschriftlichen Umlaufverfahren herbeigeführt werden, wenn alle Mitglieder diesem Verfahren zustimmen. Der Vorsitzende veranlasst in diesem Fall den Versand der für eine sachgerechte Entscheidung notwendigen Unterlagen und bittet die</u>	

	Vorstandsmitglieder, umgehend ein Votum abzugeben. Das Beschlussergebnis wird durch den Vorsitzenden auf Grundlage derjenigen Voten festgestellt, die innerhalb von drei Wochen nach Versendung der Beschlussunterlagen oder Aufforderung zur Abgabe eines Votums bei der Geschäftsstelle eingegangen sind. Das Ergebnis wird dem Vorstand spätestens in der nächsten Sitzung mitgeteilt.	
(5) Der Erste Vorsitzende, der Zweite Vorsitzende und das nach Abs. 3 Satz 2 bestellte Geschäftsführende Vorstandsmitglied vertreten jeder einzeln den Bundesverband gerichtlich und außergerichtlich (§ 26 BGB).		Die Vertretungsregelung findet sich jetzt aus systematischen Gründen in § 11 n. F.
§ 9 Beirat	**§ 8 Beirat**	
(1) Im Beirat sind die verschiedenen Gruppen von Mitgliedern des Bundesverbandes vertreten. Bis zu zwölf Mitglieder des Beirats werden auf Vorschlag des Vorstands von der Mitgliederversammlung für die Dauer von vier Jahren gewählt. Einmalige Wiederwahl ist zulässig. Weitere bis zu acht Beiratsmitglieder können von Vorstand und Beirat gemeinsam für die Dauer von vier Jahren berufen werden. Erneute Berufung ist zulässig. Scheidet ein Beiratsmitglied vor Ablauf von vier Jahren aus dem Beirat aus, so wird das nachfolgende Mitglied für die Dauer von vier Jahren gewählt oder berufen.	(1) Der Beirat besteht aus gewählten (Abs. 2), kooptierten (Abs. 3) und geborenen (Abs. 4) Mitgliedern. (2) Bis zu zwölf Mitglieder werden auf Vorschlag von Vorstand und Beirat von der Mitgliederversammlung für die Dauer von vier Jahren gewählt. Zweimalige Wiederwahl ist zulässig. (3) Weitere bis zu drei Beiratsmitglieder können von Vorstand und Beirat gemeinsam für die Dauer von vier Jahren berufen werden. Erneute Berufung ist zulässig. (4) Darüber hinaus sind die von Vorstand und Beirat benannten Leiter der Ar-	Der Beirat spiegelt in seiner Besetzung die Mitgliederstruktur des Verbandes und die vielgestaltige Stiftungslandschaft wider. Das Wahlverfahren sollte Kontinuität und Wechsel sowie innerverbandliche Demokratie gleichermaßen ermöglichen. Dies lässt sich erreichen durch ein Vorschlagsrecht des Vorstandes, Wahl durch die Mitgliederversammlung und nur zweimalige Wiederwahl. Um auch die Interessen der einzelnen Gesprächs- und Arbeitskreise im Beirat vertreten zu wissen, sind die nicht direkt in den Beirat gewählten Funktionsträger (Leiter der Gesprächs- und Arbeitskreise

	beits- und Gesprächskreise sowie der Rechnungsprüfer geborene Mitglieder des Beirates.	sowie Rechnungsprüfer) als geborene Mitglieder des Beirats in die Verantwortung eingebunden.
	(5) Gleichzeitige Mitgliedschaft in Vorstand und Beirat ist nicht zulässig.	
(2) Der Beirat berät über die Aufgaben des Bundesverbandes und unterstützt den Vorstand bei der Wahrnehmung seiner Aufgaben. Der Vorstand legt dem Beirat die für den Bundesverband wesentlichen Angelegenheiten zur Beratung und Beschlussfassung vor.	(6) Der Beirat berät über die Aufgaben des Bundesverbandes und unterstützt den Vorstand bei der Wahrnehmung seiner Aufgaben. Der Vorstand legt dem Beirat die für den Bundesverband wesentlichen und die nach dieser Satzung vorgesehenen Angelegenheiten zur Beratung und Beschlussfassung vor. Der Beirat genehmigt ferner den Wirtschaftsplan.	In dieser Satzung ist vorgesehen, dass der Beirat über die Beschwerde gegen einen abgelehnten Aufnahmeantrag (vgl. § 4 Abs. 3) und den Widerspruch gegen den Ausschluss eines Mitgliedes (vgl. § 4 Abs. 6 Nr. 4 S. 3) entscheidet. Hinzu kommt die Genehmigung des Wirtschaftsplans.
(3) Zu den Tagungen des Beirats lädt der Vorstand die Beiratsmitglieder spätestens vier Wochen vor Beginn schriftlich durch Angabe von Ort, Zeit und Tagesordnung ein. Der Beirat ist innerhalb eines Monats einzuberufen, wenn mindestens sieben Beiratsmitglieder dies schriftlich unter Angabe der gewünschten Beratungsgegenstände vom Vorstand verlangen.	(7) Zu den Sitzungen des Beirates lädt der Vorstand die Beiratsmitglieder spätestens vier Wochen vor Beginn schriftlich unter Angabe von Zeit, Ort und Tagesordnung ein. Der Beirat ist innerhalb eines Monats einzuberufen, wenn mindestens zehn Beiratsmitglieder dies schriftlich unter Angabe des Beratungsgegenstandes vom Vorstand verlangen.	
(4) Die Tagungen des Beirats finden gemeinsam mit dem Vorstand statt. Der Beirat ist beschlussfähig, wenn mindestens fünf Beiratsmitglieder und zwei Vorstandsmitglieder anwesend sind.	(8) Die Sitzungen des Beirates finden gemeinsam mit dem Vorstand mindestens zweimal im Jahr statt. Der Beirat ist beschlussfähig, wenn mehr als zehn Beiratsmitglieder anwesend sind.	
(5) Die Beiratstagungen werden vom Ersten Vorsit-	(9) Die Sitzungen des Beirates werden von dem	

zenden, im Falle seiner Verhinderung vom Zweiten Vorsitzenden oder von einem anderen Vorstandsmitglied geleitet. Der Beirat beschließt mit der Mehrheit der anwesenden Beiratsmitglieder. Stimmengleichheit gilt als Ablehnung. Beschlüsse gemäß § 7 Abs. 1 Nr. 6 bedürfen einer Mehrheit von zwei Dritteln der Mitglieder des Beirats. In Eilfällen können Beschlüsse im Umlaufverfahren herbeigeführt werden.	Vorsitzenden oder seinem Stellvertreter bzw. einem anderen Vorstandsmitglied geleitet. Der Beirat beschließt mit der Mehrheit der anwesenden Beiratsmitglieder. Stimmengleichheit gilt als Ablehnung. Beschlüsse können im schriftlichen oder fernschriftlichen Umlaufverfahren herbeigeführt werden, wenn alle Mitglieder diesem Verfahren zustimmen.	
	(10) Zur Vorbereitung von Vorstandswahlen kann der Beirat der Mitgliederversammlung Vorschläge unterbreiten.	
	§ 9 Geschäftsführer	
	Der Geschäftsführer nimmt die Aufgaben der laufenden Verwaltung wahr, leitet die Geschäftsstelle und führt die Beschlüsse der Organe aus.	Entsprechend der Entwicklung des Verbandes wird die Position des Geschäftsführers sowie die Geschäftsstelle in die Satzung aufgenommen.
§ 10 Ehrenvorsitzende, Ehrenmitglieder (1) Persönlichkeiten, die sich um das Stiftungswesen besonders verdient gemacht haben, können auf gemeinsamen Vorschlag des Vorstands und des Beirats von der Mitgliederversammlung zu Ehrenvorsitzenden oder Ehrenmitgliedern ernannt werden. (2) Ehrenvorsitzende und Ehrenmitglieder haben Stimmrecht im Beirat. Ehrenvorsitzende nehmen	§ 10 Ehrenmitglieder und Ehrenvorsitzende (1) Persönlichkeiten, die sich um das Stiftungswesen besonders verdient gemacht haben, können auf gemeinsamen Vorschlag des Vorstandes und des Beirates von der Mitgliederversammlung zu Ehrenmitgliedern oder Ehrenvorsitzenden ernannt werden. (2) Ehrenmitglieder und Ehrenvorsitzende haben Stimmrecht im Beirat.	

beratend an den Sitzungen des Vorstands teil.	(3) Ehrenmitglieder und Ehrenvorsitzende sind von der Beitragspflicht entbunden.	
§ 11 Mitgliedsbeitrag (1) Zur Deckung der Kosten des Bundesverbandes leisten die Mitglieder einen Beitrag. Ehrenvorsitzende und Ehrenmitglieder sowie die Mitglieder des Vorstands und des Beirats sind für ihre Person von der Beitragspflicht entbunden. (2) Der Vorstand vereinbart die Beiträge mit den Mitgliedern; dabei ist jeweils die Leistungsfähigkeit der Mitglieder zu berücksichtigen. (3) Die Mitgliedsbeiträge sind zum Anfang eines jeden Kalenderjahres fällig.		Zum Mitgliedsbeitrag vgl. § 4 Abs. 4 n. F.
	§ 11 Vertretung (1) Der Bundesverband wird durch jeweils zwei Mitglieder des Vorstandes gemeinschaftlich vertreten. Der Vorsitzende vertritt stets einzeln. (2) Der Geschäftsführer wird zudem als besonderer Vertreter gemäß § 30 BGB bestellt, der den Bundesverband bei der Leitung der Geschäftsstelle vertritt. Die Bestellung ist in das Vereinsregister einzutragen.	Die Vertretungsregelung wurde entsprechend der Praxis modifiziert.
§ 12 Auflösung (1) Die Auflösung des Bundesverbandes kann nur von einer nach § 7 Abs. 4	§ 12 Auflösung (1) Die Auflösung des Bundesverbandes kann nur von einer nach § 6 Abs. 2	

ordnungsgemäß einberufenen Mitgliederversammlung beschlossen werden, zu der mindestens die Hälfte der Mitglieder erschienen ist. Ist die gemäß Satz 1 einberufene Mitgliederversammlung nicht beschlussfähig, so ist unverzüglich eine weitere Mitgliederversammlung mit einer Ladungsfrist von vier Wochen einzuberufen, die ohne Rücksicht auf die Zahl der erschienen Mitglieder beschlussfähig ist.	ordnungsgemäß einberufenen Mitgliederversammlung beschlossen werden, zu der mindestens die Hälfte der Mitglieder erschienen ist. Ist <u>im Fall einer bevorstehenden Auflösung</u> die Mitgliederversammlung nicht beschlussfähig, so ist unverzüglich eine weitere Mitgliederversammlung mit einer Ladungsfrist von vier Wochen einzuberufen, die ohne Rücksicht auf die Zahl der erschienenen Mitglieder beschlussfähig ist.	
(2) Bei Auflösung des Bundesverandes oder bei Wegfall seines biserigen Zwecks fällt das verbleibende Vermögen nach Maßgabe der Entscheidung der Mitgliederversammlung an eine oder mehrere gemeinnützige Stiftungen, die es zu steuerbegünstigten Zwecken zu verwenden haben.	(2) Bei Auflösung des Bundesverbandes oder bei Wegfall seines bisherigen Zwecks fällt das verbleibende Vermögen nach Maßgabe der Entscheidung der Mitgliederversammlung an eine oder mehrere gemeinnützige Stiftungen, die es zu steuerbegünstigten Zwecken zu verwenden haben.	
§ 13 Allgemeine Bestimmungen	§ 13 Allgemeine Bestimmungen	
(1) Soweit durch diese Satzung keine abweichende Regelung getroffen ist, gelten die einschlägigen gesetzlichen Bestimmungen.	(1) Soweit durch diese Satzung keine abweichende Regelung getroffen ist, gelten die einschlägigen gesetzlichen Bestimmungen.	
(2) Diese Satzung tritt mit der Eintragung des Bundesverbandes in das Vereinsregister in Kraft. Der Bundesverband ist am 7. November 1990 unter dem Aktenzeichen VR 1667 in das Vereinsregister beim Amtsgericht Augsburg eingetragen worden	(2) <u>Soweit in der vorliegenden Satzung Funktionsbezeichnungen verwendet werden, gelten diese gleichermaßen für Männer wie für Frauen.</u> (3) <u>Die Satzung wurde am 25. Februar 1952 beschlossen, mehrmals geändert und neugefasst. Die in der Mitgliederver-</u>	

	sammlung am 31.05.2001 beschlossene Neufassung wird in das Vereinsregister beim Amtsgericht Berlin-Charlottenburg eingetragen. Sie tritt am 01.01.2002 in Kraft.	

Vorlage zu
TOP 9
Änderung der „Richtlinien für die Bemessung des Mitgliedsbeitrages"

Mit der Umstellung des Währungssystems auf Euro zum 01.01.2001 bedürfen die von der Mitgliederversammlung in Bonn am 20.05.1999 beschlossenen „Richtlinien für die Bemessung des Mitgliedsbeitrages" einer Anpassung. Vorstand und Beiräte haben auf der gemeinsamen Sitzung am 09.02.2001 über die neue Beitragsstruktur beraten. Danach soll die Umstellung im Verhältnis 2 zu 1 erfolgen.

Die tatsächlichen Kosten, die dem Bundesverband durch die Betreuung seiner Mitglieder entstehen, entsprechen nicht mehr den in den „Richtlinien" ausgewiesenen Beitragsuntergrenzen. Vorstand und Beiräte halten deshalb eine Veränderung der Beitragsberechnung bei fördernden Mitgliedern (Abschnitt III der Richtlinien) für notwendig. Die Untergrenze des Beitrages soll zukünftig wie für Stiftungen und Stiftungsverwaltungen bei 150 Euro festgeschrieben werden. Ausnahmeregelungen ermöglichen die Berücksichtigung der individuellen Leistungsfähigkeit. Darüber hinaus soll bei natürlichen und juristischen Personen, die mit der Mitgliedschaft kommerzielle Interessen verfolgen, ein Mindestbeitrag von 500 Euro vorgesehen werden.

Auf den folgenden Seiten finden Sie den Abdruck der bisherigen und der modifizierten Richtlinien. Der Erste Vorsitzende wird in der Mitgliederversammlung ergänzende Bemerkungen mündlich vortragen.

Vorstand und Beirat empfehlen der Mitgliederversammlung daher folgenden Beschluss:

„Die modifizierte Fassung der „Richtlinien für die Bemessung des Mitgliedsbeitrages" wird angenommen."

Richtlinien für die Bemessung
des Mitgliedsbeitrages

– Fassung vom 20.05.1999 –

I. Allgemeines

(1) Gemäß § 11 der Satzung des Bundesverbandes Deutscher Stiftungen vereinbart der Vorstand die Beiträge mit den Mitgliedern. Die Höhe des Beitrages richtet sich nach der Leistungsfähigkeit der Mitglieder.

(2) Um den Mitgliedern eine Zuordnung zu einer bestimmten Beitragshöhe zu erleichtern, soll in Beitragsverhandlungen die Beitragshöhe anderer Mitglieder vergleichbarer Größe genannt werden dürfen, wenn dem nicht ausdrücklich widersprochen wird. Damit wird die Transparenz der Beitragseinstufung erhöht.

II. Beitrag der ordentlichen Mitglieder
(Stiftungen und Stiftungsverwaltungen)

(1) Ein in fünf Gruppen eingeteiltes Beitragssystem bildet für Stiftungen die Grundlage für eine angemessene Beitragsfestsetzung.

Gruppe	Ausgaben für den Stiftungszweck	Beitragshöhe/Jahr
I	> 5 Mio	> 15 TDM
II	2 – 5 Mio	5 – 15 TDM
III	1 – 2 Mio	2 – 5 TDM
IV	0,4 – 1 Mio	0,8 – 2 TDM
V	< 0,4 Mio	0,3 – 0,8 TDM

(2) Bemessungsgrundlage sind die Ausgaben für den Stiftungszweck. Für die Ermittlung der Höhe der verwendungspflichtigen Mittel gilt das Durchschnittsbudget der drei vergangenen Jahre.

(3) Spendensammelnde Stiftungen, Anstaltsträgerstiftungen sowie von der öffentlichen Hand abhängige Stiftungen können anhand des Spendenvolumens bzw. der Höhe der öffentlichen Mittel in die nächstniedrigere Gruppe eingestuft werden.

(4) Für Stiftungsverwaltungen gilt die Summe der Ausgaben für den Stiftungszweck aller verwalteten Stiftungen. Aufgrund des geringeren Verwaltungsaufwandes können Stiftungsverwaltungen in die nächstniedrigere Gruppe eingestuft werden.

III. Beitrag der fördernden Mitglieder (Freunde des Stiftungswesens)

Als „Freunde des Stiftungswesens" können juristische und natürliche Personen, die das Stiftungswesen in Deutschland und die Ziele des Bundesverbandes unterstützen, Mitglied im Bundesverband Deutscher Stiftungen werden. Dies gilt auch für juristische und natürliche Personen, die mit ihrem Einsatz für das Stiftungswesen in Deutschland zusätzlich kommerzielle Interessen verfolgen.

– Für natürliche Personen gilt eine Untergrenze von 100 DM, vor allem, um auch Schülern und Studierenden die Mitgliedschaft im Bundesverband Deutscher Stiftungen zu ermöglichen.

– Für juristische Personen, die gemeinnützige Zwecke verfolgen, orientiert sich der Beitrag an den Beitragsgruppen für Stiftungen und Stiftungsverwaltungen. Die Untergrenze beträgt 300 DM.

– Für natürliche und juristische Personen, die mit ihrer Mitgliedschaft im Bundesverband auch kommerzielle Interessen verfolgen, beträgt die Untergrenze 500 DM (natürliche Personen) bzw. 1 000 DM (Anwaltskanzleien, Banken, Versicherungen, Unternehmensberatungen u.a.).

Richtlinien für die Bemessung
des Mitgliedsbeitrages

– Fassung vom 31.05.2001 –

I. Allgemeines

(1) Gemäß § 11 der **Satzung** des Bundesverbandes Deutscher Stiftungen vereinbart der Vorstand die Beiträge mit den Mitgliedern. Die Höhe des Beitrages richtet sich nach der **Leistungsfähigkeit der Mitglieder.**

(2) Um den Mitgliedern eine Zuordnung zu einer bestimmten Beitragshöhe zu erleichtern, soll in Beitragsverhandlungen die Beitragshöhe anderer Mitglieder vergleichbarer Größe genannt werden dürfen, wenn dem nicht ausdrücklich widersprochen wird. Damit wird die Transparenz der Beitragseinstufung erhöht.

II. Beitrag der ordentlichen Mitglieder (Stiftungen und Stiftungsverwaltungen)

(1) Ein in fünf Gruppen eingeteiltes Beitragssystem bildet für Stiftungen die Grundlage für eine angemessene Beitragsfestsetzung. Der **Mindestbeitrag** beträgt 150 Euro.

Gruppe	Ausgaben für den Stiftungszweck in Euro	Beitragshöhe/Jahr in Euro
I	> 2.500.000	> 7.500
II	1.000.000–2.500.000	2.500–7.500
III	500.000–1.000.000	1.000–2.500
IV	200.000–500.000	400–1.000
V	0–200.000	150–400

(2) Bemessungsgrundlage sind die **Ausgaben für den Stiftungszweck.** Für die Ermittlung der Höhe der verwendungspflichtigen Mittel gilt das Durchschnittsbudget der drei vergangenen Jahre.

(3) Spendensammelnde Stiftungen, Anstaltsträgerstiftungen sowie von der öffentlichen Hand abhängige Stiftungen können anhand des Spendenvolumens bzw. der Höhe der öffentlichen Mittel in die **nächstniedrigere Gruppe** eingestuft werden.

(4) Für **Stiftungsverwaltungen** gilt die Summe der Ausgaben für den Stiftungszweck aller verwalteten Stiftungen. Aufgrund des geringeren Verwaltungs-

aufwandes können Stiftungsverwaltungen in die **nächstniedrigere Gruppe** eingestuft werden.

III. Beitrag der fördernden Mitglieder (Freunde des Stiftungswesens)

Als „Freunde des Stiftungswesens" können juristische und natürliche Personen, die das Stiftungswesen in Deutschland und die Ziele des Bundesverbandes unterstützen, Mitglied im Bundesverband Deutscher Stiftungen werden. Dies gilt auch für juristische und natürliche Personen, die mit ihrem Einsatz für das Stiftungswesen in Deutschland zusätzlich kommerzielle Interessen verfolgen.

– Für natürliche Personen gilt eine Untergrenze von 150 Euro. In Ausnahmefällen (z.B. Nicht-Erwerbstätige, Doktoranden, Referendare und Studierende) kann der Beitrag bis auf 50 Euro ermäßigt werden.

– Für juristische Personen, die gemeinnützige Zwecke verfolgen, orientiert sich der Beitrag an den Beitragsgruppen für Stiftungen und Stiftungsverwaltungen. Die Untergrenze beträgt 150 Euro.

– Für natürliche und juristische Personen, die mit ihrer Mitgliedschaft auch kommerzielle Interessen verfolgen (z.B. Anwaltskanzleien, Steuerberatungsbüros), beträgt die Untergrenze 500 Euro.

3. Ergebnisniederschrift

über die Mitgliederversammlung
des Bundesverbandes Deutscher Stiftungen e. V.
am 31. Mai 2001, 17.15 Uhr bis 18.50 Uhr,
in der Trinitatiskirche, Köln

Anwesend: 332 Mitglieder oder deren Vertreter
Versammlungsleiter: Prof. Dr. Axel Frhr. von Campenhausen

Zu Punkt 1 der Tagesordnung: Eröffnung

Prof. Dr. Axel Frhr. von Campenhausen, Erster Vorsitzender

„Meine sehr verehrten Damen und Herren,

ich eröffne hiermit die Mitgliederversammlung des Bundesverbandes Deutscher Stiftungen und stelle fest, dass die Versammlung mit Schreiben vom 09.03.2001 unter Beifügung von Tagesordnung und Vorlagen (Anlage) ordnungsgemäß einberufen wurde und beschlussfähig ist. Einwände gegen die Tagesordnung sind nicht erhoben worden. Zum Protokollführer wird Herr Kaspar Denker bestellt, Mitarbeiter in der Geschäftsstelle des Bundesverbandes.

Ich darf Ihnen vorab die **Grüße des Herrn Bundespräsidenten** übermitteln, der mir geschrieben hat und hofft, dass unter anderem die morgige Festveranstaltung „einen weiteren Beitrag dazu leistet, dass möglichst viele Bürger zu gemeinnützigem Handeln ermutigt werden". Bundespräsident Rau, der schon die Geschäftsstelle des Bundesverbandes in Berlin im Alfried-Krupp-Haus eröffnete, hat zugesagt, **Gast bei unserer nächsten Jahrestagung** zu sein. Sie findet **vom 15. bis 17. Mai 2002 in Hamburg** statt. Die Geschäftsstelle

Prof. Dr. Axel Frhr. von Campenhausen

und einige der uns verbundenen großen Stiftungen bereiten bereits ein eindrucksvolles Programm vor.

Bitte merken Sie den Termin vor.

In der gerade abgeschlossenen Diskussionsveranstaltung über die erforderliche Modernisierung im Stiftungsprivatrecht ist vor allem eines deutlich geworden: Keine Stiftung ist wie die andere. Stiftungen beschäftigen sich nicht nur mit ganz unterschiedlichen Themenbereichen und Aufgabenstellungen; sie haben häufig auch unterschiedliche Sichtweisen und empfinden die gegenwärtigen Rahmenbedingungen für ihr Handeln auf verschiedene Weise. Verglichen mit den Diskussionen der vergangenen beiden Jahre können wir feststellen: Bei den bereits erfolgten Schritten zur Verbesserung des Stiftungssteuerrechts hatte es der Bundesverband Deutscher Stiftungen relativ leicht, die gewünschten „besseren Rahmenbedingungen für Stiftungen" zu ermitteln. Sein Einsatz war erfolgreich und hat die äußeren Umstände, unter denen Stifter und Stiftungen Gutes tun, verbessern geholfen. Er hat durch das **Anfachen und Weiterführen der öffentlichen Debatte und Berichterstattung** das Thema in die Öffentlichkeit getragen. Und die Errichtungszahlen sprechen für sich. Wir können heute davon ausgehen, dass nicht nur im statistischen Mittel wie 1997 an jedem Tag eine neue Stiftung errichtet wird, sondern dass sich diese Anzahl für das Jahr 2000 weiter signifikant erhöht hat.

Auch bei der aktuellen Diskussion um eine Modernisierung des Stiftungsprivatrechts wird die **unverzichtbare Aufgabe der Dachorganisation der Stiftungen in Deutschland** besonders deutlich: Sie hat die Befindlichkeiten und Interessen der so ganz unterschiedlichen Stiftungen zu ermitteln, zu diskutieren, eine Meinung zu entwickeln und dann der Politik gegenüber pointiert und situationsgerecht zu vertreten, wobei sie abweichende Meinungen innerhalb des Verbandes gerne toleriert und ebenfalls kommuniziert. Die Stiftungen müssen freilich mit einer Stimme sprechen, um Gehör zu finden und nicht im Durcheinander der zahlreichen Vereine, Institutionen, Institute und Netzwerke untergehen – bei den Beratungen um Ehrenamt, bürgerschaftliches Engagement, Jahr der Freiwilligen, Bürgergesellschaft, Dritter Sektor, Privatrecht, Gemeinnützigkeit. Was der Bundesverband hier im vergangenen Jahr für die Stiftungen getan hat, können Sie im Einzelnen dem Tätigkeitsbericht und – ergänzend dazu – dem nachfolgenden Bericht unseres Geschäftsführers entnehmen.

Um die Interessen der Stiftungen aber **auch in Zukunft effektiv** vertreten zu können, müssen weitere Themenfelder bearbeitet, Zuständigkeiten und Verantwortlichkeiten innerhalb des wachsenden Stiftungsverbandes klarer geregelt, müssen Aufgabenfelder deutlicher umrissen sein. Dies ist das Hauptanliegen meiner heutigen Ansprache an Sie, verehrte Mitglieder.

Im vergangenen Jahr haben Sie in der Weimarhalle „Gesichtspunkte für eine Neubestimmung der Ziele, Aufgaben und Organisationsstruktur des Bundesverbandes Deutscher Stiftungen"[1] verabschiedet und damit Veränderungen in der Verbandsstruktur vorgesehen. Der Vorstand hat damals das ehrgeizige Ziel einer **Satzungsreform** angekündigt und die Vorlage des Entwurfs einer neuen Satzung in der nächsten, in dieser Mitgliederversammlung versprochen. Es freut mich ganz besonders, dass wir unser Versprechen halten konnten. Dies war nicht selbstverständlich. Die Vorbereitungen in der Geschäftsstelle, die Abstimmungen in einer Strategie- und Satzungskommission und im Vorstand sowie die Auseinandersetzungen während der Beirätetagungen haben viel Zeit in Anspruch genommen. Wir meinen nun, das beste Ergebnis vorgelegt zu haben. Wenn Sie später über eine neue Satzung abstimmen, bitte ich Sie um Zustimmung. Nicht nur – das erwähnte ich bereits in Weimar –, dass die bisherige Satzung so etwas wie einen Geschäftsführer und eine Geschäftsstelle gar nicht vorsah (als könnten wir ohne diese unsere vielfältigen Aufgaben erfüllen), auch zum Status von Mitgliedern, dem Verfahren der Aufnahme von Neumitgliedern, in der Organ- und Gremienstruktur und bei der Bestimmung der Verbandsaufgaben gibt es Reformbedarf. Und wenn wir allerorts auf eine Vereinfachung des Verfahrens bei Stiftungsgenehmigung und Stiftungsaufsicht dringen, so sollten wir das als ein Verband tun, der ebenfalls zügig handeln und reagieren kann.

Mit der neuen Satzung werden Vorstand, Geschäftsführer und Beiräte noch effektiver die Interessen der Stiftungen vertreten können. Die **Geschäftsstelle in Berlin** tut das ihre dazu. Im Laufe der letzten Monate hat es dort einige **personelle Veränderungen** gegeben. Tobias Henkel unterstützt als Justitiar den Geschäftsführer insbesondere bei der Mitgliederbetreuung und Beratung und ist der Ansprechpartner für internationale Aktivitäten in der Geschäftsstelle. Dank der großzügigen Förderung der Robert Bosch Stiftung, der Körber-Stiftung, der Gemeinnützigen Hertie-Stiftung und der Deutschen Bank werden wir in den nächsten Jahren die wichtigen internationalen Aktivitäten ausbauen können. Insbesondere wird es eine an das European Foundation Center (efc) in Brüssel entsandte Mitarbeiterin geben. Frau Hanna Surmatz vertritt dann das Anliegen deutscher Stiftungen auf europäischer Ebene. Frau Doreen Kirmse, die den Bundesverband schon aus ihrer Referendarzeit kennt, folgt bei der Organisation der Veranstaltungen unserer allseits geschätzten Frau Buchholtz. Frau Buchholtz hat sich entschlossen an den Rhein zu wechseln. Sie ist jetzt für die Öffentlichkeitsarbeit im Museum Ludwig zuständig. Herr Kaspar Denker hat einen Teil der Aufgaben von Frau Dr. Löttgen

---

1 Abgedruckt in: Bundesverband Deutscher Stiftungen (Hrsg.): Deutsche Stiftungen 2/2000, S. III–VI.

übernommen. Er ist zuständig für einen Teil der Verbandspublikationen und Ansprechpartner für die Vorbereitung lokaler und regionaler Stiftungstage. Frank Schmidtke steht nun in der Verantwortung für die Datenbank und das Verzeichnis Deutscher Stiftungen. Er hat die Datenbank bereits in kurzer Zeit qualitativ und quantitativ erheblich verbessern können. 9997 aktive Stiftungen sind nun in der Datenbank registriert und die Zahl wächst täglich.

Die **neue Struktur in der Geschäftsstelle** – Geschäftsführer, zwei Bereichsleiter, sechs Referenten und fünf Sachbearbeiterinnen bzw. Sekretärinnen – muss sich nun in der Zukunft bewähren. Nach dem bisher Geleisteten bin ich sicher, dass dies gelingen wird. Mein Dank gilt an dieser Stelle allen Mitarbeitern der Geschäftsstelle, voran dem Geschäftsführer, aber gleich danach jedem einzelnen anderen, ohne den der Bundesverband nicht die Wirkungskraft entfalten könnte, die wir schätzen und in der Öffentlichkeit beobachten können.

Ohne Preis keinen Fleiß, muss ich an dieser Stelle ein altes deutsches Sprichwort umkehren. Für die zahlreichen Aktivitäten, mit denen der Bundesverband auf die Anforderungen seiner Mitglieder reagiert, bedarf es auch einer verlässlichen Finanzdecke, es bedarf der Planungssicherheit. Seien Sie versichert, es bereitet mir kein Vergnügen, Jahr um Jahr davon zu sprechen, dass bei weitem noch nicht alle Mitglieder den ihrer Leistungsfähigkeit angemessenen Beitrag zahlen. Vielmehr ist es eher beschämend, stets auch die Stiftungen mit Bitten um angemessene Beitragszahlungen belästigen zu müssen, die ihre Beitragshöhe in großzügiger Weise mit den **Richtlinien für die Bemessung des Mitgliedsbeitrages**[2] abgestimmt haben, die von der Mitgliederversammlung vor zwei Jahren verabschiedet wurden. Wir würden es begrüßen, wenn die Mitglieder auch einmal von sich aus sich entscheiden, den Jahresbeitrag anzupassen und so die notwendige Arbeitsfähigkeit des Bundesverbandes Deutscher Stiftungen für die Zukunft sicherstellen helfen.

Dann könnten sich die Mitarbeiter noch stärker auf die Sachfragen konzentrieren. Wir werden auf diesen Punkt noch zurück kommen."

---

2 Abgedruckt S. 393 f. und in: Bundesverband Deutscher Stiftungen (Hrsg.): Deutsche Stiftungen 2/ 2001, S. VIII.

Zu Punkt 2 der Tagesordnung: Geschäftsbericht

Dr. Christoph Mecking, Rechtsanwalt, Geschäftsführer

„Liebe Mitglieder,
meine sehr verehrten Damen und Herren,

zur ersten Mitgliederver-
sammlung des Bundesver-
bandes Deutscher Stiftun-
gen im neuen Jahrtausend
möchte auch ich Sie herz-
lich begrüßen. Es freut uns,
dass Sie in so großer Zahl
erschienen sind.

Gerne schließe ich mich den
freundlichen Worten des
Ersten Vorsitzenden über
die in der Geschäftsstelle
geleistete Arbeit an und gebe das Lob ohne Zögern an
Sie, die Mitglieder des Bun-
desverbandes weiter. Ohne ihre Hilfe und Anregungen wäre das Jahr 2000
nicht ein so erfolgreiches Jahr für die deutschen Stiftungen und ihre Dachorganisation geworden.

Dr. Christoph Mecking

Wie gewohnt berichte ich an dieser Stelle über die **Entwicklung im vergangenen Jahr** und greife dabei aus dem ausführlichen schriftlichen Geschäftsbericht, der Ihnen vorliegt[3], einige Punkte heraus, zu denen ich bei der letzten
Mitgliederversammlung Ergebnisse angekündigt hatte, und ergänze sie um
Aktivitäten und Ereignisse aus den ersten Monaten diesen Jahres, damit die
Linie bis zum heutigen Tage deutlich erkennbar wird. Dabei will ich mich
konzentrieren auf die Arbeit des Bundesverbandes

- als Interessenvertretung gegenüber Politik und Öffentlichkeit
- als Stelle zur Erfassung und Präsentation von Informationen zum Stiftungswesen,
- als Forum Deutscher Stiftungen, in dem die Aktivitäten des Verbandes für seine
  Mitglieder zusammenlaufen,
- als Netzwerkkoordinator für internationale Kontakte.

---

3 Der Inhalt der Vorlage für die Mitgliederversammlung ist vollständig abgedruckt, vgl. S. 338 ff.

Am 14.07.2001 wurde das **„Gesetz zur weiteren steuerlichen Förderung von Stiftungen"** verkündet. Es enthält einige Erleichterungen für Stiftungen und für wohlhabende Bürger deutliche Signale zum Stiften. Dass es zu diesem Gesetz gekommen ist, dürfte zu einem nicht unerheblichen Maße auf die Aktivitäten des Bundesverbandes zurückzuführen sein. Der Bundesverband Deutscher Stiftungen fordert seit vielen Jahren angemessene Rahmenbedingungen für Stiftungen und Stifter. Ein Teil seiner Forderungen, wie sie gerade in letzter Zeit entwickelt und unter anderem in der „Hallenser Erklärung"[4], im „Standpunkt"[5] und in den „Vorschlägen"[6] konzentriert zusammengefasst und verbreitet wurden, konnten umgesetzt werden. Der Gesetzgeber ist der vom Bundesverband während der Debatte massiv vertretenen Auffassung, erst die steuerlichen Rahmenbedingungen umzusetzen, bevor das Stiftungsprivatrecht in den Blick genommen wird, trotz erheblicher Widerstände gefolgt. Die weitgehende und weit gestreute Kritik an dem unzureichenden Gesetz des Deutschen Bundestages wurde gehört und hat zur einstimmigen Ablehnung durch die Länder im Bundesrat geführt. Das Vermittlungsverfahren hat schließlich ein **Ergebnis** hervorgebracht, das **trotz mancher Mängel wirkliche Verbesserungen enthält**. Ich selbst habe am 7. Juni, an dem Tag der entscheidenden Sitzungen, vor den Türen des Vermittlungsausschusses den Politikern und Beratern für Erläuterungen und Gespräche zur Verfügung gestanden. Hier ließ sich in der Tat noch manches bewegen. Es ist ein bemerkenswerter Zufall, dass zur gleichen Stunde, in der der Vermittlungsausschuss in den Räumen des Berliner Abgeordnetenhauses sein Ergebnis fand, der Ehrenvorsitzende des Bundesverbandes, **Dr. Rolf Hauer**, der lange dafür gekämpft hatte, **starb**.

Die steuerlichen Regelungen werden den **Trend zum Stiften** weiter verstärken, der sich in dem vom Bundesverband herausgegebenen **Verzeichnis Deutscher Stiftungen** schon deutlich abzeichnet. Wie auf der vergangenen Jahrestagung angekündigt, ist das voluminöse Werk, das 1.500 Seiten umfasst, im Herbst 2000 erschienen – mit Einträgen zu fast 8.400 Stiftungen, fast doppelt so vielen wie in der ersten Auflage 1991. Dieses Projekt hat die Kräfte der Geschäftsstelle über Jahre angespannt. Die Bereitschaft der Mitglieder und der anderen Stiftungen zur Mitwirkung und die finanzielle Förderung – ich danke stellvertretend Herrn Regge und der Fritz Thyssen Stiftung – hat Quantität und Qualität dieses Werkes auf eine neue Stufe geführt. Dem Nachschlagewerk konnten wir umfassende **Statistiken zum deutschen Stiftungswesen**

---

4 Abgedruckt in: Bundesverband Deutscher Stiftungen (Hrsg.): Deutsche Stiftungen im Prozeß der Einigung, 1998, S. 73–78.
5 Abgedruckt in: Bundesverband Deutscher Stiftungen (Hrsg.): Deutsche Stiftungen 1/1999, S. I–III.
6 Abgedruckt in: Bundesverband Deutscher Stiftungen (Hrsg.): Deutsche Stiftungen 3/1999, S. III–X.

beifügen, die wir auch als Sonderdruck unter dem Titel „Zahlen, Daten, Fakten" hergestellt und an alle Mitglieder sowie die Medien gegeben haben. Wir unternehmen derzeit weitere Anstrengungen und werden dort die Datenbank Deutscher Stiftungen vervollständigen, wo sie noch Lücken aufweist – dies ist vor allem im Bereich der kirchlichen Stiftungen, der kommunal verwalteten Stiftungen und der unselbstständigen Fonds und Stiftungen der Fall. In diesem Monat haben wir kurzfristig die größten Stiftungen um die Übermittlung ihrer Zahlen für das Jahr 2000 gebeten. Die prompte Antwort war Zeichen einer Bereitschaft zu wachsender Transparenz im Stiftungswesen. Haben Sie hierfür herzlichen Dank.

Dass jedes Ende bei unserem Verband einen Anfang in sich birgt, zeigte die Ausstellungtätigkeit des Bundesverbandes: Die **Ausstellungsreihe „Stiftungen bauen Brücken"** ging im vergangenen Oktober in Berlin zu Ende. Nur drei Wochen später fand im Düsseldorfer Landtag die Auftaktveranstaltung zur **Ausstellungsreihe „Stiftungslandschaft NRW"** statt, die seitdem in Essen, Paderborn, Münster und Bochum gezeigt wurde und heute hier in Köln beschlossen wird. Die Ausstellung selbst und die vielen Begleitabende und Vorträge haben das Stiftungswesen in Nordrhein-Westfalen transparenter gemacht. Der Landesregierung NRW namentlich dem Innenminister Dr. Behrens und Herrn Schoenemann als Vertreter der obersten Stiftungsbehörde, Herrn Pfeifer von der Bezirksregierung Düsseldorf stellvertretend für die Stiftungsbehörden des Landes und last but not least der Projektbeauftragten, Dr. Barbara Weitz, sei noch einmal an dieser Stelle herzlicher Dank gesagt. Die Ausstellungsreihen – zunächst in Brandenburg, Mecklenburg-Vorpommern, Sachsen-Anhalt, Sachen, Thüringen, Berlin und dann in Nordrhein-Westfalen haben das Bild des Stiftungswesens in der Öffentlichkeit mit geprägt und eine beeindruckende Zahl von Besuchern auch zu den Rahmenveranstaltungen angezogen. Ähnliche Projekte sollten auch in weiteren Ländern Nachfolger finden. Zu Hilfestellungen in diesem Zusammenhang ist der Bundesverband natürlich gerne bereit.

Dieses Angebot gilt auch für die **Unterstützung lokaler Stiftungsnetzwerke**. Täglich erreichen den Bundesverband Anfragen und Bitten von Mitgliedern, Stiftungen, potentiellen Stiftern, fördersuchenden Institutionen und Privatpersonen, Journalisten und Wissenschaftlern. Erbeten wird der rechtliche Rat, die Herstellung von Kontakten, die Vermittlung von allgemeinen Informationen zum Stiftungswesen und zur Förderung von Projekten. Ich hatte hierzu bereits in Weimar berichtet und auf die **große Belastung durch das sogenannte „Tagesgeschäft"** hingewiesen. Die Lawine solcher Anfragen wächst weiter und wir bemühen uns, jeder einzelnen Anfrage gerecht zu werden, was freilich nicht immer gelingen kann. Wir arbeiten daran, unser allgemeines Informationsmaterial zu erweitern und Standardanfragen kurzfristig und erschöpfend beantworten zu können. Wir bedanken uns bei denjenigen Mitgliedern, die uns bei der Bewältigung dieser Aufgaben bereitwillig unterstützt haben.

Existenzielle Entscheidungen für Stiftungen können zukünftig auch in Brüssel getroffen werden. Deshalb gilt es, die **politischen Prozesse in der Europäischen Union** auch im Sinne des deutschen Stiftungswesens zu begleiten. Ganz richtig sieht die neue Satzung daher auch die Pflege von Kontakten in das Ausland als wichtige Aufgabe des Bundesverbandes Deutscher Stiftungen an.

Für eine noch wirksamere Tätigkeit des Bundesverbandes als Interessenvertreter und Dienstleister ist es nützlich, wenn die Basis noch erweitert werden kann. Immerhin sind „nur" 1.400 Stiftungen zahlende Mitglieder im Bundesverband. Hier gibt es angesichts von über 10.000 existierenden Stiftungen noch Potentiale auszuschöpfen. Dieses Potenzial zu erschließen, können aber nicht die Geschäftsstelle und die Gremien alleine leisten. Vielmehr hofft der Bundesverband auf die Unterstützung aller Stiftungen für sein Engagement. Bitte **empfehlen** Sie anderen Stiftungen, die vielleicht den Weg in den Bundesverband noch nicht gefunden haben, **den Beitritt.** Auch hilft es, wenn über den Bundesverband und seine Aktivitäten gesprochen wird. Einige Stiftungen weisen zum Beispiel bereits auf ihren Briefköpfen und in ihren Geschäftsberichten auf die Mitgliedschaft im Bundesverband, auf Forderungen und gemeinsame Projekte hin. Eine schöne Anregung, es ihnen gleich zu tun.

Wir in der Geschäftsstelle freuen uns auf die Zusammenarbeit mit Ihnen, den Mitgliedern des Bundesverbandes Deutscher Stiftungen. Lassen Sie uns in diesem und im kommenden Jahr so gut zusammenarbeiten wie in den Jahren zuvor. Dafür vielen Dank!

Gleichermaßen wurde überall darauf hingewiesen, dass dieses neue Gesetz nur der Anfang einer Vielzahl neuer Regelungen sein kann. Denn die **Änderungen reichten** nicht nur **hinsichtlich der steuerlichen Möglichkeiten für Stifterinnen, Stifter und Stiftungen nicht aus**, die das Gesetz eigentlich erschöpfend liefern sollte. **Für das Stiftungsprivatrecht** brachte das Gesetz **überhaupt keine Veränderungen.** Das war – zu Recht – zunächst vom Bundesverband Deutscher Stiftungen so gewollt und angeregt, da wir uns dadurch eine zügigere Einigung beim Stiftungssteuerrecht erhofft hatten. Doch **eine Modernisierung des Stiftungsprivatrechts will der Bundesverband** gleichwohl. Im vergangenen Sommer hat die Bundesjustizministerin, Frau Prof. Däubler-Gmelin, eine **Bund-Länder-Arbeitsgruppe** eingesetzt, die den Reformbedarf im Stiftungsprivatrecht ermitteln sollte. Die Kommission hat in einer öffentlichen Anhörung inzwischen den Bundesverband Deutscher Stiftungen um eine Stellungnahme gebeten. Ein Ergebnis der Arbeit der Kommission liegt indes noch nicht vor. Der F.D.P. ist es zu verdanken, dass wieder Bewegung in die Diskussion auf Bundesebene gekommen ist – wenngleich die Vorschläge der Liberalen sich auch inhaltlich als völlig unhaltbar erwiesen haben. Und die Podiumsdiskussion hat gezeigt, dass der Bundesverband sich laut- und inhaltsstark **an der Debatte** der kommenden Monate **beteiligen** wird.

Mit dem Jahreswechsel bekam der Bundesverband einen neuen Ansprechpartner bei der Regierung. Nur wenige Wochen nach dem Amtsantritt des neuen Beauftragten der Bundesregierung für Angelegenheiten der Kultur und der Medien, Professor Dr. Julian Nida-Rümelin, konnten der Erste Vorsitzende und der Geschäftsführer in einem direkten Gespräch mit dem Staatsminister die Forderungen des Bundesverbandes artikulieren. Der Staatsminister äußerte Verständnis für die Wünsche des Verbandes und unterstrich seinen Willen, das Stiftungswesen einen entscheidenden Schritt voran zu bringen. Daran wollen wir die Stiftungspolitik der Bundesregierung messen.

Der Verband konnte in den vergangenen Monaten verschiedene Einzelaktionen von Stiftungsgruppen unterstützen. Der Arbeitskreis Bürgerstiftungen richtete einen gut vorbereiteten Forderungskatalog an die Enquete-Kommission zur Zukunft des bürgerschaftlichen Engagements. Die Sozialstiftungen habe sich mit Unterstützung des Bundesverbandes mit einer Stellungnahme zur Novelle des Heimbewohnerschutzgesetzes an die Bundesregierung gewandt. Und die Umfrage des Bundesverbandes unter jungen Stiftungen zu den Erfahrungen bei der Stiftungserrichtung hat maßgeblich zur Klärung über den tatsächlichen Reformbedarf im Stiftungswesen beigetragen.

Solche gemeinsamen Aktionen mehrerer Stiftungen werden möglich, weil der Bundesverband ihnen ein breites Forum zum Erfahrungsaustausch zur Verfügung stellt. Ein Beispiel sind die immer zahlreicher werdenden lokalen und regionalen Stiftungstage; neben den bekannten sind Veranstaltungen in Bielefeld, Bremen, Hannover, Kassel, Neubrandenburg, Reutlingen und vielen anderen Städten geplant. Die Deutsche StiftungsAkademie führt in ihren Fortbildungsveranstaltungen Vertreter von Stiftungen zusammen; aus den Veranstaltungen entstehen immer häufiger gemeinsame Projekte mehrerer Stiftungen. Auch das Projekt www.umweltstiftungen.net, bei dem der Bundesverband den Stiftungen, die im Bereich Umwelt, Natur- und Landschaftsschutz tätig sind, eine Internetplattform bietet, ist angelaufen. Hier ist Herr Kaspar Denker neuer Mitarbeiter und Ansprechpartner.

Der Bundesverband ist hinsichtlich seiner inneren Struktur konsolidiert und kann nunmehr häufig bei Einzelaktionen und Veranstaltungen auf Erfahrungen mit ähnlichen Ereignissen zurückgreifen. So wird es dieses Jahr – modifiziert und weiterentwickelt – wieder ein Seminar der Deutschen StiftungsAkademie über Öffentlichkeitsarbeit für Stiftungen geben; Seminare zum erfolgreichen Stiftungsmanagement gehören inzwischen schon zum Standardprogramm."

Zu Punkt 3 der Tagesordnung:
Rechnungsprüfungsbericht

Dr. Jörg Koppenhöfer, Rechtsanwalt und Steuerberater
Vorstandsvorsitzender der Wilhelm Sander-Stiftung

„Sehr geehrte Damen und Herren, liebe Mitglieder des Bundesverbandes Deutscher Stiftungen,

am 22./23.02.2001 habe ich in der Geschäftsstelle des Bundesverbandes in Berlin die Buchführungsunterlagen für das Wirtschaftsjahr 2000 eingesehen und geprüft. Um die Prüfung zu beschleunigen, hatte ich bereits vorher in meinem Büro in München die mir überlassenen EDV-Auswertungen einer überschlägigen Prüfung unterzogen, insbesondere auch zu den Geld- und Wertpapierbewegungen, und Kontenabstimmungen vorgenommen.

Im Zusammenhang mit dem Umzug nach Berlin ist der Bundesverband von der bisherigen externen Buchführung abgegangen, hat eine eigene interne Buchhaltung eingerichtet und dies gleichzeitig zum Anlass genommen, den Kontenrahmen völlig neu zu definieren unter Berücksichtigung seiner in den letzten Jahren wesentlich erweiterten Tätigkeit und im Hinblick auf die gestiegenen Anforderungen an ein modernes Buchführungssystem. Ich kann Ihnen berichten, dass dieses neue System einen sehr ordentlichen Eindruck macht, insbesondere die einzelnen Einnahmen- und Ausgabenpositionen sehr übersichtlich gegliedert sind.

Bei der Prüfung musste ich mich wegen des mittlerweile gewaltigen Umfangs des Buchhaltungswerks auf Stichproben beschränken, habe jedoch alle Kontenbelege auf formale Richtigkeit und Plausibilität durchgesehen. Dabei konnte ich keine Ungereimtheiten feststellen. Da auch der Abgleich der Vermögensentwicklung mit der Überschussrechnung keine Differenzen ergab, kann ich feststellen, dass alle Einnahmen ordnungsgemäß erfasst und alle Ausgaben durch Belege nachgewiesen sind. Bankguthaben und Wertpapierbestand sind durch Kontoauszüge und Depotbestätigungen belegt.

Im Einzelnen ist zum Zahlenwerk kurz Folgendes zu bemerken:

1. Förderfonds Stiftungswesen

Hier sind im Berichtsjahr Zinseinnahmen von DM 560,00 sowie Spenden von DM 8.500,00 zu verzeichnen, wovon DM 8.000,00 einer Projektrücklage zurückgeführt werden. Nach Einstellung von DM 1.034,80 in die Substanzerhaltungsrücklage gemäß § 58 Nr. 7 a AO verbleibt dann zum 31.12.2000 ein Mittelvortrag von DM 344,21.

2. Ordentlicher Haushalt

Die Gesamteinnahmen belaufen sich auf DM 2.307.316,33, wovon DM 1.385.098,86 auf Mitgliedsbeiträge entfallen, eine Steigerung gegenüber dem Vorjahr von TDM 367.

Die Summe der Ausgaben beträgt DM 2.175.024,78. Größte Position davon sind TDM 1.156 für Personalkosten.

Trotz wiederum gestiegener Personalkosten verbleibt so ein Einnahmenüberschuss von DM 132.191,55.

Aus dem Überschuss von TDM 132 wird ein Betrag von TDM 130 der jetzt möglichen Substanzerhaltungsrücklage gemäß § 58 Nr. 7 a Alt. AO zugeführt. Der Restbetrag ist in den Mittelvortrag einzustellen, der sich zum 31.12.2000 dann auf DM 399.552,12 beläuft. Der Rücklage und dem Mittelvortrag stehen Bankguthaben und Wertpapiere in gleicher Höhe gegenüber.

Auf der Grundlage der von mir vorgenommenen Prüfung kann ich bestätigen, dass die Einnahmen- und Ausgabenrechnung und die Vermögensentwicklung des Bundesverbandes Deutscher Stiftungen den Grundsätzen ordnungsgemäßer Rechnungslegung entsprechen, so dass aus der Sicht des Rechnungsprüfers einer Entlastung des Vorstands keine Gründe entgegenstehen.

Ich danke Ihnen für Ihre Aufmerksamkeit."

Zu Punkt 4 der Tagesordnung:
Aussprache über die Berichte

Prof. Dr. Axel Frhr. von Campenhausen

„Vielen Dank Herr Dr. Koppenhöfer für diesen Bericht. Ich gebe jetzt alle drei Berichte zur Diskussion frei und darf um Wortmeldungen bitten.

Es gibt keine Wortmeldungen aus der Mitgliederversammlung.

Das kann nur als Zustimmung gedeutet werden.

Wenn es keine Fragen mehr zu den Berichten gibt, können wir zu Punkt 5 der Tagesordnung übergehen."

Zu Punkt 5 der Tagesordnung:
Entlastung des Vorstandes

Graf Fugger von Glött beantragt die Entlastung des Vorstandes.

Die Mitgliederversammlung stimmt dem Antrag bei einer Enthaltung und ohne Gegenstimmen zu.

Zu Punkt 6 der Tagesordnung:
Wahlen für die Beiräte

Herr Prof. Dr. Axel Frhr. von Campenhausen stellt die Beschlussvorlage vor. Danach wird abgestimmt durch Handzeichen mit folgendem Ergebnis:

I. Prof. Dr. Manfred Erhardt, Generalsekretär des Stifterverbandes für die Deutsche Wissenschaft,
Dr. Dominik Frhr. von König, Generalsekretär der Stiftung Niedersachsen und
Dr. Wilhelm Krull, Generalsekretär der VolkswagenStiftung,
werden in ihrem Amt als Mitglied der Beiräte für eine weitere Amtszeit einstimmig bestätigt.

II. Herr Lothar A. Böhler, Stiftungsdirektor der Stiftungsverwaltung Freiburg,
Frau Ulrike Kost, Kirchendirektorin der Evangelischen Pflege Schönau und
Herr Professor Dr. Olaf Werner, Friedrich Schiller Universität Jena,

werden vom Ersten Vorsitzenden der Mitgliederversammlung vorgestellt und erheben sich einzeln. Sie werden im Anschluss gemeinsam einstimmig erstmalig in den Beirat gewählt.

Die erstmalig Gewählten[7] nehmen jeweils einzeln die Wahl an.

Zu Punkt 7 der Tagesordnung: Verabschiedung ausscheidender Mitglieder der Beiräte

Herr Prof. Dr. Axel Frhr. von Campenhausen weist darauf hin, dass Heike Schmoll, Frankfurter Allgemeine Zeitung, Georg Michael Primus, und Prof. Dr. Dr. h.c. mult. Paul Raabe, Direktor der Franckeschen Stiftung zu Halle, aus den Beiräten ausscheiden oder bereits ausgeschieden sind, aber heute nicht anwesend sind. Der Erste Vorsitzende dankt ihnen für ihren Einsatz.

Er verabschiedet den anwesenden Herrn Michael Primus, Oberstadtdirektor der Stadt Goslar, spricht ihm für sein lange währendes Engagement im Bundesverband, insbesondere auch als Leiter des Arbeitskreises „Kommunal- und Grundstücksrecht" seinen Dank aus und übergibt ihm eine Urkunde.

---

7 Kurzbiografien auf S. 376.

Zu Punkt 8 der Tagesordnung:
Satzungsreform

Prof. Dr. Axel Frhr. von Campenhausen

„Die Mitgliederversammlung hat auf ihrer Sitzung in Weimar im vergangenen Jahr die „Gesichtspunkte für eine Neubestimmung der Ziele, Aufgaben und Organisationsstruktur des Bundesverbandes Deutscher Stiftungen"[8] verabschiedet. Darin heißt es:

„Die Veränderungen im Aufgabenprofil des Bundesverbandes erfordern **Konsequenzen struktureller Art**, die vor allem über eine Satzungsreform umzusetzen sind."

Vorstand und Beiräte haben diesen Auftrag der Mitglieder, den Veränderungsbedarf in eine Satzungsreform umzusetzen, unmittelbar nach der Jahrestagung aufgenommen. Die Auseinandersetzung mit dem Thema machte den **umfassenden Änderungsbedarf** deutlich.

Auf der gemeinsamen Sitzung des Vorstandes und der Beiräte am 13.10.2000 wurde dann zur Vorlage eines gemeinsamen Entwurfs eine Kommission zur Satzungsreform eingesetzt, der neben dem Vorstand und dem Geschäftsführer die Beiräte Hüttemann, Krull, Matschke, von Pölnitz-Egloffstein und

Dr. Christoph Mecking, Prof. Dr. Axel Frhr. von Campenhausen und Ulrich Voswinckel

---

8 Abgedruckt in: Bundesverband Deutscher Stiftungen (Hrsg.): Deutsche Stiftungen 2/2000, S. III.

Rossberg angehören. Diese Kommission hat am 19.12.2000 in Hannover eine neue Fassung der Satzung zur Vorlage in der Mitgliederversammlung erstellt. Das zuständige Finanzamt und das für das Vereinsregister Berlin zuständige Amtsgericht Charlottenburg haben dazu Stellung genommen.

Die Ihnen mit den Unterlagen für diese Sitzung übersandte modifizierte Synopse ist das Ergebnis der Beratungen auf der gemeinsamen Sitzung von Vorstand und Beiräten am 09.02.2001 in Hamburg. Sie hatten also die Gelegenheit, die geplanten Änderungen intensiv zu studieren. Durch die Erläuterungen in der dritten Spalte der Synopse haben Sie auch die Beweggründe für die Änderungen erfahren.

Ich möchte Sie auf die **wichtigsten Änderungen** aber noch einmal hinweisen.

In § 1 der neuen Satzung – also in der mittleren Spalte der Synopse – finden Sie die Regelung zum **Sitz des Bundesverbandes**. Die Formulierung trägt der Bedeutung der Fuggerei in Augsburg für die Entwicklung des Bundesverbandes und die Geschichte des deutschen Stiftungswesens Rechnung und macht die tatsächliche Sitzverlegung nach Berlin in der Satzung deutlich.

Mit den Änderungen in § 2 werden der Auftrag der Mitgliederversammlung vom 11.05.2000 in Weimar vollzogen und die in den „Gesichtspunkten" beschlossenen Veränderungen in der **Zwecksetzung** des Verbandes umgesetzt. So haben zum Beispiel die für das Verbandsleben wichtigen Veranstaltungen und Veröffentlichungen einen Platz in der Satzung gefunden. Ebenso wird der internationale Austausch Teil der Zwecksetzung.

Mit den Änderungen in § 7 müssen Sie sich auch an eine **neue Terminologie** gewöhnen. Endlich wird so der umständlich benannte Erste Vorsitzende zum Vorsitzenden und erhält einen Stellvertreter. Darüber hinaus wird den Erweiterungen der Aufgaben und Herausforderungen, denen sich der Verband gegenübersieht, Rechnung getragen und die **Anzahl der weiteren Vorstandsmitglieder** von drei auf bis zu fünf angehoben. Die Wiederwahl soll in Zukunft nur noch zweimal zulässig sein. Dem notwendigen **Wandel in der Verbandsspitze** wird dies zuträglich sein.

In § 7 und § 9 wird auch endlich der Tatsache entsprochen, dass es eine **Geschäftsstelle und einen Geschäftsführer** gibt.

In § 8 nun werden einige **Veränderungen in der Besetzung des Beirates** vorgenommen. Diese Änderungen entsprechen der Mitgliederstruktur und den Anforderungen der innerverbandlichen Demokratie. So wird der Beirat zukünftig neben gewählten und kooptierten auch aus geborenen Mitgliedern zusammengesetzt sein. Bis zu 12 Mitglieder werden von der Mitgliederversammlung gewählt, bis zu drei weitere werden von Vorstand und Beirat berufen. Darüber hinaus werden die Arbeits- und Gesprächskreisleiter sowie der Rechnungsprüfer geborene Mitglieder des Beirates. Damit sind nicht nur Kontinuität und Wechsel, sondern vor allem auch die Einbindung der Funktionsträger in die Beratungen und Entscheidungen der Gremien gewährleistet.

Nach einem einjährigen Entwicklungsprozess liegt nach meiner Überzeugung mit diesem Vorschlag eine neue Satzung vor, die den Anforderungen der Zukunft gerecht wird und dem Bundesverband eine **moderne Verfassung** gibt. Die neue Satzung sollte **am 01.01.2002 in Kraft treten**. Die für das nächste Jahr anstehenden Vorstandswahlen werden dann schon auf dieser Grundlage durchgeführt.

An dieser Stelle soll eine Diskussion um die veränderte Satzung nicht im Keim erstickt werden. Doch darf ich versichern, dass **um jeden geänderten Punkt gerungen** wurde und sich die neue Satzung in den Gremien nunmehr einer breiten Mehrheit erfreut. Die Veränderungen finden Sie in der Synopse in Ihrem blauen Heft zur Mitgliederversammlung jeweils erläutert. Zögern Sie aber nicht, hier Ihre Meinung zu äußern oder auch die Gremienmitglieder und Mitarbeiter des Bundesverbandes – auch nach der Mitgliederversammlung – um weitere Erläuterungen zu bitten. **Die meisten neuen Formulierungen tragen nur den tatsächlich bestehenden Umständen Rechnung.**

Hinsichtlich der Besetzung der Gremien – vor allem der Beiräte – sieht die neue Satzung Veränderungen im Vergleich zum Status quo vor. Diese sind auch notwendig geworden, weil wir erfreulicherweise immer mehr Arbeitskreise für unsere Mitglieder anbieten – und wir die Arbeitskreisleiter in die Gremienberatungen einbinden wollen. Schon heute nehmen wir einige Neubesetzungen in den Gremien vor. Mit dem neuen Prozedere wird das Verfahren dann zukünftig vereinfacht werden.

Sollte für die Satzungsreform Erklärungsbedarf bestehen, können Sie jetzt Ihre Fragen bzw. Einwände formulieren."

Graf Fugger von Glött – Fürstlich und Gräflich Fuggersche Stiftungen Augsburg

„Die Stärkung der Rechte der Mitglieder in der neuen Satzung ist sehr zu begrüßen. Trotzdem bedarf es einer festgelegten Frist im Falle eines Widerspruchs gegen den Ausschluss eines Mitgliedes. In § 4, Ziffer 4 sollte mithin eine Frist festgelegt werden."

Prof. Dr. Axel Frhr. von Campenhausen

„Der von Graf Fugger gemachte Änderungsvorschlag wird in die Satzungsreform aufgenommen. In § 4, Ziffer 3 wird eine Widerspruchsfrist bei Ausschluss von einem Monat mit folgender Formulierung festgeschrieben: Über den – schriftlich zu stellenden – Aufnahmeantrag entscheidet der Vorstand. Gegen eine ablehnende Entscheidung kann innerhalb eines Monats nach Zugang der Beschwerde eingelegt werden, über die der Beirat entscheidet."

Dietrich Schacht – KroschkeStiftung für Kinder

„Es scheint doch sinnvoll, im § 2 der Satzung den Bereich der Öffentlichkeitsarbeit mit in die Zweckbestimmung des Verbandes aufzunehmen."

Prof. Dr. Axel Frhr. v. Campenhausen

„Die Anregung, die Öffentlichkeitsarbeit mit in den Katalog der Zwecke des Verbandes mit aufzunehmen, wird berücksichtigt. § 2 Satz 3 lautet danach: Der Zweck wird beispielsweise verwirklicht durch: 1. Förderung wissenschaftlicher Vorhaben; 2. Veranstaltungen, Veröffentlichungen; 3. Öffentlichkeitsarbeit; [...]"

Prof. Dr. Olaf Werner

„In § 7, Abs. 5 und in § 8, Abs. 9 sollte auch die Möglichkeit benannt werden, Beschlüsse per Fax und per Mail herbeizuführen."

Dr. Christoph Mecking

„Die neue Satzung wird die Möglichkeit benennen, Beschlüsse des Vorstandes und der Beiräte auch per elektronischen Umlaufverfahren herbeizuführen. Danach lautet § 7, Abs. 5 [...] Beschlüsse können auch im schriftlichen, fernschriftlichen oder elektronischen Umlaufverfahren herbeigeführt werden, [...] und § 8, Abs. 9 [...] Beschlüsse können auch im schriftlichen, fernschriftlichen oder elektronischen Umlaufverfahren herbeigeführt werden, [...]"

Anja Stahlberg,
Friedrich und Louise Homann-Stiftung

„Warum finden die Wohltätigkeitsstiftungen in der neuen Satzung keine Erwähnung?"

Dr. Christoph Mecking

„In den „Gesichtspunkten", die in der Vorlage zitiert sind, ist damals auch angeführt worden, das Verhältnis zum Verband Deutscher Wohltätigkeitsstiftungen zu klären. In den Diskussionen um die Satzungsreform ist allerdings deutlich geworden, dass es keinen Reformbedarf gibt. Deswegen ist es bei der alten Fassung geblieben."

Dr. Thomas Wurzel – Sparkassen-Kulturstiftung Hessen-Thüringen

„Die in § 6 Abs. 2 zur Mitgliederversammlung angegebene Einladungsfrist ist zu kurz."

Prof. Dr. Axel Frhr. von Campenhausen

„Dem Vorschlag wird Rechnung getragen. § 6 Abs. 2 S. 2 sollte lauten: Spätestens sechs Wochen vor ihrem Beginn hat der Vorstand die Mitglieder unter Angabe der Zeit, des Ortes und der Tagesordnung schriftlich einzuladen."

Wolfgang Janowsky – Stiftungsaufsicht der Evang.-Luth. Kirche in Bayern

„Ich finde es bedauerlich, dass die Autoren der neuen Satzung sich auf Seite 35 bei den Funktionsbezeichnungen für eine Feigenblattlösung entschieden haben. Es ist ein Unterschied, ob ich durchgängig die männliche Bezeichnung verwende oder ob ich durchgängig beide Geschlechter berücksichtige. Vielleicht kann das noch berücksichtigt werden."

Prof. Dr. Axel Frhr. von Campenhausen

„Wir setzten, nachdem dieses Problem von Sitzung zu Sitzung der vorbereitenden Gremien unterschiedlich behandelt wurde, schließlich auf inhaltliche Fragestellungen. Formale Gesichtspunkte spielen eine untergeordnete Rolle.

Ich frage Sie nun, ob weiterer Erläuterungsbedarf besteht.

Ich stelle fest, dass kein weiterer Erläuterungsbedarf besteht.

Um Einwänden des Registergerichts hinsichtlich der Formulierung des Satzungstextes vorzubeugen, soll der Vorstand ermächtigt werden, redaktionelle Änderungen vornehmen zu dürfen. Ausdrücklich soll darauf hingewiesen werden, dass dieses lediglich einzelne Textveränderungen sein können, die weder Inhalt und Sinnzusammenhang der Beschlussfassung dieser Mitgliederversammlung verändern dürfen. Sind Sie mit diesem Vorschlag und dem Ihnen vorliegenden Satzungsentwurf nebst der soeben vorgeschlagenen Änderungen einverstanden?"

Abgestimmt wird durch Handzeichen.

Die neu gefasste Satzung und die Ermächtigung zu redaktionellen Änderungen wird bei einer Enthaltung und ohne Gegenstimme angenommen.

Zu Punkt 9 der Tagesordnung:
Änderung der „Richtlinien für die Bemessung des Mitgliedsbeitrages"

Prof. Dr. Axel Frhr. von Campenhausen

„Mit den Unterlagen für diese Versammlung haben Sie einen Abdruck der bisherigen und der modifizierten Richtlinien erhalten.[9]

Die Umstellung des Währungssystems auf Euro zum 01.01.2002 erfordert die Anpassung der von der Mitgliederversammlung in Bonn am 20.05.1999 beschlossenen „Richtlinien für die Bemessung des Mitgliedsbeitrages". Vorstand und Beiräte haben auf der gemeinsamen Sitzung am 09.02.2001 über die neue Beitragsstruktur beraten. Danach soll die Umstellung im Verhältnis 2 zu 1 erfolgen. Dieses bedeutet rechnerisch eine geringfügige Beitragssenkung.

In der Sache gibt es weiter einige kleinere Korrekturen, die sich aus der bisherigen Praxis ergeben. Die tatsächlichen Kosten, die dem Bundesverband heute durch die Betreuung seiner Mitglieder entstehen, entsprechen nicht mehr den in den „Richtlinien" ausgewiesenen Beitragsuntergrenzen. Vorstand und Beiräte halten deshalb eine Anpassung der Beitragsberechnung bei fördernden Mitgliedern für notwendig, um die Arbeit des Bundesverbandes auch für die Zukunft sicher zu stellen. Die Untergrenze des Beitrages soll daher zukünftig genauso wie für Stiftungen und Stiftungsverwaltungen bei 150 Euro festgeschrieben werden. Ausnahmeregelungen ermöglichen die Berücksichtigung der individuellen Leistungsfähigkeit. Darüber hinaus soll bei denjenigen natürlichen und juristischen Personen, die mit der Mitgliedschaft kommerzielle Interessen verfolgen, ein einheitlicher Mindestbeitrag von 500 Euro vorgesehen werden.

Neben diesen Änderungen, die sich im Wesentlichen auf zukünftige Neumitglieder beziehen wird, stellen wir zum Jahresbeginn auch alle anderen Beiträge auf Euro um. Dies führt dazu, dass Sie in Zukunft einen merkwürdigen, krummen Beitrag an den Bundesverband leisten werden. Ich appelliere an Sie, diese Verkrümmungen am Ende der Beitragssumme großzügig gerade zu biegen. Und wenn Sie sich nun fragen, warum auch der Bundesverband an der schleichenden Inflation mitarbeitet, dann bleibt mir nichts Anderes, als sie darauf hinzuweisen, dass sich natürlich auch der Bundesverband steigenden Preisen gegenübersieht. Es wäre in hohem Maße kontraproduktiv, würde man dem Verband in einer Phase wichtigen Fluges ungeniert die Flügel stutzen.

---

9 Die Vorlage zur Mitgliederversammlung ist abgedruckt, vgl. S. 338.

Ich bitte Sie also, mit Augenmaß und Wohlwollen Ihre Mitgliedsbeiträge in die neue Währung zu überführen. Dies gilt besonders mit Blick auf meine einführend erwähnte Beobachtung, dass viele Mitglieder mit ihrer Einschätzung noch weit unter der vorgesehenen Beitragshöhe liegen.

Auch hier meine Frage nach weiterem Erläuterungsbedarf für die Änderung der Beitragsrichtlinien."

Mitglied

„Grundsätzlich möchte ich meiner Freude über die Entwicklung der Mitgliederzahlen Ausdruck verleihen. Wenn jedoch die Freunde des Stiftungswesens eine Erhöhung um 300 % leisten sollen, dann bringt das insgesamt für den Bundesverband eine Erhöhung von rund 30.000 auf 90.000 DM. Das ist für den Bundesverband bei den Mitgliedsbeiträgen von 1,4 Mio. nicht so viel. Für die einzelnen Mitglieder jedoch birgt diese Beitragserhöhung nicht selten ein Problem. Und das sind die Einzigen, die so in die Pflicht genommen werden, während alle anderen sogar eine Beitragsverringerung haben. Denn eine Umstellung auf den Euro, wenn es so erfolgt wie es vorgesehen ist, führt sogar noch zu einer Verbilligung. Insgesamt laufen wir mit dieser Regelung Gefahr, dass nicht so viele Freunde zusätzlich gewonnen werden können. Ich würde vorschlagen, dass nicht auf 150 Euro gegangen werden soll, sondern von 100 DM auf 100 Euro. Das ist nur eine Erhöhung von 200 %. Denn es stellt sich die Frage, ob der Bundesverband in Anbetracht der möglichen Gefahr eines Rückgangs der Neubeitritte wirklich von einer solchen Erhöhung profitiert."

Dr. Christoph Mecking

„Da sich die Kosten für jedes Mitglied, die dem Verband entstehen, jährlich auf mindestens DM 300,00 belaufen, scheint mir die Erhöhung durchaus gerechtfertigt. Darüber hinaus besteht der Erfahrung nach die Gefahr, dass Vertreter von Stiftungen als Freundes des Stiftungswesens die Mitgliedschaft erwerben, ohne dass die von ihnen vertretene Stiftung dem Bundesverband beitritt. Trotzdem bleiben individuelle Regelungen möglich."

Graf Fugger von Glött

„Die Erhöhung des Beitrages für natürliche Personen, die keine kommerziellen Ziele verfolgen, ist aus meiner Sicht nicht gerechtfertigt. Ganz abgesehen davon, dass ich mir nicht vorstellen kann, dass ein Vertreter einer Stiftung als Freund des Stiftungswesens dem Verband beitreten würde, um den Beitritt der von ihm vertretenen Stiftung zu vermeiden, ohne von Herrn Mecking angeschrieben zu werden."

Gerhard Pilz – Stiftung „Geborgen Wohnen"

„Wenn die neuen Beiträge nur für die Zukunft gelten, sollte das auch so mit in die Satzung aufgenommen werden."

Prof. Dr. Axel Frhr. von Campenhausen

„Ich sehe hierfür keinen Bedarf. Denn die neuen Beitragssätze gelten ab dem Tag des Mitgliederbeschlusses.

Sollte jetzt kein Erläuterungsbedarf mehr bestehen, möchte ich zur Abstimmung übergehen."

Vorstand und Beirat empfehlen der Mitgliederversammlung folgenden Beschluss: „Die modifizierte Fassung der „Richtlinien für die Bemessung des Mitgliedsbeitrages" wird angenommen."

Die Versammlung nimmt die vorgelegte Fassung der modifizierten „Richtlinien für die Bemessung des Mitgliedsbeitrages bei 19 Enthaltungen und 4 Gegenstimmen an.

Zu Punkt 10 der Tagesordnung: Verschiedenes

keine Wortmeldung

Zu Punkt 11 der Tagesordnung:
Schlusswort des Ersten Vorsitzenden

Prof. Dr. Axel Frhr. von Campenhausen

„Meine Damen und Herren, wir sind nun am Ende der Mitgliederversammlung und damit am Ende des Hauptarbeitstages der 57. Jahrestagung des Bundesverbandes Deutscher Stiftungen angelangt. Ich möchte mich noch einmal für die tatkräftige Unterstützung unserer Mitglieder und der Mitarbeiter des Bundesverbandes bedanken. Mein besonderer Dank gilt dem Geschäftsführer, Dr. Christoph Mecking.

Mit der Verabschiedung der neuen Satzung, die ab dem 01.01.2002 in Kraft tritt, ist es uns gelungen, das Profil des Bundesverbandes in hohem Maße zu schärfen.

Ich hoffe, dass die 57. Jahrestagung des Bundesverbandes für Sie alle ein Erfolg war und würde mich freuen, Sie nächstes Jahr in Hamburg auf unserer 58. Jahrestagung begrüßen zu dürfen. Wir sehen uns sicher alle um 19.00 Uhr beim Empfang der Landesregierung Nordrhein-Westfalen."

VII. Ökumenischer Gottesdienst

Liebe Gemeinde, Ich möchte Sie heute morgen einladen, sich mit mir auf einen der provozierendsten Texte des Alten Testament einzulassen und dabei einen etwas ungewöhnlichen Weg zu beschreiten. Denn ich werde trotz des frühen Morgens einiges an Phantasie und geistiger Mobilität anregen. Aber ich bin davon überzeugt, dass Sie alle genug Vorstellungskraft besitzen.

Sicher können Sie sich alle noch an die Minuten erinnern, in denen Sie sich auf den Weg zu dieser Kirche gemacht haben. Von wo sind Sie gekommen? Vom Neumarkt? Vom Maritim? Hatten Sie vielleicht eine Jacke an, einen Regenschirm mit ... Gut, wenn Sie alle wieder den Moment vor Augen haben, dann bitte ich

St. Maria im Kapitol

Sie nun noch einen Schritt weiter zu gehen. Stellen Sie sich vor, Sie kommen die Strasse herunter, und Sie sehen zunächst nur einige Grüppchen von Menschen, die sich vor der Kirchentür versammelt haben, als würden sie auf etwas warten. Diese Leute (und jetzt auch Sie) stehen da vor der Tür, denn die Kirchentüre ist verschlossen, und ein Zettel ist angebracht mit folgendem Satz: **„Aufgrund des heutigen Predigttextes bleibt die Kirche geschlossen."**

Ich stelle mir, vor, wie Sie dort etwas ratlos mit den anderen herumstehen. Der Organist schimpft, weil er ein besonderes Orgelstück eingeübt hat. Und der Herr dort im hellen Mantel sagt vielleicht: „Es ist Freitagmorgen, schon fast Wochenende, und ich bin extra früh aufgestanden, um mal wieder in die

Kirche zu gehen – und dann diese Pleite." Jemand meint vielleicht, ein paar Jugendliche hätten sich einen dummen Scherz erlaubt, und rappelt noch mal kräftig an der Tür. Aber die ist verschlossen. Ich denke: auch die Verantwortlichen dieser Tagung werden langsam nervös. Jemand fragt nach einem Handy und nach der Telefonnummer des Küsters.

Und in diesem Moment komme ich um die Ecke, ganz in Ruhe, wahrscheinlich ohne Talar, aber mit meiner Bibel in der Hand. Ich schätze zunächst würde mir doch eine gewisse Empörung entgegenschlagen, oder? Herr Dr. Westhoff würde vielleicht versuchen mich unauffällig zur Seite zu nehmen und mir ins Gewissen zu reden: „Hören Sie mal Herr Schick, das können Sie doch nicht machen. Das ist ein Skandal, man kann doch nicht einfach einen Gottesdienst ausfallen lassen! – Die Leute laufen uns weg!"

Und ich, ich würde mich gar nicht so recht aus der Ruhe bringen lassen, sondern meine Bibel aufschlagen und sagen: „Ich will Ihnen einige Verse aus dem Buch des Propheten Amos vorlesen, und dann sollen Sie selber urteilen."

Amos 5, 21–24

21 Ich bin eure Feiertage gram und verachte sie und mag eure Versammlungen nicht riechen. 22 Und wenn ihr mir auch Brandopfer und Speiseopfer opfert, so habe ich keinen Gefallen daran, und mag eure fetten Dankopfer nicht ansehen. 23 Tu weg von mir das Geplärr deiner Lieder, denn ich mag dein Harfenspiel nicht hören! 24 Es strömt aber das Recht wie Wasser und die Gerechtigkeit, wie ein nie versiegender Bach.

Sicher gibt es den ein oder anderen unter Ihnen, der sich ein bisschen mehr mit dem Alten und dem Neuen Testament beschäftigt hat. So jemand könnte dann jetzt (wenn wir alle noch draußen vor der geschlossenen Tür stünden) sagen: „Dem Propheten geht es um die soziale Gerechtigkeit ..." Und sicher gäbe es dann sofort jemanden, der ihm ins Wort fällt: „Wenn ich das schon höre: sozial! Sozial – was für ein abgedroschenes Schlagwort, wofür das heute alles herhalten muss. Es geht doch um die Verkündigung des Wortes Gottes. Gott will uns sagen, was für unser Leben wichtig ist, aber Soziales und womöglich Politisches hat mit Verkündigung nichts zu tun."

Aber sein Nachbar entgegnet: „Wissen Sie, ich bin auch nicht dafür, dass man die Kanzel mit dem Rednerpult im Bundestag verwechselt. Aber wenn wir der Welt das Evangelium von Jesus Christus verkündigen wollen, dann dürfen wir uns nicht in unser Schneckenhaus zurückkriechen. Und es ist Zeit zu erkennen und auch spürbar zu bekennen, dass wir soziale Verantwortung und biblischer Glaube sich nicht gegenseitig ausschließen. Und dass andererseits eine soziale Aktion allein niemand zum Christen macht.

Sicher wäre es lohnend, an dieser Stelle weiter zu überlegen, welche spontane Assoziation einzelnen von Ihnen noch kommen würden, wenn wir alle uns noch draußen vor der verschlossenen Kirchentür befänden, aber ich will Ihre Phantasie nun auch nicht überzustrapazieren.

Was hat Amos eigentlich zu solch scharfer Rede veranlasst?

Deutlich ist: Amos redet hier nicht als Bürger von Israel im Jahre 760 v. Chr. Er redet nicht als kritischer Zeitgenosse, sondern gibt das Wort Gottes weiter. Und Gott selbst ist es, der die Opfergottesdienste ablehnt, die Kirchentür sozusagen mit einem Knall ins Schloss fallen lässt.

Ich stelle mir die Kaufleute, Bankiers und Großgrundbesitzer von damals vor, denn sie sind angesprochen: geschäftstüchtig sind sie, gut genährt, natürlich gläubig und der Tradition verpflichtet. Sie sind bereit, den Gottesdienst mit Opfertieren zu bereichern und den Tempelchor zu unterstützen. Reichlich spenden sie in die Armenkasse.

Doch Amos wusste, wie sie zu ihrem Geld gekommen waren: sie hatten rücksichtslos die Kleinen ausgebeutet, von ihnen horrende Zinsen gefordert, sie bei Zahlungsunfähigkeit bis auf die Haut gepfändet oder sie als Schuldsklaven im eigenen Grossbetrieb eingesetzt. Und suchten diese Kleinen beim Richter Zuflucht, so war dieser garantiert mit dem Gläubiger verschwägert oder befreundet.

Regelmäßig pilgerten diese Großverdiener zum Heiligtum Bethel. Mit ihnen ihre Damen, mit ihren Armbändern und Halsketten reich geschmückt. „Fette Basankühe" nennt Amos sie verächtlich. Da lagen sie auf den bequemen Teppichen, gekauft von Geldern aus den Pfändungen, dankten Gott für ihre geschäftlichen Erfolge, hielten Sündopfer und antworteten mit Halleluja auf die Psalmlesungen der Priester und kehrten schließlich heim in der Gewissheit, dass der Segen Gottes sie dann weiterhin begleite und ihren Wohlstand vermehre. Dagegen wandte sich Amos im Namen Gottes, weil der Schutz der Armen mit Füssen getreten wurde.

Und natürlich hatte Amos in seiner scharfen Kritik den Oberpriester zum Gegner. Ich kann ihn fast hören, wie er den Propheten als sturen Fanatiker abkanzelte, und ihm vorwarf, dass er ja nur Einzelfalle benenne. Und im übrigen sei Amos ein Moralist, der nichts von Gottes Gnade wisse. Er bedenkt nicht, dass Gottes Gesetze, während der Wüstenwanderung erlassen, heute anders interpretiert, sozusagen modernisiert werden müssen. Außerdem habe es immer Reiche und Arme gegebene. Und den Armen gehe es doch dann am besten, wenn es auch den Reichen gut geht und sie nicht vergessen, mildtätig zu sein, zu stiften oder zu spenden.

Und auch wenn es sicher richtig ist, dass auch den Worten des Oberpriester ein gewisser Selbsterhaltungstrieb spricht (er fürchtet doch um seine gute Stellung!), so muss man aber auch zugeben, dass der Prophet Amos sicher auch nicht 100 % glaubwürdig wirkte. Wer konnte schon entscheiden, ob er wirklich Gottes Wort sagte und keine Amtsanmaßung übte!

Das Alte genau wie das Neue Testament sagt mir, dass Gott auf der Seite der Unterdrückten und Entrechteten steht. Gott ist nicht bequem. Auch das Kreuz auf Golgatha war nicht bequem. Gott stört diejenigen auf, die es sich in ihrem Leben und Glauben gemütlich eingerichtet haben.

Parallelen zu heute gibt es genug. Auch wenn Sie nicht meiner Meinung sind, halte ich sie nicht zurück: Wir nennen den Zustand, in dem wir heute leben, immer noch Frieden und unseren Staat immer noch eine gerechte Demokratie. Aber in Wirklichkeit leben wir wieder in einem Krieg der anderen Art. Es ist der soziale Krieg, Reich gegen Arm oder Arm gegen Reich, Jeden Tag sterben unzählige Menschen, besonders Kinder in diesem Krieg, nämlich an Hunger und Krankheiten. Können wir da noch ruhigen Gewissens Gottesdienste feiern? Könnte Gottes Zorn nicht auch uns treffen, die wir von solchen Ereignissen wissen?

Die Worte des Amos sind mir nachgegangen in den letzten Tagen und gleichzeitig denke ich an Gelegenheiten zu Hause oder in meinem Beruf, wo ich nicht immer im Recht war und wo ich doch immer versucht war, das Recht zu meinen Gunsten zu drehen. Oft genug habe ich mich durchgesetzt – auf Kosten anderer. Ob Gott mich auch meint?

Und trotzdem: Neben dem Nein Gottes steht auch sein Ja zu uns. Kurz vor den Versen aus dem Amosbuch, die ich Ihnen schon vorgelesen habe, steht auch der Satz: Suchet mich, so werdet ihr leben! Wer sich an diesen Gott wendet und ihm nachfolgt in Wort und Tat, in Evangelisation und in sozialer Verantwortung, der hat Zukunft.

Wir Christen glauben daran: Gott hat seinen Sohn in diese Welt gesandt, um sein Wort zu sagen, um unsere Schuld auf sich zu nehmen und durch das Ostergeschehen zu verkünden, dass „alle, die an ihn glauben, nicht verloren werden, sondern ewiges Leben haben".

In Christus haben wir die Gewissheit, dass Gott uns Menschen liebt. Er möchte uns in seiner Barmherzigkeit immer neu begegnen. Wir sind seine Kinder, denen er nachgeht und die er nicht fallen lässt. Er kann warten wie der Vater auf den verlorenen Sohn. Seine Liebe sucht und findet uns.

In der Beziehung zwischen Gott und Mensch geht es nicht um Thesen wie „Tue recht und scheue niemand" oder „Hilfreich sei der Mensch, edel und gut". Sondern es geht immer um die fürsorgende Frage Gottes: „Wo ist dein Bruder?" oder um Jesu Frage an Petrus: »Hast du mich lieb?"

Und auch, wenn ich die Kirchentür heute nicht wirklich verschlossen habe. Ich denke, dass uns diese Fragen „Hast du mich lieb?" und „Wo ist dein Bruder?" heute noch in gleicher Weise angehen wie in allen vergangenen Zeiten. Es gibt viele Versuche, praktische Lösungen zu finden und Gaben und Ressourcen einzusetzen.

Wie gut, dass es Menschen gab und immer noch gibt, die bereit sind, ihr Vermögen für andere einzusetzen. Wie gut, dass es andere – wie Sie – gibt, die sich dafür verbürgen, dass solche Gelder im Sinne der Gebenden für die Benachteiligten eingesetzt werden. Denn beim Stiftungswesen geht es – neben anderen sehr ehrenwerten Motiven – oft doch darum, dass diejenigen, die zu kurz gekommen sind (und die Schuldfrage spielt überhaupt keine Rolle), Chancen erhalten, die sie sich selbst nicht geben können.

Deshalb hat unser Evangelischer Stadtkirchenverband Köln vor wenigen Jahren auch eine Stiftung gegründet, um dauerhaft Hilfen bei Arbeitslosigkeit oder für das Alter leisten zu können. Deshalb weiss ich, wovon ich rede.

Wie gut ist es, wenn Mittel bereit gestellt werden können – nicht im Sinne von falschen Gottesdiensten wie bei Amos, sondern um die Frage anzunehmen: „Wer ist mein Bruder, wer ist meine Schwester?"

So wünsche ich Ihnen in Ihrem Engagement viel Glück und viel Segen.

VIII. Festveranstaltung

Eröffnung

Prof. Dr. Axel Frhr. von Campenhausen

Herr Staatsminister, Herr Minister, Frau Bürgermeisterin,
Herr Bürgermeister,
verehrter Herr Raabe,
meine sehr verehrten Damen und Herren,

nach einer arbeitsreichen und anregenden Jahrestagung heiße ich Sie zum festlichen Höhe- und Schlusspunkt hier im Gürzenich zu Köln willkommen. Ganz besonders begrüße ich den Vorstandsvorsitzenden der Stadtsparkasse Köln, Herrn Schröder, und bedanke mich, dass er uns diesen traditionsreichen Raum zur Verfügung stellte. Mein Dank gilt ebenfalls der Rheinischen Musikschule Köln, die uns eben mit vortrefflicher Musik erfreute.

Wir denken mit Dank an die Einladung des Herrn Ministerpräsidenten in das Wallraf-Richartz-Museum gestern Abend. Am Mittwoch waren wir Gast der Stadtsparkasse Köln, die uns in den Rheinterrassen vorzüglich bewirtete. Auch

Prof. Dr. Axel Frhr. von Campenhausen

hierfür sind wir zu Dank verpflichtet. Ein großer Teil der Arbeitskreise konnte während der letzten Tage in den modernen Räumen der SK Stiftung Kultur tagen, dafür bedanken wir uns herzlich.

Wir kommen soeben von einem ökumenischen Gottesdienst in St. Maria im Kapitol, einer beeindruckenden Kirche. Für die Abhaltung des Gottesdienstes sind wir Herrn Stadtsuperintendent Schick und Herrn Stadtdechant Dr. Westhoff in Dank verbunden.

Selbstverständlich gilt unser Dank allen Förderern und allen Stiftungen, die zum Gelingen der Jahrestagung beitrugen. Sie finden sie mit Logos im Tagungsprogramm erwähnt. Stellvertretend für sie hat Herr Regge, Vorstand der Fritz Thyssen Stiftung, gestern vor der Mitgliederversammlung einige Worte an uns gerichtet.

Wir hören nun die Grußworte von Herrn Minister Dr. Behrens und Herrn Bürgermeister Müller. Dies ist mir nochmals Anlass, Sie zu begrüßen.

Grußwort

Dr. Fritz Behrens, Innenminister des Landes Nordrhein-Westfalen

Sehr geehrter Herr Vorsitzender,
lieber Herr Professor von Campenhausen,
sehr geehrter Herr Staatsminister,
sehr geehrter Herr Oberbürgermeister,
verehrte Festgäste, meine sehr geehrten Damen und Herren!

Bereits bei dem Empfang gestern Abend hatte ich die Ehre, den Bundesverband Deutscher Stiftungen und die Teilnehmer seiner diesjährigen Jahrestagung in Köln seitens der Landesregierung für das gastgebende Land Nordrhein-Westfalen willkommen zu heißen.

Die heutige zweite Gelegenheit möchte ich dazu nutzen, in erster Linie in meiner Funktion als der für die Stiftungsberatung und Stiftungsaufsicht zuständige Minister des Landes Nordrhein-Westfalen zu Ihnen zu sprechen. Auch in dieser Rolle möchte ich Ihnen, lieber Herr von Campenhausen, nochmals dafür danken, dass Ihr Verband meine Anregung zu der Ausstellungsreihe „Stiftungslandschaft NRW" aufgegriffen und mit *Innenminister Dr. Fritz Behrens*
großem Elan in allen Regionen
unseres Landes in die Tat umgesetzt hat. Durchaus positive und nachhaltige Effekte dieser Ausstellungsreihe für die Fortentwicklung des Stiftungswesens in Nordrhein-Westfalen sind schon jetzt deutlich sichtbar. Das geht auch aus dem Zwischenbericht hervor, der in der jüngsten Ausgabe der Mitteilungen des Bundesverbandes abgedruckt ist.

Lieber Herr von Campenhausen, Ihre und unsere Ausstellungsreihe wollte ganz praktisch durch vielfältige Informations- und Diskussionsangebote zur Verbesserung der Rahmenbedingungen im Stiftungswesen beitragen.

Im Verlaufe Ihrer Jahrestagung war vorgestern und gestern aber auch die Rede von einer Verbesserung der <u>rechtlichen</u> Rahmenbedingungen, nämlich im Stiftungssteuerrecht und im Stiftungsprivatrecht.

Dabei haben Sie erfahren, dass sich zurzeit eine Bund/Länder-Arbeitsgruppe unter Leitung des Bundesjustizministeriums mit Überlegungen zur Reform des Stiftungsrechts beschäftigt. Selbstverständlich ist auch Nordrhein-Westfalen daran beteiligt, durch Vertreter meines Hauses und des Landesjustizministeriums.

Ich bin sehr dafür, den Ergebnisbericht der Arbeitsgruppe, mit dem wir im Herbst rechnen können, abzuwarten. Naturgemäß dann erst kann über etwaige sich daraus ergebende Gesetzgebungskonsequenzen befunden werden. Ich meine damit nicht nur eine etwaige Reform des Stiftungsprivatrechts im BGB, sondern auch eine denkbare Anpassung, Änderung und Ergänzung der Landesstiftungsgesetze.

Erlauben Sie mir dennoch einige allgemeine Anmerkungen zu diesem Thema aus meiner Sicht:

Allseits akzeptiertes Ziel ist es, die Gründung von Stiftungen so einfach und schnell wie möglich zu gestalten. Offen erscheint, ob es dazu einer grundlegenden Reform des Stiftungsprivatrechts bedarf.

Bei der von der Bund/Länder-Arbeitsgruppe im Oktober letzten Jahres durchgeführten Verbändeanhörung äußerten die Verbände überwiegend grundsätzliche Zufriedenheit mit der bestehenden Genehmigungspraxis in den Ländern. Dies entspricht auch den bisherigen Erkenntnissen der Bund/Länder-Arbeitsgruppe.

In Nordrhein-Westfalen beträgt die durchschnittliche Verfahrensdauer nur wenige Wochen bis wenige Monate. Manchmal kann sich ein Verfahren bis zu einem Jahr oder darüber hinziehen. Kommt aber ein Stiftungsgründer im Oktober oder November und wünscht er aus steuerlichen Gründen die Genehmigung bis zum Jahresende, so wird auch dieses ermöglicht, wobei sehr viel Anderes zurückgestellt werden muss. Mehr als die Hälfte des Genehmigungszeitraums entfällt nach unseren Erfahrungen auf die Stifter, etwa auf Überlegungen zur Bestimmung des Stiftungszwecks, zur Besetzung der Stiftungsorgane und zur Bereitstellung des Stiftungskapitals, aber auch auf erforderliche Abstimmungen mehrerer Stifter untereinander.

Gemeinsam mit den Bezirksregierungen, dem Finanzministerium und den Oberfinanzdirektionen haben wir letzte Woche besprochen, wie wir den auf die Stiftungs- und Finanzbehörden entfallenden Zeitanteil des Genehmigungsverfahrens noch weiter straffen können. Ich erhoffe mir davon eine noch-malige substanzielle Beschleunigung im Interesse der Stifterinnen und Stif-ter. Häufig geht es diesen aber nicht um den reinen Zeitaspekt, sondern darum, dass sie sich bei der Stiftungsbehörde in guten Händen wissen, wobei dann nichts überstürzt zu werden braucht. Deshalb sind unsere Bezirksregie-rungen als moderne Service-Einrichtungen sehr darauf bedacht, schon bei der ersten Kontaktaufnahme den berühmten guten Draht zu Stiftungswilligen herzustellen.

Von daher ist es für mich objektiv nicht nachvollziehbar, dass zur Begrün-dung eines Reformbedarfs in einem Gesetzentwurf, der im April dieses Jahres im Bundestag eingebracht worden ist, sich die Behauptung findet, in der Praxis würden potenzielle Stifter immer wieder an den bürokratischen Strukturen der Stiftungsbehörden „verzweifeln".

Vielmehr habe ich allen Grund, für die Beibehaltung des bewährten Geneh-migungsverfahrens einzutreten. Ich sehe mich darin durch entsprechende Äußerungen zum Beispiel des Bundesverbandes Deutscher Stiftungen und der beiden großen Kirchen im Rahmen der bereits erwähnten Verbändeanhörung bestärkt. Ohne den Ergebnissen der Bund/Länder-Arbeitsgruppe vorgreifen zu wollen, glaube ich, dass auch diese die Beibehaltung des Genehmigungs-verfahrens befürworten wird.

Wie der Bundesverband kann man aber durchaus in Erwägung ziehen, in Zukunft statt von einer Genehmigung der Stiftung von einer staatlichen „Anerkennung" zu sprechen, um das Engagement der Stifter für die Gesell-schaft noch stärker und noch sichtbarer zu honorieren.

Man kann auch in Betracht ziehen, die Behörden ausdrücklich zur Genehmi-gung einer Stiftung dann zu verpflichten, wenn bestimmte Genehmigungs-bzw. Anerkennungsvoraussetzungen erfüllt sind. Dies käme auf der Seite der Stifter einem Rechtsanspruch auf Genehmigung oder Anerkennung gleich. Eine solche Regelung wäre aber im Grunde nur deklaratorisch und würde nicht zu einer faktischen Änderung der bisherigen Genehmigungspra-xis führen. Auch wenn manche Vorschriften in Landesgesetzen als Er-messensbestimmungen formuliert sind, werden zumindest gemeinnützige Stiftungen in der Praxis fast ausnahmslos genehmigt. Man muss schon lange suchen, um einen Fall zu finden, in dem eine Stiftung nicht geneh-migt wurde. Hier wird fast immer die seinerzeit geplante Franz-Schön-huber-Stiftung angeführt, die vom Innenministerium Nordrhein-Westfalen auf Grund des BGB wegen Gemeinwohlgefährdung nicht genehmigt wer-den durfte, was uns vom Bundesverwaltungsgericht in begrüßenswert deut-licher Form bestätigt worden ist.

Bei einer etwaigen Reform des Stiftungsrechts ließe sich schließlich auch an die bundesweite Einführung eines öffentlichen Stiftungsverzeichnisses denken, um die Transparenz des Stiftungswesens zu erhöhen.

Meine sehr geehrten Damen und Herren, das alles und manches andere kann durchaus ein stiftungsfreundliches Klima begünstigen. Für sich allein genommen, werden solche Veränderungen am Buchstaben des Gesetzes jedoch kaum zu einem neuen „Stiftungsfrühling" führen, wie manche dem Stiftungswesen sehr Gewogene – wie auch ich vielleicht etwas zu euphorisch meinen und von einer Reform des Stiftungsrechts erwarten.

Die meisten von uns sind sich – so darf ich annehmen – darin einig, dass bereits das geltende Recht dem Stifter ein hohes Maß an Freiheit, Selbstbestimmung und Selbstverwirklichung einräumt, bis hin zu seiner persönlichen Mitwirkung in Stiftungsorganen und zu seiner möglichen Einflussnahme auf eine Änderung des Stiftungszwecks. Oberste Maxime des Stiftungsrechts ist der Stifterwille. Die Institution Stiftung genießt in der Bevölkerung einen geradezu beneidenswert guten Ruf. Bei dieser vorzüglichen Ausgangslage erscheinen furiose Steigerungen der Stiftungsfreude und Stiftungsbereitschaft speziell durch das Medium des Stiftungsrechts kaum noch möglich.

Deshalb sage ich: Im Grundsatz ist das Stiftungsrecht in Ordnung. Über Details kann und soll man reden. Ich will auch nicht verhehlen, dass manche Reformdebatten quasi zu einem Selbstläufer werden und eine Reform schon deshalb zur Folge haben oder haben müssen, weil eine Nicht-Reform den ganzen Aufwand nicht gelohnt hätte. Was speziell die Debatte zur Reform des Stiftungsrechts betrifft, so meine ich, dass sie zu der Sorte von Debatten gehört, die in der einen oder anderen Weise von Erfolg gekrönt werden, denn für Stiftungen kann man gar nicht genug Gutes und Richtiges tun. Ein Land unserer Republik, nämlich der Freistaat Bayern, gönnt sich einen solchen Erfolg mit der Novellierung seines Stiftungsgesetzes schon in diesem Jahr. Auch dafür sprechen nachvollziehbare Gründe.

Nach meiner Auffassung kommt es aber vor allem darauf an, ganz konkret mehr Menschen auf die Möglichkeiten und Chancen von Stiftungen aufmerksam zu machen, für die Gründung neuer Stiftungen vehement zu werben und Stiftungswilligen seitens des Staates, dem Stiftungen Vieles abnehmen, volle Unterstützung zuteil werden zu lassen.

Meine sehr verehrten Damen und Herren, den Stifterinnen und Stiftern, solchen, die es werden wollen, den Stiftungen und ihrem Bundesverband bezeuge ich wegen ihrer beispielgebenden Leistungen großen Respekt. Sie sind und bleiben mutige Pioniere einer aktiven Bürgergesellschaft!

Grußwort

Josef Müller, Bürgermeister der Stadt Köln

Meine sehr geehrten Damen und Herren,

ich freue mich sehr, sie anlässlich der Jahrestagung des Bundesverbandes Deutscher Stiftungen hier heute im Kölner Gürzenich im Namen des Oberbürgermeisters und des Rates der Stadt Köln begrüßen zu dürfen.

Über Stiftungen wird zur Zeit überall diskutiert. Insbesondere die erfreulich positive Berichterstattung über die aktuelle Reform des Stiftungsrechts hat zur Beseitigung bestehender Informationsdefizite beigetragen und gleichzeitig die Attraktivität und das Ansehen von Stiftungen in der Öffentlichkeit erhöht. Hiervon profitieren in erster Linie die großen selbständigen Stiftungen. Auch im Stadtgebiet Köln ist eine Vielzahl rechtsfähiger Stiftungen ansässig.

Wir zählen in Köln über 150 selbständige Stiftungen, von denen einige gemessen am Volumen ihres Stiftungskapitals landes- und bundesweit zu den größten Stiftungen zählen. Einige von ihnen haben sich in den vergangenen drei Wochen gelegentlich der Ausstellung „Stiftungslandschaft NRW" in der Stadtsparkasse Köln eindrucksvoll präsentiert.

Bürgermeister Josef Müller

Doch auch kleinere unselbständige Stiftungen erfreuen sich neuerdings wieder ständig zunehmenden Interesses. Die Stadt Köln verwaltet derzeit 25 örtliche Stiftungen mit den unterschiedlichsten kommunalen Stiftungszwecken, und die Tendenz ist steigend.

Die immer größer werdende Bereitschaft von Bürgerinnen und Bürgern, ihr privates Vermögen in Stiftungen einzubringen, sollte daher von allen nach besten Kräften gestützt und gefördert werden. Aus den Erträgen des jeweiligen Stiftungskapitals können nahezu in allen Lebensbereichen sinnvolle Projekte finanziert werden. Damit entwickelt sich das Stiftungswesen immer mehr zu einem tragenden Pfeiler unserer Gesellschaftsordnung.

Die Stiftungen werden vor allem dort tätig, wo die Förderung der öffentlichen Hand insbesondere vor dem Hintergrund der in den letzten Jahren erheblich enger gewordenen finanzwirtschaftlichen Spielräume nicht mehr oder nur noch beschränkt wirksam wird und somit Ergänzung bedarf. Viele Stiftungen nehmen zwischenzeitlich einen festen Platz insbesondere in den Bereichen Kunst und Kultur, Schule und Sport, Bildung und Soziales, sowie Wissenschaft und Forschung ein. Ohne große private Stiftungen wäre unsere Gesellschaft im wahrsten Sinne des Wortes ärmer.

Lassen Sie mich hier einmal aus den vielfältigen Stiftungsfeldern beispielhaft den Kunstbereich hervorheben: Stiftungen namhafter und vermögender Kölner Bürgerinnen und Bürger haben die Stadt Köln als Kunststadt weit über die Stadtgrenzen hinaus bekannt werden lassen. Zu nennen sind hier stellvertretend für viele andere zunächst die Mäzene Peter und Irene Ludwig mit ihren großzügigen Schenkungen und Leihgaben zugunsten des Kölner Museum Ludwig. Daneben sei erwähnt, dass bei der Stadt Köln vor eine paar Wochen ein Vertrag für eine neue Stiftung im Bereich Kunst und Kultur unterzeichnet wurde.

Der Sammler Gérard Corboud hat dem Wallraf-Richartz-Museum 170 Gemälde des Impressionismus und Postimpressionismus als ewige Leihgabe sowie eine beachtliche Geldsumme zur Verfügung gestellt, aus deren Erträgen das Wallraf-Richartz-Museum in Zukunft weitere Werke ankaufen kann.

Meine bei weitem nicht vollständige Aufzählung will ich beenden mit dem stolzen Hinweis darauf, dass der bekannte Kölner Unternehmer Hans Imhoff im vergangenen Monat die neue gemeinnützige „Imhoff-Stiftung" errichtet hat. Er hat die Stiftung mit einem enorm großen Stiftungskapital ausgestattet. Aus den Erträgen sollen Kunst- und Kultureinrichtungen sowie die Erhaltung öffentlicher Denkmäler, Kölnischen Brauchtums und die Grundlagenforschung an der Medizinischen Fakultät gefördert werden.

Herr Imhoff hat diese Stiftung als Zeichen der Verbundenheit mit seiner Vaterstadt errichtet. Sie ist geradezu ein Glücksfall für die Stadt Köln.

Ich wünsche uns allen, dass finanzielle Ausstattung und Anzahl der Stiftungen in Zukunft weiterhin kontinuierlich wachsen und die Bereitschaft aller Bürgerinnen und Bürger für ein gemeinnütziges Engagement noch nachhaltiger als bisher belebt und gefördert wird. Hierbei spielt der Bundesverband Deutscher Stiftungen eine ganz entscheidende Rolle.

Ich wünsche den Vertretern dieses Verbandes bei der Förderung der Stifterfreudigkeit in Deutschland eine glückliche Hand.

Ich bedanke mich für Ihr Interesse.

Festvortrag

„Auf dem Weg zur Bürgergesellschaft –
Die Rolle der Stiftungen"*

Prof. Dr. Julian Nida-Rümelin, Staatsminister beim Bundeskanzler, Beauftragter der Bundesregierung für Angelegenheiten der Kultur und der Medien

Staatsminister Prof. Dr. Julian Nida-Rümelin

Verehrter Herr Vorsitzender, verehrte Festgäste,

ich denke, dass die Thematik, die bei Ihren Beratungen im Mittelpunkt steht – Bürgergesellschaft und die Rolle der Stiftungen –, in einen größeren Zusammenhang gehört. Ich möchte diesen Zusammenhang heute in groben Linien skizzieren. Wenn ich dabei nicht ganz verleugnen kann, dass ich ja nicht immer den Beruf gehabt habe, den ich gegenwärtig ausübe, so bitte ich dafür um Nachsicht. Aber ich denke, der eine oder andere philosophische Gedanke schadet in diesem Zusammenhang nicht unbedingt.

In letzter Zeit ist viel die Rede von Bürgergesellschaft, Zivilgesellschaft, der Vitalisierung des bürgerschaftlichen Engagements. Manche Beobachter haben

---

* Überarbeitete Fassung eines frei gehaltenen Vortrages auf der 57. Jahrestagung des Bundesverbandes Deutscher Stiftungen

den Eindruck, das diene in erster Linie dazu, den Staat zu entlasten, und das sei der eigentliche Hintergrund der Debatte. Nun will ich überhaupt nicht leugnen, dass dies eine gewisse Rolle spielt. Der Staat hat sich in seinen Aufgaben teilweise übernommen. Er muss diese Aufgaben auch wohlüberlegt und zielgerichtet an einigen Stellen zurückfahren. Wer die Steuereinnahmen absenkt – das ist allgemeiner politischer Wille und schon erfolgt durch Steuerentlastungen –, muss auch Aufgaben zurückfahren. Aber man würde zu kurz springen, wenn man die Frage der Aufgaben des Staates und deren möglicher oder notwendiger Reduktion zum Ausgangspunkt der Debatte über die Bürgergesellschaft machen würde. Deswegen möchte ich ein wenig ausholen.

Die Diskussion um die Bürgergesellschaft ist keineswegs erst einige Jahre alt. Wieder aufgenommen und mit Intensität geführt wurde sie interessanterweise gerade infolge der Veränderungen östlich von Deutschland, die Mitte der 80er Jahre begannen und zum Einschnitt in den Jahren 1989/90 führten. Aber die Debatte hat eine lange Tradition, und wir sollten den größeren historischen Rahmen sehen. Ich möchte versuchen, diesen Rahmen in knapper und sicher auch vereinfachender Form darzustellen. Ich glaube, es gibt im Wesentlichen zwei Grundmodelle einer Gesellschaft der Bürgerinnen und Bürger.

Das eine Modell datiert auf die Antike. Es ist das Polis-Ideal, das sicher in dieser Form nirgends realisiert war, aber unser Denken nach wie vor stark beeinflusst. Zum Teil durch die Schriften von Aristoteles, Platon und vielen anderen, zum Teil durch die Faszination, die die griechische Klassik bis heute auf uns ausübt. Viele zeitgenössische Vorschläge sind von diesem Geist beseelt – ich denke dabei zum Beispiel an Benjamin Baber, der von „strong democracy" spricht. Ein anderer wichtiger neuzeitlicher Denker, der nun schon einige Jahrhunderte zurückliegt, aber auch heute noch das Denken stark prägt, nämlich Jean Jacques Rousseau, ist ebenfalls ganz deutlich erkennbar von diesem antiken Polis-Ideal beeinflusst.

Was macht dieses antike Ideal aus? Die Idee besteht darin, dass es eine Gemeinschaft der Bürgerinnen und Bürger gibt, die zusammengehalten wird durch einheitliche Wertorientierungen – auch durch einheitliche religiöse Orientierungen, man kann sogar von Ziviltheologie sprechen –, und die im Großen und Ganzen so verfasst ist, wie eine funktionierende, von Respekt geprägte großfamiliäre Gemeinschaft. Ich sage das mit einigem Vorbehalt, weil es leicht Missverständnisse auslösen kann. Die kulturellen Gemeinsamkeiten, die Gemeinsamkeiten der Herkunft, der Wertorientierung, bilden den Kern des Zusammenhalts der Bürgerschaft nach diesem Verständnis.

Dazu gibt es ein Gegenmodell. Das Gegenmodell könnte man verbinden mit dem Namen Thomas Hobbes'. Es ist bis heute mindestens ebenso wirkungsmächtig in unserem Denken wie das Polis-Modell. Dieses Gegenmodell besagt: Verlasst Euch nicht auf solche Gemeinsamkeiten. In der größeren Gesellschaft jedenfalls, die die Moderne ja im Gegensatz zum antiken Ideal der relativ autarken Stadtgesellschaft ausmacht, bedarf es lediglich bestimmter Vorkehrungen, die sicherstellen, dass die Konflikte zwischen Gruppen und zwischen Einzelpersonen nicht zum Bürgerkrieg eskalieren. Der Staat muss Gesetze erlassen, diese sanktionieren, notfalls auch mit Gewalt durchsetzen, um so jeden Einzelnen daran zu hindern, seine Interessen mit Mitteln zu verfolgen, die am Ende von allen praktiziert das Gemeinwesen zu Grunde richten. Der Staat soll sich aus Sicht des Hobbesianischen Modells zurückhalten. Er ist wertneutral. Der Staat ist kompatibel mit einer Vielfalt von Lebensformen. Der Staat mischt sich nicht ein in diese Lebensformen. Er schreibt nicht vor, wie man zu leben oder nicht zu leben hat. Der Staat ist in diesem Sinne neutral und distanziert.

Ich glaube, dass beide Modelle – trotz aller Faszination, die von ihnen ausgeht – unzureichend sind. Aber man muss wesentliche Elemente beider Modelle ernst nehmen, wenn man zu einer angemessenen Konzeption einer modernen Gesellschaft der Bürgerinnen und Bürger gelangen will. Um an diesem Punkt begriffliche Klarheit zu bekommen, habe ich vorgeschlagen, den Begriff der Kooperation in den Mittelpunkt des Verständnisses einer Bürgergesellschaft zu rücken. Wer sich dafür interessiert – ich mache mal ausnahmsweise Eigenwerbung –, kann das ausführlicher nachlesen in dem Band „Demokratie als Kooperation".[1] Bürgergesellschaft (oder Zivilgesellschaft oder genuine Staatsbürgerschaft im Sinne von *citizenship*) sind dadurch geprägt, dass die einzelnen Bürgerinnen und Bürger Teile eines Netzwerkes der Kooperation sind. Damit dieses Netzwerk der Kooperation nicht reißt, ist es erforderlich, dass der Staat Institutionen bereitstellt und die Konformität mit diesen Institutionen sanktioniert. Ich verwende den Institutionenbegriff hier sehr weitgehend, also unter Einschluss von Gesetzen etc. Diese staatlich sanktionierten Institutionen wären aber viel zu schwach, um dieses notwendige, reichhaltige, dicht geknüpfte Netz der Kooperation alleine zu tragen. Was hinzutreten muss, sind normative Übereinstimmungen, d.h. Übereinstimmungen der Bürgerinnen und Bürger zum Beispiel darüber, was die Aufgaben des Staates sind, oder zu was man verpflichtet ist.

Artikel 1–19 unseres Grundgesetzes – der vermutlich freiheitlichsten Verfassung der Welt, auch unter dem Schock der Erfahrungen des Krieges und des Nationalsozialismus entstanden – hat allerdings eine Schieflage, es ist nämlich dort nur von Rechten und kaum von Pflichten die Rede. Und ohne Pflichten

---

1 Julian Nida-Rümelin: Demokratie als Kooperation, Frankfurt am Main 1999.

lässt sich eine Bürgergesellschaft nicht organisieren. Dieses Netzwerk der Kooperation bedarf auch der Verpflichtungsgefühle, der Verpflichtung gegenüber der Gemeinschaft, der Verpflichtung gegenüber all denjenigen, die es mir ermöglichen, ein Leben nach meinen Wertvorstellungen zu gestalten, die mit mir kooperieren, die nicht intervenieren in dem Moment, in dem sie ihre eigenen Interessen tangiert sehen. Rücksichtnahme, Empathie, Großzügigkeit sind die entscheidenden Begriffe. Mit anderen Worten: Eine Vertrauenskultur ist unverzichtbar für eine genuine Bürgergesellschaft. Damit grenzt sich nach diesem Verständnis die Bürgergesellschaft ab von zwei anderen Grundmodellen, in der Menschen miteinander in einer Gesellschaft umgehen oder interagieren.

Das ist nämlich auf der einen Seite der reine Markt, der lehrbuchmäßig verstandene Markt, in dem die Menschen sich gegenübertreten als Nachfrager oder Anbieter, als Verkäufer und Käufer, als Wirtschaftssubjekte. Kooperation schadet dem Markt. Deswegen gibt es ein Kartellrecht, ein Kartellgesetz und ein Kartellamt. Kooperation ist auf dem Markt nicht vorgesehen. Der ideale Markt kennt keine Kooperation, er kennt nur den je individuellen Austausch, die Begegnung von Angebot und Nachfrage. Und das andere Modell, zu dem sich die Bürgergesellschaft abgrenzt, ist der auf Weisung, auf Loyalität beruhende Staat mit einer hierarchischen Organisation, die notwendig ist, damit der politische Wille auch am Ende umgesetzt wird in die konkrete Praxis.

Wenn man diese zwei Idealmodelle jetzt der genuinen Bürgergesellschaft entgegensetzt, so liegt auf der Hand, dass ein modernes Konzept von Bürgergesellschaft integrativ sein muss. Es kann sich nicht in einen Gegensatz zum Markt stellen, sondern muss mit dem Markt kompatibel sein, sogar den Markt im Wesentlichen mitgestalten. Auf der anderen Seite muss die Bürgergesellschaft mit dem Staat kooperieren. Ein modernes Konzept von Bürgergesellschaft steht gewissermaßen im Zentrum und zivilisiert sowohl den Markt wie den Staat – ich verwende diesen Begriff jetzt ganz bewusst im Wortsinne: Civis ist der Bürger.

Im Rückblick ist es ganz interessant zu sehen, wie Sozial- und Kulturpolitik in der Antike ihre Wurzeln haben. In einigen Poleis, in einigen Stadtstaaten also des klassischen Griechenland, hatte es sich eingebürgert, dass die wohlhabenderen Bürger für Phasen der Not, insbesondere Zeiten der Missernte, dafür sorgen, dass die Getreidespeicher gefüllt sind. Die Getreidespende war eine moralische Pflicht, keine gesetzliche. Und jetzt kommt das aus der Sicht eines Kulturpolitikers besonders Interessante: Es gab noch eine zweite Art von Spende, die genauso essenziell erschien, nämlich die Chorspende – was täte eine Polis ohne den Tragödienchor. Wie fast zu erwarten, hat diese moralische Pflicht gerade in den größeren Poleis nicht ausgereicht, weil sich manche derjenigen, die es sich eigentlich leisten konnten, ihrer moralischen Pflicht entzogen haben. Und daraufhin gab es Gesetze. Das ist eigentlich der Beginn des Sozialstaates und des Kulturstaates, wenn man so will, der Beginn der Kulturstaatstradition.

In manchen Regionen der Welt hat heute diese Verstaatlichung moralischer Pflichten – so will ich das mal nennen – so stark überhand genommen, dass die Verantwortung für eine sozial- und kulturellgedeihliche Entwicklung des Gemeinwesens primär als eine staatliche Verantwortung wahrgenommen wird. Das hat zur Folge, dass das das individuelle Engagement, das bürgerschaftliche Engagement stark in den Hintergrund tritt.

Wir haben in Deutschland dieses Missverhältnis zwischen Etatismus auf der einen Seite und bürgerschaftlichem Engagement auf der anderen Seite. Wir haben ein Missverhältnis trotz der großen Anstrengungen, die gerade der Bundesverband Deutscher Stiftungen unternommen hat, und trotz der Verbesserungen im Stiftungssteuerrecht, die die Bundesregierung durchgesetzt hat, und die jetzt auch ganz offensichtlich zu einem starken Zuwachs bei der Neugründung von Stiftungen geführt haben.

Ich möchte das skizzierte Missverhältnis für den Bereich der Kunst und Kultur beziffern. Je nachdem, wie man die Abgrenzungen genau zieht, kommen wir auf Steuermittel für die Kultur – von Bund, Länder und Gemeinden zusammen – in Höhe von gut 15 Mrd. Mark. Wir haben eine private Unterstützung – ich zähle jetzt zusammen Sponsoring und Mäzenatentum, obwohl das systematisch gesehen zu trennen wäre – in Höhe von rund einer Milliarde. Das heißt, wir haben ein Verhältnis von 1 zu 15. In anderen Regionen der Welt ist dieses Verhältnis ganz anders.

Wir müssen schauen, dass sich dieses Missverhältnis in Deutschland ändert, und zwar nicht dadurch, dass der Staat sich zurücknimmt, sondern dadurch, dass sich das bürgerschaftliche Engagement in der Kultur erweitert. Ich bitte, das nicht misszuverstehen: Es geht mir nicht um Kritik an Stiftern und Stiftungen, sondern um eine Aufforderung an die Gesellschaft.

Auch nach den Erfahrungen, die ich in München mit der Realisierung großer Kulturprojekte über private Mittel gesammelt habe, bin ich sehr zuversichtlich, dass wir hier ein Potenzial haben.

Die Rahmenbedingungen für dieses Potenzial sind nicht so schlecht, wie es manchmal heißt. Dennoch sollten wir weiter daran arbeiten, diese Rahmenbedingungen so günstig wie nur möglich zu gestalten. Dazu gehört auch, dass ganz konkrete Projekte angeboten werden, Projekte, die faszinierend sind, und die sich auch zur Kooperation zwischen staatlichem und bürgerschaftlichen Engagement eignen.

Es mag in diesem Zusammenhang helfen, daran zu erinnern – ohne jede Nostalgie –, dass das 19. Jahrhundert in Deutschland eine Blütephase des Stiftungswesens erlebt hat, die seit dem nie wiedergekehrt ist. Das deutsche Stiftungswesen ist durch zwei Kriege und durch zwei totalitäre Bewegungen nahezu zerstört worden und musste mühselig wieder aufgebaut werden. Ein Beispiel: Ich habe vor kurzem die Frankeschen Stiftungen in Halle besucht. Die Leistung der Franckeschen Stiftungen ist faszinierend. Und doch ist es auf der anderen Seite ein Trauerspiel, dass es diese Stiftungen im ursprünglichen Sinne nicht mehr gibt, dass sie im Grunde verstaatlicht sind – so beeindruckend die Arbeit ist, die dort geleistet wird.

Um eine Zahl zu nennen: Es gab um 1900 in Deutschland rund 100.000 Stiftungen. Heute haben wir – nicht zuletzt Dank des Engagements des Bundesverbandes Deutscher Stiftungen – wieder 10.000. Ein Zehntel.

Ich möchte vor diesem Hintergrund abschließend drei Thesen entfalten. Erstens: Wir müssen die öffentliche Debatte über die Rolle der Stiftungen fortsetzen und intensivieren. Derzeit haben wir in Deutschland bereits eine Art Stiftungsoffensive. Die Bundesregierung hat mit der Reform des Stiftungssteuerrechts einen Schub ausgelöst, die Verbesserungen zeigen die intendierte Wirkung. Wichtiger noch als die steuerlichen Verbesserungen ist aber nach meiner Auffassung, dass wir weiter öffentlich über das Stiftungswesen debattieren. Wir brauchen eine neue Sensibilität und eine neue Aufmerksamkeit für diesen Bereich, unabhängig von Diskussionen über Einzelheiten weiterer Reformschritte.

Meine Erfahrung aus vielen persönlichen Gesprächen ist: Es besteht immer noch eine gewisse Ratlosigkeit, wenn man darauf hinweist, dass es doch Möglichkeiten gibt, sich zu engagieren, einen Teil des erworbenen Vermögens dem Gemeinwesen und der Kultur zur Verfügung zu stellen. Um dieser Ratlosigkeit entgegentreten zu können, brauchen wir die mehr öffentliche Aufmerksamkeit für Stiftungen.

Zweite These: Wir brauchen eine weitere Stärkung des Stiftungswesens durch eine Verbesserung der zivilrechtlichen Rahmenbedingungen. Ich kann an dieser Stelle nicht auf alle Details dieser Reform eingehen. Einzelheiten des zivilrechtlichen Teils der Stiftungsrechtsreform werden in einer Arbeitsgruppe zwischen Bund und Ländern abgestimmt, im Herbst wird sie ihren Bericht vorlegen. Ich möchte aber einige der wichtigsten Punkte ansprechen.

Mir scheint es angemessen – auch aus Gründen des Respekts – zu sagen: Es gibt ein Recht auf Gründung einer Stiftung. Daher halte ich es für sinnvoll, vom Genehmigungs- zu einem Anerkennungsverfahren überzugehen. Die zweite Frage ist, inwieweit die Gründungsvoraussetzungen in Deutschland vereinheitlicht werden sollten. Diese Voraussetzungen sind in den Bundesländer unterschiedlich, nicht extrem, aber immerhin unterschiedlich. Wir sollten genau prüfen, ob hier nicht eine Vereinheitlichung sinnvoll wäre. Das Dritte ist die Stärkung der Stifterautonomie. Ein Stifter hat Möglichkeiten, aber diese Möglichkeiten lassen sich verbessern. Wir sollten zum Beispiel die Zulässigkeit von Verbrauchsstiftungen und von Stiftungen auf Zeit diskutieren. Und schließlich geht es um einen – wie wir das einmal genannt haben – „Service aus einer Hand", der darin besteht, dass die Stiftungsbehörde sowohl über die Anerkennung der Stiftungen als auch über die Anerkennung der Gemeinnützigkeit entscheidet. Über diese und weitere Verfahrensvereinfachungen sind wir im Gespräch und liegen, wenn ich das recht sehe, auch mit dem Bundesverband Deutscher Stiftungen ganz auf einer Linie.

Die Fraktion die SPD im Bundestag hat kürzlich angekündigt – was wir vorher abgestimmt hatten –, dass sie in näherer Zukunft einen Entwurf zur Reform des zivilen Stiftungsrechts vorlegen wird. Die Arbeitsergebnisse der Bund-Länder-Arbeitsgruppe werden in diesen Entwurf mit eingehen.

Mit der dritten These bin ich wieder mehr beim Grundsätzlichen: Obwohl ich gerade vom 19. Jahrhundert geschwärmt habe, dürfen wir ein Zurück zu diesen Zuständen nicht wirklich wollen. Es wird auch gar nicht möglich sein, ein solches Zurück zu organisieren. Dennoch warne ich ein wenig vor einer zu positiven, zu idyllischen Betrachtung des damaligen Zustandes. Das Stiftungsengagement ist faszinierend im Rückblick, ich sage das ohne jede Schmälerung. Aber die gemeinsame Verantwortung für die kulturelle Entwicklung des Landes muss durch die konkrete Praxis der Kommunen, der Länder und des Bundes ein öffentlich-politisches Gesicht behalten. Ein Zurückfahren zum Beispiel der kommunalen Möglichkeiten in der Kulturpolitik in der Hoffnung, dass wir dann schon eine ähnliche Entwicklung wie im 19. Jahrhundert auslösen würden, wäre gefährlich. Kulturelle Einrichtungen würden dann ganz schnell in eine Notlage kommen. Umgedreht wird ein Schuh daraus: Die kommunale Ebene der Kulturförderung ist die Nahtstelle zwischen Zivilgesellschaft und Staat. In der Kommune wird gestaltet, dort werden die konkreten Projekte im Einzelnen organisiert. Der Bund sollte nicht versuchen, damit zu konkurrieren. Er bestimmt vor allem die Rahmenbedingungen der kulturellen Entwicklung in Deutschland, aber nicht die einzelnen Umsetzungsschritte. Und wenn ich nun sehe, dass in den Kommunen auf Grund zahlreicher finanzieller Restriktionen das Engagement deutlich zurückgeht, einzelne

Theater in den mittelgroßen Städten in einer echten Notlage sind, dann müssen wir aufpassen, dass uns damit nicht ein wesentliches Fundament des Kulturstaates wegbricht. Ich erhoffe mir, besonders für die Kommunen, aber auch für den Bund, dass wir diese Problematik kooperativ angehen. Es geht einerseits um die Stärkung der Kommunen gerade in der Kulturpolitik. Ich könnte mir zusätzliche Pflichtaufgaben der Kommunen im Bereich der Kultur sehr gut vorstellen – da ist jetzt eine Debatte ausgelöst, die ich für wichtig halte. Aber diese Debatte ändert zunächst nichts an den finanziellen Restriktionen. Auch angesichts dieses Umstandes geht es auf der anderen Seite darum, durch bürgerschaftliches Engagement Einrichtungen zu stützen. Man könnte viele Beispiele nennen, wie das konkret möglich ist. Der Staat erbringt Vorleistungen, erstellt Grundsicherungen und schafft damit erst die Voraussetzungen dafür, dass die örtliche Bürgerschaft sich engagiert und dazu beiträgt, dass kulturelle Einrichtungen auf Dauer getragen werden. Das betrifft Freundeskreise, das betrifft auch die Umwandlung von staatlichen Einrichtungen in Stiftungen mit privater Beteiligung. Wir haben sehr viel Spielräume, um die Kooperation zwischen Staat und Bürgerschaft stärker voranzutreiben. Auch die von mir angestrebte Nationalstiftung der Bundesrepublik Deutschland für Kunst und Kultur ist übrigens so angelegt. Sie ist so angelegt, dass wir einen Rahmen schaffen, innerhalb dessen privates Engagement für Kultur möglich ist. Innerhalb dieses Rahmens würde zum Beispiel sichergestellt, dass jede Mark, die von einem Stifter einem bestimmten Projekt zugedacht wird, tatsächlich in dieses Projekt fließt. Realisiert werden kann dies über Fonds, wobei die Verwaltungsausgaben ausschließlich mit Bundesmitteln bestritten werden. Auch das ist ein zusätzlicher Anreiz, abgesehen von der Möglichkeit zur Kooperation. Die Bürgergesellschaft, so meine dritte These, braucht Initiative *und* Struktur. Initiative erhält sie in erster Linie von den stiftungsbereiten Bürgerinnen und Bürgern. Initiative geht aber auch aus von Projekten, die faszinieren, die Bürgerinnen und Bürger dazu bringen, eigene Anstrengungen zu unternehmen. Die Bürgergesellschaft braucht Initiative von Seiten des Staates, damit die Rahmenbedingungen so günstig wie nur möglich geschaffen werden, sie braucht Initiative durch Vereinigungen wie Ihre, und sie braucht Struktur. Wir sind dabei, über einzelne Strukturelemente zu sprechen. Ich möchte Ihnen herzlich für Ihr bisheriges Engagement danken, hoffe, dass wir weiter kooperieren und wünsche Ihnen viel Erfolg auf Ihrem Weg.

Vielen Dank.

Laudatio auf Prof. Dr. Dr. h.c. mult. Paul Raabe

Fritz Brickwedde, Vorstandsmitglied des Bundesverbandes Deutscher Stiftungen, Generalsekretär der Deutschen Bundesstiftung Umwelt

Sehr geehrte Herren Minister,
sehr geehrte Bürgermeister von Köln,
lieber Herr Prof. Raabe,
meine sehr geehrten Damen und Herren!

Fritz Brickwedde

Demjenigen, der den Franckeschen Stiftungen in Halle einen Besuch abstattet und vor dem 1995 frisch restaurierten Historischen Waisenhaus seinen Kopf hebt, werden sofort die in goldenen Lettern geschriebenen Bibelworte ins Auge fallen:

„Die auf den Herrn harren, kriegen neue Kraft, dass sie auffahren mit Flügeln wie Adler"

So hat sich und seine Tätigkeit August Hermann Francke mit Blick auf die Missstände in seiner Umwelt verstanden. Dreihundert Jahre später kann man das Bild mit den Adlerflügeln auch auf Prof. Dr. Paul Raabe, bis vor kurzem noch ehrenamtlicher Direktor der Franckeschen Stiftungen, übertragen, der ähnlich wie der Begründer dieser Stiftungen, August Hermann Francke, bei seiner Ankunft in Halle/Glaucha ein Umfeld vorgefunden hat, dass zuerst wenig Anlass zu Hoffnung bot. Nur dem Engagement einzelner Persönlichkeiten, an ihrer Spitze Paul Raabe, ist es zu verdanken, dass die Franckeschen Stiftungen heute nicht nur wieder mit Leben erfüllt sind, sondern ihren Stiftungszweck weit nach außen hin deutlich werden lassen.

Lassen Sie mich ein wenig in der Geschichte zurückgehen bis zum Ende des 17. Jahrhunderts, um ermessen zu können, was die Bedeutung der Franckeschen Stiftungen heute ausmacht und welcher Leistungen es bedurfte, diese Bedeutung wieder zu erreichen. August Hermann Francke traf auf einen Stadtteil, der – wie man heute sagen würde – ein sozialer Brennpunkt war. Die Pest und zwei Stadtbrände hatten für viel Elend gesorgt – offenbar in Armut und hoher Anzahl an Waisen. Diesem Zustand versuchte Francke nicht nur mit seinen Predigten entgegenzuwirken, sondern auch mit einer Sammelbüchse, deren Einnahmen letztlich zu den Franckeschen Stiftungen führten. Auch heute hat sich diese Praxis wenig verändert: Am Anfang eines großen Werkes stehen oft die Sammelbüchse und das Engagement eines Bürgers oder Fördervereins oder eben – von der anderen Seite betrachtet – eine Stiftung.

Die Einrichtung in Halle nannte sich „Franckesche Stiftungen", da ihr Gründer mehrere segensreiche Vorhaben ins Leben rief: Zuerst eine Armenschule, dann eine Bürgerschule, wenig später nahm er Waisenkinder in sein Pfarrhaus auf. 1698 konnte dann mit dem Bau des Großen Waisenhauses begonnen werden, das den Grundstein für die heutige Anlage legte. Später kamen unter anderem noch Apotheke, Verlag, Buchdruckerei und Bibelanstalt hinzu. Anfang des 18. Jahrhunderts existierte eine Vielzahl verschiedener Schulformen, für die August Hermann Francke eine pietistisch geprägte Konzeption entworfen hatte. Franckes Stiftungen verbanden religiöse, soziale und bildungspolitische Ziele – sie dienten der Gesellschaft und waren nach dem heutigen Sprachgebrauch „gemeinnützig".

Als beinahe 300 Jahre später, im Jahre 1990, Prof. Dr. Paul Raabe zum Präsidenten des gerade gegründeten Freundeskreises der Franckeschen Stiftungen gewählt worden war, fand er eine Einrichtung vor, die seit 1946 ihre rechtliche Selbstständigkeit verloren hatte, die einen großen Teil ihres immobilen Vermögens verloren hatte und deren noch erhaltene historische Gebäude vom Verfall geprägt waren. Hohe Umweltbelastungen aus einem der großen Industriegebiete der ehemaligen DDR haben die wertvollen Denkmäler ebenso gezeichnet wie der Bau der mehrspurigen Hochstraße, die teilweise über das Stiftungsgelände im Rücken des sogenannten Langen Hauses, einem der bedeutendsten und größten Fachwerkhäuser Europas, vorbeiführt. Um aus einer gerade erschienen und von Prof. Raabe und Prof. Obst geschriebenen Publikation zu zitieren: „Die Franckeschen Stiftungen machten einen trostlosen Eindruck, der Anblick war deprimierend. Die Bauten waren verfallen, die kläglichen Gerüste verstärkten das Bild einer heruntergekommenen Anlage. Scheußliche Garagen, aufgerissenes Pflaster, bröckelnde Mauern, leerstehende Gebäude: Was war aus den einst so stolzen Stiftungen geworden?"

Prof. Raabe wusste, welche geradezu herculanische Aufgabe ihn erwartete. Seit den 50er Jahren waren ihm über seine regelmäßigen Besuche bei den nationalen Forschungs- und Gedenkstätten Weimar die Verhältnisse in der ehemaligen DDR gut bekannt. Jedoch erhielt er erst 1987 als Direktor der

Herzog August Bibliothek Wolfenbüttel, die er zu einem internationalen Forschungszentrum für die Frühe Neuzeit ausgebaut hatte, eine Einladung in die Franckeschen Stiftungen. Mit der Martin-Luther-Universität Halle wurde damals die gemeinsame Gründung eines Aufklärungsforschungszentrums in den Stiftungen vereinbart. Paul Raabe konnte als Förderer von westlicher Seite hierfür die VW Stiftung gewinnen, ein Kooperationsvertrag zwischen Halle und Wolfenbüttel konnte geschlossen werden. Erste Sicherungsmaßnahmen wurden daraufhin an den Gebäuden der Stiftungen vorgenommen. Dann kam die Wende! Mit ihm die Gründung des Freundeskreises und weitere Aufgaben.

Im September 1991 wurde die Rechtswidrigkeit der 1946 erfolgten Aufhebung der juristischen Selbständigkeit der Stiftungen festgestellt. Professor Raabe und seine Mitstreiter wurden als Notvorstand vom neu gegründeten Land Sachsen-Anhalt einberufen, mit dem Auftrag, eine Satzung für die Franckeschen Stiftungen zu erarbeiten. Sie wurde im Juni 1992 verabschiedet und kurz danach Paul Raabe vom Direktorium der Franckeschen Stiftungen zum Direktor berufen. Damit begann erst die eigentliche mühevolle Arbeit für ihn und seine Mitstreiter. Vermögen besaßen die Franckeschen Stiftungen nicht mehr, Druckerei und Apotheke waren von der Treuhand-Anstalt privatisiert worden. Erst die Rückgabe der bislang vor der Martin-Luther-Universität Halle genutzten zentralen Liegenschaften zum 01. Januar 1994 an die Franckeschen Stiftungen durch das Land Sachsen-Anhalt gab neue Hoffnung. Auch noch in der Folge erfuhren die Franckeschen Stiftungen Rückhalt durch das Land wie später durch den Bund.

Vor zwei wesentlichen Problemen stand Paul Raabe am Anfang der von ihm ehrenamtlich übernommenen Aufgabe: Die Gebäude der Franckeschen Stiftungen mussten grundlegend saniert und wieder hergestellt werden. Es mussten neue, im Sinne August Hermann Franckes tätige Nutzer für diese Gebäude gefunden werden. Natürlich galt es vorher noch, zwei grundlegende Fragen zu beantworten. Wie sollte dies alles finanziert werden? Und durch wen? Auch wenn, wie schon erwähnt, Bund und Land ihrer finanziellen Verantwortung gerecht wurden, fehlte es doch immer noch an Geld, um die Sanierungsaufgaben, die auf einen Umfang von 250 Mio. DM geschätzt worden waren, zu bewältigen:

Eine Summe, die der für den Wiederaufbau der Frauenkirche in Dresden entspricht. August Hermann Francke schrieb 1699: „Wie herrlich ist es doch, wenn man nichts hat und sich auf nichts verlassen kann, kennet aber den lebendigen Gotte, der Himmel und Erde erschaffen hat, und setzet auf ihn all sein Vertrauen, dabei man auch im Mangel so ruhig sein kann." Gottvertrauen prägt auch Paul Raabe, aber die Auffassung „Wie herrlich ist es doch, wenn man nichts hat" konnte er sich nicht zu eigen machen und viele Stiftungen haben das zu spüren bekommen.

Ich selber kann ein Lied davon singen. Mit freundlicher Hartnäckigkeit schaffte Prof. Raabe es, unsere Stiftung um über 10 Mill. DM ärmer zu machen. Aber sind wir nicht dabei in Wahrheit alle reicher geworden?

Das frühe Engagement der VW-Stiftung hatte ich schon erwähnt. Außerdem engagierten sich für die Franckeschen Stiftungen:

- Deutsche Stiftung Denkmalschutz
- Robert-Bosch-Stiftung
- Fritz Thyssen-Stiftung
- der Stifterverband für die deutsche Wissenschaft
- die Stiftung der Sparkasse Halle
- die Kulturstiftung der Länder
- die Murmann-Stiftung
- Stiftung Jugendhilfe

„Stiftungen helfen Stiftungen" – unter dieses Motto lassen sich die großzügigen Zuwendungen an die Franckeschen Stiftungen fassen. Deutlich wird zumindest die weiter wachsende Bedeutung, die Stiftungen als Geldgeber, aber auch als Träger gemeinnütziger Aufgaben in unserer Gesellschaft haben.

Es ist wesentlich der Person Paul Raabes zu verdanken, dass die Franckeschen Stiftungen heute wieder einen herausragenden Platz in der kulturellen und pädagogischen Landschaft der Bundesrepublik Deutschland einnehmen und das segensreiche Wirken August Hermann Franckes fortsetzen können. Sie bieten heute schon Platz für Kindertagesstätten und Kindergärten, für verschiedene Schulen, zum Teil mit europäischem Anspruch wie die Latina, dienen Einrichtungen der Martin-Luther-Universität in Halle als Arbeits- und Studienplatz und entwickeln sich zu einem Zentrum kulturellen und wissenschaftlichen Lebens. Einen besonderen Schatz stellt dabei die überkommene historische Bibliothek und das wertvolle Archiv dar.

Paul Raabe, der 1967 an der Georgia Augusta in Göttingen habilitiert wurde, kamen bei der Übernahme der Verantwortung in Halle seine Erfahrungen als langjähriger Direktor der Herzog-August-Bibliothek in Wolfenbüttel zugute. Auch dort prägte er seine Umwelt mit dem starken Wunsch nach Gestaltung des Vorgefundenen – ist es ein Zufall, dass er als Sohn eines Bildhauers 1927 in Oldenburg zur Welt kam? In Halle gestaltete Paul Raabe die Zukunft der Franckeschen Stiftungen bis zum September 2000, als er sein Amt niederlegte und einem Nachfolger übergab. Umsicht, eine unnachgiebige Freundlichkeit und die Fähigkeit, die Mitmenschen von der Sinnhaftigkeit seines Tuns zu überzeugen, zeichnen Prof. Raabe aus. Seinem bisherigen Lebenswerk in Wolfenbüttel wird er nun ein zweites hinzufügen, den Wiederaufbau der Franckeschen Stiftungen in Halle.

Prof. Dr. Paul Raabe erhielt bisher für seine Leistungen unter anderem den Niedersachsenpreis, das große Verdienstkreuz des Niedersächsischen Verdienstordens sowie das Bundesverdienstkreuz mit Stern. Hinzu kam der Vondel-Preis der Alfred-Toepfer-Stiftung sowie die Verleihung des Karl-Friedrich-Schinkel Rings durch das Deutsche Nationalkomitee für Denkmalschutz für seine ehrenamtliche Leistung zum Wiederaufbau der Franckeschen Stiftungen. Erst kürzlich erhielt er auch den Max-Hermann-Preis, der seine Verdienste als Bibliothekar und Literaturwissenschaftler würdigt. Zu den verschiedenen Ehrendoktorwürden kam 1997 die der Martin-Luther-Universität in Halle hinzu.

Heute wird der Deutsche Stifterpreis 2001 des Bundesverbandes Deutscher Stiftungen an Sie, Prof. Raabe, übergeben, wozu wir alle Ihnen herzlich gratulieren. Sie erhalten diesen Preis für Ihr vorbildliches Engagement für die Franckeschen Stiftungen. Getragen und unterstützt wurde dieses Engagement 10 Jahre lang von Ihnen, Frau Mechthild Raabe. Nicht nur, dass Sie die oft lange Abwesenheit Ihres Mannes tolerierten, Sie haben auch in vielen Diskussionen Anregungen und eigene Ideen in den Prozess des Wiederaufbaus der Stiftungen eingebracht. Als Bibliothekarin und Forscherin im Bereich der

Verleihung des Deutschen Stifterpreises an Prof. Dr. Dr. hc. mult. Paul Raabe

Literaturwissenschaften werden Sie diesen Prozess gerne mit begleitet haben. Ein Dankeschön gebührt auch Ihnen.

Die Verleihung des Deutschen Stifterpreises an Sie, Prof. Raabe, zeigt, wie sehr der Einzelne verändern kann, wenn er Verantwortung übernimmt. Sie beweist aber auch, dass Stiftungen in Deutschland Hervorragendes leisten können und aus unserer Gesellschaft nicht mehr wegzudenken sind. Vielleicht werden die Franckeschen Stiftungen künftig auch Sitz der geplanten Bundeskulturstiftung, wie es der Schriftsteller Günther Grass unlängst vorgeschlagen hat.

Prof. Paul Raabe hat sich mit dem Wiederaufbau der Franckeschen Stiftungen um das Stiftungswesen in Deutschland verdient gemacht und ist deswegen ein besonders würdiger Träger des Deutschen Stifterpreises.

Dankesworte des Geehrten

Prof. Dr. Dr. h.c. mult. Paul Raabe

Herr Minister, Herr Bürgermeister, lieber Herr von Campenhausen, meine sehr verehrten Damen und Herren,

für die Verleihung des Deutschen Stifterpreises des Bundesverbandes Deutscher Stiftungen möchte ich Vorstand und Beirat sehr herzlich danken. Ich verstehe diese Auszeichnung zugleich als Anerkennung der Arbeit meiner bisherigen, mir sehr ans Herz gewachsenen Mitarbeiterinnen und Mitarbeiter, Kolleginnen und Kollegen in den Franckeschen Stiftungen. Zugleich sehe ich sie als Ermutigung für meinen Nachfolger, Herr Olbertz, der auch hier unter uns ist.

Die Ehrung will ich gerne stellvertretend im Gedenken an die *Prof. Dr. Dr. h.c. mult. Paul Raabe* große historische Persönlichkeit entgegennehmen, in deren Fußstapfen ich vor zehn Jahren getreten bin: August Hermann Francke.

Dieser Lübecker Patrizierenkel war ein begnadeter Stifter in den Jahrzehnten des Übergangs vom Barock zur Aufklärung in Deutschland. Als eine unbekannte Gönnerin dem damals unbemittelten Pfarrer in Glauchau im Frühjahr 1695 zehn Taler und 16 Groschen in den Opferstock legte, soll er ausgerufen haben: „Das ist ein ehrlich' Kapital, davon will ich etwas rechtes stiften. Ich will eine Armenschule anfangen." So gründete er eine Waisenanstalt und mehrere Schulen, die Keimzellen seines in sozialer und pädagogischer Frömmigkeit getragenen Werkes, das im Laufe von drei Jahrzehnten weit in die Welt bis nach Indien und Amerika ausstrahlte. Später wurde sein Werk nach seinem Namen als „Franckesche Stiftungen" benannt.

Sie haben eben schon gehört, dass der Schriftsteller und Nobelpreisträger Günter Grass kürzlich Halle/Saale im Hinblick auf die Franckeschen Stiftungen genannt hat. Ich hatte ihm die Stiftungen schon vor ein paar Jahren zeigen können, und er hat sie als Sitz für die geplante Bundeskulturstiftung vorgeschlagen. Günter Grass begründete seine Entscheidung mit folgenden Argumenten: Erstens sei dann der zukünftige Sitz der Bundeskulturstiftung in Ostdeutschland gelegen, was sehr positiv zu bewerten ist. Zweitens gäbe es dort die berühmten Frackeschen Stiftungen, an die man anknüpfen könne.

Intuitiv hat Grass die geschichtliche Rolle von Franckes Lebenswerk erfasst. In Halle wurde 1694 die erste deutsche Reformuniversität im Geist der frühen Aufklärung eröffnet. Zur gleichen Zeit gründete ein frommer Mann aus christlicher und sozialer Verantwortung eine Bürgerstiftung. In der Tat lässt sich daran anknüpfen. Stiftungen verstehen es, etwas Ungewöhnliches und vorher nicht da Gewesenes zum Wohl der Allgemeinheit zu schaffen. Da spielt es keine Rolle, ob der Stifter eine Privatperson ist, oder ob es die öffentliche Hand ist, denn immer ist die Gründung einer Stiftung eine aufklärerische Tat.

Kürzlich wurde in Berlin im Schloss Charlottenburg als Hauptereignis des Preußenjahres 2001 eine sehenswerte Ausstellung über Friedrich den Ersten, den ersten König in Preußen eröffnet. Die Zeugnisse über die Gründung der Franckeschen Stiftungen in Halle fielen neben den pompösen Herrscherportraits der Könige, den prächtigen Inszenierungen höfischer Selbstdarstellung, eher bescheiden aus. Die Bilder von prunkvollen Zeremoniells der Kaiserzeit sind für uns Dokumente einer längst entrückten Welt. Aber das damals gestiftete Sozialwerk zur Erziehung der Jugend und zur Versorgung der Armen ist wieder aus den Ruinen erstanden. Somit sind die Franckesche Stiftungen auch ein Symbol für die auf ewige Zeiten angelegten Stiftungen. Zugleich sind sie ein Beispiel für das mit der Wende in der ehemaligen DDR neu entstehende Stiftungswesen.

Wer heute kreuz und quer durch die neuen Länder reist und Badeorte auf Usedom oder historische Städte der Oberlausitz besucht; wer von der Wartburg aus auf das Thüringer Land oder vom Oybin in die Sächsische Schweiz hinunterblickt, der reibt sich oft die Augen in der Erinnerung an den Verfall der letzten DDR-Jahre.

Der Aufbau Ost, die grandiose Transferleistung aus dem Westen hat trotz des Zusammenbruchs der ostdeutschen Wirtschaft, trotz Deindustrialisierung und hoher Arbeitslosigkeit einen Wandel der Lebensverhältnisse eingeleitet, der unübersehbar ist. Dass dieser Aufbruch zu neuen Ufern langsamer verläuft, als man sich vorgestellt und gewünscht hat, liegt an dem Abstand von 40 Jahren weltweiter Modernisierung, an der der Osten nicht teil hat. Die Uhren waren damals stehen geblieben, und so darf man sich nicht wundern, dass sie auch heute im Osten anders gehen als im Westen. Die Jahre der Improvisation aber sind vorüber. Normalität ist im Rahmen des Möglichen in Ostdeutschland eingetreten.

Die Schaffung gleicher Lebensbedingungen in West und Ost ist ein im Grundgesetz festgelegter Verfassungsauftrag. Man darf sich trotz aller Fortschritte nicht der Illusion hingeben, das Ziel sei erreicht. Es liegt noch ein langer gemeinsamer Weg vor uns. Noch sind die ungesicherten Verhältnisse in allen Lebensbereichen, besonders in der Wirtschaft und in der Kultur manchmal unerträglich groß. So ist der Osten weiterhin auf das Verständnis, die Hilfe und die Unterstützung durch den Westen angewiesen.

Großartiges ist hier von den Stiftungen geleistet worden. Unkonventionell und erfolgreich haben uns viele große und kleine Stiftungen beim Aufbau Ost geholfen. Und sie tun es auch heute weiterhin in der Erkenntnis, dass vielerorts angesichts der Finanznot der Länder und Kommunen diese Hilfe unentbehrlich geworden ist. Sie ist nicht nur eine große materielle Unterstützung, sondern zugleich eine Anerkennung und Ermutigung für diejenigen, die oft mit dem Rücken zur Wand ihre Arbeit leisten.

Um diese Förderung hat sich auch der Bundesverband Deutscher Stiftungen sehr große Verdienste erworben. Gern denke ich an den Kongress bei uns in Halle über die Deutschen Stiftungen im Prozess der Einigung 1997 zurück, und an die Ausstellung „Stiftungen bauen Brücken", die von Halle aus durch alle Bundesländer gewandert ist.

Ich möchte diese Gelegenheit nutzen, für das Vertrauen, das mir in Halle entgegengebracht wurde, sehr herzlich zu danken. Ohne diese moralische und materielle Unterstützung wäre ich oft verloren gewesen.

Stiftungen helfen Stiftungen. Davon haben die Franckeschen Stiftungen profitieren können, die im Jahre 1946 aufgehoben worden waren und ihrer erwerbenden Betriebe für immer verlustig gegangen sind.

Oft habe ich mich in dieser Zeit gefragt, ob sich eine Institution, die über kein Stiftungskapital mehr verfügt, überhaupt noch „Franckesche Stiftungen" nennen kann. In der gleichen Lage befindet sich eine Anzahl öffentlich rechtlicher und auch bürgerlicher Stiftungen in den neuen Länder. Ich erwähne nur als Beispiele die Stiftung Preußische Schlösser und Gärten Berlin-Brandenburg in Potsdam, die Stiftung Weimarer Klassik, die Kulturstiftung Dessau-Wörlitz, die Stiftung Luther-Gedenkstätte in Wittenberg oder die Stiftung Bauhaus in Dessau. Sie alle verfügen so wenig wie die Franckesche Stiftungen über ein zinsgebendes Stiftungskapital und sind so auf Zuwendungen der öffentlichen

Hand angewiesen. Diese Art von Stiftungen wurde jüngst von einem Stiftungs-experten als „Mogelpackung" bezeichnet. Und ich selbst habe immer wieder auf diesen Widerspruch hingewiesen. Doch diese Stiftungen im Osten unter-scheiden sich von den staatlichen oder kommunalen Kultureinrichtungen durch ihre ziemlich markante Rolle, die sie vor allem in Mitteldeutschland in der kulturellen Entwicklung unseres Landes gespielt haben. Sie verfügen über ein unsichtbares Kapital im immateriellen Wert ihrer geschichtlichen Bedeutung und über den materiellen Wert ihrer Liegenschaften, Sammlungen, Kunstwer-ke, Bibliotheken und historischen Bestände. Es ist jenes Kapital, von dem schon Goethe gesagt hat, dass es geräuschlos unberechenbare Zinsen trägt. Wenn die neuen Länder alte Stiftungen wieder in ihre Rechte eingesetzt haben, auch wenn sie über kein liquides Kapital verfügen, oder aber neue Stiftungen im Blick auf ihre kulturelle Substanz ins Leben rufen, so sollte man sie in die Stiftungsfamilie unter den besonderen Bedingungen der Wiedervereinigung unseres Landes aufnehmen. Man wünscht sich, dass die öffentliche Hand eines Tages sogar im Stande ist, mit Hilfe von anderen Stiftungen alte Stiftungen nachträglich mit einem Stiftungskapital auszustatten.

Erlauben Sie mir an dieser Stelle eine sehr unkonventionelle Anmerkung: Das Stiftungskapital könnte in einer einmaligen Vorauszahlung der Zuschüsse von 20 Jahren bestehen. Aus den daraus anfallenden Zinsen würde eine Stiftung aus der bedrückenden Lage befreit werden, ständige Bittsteller zu sein. Sie könnte damit auch in finanzieller Hinsicht zu der Eigenständigkeit gelangen, die von der kulturellen Integration der neuen Länder erwartet wird.

Meine Damen und Herren, viele Kultureinrichtungen in den neuen Länder blicken voller Dankbarkeit und Hoffnung auf Berlin, d.h. auf den Bund. Ich hätte es gern unserem Staatskulturminister persönlich sagen wollen. Wir blik-ken auch auf ihn, den Kulturbeauftragten.

Denn je weniger die Länder und Kommunen in den neuen Ländern in ihrer permanenten und immer größer werdenden Finanznot in der Lage sind, die berechtigten Wünsche der Institution zu erfüllen, um so mehr brauchen sie die Unterstützung durch den Bund auf der Grundlage des Einigungsvertra-ges. Zugleich aber könnte der Bund in der Hilfe durch Stiftungen das Modell einer solidarischen Partnerschaft sehen.

Viele dieser Stiftungen haben sich im Osten verdient gemacht, ganz beson-ders auch die Deutsche Bundesstiftung Umwelt. Deshalb möchte ich am Schluss sehr herzlich dem Generalsekretär Herrn Fritz Brickwedde für seine so in-struktive und zugleich charmante und persönliche Laudatio und bei dieser schönen Gelegenheit für seine großzügige Unterstützung unserer Stiftung danken.

Schlusswort

Prof. Dr. Axel Frhr. von Campenhausen

Die ausstrahlende Wirkung der Franckeschen Stiftungen, Herr Raabe, war für den Bundesverband seinerzeit Anlass, die Hallenser Erklärung abzugeben[1]. Hier haben wir uns neu positioniert, in dem Bewusstsein, dass neue Initiativen ergriffen werden müssen. Eine Fortsetzung dieser Initiative, Herr Minister Behrens, findet man auch in der heute schließenden Ausstellungsreihe zur Stiftungslandschaft NRW. Insofern reicht die Franckesche bzw. Raabesche Strahlkraft bis hierher nach Köln.

Wir sind, meine Damen und Herren, jetzt am Ende unseres Festaktes. Viele von Ihnen fahren noch mit auf unseren Ausflug, auf den wir uns sehr freuen. Den anderen wünsche ich eine glückliche Heimkehr und hoffe auf ein Wiedersehen in Hamburg im nächsten Jahr. Ich wünsche Ihnen ein glückliches Pfingstfest, dass Sie in jeder Hinsicht neu erfüllen möge.

Nun möchte ich mich bei allen Teilnehmern für die gute Aufnahme der Jahrestagung bedanken und auch bei den Musikern, die uns mit so inspirierenden Klängen erfreut haben und auch noch einmal erfreuen werden.

Eines hat mir hier auf der Jahrestagung gefehlt. Die Unabhängigkeit unserer Mitglieder kommt ja eigentlich immer darin zum Ausdruck, dass man im Laufe der Tagung dem Vorsitzenden allerlei Betrübliches erzählt. Das ist diesmal nicht vorgekommen und ist natürlich Ausdruck dafür, dass die Tagung wirklich wohl organisiert war. Herr Dr. Mecking, Sie sind der Hauptadressat für Beschwerden, aber auch für den Dank!

Frau Kirmse, die diese Tagung für den Bundesverband organisiert hat, möchte ich einen Blumenstrauß überreichen, der meinen besonderen Dank zum Ausdruck bringen soll. Frau Kirmse ist an die Stelle von Frau Buchholz getreten, die den Bundesverband verlassen hat und als Kunsthistorikerin von nun an beim Museum Ludwig hier in Köln arbeitet. Auch sie erhält als Anerkennung einen Blumenstrauß.

Hiermit schließe ich den amtlichen Teil, wünsche Ihnen allen noch viel Freude an der Musik und eine gute Heimreise.

---

1 Vgl. Bundesverband Deutscher Stiftungen (Hrsg.): Deutsche Stiftungen im Prozeß der Einigung, S. 73

IX. Rahmenprogramm

Am Nachmittag des 30. Mai 2001 konnten die Teilnehmer der 57. Jahrestagung des Bundesverbandes Deutscher Stiftungen an einer Führung durch den **Kölner Dom**, die Kirche **St. Maria im Kapitol** und dem **Rathaus** teilnehmen. Unter der Überschrift „Kölner Baukunst von Weltrang" wurde der Dom als architekturgeschichtliches Herzstück der Stadt, entstanden zwischen dem 13. Jh. und 19. Jh., bewundert. Die Kirche St. Maria im Kapitol wurde im 11. Jh. als spätottonischer Bau über einem aus dem 1. Jh. stammenden römischen Tempelbau errichtet.

Wer sich für die archäologische Geschichte der Stadt interessierte, konnte an einer Führung durch die **Domgrabung** teilnehmen. Die Domgrabung begann im Mai 1946. Seitdem wird die Vorgeschichte der gotischen Kathedrale mit archäologischen Mitteln erforscht.

Wichtigstes Ergebnis ist die Feststellung von Kirchenbauten, die an diesem Platz in ununterbrochener Reihenfolge seit dem 2. Jh. gestanden haben. Bedeutendste Funde der Ausgrabung sind die Beigaben von zwei 1959 entdeckten Frankengräbern mit besonders prächtiger Schmuck- und Waffenausstattung.

Alternativ wurde ein Rundgang zur **„Stadtgeschichte in Sagen und Legenden"** angeboten, da die überlieferten Erzählungen über Köln neben den architektonischen Meisterwerken die Geschichte der Rheinmetropole sehr anschaulich vermitteln können.

Wie steht es mit dem einstigen Löwenkampf des Bürgermeisters? Wie fiel der Dombaumeister auf die Schlichen des Teufels herein? Der Rundgang versuchte Antworten auf diese und viele andere Fragen zu geben.

Am Vormittag des 31. Mai 2001 gab es Gelegenheit zu einer Führung durch die **Ausstellung „Bildung stiften".** Der Kölner Gymnasial- und Stiftungsfonds macht mit seiner Ausstellung im Kölnischen Stadtmuseum auf eine lange, bis ins Hochmittelalter zurückgehende Kölner Stiftertradition im Bildungsbereich aufmerksam. Die Ausstellung illustriert mit Stifterportraits, Büchern der Gymnasialbibliothek, Urkunden u.v.m. umfangreich das traditionsreiche Zusammenspiel von höherem Bildungswesen und Stifterinitiativen der alten Reichsstadt. Eine weitere Führung durch diese Ausstellung wurde am Nachmittag angeboten.

Ebenfalls am Vormittag fand eine Führung durch das **Käthe Kollwitz Museum** statt, das seit 1985 die weltweit größte Sammlung des Werkes der

Künstlerin ausstellt. Die Ausstellung „Blickwechsel" stellt die Werke der beiden bekanntesten deutschen Künstlerinnen des 20. Jh. Paula Modersohn-Becker und Käthe Kollwitz gegenüber.

Außerdem wurde eine Besichtigung des **unterirdischen Köln** angeboten. Man sagt, Köln sitze auf seiner Geschichte. Das **Praetorium**, der älteste Regierungssitz der Stadt, der **römische Abwasserkanal**, das mittelalterliche **jüdische Ritualbad „Mikwe"** sowie die **Grabung Groß St. Martin** sind interessante Zeitzeugen der Geschichte Kölns.

Am Nachmittag konnten einige Teilnehmer der Jahrestagung die Kirchen **St. Gereon** und **St. Aposteln** besichtigen. Diese Kirche zählen zu den eindrucksvollsten Denkmälern der Geschichte romanischer Architektur in dieser Stadt.

Gleichzeitig fand auch noch eine Führung durch die **Ausstellung „Stiftungslandschaft NRW"** statt. Stiftungsinitiativen gelten als Ausdruck einer aktiven Bürgergesellschaft. Mit der Alfried Krupp von Bohlen und Halbach – Stiftung, der Bertelsmann Stiftung und der Fritz Thyssen Stiftung gingen und gehen aus Nordrhein-Westfalen immer wieder neue Impulse für das fruchtbare Zusammenspiel von unternehmerischem und gesellschaftlichem Engagement aus. Die Ausstellung „Stiftungslandschaft NRW" des Bundesverbandes Deutscher Stiftungen verschafft insbesondere mit Blick auf die aktuelle Debatte um die Reform des Stiftungsrechts einer breiten Öffentlichkeit einen Einblick in die Vielfalt der Stiftungen Nordrhein-Westfalens.

Den Ausklang der 57. Jahrestagung bildete ein Exkursion nach Brühl zum **Schloss Augustusburg** sowie im Anschluss zum **Schloss Falkenlust**. Beide Schlösser sind im ersten Drittel des 18. Jh. nach Plänen von Johann Conrad Schlaun, François de Cuvilliés und Balthasar Neumann entstanden. Die Schlossanlage, einschließlich einer barocken Gartenanlage, ehemaliger Sitz des Kurfürsten Clemens August, wurde 1984 von der UNESCO in die Liste des Natur- und Kulturerbes der Welt aufgenommen.

Schloss Falkenlust

Anhang

Anhang 1: Die Förderer der 57. Jahrestagung

AWO Rheinlandstiftung

Die AWO Rheinlandstiftung mit Sitz in Köln ist eine Gemeinschaftsstiftung der beiden Bezirksverbände Mittelrhein und Niederrhein der Arbeiterwohlfahrt. Sie wurde im Jahre 1998 gegründet. Die Stiftung verfolgt ausschließlich gemeinnützige und mildtätige Zwecke.

Vorsitzender des Stiftungsrates ist der ehemalige Oberbürgermeister der Stadt Köln, Dr. Norbert Burger. Stellvertretender Vorsitzender ist Paul Saatkamp, Vorsitzender des AWO Bezirks Niederrhein und ehemaliger Sozialdezernent der Stadt Düsseldorf.

Die AWO Rheinlandstiftung startete mit einem Stiftungskapital von 300.000 DM und konnte ihr Stiftungskapital in den ersten drei Jahren ihres Bestehens nahezu verdoppeln. Weitere Zustiftungen und Spenden an die AWO Rheinlandstiftung sind jedoch notwendig.

Ziel der AWO Rheinlandstiftung ist es, Projekte sozialer Arbeit im Rheinland durch Erträge aus einem ständig wachsenden Stiftungsvermögen zu fördern. Die öffentlichen Mittel für soziale Anliegen werden immer geringer – die gesellschaftlichen Probleme werden es nicht. Die sozialen Aufgaben können jedoch nicht allein durch Leistungen der öffentlichen Hand gelöst werden. Auch hier ist die Bürgergesellschaft gefragt.

Die AWO Rheinlandstiftung wendet sich an sozial engagierte Bürgerinnen und Bürger mit der Bitte um Unterstützung für ihre fördernde Tätigkeit durch Zustiftungen und Spenden, aber auch durch ehrenamtliches Engagement.

Die Arbeiterwohlfahrt (AWO) als Verband der Freien Wohlfahrtspflege ist bundesweit tätig in allen Bereichen der sozialen Arbeit, der Kinder- und Jugendhilfe, der Altenhilfe und des Gesundheitswesens. Sie unterhält Kindergärten, Horte und Kindertagesstätten, Einrichtungen für Jugendliche, Seniorenzentren und Seniorentreffs, Beratungsstellen für Familien, Suchtabhängige, Arbeitslose, Einrichtungen für Behinderte – ein breites soziales Angebot.

Im Jahr 2001 legt die AWO Rheinlandstiftung ihren Förderschwerpunkt auf das Thema „Kinder- und Jugendarmut". Gefördert werden sollen Projekte in Kindertagesstätten und Jugendeinrichtungen der AWO im Rheinland.

Für weitere Informationen steht Ihnen unsere Geschäftsführerin, Frau Hedda Körner, zur Verfügung. (Tel.: 0221-579 98 42)

AWO Rheinlandstiftung
Rhonestraße 2a
50765 Köln
Tel.: 0221/579 98-118
Fax: 0221/579 98-59

Spendenkonto 40 002 040
bei der Stadtsparkasse Köln
BLZ 370 501 98

Bank für Sozialwirtschaft

Die **Bank für Sozialwirtschaft (BFS)** arbeitet seit mehr als 75 Jahren als Spezialkreditinstitut für Organisationen des Sozial- und Gesundheitswesens. 1923 wurde sie von den Spitzenverbänden der Freien Wohlfahrtsverbände gegründet – zu einer Zeit, als die Soziale Arbeit noch stark von Ehrenamtlichkeit geprägt war und es Finanzierungsstrukturen in der heutigen Form noch nicht gab. Aufgabe der Bank für Sozialwirtschaft war (und ist) es, gemeinnützige Organisationen in finanziellen und wirtschaftlichen Fragestellungen zu beraten. Bis heute sind die Finanzierungsmöglichkeiten in den verschiedenen Einrichtungsarten u.a. wegen ihrer unterschiedlichen rechtlichen Rahmenbedingungen teilweise sehr unübersichtlich. Vor diesem Hintergrund lag der Beratungsschwerpunkt der BFS immer in Finanzierungsfragen und in der Abwicklung des Zahlungsverkehrs. Das Anlagegeschäft spielte eine weniger große Rolle. Im Bereich der Stiftungen sind bis heute die Mehrzahl der Kunden operativ tätige Stiftungen in unterschiedlicher Trägerschaft.

In den letzten Jahren entdeckten die Organisationen der Freien Wohlfahrtspflege mit Blick auf die nachlassende öffentliche Förderung die Gründung von Stiftungen, unter anderem von Gemeinschaftsstiftungen, verstärkt als Finanzierungsinstrument für sich. Die Bank für Sozialwirtschaft als Hausbank wurde in diesem Prozess zunehmend beratend hinzugezogen. Da eine solche Entwicklung angesichts der sich ändernden Umfeldbedingungen für Organisationen des Sozial- und Gesundheitswesens nicht überraschend kam, hatte die BFS im Vorfeld ihr Leistungsangebot für Stiftungen erweitert und ihre Kundenberater speziell zu den rechtlichen und steuerlichen Rahmenbedingungen von Stiftungen geschult. Heute erstreckt sich das Angebot der Bank für Sozialwirtschaft von einer Begleitung ihrer Kunden bei der Stiftungsgründung bis zur Vermögensverwaltung. Durch aktuelle Publikationen, Seminare und Vorträge zum Thema Stiftungen trägt sie zudem zu einer kontinuierlichen Information interessierter Personen und Organisationen bei.

Seit Anfang letzten Jahres ist die Bank für Sozialwirtschaft Mitglied im Bundesverband Deutscher Stiftungen. Der Geschäftsführer des Bundesverbandes Deutscher Stiftungen e. V., Herr Dr. Christoph Mecking, hat die BFS in der

Ansicht bestärkt, dass sie aufgrund ihrer Herkunft und ihres Know-hows über das Sozial- und Gesundheitswesen für gemeinnützige Stiftungen, insbesondere für die Sozialstiftungen, ein interessanter Partner ist. Ebenso ist der Bundesverband Deutscher Stiftungen als Schnittstelle zu zahlreichen Stiftungen für die BFS ein attraktiver Partner. Die Unterstützung der 57. Jahrestagung des Bundesverbandes Deutscher Stiftungen war eine der Maßnahmen, um die Zusammenarbeit zwischen beiden Institutionen zu verstärken.

Mehr über das Leistungsspektrum der Bank für Sozialwirtschaft AG erfahren Sie auf der Website der BFS: www.sozialbank.de.

Oder indem Sie sich die Broschüre „Leistungen für Stiftungen„ zusenden lassen. Bezug:

Bank für Sozialwirtschaft AG, Wörthstraße 15–17, 50668 Köln, E-Mail: bfs@sozialbank.de.

Bank im Bistum Essen

Die BANK IM BISTUM ESSEN eG ist keine Bank wie jede andere. Sie ist eine Nischenbank, die sich auf einen kleinen Kundenkreis spezialisiert hat. Dass diese Geschäftspolitik erfolgreich ist, beweist ein Blick in die Geschichte der Bank:

BANK IM BISTUM ESSEN

Vor 35 Jahren wurde sie gegründet und weist heute bereits eine Bilanzsumme von über 3,75 Mrd. DM aus. Zu den Kunden der Bank zählen Kirchengemeinden, Gemeindeverbände, Bistümer, überdiözesane Einrichtungen, Ordensgemeinschaften, Hilfswerke, Stiftungen, Krankenhäuser, Altenpflegeheime, Wohnungsbaugesellschaften und deren Mitarbeiter. Die kirchlichen Einrichtungen steuern etwa 90 % des Geschäftsvolumens bei. Die Bank zeichnet sich durch eine sehr günstige Kostenstruktur aus, da sie auf ein verzweigtes Filialnetz verzichtet und den Geschäftsbetrieb mit einem relativ kleinen Stamm von 55 Mitarbeitern abwickelt. Hierdurch kann sie ihren Kunden überdurchschnittliche Konditionen im Einlagen- und Kreditbereich bieten.

Durch die Beschränkung des Kundenkreises auf ein bestimmtes Marktsegment – nämlich die Kirche und ihre Einrichtungen – ergibt es sich beinahe zwangsläufig, dass die Bank hier über eine hohe Fachkompetenz verfügt und die Probleme und Sorgen ihrer Kunden genau kennt.

Die Leistungen der Bank erstrecken sich von der Finanzierung von Sozialimmobilien oder Eigenheimen über die Bereitstellung von elektronischen Bankdienstleistungen für die Abwicklung der Bankgeschäfte bis hin zur Vermögensverwaltung vom Sparkonto bis zur Anlage in Spezialfonds. Für die Anlagen ihrer Kunden hat die Bank verschiedene Angebote entwickelt, die den Ansprüchen einer Geldanlage unter ethischen Gesichtspunkten gerecht werden.

Diese Fachkompetenz und das große Engagement der Mitarbeiter der Bank haben sich inzwischen weit über die Grenzen des ursprünglichen Geschäftsgebietes – dem Bistum Essen – hinaus herumgesprochen. So betreut die Bank heute Geschäftsverbindungen fast im gesamten Gebiet der Bundesrepublik Deutschland und sogar darüber hinaus.

Das Engagement der BANK IM BISTUM ESSEN eG beschränkt sich allerdings nicht auf die reine Geschäftstätigkeit. So sieht sich die Bank auch in einer besonderen sozialen Verantwortung, der sie sich auf verschiedene Arten stellt.

So hat sie vor einigen Jahren einen Kongress u.a. mit Vertretern der deutschen und lateinamerikanischen Wirtschaft und Kirche unterstützt, der sich mit einem Modell der sozialen Marktwirtschaft als Möglichkeit für Lateinamerika beschäftigte.

Darüber hinaus unterstützt die Bank im Rahmen ihrer Möglichkeiten Projekte und Aktivitäten von Hilfswerken, Stiftungen, Kirchengemeinden und Verbänden mit Spenden.

DELBRÜCK&CO

PRIVATBANKIERS SEIT 1712

Neue Wege der Vermögensverwaltung von Stiftungen

Delbrück & Co, Privatbankiers gehören seit 1712 zu den wenigen Banken in Deutschland, die selbständig und unabhängig geblieben sind. Als eigentümergeführte Privatbank sind wir seit nunmehr fast 300 Jahren dem Grundsatz der autonomen, loyalen und diskreten Beratung unserer Kunden verpflichtet. Auch unser Leistungsangebot für Stiftungen folgt dieser Maxime.

Die Vermögensverwaltung von Stiftungen stellt hohe Anforderungen an unser Haus, denen wir mit unseren speziell für Stiftungen entwickelten Anlagemodellen in vollem Umfang gerecht werden – die Substanz des Stiftungsvermögens muss erhalten werden und es gilt, möglichst hohe Erträge zu erwirtschaften, die dem Stiftungszweck zugeführt werden können. Weiterhin ist es von besonderer Bedeutung, die Ertragszahlungen individuell gestalten zu können, der Stiftung die auftretenden Kosten transparent zu machen und die Abgabenordnung nach § 58 Nr. 7 a zu erfüllen.

Ein Blick in die Geschichte zeigt, dass sich mit einer ausschließlichen Anlage in festverzinslichen Wertpapieren zwar ein sicherer nomineller Ertrag erwirtschaften lässt, Steuergesetzgebung und Inflation aber dazu führen, dass der reale Kaufkrafterhalt des Grundstockvermögens der Stiftungen nicht gewährleistet war. Um diesem Ziel Rechnung zu tragen, hat Delbrück & Co ein besonderes Anlagemodell entwickelt. Strategisches Kernelement dieses Modells ist ein Anlagemechanismus, der sich die Chancen der modernen Aktien- und Terminmärkte zunutze macht und damit die individuellen Anforderungen an Wertzuwachs und laufende Erträge erfüllt, bei einem kalkulierbaren Risiko.

Dieses Anlagekonzept hat für Stiftungen den Vorteil, dass wir auf Basis unserer unabhängigen Privatbank-Expertise das Portfolio stark diversifizieren sowie den Liquiditätsfluss relativ konstant halten können. Diese Vorteile in der Anlagesystematik bieten wir in Form eines Vollmachtsdepots oder eines Spezialfonds.

Delbrück & Co versteht sich hier als kompetenter Begleiter auf dem Weg zu den individuellen Stiftungszielen: unser Anlagemodell eröffnet den Stiftungen neue Perspektiven für die substanzerhaltende und ertragreiche Anlage ihres Vermögens sowie maximale Planungssicherheit für ihre Projekte.

Delbrück & Co, Privatbankiers
Mechthild Bülow – Abteilung Kommunikation

Co Partner
Deutschland

Offizieller Versicherer
der Deutschen
Olympiamannschaft
Salt Lake City 2002

Deutscher Herold

Versicherungsgruppe der Deutschen Bank

Zu Hause in Bonn –
Deutscher Herold Versicherungsgruppe der Deutschen Bank

Der Deutsche Herold hat seit mehr als 50 Jahren sein Zuhause in Bonn. „Der Herold" – wie die Bonner gerne sagen, wenn sie von ihrer Versicherung sprechen, – wer ist das eigentlich?

Nun, der Deutsche Herold, der bereits 1922 als Familienunternehmen in Berlin gegründet wurde, zog bereits 1947 in die schöne Stadt am Rhein. Seit Anfang der 90er Jahre arbeitet das Unternehmen unter dem Dach der Deutschen Bank und heißt heute Deutscher Herold Versicherungsgruppe der Deutschen Bank. Europaweit bietet er mehr als zwei Millionen Kunden erstklassigen Service sowohl im Privatkunden- wie auch im Firmenkundenbereich. Die Gesellschaften Deutscher Herold Leben und Deutscher Herold Allgemeine bilden gewissermaßen den Mittelpunkt und betreiben das Kerngeschäft der Versicherungsgruppe. Mit 6.500 Mitarbeitern und europaweit mehr als 5 Milliarden Euro Umsatz gehört sie zur Spitzengruppe der deutschen Versicherungswirtschaft und zählt darüber hinaus zu einem der führenden Anbieter im Bereich der fondsgebundenen Lebensversicherungen. Wo es um Versicherungsprodukte und Finanzdienstleistungen geht, steht der Name Deutscher Herold für gediegene Qualität, vertrauenswürdige Beratung und erstklassigen Service.

Ganzheitliche Beratung, kompetente Betreuung in allen Belangen Ihrer Finanz- und Sicherheitsplanung schaffen einen handfesten Mehrwert aufgrund des Kooperationsvertrages für Sie als Mitglied des Bundesverbandes, Mitarbeiter oder Freund des Stiftungswesens. Die Experten des Deutschen Herold entwickeln für Sie maßgeschneiderte Finanz- und Sicherheitskonzepte. Insbesondere bei den wichtigen Themenbereichen, die die Stiftung als Unternehmen betreffen, wie die Absicherung der Sach- und Vermögenswerte durch die Geschäftsversicherung, die Absicherung der Arbeitskraft, die betrieblicher Altersvorsorge, der Schutz der Familie, die Baufinanzierung und der Sicherung Ihrer Vermögenswerte, aber auch bei der Absicherung Ihrer Mitarbeiter stehen Sie Ihnen gerne beratend zur Seite.

Die Zielbestimmung nehmen Sie vor, Sie sprechen mit Ihrem persönlichen Berater vor Ort und im Hintergrund arbeitet ein Team von Spezialisten an der Realisierung Ihres Vorhabens.

Vom 30. Mai bis 1. Juni 2001 in Köln hatten Sie an unserem Informationsstand Gelegenheit, sich mit der Produktpalette des Deutschen Herold vertraut zu machen und interessante Gespräche über verschiedene Themen auf dem Gebiet des Finanzdienstleistungssektors mit uns vor Ort zu führen.

Der Deutsche Herold mit seinen qualifizierten Mitarbeitern würde sich freuen, wenn Sie unsere Kooperation mit dem Bundesverband Deutscher Stiftungen durch unser Serviceangebot für Ihre persönliche und geschäftliche Finanz- und Sicherheitsplanung weiterhin umfassend nutzen.

Fritz Thyssen Stiftung

DIE FRITZ THYSSEN STIFTUNG

Die Fritz Thyssen Stiftung wurde 1959 von Frau Amélie Thyssen und ihrer Tochter Anita Gräfin Zichy-Thyssen im Gedenken an August und Fritz Thyssen errichtet. Die Stiftung hat ihren Sitz in Köln. Sie ist die erste große private wissenschaftsfördernde Einzelstiftung, die nach dem Zweiten Weltkrieg in der Bundesrepublik Deutschland errichtet wurde.

Ausschließlicher Zweck der Stiftung ist nach ihrer Satzung die unmittelbare Förderung der Wissenschaft an wissenschaftlichen Hochschulen und Forschungsstätten, vornehmlich in Deutschland, unter besonderer Berücksichtigung des wissenschaftlichen Nachwuchses.

Die Stiftung unterstützt zeitlich befristete Forschungsprojekte, kleinere wissenschaftliche Tagungen, vergibt Stipendien an junge, promovierte Wissenschaftler, finanziert mehrere internationale Stipendien- und Austauschprogramme und fördert auch in begrenztem Umfang die Publikation der Resultate von ihr unterstützter Forschungsarbeiten. Dabei konzentriert sie ihre Fördertätigkeit vor allem auf Forschungsvorhaben in den Geisteswissenschaften, den Sozial- und Wirtschaftswissenschaften sowie der Medizin.

Über ihre Tätigkeit berichtet die Stiftung jährlich und versendet Hinweise für Antragsteller, die auch unter der Internetadresse: http://www.fritz-thyssen-stiftung.de abrufbar sind.

GEW Stiftung Köln

„Arbeitslosigkeit, Konkurrenz auf dem Ausbildungsmarkt und Stellenabbau sind für junge Menschen ein zentrales Problem. Schwierigkeiten drohen insbesondere benachteiligten Jugendlichen ohne qualifizierten Berufs-/Schulabschluss oder jungen Ausländerinnen und Ausländern. Erziehungs- und Sozialisierungsdefizite lassen die Jugendlichen häufig an den Anforderungen und Übergängen von Schule und Arbeitswelt scheitern.

Auch Wissenschaft und Forschung stehen ständig neuen Entwicklungen und Innovationen gegenüber. Daher bedarf es zur Unterstützung von Wirtschafts- und Forschungsvorhaben neben den Zuwendungen der öffentlichen Hand auch einer intensiven Zusammenarbeit und Förderung mit Wirtschaft, Verbänden, privaten Organisationen aber auch privaten Stiftungen."

Diese beiden Felder der **GEW Stiftung Köln** sind Ansatzpunkte für Projektförderungen im Raum Köln.

Die GEW Stiftung Köln, gegründet 1998, fördert aus den Erträgen des Stiftungskapitals von derzeit rund 53 Mio. DM zu gleichen Teilen Projekte aus den Bereichen Wissenschaft und Forschung sowie Vorhaben spezifischer Segmente der Bildungsförderung bei leistungsschwachen und sozial benachteiligten Jugendlichen sowie Hochbegabten.

Seit Gründung der Stiftung sind 28 Projekte in Förderung. Dabei handelt es sich zu gleichen Teilen um Projekte aus dem wissenschaftlichen und dem sozialen Bereich. Insgesamt sind im sozialen Bereich Fördermittel in Höhe von DM 1,6 Mio. und im wissenschaftlichen Bereich in Höhe von DM 2,4 Mio. vergeben.

In der sozialbezogenen Projektförderung hat sich die GEW Stiftung Köln die Förderung von Chancengleichheit und die Integration leistungsschwacher oder sozial benachteiligter Jugendlicher beim Start ins Berufsleben und der Ausbildung zur Aufgabe gemacht. Hierbei unterstützt die Stiftung insbesondere Modellprojekte im schulischen Bereich, in der Berufsfindung und im Jugendförderungsbereich. Eine weitere Zielsetzung ist die Förderung Hochbegabter.

Projektträger sind anerkannte Träger der freien Jugendhilfe in Köln oder gemeinnützige Vereine mit entsprechender Zielsetzung.

Im wissenschaftlichen Bereich sieht die Stiftung ihre Zielsetzung in der Förderung von Projekten im Bereich der Grundlageforschung, der angewandten

Forschung und Entwicklung sowie in der Unterstützung der internationalen Zusammenarbeit von Forschungs- und Wissenschaftseinrichtungen ggf. mit der Vergabe von Auslandsstipendien für ausgewählte Wissenschafts- und Forschungsobjekte. Projektträger sind jeweils Kölner Lehr-, Wissenschafts- und Forschungsinstitutionen.

Alle Projekte sowohl im sozialen als auch im wissenschaftlichen Bereich zeichnen sich durch ihre innovativen Ansätze und unterschiedlichen Nutzen aus und müssen einen direkten Bezug zum Wirtschaftsraum Köln vorweisen. Die maximale Förderdauer der Projekte beträgt 4 Jahre.

Bewerbungsschluss für Projektanträge im sozialen Bereich sind zweimal jährlich, jeweils im Frühjahr und Herbst. Die Anträge auf Fördermittel werden an die Stiftung selbst gerichtet.

Anträge für Projekte im wissenschaftlichen Bereich sind jeweils über die zuständigen Rektorate der Kölner Lehr-, Wissenschafts- und Forschungsinstitutionen an die Stiftung zu richten. Bewerbungsschluß ist einmal jährlich.

Vertreten wird die Stiftung durch den Stiftungsrat und dem Vorstand. Den Vorsitz des Stiftungsrates übernimmt der Oberbürgermeister der Stadt Köln, den stellvertretenden Vorsitz der GEW-Aufsichtsratsvorsitzende.

Weiterhin setzt sich der Stiftungsrat zusammen aus den Rektoren der Universität und Fachhochschule, den Präsidenten der Kammern, dem Arbeitsamtdirektor und Vertretern der Kirche und Gewerkschaft in Köln und den Mitgliedern des Rates der Stadt Köln.

GEW Stiftung Köln
Parkgürtel 24
50823 Köln

Telefon: (02 21) 178-49 59
Telefax: (02 21) 178-22 94
E-Mail: m.weiler@gewkoelnag.de

Kämpgen Stiftung

Gründung:

Kämpgen Stiftung

Gemäß dem Leitsatz „Nur Handeln hilft – wir handeln" wurde im Jahr 1983 die Kämpgen Stiftung durch das Kölner Unternehmer-Ehepaar Clemens und Johanna Kämpgen gegründet.

Stiftungszweck:

Die Stiftung hat sich die Förderung und Unterstützung von Projekten für behinderte Menschen zur Aufgabe gestellt.

Stiftungsaktivitäten:

In Deutschland sind ca. 8 % der Einwohner als Schwerbehinderte registriert; diese Zahl zeigt eine steigende Tendenz. Vor diesem Hintergrund zeigt sich auch die Bedeutung der Kämpgen Stiftung. Bisher wurden ca. 35 Mio. DM bundesweit an gemeinnützige Einrichtungen und Initiativen der Behindertenhilfe vergeben, hiervon entfielen ca. 50% auf Maßnahmen im Stadtgebiet Köln.

Die Förderpraxis der Kämpgen Stiftung umfaßt eine relativ gleichgewichtige Verteilung auf stationäre sowie ambulante Maßnahmen. Dies impliziert, daß die Stiftung ein übergreifendes Netz rehabilitativer Einrichtungen und Maßnahmen fördert, das alle Lebensbereiche (medizinisch/therapeutisch, schulisch, beruflich und sozial) sowie jedes Alter (Frühförderung, Kindergarten, Schule, bis hin zum Wohnheim für die alten geistig behinderten Menschen) umfaßt.

Das bedeutet einerseits, daß sie zu einem Angebot wohnortnaher ambulanter Hilfe beiträgt, das Unterstützung in allen Lebensbereichen bietet und die Basis für ein „selbstbestimmtes Leben" Behinderter bildet.

Andererseits wird auch das traditionelle Versorgungssystem (z.B. Heime) unterstützt, um auch hier den zeitgemäßen Anforderungen der Förderung und Therapie Behinderter gerecht zu werden.

Hinsichtlich der Förderung einzelner Personenkreise werden mehrheitlich Projekte zur Unterstützung geistig behinderter Menschen bezuschußt. Dies begründet sich darin, daß sich in der Regel die notwendige lebenslange Begleitung sowie die höhere Lebenserwartung dieses Personenkreises im Bedarf an Versorgungsstrukturen niederschlägt.

Zunehmend werden durch die Stiftung innovative Maßnahmen zur Betreuung und Begleitung der älteren geistig behinderten Menschen gefördert.

Die in Deutschland steigende Tendenz psychischer Erkrankungen und Behinderungen bedeutet für die Förderpraxis der Kämpgen Stiftung, daß hier vor allem komplementäre und ambulante Angebote bezuschußt werden, um eine größtmögliche Sozialintegration dieser Menschen zu ermöglichen. Hierzu hat die Kämpgen Stiftung vor allem in der Stadt Köln wesentlich beigetragen.

Perspektiven:
Durch die Zunahme der Anzahl schwerbehinderter Menschen und den sich daraus abzeichnenden Bedarf an Versorgungsstrukturen werden in Zeiten leerer öffentlicher Kassen diese wichtigen Aufgaben zunehmend durch Stiftungen initiiert und getragen.

Von daher unterstützt die Kämpgen Stiftung u.a. auch innovative modellhafte Projekte, bei denen rechtliche und finanzielle Hemmnisse im Sinne einer Regelfinanzierung durch die öffentliche Hand bestehen. Somit leistet sie "Starthilfen" bei Modellprojekten, die wegweisend für die Praxis der Behindertenarbeit sind und deren Realisierung sonst nicht möglich wäre.

Insofern kommt der Kämpgen Stiftung ein hohes Maß an Verantwortung zu, und sie ist ein verläßlicher, kompetenter Partner im Sozialbereich.

50968 Köln • Mathiaskirchplatz 5
Telefon 02 21-93 12 01-0 • Telefax 02 21-93 12 01-2
Vorsitzender des Kuratoriums: Friedel Weber
Vorstand: Heribert Bastians (Vorsitzender) • Jürgen Henze
Geschäftsführerin: Petra Grobusch
Anprechpartnerin: Dip.-Päd. Petra Grobusch, Geschäftsführerin

KÖLNER GYMNASIAL- UND STIFTUNGSFONDS

Der Kölner Gymnasial- und Stiftungsfonds verwaltet als Stiftung des öffentlichen Rechts 269 einzelne unselbständige Stiftungen zur Förderung von Schülern und Studierenden sowie altes Kölner Schulvermögen zur Finanzierung von Gymnasien.

Stiftungen mit rund 600-jähriger Geschichte:
Die älteste Stiftung mit Namen „Wesebeder" stammt aus dem Jahr 1422 und wurde von einem Mainzer Arzt für Studierende an der damals frisch gegründeten Kölner Universität errichtet. Rund 220 weitere Stiftungen wurden bis zum Jahr 1798 errichtet mit derselben Zwecksetzung, nämlich jungen Menschen das Studieren in Köln zu ermöglichen. Dann jedoch lösten die französischen Besatzungsmächte die alte und traditionsreiche Universität auf. Damit wurde nicht nur das Vermögen der alten Bildungseinrichtungen herrenlos, es wurden zugleich auch die Stiftungszwecke unausführbar.

Das enorme Stiftungs- und Schulvermögen wurde unter französischer Fremdherrschaft unter einem Stiftungs- sowie dem Gymnasialfonds zusammengefasst und blieb somit auch weiterhin erhalten. Zum Zweck der Vermögensverwaltung und Stipendienvergabe wurden im Jahr 1800 fünf Kölner Bürger berufen – damit begann die heute 200-jährige Geschichte des Kölner Gymnasial- und Stiftungsfonds.

Stiftungsfonds:
Die Zahl der Stiftungen ist bis heute auf 269 angewachsen, die sämtlich junge Menschen bei ihren Studien finanziell unterstützen. Rund 40 % der Mittel des Stiftungsfonds werden an Stifternachkommen, 60 % werden frei vergeben. Bis zu 30 % der Freistipendien gehen an in Deutschland studierende Ausländer. Die Förderungskriterien richten sich nach Leistungs- und sozialen Aspekten. Ein Abiturdurchschnitt von 2,0 und Studienleistungen mit 2,5 sind ebenso Voraussetzung für die Stipendienvergabe wie die Höhe des elterlichen Einkommens.

Gefördert werden zudem Projekte wie etwa die „Kooperation Betrieb-Schule" zur Förderung schulmüder Jugendlicher ohne Hauptschulabschluss, Nachhilfeprogramme für hörende Kinder gehörloser Eltern oder Studienkonferenzen zur Vorbereitung von Universitätsabsolventen auf den Arbeitsmarkt.

Gymnasialfonds:

Der Gymnasialfonds dient der Finanzierung von Gymnasien in Köln. Zu diesem Zweck werden jährlich Zahlungen von rund 500.000,– DM an das Ministerium für Schule, Wissenschaft und Forschung des Landes NRW aus dem Fonds geleistet. Zusätzliche Sonderzuwendungen an einzelne Gymnasien ermöglichen auf Antrag beispielsweise die Ausstattung von Computerräumen, Anschaffung von Musikinstrumente.

Umfangreicher Kunst- und Kulturbesitz:

Aus der jahrhundertealten Geschichte der Kölner Bildungs- und Universitätseinrichtungen und der Kölner Studienstiftung stammt zudem das umfangreiche Kulturerbe des Kölner Gymnasial- und Stiftungsfonds. Die Gymnasialbibliothek mit 40.000 Bänden, Handschriften und Büchern aus 6 Jahrhunderten gehört ebenso dazu wie die wertvolle graphische Sammlung und das physikalische Kabinett der ehemaligen Jesuiten in Köln, die eine eigene Bildungseinrichtung in Köln unterhielten. Bei Auflösung des Ordens im Jahr 1773 und infolge der französischen Herrschaft im Rheinland gelangte dieser enorme Kulturbesitz in die Obhut des Kölner Gymnasial- und Stiftungsfonds. Heute stehen diese Schätze im Wallraf-Richartz-Museum, im Kölnischen Stadtmuseum und in der Universitäts- und Stadtbibliothek in Köln der Allgemeinheit zur Verfügung.

Verwaltung heute:

Die Stiftungsverwaltung, deren Stiftungen bis ins 15. Jahrhundert zurückreichen, verpflichtet sich zwar einerseits ihrer Tradition, nimmt ihre Aufgaben der Vermögensverwaltung und Stipendienvergabe jedoch nach den Prinzipien moderner betriebswirtschaftlicher Methoden wahr. Die Gradwanderung zwischen Vermögenserhalt und Maximierung der Stiftungsmittel dient dabei der Zukunft junger und begabter Menschen – ein altes und zukunftweisendes Anliegen privater und engagierter Stifter in Köln.

PPBusiness Protection GmbH, Hamburg

Vorstellung der PP Business Protection GmbH, Hamburg

Der Bundesverband Deutscher Stiftungen hat in Zusammenarbeit mit der PP Business Protection GmbH,  Hamburg, Spezialmakler für die Vermögensschadensparte, Rahmenverträge zur Vermögensschaden-Haftpflicht-, Vertrauensschaden- und Strafrechtsschutz-Versicherung für seine Mitglieder erarbeitet.

Die PP Business Protection GmbH ist ein Spezialmakler für die juristischen Sparten und 100%ige Tochtergesellschaft der Ecclesia-Gruppe in Detmold. Das Unternehmen wurde innerhalb der Ecclesia-Gruppe gegründet, um den speziellen Beratungsbedarf sämtlicher beratenden Berufe aber auch Dienstleistern jedweder Ausprägung wie Werbeagenturen, Unternehmensberater und deren Unternehmensleitern gerecht zu werden.

Hierbei ist ein besonderer Focus auf die Bedürfnisse von Stiftungen gelegt.

Ziel der Rahmenverträge ist es, den Schutz des Vermögens der Stiftung vor finanziellen Verlusten, verursacht durch Organe oder Mitarbeiter, zu bewirken. Hierbei spielt die Vermögensschaden-Haftpflichtversicherung eine herausragende Rolle. Sie deckt den gesamten Bereich der fahrlässigen Pflichtverletzung ab und bezweckt die Abwehr unbegründeter sowie die Regulierung begründeter Ansprüche. Diese Versicherung stellt neben den übrigen angebotenen Bereichen der Vertrauensschaden- und Strafrechtsschutz-Versicherung eine hervorragende Absicherung dar und sichert Eigenschäden aus dem operativen Handeln der Stiftung ab. Daneben schützt sie das Vermögen des einzelnen Organs, da dieses aufgrund seines Dienstvertrages einem möglichen Regress seitens der Stiftung ausgesetzt sein könnte.

Gesetzliche Neuregelungen (z.B. KonTraG) fordern die Installation von Kontrollmechanismen. Neben der Verantwortung der einzelnen Organe haftet die Stiftung selbst gegenüber Dritten für Vermögensschäden, die aus der Abwicklung von Aufträgen entstehen können. Sollte es durch ein Fehlverhalten der Organe oder Mitarbeiter der Stiftung zu einer Inanspruchnahme durch Dritte kommen oder das Stiftungsvermögen selbst geschmälert werden, so hilft der Abschluss einer Vermögensschaden-Haftpflichtversicherung. Dieses speziell für die Mitglieder des Verbandes entwickelte Konzept bietet Schutz für die Fehler bei der satzungsgemäßen Tätigkeit. Der Versicherungsschutz erstreckt sich sowohl auf Schadensersatzansprüche, die ein Dritter gegen die Stiftung geltend macht, als auch auf den Fall, dass die Stiftung wegen eines Eigenschadens, den diese unmittelbar erlitten hat, ein Organ oder einen Mitarbeiter in Anspruch nimmt.

In der Spezialdeckung für die Mitglieder des Verbandes wird Versicherungsschutz für das Eigenschadenrisiko für fahrlässige Dienstpflichtverletzungen der versicherten Stiftung geboten; der Versicherer ist bereits bei einfacher Fahrlässigkeit eintrittspflichtig, obwohl das betreffende Organ oder die Person arbeitsrechtlich noch nicht haftpflichtig gemacht werden kann. Dies ist in der Regel erst bei grober Fahrlässigkeit der Fall.

Um einen möglichst umfassenden Deckungsschutz zu gewährleisten, wurden in den Rahmenvertrag alle risikotragenden Organe und Personen in den Versicherungsschutz einbezogen. Besondere Deckungserweiterungen sind die Einbeziehung ehrenamtlicher Delegate, der Verstoß einschlägiger öffentlicher Vorschriften sowie Fehler im Zusammenhang mit der Durchführung von Bauvorhaben und Fehler aus der Verwaltung von stiftungseigenem Haus- und Grundbesitz.

Weiter wird Versicherungsschutz gewährt für die Verletzung von Datenschutzgesetzen, Haftpflichtansprüche auf Ersatz eines immateriellen Schadens wegen einer Persönlichkeitsrechtsverletzung.

Ferner wird Rückwärtsversicherungsschutz für Verstöße geboten, die vor Abschluss des Vertrages begangen wurden, jedoch heute noch nicht bekannt sind; ein auskömmlicher Nachhaftungsschutz besagt, dass auch nach Kündigung des Vertrages noch Schäden nachgemeldet werden können.

Die Vorzüge dieser Rahmenverträge liegen darin begründet, dass bedingungsmäßig ein optimaler Versicherungsschutz zu äußerst günstigen Konditionen geschaffen werden konnte.

Als Schadensmöglichkeit, die diese Versicherung abdeckt, seien beispielhaft erwähnt:
- der Vorwurf nicht sparsamer Verwaltung von Stiftungsvermögen oder Schmälerung des selbigen
- fehlerhafte Beratung von Stiftungswilligen
- Verjährenlassen von Forderungen
- Zahlungen überhöhter Rechnung sowie
- fehlerhafte Durchführung von Bauvorhaben

Ferner besteht die Möglichkeit für die Absicherung von vorsätzlichen Handlungen der Mitarbeiter, eine Vertrauensschaden-Versicherung abzuschließen. Diese schützt Stiftungen vor Vermögenseinbußen.

Trotz aller Vorsichtsmaßnahmen – Veruntreuung kommt allzu oft vor. Jährlich werden weit über 20.000 Personen allein wegen Veruntreuung verurteilt.

Die Teilnahme an dieser Rahmenvereinbarung bietet Versicherungsschutz gegen Vertrauensschäden, Computermissbrauch und Datenmissbrauch.

Als Schadensmöglichkeiten, die diese Versicherung abdeckt, sei folgendes Beispiel erwähnt:

Eine Stiftung, die die Geldgeschäfte teilweise via Internet erledigt, hat die dazu nötige Geheimzahl, PIN und TAN auf der Festplatte des Rechners gespeichert. Einem Hacker gelingt es, diese Informationen während einer online-Verbindung auszuspionieren. Er veranlasst eine Zahlung auf ein Strohmann-Konto, von dem das Geld sofort abgehoben wird. **Schaden: DM 180.000**

Neben den bereits vorgestellten Rahmenvereinbarungen zur Vermögensschaden-Haftpflichtversicherung und Vertrauensschaden-Versicherung wurde ebenfalls eine Rahmenvereinbarung zur Strafrechtsschutz-Versicherung für die mitgliedschaftlich verbundenen gemeinnützigen Stiftungen abgeschlossen.

Warum eine Strafrechtsschutz-Versicherung?

Eine Vielzahl von Gesetzen und Verordnungen, deren Inhalte selbst Juristen oft nicht bekannt sind, gilt es täglich zu beachten. Zahlreiche, meist unbewusste Verstöße können die Folge sein.

Die Rahmenvereinbarung bietet Versicherungsschutz für die Interessenvertretung bei Ordnungswidrigkeiten, unabhängig davon, ob diese vorsätzlich oder fahrlässig begangen worden sind sowie bei Straftaten hinsichtlich aller Vergehen, die fahrlässig oder vorsätzlich begehbar sind.

Die Strafrechtsschutz-Versicherung stellt hierbei einen hervorragenden Versicherungsschutz dar und übernimmt die Strafverteidigung z.B. bei
- Aberkennung der Gemeinnützigkeit,
- Verfahren wegen Steuerhinterziehung,
- Buchführungsdelikten,
- Subventionsbetrug,
- Bilanz- und Konkursdelikten und Umweltdelikten,
um nur einige zu nennen.

Nähere Informationen zu den Rahmenverträgen erhalten Sie über den Bundesverband Deutscher Stiftungen
oder direkt bei: PP Business Protection GmbH
Frau Peiniger
Telefon: (040) 4 13 45 32-0 · Telefax: (040) 4 13 45 32-16
gpeiniger@pp-business-protection.de

Stiftung Rheinisch-Westfälisches Wirtschaftsarchiv zu Köln
Ältestes regionales Wirtschaftsarchiv der Welt

Die Stiftung Rheinisch-Westfälisches Wirtschaftsarchiv zu Köln, das älteste regionale Wirtschaftsarchiv der Welt, wurde 1906 gemeinsam von den Handelskammern der Rheinprovinz und Westfalens in Verbindung mit der Stadt Köln gegründet. Das RWWA wird heute getragen von der Selbstverwaltungsorganisation der gewerblichen Wirtschaft des Rheinlands und hier insbesondere der Industrie- und Handelskammer zu Köln. Im Rahmen seiner archivpflegerischen Aufgaben für die Wirtschaft ist das Archiv primär tätig im heutigen rheinischen Landesteil von NRW. Für die acht Industrie- und Handelskammern des Rheinlands ist das Kölner Wirtschaftsarchiv die Gemeinschaftseinrichtung, die gem. Landesarchivgesetz NRW deren historisches Schriftgut dauernd aufbewahrt.

Darüber hinaus erfasst und erschließt das RWWA historisch bedeutsame Quellen von Unternehmen, Verbänden, Unternehmerpersönlichkeiten und sonstigen Einrichtungen der Wirtschaft. Dazu gehören auch Handwerksinnungen. Das RWWA ist Sammel- und Forschungsstätte zur rheinisch-westfälischen Wirtschaftsgeschichte und fördert die Forschung durch eigene Veröffentlichungen (Schriften zur rheinisch-westfälischen Wirtschaftsgeschichte, 41 Bände, fünf Sonderbände). Mit über 290 historischen Aktenbeständen aus der regionalen Wirtschaft ist es Zulieferer von historischen Quellen aus der Wirtschaftspraxis gegenüber der Geschichtsforschung.

Zu den bedeutenden Quellenüberlieferungen des RWWA zählen – neben den insgesamt 15 IHK-Beständen – historische Akten von F. W. Brügelmann & Söhne, Textilgroßhandel, Köln (1750–1976); Chemische Fabrik Kalk GmbH, Köln (1866–1970); Johann Maria Farina gegenüber dem Jülichsplatz, Kölnisch Wasser-Fabrik (1709–1985); Muelhens KG, Kölnisch Wasser-Fabrik (1800–1995); Felten & Guilleaume, Kabelwerke, Köln, (1850–1980); Gutehoffnungshütte Oberhausen (1741–1969); Deutz AG, Köln (1867–1987); J. W. Scheidt, Tuchfabrik und Kammgarnspinnerei, Kettwig (1743–1958); L. & C. Steinmüller Dampfkesselfabrik, Gummersbach (1855–1960); Wicküler Brauerei, Wuppertal (1870–1980); Johann Wülfing & Sohn, Lennep und Dahlerau (1880–1980).

Die Stiftung Rheinisch-Westfälisches Wirtschaftsarchiv berät Unternehmen und Organisationen bei der Einrichtung von eigenen Archiven. Zudem bietet das Wirtschaftsarchiv Beratung und Hilfestellung bei der Veröffentlichung von Unternehmens- und Verbandsschriften an.

Im Rahmen seiner vielfältigen Aufgaben unterhält das RWWA eine der größten Spezialbibliotheken von Firmenfestschriften sowie eine umfangreiche historische Dokumentation, u.a. zur regionalen Unternehmerbiographie. Die inzwischen rund zehn Regalkilometer umfassenden Quellenbestände des RWWA werden in einem 1993 errichteten Magazinneubau im Kölner Norden gelagert.

Das Wirtschaftsarchiv ist der interessierten Öffentlichkeit innerhalb der für öffentliche Archive geltenden Benutzungsbedingungen zugänglich. Es werden keine Benutzungsgebühren erhoben. Eine Ausleihe von Büchern, Zeitschriften und Archivalien findet generell nicht statt. Eine vorherige Anmeldung ist für Benutzer von Archivalien obligatorisch.

Direktor: Dr. Ulrich S. Soénius

Postanschrift:
Stiftung Rheinisch-Westfälisches Wirtschaftsarchiv zu Köln
p.A. IHK zu Köln
50606 Köln
Tel.: (02 21) 16 40-8 00
Fax: (02 21) 16 40-8 29
E-Mail: rwwa@Koeln.IHK.DE
Internet http://www.ihk-koeln.de/archiv/index.htm

Verwaltung und Benutzung:
Unter Sachsenhausen 33
Öffnungszeiten:
mo, di, do   9:30–16:30 Uhr
mi   9:30–13:00 Uhr
fr   9:30–15:30 Uhr

Stiftung
Industrieforschung

Innovative Lösungen
für den Mittelstand

Ein Problem beschäftigt mittelständische Unternehmen der Laserfertigung: Die Eingangsdaten, die ihnen ihre Auftraggeber übermitteln, müssen meist zeitraubend für den Produktionsprozeß aufbereitet werden. Ein von der Stiftung Industrieforschung finanziertes Projekt schafft Abhilfe. Dank einer Software, die am Laser Zentrum in Hannover entwickelt wird, können die Firmen die Zeit zur Datenaufbereitung um 20 bis 70 % senken – je nach Werkstück und Schwierigkeitsgrad. Ein weiterer Vorteil: Die Laserbearbeiter können jetzt auch schwierige Aufträge übernehmen, die früher wegen zu großer Probleme bei der Datenaufbereitung abgelehnt werden mußten.

Hilfestellung für Laserfertiger:
Prof. Dr. Hans Kurt Tönshoff
(rechts)
und Unternehmer
Dr. Clemens Meyer-Kobbe

Praxisnahe Projekte wie dieses fördert die Stiftung Industrieforschung mit rein privaten Mitteln, die aus einem Aktienanteil an der IKB Deutsche Industriebank stammen. Die Entscheidungen trifft ein siebenköpfiges Kuratorium, in das der BDI, der DIHT, das Bundeswirtschaftsministerium und die Wirtschaftsministerien der Länder Nordrhein-Westfalen und Berlin Vertreter entsenden. Kuratoriumsvorsitzender ist *Dr. Nikolaus Fasolt.*

Weitere Informationen erhalten Sie unter:
www.Stiftung-Industrieforschung.de
oder über die Geschäftsstelle
Marktstraße 8
50968 Köln
(Telefon: 0221/ 9370 270).

Die Homepage
der Stiftung Industrieforschung

■ SK Stiftung Kultur

Die SK Stiftung Kultur ist eine der größten deutschen Kulturstiftungen der regionalen Kreditwirtschaft. Sie wurde 1976 anlässlich des 150-jährigen Bestehens der Stadtsparkasse Köln als rechtsfähige Stiftung des privaten Rechts gegründet. Heute besteht sie aus vier Fachbereichen:

- Akademie för uns Kölsche Sproch
- Deutsches Tanzarchiv Köln
- Die Photographische Sammlung
- Kultur und Medien

Die Akademie för uns kölsche Sproch ergänzt die Arbeit der Stiftung seit 1983. Ihre Aufgaben sind die Erforschung und Pflege der Kölner Mundart sowie die Förderung der Heimatkunde.

1985 konnte die private Sammlung über den professionellen Bühnentanz von Kurt Peters, Tänzer, Pädagoge und Publizist, erworben werden. Hieraus entwickelte sich das Deutsche Tanzarchiv Köln, das in gemeinsamer Trägerschaft der Stiftung und der Stadt Köln geführt wird.

1992 legte die Stiftung den Grundstein für die Photographische Sammlung. Sie erwarb den Nachlass des Photographen August Sander und die Sammlung der Deutschen Gesellschaft für Photographie. Anfang 1996 wurde ein Kooperationsvertrag mit dem Künstlerpaar Bernd und Hilla Becher geschlossen. Seit 1999 ist die Hochschule der Künste Berlin mit der Sammlung Karl Blossfeldt Kooperationspartner.

„Kultur und Medien" ist der älteste Fachbereich der Stiftung. War die Arbeit dieser Urzelle in den 70er Jahren von bildungspolitischen Gedanken getragen, konzentriert sie sich heute auf Kulturförderung in Köln. Zu den engagierten Projekten zählen die Literaturförderung, die Kölner Tanz- und Theaterpreise, der Server für die Kölner Theaterszene im Internet, die Etablierung von Videotanz als eigenständige Kunstform, das Open Air-Festival Sommer Köln sowie „Pattevugel", der Kulturherbst für Kinder und Jugendliche.

Ende des Jahres 1996 ist die SK Stiftung Kultur mit der Photographischen Sammlung, dem Deutschen Tanzarchiv Köln und Kultur und Medien in den MediaPark umgezogen. Die Akademie för uns kölsche Sproch folgte den anderen drei Fachbereichen im Sommer 1999. Seitdem ist der neue Kölner Stadtteil Mediapark nicht nur ein Zentrum für künstlerische Photographie, Literatur und Tanz, sondern auch für die kölsche Sproch.

SK Stiftung Kultur
der Stadtsparkasse Köln
Im Mediapark 7
D-50670 Köln
Tel.: (49) (221) 226-57 90 (infocenter)
Tel.: (49) (221) 226-24 33 (Sekretariat)
Tel.: (49) (221) 226-24 23 (Presse- und Öffentlichkeitsarbeit)
Fax: (49) (221) 226-34 10
Email: pr@sk-kultur.de
www.sk-kultur.de

Geschäftsführung: Hans-Georg Bögner
Stiftungskapital 2001: 75 Millionen DM
Vorstand
Gustav Adolf Schröder (Vorstandsvorsitzender in
seiner Eigenschaft als Vorstandsvorsitzender der Stadtsparkasse Köln)
Kuratorium: Dieter Thoma (Vorsitzender)

SK Stiftung Kultur
„Kultur und Medien"
Leitung: Hans-Georg Bögner
Tel.: (49) (221) 226 24 33 (Sekretariat)
Fax: (49) (221) 226 34 10
email: pr@sk-kultur.de

SK Stiftung Kultur
Deutsches Tanzarchiv Köln
Leitung: Frank-Manuel Peter
Tel.: (49) (221) 226-57 57 (Empfang)
Fax: (49) (221) 226 57 58
email: tanzarchiv@aol.com

SK Stiftung Kultur
Die Photographische Sammlung
Leitung: Dr. Susanne Lange
Tel.: (49) (221) 226 59 00 (Empfang)
Fax: (49) (221) 226 59 01
email: asask1@aol.com

SK Stiftung Kultur
Akademie för uns kölsche Sproch
Leitung: Jupp Schmidt
Im Mediapark 6
50670 Köln
Tel.: (49) (221) 226 57 91 (Sekretariat)
Fax: (49) (221) 226 57 99
email: sk@koelsch-akademie.de

Ⓢ Solidaris Revisions-GmbH
Wirtschaftsprüfungsgesellschaft

Die Solidaris wurde 1932 mit dem Ziel gegründet, gemeinnützige Organisationen in ihren wirtschaftlichen, steuerlichen und organisatorischen Angelegenheiten beratend und prüfend zu unterstützen. Heute übt sie ihre Tätigkeit als konzernunabhängige, mittelgroße Wirtschaftsprüfungsgesellschaft mit angeschlossener Steuerberatungs- und Unternehmensberatungsgesellschaft von den Standorten Berlin, Erfurt, Freiburg, Köln, München und Münster bundesweit aus.

Zu den Mandanten der Solidaris gehören überwiegend Non-Profit-Organisationen: Krankenhäuser und Kliniken, ambulante und stationäre Einrichtungen der Alten-, Behinderten- und Jugendhilfe, Männerorden und Schwesterngemeinschaften mit regionalen, nationalen und internationalen Einsatzgebieten, Hilfswerke mit regionaler, nationaler und internationaler Ausrichtung, Bildungseinrichtungen, caritative und vergleichbare Verbände, Bistümer, spendensammelnde Organisationen sowie Wohlfahrts- bzw. Sozialkonzerne unterschiedlicher Größe, Struktur und Rechtsform. Hierzu zählen auch Stiftungen des privaten und öffentlichen Rechts, insbesondere Anstaltsstiftungen mit kirchlichem Bezug.

Mit fast 200 Mitarbeitern bietet die Solidaris Jahresabschlussprüfungen sowie steuerliche, juristische und betriebswirtschaftliche Beratungen an. Zum Leistungsspektrum gehören auch Seminarveranstaltungen, Referenten- und Vortragstätigkeiten, Fachbeiträge und regelmäßig erscheinenden Fachpublikationen zu aktuellen Themen.

Stifter und Stiftungen werden beginnend bei der Stiftungsidee über die Konzeption und Organisation der Stiftung bis zu ihrer Errichtung und Genehmigung beraten. Außerdem führt die Solidaris Jahresabschlussprüfungen für Stiftungen durch und hilft bei allen laufenden gemeinnützigkeitsrechtlichen und stiftungsrechtlichen Fragen.

Das Selbstverständnis der Solidaris ist geprägt durch eine partnerschaftlich gewachsene Nähe zu den Mandanten. Visualisiert wird diese Grundausrichtung im Signet: Stellvertretend für Mandant und Unternehmen greifen zwei stilisierte Hände, in deren Mitte das „S" für Solidaris sichtbar wird, ineinander. Die Hände sollen das Vertrauen zwischen der Solidaris und ihren Mandanten symbolisieren entsprechend der lateinischen Ursprungsbedeutung des Wortes „manus" (Hand) und „dare" (geben) bzw. „mandare" (anvertrauen).

Umfassende Prüfungs- und Beratungserfahrung sowie die Berufs- und Zusatzqualifikationen der Mitarbeiter sichern die Neutralität und Unabhängigkeit der Solidaris. Die Zufriedenheit mit der erbrachten Leistung hat bei einer Vielzahl von Mandanten zu einer langjährigen Zusammenarbeit geführt.

Weitere Informationen zur Solidaris finden Sie auf den Internetseiten der Solidaris unter www.solidaris.de.

STADTSPARKASSE KÖLN

Die Stadtsparkasse Köln – Partner der Kölner Bürger und Unternehmen – engagiert auch für die Interessen von Stiftern und Stiftungen in ihrer Stadt

Mit über 39 Mrd. DM Bilanzsumme ist die Stadtsparkasse Köln die größte kommunale Sparkasse der Bundesrepublik Deutschland und mit über zwei Millionen Kundenkonten Marktführer in Köln. In mehr als 130 Geschäfts- und Selbstbedienungsstellen sowie 17 Beratungscentern für Privat- und für Firmenkunden stehen die Mitarbeiterinnen und Mitarbeiten den Kölner Bürgerinnen und Bürgern und der Kölner Wirtschaft in allen Finanz- und Wirtschaftsfragen zur Verfügung.

Mit individuellen Betreuungskonzepten und ihrer Kompetenz im Anlage- und Wertpapierbereich hat sich die Stadtsparkasse Köln auch als Partner von institutionellen Investoren wie von vermögenden Privatkunden einen ausgezeichneten Ruf in der Region aufgebaut. Dies gilt ebenso für die Betreuung bestehender Stiftungsvermögen wie auch die Beratung von Stiftungswilligen. Stiftungen und Schenkungen haben in Köln eine jahrhunderteweit zurückgehende Tradition. Ohne Stifter, Mäzene, Sammler und Sponsoren, ohne Stiftungen und Schenkungen würden die Kirchen im heiligen Köln, aber auch die Museen unserer Stadt nicht ihren Schatz zum Teil weltbekannter Kostbarkeiten bergen. Köln beherbergt aber auch eine ganze Reihe von Stiftungen, deren Stiftungszweck im sozialen oder sportlichen Bereich liegt.

Auch in der „Stiftungsstadt Köln" ist die Stiftungswelle, die seit den 90er Jahren ins Rollen gekommen und mit der Reform des Stiftungsgesetzes an Bedeutung gewonnen hat, bemerkbar. Neben staatlichen Stellen, Rechtsanwälten und Steuerberatern sind es vor allem die Banken und Sparkassen, die konsultiert werden, wenn der potentielle Stifter Begleitung und Beratung auf seinem Weg zur eigenen Stiftung sucht. So wurden bei der Stadtsparkasse Köln Produktlösungen entwickelt, die sich speziell an den besonderen Bedürfnissen von Stiftungen orientieren. Dazu gehören zum Beispiel eine exklusive Investmentfonds-Familie für institutionelle Anleger, aktives Vermögensmanagement oder kapitalgarantierte Produkte, welche die risikolose Partizipation an dynamischen Anlagesegmenten ermöglichen. Bei der Betreuung von

Stiftungen reicht die Palette von der reinen Kontoführung über die Vermögensverwaltung bis hin zur Wahrnehmung von Mandaten. In bestehenden Kölner Stiftungen nehmen Mitglieder unseres Vorstandes oder leitende Mitarbeiter aus dem Bereich „Private Banking" Funktionen im Stiftungsrat, im Vorstand oder im Kuratorium wahr.

Die Stadtsparkasse Köln sieht sich als ein Knotenpunkt in dem Informationsgeflecht verschiedener Stellen in der Stadt Köln, die Beratung und Hilfestellung auf dem Weg zur Stiftungsgründung bieten. Dazu gehört auch, dass wir Kunden, bei denen wir die Gründung einer Stiftung als geeignete Möglichkeit für die Verwendung ihres Vermögens sehen, aktiv auf diese Möglichkeiten hinweisen. Der zunehmenden Bedeutung von Stiftungen folgend, werden wir unser Know-how im Stiftungswesen ausbauen und bündeln.

Neben dem kreditwirtschaftlichen Aspekt hat das Aufblühen der Stiftungen für die Stadtsparkasse Köln als regional verwurzeltes Kreditinstitut noch einen bürgerschaftlichen Aspekt. Denn die Stadtsparkasse Köln stellt nicht nur die Versorgung aller Bevölkerungsschichten mit finanzwirtschaftlichen Leistungen sicher, sie fühlt sich ihrer Stadt und den Bürgerinnen und Bürgern dieser Stadt in besonderer Weise verbunden. Wir engagieren und für Kultur, Kunst, Brauchtum, Sport, Wissenschaftsförderung und soziale Belange: Ziele, die auch die Stiftungen in unserer Stadt verfolgen. Mit der Förderung des Stiftungswesens unserer Stadt zeigen wir nachhaltiges bürgerschaftliches Engagement.

Zum Engagement der Stadtsparkasse Köln für ihre Stadt gehören auch die beiden eigenen Stiftungen, die 1976 aus Anlass des 150jährigen Bestehens ins Leben gerufen wurden. Die „SK Stiftung Jugend und Wirtschaft – Jugend-Computerschule" ist eine Bildungsinstitution und ermöglicht Kindern und Jugendlichen den Zugang zu aktueller Technik. Die „SK Stiftung Kultur" ist eine der größten deutschen Kulturstiftungen der Kreditwirtschaft und prägt aktiv die Kölner Kulturszene, mit Angeboten, die sich bewusst jenseits des Mainstreams positionieren.

Bundesverband Deutscher Stiftungen

PRESSEMITTEILUNG

Neue Positionen zur Weiterentwicklung des Stiftungsrechts

Bundesverband Deutscher Stiftungen legt Forderungskatalog zur Modernisierung des Stiftungsrechts vor.

Köln, 31.05.2001. Die Gremien des Bundesverbandes Deutscher Stiftungen haben vor Beginn seiner 57. Jahrestagung in Köln neue Positionen zur Weiterentwicklung des Stiftungsrechts verabschiedet und Politik und Öffentlichkeit vorgestellt.

Der Bundesverband fordert in seinem Positionspapier die gesetzliche Erwähnung des Rechts auf Stiftung, die Vereinfachung und Beschleunigung des Errichtungsverfahrens sowie ein höheres Maß an Transparenz und Öffentlichkeit der Stiftungen durch Einführung eines bei den Stiftungsbehörden geführten Stiftungsregisters. Der Bundesverband Deutscher Stiftungen fordert, das Modell der „gemeinwohlkonformen Allzweckstiftung" weiter zuzulassen. Eine Beschränkung auf bestimmte Stiftungszwecke hält der Bundesverband auch im Hinblick auf die grundrechtlich verbürgte Stifterfreiheit nicht für zulässig.

Die „Positionen zur Weiterentwicklung des Stiftungsrechts" sind der vierte Forderungskatalog der Dachorganisation der Stiftungen in Deutschland. Mit der Hallenser Erklärung des Bundesverbandes Deutscher Stiftungen hat die Debatte um die Reform von Stiftungssteuer- und Stiftungsprivatrecht im Herbst 1997 begonnen. Der „Standpunkt" und die „Vorschläge zur Weiterentwicklung des Stiftungs- und Stiftungssteuerrechts" haben die Forderungen der Hallenser Erklärung konkretisiert. Diese Thesenpapiere enthielten vor allem Forderungen im steuerlichen Bereich. Mit dem „Gesetz zur weiteren steuerlichen Förderung von Stiftungen" vom 14.07.2000 sind viele Vorschläge und Anregungen des Bundesverbandes Deutscher Stiftungen umgesetzt worden. Gleichen Erfolg erwartet der Bundesverband von der Realisierung der nun vorgelegten Forderungen in den „Positionen", die sich vor allem mit dem Stiftungsprivatrecht befassen, das dringend modernisiert werden muss.

Der Bundesverband hat die aktuellen „Positionen" anlässlich seiner diesjährigen Jahrestagung verabschiedet, die vom 30.05.-01.06.2001 in Köln stattfindet.

Bundesverband Deutscher Stiftungen

PRESSEMITTEILUNG

„Auf dem Weg zur Bürgergesellschaft- Die Rolle der Stiftungen"

Bundesverband Deutscher Stiftungen lädt ein: 57.Jahrestagung 2001 in Köln

<u>Köln/Berlin, 24.04.2001</u> Der Bundesverband Deutscher Stiftungen veranstaltet in der Zeit vom 30.05. bis 01.06. 2001 in Köln seine 57. Jahrestagung. Vertreter von rund 600 Stiftungen diskutieren über die Situation des Stifungswesens in Deutschland. Die Tagung steht unter dem Titel „Auf dem Weg zur Bürgergesellschaft – Die Rolle der Stiftungen". Der Staatsminister für Angelegenheiten der Kultur und der Medien, Professor Dr. Julian Nida-Rümelin, spricht bei der Festveranstaltung am Freitag, 01.06.2001, in seinem Festvortrag zu diesem Thema.

Die Jahrestagung 2001 in Köln ist die größte Informationsbörse für Stiftungen in Deutschland. In 11 Arbeitskreisen werden den Teilnehmern in über 20 Fachvorträgen praxisrelevante Informationen zu aktuellen Stiftungsthemen geboten. Während im vergangenen Jahr das Stiftungssteuerrecht im Mittelpunkt der Debatte stand, liegt der aktuelle Schwerpunkt in der Reformdiskussion im Bereich des Stiftungsprivatrechts. Hier würden nach Ansicht des Bundesverbandes einfachere und klarere Regelungen innerhalb der Gesetzgebung für noch mehr Transparenz sorgen. Die Diskussion auf der Jahrestagung unter dem Titel „Modernisierung des Stiftungsprivatrechts – Signal auf dem Weg zur Bürgergesellschaft" greift das Thema auf.

Der Arbeitskreis „Internationales" thematisiert die Reformdiskussion des Stiftungsprivatrechts in Deutschland vor dem Hintergrund internationaler Erfahrungen. Die Vielfalt stifterischen Engagements spiegelt sich in der Themenfülle der Vorträge: „Die Zukunft des Sozialen gemeinsam verantworten – Stiftungen und bürgerschaftliches Engagement", „Schule in Europa – Qualität und Leistungsvergleich", „Kein Museum ohne Forschung – keine Forschung ohne Sammlung", „Nutzungsdiversität als Mittel zur Erhaltung von Biodiversität", „Bürgerstiftungen und die Kultur des Gebens in Italien", „Rahmenbedingungen für ein stiftungsfreundliches Klima in der Kommune".

Im Rahmen der Festveranstaltung im Gürzenich am Freitag, 01.06.2001, ehrt der Bundesverband Deutscher Stiftungen Professor Dr. Dr. h.c. mult. Paul Raabe für seinen vorbildlichen Einsatz als Direktor der Franckeschen Stiftungen mit dem Deutschen Stifterpreis 2001. Die Laudatio hält Fritz Brickwedde, Generalsekretär der Deutschen Bundesstiftung Umwelt und Vorstandsmitglied beim Bundesverband Deutscher Stiftungen.

DER BUNDESVERBAND DEUTSCHER STIFTUNGEN INFORMIERT DIE MEDIEN.

Bundesverband Deutscher Stiftungen

PRESSEMITTEILUNG

Deutscher Stifterpreis 2001 an Professor Dr. Dr. h.c. mult. Paul Raabe

Verleihung am 1. Juni 2001 in Köln

Berlin/Halle/Köln, 04.04.2001 Der Direktor der Franckeschen Stiftungen zu Halle, Professor Dr. Dr. h.c. mult. Paul Raabe ist Träger des Deutschen Stifterpreises 2001. Die Verleihung findet im Rahmen der Jahrestagung des Bundesverbandes Deutscher Stiftungen am 1. Juni 2001 im Gürzenich zu Köln statt.

Seit 1992 steht Professor Raabe den Franckeschen Stiftungen in Halle als Direktor vor. In unermüdlichem Einsatz setzte und setzt er sich für den Wiederaufbau des historischen Ensembles pietistischer Architektur ein, um die äußeren Rahmenbedingungen für die vielfältigen pädagogischen, sozialen, wissenschaftlichen und kulturellen Einrichtungen und Aktivitäten der Stiftung zu schaffen. Nicht zuletzt aufgrund der Arbeit von Professor Raabe stehen die Franckeschen Stiftungen auf der deutschen Vorschlagsliste für das UNESCO-Weltkulturerbe.

Professor Raabe erhält den Preis für sein vorbildliches Engagement für die Franckeschen Stiftungen. Ganz im Sinne seiner bisherigen Tätigkeiten an markanten Orten deutscher wie europäischer Geistesgeschichte – zu nennen sind hier in erster Linie sein von 1968 – 1992 währendes Direktorat der Herzog August Bibliothek und sein gleichzeitiges Engagement beim Wiederaufbau und der Restaurierung vieler zeitgeschichtlich bedeutsamer Bibliotheksgebäude in Wolfenbüttel – war und ist es ein Anliegen von Professor Raabe, an seinen Wirkungsstätten den äußeren und inneren (Wieder-) Aufbau zum Wohle vieler voranzutreiben.

Mit dem Deutschen Stifterpreis ehrt der Bundesverband Deutscher Stiftungen Menschen, die neue Stiftungen errichtet beziehungsweise vorbildliche Leistungen in bestehenden Stiftungen erbracht haben. Der Deutsche Stifterpreis ist eine ideelle Auszeichnung. Sie besteht aus einer von dem Dresdener Künstler Wolfgang Korn gestalteten Glasstele. Bisherige Preisträger sind Horst Flakowski (1994), Professor Ludwig Güttler (1996), Michael Stich (1997), Dr. h.c. Klaus Tschira (1999) sowie Eske Nannen (2000).

Ein Bild von Professor Raabe finden Sie als TIF-Datei unter www.stiftungen.org/stiftungen/raabe.htm beziehungsweise www.bundesverband-deutscher-stiftungen.de/raabe.htm.

Die 57. Jahrestagung des Bundesverbandes Deutscher Stiftungen findet vom 30. Mai bis 01. Juni 2001 in Köln unter dem Motto „Auf dem Weg zur Bürgergesellschaft – Die Rolle der Stiftungen" statt. Eine gesonderte Pressemitteilung folgt.

DER BUNDESVERBAND DEUTSCHER STIFTUNGEN INFORMIERT DIE MEDIEN.

„Schneller stiften" ist kein Patentrezept

Das Stiftungsprivatrecht muß modernisiert werden, die wirklichen Probleme aber liegen woanders

Das Stiften ist in Mode gekommen: Über 500 Stiftungen sind allein im vergangenen Jahr in Deutschland errichtet worden, fünfmal soviel wie noch vor 25 Jahren. In diesem Jahr dürfte die Zahl der neuen Stiftungen eine weitere Höchstmarke erreichen. Ihre jährlichen Gesamtausgaben von mehr als 35 Milliarden DM überwiegend für gemeinnützige Zwecke entsprechen rund 7,5 Prozent des Haushalts 2001 der Bundesrepublik Deutschland. Von diesem Mittwoch an bis Freitag kommen Vertreter von 600 Stiftungen zur Jahrestagung des Bundesverbandes Deutscher Stiftungen in Köln zusammen. Sie steht unter dem Motto „Auf dem Weg zur Bürgergesellschaft – Die Rolle der Stiftungen".

*Ulrich
Brömmling*

Die Politik sieht in den Stiftungen inzwischen nicht mehr nur einen Lückenbüßer, der dort einspringt, wo der Staat angesichts leerer Kassen nicht mehr helfen kann. Stiftungen gelten auch aus ordnungspolitischer Sicht als Gewinn für die Gesellschaft, sind sie doch Beleg für die wachsende Bereitschaft der Bürger, sich für das Gemeinwohl zu engagieren. Mit weiteren Reformen im Stiftungsprivatrecht will die Politik diesen Gedanken fördern.

Auf der Liste aller Organisationen und Personen, die sich an der Reformdebatte beteiligen, steht ein einziger Vorschlag, über den sich alle einig sind: Analog zum Handels- und Vereinsrecht soll ein Stiftungsregister eingeführt werden, das über Name, Sitz, Zweck und Vertretungsbefugnis Auskunft gibt. Die Öffentlichkeit hat lange Jahre skeptisch auf die häufig im verborgenen agierenden Stiftungen geschaut. Durch gestiegene Präsenz der Stiftungen in Medien und Öffentlichkeit haben die Wohltäter gleichzeitig mit einem verstaubten Image aufgeräumt. Diese Transparenz soll nun mit einem Stiftungsregister auf alle Stiftungen ausgeweitet werden.

Das Recht auf Stiftung gibt es de facto bereits. Es sollte nun auch Aufnahme in ein modernisiertes Stiftungsrecht im Bürgerlichen Gesetzbuch (BGB) finden. Streit entbrennt erst an der Frage, wie eine Stiftung zu errichten ist. Manchem Stifter würde ein Eintrag in jenes neue Stiftungsregister schon genügen. Bislang bedarf die Errichtung der Zustimmung durch die Stiftungs-

behörde. Geht es nach den Ländern und nach zahlreichen Stiftungen, soll dies auch so bleiben. Denn Stiften ist schon heute leicht. Nur: Wer ein Millionenvermögen dem Gemeinwohl vermacht, will gut beraten sein. Das Gros der Stifterinnen und Stifter wünscht sich eine Würdigung ihrer guten Tat durch den Staat. Eine Umfrage des Bundesverbandes Deutscher Stiftungen unter jungen Stiftungen hat gezeigt, daß gerade die Beratungskompetenz der Genehmigungsbehörden geschätzt wird. Doch nur die Errichtung durch Eintrag ins Stiftungsregister reicht nicht aus; der Beitrag der Stiftungsbehörde bleibt unverzichtbar. Das Errichtungsverfahren kann weiter vereinfacht und beschleunigt werden, doch bildet die Parole „Schneller Stiften" noch kein Patentrezept für einen weiteren Stiftungsboom.

Wirkliche Probleme sehen die Stiftungen vor allem in der Steuergesetzgebung, im Würdigen ehrenamtlicher Arbeit, bei den Bürgerstiftungen und bei den öffentlich dotierten Stiftungen. Mit Bedauern haben die Stiftungen und ihr Verband – bei allem Lob für den ersten Schritt mit dem „Gesetz zur weiteren steuerlichen Förderung von Stiftungen" – große Lücken in diesem Gesetz festgestellt. Immer noch sind „endowments" verboten: Das Errichtungsverfahren für große Kapitalstiftungen, aus ihren Fördermitteln kleine, neu zu gründende Stiftungen mit Kapital auszustatten. Immer noch werden Zuwendungen an Umwelt- oder Bildungsstiftungen steuerlich schlechter behandelt als solche der Kultur- oder Wissenschaftsstiftungen; eine Erhöhung der steuerlichen Abzugsmöglichkeit von 5 beziehungsweise 10 Prozent auf einheitlich 20 Prozent ist dringend geboten. Immer noch sieht das Gesetz den Gesetzgeber der verschuldensunabhängigen Haftung vor, mit dem ehrenamtlich tätige Stiftungsgeschäftsführer selbst dann belangt werden können, wenn sie mit bestem Wissen und Gewissen gehandelt haben. Diese Mißstände lassen sich nur durch ein neues Gesetz beseitigen.

Bürgerstiftungen sind ein neues Phänomen in Deutschland – und sie wollen eine alte mitteleuropäische Tradition wiederaufnehmen, die bis ins Mittelalter zurück-

reicht. In über 50 Bürgerstiftungen haben sich zahlreiche Bürger mit jeweils vergleichsweise kleinen Beträgen am Stiftungskapital beteiligt. Aber bis heute ist der Begriff Bürgerstiftung nicht geschützt. Jedes Unternehmen, jede Partei kann ihre Stiftung so nennen – eine Gefahr für die Akzeptanz der tatsächlichen Bürgerstiftungen. Der Arbeitskreis Bürgerstiftungen im Bundesverband Deutscher Stiftungen hat daher einen Forderungskatalog an die Enquêtekommission des Deutschen Bundestages „Zukunft des bürgerschaftlichen Engagements" gerichtet. Darin fordert er unter anderem, den Begriff Bürgerstiftung schützen zu lassen. Eine Stiftungsbehörde ließe dann nur den Namenszusatz zu, wenn die Stiftung die Kriterien einer Bürgerstiftung auch wirklich erfüllt.

Allerdings sollte man nicht für alle Stiftungen die Gemeinnützigkeit zur Bedingung machen. Ohnehin sind 97 Prozent der neu errichteten Stiftungen gemeinnützig. Was soll mit einer Stiftung passieren, die einmal die Gemeinnützigkeit verliert? Als Stiftung dürfte sie nicht weiterexistieren, das Vermögen würde an den (gemeinnützigen) Begünstigten gegeben. Die Stiftung hätte nicht mehr die Chance, die Gemeinnützigkeit wiederzuerlangen.

Besonders großer Reformbedarf aber besteht bei einer beliebten Stiftungsrechtsform: der Stiftung öffentlichen Rechts. Der Staat hat sich zum größten Stifter in Deutschland entwickelt – und ist dabei gleichzeitig der Verursacher der größten Schwierigkeiten. So wandelt er Kulturinstitutionen in Stiftungen um, ohne sie mit dem notwendigen Kapital auszustatten. Das läuft der originären Idee einer Stiftung zuwider. Eine Stiftung sollte danach ihre Aufgaben aus den Erträgen des Stiftungszweckes erfüllen können. Die meisten vom Staat gegründeten Stiftungen müssen jedes Jahr von neuem über ihren Etat verhandeln und um den Erhalt der Leistungsfähigkeit bangen. Statt die Stiftungen mutig in die Unabhängigkeit zu entlassen, schafft sich der Staat Schattenhaushalte, die der Kontrolle der zuständigen staatlichen Ausschüsse entzogen sind. Will der Staat Stiftungen und die Bürgergesellschaft wirklich fördern, muß auf eine Modernisierung des Stiftungsprivatrechts weitere Reformen folgen lassen.

Der Autor ist Leitender Mitarbeiter des Bundesverbandes Deutscher Stiftungen.
Foto Archiv

F.A.Z. 29.05.2001

Auch für Müllers und Meiers

STIFTUNGSRECHT Verband fordert, die Gründung von Stiftungen zu vereinfachen

Von **Stefan Krings**

Wer künftig eine gemeinnützige Stiftung errichten möchte, soll sich nur noch mit einer Behörde auseinander setzen müssen. Das jedenfalls forderte der Bundesverband Deutscher Stiftungen gestern anlässlich seiner Jahrestagung. „Eine Modernisierung des Stiftungsrechts ist dringend geboten", so der Vorsitzende Axel Freiherr von Campenhausen in Köln.

Bislang musste ein potenzieller Stifter mit der Stiftungsbehörde und dem zuständigen Finanzamt zur Überprüfung der steuerrechtlichen Fragen Kontakt aufnehmen. Dies erschwere und verlängere das Anerkennungsverfahren, erklärte der Vorsitzende. Deshalb sollen sich künftig – sofern der Stifter es wünscht – die für Stiftungsfragen zuständigen Bezirksregierungen direkt mit dem Finanzamt in Verbindung setzen. Entscheidungsfristen könnten zusätzlich das Verfahren beschleunigen, so von Campenhausen.

Darüber hinaus solle ein Recht auf Stiftung gesetzlich festgeschrieben werden und ein Stiftungsregister für mehr Transparenz sorgen. Diese Forderungen hat der Verband in eine Arbeitsgruppe des Bundes und der Länder eingebracht, die im Herbst dieses Jahres ihre Ergebnisse zur Reform des Stiftungsrechts vorlegen will.

Im Jahr 2000 waren in der Datenbank Deutscher Stiftungen knapp 10 000 Einträge verzeichnet. „Die meisten kirchlichen sowie zahlreiche kommunale Stiftungen sind darin jedoch aufgrund fehlender Meldepflicht nicht erfasst", erklärte der Geschäftsführer Christoph Mecking. Ausgehend von zwölf Billionen Mark Vermögen in privater Hand gebe es in Deutschland ein großes Potenzial für weitere Stiftungen, so Mecking. Und dabei könne auch mit wenig Geld viel Gutes getan werden: „Stiftungen sind nicht nur etwas für Thyssens und Krupps, sondern auch für Müllers und Meiers."

General-Anzeiger, 31.01.2001

„Motor des Wandels" sein

Das Mäzenatentum hat Konjunktur und wird vom Gesetzgeber unterstützt

Von Jürgen Sussenburger

Köln – Ein Kind verunglückt tödlich im Straßenverkehr, ein älterer Mann entdeckt seine Liebe zum tibetischen Yak, eine Sparkasse möchte das heimische Puppentheater unterstützen, ein großes Unternehmen ein Krankenhaus für die Mitarbeiter unterhalten, ein Privatmann will die rechte Gewalt in Deutschland bekämpfen, ein Ehepaar eine Dorfkirche in Ostdeutschland erhalten, ein Börsenspekulant will seine „anrüchigen" Millionengewinne wieder der Gesellschaft zugute kommen lassen. So unterschiedlich die Ursachen und Ziele sind, alle Beispiele haben eines gemeinsam. Sei es aus Trauer, Begeisterung, schlechtem Gewissen, Heimatliebe oder mitunter auch aus Ruhmsucht, all diese Beweggründe können zu der Gründung von Stiftungen führen.

Längst nicht mehr nur Prominente wie Franz Beckenbauer, Michael Stich oder Thomas Gottschalk und Superreiche wie Micro-

soft-Gründer Bill Gates oder Medienzar Ted Turner stifteten einen Teil ihres Vermögens für einen gemeinnützigen, mildtätigen Zweck nach dem Motto: „Tue Gutes und rede darüber." Zwar gibt es seit vielen Jahrhunderten Stiftungen, wie die um 900 gegründeten Pfründerhäuser in Münster oder die Stiftung Wesebeder von 1422 in Köln. Einen wahren Stifterboom erlebt Deutschland jedoch erst seit einigen Jahren. „Das Stifterwesen befindet sich in Aufbruchstimmung", freut sich Axel Freiherr von Camphausen, Vorsitzender des Bundesverbandes Deutscher Stiftungen. Wurden etwa in den achtziger Jahren durchschnittlich 150 Stiftungen jährlich gegründet, so sind es inzwischen mehrere Hundert.

Wichtigster Grund für den Stifterboom ist der wachsende Reichtum. Immerhin werden in Deutschland jährlich über 300 Milliarden Mark vererbt – Tendenz steigend. Und immer mehr finanziell erfolgreichen Zeitgenossen wird klar, dass sie keinen Geldsack ins Jenseits mitnehmen können,

und dass es vielleicht mehr gibt, als auf Kreuzfahrtschiffen um die Welt zu schippern. „Es ist keine Schande, reich zu werden; aber eine Schande, reich zu sterben", findet Stifter Konrad Graf von der Groeben.

Etwa 10 000 Stiftungen zählt der Verband in Deutschland bereits. Das darin schlummernde Vermögen beläuft sich nach Angaben der „Zeit"-Stiftung auf über 100 Milliarden Mark. Auch bei Stiftungen reichen die Größenordnungen von einer Art Champions-League bis hinunter zur Kreisklasse. Die Robert-Bosch-Stiftung beispielsweise besitzt ein Vermögen von über fünf Milliarden Mark, die kleinsten kommen auf einige Zehntausend Mark. Wie auch immer: Das Stiftungsvermögen wird in seiner Substanz nie angegriffen, sondern in den genau festgelegten Stiftungszweck fließen allein die aus dem Stiftungsvermögen stammenden jährlichen Erträge, etwa Zinseinnahmen.

Sich ganz oder teilweise von seinem Vermögen zu trennen, fällt zu-

dem leichter, seit der Gesetzgeber das Spenden und Stiften mit größeren Steuergeschenken stärker belohnt. Seit dem vergangenen Jahr dürfen in den Vermögensstock der neuen Stiftung bis zu 600 000 Mark steuerfrei eingezahlt werden. Gönner können bis zu zehn Prozent ihrer Gesamteinkünfte absetzen und zusätzlich 40 000 Mark als gemeinnützige Stiftungen als Sonderausgabe geltend machen. Weitere Vergünstigungen (siehe Interview) sind in Aussicht.

Viele Mäzene haben auch erkannt, dass der finanziell und mitunter auch ideell überforderte Staat immer größere Lücken in Kunst und Kultur, in Bildung und Wissenschaft, in Medizin und im Sozialen, in Umwelt- und im Denkmalschutz hinterlässt, die von privater Seite gestopft werden sollten. „Auf dem Weg zur Bürgergesellschaft" heißt denn auch nicht zufällig das Motto der Jahrestagung des Bundesverbandes Deutscher Stiftungen, der mit großem Programm von Mittwoch bis Freitag in Köln stattfindet.

Dabei geht es um das Rollenverständnis der Stiftungen in einem Sektor, der zwischen Staat und Wirtschaft angesiedelt ist. Die Stiftungen sehen sich nicht mehr nur als Lückenbüßer staatlicher Versäumnisse, sondern verstärkt auch als „Motoren des Wandels". An den festen Willen des Stiftungsgründers gebunden, können Stiftungen Reformprojekte in Gang setzen, ohne vom direkten ökonomischen Wettbewerb und staatlicher Einflussnahme eingeschränkt zu sein. Allerdings ist dieses moderne Bild der Stiftungen erst in Ansätzen verbreitet: Manches erinnert noch an den würdigen philantropischen Mäzen des 19. Jahrhunderts. So werden die allermeisten Stiftungen ehrenamtlich verwaltet und stellen sich selten der öffentlichen Diskussion.

Dass sich von morgen an 600 Stifter in Köln treffen, passt gut: Denn hier gibt es eine lange Stiftertradition, die die soziale und kulturelle Versorgungsstruktur der Stadt mitgeprägt hat.

DIE STIFTUNG Deutsche Sporthilfe zeichnete jüngst die Ski-Olympiasiegerin Rosi Mittermaier (hier mit Innenminister Otto Schily und ZDF-Intendant Dieter Stolte, l.) für ihr Lebenswerk aus. (Bild: ddp)

@ www.stiftungen.org.
www.stiftungsagentur.de.
www.stiftungsindex.de

Kölner Stadt-Anzeiger, 30.05.2001

„Hot-Schrott" und Kästner-Museum

Bürgerstiftungen sorgen mit kleinen Geldbeträgen für wichtige Projekte

Köln – „Auch ich bin der Staat", sagten sich vor drei Jahren 20 Hamburger Bürger. In Anlehnung an den berühmten Spruch („Der Staat bin ich") des Franzosen-Königs Ludwig XIV. gründeten sie eine Bürgerstiftung und stellten als Erststifter das erforderliche Mindestkapital von 100 000 DM bereit. Wenige Monate später bereits stellte die Stiftung die Musikgruppe „Hot-Schrott" vor. Zwei Profi-Bandleader hatten zusammen mit Jugendlichen aus einem sozialen Brennpunkt Fundstücke vom Schrottplatz zu Klangkörpern umgebaut und darauf regelmäßig geprobt.

Die Band wurde zum Zugpferd und lockte weitere Bürger an, die mit ihrem Geld solch sinnvolle Projekte in der Jugendarbeit unterstützen wollten. Bereits nach einem Jahr hatte die Stiftung durch private Zuwendungen eine Million DM eingesammelt und zehn weitere Jugendprojekte in die Tat umgesetzt.

„Stiftungen sind nicht nur etwas für die Thyssens und Krupps, sondern auch was für die Müllers und Meiers", betont Christoph Mecking. „Auch mit vielen kleinen Geldbeträgen kann man Gutes tun", weiß der Geschäftsführer des Bundesverbandes Deutscher Stiftungen aus Erfahrung.

Bürgerstiftungen sind in Deutschland im Gegensatz zu den „community foundations" in den USA noch selten. Doch auch hierzulande wächst in breiten Bevölkerungskreisen der Wille, sich bei steigendem privatem Wohlstand und gleichzeitig immer engeren finanziellen Spielräumen des Staates dauerhaft für das Gemeinwesen einzusetzen. Bürgerstiftungen verstehen sich nicht als kurzfristige anonyme Spendensammler, sondern als Netzwerk aktiver Bürger, die mit ihrem Geld dauerhaft helfen wollen, aus manch guter Idee auch ein erfolgreiches Projekt zu entwickeln.

Inzwischen gibt es schon 40 Bürgerstiftungen, weitere 30 sind in Vorbereitung. Die Bürgerstiftungen haben den großen Vorteil, engagierte Menschen einzubinden, die ihrerseits nicht unbedingt eine eigene Stiftung errichten würden. „Wenn nur tausend Menschen in einer Stadt jeweils nur tausend DM geben, dann ist eine solche Stiftung mit einem Schlag mit einer Million DM ausgestattet und kann damit schon einiges bewegen", rechnet Mecking vor. Wurde noch bis vor kurzem in Deutschland vornehmlich ein Vermögen oder Geldbetrag nach dem Tod gestiftet, so erleben die Bürgerstifter den Sinn ihres Tun aktiv mit – für viele ein Anreiz. Oft

IN PRIVATER INITIATIVE hat die Dresdner Bürgerstiftung zum Gedenken an den Schriftsteller Erich Kästner ein Museum (im Hintergrund) errichtet. Die Bronzeplastik zeigt den jungen Kästner. (dpa)

gehen lokale Projekten auf Grund fehlender städtischer Mittel komplementäre Fördergelder des jeweiligen Bundeslandes verloren. Mit Hilfe der Stiftungen kommt dann doch noch der Landeszuschuss zustande.

Der bekannte Schriftsteller Erich Kästner war eng mit der Stadt Dresden verbunden. Die Idee, zum 100. Geburtstag Kästners ein Museum für ihn zu errichten, scheiterte an der chronisch leeren Stadtkasse. Die Bürgerstiftung Dresden sammelte mit 200 Filzhüten bei Veranstaltungen, im privaten Kreis und bei Unternehmen. Schon zum 101. Geburtstag konnte ein Kästner-Museum eingeweiht werden – zwar klein, aber fein und vor allem nur auf Grund privater Initiative entstanden.

Der Bundesverband Deutscher Stiftungen stellt auf seiner derzeit in Köln stattfindenden Jahrestagung noch andere Projekte vor, wie etwa die Betreuung von jugendlichen Schulverweigerern, von Arbeitslosen, Computer-Schulungen für Aussiedler-Kinder, den lokalen Bau von Rad- und Wanderwegen, „Speise-Tafeln" für Hilfsbedürftige, Initiativen für den Erhalt von Kultur-Denkmälern oder die Errichtung von Jugendcafés.

Jürgen Sussenburger

Kölner Stadt-Anzeiger, 31.05.2001

Jahrestagung in Köln

Stiftungsboom in Deutschland seit dem neuem Recht

sam Köln. „Seit dem neuen Stiftungssteuerrecht von Juli 2000 blüht die Stiftungslandschaft in Deutschland", freut sich Axel Freiherr von Camphausen, Vorsitzender des Bundesverband Deutscher Stiftungen. Anwalt Peter Lex schätzt den Gründungsanstieg sogar auf rund 20 Prozent.

Etwa 10 000 Stiftungen zählt der Verband in Deutschland, alleine in Nordrhein-Westfalen 2027 – bundesweit an zweiter Stelle. Im Regierungsbezirk Köln sind davon 749 und hiervon alleine 387 in der Stadt Köln angesiedelt.

Unter dem Motto „Auf dem Weg zur Bürgergesellschaft" findet bis morgen die Jahrestagung des Bundesverbandes Deutscher Stiftungen in Köln statt. Unter anderem sollen auch Forderungen einer Modernisierung des Stiftungsprivatrechts vorgestellt werden. Zwei Kernpunkte hierbei: Verankerung des Rechts und eine Stiftung im Gesetz und eine Vereinfachung des Gründungverfahrens.

[2] *www.stiftungen.org*

Bonner Rundschau, 31.05.2001

Fast 600 neue Stiftungen im vergangenen Jahr

bbo. KÖLN, 30. Mai. Im vergangenen Jahr sind in Deutschland fast 600 neue Stiftungen entstanden. Das hat der Bundesverband Deutscher Stiftungen am Mittwoch in Köln mitgeteilt. Im Jahr zuvor habe es 402 neue Stiftungen gegeben, 1998 seien es 419 gewesen, sagte der Geschäftsführer des Bundesverbands, Christoph Mecking, vor dessen Jahrestagung. Als Gründe für das „Aufblühen der Stiftungen" nannte er die gute Beratung von Stiftungswilligen durch den Verband und die Landesaufsichtsbehörden. Einen Impuls hat das Stiftungswesen nach den Worten des Verbandsvorsitzenden Axel von Campenhausen vom Gesetz zur steuerlichen Förderung von Stiftungen erhalten. Er verwahrte sich dagegen, Stiftungen als Steuersparmodelle anzusehen. Die finanzielle Lage der Stiftungen zu verbessern komme der Allgemeinheit zugute. Der Vorsitzende warnte davor, die Einrichtungen von laufenden Zuwendungen aus dem Bundeshaushalt abhängig zu machen: „Zu einer Stiftung gehört Autonomie." Mit den Aufsichtsbehörden seien die Institutionen zufrieden, lobte Campenhausen. Die Genehmigung neuer Stiftungen dauere keineswegs so lange, wie manche Politiker behaupteten. Er sprach sich aber für eine engere Koordination der Genehmigungsbehörden mit den Finanzämtern aus, die die Gemeinnützigkeit einer Stiftung anerkennen müssen. Die 15 größten deutschen Stiftungen geben nach Verbandsangaben eine Milliarde DM jährlich für die Förderung sozialer oder wissenschaftlicher Zwecke, für Bildung, Kultur und Umweltschutz aus.

F.A.Z, 31.05.2001

*Neues
Deutschland*
01.06.2001

Recht Stiftungen leben noch im Ungewissen

Spender leiden besonders unter Steuerproblemen

Von Jochen Bülow, Köln

Der Bundesverband deutscher Stiftungen beklagt sich über das geltende Recht auf seinem Arbeitsgebiet. Auch auf seiner Jahrestagung in Köln.

Über 10 000 Stiftungen fördern allein in Deutschland Aktivitäten oder Einrichtungen, die sonst kaum zu finanzieren wären. Doch der großen Bedeutung wird die bestehende Gesetzeslage nach Ansicht des Bundesverbandes Deutscher Stiftungen nicht gerecht. Die Verunsicherung war auf der Jahrestagung in Köln vielen Fragestellern deutlich anzusehen: Harald Siegel, Rechtsanwalt und Wirtschaftsprüfer aus München, hatte nach seinem Vortrag »Das Stiftungsrecht wird runderneuert – fahren Stiftungen künftig besser?« um Fragen gebeten. Einmal mehr wurde dabei überdeutlich, dass die häufig ehrenamtlichen Stiftungsverantwortlichen sozusagen ab Übernahme ihrer Aufgabe mit einem Bein im Gefängnis stehen.

Die im Gesetz vorgesehene »verschuldensunabhängige Haftung« für nicht gesetzeskonforme Geldverwendungen führt nach Ansicht vieler Kritiker zu einem »überzogenen Haftungsrisiko ohne Entlastungsmöglichkeit« und »wirkt kontraproduktiv zu dem Bestreben, mehr Bürger zu ehrenamtlichen Engagement in spendensammelnden Organisationen zu bewegen«. Denn tatsächlich stellt sich oft erst Jahre nach einer missbräuchlichen Verwendung beispielsweise von Spenden heraus, dass das Geld tatsächlich gesetzeswidrig verwendet wurde. Die Folge: Steuerbehörden fordern Steuern nach und eventuell meldet sich sogar die Staatsanwaltschaft.

Neben dem nach wie vor heftig diskutierten Steuerrecht war vor allem das Thema Bürgerstiftungen ein Kernpunkt der 57. Jahrestagung des Bundesverbandes Deutscher Stiftungen in Köln. Im Gegensatz zu Einzelstiftungen schließen sich dabei Bürger zusammen, die Beträge ab 1000 Mark zusammenlegen und damit ihnen nahestehende Ziele fördern wollen. Denn gerade das Engagement zahlreicher Stifter in einer gemeinsamen Bürgerstiftung fördere das bürgerschaftliche Engagement, begründet der Verband seine Kritik an dem seiner Meinung nach veralteten Stiftungsrecht.

Gerade vor dem Hintergrund zahlreicher neuer Stiftungen im Ausland müsse sich der Gesetzgeber die Frage gefallen lassen, ob nicht Chancen zur Beteiligung der Bürger am Gemeinwesen vertan würden: »Ohne die Erfüllung der vorgelegten Forderungen«, so Verbandsgeschäftsführer Christoph Mecking, »wird der vielbeschworene Stiftungsfrühling noch lange auf sich warten lassen«. Das aber wäre um so bedauerlicher, als fast alle Museen, Forschungsstellen und auch die meisten sozialen und politischen Organisationen ohne Stiftungen und deren Zuwendungen große Teile ihrer Aktivitäten einschränken oder ganz beenden müssten.

Mit einer Vereinfachung des Stiftungsrechtes ließe sich viel bewegen. Neben dem viel zitierten Stiftungsboom könnte auch der Vorwurf weitgehend entkräftet werden, dass sich der Staat elegant aus der Affäre ziehe, wenn Stiftungen dessen ureigene Aufgaben übernähmen. Tatsächlich würden auf diese Weise Gelder für Bereiche frei, die weniger Stifterinteresse auf sich ziehen und deshalb von den Stiftungen auch nur unzureichend abgedeckt werden.

Interessant ist in diesem Zusammenhang, dass Stiftungen mit der Zielrichtung Umweltschutz zwar langsam zunehmen – aber in absoluten Zahlen doch deutlich hinter anderen Stiftungsschwerpunkten wie Soziales, Wissenschaft oder Bildung und Erziehung zurückliegen. Ähnliches gilt für Stiftungen in der ehemaligen DDR: Ältere Stiftungen haben die gesetzlichen Einschränkungen der Nazi-Zeit und die darauf folgenden Bestimmungen des DDR-Gesetzbuches bis heute – trotz vielfältiger Bemühungen – nicht ungeschehen machen können. Anlass zur Hoffnung aber gibt es: 1991 existierten erst 41 Stiftungen in den neuen Ländern, im letzten Jahr waren es immerhin schon 565. Damit liegt der Osten allerdings noch immer hinter dem Durchschnitt in westlichen Bundesländern.

Dass es auch anders geht, beweist der diesjährige Stifterpreisträger Paul Raabe. Bis Ende September vergangenen Jahres war der Literaturwissenschaftler Direktor der Franckeschen Stiftungen zu Halle. Er hat dort fast Unmögliches wahr gemacht und aus der fast nicht mehr existierenden Institution ein blühendes Wissenschaftszentrum entwickelt. Nebenbei schrieb er die erste umfassende Bibliografie des Stifters August Hermann Francke, organisierte 100 Millionen Mark an Fördermitteln und reanimierte die Zusammenarbeit mit der Universität.

Vielleicht sieht Verbandsgeschäftsführer Christoph Mecking auch wegen solcher Persönlichkeiten eine »dynamische Entwicklung, die durch allgemeine Trends wie Globalisierung und Individualisierung begünstigt wird«. Optimistisch blickt der Geschäftsführer in die Zukunft: »Es bleibt zukünftigen Veränderungen vorbehalten, ob Stiftungen für die Entwicklung zu einer besseren Gesellschaft stehen, in der das freiwillige Engagement des Bürgers wichtiger wird, als die unfreiwillige Beteiligung als Steuerzahler.«

Info: www.stiftungen.org

„Ein Leuchtturm in Ostdeutschland"

Stifterpreis für Paul Raabe, den Retter der Franckeschen Stiftungen in Halle

Von Markus Schwering

„Wie herrlich ist es doch, wenn man nichts hat." Hintergründig zitierte Fritz Brickwedde vom Vorstand des Bundesverbandes Deutscher Stiftungen in seiner Laudatio diesen aus dem Geist pietistischer Weltentsagung gesprochenen Satz August Hermann Franckes. Keine Frage: Vieles andere schon, aber gerade dieses Motto des Mannes, der am Ende des 17. Jahrhunderts die nach ihm benannten Stiftungen zu Halle ins Leben rief, konnte sich Paul Raabe nicht zu Eigen machen. Ihm musste es, als er 1991 den Vorsitz im Kuratorium zur Rettung zumal der verfallenden Gebäude übernahm, darum gehen, möglichst „viel" zu bekommen.

Dies ist ihm, der bis zum vergangenen Jahr als Direktor der Franckeschen Stiftungen amtierte, offensichtlich gelungen: „Umsichtig, mit unnachgiebiger Freundlichkeit" sei er durchs Land gezogen, um Geld einzutreiben. 100 Millionen Mark waren es schließlich, die für die Wiedererrichtung der in der DDR institutionell schon früh zerstörten Stiftungen zusammenkamen. Auch Brickweddes eigene Stiftung, die Deutsche Bundesstiftung Umwelt, habe er um zehn Millionen Mark ärmer gemacht: „Aber wir alle sind reicher geworden."

In Anerkennung dieser Rettungsaktion in buchstäblich letzter Stunde ist Raabe gestern im Kölner Gürzenich anlässlich der Jahresversammlung des Bundesverbandes mit der Verleihung des Deutschen Stifterpreises geehrt worden. Dank seines rastlosen Einsatzes seien, so der Laudator, die Francke-

PAUL RAABE (rechts) erhielt den Stifterpreis aus der Hand des Laudators Fritz Brickwedde. Der Preis ist nicht dotiert, er besteht aus einer vom Dresdner Künstler Wolfgang Korn speziell für den jeweiligen Preisträger gestalteten Glasstele auf einem Sockel, in den Name des Preisträgers und Jahr der Verleihung eingraviert sind. (Bild: Peter Rakoczy)

schen Stiftungen „zum Leuchtturm in Ostdeutschland geworden". Raabe nutzte seine Dankesrede, um noch einmal den Geist Franckes als „eines begnadeten Stifters" zu beschwören. Sein aus christlicher Verantwortung geschaffenes Sozialwerk, diese „bescheidene Gründung", überdauere die Zeiten, während die prächtige Fürstenwelt seiner Zeit längst im Orkus der Geschichte verschwunden sei.

„Stiftungen helfen Stiftungen" – diese Devise hat Raabe zufolge in Halle gezogen. Trotzdem sei die Lage der Stiftungen im Osten insgesamt prekär, weil sie in der Regel nicht über Eigenkapital verfügten und solchermaßen am Tropf der öf-

fentlichen Hand hingen. Stiftungen als „Mogelpackungen"? Raabe appellierte, darüber nachzudenken, wie die Stiftungen in den neuen Bundesländern auf eigene Beine gestellt werden könnten („Vorschüsse zur Kapitalbildung").

Nach dem Vorschlag von Günter Grass soll die Bundeskulturstiftung, die Julian Nida-Rümelin ins Leben rufen will, in den Franckeschen Stiftungen angesiedelt werden. In seinem Kölner Festvortrag widmete der Staatsminister für Kultur sich allerdings nicht dieser Idee, sondern stellte das Stiftungswesen in Deutschland in den weiten Horizont des von ihm vertretenen Konzepts einer auf „Kooperation"

beruhenden Bürgergesellschaft. Leitvorstellung könne also weder das Modell der antiken Polis, das sich an der Idee einer „familiären Gemeinschaft" orientiere, noch das Modell des englischen Philosophen Thomas Hobbes sein, demzufolge ein starker Staat den Bürgerkrieg verhindert und sich lediglich daran interessiert zeigt, ob die Bürger die Gesetze einhalten. Nida-Rümelins Zivilgesellschaft zielt auf ein partnerschaftliches Verhältnis von Staat und Bürgern, die gegenüber dem Ganzen nicht nur Rechte, sondern eben auch (moralische) Pflichten haben.

Leider gebe es in Deutschland noch immer ein Missverhältnis von Staat und bürgerschaftlichem Engagement: In der Kulturförderung stünde 17 Milliarden Mark an öffentlichen Geldern lediglich eine Milliarde Mark an privaten Geldern gegenüber. An dieser Stelle kommen bei dem Philosophen auf dem Staatsministersessel die Stiftungen ins Spiel: Der Staat müsse – gerade im Sinne einer verbesserten Bürgerbeteiligung – das Stiftungswesen stärken, etwa indem er die Anerkennungsverfahren vereinfacht und gesetzlich einen Rechtsanspruch auf Stiftung festlegt. Und wichtiger als die bereits in Werk gesetzten Steuererleichterungen sei „die öffentliche Debatte".

Keinen Zweifel ließ Nida-Rümelin daran, dass der Staat die „Rahmenbedingungen schaffen muss", auf deren Basis sich das Bürgerengagement erst entfalten kann. Auch hier sei Gefahr im Verzuge: Wenn die kommunale Kulturförderung austrockne (Stichwort: Theaternot), drohe der „Kulturstaat wegzubrechen".

Deutscher Stiftungspreis 2001

Professor Dr. Dr. h.c. mult. Paul Raabe ist Träger des Deutschen Stifterpreises 2001. Er erhält den Preis für sein vorbildliches Engagement für die Franckeschen Stiftungen. Seit 1992 steht Professor Raabe den Franckeschen Stiftungen in Halle als Direktor vor. In unermüdlichem Einsatz setzte und setzt er sich für den Wiederaufbau des historischen Ensembles pietistischer Architektur ein, um die äußeren Rahmenbedingungen für die vielfältigen pädagogischen, sozialen, wissenschaftlichen und kulturellen Einrichtungen und Aktivitäten der Stiftungen zu schaffen. Nicht zuletzt aufgrund der Arbeit von Professor Raabe stehen die Franckeschen Stiftungen auf der deutschen Vorschlagsliste für das UNESCO-Weltkulturerbe.

Mit dem Deutschen Stifterpreis ehrt der Bundesverband Deutscher Stiftungen Menschen, die neue Stiftungen errichtet beziehungsweise vorbildliche Leistungen in bestehenden Stiftungen erbracht haben. Der Deutsche Stifterpreis ist eine ideelle Auszeichnung.

Stiftung & Sponsoring, 3/2001

Warum nicht Halle?

Stifterpreis an Paul Raabe verliehen

Günter Grass hatte in einem Interview die Stadt Halle ins Spiel gebracht. Dort und nicht in Berlin solle der Sitz der geplanten Bundeskulturstiftung sein. Warum Halle? „Erstens ist es in Ostdeutschland, zweitens gab und gibt es dort die berühmten Franckeschen Stiftungen." Der Vorschlag zeitigte freudige Reaktionen im Rathaus der Saalestadt und in den Franckeschen Stiftungen. Die Lokalpresse hatte ihr Thema, doch wider Erwarten griffen dies nicht einmal die Medien in den neuen Bundesländern auf, obwohl doch mit Halle ausdrücklich Ostdeutschland als Standortfaktor aufgerufen war.

Eine Bundeskulturstiftung in der Bundeshauptstadt wäre das Normale. Stiftungen und eine Bundesstiftung zumal, entstünden jedoch in der Bereitschaft, „etwas Ungewöhnliches, eben vorher nicht Dagewesenes" zum Wohl der Allgemeinheit zu schaffen. Mit diesen Worten kam gestern Paul Raabe auf Halle zurück, als er in Köln den Deutschen Stifterpreis entgegennahm. Vor ein paar Jahren hatte er Grass durch die Großbaustelle geführt, als welche sich die historische Schulstadt der Franckeschen Stiftungen darbot. Daß sie nach der Wende überhaupt wieder zum Leben erweckt wurden, ist Raabes Verdienst, der von 1992 bis zum vergangenen Jahr ihr Direktor war.

Warum also nicht Halle? Mit zehn Talern und sechszehn Groschen hatte dort 1695 August Herrmann Francke seine Stiftung begründet. Ganz ohne eigenes Kapital wurden nach der Wende im Osten Deutschlands alte Stiftungen wieder in ihre Rechte eingesetzt oder neue gegründet. Sie alle leben von den Zuwendungen der öffentlichen Hand. Noch einmal kam Raabe in seiner Dankesrede auf die Bereitschaft zum Ungewöhnlichen und vorher nicht Dagewesenen zurück als er vorschlug, die Zuschüsse von zwanzig Jahren in einer einmaligen Vorauszahlung zu leisten: Das wäre dann das zinsbringende Stiftungskapitel. Aus ewigen Bittstellern könnten so emanzipierte Partner werden, wie man sie für die kulturelle Integration der neuen Länder braucht. sst

F.A.Z, 02.06.2001

PAUL RAABE war bis Herbst 2000 Direktor der Franckeschen Stiftungen in Halle. Von 1968 bis 1992 leitete er die durch Lessing berühmte Wolfenbütteler Herzog-August-Bibliothek. Von 1958 bis 1968 war er maßgeblich beteiligt am Aufbau der Bibliothek des Deutschen Literaturarchivs in Marbach am Neckar, nahe Stuttgart. (Bild: dpa)

Paul Raabe, Direktor der Franckeschen Stiftungen, erhält den Preis des Bundesverbandes Deutscher Stiftungen.

Schwarzwälder Bote, 06.04.2001

Aufbau-Wunder in und für Halle

Paul Raabe wird am Freitag in Köln geehrt

Professor Paul Raabe erhält am Freitag im Kölner Gürzenich den Deutschen Stifterpreis 2001. Der gebürtige Oldenburger war von 1992 bis Ende September 2000 Direktor der Franckeschen Stiftungen zu Halle, die auf der deutschen Vorschlagsliste für das Unesco-Weltkulturerbe stehen. Der Preis wird überreicht im Rahmen der 57. Jahrestagung des Bundesverbandes Deutscher Stiftungen.

Von Günter Kowa

Paul Raabe ist Literaturwissenschaftler, ein Gelehrter, aber er ist auch Visionär, Museumsmann und Kulturpolitiker. Er ist der Stolz und Schrecken von Fördermittelverwaltern und Sponsoren. Durch seine Arbeit hat er August Hermann Franckes 1698 gegründeter Schulstadt eine neue Karriere erschlossen. Das war nicht abzusehen, als er sich 1991 anschickte, das Ehrenamt des Direktors der Stiftungen zu übernehmen. Damals schaute er in einen Abgrund von Verfall und Verwahrlosung, welche die DDR-Zeiten in der Stiftung hinterlassen hatten. Ein paar Unverdrossene hielten noch die schützende Hand über Bücherschätze und Archivalien. Pietistische Weltverachtung war beinahe die letzte Kraft, die Franckes Fachwerkbauten zusammenhielt, windschief, verschwammt, durchfeuchtet und verseucht wie sie waren.

Im September 1991 war aus der Initiative „Rettet die Franckeschen Stiftungen" ein Kuratorium hervorgegangen. Im Licht trüber Funzeln leitete der zum Vorsitzenden gewählte Paul Raabe den Akt der Wiedergründung. Seine Amtszeit als Direktor der Herzog-August-Bibliothek Wolfenbüttel stand kurz vor dem Abschluss. Unter seiner Ägide war das vergessene Lessing-Heiligtum zu einem lebendigen internationalen Wissenschaftszentrum der Kulturgeschichte der frühen Neuzeit aufgestiegen. Zugleich wirkte Raabe in Weimar in der Stiftung Weimarer Klassik. Der Bogen von Lessing über Goethe zu Francke kennzeichnet denn auch den Vorzug, den der Ruheständler, den Stiftungen eröffnete.

Das Werk, das Raabe dort mit Hilfe von 100 Millionen Mark unermüdlich eingeworbener Fördermittel geschaffen hat, lässt ein aufklärerisches Credo klar erkennen. Die Sanierung der Gebäude kam voran, das Zusammenwirken mit der Universität brachte die Theologen, die Pädagogen und zwei Institute ins Boot. Die wissenschaftliche Arbeit wurde wiederaufgenommen, die Integration der Schulen ging voran, neue soziale Einrichtungen wurden gegründet, vor allem aber das museale und kulturelle Profil aufgebaut.

Francke blieb auch für Raabe die Leitgestalt: „Francke", sagt Paul Raabe, „ist für mich ein Vorbild geworden. Der Wiederaufbau war ein Wunder. Franckes Fußstapfen haben weitergewirkt." Nicht in einem religiösen Sinn, denn die Institution ist säkularisiert, „aber sie bewahrt ein Bewusstsein der Pflege christlicher Überlieferung."

Raabes – vorerst – letztes Vermächtnis an die Stiftungen passt in diesen Rahmen. Auf 700 Seiten hat er eine 1720 Titel umfassende Bibliografie der Werke August Hermann Franckes vorgelegt; es ist der erste vollständige Überblick über das Schaffen des Predigers und Theologieprofessors. In den Jahren von Raabes Amtszeit ist dieses literaturgeschichtliche Puzzle wie nebenher entstanden. Das mag die unerschöpfliche Lebensenergie ver-

Für Arme und Adel

August Hermann Francke (1663 bis 1727) hielt als evangelischer Theologe von 1689 an Vorlesungen aus dem Geist der pietistischen Erweckung. Von den Leipziger Orthodoxen vertrieben, wurde er durch Vermittlung des Pietisten Spener 1692 Pfarrer und Professor für orientalische Sprachen in Halle. Dort gründete er Mitte der 90er Jahre des 17. Jahrhunderts die Franckeschen Stiftungen. Sie wurden als Erziehungsanstalten zu einem Zentrum des Pietismus. Zu ihnen gehörten Armenschule mit Waisenhaus, Pädagogium für Adlige mit Internat, Bürgerschule und Lateinschule für Bürgerkinder mit Internat, höhere Mädchenschule, aber auch Apotheke, Buchhandlung, Druckerei und Verlag. Bemerkenswert das sozial konzipierte, Schichten übergreifende Schulsystem. (EB)

deutlichen, die der jetzt 73-jährige Gelehrte für seine Projekte an den Tag legt. Ein solch rastloser Geist lehnt sich nicht selbstzufrieden zurück. „Die Franckeschen Stiftungen sind so etwas wie ein großes Organon geworden", sagt er. „Was fehlt, ist die Präzisierung der Zielvorstellungen. Wie viel ich auch nachdenke, ich komme auf keinen griffigen Untertitel für die Stiftungen, der ihre Vielfalt auf einen Nenner bringt."

Raabes Nachfolger als Direktor, der Pädagogik-Professor Jan-Hendrik Olbertz, hat also weiterhin eine große Aufgabe. Raabe selbst hat anstelle des früheren Außenministers Hans-Dietrich Genscher den Vorsitz im Kuratorium der Stiftungen übernommen, die eine der ganz großen Kultureinrichtungen im Land Sachsen-Anhalt sind.

Kölner Stadt-Anzeiger, 31.05.2001

Stifterpreis geht an Paul Raabe

Verleihung im Juni in Köln

Halle/Berlin/dpa. Paul Raabe, Literaturwissenschaftler und bis zum vergangenen Jahr Direktor der Franckeschen Stiftungen zu Halle, erhält den Deutschen Stifterpreis. Die Auszeichnung des Bundesverbandes Deutscher Stiftungen wird ihm am 1. Juni in Köln

Paul Raabe

verliehen, teilte der Berliner Verband mit. Raabe engagierte sich für die Wiederbelebung des historischen Architekturensembles als pädagogisches, soziales, wissenschaftliches und kulturelles Zentrum. Die Franckeschen Stiftungen stehen auf der deutschen Vorschlagsliste zum UNESCO-Weltkulturerbe. Der Stifterpreis ist eine ideelle Auszeichnung und besteht aus einer von dem Dresdner Künstler Wolfgang Korn gestalteten Glasstele. Zu den bisherige Preisträgern gehören der Musiker Ludwig Güttler und Eske Nannen.

Mitteldeutsche Zeitung, 06.04.2001

Nida-Rümelin für liberales Stiftungsrecht

Kulturstaatsminister Julian Nida-Rümelin (SPD) hat Forderungen nach einer Liberalisierung des Stiftungsrechts unterstüt t. Die Gründung von Stiftungen sollte als gesetzlich verbrieftes Recht verankert werden und so wie gemeinnützige Vereine von ein und derselben Behörde anerkannt werden, sagte Nida-Rümelin auf der Jahrestagung des Bundesverbandes Deutscher Stiftungen in Köln. *dpa*

Sindelfinger Zeitung, 02.06.2001

Stuttgarter Nachrichten. 02.06.2001

Nida-Rümelin fordert besseres Stiftungsrecht

Julian Nida-Rümelin unterstützt die Forderung nach einer Liberalisierung des Stiftungsrechts. Die Gründung von Stiftungen sollte als gesetzlich verbrieftes Recht verankert werden, sagte der Kulturstaatsminister auf der Jahrestagung des Bundesverbandes Deutscher Stiftungen in Köln. Der Verband fordert außerdem ein einfacheres Anerkennungsverfahren. Bisher müssen Stiftungen von einer eigenen Behörde sowie vom Finanzamt genehmigt werden. **dpa**

Tagesspiegel. 02.06.2001

Nida-Rümelin: Bürger zum kulturellen Engagement ermuntern

Köln (KNA) In Deutschland gibt es nach Auffassung von Kulturstaatsminister Julian Nida-Rümelin (SPD) zwischen Staat und Bürgern ein Missverhältnis bei der Kulturförderung. Die jährlichen Kulturausgaben von Bund, Ländern und Kommunen bezifferte er am Freitag in Köln auf rund 20 Milliarden Mark. Die private Unterstützung läge nur bei knapp einer Milliarde Mark. Um das Engagement von Bürgern zu fördern, seien bessere Rahmenbedingungen für Stiftungen notwendig, sagte er zum Abschluss der Jahrestagung des Bundesverbandes Deutscher Stiftungen.

Der Staat solle jedoch nicht seine Förderung zurücknehmen, sondern die Gesellschaft solle ihr Engagement verstärken, sagte Nida-Rümelin. Seine Kritik an der Kulturförderung untermauerte er mit zwei Zahlen. Um 1900 hätten rund 100.000 Kultur-Stiftungen existiert, heute gebe es vielleicht noch ein Zehntel davon. Im geschichtlichen Zusammenhang betrachtet hänge dies mit der „Verstaatlichung moralischer Pflichten" zu Lasten des bürgerlichen Engagements zusammen. Der nordrhein-westfälische Innenminister Fritz Behrens (SPD) vertrat die Meinung, dass das geltende Stiftungsrecht sich im großen und ganzen bewährt habe. Vereinfachungen seien jedoch anzustreben. Dazu werde eine Bund-Länder-Arbeitsgruppe im Herbst Vorschläge vorlegen. Er könne sich vorstellen, dass Stiftungen nicht genehmigt, sondern staatlich anerkannt werden sollten. Auch ein bundesweites Stiftungsverzeichnis sei denkbar.

Stifterpreis für Paul Raabe

In einem Positionspapier fordert der Bundesverband Deutscher Stiftungen die Weiterentwicklung des Stiftungsrechtes. So plädiert er für die gesetzliche Erwähnung des Rechtes auf Stiftung, für mehr Transparenz sowie die Vereinfachung und Beschleunigung des Errichtungsverfahrens. Eine Beschränkung auf bestimmte Stiftungszwecke dürfe nicht zugelassen werden. - Mit dem Deutschen Stifterpreis 2001 wurde in Köln Paul Raabe (64) ausgezeichnet, der seit 1992 Direktor der Franckeschen Stiftungen zu Halle ist. Er erhalte die von dem Dresdner Künstler Wolfgang Korn gestaltete Glasstele für die Erhaltung der Rahmenbedingungen der pädagogischen, sozialen, wissenschaftlichen und kulturellen Einrichtungen der Stiftung, betonte der Verband. Dazu gehöre auch der Wiederaufbau des historischen Ensembles pietistischer Architektur.

KNA-NW, 06.06.2001

Auch Nichtkatholiken können katholische Stiftungen gründen KNA-NW. 06.06.2001

Köln (KNA) Die Kirchen sollten nach Auffassung des Paderborner Kirchenrechtlers Rüdiger Althaus die Bürger zu Stiftungen ermuntern. Wie er im Arbeitskreis Kirchen bei der Jahrestagung des Bundesverbandes Deutscher Stiftungen am Donnerstag in Köln sagte, gibt es für Stiftungen nach dem katholischen Kirchenrecht drei Zwecke. Zum einen soll die würdige Feier des Gottesdienstes gefördert werden, wozu auch der Bau und die Unterhaltung von Kirchen gehörten. Außerdem seien der Unterhalt der Kleriker sowie die Förderung von Werken des Apostolats und der Caritas Stiftungszwecke. Stiftungen nach dem kanonischen Recht könnten auch von Nichtkatholiken errichtet werden.

Althaus wies darauf hin, dass es bei selbstständigen katholischen Stiftungen nach dem Kirchenrecht sowohl öffentliche als auch private Gründungen geben könne. Bei privaten Stiftungen könne nach seiner Einschätzung die wirtschaftliche Kontrolle effektiver ausgeübt werden. Außerdem gebe es die unselbstständige Stiftung, die an eine öffentliche juristische Person in der Kirche angelehnt sei. Dies seien oft Kirchengemeinden. Für alle Arten katholischer Stiftungen gelte die kirchliche Stiftungsaufsicht.

Mehr als 19.000 katholische Stiftungen

Der Fuldaer Diözesanjustiziar Albert Post beurteilte im Arbeitskreis Kirchen das geltende staatliche Stiftungsrecht als weitgehend brauchbar. Er bezweifelte, dass die Abschaffung komplizierter Regelungen ein deutliches Ansteigen von Stiftungsgründungen bewirken kann. Bei kurzfristigen Zielen sollten eher nichtselbstständige Stiftungen ins Leben gerufen werden, die möglichst an einen öffentlich-rechtlichen Träger gebunden sein sollten, riet er. Wie der Arbeitskreisleiter, der Münchener Justiziar Hein Röder, im Vorfeld der Jahrestagung ermittelt hatte, gibt es in den 27 deutschen Diözesen mehr als 19.000 Stiftungen.

KULTUR IN KÜRZE

Über eine Kulturförderung für Köln sprach Kulturdezernentin Marie Hüllenkremer am Rande der Jahrestagung des Bundesverbandes Deutscher Stiftungen in Köln mit Staatsminister Julian Nida-Rümelin. Dabei ging es neben der Frage zukünftiger Zusammenarbeit zwischen Köln und dem Bund auch um konkrete Kölner Projekte, die für eine Förderung durch den Bund in Frage kommen könnten. Dazu zählen unter anderem Beiträge zum NS-Dokumentationszentrum und für ein interkulturelles Theaterhaus mit Modellcharakter.

Kölnische Rundschau. 07.06.2001

Immer mehr Stiftungen
141 Neugründungen

Köln - Nordrhein-Westfalen hat mit 141 Neugründungen im letzten Jahr einen „Stiftungsboom" erlebt. Das teilte NRW-Innenminister Fritz Behrens (SPD) am Freitag bei der Jahrestagung des Bundesverbandes Deutscher Stiftungen mit. Inzwischen existierten zwischen Rhein und Ruhr 1700 rechtsfähige Stiftungen. 350 davon seien in den letzten drei Jahren gegründet worden. „Mit diesen Zuwächsen liegen wird bundesweit an der Spitze", sagte Behrens. „Auch wenn sich viele mit kleinen Summen engagieren, kann etwas bewegt werden." ▪ lnw

Münstersche Zeitung. 02.06.2001

Anhang 4: Teilnehmerverzeichnis

Abram, Elfriede	Evangelische Kirche in Deutschland, Herrenhäuser Straße 12, 30419 Hannover
Dr. **Achilles,** Wilhelm-Albrecht	Evangelische Stiftung Neuerkerode, 38173 Sickte-Neuerkerode
Ackermann, Herbert*	Vorstand der Kulturstiftung Sparkasse Moers, Ostring 4–7, 47441 Moers
Dipl. Kulturmanagerin **Ahrendt,** Tanja	Kölner Gymnasial- und Stiftungsfonds, Stadtwaldgürtel 18, 50931 Köln
Ahrens, Axel*	Alles-Gute Stiftung der Kreissparkasse Stade, Große Schmiedestraße 12, 21682 Stade
Dr. **Ahrens,** Elisabeth	Otto und Lonny Bayer Stiftung, Hauptstraße 119, 51373 Leverkusen
Albrecht, Sven	Emil und Paul Müller-Gedächtnisstiftung, Neckarstraße 11–13, 60301 Frankfurt am Main
Prof. Dr. **Althaus,** Rüdiger**	Hoppenhofstraße 2, 33154 Salzkotten-Scharmede
Andresen, Claus-Jürgen*	Kulturstiftung der Stadtsparkasse Nordfriesland, Großstraße 7–11, 25813 Husum
Dr. **Andrick,** Bernd	Caritas-Stiftung im Bistum Essen, Eschweg 9 a, 45721 Haltern
Angerer, Helmut	Bayerische Polizei-Stiftung, Odeonsplatz 3, 80539 München
Ass. jur. **Angermann,** Klaus	Gerhard-Fieseler-Stiftung, Lilienthalstraße 3, 34123 Kassel
Anke, Hans Heinrich	Klosterkammer Hannover, 30121 Hannover
Dr. **Antes,** Rupert	Studienstiftung des Deutschen Volkes, Mirbachstraße 7, 53173 Bonn
Assmann, Stefanie**	Richard Boorberg Verlag GmbH & Co, Scharrstraße 2, 70564 Stuttgart

RA **Assmann,** Wolfgang R.	Herbert Quandt-Stiftung, Löwengasse 15, 61348 Bad Homburg
Auer, Jürgen	Lebenshilfe für Behinderte Nürnberg, Laufentorgraben 6, 90489 Nürnberg
Augsten, Ursula	Ernst & Young Deutsche Allgemeine Treuhand AG Wirtschaftsprüfungsgesellschaft, Mittlerer Pfad 15, 70499 Stuttgart
Dr. **Axtner,** Wilfried	Stiftung Tannenhof, Remscheider Straße 76, 42899 Remscheid
Dr. **Backert,** Wolfram**	Bayerisches Staatsministerium für Wissenschaft, Forschung und Kunst, Salvatorstraße 2, 81833 München
Baldin, Stephan	Aachener Stiftung Kathy Beys, Schmiedstraße 3, 52062 Aachen
Dr. **Bauer,** Horst Philipp	Software AG-Stiftung, Am Eichwäldchen 6, 64297 Darmstadt
Bauer, Josef	Stiftung Behindertenwerk St. Johannes, Schlossstraße 8, 86688 Marxheim
Baum, Ulrike	Deutsche Kinderkrebsstiftung, Joachimstraße 20, 53113 Bonn
Bausewein, Günter	Lebenshilfe-Stiftung Frankfurt am Main e.V., Hohenstaufenstraße 8, 60327 Frankfurt am Main
Dr. **Beck,** Manfred*	Vorstand für Kultur, Bildung und Jugend, Stadt Gelsenkirchen, 45875 Gelsenkirchen
Dr. von **Beckerath,** Astrid	Heinrich Schmilinsky Stiftung, Frahmstraße 22, 22587 Hamburg
Beder, Bernd	Deutscher Spendenrat e.V., Simrockallee 27, 53173 Bonn
Behnke, Frank*	Vorstandssekretariat, Stiftung der Stadtsparkasse Remscheid für Jugend, Soziales und Umwelt, Alleestraße 76-88, 42853 Remscheid

Dr. **Behrens,** Fritz**	Innenminister des Landes Nordrhein-Westfalen, Innenministerium NRW, Harnoldstraße 5, 40190 Düsseldorf
Prof. Dr. h.c. mult. **Beitz,** Berthold	Ehrenmitglied des Bundesverbandes Deutscher Stiftungen, Vorsitzender und Geschäftsführendes Mitglied des Kuratoriums der Alfried Krupp von Bohlen und Halbach-Stiftung, Hügel 15, 45133 Essen
Benke, Holger	Geschäftsführer der Gemeinnützigen Hertie-Stiftung, Lyoner Straße 15, 60528 Frankfurt am Main
Dr. **Berk-Näher,** Silvia	Stiftung LIBERTAS PER VERITATEM, Schwabentorring 12, 79100 Freiburg
Dr. **Berndt,** Hans	Meisenweg 20, 50226 Frechen
Dr. **Bernoth,** Bärbel	Vorstandsmitglied der Otto-von-Guericke-Gesellschaft, Virchowstraße 24, 39104 Magdeburg
Gräfin von **Bernstorff,** Bettina	Gartow Stiftung, Schulaucher Moorweg 25, 22880 Hamburg-Wedel
Bernt, Wolfram	Vorstandsmitglied der Alfred und Lore Nungesser-Stiftung, Neckarstraße 11–13, 60301 Frankfurt am Main
Bethe, Erich	Bethe Stiftung, Sandbüchel 29, 51427 Bergisch Gladbach
Bialowons, Tom-Uwe**	Bundesverband Deutscher Stiftungen, Binger Straße 40, 14197 Berlin
Dr. **Bibelriether,** Hans	Karl-Oskar Koenigs-Stiftung, Altenburgstraße 11, 53125 Bonn
Dr. **Blankenburg,** Jürgen	Jürgen und Monika Blankenburg-Stiftung, Bellevue 58, 22301 Hamburg
Blass, Theo	Stiftung Wohnhilfe, Philosophenring 2, 53177 Bonn
Dr. **Blinn,** Hans-Jürgen**	Ministerium für Kultur, Jugend, Familie und Frauen, Mittlere Bleiche 61, 55116 Mainz

Block, Helga**	Innenministerium NRW, Haroldstraße 5, 40213 Düsseldorf
Blohm, Helen	Stiftung Irene, Jungfernstieg 7, 20354 Hamburg
Dipl. Ing. **Blohm,** Werner	Stiftung Irene, Jungfernstieg 7, 20354 Hamburg
Blömer, MdL, Richardt**	Landtag Köln, Siegmaringer Straße 4, 50935 Köln
Dr. **Bögner,** Hans-Georg	Geschäftsführer der SK Stiftung Kultur, Im Mediapark 7, 50670 Köln
Böhler, Lothar A.	Stiftungsdirektor der Stiftungsverwaltung Freiburg, Deutschordensstraße 2, 79104 Freiburg i. Br.
Böhm, Wilfried	Evangelische Kirche von Westfalen, Altstädter Kirchplatz 5, 33602 Bielefeld
Bonitz, Ingrid**	Innenministerium NRW, Haroldstraße 5, 40213 Düsseldorf
Boomkamp-Dahmen, Susanne	Museumsstiftung Post und Telekommunikation, Heinrich von Stephan-Straße 1, 53175 Bonn
Dr. **Bopp,** Ulrich	Beiratsmitglied des Bundesverbandes Deutscher Stiftungen, Geschäftsführer der Robert Bosch Stiftung GmbH, Heidehofstraße 31, 70184 Stuttgart
Borchert, Hermann	Mildtätige Stiftung des Deutschen Bundeswehr Verbandes, Südstraße 123, 53175 Bonn
Dipl.-Sozialarbeiter **Bornemann,** Jörg-Michael	Geschäftsführer der Kroschke Stiftung für Kinder, Am Kraft 10, 22926 Ahrensburg
Graf von **Bothmer,** Hubertus	Deutsche Wildtier Stiftung, Billbrookdeich 210, 22113 Hamburg
Bouche, Jacques J.**	European Foundation Centre, Rue de la Concorde, B-1050 Brüssel

Dr. **Brandes-Druba,** Bernd**   Stiftungsvorstand des Sparkassenverbandes
Schleswig-Holstein, Faluner Weg 6,
24109 Kiel

Braun, Josef   Heimstiftung Karlsruhe,
Sybelstraße 13, 76137 Karlsruhe

Prof. Dr. **Bredekamp,** Horst**   Kunstgeschichtliches Institut, Humboldt-
Universität zu Berlin, Unter den Linden 6,
10099 Berlin

Prof. Dr. **Brenner,** Kurt   Dolina Stiftung für Landeskunde
im Jura (i. Gr.), Kirchweg 2, Prunn,
93339 Riedenburg

Brickwedde, Fritz   Vorstandsmitglied des Bundesverbandes
Deutscher Stiftungen, Generalsekretär
Deutsche Bundesstiftung Umwelt,
An der Bornau 2, 49090 Osnabrück

Dr. **Broll,** Berthold   Stiftung Liebenau,
Siggenweiler Straße 11,
88074 Meckenbeuren

Brömmling M. A., Ulrich F.   Bundesverband Deutscher Stiftungen,
Binger Straße 40, 14197 Berlin

Dr. **Broska,** Magdalena   Adolf-Luther-Stiftung,
Viktoriastraße 112, 47799 Krefeld

WP StB **Brüggemann,** Jörg   Ernst-Young Köln,
Richmodstraße 6, 50667 Köln

Brunner, Tanja   SK Stiftung Kultur,
Im Mediapark 7, 50670 Köln

Buchholtz M. A., Annegret   Museum Ludwig, Bischofsgartenstraße 1,
50667 Köln

Buchholz, Heinz   Gemeinschaftsstiftung Arbeiterwohlfahrt
Essen, Pferdemarkt 5, 45127 Essen

Dipl.-Ing. **Büchner,** Matthias   Stiftung Pfefferwerk,
Fehrbelliner Straße 92, 10119 Berlin

Dipl. Kfm. **Buckel,** Heinz   Karl Fix-Stiftung, Im Steingebiß 43,
76829 Landau

Dr. **Büermann,** Wulf**	Innenministerium Rheinland-Pfalz, Schillerplatz 3–5, 55116 Mainz
Buhr, Marlies	Landeskirchenamt Ev.-Luth. Landeskirche Hannover, Rote Reihe 6, 30169 Hannover
Burger, Willi*	Vorstandsvorsitzender der Berliner Sparkassenstiftung Medien, Bundesallee 171, 10889 Berlin
Dipl.- Kffrau **Burghardt,** Andrea	VRD EnergieStiftung, Q 5, 22, 68161 Mannheim
MA Int. Bus. **Buschmann,** Rainhard	Fundacion „Cruz del Sur" Panama und Frankfurt, Parkstraße 36, 46236 Bottrop
Prof. Dr. Frhr. von **Campenhausen,** Axel	Erster Vorsitzender des Bundesverbandes Deutscher Stiftungen, Präsident der Klosterkammer Hannover i. R., Oppenbornstraße 5, 30559 Hannover
Casadei, Bernardino**	Fondazione Cariplo, Via Manin 23, 20121 Mailand Italien
Dr. **Christiansen,** Ursula**	Stadt Köln, Johannisstraße 66–80, 50668 Köln
Dipl.-Betriebswirt **Christmann,** Jörg	Carls Stiftung, Am Hasensprung 17, 61462 Königstein
Claahsen, Paul	Stiftungsverwaltung Stadt Münster, Junkerstraße 1, 48147 Münster
Coböken, Andrea*	Vorstandssekretariat, Bonner Sportstiftung der Sparkasse Bonn, Friedensplatz 1, 53111 Bonn
Dr. **Convents,** Ralf	SK Stiftung Kultur, Im Mediapark 7, 50670 Köln
Cornelsen, Claudia	Art d' Eco Agentur für Kommunikation, Augusta-Anlage 27, 68165 Mannheim
Dr. **Danylow,** Peter	Otto Wolff-Stiftung, Marienburger Straße 19, 50968 Köln
Davies, Marita	Stadt Frankfurt am Main, Sandgasse 6, 60311 Frankfurt am Main

Dr. **Degen,** Christoph**	Arbeitsgemeinschaft für gemeinnützige Stiftungen AGES, Beim Goldenen Löwen 13, CH-4052 Basel
Dr. jur. **Dehesselles,** Thomas	KPMG, Marie-Curie-Straße 30, 60439 Frankfurt am Main
Denker, Kaspar**	Bundesverband Deutscher Stiftungen, Binger Straße 40, 14197 Berlin
Denne, Willi	Deutsche Tanzkompanie, Wilhelm-Riefstahl-Platz 7, 17235 Neustrelitz
Denzer, Georg*	Landratsamt Main-Tauber-Kreis, Gartenstraße 1, 97941 Tauberbischofsheim
Dr. **Derenbach,** Rolf**	Deutscher Landkreistag, Lennéstraße 17, 10785 Berlin
Detlefs, Lars**	UBS Asset Management GmbH, Stephanstraße 14–16, 60313 Frankfurt am Main
Dr. **Deufel,** Konrad	Weinhagen Stiftung, Alter Markt 1, 31134 Hildesheim
Diehl, Rolf	Horst-Rhode-Stiftung, Barerstraße 44, 80799 München
Diel, Eva**	Joachim-Schumann-Schule, Poststraße 1, 64832 Babenhausen
Dr. **Dingwort-Nusseck,** Julia	Ehrenmitglied des Bundesverbandes Deutscher Stiftungen, Präsidentin der Landeszentralbank in Niedersachsen i. R., Leipoldstieg 7, 22605 Hamburg
Doose, Wolfgang	Stiftung Zukunftsfähigkeit, Kronprinzenstraße 14, 53173 Bonn
Dörrich, Hans-Jürgen	Dr. Heinz und Anita Lütke Stiftung, Strässchensweg 3, 53113 Bonn
Driebold, Antje*	Presse- und Öffentlichkeitsarbeit, Stadtsparkasse München, Gabelsberger Straße 48E, 80333 München
Dünkel, Bibiane	Dresdner Bank AG, Neckarstraße 11–13, 60301 Frankfurt am Main

Ebeling, Katja	VolkswagenStiftung, Kastanienallee 35, 30519 Hannover
Eckert, Martin	Christien-Vorrath-Stiftung, Südring 36, 22303 Hamburg
Dr. **Eckstein,** Michael	Nachtigallenweg 8, 22926 Ahrensburg
Ehrhardt, Bernd	St. Nikolai Stift zu Hannover, An der Strangriede 41, 30167 Hannover
Ehrle, Bernhard	Bischöfliches Ordinariat, Luitpoldstraße 2, 85072 Eichstätt
Ehrlich, Jürgen**	Deutsche Immobilien Fonds AG (DIFA), Caffamacher Reihe 8, 20355 Hamburg
Eickhoff, Bettina	Gemeinnützige Treuhandstelle e.V., Postfach 100829, 44708 Bochum
Eilinghoff, Dirk	Bertelsmann Stiftung, Carl-Bertelsmann-Straße 256, 33311 Gütersloh
RA **Embacher,** Hans-Ulrich	Georg-Haindl-Wissenschaftsstiftung, Georg-Haindl-Straße 5, 86153 Augsburg
Endler, Harald	Richard Emondts-Stiftung, Bergstraße 116, 69121 Heidelberg
Engels, Rolf	J. Wilhelm Tenten-Stiftung Bonn, Kesselgasse 5, 53111 Bonn
Prof. Dr. **Englert,** Siegfried	Klaus Tschira Stiftung gGmbH, Schloss-Wolfsbrunnenweg 33, 69118 Heidelberg
Enzmann, Annette**	Bezirksregierung Köln, Zeughausstraße 2–10, 50667 Köln
Dipl.-Kfm. **Erdle,** Thomas	Geschäftsführer des Kölner Gymnasial- und Stiftungsfonds, Stadtwaldgürtel 18, 50931 Köln
Prof. Dr. **Erhardt,** Manfred	Beiratsmitglied des Bundesverbandes Deutscher Stiftungen, Generalsekretär des Stifterverbandes für die Deutsche Wissenschaft, Barkhovenallee 1, 45239 Essen

Erlenkamp, Edeltrud	Versorgungshaus und Wiesenhüttenstift, Richard-Wagner-Straße 11, 60318 Frankfurt am Main
Ernst, Ulrich*	Referat des Oberbürgermeisters der Stadt Mühlheim an der Ruhr, 45468 Mühlheim
Dr. **Ernsting,** Bernd	Letter Stiftung, Wieselweg 4, 50996 Köln
Esser, Hans-Werner	Geschäftsführer der Stiftung Deutsche Welthungerhilfe, Joachimstraße 9, 53113 Bonn
Euman, MdL, Marc Jan**	Landtagswahlkreisbüro, Mülheimer Freiheit 127, 51063 Köln
Fech, Laetitia Cistercienserin	Stiftung Kultur- und Begegnungszentrum Abtei-Waldsassen, Basilikaplatz 2, 95652 Waldsassen
Fehrenbach, Manfred	Geschäftsführer der Stiftung Naturschutz-fonds beim Ministerium Ländlicher Raum Baden-Württemberg, Kernerplatz 10, 70182 Stuttgart
Frhr. von **Feilitzsch,** Joachim	Dr. Hans Vießmann-Stiftung, Dittrichplatz 4, 08523 Plauen
Feldmann, Josef	Deutsche Bundesstiftung Umwelt, An der Bornau 2, 49090 Osnabrück
Fernkorn, Karin	Stiftungen v. Bodelschwinghsche Anstalten Bethel, Quellenhofweg 25, 33617 Bielefeld
Fezer, Isabel**	Bürgermeisterin Welt-Kloster, Marktplatz 2, 78315 Radolfzell
Fichtl, Helmut	Vorstandsmitglied der Dr. Alfred und Alice Ammelburg-Stiftung, Am Fohlengarten 6 e, 85764 Oberschleißheim
Dr. **Fischer,** Peter	Benediktenwand 8, 81545 München
Fischer, Peter	Geschäftsführer der Alida Schmidt-Stiftung, Finkenau 31, 22081 Hamburg

Fischer, Peter W.**	DPA Köln
Dr. **Flitner,** Hugbert	Geschäftsführer der Bürgerstiftung Hamburg, Mittelweg 120, 20148 Hamburg
Dipl.-Ing. **Föllmer,** Ottmar	Vereinigte Kirchen- und Klosterkammer, Alfred-Hess-Straße 34, 99094 Erfurt
Förster, Lutz	Im Sonnenschein 56, 54292 Trier
Prof. Dr. Dr. **Fox,** Johannes M.	Vorsitzender des Stiftungsvorstandes des St. Marien-Hospitals, Kunibertskloster 11, 50668 Köln
Dr. **Friedrich-Rust,** Hilmar	Herbert-Reeck-Stiftung, Münsterplatz 1–3, 53111 Bonn
Fröchtling, Günter	Geschäftsführer der Friedrich Weinhagen Stiftung, alter Markt 1, 31134 Hildesheim
Frühwald, Stefan	Diözese Augsburg, Fronhof 4, 86152 Augsburg
RA Graf **Fugger** **von Glött,** Albert	Seniorratsvorsitzender der Fürstlich und Gräflich Fuggerschen Stiftungen Augsburg, Hauptstraße 2, 87757 Kirchheim
Gabor, Thilo**	Erftstraße 31, 40219 Düsseldorf
Dr. **Gahl,** Wolf Mathias**	Stadt Offenburg, PF 2450, 77614 Offenburg
Dipl.-Ing. **Gardyan,** Manfred	Skoetenstraße 24, 38302 Wolfenbüttel
Ass jur. **Gebhardt,** Katherina	Stiftung Bauhaus Dessau, Gropiusallee 38, 06846 Dessau
Gehrmann, Gesche	GEW-Stiftung Köln, Parkgürtel 24, 50823 Köln
Dr. **Geiger,** Annamaria	Stadt Hildesheim, Markt 2, 31134 Hildesheim
Geipel, Peter	Zentralinstitut für kirchliche Stiftungen, Wilhelmstraße 7, 65185 Wiesbaden
Geissler, Clemens	Stiftung Internationales Begegnungszentrum St. Marienthal, Hartliebweg 8, 30853 Langenhagen

Gemmeke, Franz	Stiftung Rudolph von der Tinnen, Klosterstraße 13, 48143 Münster
Gerdon, Peter	Verwaltungsoberrat des Waisenhauses Frankfurt, Bleichstraße 12, 60313 Frankfurt am Main
Pastor EM. **Gerlach,** Christian-Heinrich	Ernst und Claere Jung Stiftung, Elbchaussee 228, 22605 Hamburg
Gerstberger, Günter	Robert Bosch Stiftung, Heidehofstraße 31, 70184 Stuttgart
Glogowsky, Heinz-Dieter	J. Wilhelm Schreiber-Stiftung, Neckarstraße 11–13, 60301 Frankfurt am Main
Gockeln, Joachim	Frankfurter Sparkasse, Neue Mainzer Straße 47–53, 60255 Frankfurt am Main
Prof. Dr. **Göpel,** Eberhard	Zukunftsfonds Gesundheitsförderung, Goethestraße 25, 39108 Magdeburg
Gordes, Birgit**	Kreishandwerkerschaft Köln, Frankenwerft 35, 50667 Köln
Prof. Dr. **Göring,** Michael	Beiratsmitglied des Bundesverbandes Deutscher Stiftungen, Geschäftsführendes Vorstandsmitglied der ZEIT-Stiftung Ebelin & Gerd Bucerius, Feldbrunnenstraße 56, 20148 Hamburg
Gottlob, Hildegard	Georg-Gottlob-Stiftung, Daimlerstraße 10, 45133 Essen
Dr. **Gottwald,** Franz-Theo	Schweisfurth-Stiftung, Südliches Schlossrondell 1, 80638 München
Götz, Thomas*	Amt für Straßenverkehr und Ordnung des Landkreises Biberach, Dezernat 6, Rollinstraße 9, 88400 Biberach
Graeger, Lennart	Dresdner Bank AG, Neckarstraße 11–13, 60301 Frankfurt am Main
Grimm, Hans-Joachim	Deutscher Herold, Offenbachplatz 21, 50667 Köln

Grobelny, Hans-Jürgen*	Grafschafter Sparkassenstiftung, 48522 Grobelny
Dipl.-Päd. **Grobusch**, Petra	Kämpgen-Stiftung, Mathiaskirchplatz 5, 50968 Köln
Dr. **Gronemann**, Josef	Solidaris Revisions-GmbH Wirtschaftsprüfungsgesellschaft, Landgrafenstraße 31–35, 50931 Köln
Großjohann, Klaus	Kuratorium Deutsche Altershilfe, Wilhelmine-Lübke-Stiftung e.V., An der Pauluskirche 3, 50677 Köln
Grouwet, Carl	Kulturstiftung Dessau Wörllitz, Schloss Großkühnau, 06846 Dessau
Dr. **Grünewald**, Bernd	Die Umweltstiftung der HEW, Überseering 12, 22297 Hamburg
Grünhaupt, Siegfried W.	Evangelische Kirche von Westfalen, Altstädter Kirchplatz 5, 33602 Bielefeld
Grünitz, Anja	PP Business Protection GmbH, Parkallee 17, 20144 Hamburg
Guba, Christine	Deutsche Bank AG, Ludwigsstraße 8–10, 55116 Mainz
Gurk, Rainer**	Leitender städtischer Verwaltungsdirektor der Stadt Leverkusen, Fachbereich Kinder und Jugend, Goetheplatz 1–4, 51379 Leverkusen
Gutjahr-Löser, Peter**	Sächsische Akademie der Wissenschaften, Ritterstraße 26, 04109 Leipzig
Gützkow, Kerstin*	Landschaftsverband Rheinland, Kulturamt, Ottoplatz 2, 50679 Köln
Dr. **Haase**, Cordula	Deutsche Bank AG, Ludwigsstraße 8–10, 55116 Mainz
Dr. **Haass**, Dieter	Spinozastraße 25, 67663 Kaiserslautern
Prof. Dr. Dr. h.c. **Haber**, Wolfgang	Vorsitzender des Kuratoriums der Allianz Umweltstiftung, Untergartelshauser Weg, 85356 Freising

Dr. **Hagenguth-Werner,** Edith	Haniel-Stiftung, Franz-Haniel-Platz 1, 47119 Duisburg
Prof. Dr. Dr. **Hammerschmidt,** Rudolf	Vorstandsvorsitzender der Bank für Sozialwirtschaft AG, Wörthstraße 15–17, 50668 Köln
Ass. jur. **Hanagarth,** Norbert	Dresdner Bank AG, Neckarstraße 11–13, 60301 Frankfurt am Main
Hasslinger, Hans-Georg	Paul & Yvonne Gillet Stiftung, Kappesgärten 4–6, 67483 Edesheim
Hastedt, Ingrid	Wohlfahrtswerk für Baden-Württemberg, Falkertstraße 29, 70176 Stuttgart
Haumann, Helmut	GEW Stiftung Köln, Parkgürtel 24, 50823 Köln
Hauser, MdB, Norbert**	Platz der Republik, 11011 Berlin
Hauska, Birgit	SK Stiftung Kultur, Im Mediapark 7, 50670 Köln
Hautop, Veronika	Geschäftsführerin der Stiftung Dr. Heines, Rockwinkeler Landstraße 110, 28325 Bremen
Hautop, Wilfried	Mitglied des Kuratoriums der Stiftung Dr. Heines, Rockwinkeler Landstraße 110, 28325 Bremen
Dipl.-Ing. **Heidmer,** Gabriele	Stiftung Industriedenkmalpflege und Geschichtskultur, Emscherallee 11, 44369 Dortmund
Heidrich, Heinz-Peter	Bank im Bistum Essen EG, Gildehofstraße 2, 45127 Essen
Heise, Gerhard**	the right base, Riehler Straße 231, 50735 Köln
Helm, Frank	Deutscher Herold, Poppelsdorfer Allee 25–33, 53115 Bonn
Dr. **Hemfort,** Elisabeth	Gerda Henkel Stiftung, Malkastenstraße 15, 40211 Düsseldorf

Hener, Wolfgang	Dr. Hermann-Schmitt-Vockenhausen-Stiftung, Berliner Freiheit 16, 53111 Bonn
Ass. iur. **Henkel,** Tobias	Bundesverband Deutscher Stiftungen, Binger Straße 40, 14197 Berlin
Dr. **Herbert,** Willi	Energiestiftung Schleswig-Holstein, Dänische Straße 3–9, 24103 Kiel
Herbold, Albert	Horst-Richard-Kettner-Stiftung, Reichsstraße 4, 14052 Berlin
Herfurth, Rudolf	Else Kröner-Fresenius-Stiftung, Gluckensteinweg 10–14, 61350 Bad Homburg
Hering, Bärbel*	Jugendförderungswerk der Sparkasse Aachen/Kulturstiftung der Sparkasse Aachen, Friedrich-Wilhelm-Platz 1–4, 52059 Aachen
Herrmann, Eberhard	Richard-Drautz-Stiftung, Bruchsaler Straße 32, 74080 Heilbronn
Dipl.-Volksw. **Herrmann,** Gabriele	Max-Bock-Straße 35, 60596 Frankfurt am Main
Dr. **Herrmann,** Susanne	Landeshauptstadt München, Orleansplatz 11, 81667 München
Hertel, Katja	Dresdner Bank AG, Neckarstraße 11–13, 60301 Frankfurt am Main
Heße, Andreas	Ev.-Luth. Landeskirche Hannover, Rote Reihe 6, 30169 Hannover
Dr. **Heuel,** Markus	Stifterverband für die Deutsche Wissenschaft, Barkhovenallee 1, 45239 Essen
von der **Heyden,** Dietrich	Stiftung Frauenkirche Dresden, Baustelle Frauenkirche Neumarkt, 01067 Dresden
Hieronimus, Antje	Evangelische Kirche im Rheinland, Hans-Böckler-Straße 7, 40476 Düsseldorf
Dr. **Hillekamps,** Bernd	CLEMENTIA Verein zur Förderung gemeinnütziger und kirchlicher Zwecke e. V., Goltsteinstraße 17, 40211 Düsseldorf

Hinrichs, Andreas	Jugendförderung der Spar- und Leihkasse zu Bredstedt, Markt 29, 25821 Bredtstedt
von **Hippel,** Klaus	Stiftung Schleswig-Holsteinische Landschaft, Martensdamm 2, 24103 Kiel
Hock, Ludwig A.	Evangelische Schulstiftung in Bayern, Gleißbühlstraße 7, 90402 Nürnberg
Dipl. Kfm. **Hof,** Philipp	Kinderfonds Stiftungszentrum, Watteaustraße 1, 81479 München
Höfllich, Priska	SK Stiftung Kultur, Im Mediapark 7, 50670 Köln
Hofmann, Harald	Pfälzer Kath. Kirchenschaffnei, Eisenlohrstraße 8, 69033 Heidelberg
Hofmeister, Susanne**	ddp Nachrichtenagentur
Hohmann, Gerhard	Verwaltungsoberrat des St. Katharinen- und Weißfrauenstifts, Eschenheimer Anlage 31 A, 60318 Frankfurt am Main
Holtz, Jürgen*	Sportstiftung und Kulturstiftung der Sparkasse Steinfurt, Bahnhofstraße 2-4, 48565 Steinfurt
Hornickel, Heidi	Stiftung Nord-Süd-Brücken, Greifswalder Straße 4, 10405 Berlin
Hornung, Rita	Marianne von Weizsäcker Fonds, Grünstraße 99, 50063 Hamm
Hoyer, Elisabeth	Stiftung Erwin Baer, Uferstraße 26, 22113 Oststeinbek
Hoyer, Thomas	Diözesan-Caritasverband Köln, Georgstraße 7, 50676 Köln
Hoymann, Wolfgang**	Geschäftsführer der Sparkassen-Kulturstiftung Rheinland, Kirchfeldstraße 60, 40217 Düsseldorf
Hüllenkremer, Marie**	Kulturdezernat Köln, Richartzstraße 2–4, 50667 Köln

Graf von **Hundt,** Wolf-Dietrich	Beiratsmitglied des Verbandes Deutscher Wohltätigkeitsstiftungen, Administrator der Fürstlich und Gräflich Fuggerschen Stiftungen, Fuggerei 56, 86152 Augsburg
Dr. **Hünnekens,** Ludger	Geschäftsführendes Mitglied des Stiftungsrates der Allianz Kulturstiftung, Maria-Theresia-Straße 4a, 81675 München
Huth, Roland	Diözese Würzburg, Domerschulstraße 2, 97070 Würzburg
Prof. Dr. **Hüttemann,** Rainer	Beiratsmitglied des Bundesverbandes Deutscher Stiftungen, Lehrstuhl für Bürgerliches Recht, Handels-, Wirtschafts- und Steuerrecht der Universität Osnabrück, Katharinenstraße 13–15, 49069 Osnabrück
Dipl.-Päd. **Illigner,** Annette	Stiftungs- und GemeinwohlService, Beethovenstraße 2, 12247 Berlin
Iseke, Jörg H.**	Stiftung Kalkwerke Oetelshofen, Hahnenfurth 5, 42327 Wuppertal
Iser, Hans	Peter und Traudl Engelhorn-Stiftung, Tannenweg 3, 68766 Hockenheim
Isermeyer, Bernhard	Evangelische Stiftung Neuerkerode, 38173 Sickte-Neuerkerode
Issen, Sandra	Geschäftsführerin der Hamburgischen Kulturstiftung, Chilehaus C, Buchardstraße 13, 20095 Hamburg
Jäger, Karin	Wirtschaftliche Stiftungsberatung, Zum Bachstaden 18, 63674 Altenstadt
Jakobs, Rudolf	Otto Wolff-Stiftung, Marienburger Straße 19, 50968 Köln
Janenz, Stefanie	Voigtstraße 36/37, 10247 Berlin
Janowsky, Wolfgang	Stiftungsaufsicht der Evang.-Luth. Kirche in Bayern, Bischof-Meiser-Straße 16, 91522 Ansbach

Prof. **Jansen,** Martha	Allg. Hannoverscher Klosterfonds, Eichstraße 4, 30161 Hannover
Janßen, Alfred	Oldenburgische Landesbank AG, Stau 15/17, 26122 Oldenburg
Jerschke, Harald**	Regionalstiftung der niedersächsischen Sparkassen, Schiffgraben 6–8, 30158 Hannover
Joka, Herbert**	freier Journalist
Dr. **Jung,** Sabine**	AsKI Arbeitskreis selbstständiger Kultur-Institute, Prinz-Albert-Straße 34, 53113 Bonn
Dr. **Jürgens,** Caspar	Am Rodderberg 18, 53343 Wachtberg
Dr. **Kaehlbrandt,** Roland	Gemeinnützige Hertie-Stiftung, Lyoner Straße 15, 60528 Frankfurt am Main
Dr. **Kahl,** Heike	Beiratsmitglied des Bundesverbandes Deutscher Stiftungen, Geschäftsführerin der Deutschen Kinder- und Jugendstiftung, Chausseestraße 29, 10115 Berlin
Kammerbauer, Cornelia	Stiftungsaufsicht der Evang.-Luth. Kirche in Bayern, Bischof-Meiser-Straße 16, 91522 Ansbach
Kammerschen, Bernd Dietmar	Sächsische Landesstiftung Natur und Umwelt, Neustädter Markt 19, 01097 Dresden
Karg, Hans-Georg	Ehrenmitglied des Bundesverbandes Deutscher Stiftungen, Ehrenvorsitzender des Vorstandes der Hertie-Stiftung und der Gemeinnützigen Hertie-Stiftung, Vorsitzender des Stiftungsrates der Karg-Stiftung, Lyoner Straße 15, 60528 Frankfurt am Main
Kauffmann, Dietrich	Elfgenweg 27, 40547 Düsseldorf
Kempe, Nicole**	Deutsche Bank AG, Ludwigsstraße 8–10, 55116 Mainz
Ritter von **Kempski,** Hubertus	Stiftungsmanagement, Vereins- und Westbank AG, Alter Wall 22, 20457 Hamburg

Kern, Wolfgang	Evangelisches Johannesstift Berlin, Schönwalder Allee 26, 13587 Berlin
Dr. **Kerscher,** Rudolf	Fritz Thyssen Stiftung, Am Römerturm 3, 50667 Köln
Kirchner, Kurt	Guttempler-Stiftung, Röhlstieg 4d, 22159 Hamburg
Ass. iur. **Kirmse,** Doreen**	Bundesverband Deutscher Stiftungen, Binger Straße 40, 14197 Berlin
Klatt, Lothar	Ulmer Stiftung Medizinforschung, Kronengasse 4/2, 89073 Ulm
Dipl.-Ök. **Kleffmann,** Thomas	Bankhaus Delbrück & Co, Gereonstraße 15–23, 50670 Köln
Dr. **Klein,** Bernd	Stiftung Westfalen, Haumannplatz 28/30, 45310 Essen
Klein, Christoph M.**	Christliches Jugenddorfwerk Deutschland e.V., Amelungstraße 50, 29225 Celle
Kleiner, Regina	Stiftung Archäologie, Kennedy-Ufer 2, 50679 Köln
Kleinwächter, Ingo**	Regierungspräsidium Dessau, Kühnauer Straße 161, 06846 Dessau
Klett, Gerhard	Graf v. Pückler und Limpug'sche Wohltätigkeitsstiftung, Graf-Pückler-Straße 19, 74405 Gaildorf
Prof. Dr. **Klie,** Thomas**	Evangelische Fachhochschule, Bugginger Straße 38, 79114 Freiburg
RA Dr. **Klocke,** Rainer**	KölnerAnwaltVerein e. V., Luxemburger Straße 101, 50939 Köln
Knappe, Bernhard**	Abteilungsdirektor Stiftungen, Bayerische Landesbank, Brenner Straße 18, 80333 München
Knäusl, Katharina	Leiterin der Stiftungsverwaltung der Landeshauptstadt München, Orleansplatz 11, 81667 München

Knittel, Jürgen**	Evangelischer Oberkirchenrat, Gänsheidestraße 4, 70012 Stuttgart
Koch, Gyn Olaf	Mahle Stiftung GmbH, Leibnizstraße 35, 70193 Stuttgart
Koeckstadt, Wolfgang	Bertelsmann Stiftung, Carl-Bertelsmann-Straße 256, 33311 Gütersloh
Kohler, Karin	Dresdner Bank AG, Pariser Platz 6, 10117 Berlin
Dr. **Köhler,** Gerhard**	beim Beauftragten der Bundesregierung für Angelegenheiten der Kultur und der Medien, Graurheindorfer Straße 198, 53117 Bonn
Dr. Frhr. von **König,** Dominik	Beiratsmitglied des Bundesverbandes Deutscher Stiftungen, Generalsekretär der Stiftung Niedersachsen, Künstlerhaus, Sophienstraße 2, 30175 Hannover
Prof. **König,** Kasper**	Museum Ludwig Köln, Bischofsgartenstraße 1, 50667 Köln
RA StB Dr. **Koppenhöfer,** Jörg	Bundesverband Deutscher Stiftungen, Vorstandsvorsitzender der Wilhelm Sander-Stiftung, Goethestraße 74, 80336 München
Dr. **Kordes,** Aloys	Eden-Stiftung, Königsteiner Straße 107, 65812 Bad Soden/Ts.
Dr. **Korn,** Horst**	Internationale Naturschutzakademie Insel Vilm des Bundesamtes für Naturschutz, 18581 Putbus
Korn M. A., Mathias	Stiftung Kloster Volkenroda, Brunnenstraße 52, 65520 Bad Camberg
Körner, Hedda	AWO Rheinlandstiftung, Venloer Wall 15, 50672 Köln
Koss, Claus	Kornweg 17, 93049 Regensburg
Kost, Ulrike**	Kirchenrechtsdirektorin der Evangelischen Pflege Schönau, Zähringer Straße 18, 69115 Heidelberg

Dr. **Kramer,** Heike**	Deutscher Sparkassen- und Giroverband, Behrenstraße 31, 10117 Berlin
Dr. **Kramer,** Ralph	Johann-Bernhard-Mann-Stiftung, Altenburgstraße 11, 53125 Bonn
Krämer, Karoline	Leitende Magistratsdirektorin, Rathaus Römer, 60275 Frankfurt am Main
Dr. **Kramp,** Rita	SK Stiftung Kultur, Im Mediapark 7, 50670 Köln
Dr. **Krane,** Hans-Günter	Friedrich Weinhagen Stiftung, Alter Markt 1, 31134 Hildesheim
Min. Dir. A. D. **Kreuser,** Kurt	Ehrenmitglied des Bundesverbandes Deutscher Stiftungen, Geschäftsführendes Vorstandsmitglied der Stiftung von 1803, Leonardusstraße 42, 53175 Bonn
Prof. Dr. **Kröger,** Gerhard	Barisch-Stiftung Bielefeld, Tresckowstraße 17, 48163 Münster
Kröll, Klaus-Walter	Tempelhofer Weg 15, 32547 Bad Oeynhausen
Dr. iur. **Krömer,** Eckart	Gerhard ten Doornkaat Koolman-Stiftung, Ubbo-Emmius-Straße 2A, 26721 Emden
Krüger, Elke**	Bundesverband Deutscher Stiftungen, Binger Straße 40, 14197 Berlin
Dr. **Krüger,** Ingo*	Geschäftsleitung der Bayerischen Sparkassenstiftung, Karolinenplatz 5, 80333 München
Dr. **Krüger,** Kay*	Detusche Stiftung Denkmalschutz, Koblenzer Straße 75, 53177 Bonn
Krüger, Michael	Ehlerding Stiftung, Rothenbaumchaussee 42, 20148 Hamburg
Dr. **Krull,** Wilhelm	Beiratsmitglied des Bundesverbandes Deutscher Stiftungen, Generalsekretär der VolkswagenStiftung, Kastanienallee 35, 30519 Hannover
Krumsiek, Jörg Eduard	Deutsche Bank Stiftung Alfred Herrhausen „Hilfe zur Selbsthilfe", Bockenheimer Landstraße 42, 60323 Frankfurt am Main

Kube, Reinhold Johannes	Fasel-Stiftung, Wilhelmshöhe 6, 47058 Duisburg
Kübel, Karl	Ehrenmitglied des Bundesverbandes Deutscher Stiftungen, Gründer der Karl Kübel Stiftung für Kind und Familie, Darmstädter Straße 100, 64625 Bensheim
Dipl. Päd. **Kufeld,** Klaus	Stiftung Ernst-Bloch-Zentrum, Walzmühlstraße 2, 67061 Ludwigshafen
Kügow, Ariane**	Bundesverband Deutscher Stiftungen, Binger Straße 40, 14197 Berlin
Kuhlmann, Hartmut	Verlag Schwarzenraben, Kautstraße 5–13, 44867 Bochum
Kuhlmann, Sabina	Europa-Kolleg Hamburg, Windmühlenweg 27, 22607 Hamburg
Kühn, Julian	Gemeinnützige Treuhandstelle e. V., Oskar-Hoffmann-Straße 25, 44789 Bochum
Kühnen, Angela	Gerda Henkel Stiftung, Malkastenstraße 15, 40211 Düsseldorf
Kühner, Wilfried**	Sächsisches Staatsministerium für Kultus, Dresden, Carolaplatz 1, 01097 Dresden
Kulenkampff, Christoph	Schader-Stiftung, Karlstraße 85, 64285 Darmstadt
Künzel, Alexander	Vorstandsmitgliede der Bremer Heimstiftung, Marcusallee 39, 28359 Bremen
Prof. Dr. **Küpper,** Tassilo	Universität zu Köln, Albertus-Magnus-Platz, 50923 Köln
Ass. jur. **Labatzky,** Markus	Curt und Maria Meyer-Stiftung, Neckarstraße 11–13, 60301 Frankfurt am Main
Lahmann M. A., Elke	Bürgerstiftung Göttingen, Robert-Koch-Straße 2, 47075 Göttingen
Land, Rainer*	Rhein-Sieg-Kreis, Kaiser-Wilhelm-Platz 1, 53721 Siegburg

Landskron, Ulrich	Leitender Verwaltungsdirektor der Evang. Wohltätigkeitsstiftung, Alte Manggasse 3, 93047 Regensburg
Langanke, Harriet	Deutsche Aids-Stiftung, Markt 26, 53111 Bonn
Dr. **Lemper,** Lothar Theodor	Kreissparkasse Köln, Neumarkt 18–24, 50667 Köln
Dr. **Lentrodt,** Hans-Dieter	Günther Rid-Stiftung, Theatiner Straße 47, 80333 München
Dr. **Lerch,** Wolfgang	Stiftung Industrieforschung, Marktstraße 8, 50968 Köln
Leutloff-Simons, Ute	Brendan-Schmittmann-Stiftung, Belfortstraße 9, 50668 Köln
Dr. **Lex,** Peter	Vorstandsmitglied des Bundesverbandes Deutscher Stiftungen, Sozietät Dr. Mohren & Partner, Max-Joseph-Straße 7 b, 80333 München
Dr. rer. pol. **Linden,** Gerhards S.	Friedrich Flick Förderungsstiftung, Inselstraße 18, 40479 Düsseldorf
Linnemann, Martina	Evangelische Kirche Westfalen, Altstädter Kirchplatz 5, 33602 Bielefeld
Linsenmeier, Helmut**	Regierung der Oberpfalz, Emmeramsplatz 8, 93039 Regensburg
Dr. **Litzel,** Susanne	Kulturstiftung der Deutschen Wirtschaft, Breite Straße 29, 10178 Berlin
Dr. **Lorz,** Robert**	21 Avenue de Labreuvoir, F-78170 La Celle Saint-Cloud
Luberstetter, Susanne	Allianz Umweltstiftung, Marie-Theresia-Straße 4 a, 81675 München
Lucks, Christoph**	Senatskanzlei Hamburg, Poststraße 11, 20095 Hamburg
Ludemann, Georg	Diözesan-Caritasverband Köln, Georgstraße 7, 50676 Köln

Lüder, Marco	Dresdner Bank AG, Neckarstraße 11–13, 60301 Frankfurt am Main
Dr. **Lütke,** Heinz	Dr. Heinz und Anita Lütke Stiftung, In der Gähne 8, 58675 Hemer
Maas, Christiane	Robert Bosch Stiftung, Heidehofstraße 31, 70184 Stuttgart
Machlitt, Caren**	Bundesverband Deutscher Stiftungen, Binger Straße 40, 14197 Berlin
Prof. Dr. **Madeja,** Michael	Gemeinnützige Hertie-Stiftung, Lyoner Straße 15, 60528 Frankfurt am Main
Dipl.-Volksw. **Mahle,** Reinhard	Mahle Stiftung GmbH, Leibnizstraße 35, 70194 Stuttgart
Marheineke, Horst Dieter	Beiratsmitglied des Bundesverbandes Deutscher Stiftungen, Vorstandsmitglied der Alfried Krupp von Bohlen und Halbach-Stiftung, Am Brandenbusch 12, 45133 Essen
Dipl. Kfm. **Marquard,** Josef	DELOITTE & TOUCHE, Isartorplatz 1, 80331 München
Martin M. A., Jörg	Geschäftsführer der Stiftungsagentur GmbH, Vockrather Straße 1, 41472 Neuss
Dr. RA **Matschke,** Wolfgang	Beiratsmitglied des Verbandes Deutscher Wohltätigkeitsstiftungen, Stiftsrechtswahrer des St. Katharinen- und Weißfrauenstifts, Mainzer Landstraße 16, 60325 Frankfurt am Main
Matthes, Joachim**	Bundesverband Deutscher Stiftungen, Binger Straße 40, 14197 Berlin
Maurer M. A., Janine**	Bundesverband Deutscher Stiftungen, Binger Straße 40, 14197 Berlin
RA Dr. **Mecking,** Christoph	Geschäftsführer des Bundesverbandes Deutscher Stiftungen, Binger Straße 40, 14197 Berlin
Meier, Herbert	Gemeinnützige Treuhandstelle e. V., Oskar-Hoffmann-Straße 25, 44789 Bochum

Meierhöfer, Volker*	Kulturpflege und Kulturförderung der Sparkasse Neuss, Abt. 956, Oberstraße 110–124, 41460 Neuss
Meller, Wilhelm	Erzbischöfliches Generalvikariat, Marzellenstraße 32, 50668 Köln
Dr. **Menges,** Patrick	Messerschmitt Stiftung, München, Pfenzenauer Straße 17, 81679 München
Dr. **Merk,** Silvia**	Journalistin, Petersbergstraße 8, 53819 Neunkirchen-Sellscheid
Prof. Dr. **Meyer,** Bernd**	Beigeordneter und Leiter des Dezernats für Schule, Kultur un d Sport, Deutscher Städte- und Gemeindebund, Lindenallee 13–17, 50968 Köln
Meyer, Hans Peter	Frankfurter Sparkasse, Neue Mainzer Straße 47–53, 60255 Frankfurt am Main
RA **Meyer,** Norbert	Heinz Daemen-Stiftung, Darmstädter Straße 30, 64385 Reichelsheim
Meyer, Sven	Patriotische Gesellschaft von 1765, Trostbrücke 4–6, 20457 Hamburg
Ass. jur. **Mikoleit,** Knut	Dr. Hans-Joachim und Ilse Brede-Stiftung, Neckarstraße 11–13, 60301 Frankfurt am Main
Milke, Klaus	Stiftung Zukunftsfähigkeit, Kaiserstraße 201, 53113 Bonn
Mittag, Klaus	Dresdner Bank AG, Jungfernstieg 22, 20349 Hamburg
Dipl. Kfm. **Mittler,** Hans-Jürgen	Marienhaus-Stiftung, Heidelberg, Poststraße 14, 69115 Heidelberg
Mögling, Annika	Bastionstraße 5, 21335 Lüneburg
Möller, Rolf	Heisterbachstraße 40, 53173 Bonn
Mörtl, Heinrich	Heinrich Mörtl Stiftung, Ludwigsstraße 8–10, 55116 Mainz
Möwisch, Anja	Nachmittagsweg 3c, 30539 Hannover

Morisse, Günter*	Vorstandsvorsitzender der Kulturstiftung der Kreissparkasse Lüchow-Dannenberg, Mühlentor 1–3, 29451 Dannenberg
Mühlhens, Oliver*	Kulturbüro 41, Stadt Erftkreis, 50126 Bergheim
Dipl.-Geol. **Müller,** Annerose	Kulturstiftung der Deutschen Wirtschaft, Breite Straße 29, 10178 Berlin
Müller, Helmut	An der Mannsfaust 11, 60599 Frankfurt am Main
Müller, Josef**	Bürgermeister der Stadt Köln, Laurenzplatz, 50667 Köln
Müller, Leonhard	Deutscher Herold, Poppelsdorfer Allee 25–33, 53115 Bonn
Müller, Sieghard	Christliches Jugenddorfwerk Deutschlands e.V., Teekstraße 23, 73061 Ebersbach
Dr. **Münnich,** Bernd	Hans und Mathilde Loy-Stiftung, Marsstraße 14 b, 80335 Münnich
Münnich, Jochen	Hermann Reemtsma Stiftung, Parkstraße 51, 22605 Hamburg
Münzberg M. A., Bettina	Alfred-Reinhold-Stiftung, Am Gocherberg 35, 47574 Goch
Dr. **Murmann,** Heinz	G.+H. Murmann-Stiftung, Im Wiesengrund 50, 53842 Troisdorf
Dr. iur. **Mussgnug,** Friederike	Aspergstraße 24, 70186 Stuttgart
Dr. **Nack,** Ulrich**	Oppenheim Immobilien-KAG, Marie-Curie-Straße 6, 65189 Wiesbaden
Nagel, Karl-Heinz	Delbrück-Asset.-Management, Neue Mainzer Straße 75, 60311 Frankfurt am Main
Nauhauser, Joachim	Stiftung Eben-Ezer, Alter Rintelner Weg, 32657 Lemgo
Dr. **Nentwig,** Ralf	Alfried Krupp von Bohlen und Halbach-Stiftung, Hügel 15, 45133 Essen

Dr. **Neuhoff,** Klaus	Stiftung Westermann-Westdorp, Alfred-Herrhausen-Straße 50, 58448 Witten
Prof. Dr. **Nida-Rümelin,** Julian**	Staatsminister beim Bundeskanzler, Beauftragter der Bundesregierung für Angelegenheiten der Kultur und der Medien, Bundeskanzleramt, Schlossplatz 1, 10178 Berlin
zur **Nieden,** Klaus	Horst-Richard-Kettner-Stiftung, Reichsstraße 4, 14052 Berlin
Dr. Dr. **Niemann,** Ursula	Fritz Thyssen Stiftung, Korneli-Münster-Straße 22, 50933 Köln
Nilkens, Eva-Maria	Hense + Nilkens Personalberatung GmbH + Co. KG, Viktoriastraße 53, 33602 Bielefeld
Dr. **Nissel,** Reinhard**	Bundesministerium der Justiz, 11015 Berlin
Dr. **Nitschke,** Kai**	Capital. Das Wirtschaftsmagazin Redaktion Steuern und Recht Eupener Straße 70, 50933 Köln
Nordmann, Horst	St. Nikolai Stift zu Hannover, An der Strangriede 41, 30167 Hannover
Novotny, Angela	Hermann Gutmann Stiftung, Hintere Markt Straße 64, 90441 Nürnberg
Novotny, Hans	Hermann Gutmann Stiftung, Hintere Markt Straße 64, 90441 Nürnberg
Ochs, Evelyn*	Jugendfonds Enzkreis, Landratsamt Enzkreis, Zähringer Allee 3, 75177 Pforzheim
Prof. Dr. **Olbertz,** Jan-Hendrik	Franckesche Stiftungen zu Halle, Franckeplatz I, Haus 37, 06110 Halle/Saale
von **Oppeln-Bronikowski,** Hans Eike	Rinsche & Speckmann, Rankestraße 8, 10789 Berlin
Paintl, Johannes	Josef Stanglmeier Stiftung, Münchener Straße 16, 93326 Abensberg
Pauli, Kurt	Konrad-Zuse-Freundeskreis, Bonner Straße 62, 53424 Remagen

Pfarrer **Pech,** Cyrill	Stiftung West-Östliche Begegnungen, Friedrichstraße 176–179, 10117 Berlin
Peiker, Peter	Stadt Frankfurt am Main, Sandgasse 6, 60311 Frankfurt am Main
Peiniger, Gunhild	PP Business Protection GmbH, Parkallee 17, 20144 Hamburg
Pelz, Uta*	Stadtverwaltung, Markt 1, 06295 Lutherstadt Eisleben
Penk, Gotthard**	Kultusministerium Sachsen-Anhalt, Turmschanzenstraße 32, 39118 Magdeburg
Peters, Stephan Franz	Dr. Georg-Blindenstiftung, Brunnenstraße 4, 49214 Bad Rothenfelde
Petersen, Susanne**	Journalistin, Kaiserin-Augusta-Allee 44, 10589 Berlin
Dr. Ing. **Petit,** Eberhard**	Landesbetrieb Mess- und Eichwesen NRW, Hugo-Eckener-Straße 14, 50829 Köln
Petran M. A., Sven	Herrmann-Gmeiner-Stiftung, Menzinger Straße 23, 80638 München
Dr. **Pfeifer,** Marten**	Bezirksregierung Düsseldorf, Postfach 300865, 40408 Düsseldorf
Prof. Dr. **Pforte,** Dietger	Stiftung Kulturfonds, Chausseestraße 128 A, 10115 Berlin
Pfreundschuh, Erika	Leitende Verwaltungsdirektorin des St. Katharinen- und Weißfrauenstifts, Eschenheimer Anlage 31 A, 60318 Frankfurt am Main
Pilz, Gerhard	Stiftung „Geborgen Wohnen", Überm Gänseholze 6, 99427 Weimar
Dr. **Pistor,** Hans-Henning	Friedrich Flick Förderungsstiftung, Inselstraße 18, 40479 Düsseldorf
Dipl.-Verw.Wirt **Pleisteiner,** Erhard	Verwaltungsoberamtsrat der Stadt Nürnberg, Stiftungsverwaltung, Theresienstraße 1, 90317 Nürnberg

Plum, Wilhelm Maria — Geschäftsführer der Dechamps-Stiftung, Hangstraße 40, 52076 Aachen

Poeg, Michael** — Journalist

Pohl, Georg** — Netzwerk Südost Leipzig e.V., Stötteritzer Straße 43, 04317 Leipzig

Pollak, Michael — Gemeinnützige Hertie-Stiftung, Lyoner Straße 15, 60528 Frankfurt am Main

Dr. Frhr. von **Pölnitz-Egloffstein,** Winfrid — Ehrenmitglied des Bundesverbandes Deutscher Stiftungen, Administrator a.D. der Fürstlich und Gräflich Fuggerschen Stiftungen, St. Ulrich-Straße 14, 84149 Velden/Vils

Ass. jur. **Poniatowski,** Günter — Dresdner Bank AG, Neckarstraße 11–13, 60301 Frankfurt am Main

Dr. **Post,** Albert** — Bistum Fulda, Paulustor 5, 36037 Fulda

RA **Primus,** Georg Michael — Beiratsmitglied des Bundesverbandes Deutscher Stiftungen, Oberstadtdirektor a.D. der Stadt Goslar, Bäckerstraße 101, 38640 Goslar

Prüschenk, Dieter — Vorstandsvorsitzender der Kultur- und Sozialstiftung der Sparkasse Gifhorn-Wolfsburg, Schlossplatz 3, 38518 Gifhorn

Prof. Dr. Dr. h.c. mult. **Raabe,** Paul — Beiratsmitglied des Bundesverbandes Deutscher Stiftungen, Direktor der Franckeschen Stiftungen zu Halle, Franckeplatz 1, Haus 27, 06110 Halle

Dr. **Rabels,** Peter — Stiftung Grone-Schule, Gotenstraße 12, 20097 Hamburg

Radmacher, Hanne — Kompetenz im Konflikt i.G., Hueltzstraße 32, 50933 Köln

Rassbach, Sylvia — IN VIA Katholische Mädchensozialarbeit Vorpommern e.V., Friedländer Straße 44, 17389 Anklam

Rebel, Matthias	Graf v. Pückler und Limpurg'sche Wohltätigkeitsstiftung, Graf-Pückler-Straße 19, 74405 Gaildorf
Redemann, Jürgen**	Bezirksregierung Münster, Domplatz 1–3, 48128 Münster
Ass. jur. **Regge,** Jürgen Chr.	Beiratsmitglied des Bundesverbandes Deutscher Stiftungen, Vorstandsmitglied der Fritz Thyssen Stiftung, Am Römerturm 3, 50667 Köln
Dr. **Rehmann,** Klaus	Beiratsmitglied des Bundesverbandes Deutscher Stiftungen, Vorstandsvorsitzender der Karg'schen Familienstiftung, Lyoner Straße 15, 60528 Frankfurt am Main
Prof. Dr. **Reichstein,** Joachim**	Archäologisches Landesamt Schleswig-Holstein, Brockdorff-Rantzau-Straße 70, 24837 Schleswig
Dr. **Reifarth,** Jürgen	Stiftung Caesar, Friedensplatz 16, 53111 Bonn
Dipl. Chem. Dr. **Reimann-Dubbers,** Volker	VRD EnergieStiftung, Q 5, 22, 68161 Mannheim
Remmel, Andreas	Wolsdorfer Straße 42 e, 53721 Siegburg
Remmel jr., Paul	Wolsdorfer Straße 42 e, 53721 Siegburg
Reuter, Karin	Hedwig und Robert Samuel-Stiftung, Königsallee 14, 40212 Düsseldorf
Dipl.-Journ./Kulturwiss. **Rey,** Christa	Stiftung Windsbacher Knabenchor, Heinrich-Brandt-Straße 18, 91595 Windsbach
Rhein, Axel**	Institut der deutschen Wirtschaft, Gustav-Heinemann-Ufer, 50968 Köln
Riepe, Mathias	Zukunftsstiftung Bildung in der Gemeinnützigen Treuhandstelle e.V., Oskar-Hoffmann-Straße 25, 44789 Bochum
Rimpo, Uwe	Schuldnerbegleitung i. G., Fuhrberger Straße 175, 29225 Celle

von **Rintelen,** RA Helmut	Beiratsmitglied des Bundesverbandes Deutscher Stiftungen, Jahnstraße 21, 45470 Mülheim a. d. Ruhr
Ripp, Winfried	Bürgerstiftung Dresden, Barteldesplatz 2, 01309 Dresden
Dipl.-Ing. **Ritzmann,** Jutta	Geschäftsführerin der Kunststiftung der Stadtsparkasse Magdeburg, Lübecker Straße 126, 39124 Magdeburg
Rockinger, Harald	Schleicher Stiftung, c/o Dresdner Bank AG, Erb- und Stiftungsangelegenheiten, 60301 Frankfurt am Main
Dr. **Röder,** Hein U.	Beiratsmitglied des Bundesverbandes Deutscher Stiftungen, Diözesanjustitiar Erzbischöfliches Ordinariat München, Rochusstraße 5–7, 80333 München
Röder, Jörg	Verwaltungsdirektor der Stiftungsverwaltung Freiburg i. Br., Deutschordenstraße 2, 79104 Freiburg i. Br.
Rogge, Winfrid W.	Geschäftsführer der Naspa-Stiftung „Initiative und Leistung", Rheinstraße 42–46, 65185 Wiesbaden
Rosenthal, Jürgen	Lebenshilfe-Stiftung Kreis Heinsberg, Richard-Wagner-Straße 5, 52525 Heinberg
Rossberg, Jürgen	Beiratsmitglied des Bundesverbandes Deutscher Stiftungen, Vorstandsmitglied der Thyssen Krupp AG, August-Thyssen-Straße 1, 40211 Düsseldorf
Roters, Jürgen**	Bezirksregierung Köln, Zeughausstraße 2–10, 50667 Köln
Röthel, Hans Robert	Kanzlei Dr. Mohren München, Max-Joseph-Straße 7b, 80333 München
Dr. **Rothlach,** Roswitha	Friedrichsplatz 12, 34117 Kassel
Rothweiler, Martin	EWTN Deutschland gGmbH, An der Nesselburg 4, 53179 Bonn

Rudolph, Michael	Kloster- und Studienfonds, Hennebergstraße 14, 38102 Braunschweig
RA **Ruppert,** Klaus	Frankfurter Straße 28, 61231 Nauheim
Rüther, MdR, Norbert**	SPD-Fraktion, Rathaus, Span. Bau, 50667 Köln
Prof. Dr. **Rutz,** Werner	Dr.-Walther-Liebehenz-Stiftung, Ewaldstraße 15, 37085 Göttingen
Sanders, Friedo**	Niedersächsisches Ministerium für Wissenschaft und Kultur, Leibnitzufer 9, 30169 Hannover
Ass. iur. **Sasse,** Christoph	Erich und Ilse Horst-Stiftung, c/o Dresdner Bank AG, 60301 Frankfurt am Main
Schacht, Dietrich	Kroschkestiftung für Kinder, Am Kratt 10, 22926 Ahrensburg
Dr. **Schäfer-Gölz,** Reiner	Jean-Uhrmacher-Stiftung, Oxfordstraße 21, 53111 Bonn
Prof. Dr. Dr. h.c. **Schäfers,** Josef	Bischöfliches Ordinariat Mainz, Postfach 1560, 55005 Mainz
Scharping, Hans-Joachim	Verwaltungsleiter des St. Nikolai Stifts zu Hannover, An der Strangriede 41, 30167 Hannover
Dipl.-Ing **Schaust,** Walter	Vorstandsvorsitzender der Stiftung Rhein Grafenstein, Berliner Straße 77, 55583 Bad Münster A.ST. Ebernburg
Dipl. sc. pol. Univ. **Scheifele,** Friedrich**	Sachgebietsleiter „Privates Vermögen", Max-Planck-Gesellschaft – Generalverwaltung, Postfach 10 10 62, 80084 München
Dr. von **Scheliha,** Kurt-Friedrich	Feldstraße 115, 24105 Kiel
Dr. **Scherff,** Axel	Solidaris Revisions-GmbH Wirtschaftsprüfungsgesellschaft, Landgrafenstraße 31–35, 50931 Köln

Schick, Karl**	St. Maria im Kapitol, Kasinostraße, Köln
Dr. **Schindler,** Ambros	Stifterverband, Barkhovenallee 1, 45239 Essen
Schlingenkötter, Hans	Geschäftsführer der Margarethe Krupp-Stiftung, Sommerburgstraße 16, 45149 Essen
Schlip, Harry**	Thüringer Innenministerium, Steigerstraße 24, 99096 Erfurt
RA Dr. **Schlüter,** Andreas	Beiratsmitglied des Bundesverbandes Deutscher Stiftungen, Thymiansstraße 14, 33335 Gütersloh
Schmalbrock, Rolf Ferdinand	Ernst-Abbe-Stiftung, Forstweg 31, 07745 Jena
Schmetz, Ulrich**	Regierung von Oberbayern, Maximilianstraße 39, 80538 München
Schmidt, Alexander	Bürgerstiftung für die Stadt und den Landkreis Kassel, Kasseler Sparkasse, 34111 Kassel
Dr. **Schmidt,** Gerhard	Heinz Nixdorf Stiftung, Haumannplatz 28/30, 45130 Essen
Dr. **Schmidt,** Hans-Martin	Evolutionsfonds Apfelbaum e.V., Morbacher Straße 53, 50935 Köln
Schmidtke, Frank**	Bundesverband Deutscher Stiftungen, Binger Straße 40, 14197 Berlin
Dr. **Schmidt-Ruhe,** Bernhard	Naturschutzfonds Brandenburg, Lennestraße 74, 14471 Potsdam
Dr. **Schmied,** Alexandra	Bertelsmann Stiftung, Carl-Bertelsmann-Straße 256, 33311 Gütersloh
Dr. **Schnabel,** Hubert	Direktor der Vereinigten Hospitien, Krahnenufer 19, 54290 Trier
Schneider, Bernhard*	Bürgerservice und Soziales, Stadt Offenburg, Postfach 2450, 77614 Offenburg

Schneider, Gerd*	Stiftung der Sparkasse Reutlingen zur Förderung innovativer Leistungen im Handwerk, Tübinger Straße 74, 72762 Reutlingen
Schneider, Frank	Vereins- und Westbank, Alter Wall 22, 20457 Hamburg
Schoch, Erich	Graf v. Pückler und Limpurg'sche Wohltätigkeitsstiftung, Schönblick 28, 74535 Mainhardt
Dr. **Schoenemann,** Peter**	Innenministerium NRW, Haroldstraße 5, 40213 Düsseldorf
Scholz, Horst	Carl von Ossietzky Universität Oldenburg, Ammerländer Heerstraße 114–118, 26129 Oldenburg
Schönfeld, Heike**	Bezirksregierung Detmold, Leopoldstraße, 32754 Detmold
RA Dr. **Schöppe,** Lothar	Schützenstraße 7, 48143 Münster
Prof. Dr. **Schöppe,** Wilhelm	Kuratorium für KfH Kuratorium für Dialyse und Nierentransplantation e.V., Martin-Behaim-Straße E 20, 63263 Neu-Isenburg
Dr. **Schormann,** Sabine	Geschäftsführerin der Niedersächsischen Sparkassenstiftung, Schiffgraben 6–8, 30159 Hannover
Dr. **Schorn,** Georg	Beiratsmitglied des Bundesverbandes Deutscher Stiftungen, Beiratsmitglied des Verbandes Deutscher Wohltätigkeitsstiftungen, Oberpflegamtsdirektor der Stiftung Juliusspital Würzburg, Juliuspromenade 19, 97070 Würzburg
Schramm, Hubert	Aachener Stiftung Kathy Beys, Schmiedstraße 3, 52062 Aachen
Prof. Dr. **Schratz,** Michael**	Universität Innsbruck, Schöpfstraße 3, A-6020 Innsbruck
Schröder, Alfred	Richard Emonds-Stiftung, Bergstraße 116, 69121 Heidelberg

Schröder, Gustav Adolf**	Vorstandsvorsitzender der Stadtsparkasse Köln, Vorstandsvorsitzender der SK Stiftung Kultur, Hahnenstraße 57, 50667 Köln
Schröder, Hubertus	Deutscher Herold, Poppelsdorfer Allee 25–33, 53115 Bonn
Schröder, Udo**	Christliches Jugenddorfwerk Deutschland e.V., Amelungstraße 50, 29225 Celle
Schröder M. A., Anna-Maria	Dr. Jan Schröder Beratungsgesellschaft mbH, Martinsplatz 20, 53113 Bonn
Schulte zur Hausen, Carl Heinrich	Stiftung Arboretum-Park Härle, Kaiser-Friedrich-Ring 110, 40547 Düsseldorf
Schultz, Johannes**	Amtsgericht Köln, Luxemburger Straße 101, 50922 Köln
Schulz, Jürgen	Björn Schulz Stiftung, Stromstraße 47, 10551 Berlin
Schulz, Lothar	Deutscher Spendenrat, Rathenaustraße 60 b, 22297 Hamburg
Schulz, Walter	Stiftung Johannes A. Lasco Bibliothek, Kirchstraße 22, 26721 Emden
Schwaderer, Gabriel	Stiftung Europäisches Naturerbe, Konstanzer Straße 22, 78315 Radolfzell
Schwarz, Matthias**	Kaiserswerther Diakonie, Alte Landstraße 179, 40489 Düsseldorf
Schweiger,Renate*	Stiftung der Sparkasse Krefeld zur Förderung der Natur und Kultur im Kreis Viersen, Ostwall 155, 47798 Krefeld
Senfft, Waltraud	Stiftungen v. Bodelschwinghsche Anstalt Bethel, Quellenhofweg 25, 33617 Bielefeld
Ass. jur. **Siebert,** Nicole**	Bischöfliches Ordinariat Erfurt, Herrmannsplatz 9, 99084 Erfurt
Dr. **Siegmund-Schultze,** Gerhard	Stresemannallee 31 e, 30173 Hannover

Simon, Wolfram	Pfälzer Kath. Kirchenschaffnei, Eisenlohrstraße 8, 69033 Heidelberg
Sippell, Stefan	Eberhard von Künheim Stiftung, Brienner Straße 11, 80333 München
Slex, Mercedes*	Kulturstiftung der Kreissparkasse Köln, Neumarkt 18–34, 50667 Köln
Dr. **Soénius,** Ulrich S.	Stiftung Rheinisch-Westfälisches Wirtschafts-archiv zu Köln, Unter Sachsenhausen 10–26, 50667 Köln
Sonnenschein, Ralph**	Deutscher Städte- und Gemeindebund, Marienstraße 6, 12207 Berlin
Sonntag, Iris	Deutsche Bank AG, Ludwigsstraße 8–10, 55116 Mainz
Sophianos, Sophos	Beauftragter für Öffentlichkeitsarbeit, Stiftung Meyer'sche Häuser, Kurt-Kresse-Straße 91, 04207 Leipzig
Dr. **Spallek,** Johannes**	Geschäftsführer der Kulturstiftung der Sparkasse Stormarn, Mommsenstraße 14, 23840 Bad Oldesloe
Dr. **Spandau,** Lutz	Geschäftsführender Vorstand der Allianz Umweltstiftung, Maria-Theresia-Straße 4a, 81675 München
RA WP StB **Spiegel,** Harald	Dr. Mohren & Partner, Max-Joseph-Straße 7 B, 80333 München
Spizig, Angela**	Stadt Köln, Rathaus, 50667 Köln
Ass. jur. **Stadtmüller,** Klaus	VolkswagenStiftung, Kastanienallee 35, 30519 Hannover
Dr. **Staehle,** Walter	Commerzbank AG, Kaiserplatz, 60261 Frankfurt am Main
Stahlberg, Anja	Friedrich & Louise Homann-Stiftung, Ferdinandstraße 17, 20095 Hamburg
Stede, Frieder	ORO Verde, Radlostraße 17–19, 60489 Frankfurt am Main

Steeb, Markus	Graf v. Pückler und Limpug'schen Wohltätigkeitsstiftung, Hirtenstraße 16, 74420 Oberrot
Steffen, Godehard**	Rechts- und Steuerberatungskanzlei Steffen, Fritz-Reichle-Ring 28, 78315 Radolfzell
Steffens, Peter	Johannishofstiftung, Hannoversche Straße 6, 31134 Hildesheim
Steffens, Rolf	Hamburgische Landesbank, Gerhart-Hauptmann-Platz 50, 20095 Hamburg
Steinberg, Hermann	Katharina Middendorf Stiftung, Dieße Stegge 223, 48653 Coesfeld
Steinsdörfer, Erich	Stifterverband – Stiftungszentrum, Barkhovenallee 1, 45239 Essen
Stern, Cornelia	Bertelsmann Stiftung, Carl-Bertelsmann-Straße 256, 33311 Gütersloh
Stiegeler, Alexander	Konzilstraße 3, 78462 Konstanz
Stieghorst, Ulrich	Diesterwegstiftung Solingen, Wolfstall 41, 42799 Leichlingen
Dr. **Stödter,** Helga	Helga-Stödter-Stiftung zur Förderung von Frauen für Führungspositionen, Golfstraße 7, 21465 Reinbek
Dipl.-Psych. **Strack,** Bernd	Jungwald Stiftung – Gesund durch Vorbeugung, Im Jungwald 9, 67663 Kaiserslautern
Stroeher, Matthias*	Stiftungsverwaltung Stadt Memmingen, Stiftungen, Memmingen Vereinigte Wohltätigkeisstiftungen, Ulmer Straße Grimmelshaus, 87700 Memmingen
Stronk, Christian	Deutsche Bank Stiftung Alfred Herrhausen „Hilfe zur Selbsthilfe", Bockenheimer Landstraße 42, 60323 Frankfurt am Main
Stühlinger, Hilde	Erwin-Warth-Stiftung, Württembergstraße 2 A, 70327 Stuttgart

Succow-Hoffmann, Kathrin	Geschäftsführerin der Michael Succow Stiftung zum Schutz der Natur, Elisabethweg 9, 13187 Berlin
Dr. **Suder,** Frank	Fritz Thyssen Stiftung, Am Römerturm 3, 50667 Köln
Sürmann, Hans-Peter	Erster Stadtrat der Stadt Göttingen, Neues Rathaus, 37070 Göttingen
Surmatz, Hanna**	Mitarbeiterin des Bundesverbandes Deutscher Stiftungen beim efc, European Foundation Centre, B-1050 Brüssel
Swacek, Walter	Diözese Rottenburg-Stuttgart, Eugen-Bolz-Platz 1, 72108 Rottenburg
Terschüren, Michael	Deutscher Herold, Bornheimer Straße 127, 53119 Bonn
Dipl.-Kaufmann **Teschner,** Wolfgang	Stiftung Lulu und Robert Bartholomay, Strindbergweg 11, 22587 Hamburg
Dr. **Teske,** Rainer**	Regierung der Oberpfalz, Emmeramsplatz 8, 93047 Regensburg
Theißen-Boljahn, Wilfried	Stiftung Gemeinsam Handeln, Loher Straße 7, 42283 Wuppertal
Dr. **Then,** Volker	Bertelsmann Stiftung, Carl-Bertelsmann-Straße 256, 33311 Gütersloh
Dr. theol. **Thiele,** Friedrich	Barbara-Schadeberg-Stiftung, Hasenweg 12, 34266 Niestetal
Thieme, Marlehn	Beiratsmitglied des Verbandes Deutscher Wohltätigkeitsstiftungen, Deutschen Bank AG, Ludwigsstraße 8–10, 55116 Mainz
Thorausch, Thomas	SK Stiftung Kultur, Im Mediapark 7, 50670 Köln
Dr. **Tilgner,** Ingo	Uhlandstraße 12, 53173 Bonn
Dr. **Timmer,** Karsten	Bertelsmann Stiftung, Carl-Bertelsmann-Straße, 33311 Gütersloh

Tippner, Gotthold	Pappelstraße 44, 85570 Neuberg
Tix, Adalbert	Eugen-Wolfrich-Kersting-Stiftung, Sonnenweg 6, 51688 Wipperfuerth
Toepfer, Birte	Vorstandsmitglied des Bundesverbandes Deutscher Stiftungen, Vorstandsvorsitzende der Alfred Toepfer Stiftung F.V.S., Georgsplatz 10, 20099 Hamburg
Trautmann, Silvia**	Regierungspräsidium Dessau, Kühnauer Straße 161, 06846 Dessau
Triebel, Manfred	Stiftung „Geborgen Wohnen", Überm Gänseholze 6, 99427 Weimar
Dr. **Tröger,** Manfred	Geschäftsführer der Otto-von-Guericke-Gesellschaft, Virchowstraße 24, 39104 Magdeburg
Dr. von **Trott zu Solz,** Levin	Vorstandsvorsitzender der Stiftung Adam von Trott, Imshausen, Karoline-Zwiener-Straße 10, 33332 Gütersloh
Prof. Dr. iur. **Trouet,** Klaus	Beiratsmitglied des Bundesverbandes Deutscher Stiftungen, Stellv. Vorsitzender der Deutschen Stiftung Denkmalschutz, Drosselweg 15, 65779 Kelkheim
Dr. h.c. **Tschira,** Klaus	Klaus Tschira Stiftung gGmbH, Schloss-Wolfsbrunnenweg 33, 69118 Heidelberg
Turner, Nikolaus	Beiratsmitglied des Bundesverbandes Deutscher Stiftungen, Geschäftsführer der Kester-Haeusler-Stiftung, Dachauer Straße 61, 82256 Fürstenfeldbruck
Dr. **Turre,** Reinhard	Beiratsmitglied des Verbandes Deutscher Wohltätigkeitsstiftungen, Direktor des Diakonischen Werkes der Kirchenprovinz Sachsen e.V., Mittagstraße 15, 39124 Magdeburg

Dr. **Twehues,** Margit	Landesnotarkammer Bayern, Ottostraße 10/III, 8033 München
Tyra, Ralf	Hanns-Lilje-Stiftung, Goethestraße 29, 30159 Hannover
Dr. **van Veen,** Wino J. M.**	Faculteit der Rechtsgeleerdheid, Vrije Universiteit Amsterdam, De Boelelaan 115, 1081 HV Amsterdam, Niederlande
Graf **Villavicencio,** Johann	Ludwig-Wünsche-Stiftung, Magdalenenstraße 64 A, 20148 Hamburg
Vogelmann, Gregor	Paul-Lempp-Stiftung, Haussmannstraße 103 a, 70188 Stuttgart
Völler, Norbert**	Merck, Finck & Co, Neue Mainzer Straße 52, 60311 Frankfurt
Volz, Werner	Altenheime Backnang und Wildberg, Kernerstraße 12, 74405 Gaildorf
Vorrath, Ernst**	Bundesamt für Güterverkehr, Werderstraße 34, 50672 Köln
Dipl.-Volksw. **Voswinckel,** Ulrich	Beiratsmitglied des Bundesverbandes Deutscher Stiftungen, Vorsitzender des Stiftungsrats der Körber-Stiftung, Kurt-A.-Körber-Chaussee 8–32, 21033 Hamburg
Wachner-Eberstein, Volker	Deutscher Herold, Bornheimer Straße 127, 53119 Bonn
Waetermans, Martina*	Geschäftsführerin der Kunst- und Kulturstiftung der Stadtsparkasse Düsseldorf, Berliner Allee 33, 40212 Düsseldorf
Dipl. Ing.-Ök. **Wagner,** Rene	Karl-May-Stiftung, Karl-May-Straße 5, 01445 Radebeul
Dr. **Walger,** Martin	Jean Uhracher Stiftung, Oxfordstraße 21, 53111 Bonn
Walkenhorst, Peter	Bertelsmann Stiftung, Carl-Bertelsmann-Straße 256, 33311 Gütersloh

Dr. **Walther,** Claudia	Boehringer Ingelheim Fonds Stiftung, Schlossmühle, Grabenstraße 46, 55262 Heidesheim
Dipl.-Ing. **Walz,** Regina	Sächsische Landesstiftung Natur und Umwelt, Neustädter Markt 19, 01097 Dresden
Wassenberg, Helga	Johann-Bernhard-Mann-Stiftung, Altenburgstraße 11, 53125 Bonn
Dr. **Weber,** Hans H.**	Kulturbehörde Hamburg, Hohe Bleichen 22, 040/428 040/42824220
Weber, Thomas	Stiftung Pfennigparade, Barlachstraße 26, 80804 München
Weger, Magda	Institut für Stiftungsberatung, Thaddäusstraße 33, 33415 Verl
Dr. **Wehmeier,** Klaus	Körber-Stiftung, Kurt-A.-Körber-Chaussee 10, 21033 Hamburg
Weiler, Monika	GEW-Stiftung Köln, Parkgürtel 24, 50823 Köln
Weisgerber, Klaus-Reiner**	W+ST Wirtschaftsprüfung GmbH, Rennbahnstraße 72–74, 60528 Frankfurt am Main
Dipl. Wirtsch. Ing. **Weissflog,** Claudia	VRD EnergieStiftung, Q 5, 22, 68161 Mannheim
Dr. **Weitz,** Barbara	Bundesverband Deutscher Stiftungen, Bankstraße 32, 40476 Düsseldorf
Prof. Dr. von **Welck,** Karin	Kulturstiftung der Länder, Kurfürstendamm 102, 10117 Berlin
Dr. **Welker-Altegoer,** Guenter	Stadtstiftung Quakenbrück, Haus Vehr, 49610 Quakenbrück
Dipl. rer. pol. **Welker-Altegoer,** Mechtild	Mechtild und Günter Welker-Stiftung, Haus Vehr, 49610 Quakenbrück
Wellmann-Heiliger, Sabine	Bernhard-Heiliger-Stiftung, Käuzchensteig 8, 14195 Berlin

Ass. jur. **Wengler,** Christoph	Sophia und Fritz Heinemann-Stiftung, Neckarstraße 11–13, 60301 Frankfurt am Main
Wentzler M. A., Roland	Europäische Stiftung für den Aachener Dom, Ritter-Chorns-Straße 5, 52062 Aachen
Prof. Dr. **Werner,** Olaf	Friedrich-Schiller-Universität, Carl-Zeiss-Straße 3, 07743 Jena
Werner, Patricia	Stellv. Geschäftsführerin der Ostdeutschen Sparkassenstiftung, Leipziger Straße 51, 10117 Berlin
Dipl.-Psych. **Werner,** Reinhard	Stiftung politische und christliche Jugendbildung e. V., Köttenforststraße 20, 53340 Meckenheim
Dr. **Westhoff,** Johannes**	St. Maria im Kapitol, Kasinostraße 6,
Wettlauffer, Frank	Bank Sarasin & Cie, Elisabethenstraße 62, 4002 Basel
Weyel, Ulrich	Ulrich-Weyel-Stiftung dbR, Schiffenberger Weg 17, 35394 Gießen
Weyer, Willi	Vorstandssekretariat, Kulturstiftung Sparkasse Trier Jugend- und Sportstiftung der Sparkasse Trier, Theodor-Heuss-Allee 1, 54292 Trier
Wildenhues, Ludger	Stadt Münster, Junkerstraße 1, 48153 Münster
Wilkes, Matthias	Karl Kübel Stiftung, Darmstädter Straße 100, 64625 Bensheim
Dr. **Willard,** Penelope	Franckesche Stiftungen zu Halle, Franckeplatz I, Haus 37, 06110 Halle/Saale
Willeck, Hermann Christoph	Wolfgang-Willeck-Stiftung, Tannenweg 4, 35614 Werdorf/Asslar
Winands, Günter**	Kulturbeauftragter der Bundesregierung, Graurheindorfer Straße 198, 53117 Bonn

Windt, Jürgen	Stiftung Industrieforschung, Marktstraße 8, 50968 Köln
Winkelhog, Herbert**	Stadt Köln, Rathaus Spanischer Bau, 50667 Köln
Winkler, Angelo**	Ministerium des Innern des Landes Sachsen-Anhalt, Halberstädter Straße 2, 39112 Magdeburg
Dr. med. **Wippermann,** Anne	Jungwald Stiftung – Gesund durch Vorbeugung, Im Jungwald 9, 67663 Kaiserslautern
Wirth, Torsten	Vorsitzender der Edith-Froehnert-Stiftung, Klingenberg 1–5, Volksbank-Haus, 23552 Lübeck
Dr. **Witte,** Gertrud**	Deutscher Städtetag, Lindenallee 13–17, 50968 Köln
Dr. **Wochner,** Georg	Appellhofplatz 33, 50667 Köln
Wolter, Barbara	Bürgerstiftung Zukunftsfähiges München, Klenzestraße 37, 80469 München
Wong, Nancy	Stiftungsverwalterin der Commerzbank AG, Kaiserplatz, 60261 Frankfurt am Main
Wölfges, Gunther*	Vorstandsmitglied der Stadtsparkasse Haan, Kaiserstraße 37, 42781 Haan
Wörner, Eckhard	Bürgerstiftung für die Stadt und den Landkreis Kassel, Kassler Sparkasse, Wolfsschlucht 9, 34117 Kassel
Würsch, Bernhard	Stiftungsverwalter der Stadt Regensburg, Georg-Hegenauer-Stiftung, Kumpfmühlerstraße 52 A, 93051 Regensburg
Würtz, Alexander	Handjerystraße 72, 12159 Berlin
Dr. **Wurzel,** Thomas	Geschäftsführer der Sparkassen-Kulturstiftung Hessen-Thüringen, Alte Rothofstraße 9, 60313 Frankfurt am Main

Zimmer, Erich* Finanzcontrolling, Stadt Lörrach,
Luisenstraße 16, 79539 Lörrach

Zipse, Horst Eugen-Martin-Stiftung,
Merzhauser Straße 74, 79100 Freiburg

* Gast der 57. Jahrestagung
** Kein Mitglied des Bundesverbandes Deutscher Stiftungen

Anhang 5: Köln – eine Stadt der Stiftungen[*]

A. Wilhelm Klein-Stiftung

Annemarie und Helmut Börner-Stiftung

August Neven – Du Mont Familienstiftung

AWO Rheinlandstiftung – Gemeinschaftsstiftung der Arbeiterwohlfahrt Niederrhein und Mittelrhein

Betriebsfamilie

Brendan-Schmittmann-Stiftung des NAV-Virchowbundes-Verband der niedergelassenen Ärzte Deutschlands e.V.

British Chamber of Commerce in Germany Stiftung

CaritasStiftung im Erzbistum Köln

Carl Schürner und Söhne Familienstiftung

Carlswerk Eisen- und Stahl-Stiftung für Arbeiter

Clara-Elisen-Stift

Cornelius-Stüssgen-Stiftung

Deutsche Aids-Stiftung Positiv leben

Deutsche Stiftung für Verbrechensverhütung und Straffälligenhilfe (DVS)

Deutsches Institut für rationale Medizin

Dr. Dormagen-Guffanti-Stiftung

Dr. Franz Stüsser-Stiftung

Dr. Peter Deubner-Stiftung

Eheleute Dr. Karl Emil und Lilli Brügmann Stiftung

Emil und Laura Oelbermann Stiftung

Erna Baronin Schilling von Canstatt-Stiftung

Ernst Cassel-Stiftung

Familie-Nissenbaum-Stiftung

Familienstiftung Frese

FrauenMediaTurm - Das feministische Archiv und Dokumentationszentrum

Friedrich Hoch-Stiftung (im Kölner Gymnasial- und Stiftungsfonds)

Friedrich und Maria Sophie Moritz'sche Stiftung

Fritz Thyssen Stiftung

Gaede Stiftung der Deutschen Vakuum Gesellschaft (DVGV)

Gemeinsame Stiftung der Firmen Land- und Seekabelwerke AG und Franz Clouth Rheinische Gummiwarenfabrik AG

Gemeinschaftsstiftung Diakonie im Evangelischen Stadtkirchenverband Köln

Georg-Trutschler-von Falkenstein-Stiftung

GEW Stiftung Köln

Hanne Nüsslein-Stiftung

Hanns Martin Schleyer-Stiftung

Hans-Imhoff-Stiftung

Hans-Neuffer-Stiftung

Harald Neven DuMont-Stiftung e.V.

---

[*] Nähere Informationen zu diesen Stiftungen finden Sie in: Bundesverband Deutscher Stiftungen (Hrsg.): Verzeichnis Deutscher Stiftungen, Berlin 2000.

Haus vom Guten Hirten

Heim und Familie GbR Winkler-Stiftung

Helmut und Ruth Lingen-Stiftung,
Stiftung zur Förderung der medizinischen Wissenschaft und Forschung

Hilde Kopp Stiftung

Hilfe für die Jugend – Familie Berghe
von Trips-Stiftung

Hochbegabten-Stiftung der Kreissparkasse Köln

Höpfner-Stiftung

Horst und Gretl Will Stiftung

Imhoff-Stiftung

informedia-Stiftung Gemeinnützige
Stiftung für Gesellschaftswissenschaften und Publizistik

Jakob Eschweiler-Stiftung

Jubiläumsstiftung 1988 Uni Köln

Jubiläumsstiftung Apostelgymnasium (im
Kölner Gymnasial- und Stiftungsfonds)

Jubiläumsstiftung des Königlichen
Friedrich Wilhelm-Gymnasiums (im
Kölner Gymnasial- und Stiftungsfonds)

Jubiläumsstiftung Jungbecker (im
Kölner Gymnasial- und Stiftungsfonds)

Jubiläumsstiftung Kaff (im Kölner
Gymnasial- und Stiftungsfonds)

Kaiser-Wilhelm-Stiftung (im Kölner
Gymnasial- und Stiftungsfonds)

Kämpgen-Stiftung

Karl Immanuel Küpper-Stiftung

Karl-und-Helene-Lohmann-Stiftung

Kölner Gymnasial- und Stiftungsfonds

Kölner Kulturstiftung der Kreissparkasse Köln

Krankenhausstiftung Porz am Rhein

Kultur- und Umweltstiftung der
Kreissparkasse Köln

Kultur-, Sport- und Sozialstiftung der
Kreissparkasse Köln in der Stadt
Burscheid

Kulturstiftung Oberberg der Kreissparkasse Köln

Kuratorium Deutsche Altershilfe
Wilhelmine-Lübke-Stiftung e.V.

LETTER Stiftung

Liesegang-Stiftung

Marburger-Bund-Stiftung

Margaret Raetz-Wiemer-Stiftung

Mehl-Mülhens-Stiftung

Neumann-Artelt-Stiftung

Nyland-Stiftung

Orientstiftung zur Förderung der
Ostasiatischen Kunst

OTTO WOLFF VON
AMERONGEN-STIFTUNG

OTTO WOLFF-STIFTUNG

Paul + Maria Kremer-Stiftung

Paul-Neumann-Stiftung

Rheinischer Verein für Denkmalpflege
und Landschaftsschutz
Marianne von Waldthausen
Gedächtnis-Stiftung

Rudolf Siedersleben's'sche Otto Wolff-
Stiftung

Schmalenbach-Stiftung

SK Stiftung Jugend und Wirtschaft mit
Jugend-Computerschule

SK Stiftung Kultur, Kulturstiftung der
Stadtsparkasse Köln

Sozialstiftung der Kreissparkasse Köln

Sportstiftung der Kreissparkasse Köln

St. Marien-Hospital Köln

Stegerwald-Stiftung Gemeinnützige
Stiftung des bürgerlichen Rechts

Stiftung „Zusammen-Leben"

Stiftung Adam Decker (im Kölner
Gymnasial- und Stiftungsfonds)

Stiftung Adam Orth (im Kölner
Gymnasial- und Stiftungsfonds)

Stiftung Agnes Kremers (im Kölner
Gymnasial- und Stiftungsfonds)

Stiftung Alartz (im Kölner Gymnasial-
und Stiftungsfonds)

Stiftung Anckorn (im Kölner
Gymnasial- und Stiftungsfonds)

Stiftung Anckum (im Kölner
Gymnasial- und Stiftungsfonds)

Stiftung Anton Hubert Kreuzberg
(im Kölner Gymnasial- und Stiftungsfonds)

Stiftung Apfelbaum-Lernprojekte für
Ko-Evolution und Integration-

Stiftung Arnold Beiwegh (im Kölner
Gymnasial- und Stiftungsfonds)

Stiftung Arnold Kochs (im Kölner
Gymnasial- und Stiftungsfonds)

Stiftung Arnold und Peter Kochs (im
Kölner Gymnasial- und Stiftungsfonds)

Stiftung Auer (im Kölner Gymnasial-
und Stiftungsfonds)

Stiftung auf dem Strauch (im Kölner
Gymnasial- und Stiftungsfonds)

Stiftung August Bier für Ökologie und
Medizin

Stiftung Baeumer (im Kölner
Gymnasial- und Stiftungsfonds)

Stiftung Bairdwyck (im Kölner
Gymnasial- und Stiftungsfonds)

Stiftung Baum (im Kölner Gymnasial-
und Stiftungsfonds)

Stiftung Baursch (im Kölner
Gymnasial- und Stiftungsfonds)

Stiftung Beissel (im Kölner Gymnasial-
und Stiftungsfonds)

Stiftung Bernard Fischer (im Kölner
Gymnasial- und Stiftungsfonds)

Stiftung Bernard von Pütz (im Kölner
Gymnasial- und Stiftungsfonds)

Stiftung Bertraedt (im Kölner
Gymnasial- und Stiftungsfonds)

Stiftung Biercher (im Kölner
Gymnasial- und Stiftungsfonds)

Stiftung Binius (im Kölner Gymnasial-
und Stiftungsfonds)

Stiftung Birkenbusch (im Kölner
Gymnasial- und Stiftungsfonds)

Stiftung Bischoffs (im Kölner
Gymnasial- und Stiftungsfonds)

Stiftung Bliersbach (im Kölner
Gymnasial- und Stiftungsfonds)

Stiftung Blomeke (im Kölner
Gymnasial- und Stiftungsfonds)

Stiftung Bochem-Dreseniana (im
Kölner Gymnasial- und Stiftungsfonds)

Stiftung Borr (im Kölner Gymnasial-
und Stiftungsfonds)

Stiftung Bosbach (im Kölner
Gymnasial- und Stiftungsfonds)

Stiftung Braun (im Kölner Gymnasial-
und Stiftungsfonds)

Stiftung Brinkmann (im Kölner
Gymnasial- und Stiftungsfonds)

Stiftung Burmann (im Kölner
Gymnasial- und Stiftungsfonds)

Stiftung Büscher (im Kölner
Gymnasial- und Stiftungsfonds)

Stiftung Buseana (im Kölner
Gymnasial- und Stiftungsfonds)

Stiftung Butzweilerhof Köln

Stiftung Caecilia Beiwegh (im Kölner
Gymnasial- und Stiftungsfonds)

Stiftung Calenberg (im Kölner
Gymnasial- und Stiftungsfonds)

Stiftung Caspar Thywissen (im Kölner
Gymnasial- und Stiftungsfonds)

Stiftung Choliniana (im Kölner
Gymnasial- und Stiftungsfonds)

Stiftung Christian Breuer (im Kölner
Gymnasial- und Stiftungsfonds)

Stiftung Claesen (im Kölner
Gymnasial- und Stiftungsfonds)

Stiftung Cofferen (im Kölner
Gymnasial- und Stiftungsfonds)

Stiftung Collegistarum (im Kölner
Gymnasial- und Stiftungsfonds)

Stiftung Commer (im Kölner
Gymnasial- und Stiftungsfonds)

Stiftung Conraths (im Kölner
Gymnasial- und Stiftungsfonds)

Stiftung Coppelberg (im Kölner
Gymnasial- und Stiftungsfonds)

Stiftung Craschell (im Kölner
Gymnasial- und Stiftungsfonds)

Stiftung Crayss
(im Kölner Gymnasial- und
Stiftungsfonds)

Stiftung Cronenburg (im Kölner
Gymnasial- und Stiftungsfonds)

Stiftung de la Porte (im Kölner
Gymnasial- und Stiftungsfonds)

Stiftung Dederix (im Kölner
Gymnasial- und Stiftungsfonds)

Stiftung Deel (im Kölner Gymnasial-
und Stiftungsfonds)

Stiftung Degreck (im Kölner
Gymnasial- und Stiftungsfonds)

Stiftung der Dielektra GmbH

Stiftung des Deutschen Schwachstrom-
kabel-Verbandes und
der Vereinigung Deutscher Starkstrom-
kabel-Fabrikanten

Stiftung Deutsches Forum für
Kriminalprävention (DFK)

Stiftung Dilckradt (im Kölner
Gymnasial- und Stiftungsfonds)

Stiftung Dimerius (im Kölner
Gymnasial- und Stiftungsfonds)

Stiftung Doergang (im Kölner
Gymnasial- und Stiftungsfonds)

Stiftung Domkapitular Esser (im
Kölner Gymnasial- und Stiftungsfonds)

Stiftung Dr. Zieseniß-Krambo zur
Förderung der Oper der Stadt Köln
der katholischen Kirchengemeinde St.
Pantaleon zu Köln und der
Verwaltungs- und Wirtschafts-Akade-
mie Köln e.V. (Kurzname: Stiftung Dr.
Zieseniß-Krambo)

Stiftung Dussel (im Kölner Gymnasial-
und Stiftungsfonds)

Stiftung Dwergh (im Kölner
Gymnasial- und Stiftungsfonds)

Stiftung DWK Drahtwerk Köln
GmbH für Betriebsangehörige

Stiftung Eckart (im Kölner Gymnasial-
und Stiftungsfonds)

Stiftung Eheleute Wolff (im Kölner
Gymnasial- und Stiftungsfonds)

Stiftung Elvenich (im Kölner
Gymnasial- und Stiftungsfonds)

Stiftung Emil Pfeifer (im Kölner
Gymnasial- und Stiftungsfonds)

Stiftung Erckens (im Kölner
Gymnasial- und Stiftungsfonds)

Stiftung Everwyn (im Kölner
Gymnasial- und Stiftungsfonds)

Stiftung Eyschen (im Kölner
Gymnasial- und Stiftungsfonds)

Stiftung Fabri von Stralen (im Kölner
Gymnasial- und Stiftungsfonds)

Stiftung Faucken (im Kölner
Gymnasial- und Stiftungsfonds)

Stiftung Ferber (im Kölner Gymnasial-
und Stiftungsfonds)

Stiftung Ferd. Eugen Franken-
Sierstorpff (im Kölner Gymnasial- und
Stiftungsfonds)

Stiftung Ferris (im Kölner Gymnasial-
und Stiftungsfonds)

Stiftung Filz (im Kölner Gymnasial-
und Stiftungsfonds)

Stiftung Fley (im Kölner Gymnasial-
und Stiftungsfonds)

Stiftung Fley-Stangefoll (im Kölner
Gymnasial- und Stiftungsfonds)

Stiftung Flosbach (im Kölner
Gymnasial- und Stiftungsfonds)

Stiftung Flüggen (im Kölner
Gymnasial- und Stiftungsfonds)

Stiftung Förster (im Kölner
Gymnasial- und Stiftungsfonds)

Stiftung Frangenheim (im Kölner
Gymnasial- und Stiftungsfonds)

Stiftung Franz Xaver Schmitz (im
Kölner Gymnasial- und Stiftungsfonds)

Stiftung Fraueninitiative

Stiftung Frey (im Kölner Gymnasial-
und Stiftungsfonds)

Stiftung Fuchsius (im Kölner
Gymnasial- und Stiftungsfonds)

Stiftung für die Angestellten und
Arbeiter der EMI Electrola GmbH

Stiftung für die Belegschaft der GAG
Köln

Stiftung für die Mitarbeiter des Werkes
Köln-Mülheim der Philips Komm-
unikations Industrie AG

Stiftung für Europäische Sprach- und
Bildungszentren gGmbH

Stiftung Gansmaldt (im Kölner
Gymnasial- und Stiftungsfonds)

Stiftung Gelen (im Kölner Gymnasial-
und Stiftungsfonds)

Stiftung Gergen (im Kölner
Gymnasial- und Stiftungsfonds)

Stiftung Gertmann (im Kölner
Gymnasial- und Stiftungsfonds)

Stiftung Gilles
(im Kölner Gymnasial- und
Stiftungsfonds)

Stiftung Grashoff/Junkersdorf (im
Kölner Gymnasial- und Stiftungsfonds)

Stiftung Grieffradt (im Kölner
Gymnasial- und Stiftungsfonds)

Stiftung Groutars (im Kölner
Gymnasial- und Stiftungsfonds)

Stiftung Haasse (im Kölner Gymnasial-
und Stiftungsfonds)

Stiftung Hagen von Müller (im Kölner
Gymnasial- und Stiftungsfonds)

Stiftung Hambloch (im Kölner
Gymnasial- und Stiftungsfonds)

Stiftung Hamm
(im Kölner Gymnasial- und
Stiftungsfonds)

Stiftung Harnischmacher (im Kölner
Gymnasial- und Stiftungsfonds)

Stiftung Hasfurt (im Kölner
Gymnasial- und Stiftungsfonds)

Stiftung Heinrich Franken-Sierstorpff (im Kölner Gymnasial- und Stiftungsfonds)

Stiftung Heinrich Frings (im Kölner Gymnasial- und Stiftungsfonds)

Stiftung Heinrich Müller (im Kölner Gymnasial- und Stiftungsfonds)

Stiftung Heinrich Wolff (im Kölner Gymnasial- und Stiftungsfonds)

Stiftung Henot (im Kölner Gymnasial- und Stiftungsfonds)

Stiftung Henrici Schülleriana-Schmitz (im Kölner Gymnasial- und Stiftungsfonds)

Stiftung Herriger- Schenk (im Kölner Gymnasial- und Stiftungsfonds)

Stiftung Hett (im Kölner Gymnasial- und Stiftungsfonds)

Stiftung Heuser (im Kölner Gymnasial- und Stiftungsfonds)

Stiftung Hintzen (im Kölner Gymnasial- und Stiftungsfonds)

Stiftung Hoffmann (im Kölner Gymnasial- und Stiftungsfonds)

Stiftung Holdthausen (im Kölner Gymnasial- und Stiftungsfonds)

Stiftung Horn (im Kölner Gymnasial- und Stiftungsfonds)

Stiftung Horrich (im Kölner Gymnasial- und Stiftungsfonds)

Stiftung Huetmacher (im Kölner Gymnasial- und Stiftungsfonds)

Stiftung Hugo (im Kölner Gymnasial- und Stiftungsfonds)

Stiftung Hutter (im Kölner Gymnasial- und Stiftungsfonds)

Stiftung Industrieforschung

Stiftung Janssen (im Kölner Gymnasial- und Stiftungsfonds)

Stiftung Joh. Anton Schmitz (im Kölner Gymnasial- und Stiftungsfonds)

Stiftung Johann Adolf und Jacob Breuer (im Kölner Gymnasial- und Stiftungsfonds)

Stiftung Johann Joseph Müller (im Kölner Gymnasial- und Stiftungsfonds)

Stiftung Johann Pütz (im Kölner Gymnasial- und Stiftungsfonds)

Stiftung Johann Swolgen (im Kölner Gymnasial- und Stiftungsfonds)

Stiftung Josefine Pheifer (im Kölner Gymnasial- und Stiftungsfonds)

Stiftung Joseph Cremer (im Kölner Gymnasial- und Stiftungsfonds)

Stiftung Jouck (im Kölner Gymnasial- und Stiftungsfonds)

Stiftung Kampmann (im Kölner Gymnasial- und Stiftungsfonds)

Stiftung Kann (im Kölner Gymnasial- und Stiftungsfonds)

Stiftung Katharina Kremers (im Kölner Gymnasial- und Stiftungsfonds)

Stiftung Kaufmannshof Hanse

Stiftung Keller (im Kölner Gymnasial- und Stiftungsfonds)

Stiftung Kerp (im Kölner Gymnasial- und Stiftungsfonds)

Stiftung Keuven (im Kölner Gymnasial- und Stiftungsfonds)

Stiftung Kievers (im Kölner Gymnasial- und Stiftungsfonds)

Stiftung Kirchhoff (im Kölner Gymnasial- und Stiftungsfonds)

Stiftung Klein (im Kölner Gymnasial- und Stiftungsfonds)

Stiftung Kleinermann (im Kölner Gymnasial- und Stiftungsfonds)

Stiftung Klumps (im Kölner
Gymnasial- und Stiftungsfonds)

Stiftung Kniper (im Kölner Gymnasial
und Stiftungsfonds)

Stiftung Königs Franz Wilhelm (im
Kölner Gymnasial- und Stiftungsfonds)

Stiftung Krakamp (im Kölner
Gymnasial- und Stiftungsfonds)

Stiftung Kreutzer (im Kölner
Gymnasial- und Stiftungsfonds)

Stiftung Küppers (im Kölner
Gymnasial- und Stiftungsfonds)

Stiftung Kuratoren-Konseil zur
Förderung der Tätigkeit russischer
Komponisten und Musiker

Stiftung Kurth
(im Kölner Gymnasial- und Stiftungsfonds)

Stiftung Langen (im Kölner
Gymnasial- und Stiftungsfonds)

Stiftung Leendanus (im Kölner
Gymnasial- und Stiftungsfonds)

Stiftung Leerss (im Kölner Gymnasial-
und Stiftungsfonds)

Stiftung Leusch (im Kölner Gymnasial-
und Stiftungsfonds)

Stiftung Liethert (im Kölner
Gymnasial- und Stiftungsfonds)

Stiftung Loverix (im Kölner
Gymnasial- und Stiftungsfonds)

Stiftung Lovius (im Kölner Gymnasial-
und Stiftungsfonds)

Stiftung Mahlberg (im Kölner
Gymnasial- und Stiftungsfonds)

Stiftung Manderscheidt-Blanckenheim
(im Kölner Gymnasial- und Stiftungsfonds)

Stiftung Manderscheidt-Pützfelt (im
Kölner Gymnasial- und Stiftungsfonds)

Stiftung Manshoven (im Kölner
Gymnasial- und Stiftungsfonds)

Stiftung Mathisius (im Kölner
Gymnasial- und Stiftungsfonds)

Stiftung Matthias Cremer (im Kölner
Gymnasial- und Stiftungsfonds)

Stiftung Mengwasser (im Kölner
Gymnasial- und Stiftungsfonds)

Stiftung Merck (im Kölner Gymnasial-
und Stiftungsfonds)

Stiftung Meshov (im Kölner
Gymnasial- und Stiftungsfonds)

Stiftung Meuser (im Kölner
Gymnasial- und Stiftungsfonds)

Stiftung Mick (im Kölner Gymnasial-
und Stiftungsfonds)

Stiftung Middendorp (im Kölner
Gymnasial- und Stiftungsfonds)

Stiftung Minten (im Kölner
Gymnasial- und Stiftungsfonds)

Stiftung Molanus (im Kölner
Gymnasial- und Stiftungsfonds)

Stiftung Molinari (im Kölner
Gymnasial- und Stiftungsfonds)

Stiftung Moog (im Kölner Gymnasial-
und Stiftungsfonds)

Stiftung Mooren (im Kölner
Gymnasial- und Stiftungsfonds)

Stiftung Moren (im Kölner Gymnasial-
und Stiftungsfonds)

Stiftung Mülhem (im Kölner
Gymnasial- und Stiftungsfonds)

Stiftung München. (im Kölner
Gymnasial- und Stiftungsfonds)

Stiftung Nävius (im Kölner Gymnasial-
und Stiftungsfonds)

Stiftung Nettekoven (im Kölner
Gymnasial- und Stiftungsfonds)

Stiftung Neue Musik im Dialog

Stiftung Neukirchen (im Kölner
Gymnasial- und Stiftungsfonds)

Stiftung Newermöll (im Kölner
Gymnasial- und Stiftungsfonds)

Stiftung Nopel
(im Kölner Gymnasial- und Stiftungsfonds)

Stiftung Nückel
(im Kölner Gymnasial- und Stiftungsfonds)

Stiftung Oratorium (im Kölner
Gymnasial- und Stiftungsfonds)

Stiftung Orth ab Hagen (im Kölner
Gymnasial- und Stiftungsfonds)

Stiftung Otten (im Kölner Gymnasial-
und Stiftungsfonds)

Stiftung Paes (im Kölner Gymnasial-
und Stiftungsfonds)

Stiftung Pape (im Kölner Gymnasial-
und Stiftungsfonds)

Stiftung Pellionis (im Kölner
Gymnasial- und Stiftungsfonds)

Stiftung Peter Lennep (im Kölner
Gymnasial- und Stiftungsfonds)

Stiftung Pfarrer Esser (im Kölner
Gymnasial- und Stiftungsfonds)

Stiftung Pfingsthorn (im Kölner
Gymnasial- und Stiftungsfonds)

Stiftung Pilgrum (im Kölner
Gymnasial- und Stiftungsfonds)

Stiftung Pluiren (im Kölner
Gymnasial- und Stiftungsfonds)

Stiftung Pro Juventute

Stiftung Quast (im Kölner Gymnasial-
und Stiftungsfonds)

Stiftung Raynié Fischer (im Kölner
Gymnasial- und Stiftungsfonds)

Stiftung Rensing (im Kölner
Gymnasial- und Stiftungsfonds)

Stiftung Reusch (im Kölner
Gymnasial- und Stiftungsfonds)

Stiftung Rheinisch-Westfälisches
Wirtschaftsarchiv zu Köln

Stiftung Rickell (im Kölner Gymnasial-
und Stiftungsfonds)

Stiftung Riphaen (im Kölner
Gymnasial- und Stiftungsfonds)

Stiftung Romunde (im Kölner
Gymnasial- und Stiftungsfonds)

Stiftung Sander (im Kölner Gymnasial-
und Stiftungsfonds)

Stiftung Scheibler (im Kölner
Gymnasial- und Stiftungsfonds)

Stiftung Scheiff (im Kölner
Gymnasial- und Stiftungsfonds)

Stiftung Schenck (im Kölner
Gymnasial- und Stiftungsfonds)

Stiftung Schiffers (im Kölner
Gymnasial- und Stiftungsfonds)

Stiftung Schlüter (im Kölner
Gymnasial- und Stiftungsfonds)

Stiftung Schmitz-Kemner (im Kölner
Gymnasial- und Stiftungsfonds)

Stiftung Schnepper (im Kölner
Gymnasial- und Stiftungsfonds)

Stiftung Scholtesen (im Kölner
Gymnasial- und Stiftungsfonds)

Stiftung Schomann (im Kölner
Gymnasial- und Stiftungsfonds)

Stiftung Schrick (im Kölner
Gymnasial- und Stiftungsfonds)

Stiftung Schuitheyrinck (im Kölner
Gymnasial- und Stiftungsfonds)

Stiftung Schulken (im Kölner
Gymnasial- und Stiftungsfonds)

Stiftung Schumacher (im Kölner
Gymnasial- und Stiftungsfonds)

Stiftung Schunck (im Kölner
Gymnasial- und Stiftungsfonds)

Stiftung Schütz (im Kölner Gymnasial-
und Stiftungsfonds)

Stiftung Schwibbert (im Kölner
Gymnasial- und Stiftungsfonds)

Stiftung Seulen (im Kölner Gymnasial-
und Stiftungsfonds)

Stiftung Sonnemaens-Heuser (im
Kölner Gymnasial- und Stiftungsfonds)

Stiftung Spee (im Kölner Gymnasial-
und Stiftungsfonds)

Stiftung Spiess (im Kölner Gymnasial-
und Stiftungsfonds)

Stiftung St. Josefshaus

Stiftung St. Vincenz-Haus

Stiftung Steenaerts (im Kölner
Gymnasial- und Stiftungsfonds)

Stiftung Straub (im Kölner Gymnasial-
und Stiftungsfonds)

Stiftung Theodor Schmitz
(im Kölner Gymnasial- und Stiftungsfonds)

Stiftung Thier (im Kölner Gymnasial-
und Stiftungsfonds)

Stiftung Tholen (im Kölner
Gymnasial- und Stiftungsfonds)

Stiftung Tilloux (im Kölner
Gymnasial- und Stiftungsfonds)

Stiftung Triest (im Kölner Gymnasial-
und Stiftungsfonds)

Stiftung Ulenberg (im Kölner
Gymnasial- und Stiftungsfonds)

Stiftung Velz-Bullingen
(im Kölner Gymnasial- und Stiftungsfonds)

Stiftung Venlo (im Kölner Gymnasial-
und Stiftungsfonds)

Stiftung Versorgungshilfe für Angestellte der Central-
Krankenversicherungs AG zu Köln

Stiftung Vietoris (im Kölner
Gymnasial- und Stiftungsfonds)

Stiftung von Caspars (im Kölner
Gymnasial- und Stiftungsfonds)

Stiftung von dem Bongardt
(im Kölner Gymnasial- und Stiftungsfonds)

Stiftung von der Leyen (im Kölner
Gymnasial- und Stiftungsfonds)

Stiftung von Diergardt (im Kölner
Gymnasial- und Stiftungsfonds)

Stiftung von Geyr (im Kölner
Gymnasial- und Stiftungsfonds)

Stiftung von Gramaye (im Kölner
Gymnasial- und Stiftungsfonds)

Stiftung von Groote (im Kölner
Gymnasial- und Stiftungsfonds)

Stiftung von Raesfeld (im Kölner
Gymnasial- und Stiftungsfonds)

Stiftung von Rantzow (im Kölner
Gymnasial- und Stiftungsfonds)

Stiftung von Rüdesheim (im Kölner
Gymnasial- und Stiftungsfonds)

Stiftung von Ruischenberg
(im Kölner Gymnasial- und Stiftungsfonds)

Stiftung von Wilich (im Kölner
Gymnasial- und Stiftungsfonds)

Stiftung Wachtendonck (im Kölner
Gymnasial- und Stiftungsfonds)

Stiftung Walenburch (im Kölner
Gymnasial- und Stiftungsfonds)

Stiftung Walschartz (im Kölner
Gymnasial- und Stiftungsfonds)

Stiftung We. Jacob Decker
(im Kölner Gymnasial- und Stiftungsfonds)

Stiftung Weckbecker (im Kölner
Gymnasial- und Stiftungsfonds)

Stiftung Weidenfelts
(im Kölner Gymnasial- und Stiftungsfonds)

Stiftung Weier (im Kölner Gymnasial-
und Stiftungsfonds)

Stiftung Weiers (im Kölner Gymnasial-
und Stiftungsfonds)

Stiftung Wellinck (im Kölner
Gymnasial- und Stiftungsfonds)

Stiftung Wesebeder (im Kölner
Gymnasial- und Stiftungsfonds)

Stiftung Westhoven (im Kölner
Gymnasial- und Stiftungsfonds)

Stiftung Westrum (im Kölner
Gymnasial- und Stiftungsfonds)

Stiftung Weyer (im Kölner Gymnasial-
und Stiftungsfonds)

Stiftung Widdich (im Kölner
Gymnasial- und Stiftungsfonds)

Stiftung Wilhelm Cremer (im Kölner
Gymnasial- und Stiftungsfonds)

Stiftung Wilhelm Pütz (im Kölner
Gymnasial- und Stiftungsfonds)

Stiftung Wippermann (im Kölner
Gymnasial- und Stiftungsfonds)

Stiftung Wirtz (im Kölner Gymnasial-
und Stiftungsfonds)

Stiftung Xylander (im Kölner
Gymnasial- und Stiftungsfonds)

Stiftung Zaun (im Kölner Gymnasial-
und Stiftungsfonds)

Stiftung zur Förderung der Archäologie im rheinischen Braunkohlenrevier

Stiftung zur Förderung der medizinischen Forschung bei Virus-
erkrankungen

Stiftung zur Förderung der wissenschaftlichen Forschung über Wesen
und Bedeutung der freien Berufe

Stiftung zur Förderung des Instituts
für Rundfunkrecht an der Universität
zu Köln

Stiftungsvermögen Bender

Theodor-Wessels-Stiftung

Toyota Deutschland Stiftung

Walter Kaminsky-Stiftung

Wilhelm Doerenkamp Stiftung

Zentralinstitut für die Kassenärztliche
Versorgung in der Bundesrepublik
Deutschland

Lieferbare Publikationen

RATGEBER DEUTSCHER STIFTUNGEN € 10,-
- Ratgeber Deutscher Stiftungen. Die Errichtung einer Stiftung.
- Die Verwaltung einer Stiftung. *(Neuauflage in Vorbereitung)*
- Erbbaurecht für Stiftungen. Ratgeber für Stiftungsverwalter zum Erbbauvertragsrecht

BERICHTE ÜBER DIE JAHRESTAGUNGEN DES € 18,-
BUNDESVERBANDES DEUTSCHER STIFTUNGEN
- Bericht über die 53. Jahrestagung vom 22.-23. Mai 1997/Osnabrück
- Bericht über die Jubiläumstagung vom 13.-15. Mai 1998/Würzburg
- Deutsche Stiftungen: Vielfalt fördern! (56. Jahrestagung)

FORUM DEUTSCHER STIFTUNGEN € 10,-
- Band 1: Aktivitäten von deutschen Stiftungen in Mittel und Osteuropa
- Band 2: Kulturstiftungen als Impulsgeber in einem zusammenwachsenden Europa
- Band 3: Aufgaben von Sozialstiftungen im sich wandelnden Sozialstaat
- Band 4: Öffentlichkeitsarbeit für Umweltstiftungen
- Band 5: Nachhaltiger Umgang mit der Ressource Wasser
- Band 6: Sozial-Stiftungen an der Schwelle zum 21. Jahrhundert
- Band 7: Bürgerstiftungen in Deutschland
- Band 8: Ein modernes Stiftungsprivatrecht zur Förderung und zum Schutz des Stiftungsgedankens
- Band 9: Förderung regenerativer Energien
- Band 10: Die unternehmensverbundene Stiftung
- Band 11: Stiftungen sichern Qualität
- Band 12: Konzepte für eine professionelle Einzelfallhilfe...

SCHWERPUNKTE DEUTSCHER STIFTUNGEN
- Band 1: Kinder und Jugendliche € 6,-
  (derzeit nur als CD-ROM für Office 95 und 97 erhältlich)
- Band 2: Stiftungen fördern. Im Wohlstand für Gemeinsinn werben. € 8,-
  Stiftungen in Thüringen
- Band 3: Stiftungen in der Mitte Deutschlands € 26,-
- Band 4: Stiftungen in Rheinland-Pfalz € 13,-
- Band 5: Sparkassenstiftungen. Engagement für die Regionen
- Band 6: Handbuch Bielefelder Stiftungen € 6,-

AUSSTELLUNGSKATALOGE € 15,-
Stiftungen bauen Brücken.
Beiträge Deutscher Stiftungen zum Einigungsprozess
- Band 1: Erste Station: Bonn
- Band 2: Zweite Station: Sachsen-Anhalt
- Band 3: Dritte Station: Sachsen
- Band 4: Vierte Station: Thüringen
- Band 5: Fünfte Station: Brandenburg
- Band 6: Sechste Station: Mecklenburg-Vorpommern
- Band 7: Siebte Station: Berlin

AUSSTELLUNGSKATALOG € 5,-
Stiftungslandschaft NRW. Die Gesellschaft von morgen gestalten

ZAHLEN, DATEN, FAKTEN € 6,-
ZUM DEUTSCHEN STIFTUNGSWESEN

INTERNATIONAL KEY TO THE DIRECTORY € 6,-
OF GERMAN FOUNDATIONS

EHRUNGEN DES BUNDESVERBANDES DEUTSCHER STIFTUNGEN. € 6,-
DIE „GOLDMEDAILLE" UND DER DEUTSCHE STIFTERPREIS

DEUTSCHE STIFTUNGEN IM PROZESS DER EINIGUNG € 6,-

LEBENSBILDER DEUTSCHER STIFTUNGEN AUS € 30,-
VERGANGENHEIT UND GEGENWART
- Band 2
- Band 3
- Band 4
- Band 5
- Band 6